■ 2010年1月19日，广东省精神文明建设表彰暨未成年人思想道德建设工作会议在广州举行。中共中央政治局委员、省委书记汪洋颁发全国文明城市牌匾。

■ 2010年2月8日，省文明办、南方报业传媒集团、广东楹联学会在鹤山市举办“迎接亚运会，创造新生活”——广东省书法家挥春活动。

■ 2010年2月28日，中山市隆重举行2010年“中山慈善万人行”巡游活动。

■ 2010年6月24日，中国民协、省文明办等单位在东莞市中堂镇举办“第二届中国龙舟文化节”。

■ 2010年8月15日至17日，省文明办等单位在东莞市望牛墩镇举办首届七夕风情文化节。

■ 2010年10月28日，全国道德模范与身边好人现场交流活动在广州举行。

■ 2010年12月26日，由省文明委、南方报业传媒集团联合主办的“珠三角文明城市群论坛”（第一期）在广州塔隆重启动。

2011

广东精神文明建设年鉴

《广东精神文明建设年鉴》编辑委员会　编

图书在版编目（CIP）数据

广东精神文明建设年鉴. 2011 / 《广东精神文明建设年鉴》编辑委员会编. -- 广州 : 南方日报出版社, 2012.3
ISBN 978-7-5491-0543-4

Ⅰ. ①广… Ⅱ. ①广… Ⅲ. ①社会主义精神文明建设—广东省—2011—年鉴 Ⅳ. ①D648-54

中国版本图书馆 CIP 数据核字(2012)第 045091 号

广东精神文明建设年鉴（2011） 《广东精神文明建设年鉴》编辑委员会 编

出版发行：南方日报出版社

地　　址：广州市广州大道中 289 号

电　　话：（020）87373998-8502

责任编辑：付惠平

装帧设计：劳华义

责任技编：王兰

责任校对：阮昌汉

经　　销：全国新华书店

印　　刷：广东信源彩色印务有限公司

开　　本：889mm×1194mm 1/16

印　　张：28 **彩插**：0.25

字　　数：750 千字

印　　数：1—1000 册

版　　次：2012 年 3 月第 1 版

印　　次：2012 年 3 月第 1 次印刷

定　　价：180.00 元

投稿热线：（020）87373998-8503 **读者热线**：（020）87373998-8502

网址：http://www.nanfangdaily.com.cn/press http://www.southcn.com/ebook

《广东精神文明建设年鉴（2011）》

编辑委员会

黎沛荣　中共肇庆市委宣传部副部长
黄小峰　中共清远市委宣传部副部长、清远市文明办主任
陈歆明　中共潮州市委宣传部副部长、潮州市文明办主任
李文升　中共揭阳市委宣传部副部长、揭阳市文明办主任
马若义　中共云浮市委宣传部副部长、云浮市文明办主任

《广东精神文明建设年鉴（2011）》编辑部

总目

领导讲话 1— 10
主要文件 11—88
工作指导 89—120
概况综述 121—238
思想文化 239—264
创建活动 265—328
先进个人 329—354
调研报告 355—366
理论成果 367—406
大事记 407—412
附　录 413—433

目 录

领 导 讲 话

在广东省精神文明建设表彰暨未成年人思想道德建设工作会议上的讲话 ……………… 林 雄（3）

以文化强省建设推动广东科学发展 …………………………………………………… 林 雄（8）

主 要 文 件

广东省精神文明建设委员会：关于印发《关于落实广东省精神文明建设2010年重点任务的分工》的通知 ……………………………………………………………………（13）

广东省精神文明建设委员会 中共广东省委宣传部：关于印发《关于我省创建文明城市工作情况报告》的通知 ……………………………………………………………（18）

广东省文明办：关于深入开展“我推荐、我评议身边好人”活动的通知 ……………（20）

广东省文明办：关于印发《关于在全省窗口服务行业开展“迎亚运创五优”活动的实施意见》的通知 ……………………………………………………………………（22）

广东省文明办 中国电信股份有限公司广东分公司：关于开展“迎亚运讲文明树新风——文明e起发”短信传递活动的通知 ……………………………………………（26）

广东省文明办：关于转发《关于深化“我们的节日”主题活动的方案》的通知 ………（28）

广东省文明办：关于开展“迎亚运文明示范窗口”评选表彰活动的通知 ……………（34）

广东省文明办：关于在元旦、春节期间组织开展“我们的节日”主题活动的通知 ……（35）

广州市精神文明建设委员会：关于深入开展城乡共建文明示范村活动的意见 …………（40）

广州市精神文明建设委员会：关于印发《广州市迎亚运100天城市文明行动纲要》的通知 …（45）

中共深圳市委办公厅 深圳市人民政府办公厅：深圳市公共文明提升行动计划 ………（48）

汕头市精神文明建设委员会：关于印发《“文明汕头”——汕头市2010年“书香飘万家”系列读书活动工作方案》的通知 ………………………………………………（54）

韶关市文明办：关于组织开展第八个“公民道德宣传日”教育实践活动的通知 ………（60）

中共河源市委办公室 河源市人民政府办公室：关于印发《河源市创建生态文明村工作方案》的通知 ……………………………………………………………………（62）

梅州市精神文明建设委员会：关于开展“好客之都·文明相伴”系列活动的通知 ……（66）

梅州市文明办：关于印发《梅州市开展创建生态文明村活动的实施意见》的通知 ……（70）

汕尾市文明办：关于印发《关于在全市窗口服务行业开展“迎亚运创五优树形象”活动的实施意见》的通知 …………（75）
中共阳江市委宣传部：关于在全市开展“推动科学发展标兵企业、标兵人物”评选活动的通知 …………（78）
湛江市精神文明建设委员会　湛江市委宣传部：关于开展“四德五心六歌”活动　努力构建社会主义核心价值体系的方案 …………（80）
潮州市精神文明建设委员会：关于举办第四届“书香潮州”——全民读书节的意见 …………（83）
揭阳市文明办：关于在全市深入开展“革命传统教育周”活动的通知 …………（85）
揭阳市文明办：关于开展“文明结对　共建和谐”活动的通知 …………（87）

工 作 指 导

广东省2010年精神文明建设工作要点…………广东省文明办（91）
在全省文明办主任会议上的讲话 …………顾作义（94）
在广东省中等职业学校德育工作会议上的讲话 …………顾作义（103）
在广东省窗口服务行业“迎亚运创五优”座谈会上的讲话 …………顾作义（107）
在珠三角文明城市群建设研讨会上的讲话 …………顾作义（112）
发挥优势，打造健康养生文化品牌 …………顾作义（118）

概 况 综 述

全省精神文明建设工作概述 …………（123）
广州市 …………（126）
深圳市 …………（130）
珠海市 …………（133）
汕头市 …………（135）
佛山市 …………（139）
韶关市 …………（141）
河源市 …………（144）
梅州市 …………（147）
惠州市 …………（151）
汕尾市 …………（155）
东莞市 …………（158）
中山市 …………（162）
江门市 …………（164）
阳江市 …………（167）

湛江市 …… (170)
茂名市 …… (172)
肇庆市 …… (176)
清远市 …… (180)
潮州市 …… (186)
揭阳市 …… (189)
云浮市 …… (193)
广东省教育厅 …… (196)
广东省监狱管理局 …… (197)
广东省财政厅 …… (201)
广东省交通运输厅 …… (205)
广东省环境保护厅 …… (207)
广东省广播电影电视局 …… (211)
广东省统计局 …… (214)
广东省物价局 …… (217)
广东省工商行政管理局 …… (218)
广东省新闻出版局 …… (221)
广东省食品药品监管局 …… (223)
广东省妇女联合会 …… (226)
广东省文联 …… (228)
广东海关 …… (231)
广东出入境检验检疫局 …… (233)
广东省气象局 …… (235)

思 想 文 化

广州市　结对共建实现城乡互补　以城带乡促进全面发展 …… (241)
广州市　薪火相传　礼在羊城 …… (243)
深圳市　“深圳经济特区30年30位杰出人物”、“深圳经济特区30年100件大事”评选 …… (248)
深圳市　开展“深圳最有影响力十大观念”评选 …… (250)
深圳市　举办首届“发现深圳之美”摄影大赛和“寻找身边快乐幸福的人”DV大赛 …… (252)
韶关市　大力加强“韶文化”的研究与推广力度 …… (253)
韶关市浈江区　开展“一月一演”广场文化活动 …… (254)
梅州市　认真实施“十项工程”　努力提高市民文明素质 …… (255)
惠州市　设立未成年人品德优秀“旭日奖”　打造未成年人思想道德建设品牌工程 …… (257)
阳江市　十大标兵企业标兵人物出炉 …… (259)
茂名市　开展“小手拉大手，文明一起走”志愿行动 …… (260)

潮州市　“五个着力”提升公民素质 …… (261)
潮州市　开展敬老孝老活动欢庆重阳节 …… (262)

创 建 活 动

创建文明城市 …… (267)
广东省　率先启动珠江三角洲文明城市群建设 …… (269)
深圳市　开展“百万市民学礼仪”活动 …… (270)
深圳市　开展“文明出行全城总动员”活动 …… (271)
深圳市　开展第七届深圳关爱行动 …… (273)
汕头市　开展百万中小学生学礼仪、讲文明活动 …… (274)
汕头市　启动公共文明品牌创建活动 …… (275)
惠州市　以“四化”推进关爱空巢老人志愿服务行动深入开展 …… (276)
潮州市　以完善申报制度为抓手　深化群众性精神文明创建活动 …… (278)
韶关市乳源瑶族自治县　创建文明县城　建设文明和谐瑶乡 …… (279)
梅州市大埔县　提升文化软实力　创建文化先进县 …… (282)
创建文明社区 …… (285)
广州市荔湾区冲口街杏花社区　创建文明社区　共建幸福家园 …… (287)
广州市越秀区北京街盐运西社区　文明创建点滴做起　幸福家园处处温馨 …… (289)
创建文明村镇 …… (293)
广东省　积极推进岭南新民居建设 …… (295)
广州市番禺区东涌镇　打造广州特色名镇 …… (296)
广州市增城新塘镇西南村　新农村　新农民　新风貌 …… (298)
梅州市五华县　落实“三个三”　创建特色生态文明村 …… (300)
汕尾市陆河县水唇镇高丰村　创生态文明　谱和谐高丰 …… (303)
湛江市吴川　三步跨越点线面　十年巨变四改善 …… (304)
云浮市罗定　大力发展生态文明宜居村建设 …… (307)
创建文明单位 …… (309)
广州地铁总公司　文明出行　地铁先行 …… (311)
广州友谊集团股份公司　诚信为本　打造长青企业 …… (313)
广东（韶关）东明股份有限公司　坚持创新经营战略　创建省级文明单位 …… (316)
汕尾市交通运输局　发挥优势共建文明　携手结对互促发展 …… (318)
汕尾市海事局　服务亚运当先锋　文明服务树形象 …… (320)
茂名市水务局　开设“科长论坛”　创新理论学习模式 …… (321)
茂名石化公司　加强思想建设　打造炼油行业尖兵 …… (323)
茂名市委党校　掀学习热潮　树文明新风 …… (324)
揭阳市人民检察院控告检察科（举报中心）　内强素质　外树形象　创建人民满意接待室 … (326)

先 进 个 人

黄瑞萍 ……………………………………………………………… (331)
陈伟青 ……………………………………………………………… (331)
黄晓鹏 ……………………………………………………………… (332)
伍奕青 ……………………………………………………………… (333)
赵　东 ……………………………………………………………… (333)
李耿坚 ……………………………………………………………… (334)
张伟云 ……………………………………………………………… (335)
吴振光 ……………………………………………………………… (335)
戴希璋 ……………………………………………………………… (336)
胡斯平 ……………………………………………………………… (336)
彭伟洒 ……………………………………………………………… (337)
卢伟琪 ……………………………………………………………… (338)
黄标泉 ……………………………………………………………… (338)
张立群 ……………………………………………………………… (339)
侯邦安 ……………………………………………………………… (340)
詹亚明 ……………………………………………………………… (340)
潘裕岳 ……………………………………………………………… (341)
刘兴鸣 ……………………………………………………………… (342)
刘　强 ……………………………………………………………… (343)
胡锡娟 ……………………………………………………………… (343)
林　音 ……………………………………………………………… (344)
张海发 ……………………………………………………………… (345)
方楚雄 ……………………………………………………………… (345)
何镜堂 ……………………………………………………………… (346)
魏浩华 ……………………………………………………………… (347)
史日升 ……………………………………………………………… (348)
郑　国 ……………………………………………………………… (348)
陈立文 ……………………………………………………………… (349)
罗志勇 ……………………………………………………………… (350)
杨为生 ……………………………………………………………… (350)
叶冬青 ……………………………………………………………… (351)
苏达军 ……………………………………………………………… (352)
王建明 ……………………………………………………………… (353)
汪拥军 ……………………………………………………………… (353)

调 研 报 告

广州市成立志愿者学院的情况报告 …………………… 广州市文明办（357）
深圳市志愿服务事业发展报告 …………………… 深圳市文明办（359）
大力弘扬感恩奉献文化专题报告 …………………… 揭阳市文明办（362）

理 论 成 果

社会发展视野中的岭南文化和传统儒学 …………………… 罗 璇（369）
论岭南文化评价标准的历史演变 …………………… 程 潮（370）
道德的功利性与返本归真 …………………… 童建军 李 萍（377）
大学生价值冲突及价值教育策略研究 …………………… 唐卫红（385）
流浪儿童的社会支持及其与自我意识的关系 …………………… 王惠敏 王 玲（389）
西方国家行政诚信建设中的政府信赖保护制度及其借鉴 …………………… 王枫云 卢汉桥（392）
论建筑审美活动中的情感作用 …………………… 唐孝祥（396）
论新生代农民工融入城市的内外紧张关系 …………………… 刘志强（401）

大 事 记

附 录

2010 年广东省精神文明建设工作组织机构 …………………… （415）
广东省 2010 年国民经济和社会发展统计公报 …………………… （427）

领导讲话

广东精神文明建设年鉴（2011）

在广东省精神文明建设表彰暨未成年人思想道德建设工作会议上的讲话

（2010 年 1 月 19 日）

林 雄

同志们：

今天，中共中央政治局委员、省委书记汪洋同志亲自出席大会，为精神文明建设先进典型颁奖。这充分体现了省委对我省精神文明建设工作的高度重视和殷切期望，是对全省精神文明建设工作者的巨大鼓舞。我们一定要把这种关怀和鼓舞化为工作动力，更加坚定自觉地贯彻落实科学发展观，更加坚定自觉地推进精神文明建设，不辜负党和人民的期望。

近两年来，我省各级党委、政府从全面落实科学发展观、加快推进社会主义现代化建设的全局出发，把精神文明建设摆到更加突出的位置，在改进中加强，在创新中发展，迈出新步伐，取得新成绩，各地各行业涌现出了一批先进单位和先进个人。为发挥先进典型的示范作用，省委、省政府召开隆重的表彰大会，表彰先进。在此，我代表省委、省政府向为我省精神文明建设事业作出突出贡献的先进单位和个人表示衷心的感谢和热烈的祝贺！

刚才，王宁生副主任传达了全国未成年人思想道德建设经验交流会精神，7 个单位作了很好的发言。考虑到这两天召开的全省宣传工作会议已对我省精神文明建设工作进行了统一部署，我们把今天会议的内容集中到研究部署未成年人思想道德建设工作上来。下面，我就加强和改进未成年人的思想道德建设谈几点意见。

一、肯定成绩，总结经验，巩固和发展我省未成年人思想道德建设工作的良好态势

2004 年中央 8 号文件颁发以来，我省未成年人思想道德建设工作进入一个新的发展阶段。各级党委、政府认真贯彻落实中央的重大决策部署，把未成年人思想道德建设作为关系广东发展后劲、关系广东现代化建设大局、关系千万家庭幸福的战略工程、希望工程和民心工程来抓，制订了一系列符合广东实际的政策措施，鼓实劲、出实招、办实事，推动各项工作取得了明显进展和显著成绩。主要体现在以下几个方面：

1. 组织领导大大加强。省委多次召开常委会议，研究部署未成年人思想道德建设工作。省委主要领导多次作出专门工作批示，直接交任务、抓落实。各级文明委加强统筹协调，各职能部门和群众团体积极承担工作职责，扎实推进各项工作，形成了党委统一领导、党政群齐抓共管、文明委组织协调、有关部门各负其责、全社会积极参与的工作格局，形成了各有关部门各司其职、分工协作的工作机制，开创了全党全社会共同关心重视青少年健康成长的生动局面。

2. 素质教育得到推进。积极实施基础教育课程改革，把以德育人贯穿于各个学科、各个环节。社会主义核心价值体系进教材、进课

堂、进学生头脑取得积极成效。加强现代公民、健全人格、健康心理和自我防护等教育，教育内容更加贴近实际、贴近生活、贴近未成年人。召开全省德育创新经验交流会，积极探索实践育人、文化育人等德育工作新方法、新路子。注重师德建设，完善班主任制度，德育工作力量不断加强。改革和创新德育评价体系，注重学生综合素质培养成为全社会的共识。

3. 实践活动丰富多彩。利用纪念改革开放30周年、庆祝新中国成立60周年、抗震救灾、举办奥运等重大事件，精心设计和组织开展内容鲜活、形式新颖、吸引力强的道德实践活动，使未成年人在自觉参与中得到熏陶、受到教育。坚持打造“红色旅游”、“清明祭奠革命先烈”、“我们的节日”、“书香校园”等品牌活动，把丰富的教育内容融入到生动活泼的课外活动和社会实践中去，深受广大未成年人欢迎。

4. 文化环境不断改善。坚持重在建设，努力满足未成年人精神文化需求。全省各地级以上市全部实现中央电视台少儿频道落地覆盖，南方、广州、深圳三个电视台开办了少儿频道。推出原创国产电视动画片《喜羊羊与灰太狼》、网游《梦幻西游》、人偶剧《八层半》等一批精品力作，深受广大未成年人喜爱。坚持打防并举、标本兼治，强力净化社会文化环境，工作力度大，创新举措多。这次全国会议安排我省作了专题经验介绍。

5. 实事好事成效显著。各级党委、政府与有关部门加大投入，集中力量办了一批未成年人欢迎、社会影响大的实事好事。在全国率先实行城乡免费义务教育。积极接纳外来工子女入学，全省义务教育非户籍学生264.7万人，其中入读公办学校的约占52%。全省202家爱国主义教育基地和128家公益性文化设施，全部向未成年人集体参观免费开放。下拨中央返还彩票公益金2亿多元，为64个山区县市新建少年宫。全省100所县级以上公共图书馆设立少年儿童阅览室。在全国率先推出一系列保护未成年人合法权益、预防未成年人违法犯罪的政策、法规，加大对困境儿童、流浪儿童和留守儿童的救助监护，确保每个未成年人都能感受到社会的温暖。

总的来看，这五年，是未成年人思想道德建设工作不断打开新局面、探索新途径、取得新进步的五年。更为可贵的是，我们在工作实践中创造了新的经验。概括起来，主要有五条：一是坚持重在建设、以人为本，把培养中国特色社会主义事业合格建设者和接班人作为未成年人思想道德建设的根本任务；二是坚持德育为先、以立为本，把建设社会主义核心价值体系贯穿于未成年人思想道德建设的全过程；三是坚持知行合一、实践育人，在生动丰富的社会实践活动中提升未成年人的思想道德素质；四是坚持建管并重、标本兼治，努力为未成年人健康成长创造良好的社会文化环境；五是坚持齐抓共管、形成合力，充分发挥党政群和社会各方面的重要作用。对于这些经验，我们要倍加珍惜，继续坚持，并在下一步的工作实践中加以运用和发展。

在肯定成绩的同时，我们也要清醒地看到，未成年人思想道德建设工作仍然任重而道远，在实际工作中还存在不少困难和问题。比如，一些地方和部门领导认为这项工作是“软任务”，重视不够；全社会关心爱护未成年人、为未成年人多办实事的氛围还不够浓厚；促进“德智体美劳”全面发展的素质教育还有待加强；建立学校、家庭、社会“三位一体”相互衔接、相互配合的长效机制还有待完善；未成年人思想道德教育在地区之间和校际之间发展还不平衡；新媒体新技术的发展为净化社会文化环境带来新的挑战，等等。我们一定要高度重视，以改革创新的精神和求真务实的态度，推动这些问题的解决。

二、统一思想，提高认识，进一步增强新形势下做好未成年人思想道德建设工作的使命感

进一步加强和改进未成年人思想道德建设是党中央站在实现党和国家长治久安、实现中华民族伟大复兴的高度作出的重大决策。中央一直高度重视，坚持长抓不懈。这次又高规格地召开全国会议，进一步明确新阶段的新任务和新要求。我们一定要把思想认识统一到中央的精神上来，进一步增强做好未成年人思想道德建设工作的责任感、紧迫感和使命感。

1. 确保实现中华民族伟大复兴，需要进一步加强未成年人思想道德建设。少年兴则国兴，少年强则国强。赢得未成年人就是赢得未来。我国的未成年人是中国特色社会主义事业的接班人，党和国家的事业要靠他们去继承，祖国和民族的未来要靠他们去开创。我们必须看到，随着中国和平崛起，未来国际间综合国力的竞争将日益激烈。其实质说到底就是人才的竞争，就是下一代的竞争。中华民族要屹立于世界强国之林、走向伟大复兴，必须造就和培养一代又一代富有进取精神、具有高尚品格、掌握现代科技文化知识的高素质人才。从这个意义上说，未成年人就是祖国的希望、民族的未来。

2. 增强广东经济社会发展后劲，需要我们进一步加强未成年人思想道德建设。改革开放以来，广东走过了30年的辉煌之路。那么，下一个30年广东靠什么？靠创新，靠教育，靠知识，靠人才，靠现在的未成年人。关键是看我们把现在的未成年人培育成什么样的人，看他们是不是继承了广东人敢为人先、务实进取的优良传统，是不是掌握了干一番事业的真实本领。我们欣慰地看到，南粤少年是朝气蓬勃、大有希望的一代。但我们更要清醒地看到，广东特殊的地理、经济和社会文化环境对保护未成年人健康成长提出了特别繁重的任务。我们这一代人必须以人一我十的精神去做好各项工作，为呵护他们快乐成长、全面发展尽到长辈的责任。

3. 实现千万家庭幸福和社会和谐，需要我们进一步加强未成年人思想道德建设。未成年人的成长，牵动千万家长的心，涉及千万家庭的幸福。特别是现在的未成年人，许多是独生子女，是全家人的寄托所在、希望所在。关心未成年人的成长，为他们的健康成长创造良好的条件和社会环境，关系最广大人民群众的根本利益，是各级党委、政府义不容辞的职责，是每一个家长的期待，是实现千万家庭幸福、促进社会和谐的民心工程。

三、抓住重点，下足工夫，深入推进我省未成年人思想道德建设

当前和今后一个时期，我省未成年人思想道德建设要认真贯彻落实全国会议精神，特别是长春同志的讲话精神，结合我省实际，着力在四个方面下工夫。

1. 着力在深化学校德育工作上下工夫。学校教育是未成年人思想道德建设主阵地、主渠道，德育工作的好坏直接关系到学生思想道德素质的高低，整个未成年人思想道德建设工作要紧紧扭住这一根本。一是要丰富德育内容。坚持推进社会主义核心价值体系进学校、进课堂、进学生头脑。大力弘扬我省改革开放和现代化建设实践中形成的新时期广东人精神，使其代代相传，不断发扬光大。广泛开展健全人格教育，培育未成年人感恩、诚实、勤劳、节俭、勇敢等优良品格。加强民族优秀传统文化教育、网络道德教育、生命教育和心理健康教育等，培养学生学会做人、学会生活、学会求知、学会发展。二是要改进德育方法。多采用参与式、启发式、体验式、情感式等生动活泼的教育方式，提高学生独立思考和明辨是非的能力。要加强德育的学科渗透，做到全员、全过程、全方位育人。要大力推进校园文化建设，以浓郁的校园人文氛围教育人、熏陶

人、培养人。三是要设计、组织教育实践活动。组织学生参加生产实习、军事训练、志愿服务等社会实践活动，强化感受体验，推进知行统一。深入开展“做一个有道德的人”主题活动，引导未成年人在家庭孝敬父母、在学校尊敬师长、在社会奉献爱心，从小养成良好的道德品质。开展“美德少年”评选表彰活动，用先进榜样激励引导青少年。四是要加强德育工作队伍建设。选派德才兼备、经验丰富的老师担任少先队辅导员、团委书记和班主任，打造一支以书记、校长为主导，以德育工作者为骨干，以全体教师为主体的德育工作者队伍。加强专业知识技能培训，提高广大教师的道德修养和德育工作能力。

2. 着力在净化社会文化环境上下工夫。净化社会文化环境工作我们花了很大的力气抓了将近一年时间，取得了明显成效，但任务仍很艰巨，下一步我们要继续扩大成果，深入推进整治互联网低俗之风、查处“黑网吧”和网吧接纳未成年人行为、净化荧屏声频、整治非法出版物以及校园周边环境等工作。总的要求是劲头不能松、行动不能停、力度不能减，始终保持高压态势。前不久，长春同志到广东视察、调研，非常关心这个问题，要求广东进一步加大工作力度，创造新鲜经验，发挥示范作用。全国会议之后，各地各部门也相继采取了一系列新的举措，如通管部门责令省内基础电信企业暂停有关 WAP 业务等。但总的看来，效果还不是很明显，工作还有待深入。这就要求我们认真学习贯彻长春同志视察广东和在全国会议上的讲话精神，综合运用行政、技术、法律等各种手段，重拳出击，继续深化打击互联网、手机传播淫秽色情信息专项行动。特别要注意抓好以下几个方面：一是抓好源头治理。强化网络运营接入服务商的责任，严厉处罚为淫秽色情网站提供建站、接入、链接、广告发布、代收费等服务的单位和企业，斩断利用互联网和手机传播淫秽色情信息的利益链，彻底清除淫秽色情网站的生存空间。二是创新科技手段。加强新技术、新产品的研发和推广运用，推广运用我省 WAP 图像视频智能监测提醒系统、邦富网络舆情采集分析系统、互联网数据中心安全管理系统、网吧视频监管与实名登记系统等，强化技防效能。跟踪研究 3G 时代移动通信和互联网融合出现的新问题，提高对淫秽色情信息的技术封堵和处置能力，遏止淫秽色情信息在新一代手机上的传播。三是用好法律手段。集中、快速查办一批典型案件，曝光一批违法违规单位，惩处一批违法犯罪分子，强化法律的震慑力。制定和完善未成年人网络保护、手机媒体服务管理方面的地方性政策法规，完善司法解释，延伸行政执法。进一步细化量化“谁经营谁负责，谁接入谁负责，谁办网谁负责”的责任界定，严格问责制度。四是加强行业自律。充分发挥我省网络文化协会作用，深入推进“文明办网、文明上网”活动，教育引导网络从业人员增强自律意识、全体社会成员增强网络道德意识，大兴网络文明之风。五是完善举报监督制度。进一步建立健全举报制度，可以参照全国“扫黄打非”工作小组办公室的做法，加大公众举报奖励力度，重奖举报人。深化妇联“万名母亲网络护卫行动”，发挥关工委和“五老”监督员作用，依靠各方力量，打好人民战争。

3. 着力在提供优秀文化产品和优质文化服务上下工夫。用优秀的精神文化产品丰富未成年人精神世界，是净化社会文化环境、促进未成年人健康成长的治本之策。一是要提供更多更好的文化产品。广电部门要加强少儿广播影视节目原创产品开发，推出一批知识性、趣味性和益智性强的优秀少儿广播影视节目。出版部门要在选题规划中增加未成年人出版物的品种和数量，组织生产一批适合未成年人的优秀读物。要积极推进我省动漫产业发展，生产一批内容健康、艺术性强、深受未成年人喜爱的动漫原创产品，要动员和组织文化科技公司开发和推广一批有益于未成年人健康成长的网络游戏软件。二是要提供更优质的文化服务。各级党报党刊、电台、电视台等主要新闻单位，要依托现有资源、品牌、人才优势，努力打造一批内容丰富、有吸引力的主流网站和未成年人专题网站。广电部门、文化部门要推进网上图书馆、网上博物馆、网上展览馆、网上剧场的建设。要把校外活动场所纳入公共文化服务体系建设，坚持爱国主义教育基地和公益性文化设施免费开放原则，并进一步提高建设、管理和服务水平。依托学校电教室、社区服务中心、农家书屋等加快建设绿色网园等公益性上网场所，为未成年人校外活动创造更加便利的条件。

4. 着力在强化学校、家庭、社会“三结合”教育网络上下工夫。在学校、家庭、社会“三结合”教育网络中，学校是龙头，家庭是基础，社区是平台。一是要充分发挥学校的龙头作用。学校要利用熟悉学生情况、师资力量雄厚、教育经验丰富、便于联络家长等优势，把德育工作主动向社区辐射、向家庭延伸，形成联动、互动机制，确保学校、社区、家庭教育的相互衔接。二是要充分发挥家庭的基础作用。首先要转变家庭教育观念，引导家长树立正确的子女成才观、幸福观，切实改变部分家长“重成才、轻成人”的现象。继续深化“双合格”等家庭教育实践活动，帮助家长掌握科学的家庭教育方法，提高家庭教育能力。要引导家长更加注重言传身教，做好未成年人的表率。要进一步建立健全家庭教育指导机构，各级妇联、教育部门要加强合作，办好中小学家长学校。三是要充分发挥社区的平台作用。社区一头连着学校，一头连着家庭，是未成年人思想道德建设的重要阵地。各级党委、政府要整合利用好社区各种资源，包括设施资源、人力资源、活动资源、服务资源等，精心打造未成年人思想道德教育平台，形成社会化、开放式的未成年人思想道德建设格局。

四、加强领导，落实责任，不断开创未成年人思想道德建设工作新局面

未成年人思想道德建设事关重大，意义长远。各级党委、政府和有关部门必须采取切实措施把各项工作任务落到实处。

1. 各级党委、政府要加强领导和组织协调。要把未成年人思想道德建设作为精神文明建设的重中之重，纳入党委、政府重要议事日程，纳入实践科学发展观的考核评价体系，纳入经济社会发展总体规划。党政主要负责同志要切实负起政治责任，经常听取汇报、谋划思路、协调工作、解决问题。要把未成年人思想道德建设作为评选先进的条件，凡未成年人思想道德建设做得不好的，该部门就不能评为文明单位，该城市就不能评为文明城市。要发挥好《未成年人思想道德建设测评体系》和城市公共文明指数测评的导向作用、促进作用，真测真检，实评实查，在测评中查找问题，寻找对策，推进工作。要加大政策扶持和资金投入力度，加强队伍建设，为未成年人思想道德建设提供人力物力保障。

2. 各部门要切实履行职责。长春同志在全国会议上强调，对未成年人思想道德建设“抓好是本职，不抓是失职，抓不好是不称职”。参加今天会议的各个部门，在未成年人思想道德建设中都担负着重要职责，必须按照长春同志的要求，切实履行职责。各级文明委、文明办要加强工作统筹，各职能部门和群众团体，必须全力以赴把各自的工作做到位，把承担的任务落实好。岁末年初，大家都在安排今年的工作。各部门一定要把未成年人思想道德建设工作列入今年的工作重点，以解决群众反映强烈的突出问题为主攻方向，推动工作取得更大成效。

3. 要加强改革创新。时代在发展，社会在前进。未成年人思想道德建设必须适应新形势新情况，在内容、手段和体制机制等方面努力改进创新。要加强内容创新，努力增强未成年人思想道德建设的时代感，大力倡导与时代发展相适应的新思想、新道德、新观念。教育题材和内容要鲜活有趣，融教育性、知识性、趣味性于一体，让未成年人愿意看、愿意听，确保入脑入心。要加强手段创新，积极运用新媒体、新科技来满足未成年人喜欢上网、喜欢动漫等需求和爱好。要加强体制机制创新，积极探索如何使未成年人思想道德建设组织领导更加有力、部门配合协作更加紧密、群众动员更加广泛，如何形成未成年人思想道德建设的长效机制等，推进未成年人思想道德建设更加科学化、制度化和规范化。

同志们，加强和改进未成年人思想道德建设，责任重大，使命光荣。我们一定要按照中央的战略决策和省委、省政府的工作部署，以更加饱满的精神状态、更加务实的工作作风，扎实推进各项工作，努力把我省未成年人思想道德建设提升到一个新的水平！

以文化强省建设推动广东科学发展

（2010 年 8 月 4 日）

林　雄

当今时代，文化已越来越成为综合国力竞争的重要因素和经济社会可持续发展的核心动力。如果没有雄厚的文化软实力作支撑，转变经济发展方式将难以为继，社会发展将难以和谐，科学发展也就难以实现。在我省处于加快转变经济发展方式、努力实现从传统发展模式向科学发展模式战略转型的关键时期，省委十届七次全会首次以全会形式专题研究部署我省文化建设工作，明确提出要实现我省从文化大省向文化强省新跨越。特别是中共中央政治局委员、省委书记汪洋在全会上的重要讲话，以博大宽广的世界眼光、与时俱进的战略思维、锐意进取的改革精神，深刻阐述了建设文化强省的重要意义和基本要求，全面部署了文化强省建设的目标任务，彰显了率先探索中国特色社会主义文化发展道路的高度文化自觉，体现了当好科学发展排头兵的政治责任感和历史使命感，为我省推进文化建设、促进科学发展指明了方向。我们必须深入学习贯彻全会精神特别是汪洋书记的重要讲话精神，大力推进文化强省建设，以文化大发展大繁荣推动我省经济社会又好又快科学发展。

一是要大力弘扬“解放思想、改革开放”的时代文化精神，通过观念更新为推动广东科学发展提供精神动力。科学发展是一场发展模式革命，首先需要进行观念更新。世事沧桑，源自观念之变。在人类社会发展历程中，新的思想文化观念既为批判、否定和超越旧的制度和体制提供锐利武器，同时又以新的价值判断和蓝图描绘为人们提供理想引导和信念支撑。汪洋书记在全会讲话中鲜明提出，“解放思想、改革开放”是广东文化最鲜明的时代特征和最突出的地域优势，是广东最宝贵的精神财富。这是对广东时代文化精神的深刻总结和科学概括，深刻揭示了文化发展与经济社会发展的内在关系，精辟指出了先进文化精神对时代进步的巨大引领作用。在推进文化强省建设中，我们一定要深刻领会、紧紧抓住这一广东文化的精髓，高扬时代文化精神，努力构建文化核心优势，不断引领和推动思想文化的进步，形成促进广东科学发展的强大精神动力。在新的历史阶段，大力弘扬“解放思想、改革开放”的时代文化精神，首先就是要在思想观念上继续“突围”、勇于领先，努力形成符合科学发展观要求的新的文化发展理念，这是关系到广东能否率先走在实践科学发展观前列的关键。要通过思想观念的进步，自觉地把思想认识从不符合科学发展的观念和思维定势的桎梏中解放出来，从不符合科学发展的传统体制的束缚中解放出来，扫除阻碍科学发展的思想障碍。要通过思想认识的提升，引导广大干部群众树立忧患意识、机遇意识、改革意识，不断增强改革创新的意识和本领，勇于用改革的办法破解难题，以全球视野和战略思维去谋划广东的未来发展。要通过思想观念的培育，引导广大干部进一步砥砺意志、坚定信仰、增强信心，增强不懈进取精神，为推动科学发展构筑起新的思想基础。

二是要努力建设社会主义核心价值体系，通过提高全社会文化素养为推动广东科学发展提供思想保障。一个国家或民族在长期共同的认识和实践活动中，必然形成共同的价值观并以此作为维系社会系统正常运转的基础。在建设中国特色社会主义现代化的伟大历史征程中，以社会主义核心价值体系为核心的共同价值观，是动员和号召全体人民团结一心、奋发向上的精神动力，是化解社会矛盾、维护社会和谐的精神纽带，是推进改革开放事业不断发展的精神支柱。当前，在推动经济社会发展转型过程中，面对经济体制深刻变革、社会结构深刻变动、利益结构深刻调整、思想观念深刻变化的新形势，维护社会和谐稳定的任务比以往任何时候都更加繁重和艰巨，更需要主流价值的引领来凝心聚力，以此构筑起社会和谐稳定发展的坚强思想保障。要通过深入的社会主义核心价值体系教育，以建设学习型社会和学习型党组织为途径，引导广大干部群众用马克思主义中国化的最新理论成果武装头脑，打牢全省人民团结奋斗的共同思想基础。要顺应人民群众思想观念的新变化，进一步发挥文化在引导思想、理顺情绪、化解矛盾等方面的作用，大力弘扬新时期广东人文精神，塑造自尊自信、理性平和、积极向上的社会心态，为经济社会转型创造良好的社会环境。要通过广泛深入的形势政策教育，引导人们正确对待新一轮改革发展带来的利益格局调整，不断增强支持深化改革、科学发展的自觉性和主动性，引导人们进一步振奋精神、增强信心、增加动力，形成全社会人心凝聚、充满活力的新局面。要充分把握全面建设小康社会新阶段的时代要求，充分发挥以文“化”人的功能，既富“口袋”，又富“脑袋”，将文化渗透到人们的日常工作生活中，提高大众的文化情趣和文化素养，提升广东文化形象。

三是要率先建成区域文化自主创新中心，通过文化创新为推动广东科学发展提供智力支撑。创新是文化的本质特征，文化创新是一切创新的根本，经济、政治其他方面的创新无不渗透和体现着文化创新。只有大力推动文化创新，才能为建设创新型广东、促进广东经济社会全面转入科学发展轨道提供强大的智力支撑。必须紧跟时代步伐，把握时代脉搏，进一步增强创新的时代紧迫感和责任感，以全面深化文化体制改革作为推进文化创新的重要途径，大力推进体制机制创新、内容形式创新和业态创新，不断增强文化生产的创新能力，努力把广东打造成辐射全国的文化自主创新中心。要建立健全以企业为主体、市场为导向、产学研相结合的文化创新体系，努力掌握一批具有自主知识产权的核心技术和关键性技术，为我省经济社会发展提供有力的技术支撑和创新动力。要紧紧把握数字技术、网络技术迅猛发展的新趋势，积极利用高新技术改造传统文化产业，大力发展文化创意、手机电视、网络电视、数字出版、动漫游戏等文化新业态，把广东建设成新兴文化业态的引领地。要着力提升人文社会科学和自然科学研究的整体水平，打造一支对科学进步和社会发展作出杰出贡献的“理论粤军”。要在全社会大力倡导创新文化、培育创新精神、建立创新保障机制、营造尊重创新宽松环境，让各种创新活动在广东充分涌动。

四是要率先建成具有核心竞争力的现代文化产业体系，通过文化产业发展为推动广东科学发展提供实体支撑。文化产业以其具有的优结构、扩消费、增就业、促跨越、可持续等独特优势，已越来越成为转变经济发展方式的重要途径和突破口。必须紧紧抓住文化产业迅猛发展的战略机遇，从加快转变经济发展方式的全局和战略高度，加快构建具有核心竞争力的现代文化产业体系，努力将文化产业打造成为我省的支柱产业和战略性新兴产业。要积极推进文化产业与国民经济各领域各行业的融合，不断拓展产业领域，优化产业结构，壮大产业实力。要优化区域产业布局，高水平规划建设一批国家级和省级文化创意产业园区，打造一批文化产业强市和特色文化产业县（区）、镇，建设文化优势产业集群。要实行扶优扶强战略，着力培育文化领域战略性新兴产业，培育和发展一批实力强、前景好的文化企业，打造若干个在全国乃至全球具有较强竞争力和影响力的知名文化企业和文化品牌，不断提升我省文化产业整体实力。

五是要率先构筑全国文化人才高地，通过营造良好的人才环境为推动广东科学发展提供人才优势。人才是文化生产力中最核心、最活跃的因素，是强国之本，也是强文之基。推动文化建设、实现科学发展，关键在人才。要牢固树立人才资源是第一资源的观念，积极实施人才强文战略，着力培养文化新锐，汇聚八方英才，为推动文化强省建设、实现科学发展提供人才保障。要把积极培育文化领军人才作为推动文化创新的主导力量，加大文化领域杰出人才的培养资助力度，着力扶持培育一批在国内外有广泛影响的哲学社会科学理论家、文学艺术名家大师以及学术文艺骨干。要加强专业文化人才的培养，大力培养文化创新人才、经营人才、创意人才，着力构建一支门类齐全、结构合理、梯次分明、素质优良的文化工作者队伍。要加大高端文化人才引进力度，建立完善引才引智机制，吸引国内外文化拔尖人才及团队来粤工作创业，使广东成为全国高端文化人才的集散地和创业园。要积极创新人才激励机制，建立与文化领域创造性劳动性质相适应的人才使用制度，与现代企业管理相适应的人事管理制度，与文化生产规律相适应的分配制度，充分体现文化创新的价值，努力在全省营造一个尊重人才、唯才是举、人才辈出的氛围。

总之，在推动我省加快经济发展方式转变、实现经济社会转型进程中，文化建设作为其中的重要内容和核心动力，既深刻影响转型的进程，也决定转型的方向。省委十届七次全会的胜利召开，吹响了我省文化大发展大繁荣的时代号角，标志着我省文化发展迈上了新的历史征程。站在新的历史起点上，我们必须进一步增强文化建设的自觉性和坚定性，要像抓经济建设那样抓文化建设，尽快形成与争当实践科学发展观排头兵相适应的文化优势，努力把广东建设成为在全国具有重要影响力的区域文化中心、发展社会主义先进文化的排头兵、提升我国文化软实力的主力省、中国文化走出去的生力军及率先探索中国特色社会主义文化发展道路的示范区，形成具有中国气派、岭南风格、广东特色的现代文化体系，推动我省经济社会阔步迈向科学发展之路。

（原文出自2010年8月4日《南方日报》）

主要文件

广东省精神文明建设委员会

关于印发《关于落实广东省精神文明建设2010年重点任务的分工》的通知

各地级以上市文明委、省文明委各成员单位：

根据中央文明委《关于印发〈关于落实中央精神文明建设指导委员会2010年重点任务的分工〉的通知》精神，并经省文明委领导同意，现将《关于落实广东省精神文明建设2010年重点任务的分工》印发给你们，请各地、各部门根据实际贯彻落实。

广东省精神文明建设委员会

2010年3月20日

关于落实广东省精神文明建设2010年重点任务的分工

为认真贯彻落实广东省精神文明建设2010年工作安排，现就重点任务作如下分工：

一、围绕建设社会主义核心价值体系，大力加强公民思想道德建设

（一）弘扬新时期广东人精神。

1. 结合应对国际金融危机、提高自主创新能力，采取多种形式大力宣传“敢为人先、开放兼容、务实进取、敬业奉献”的新时期广东人精神，为建设创新型广东提供精神力量。

责任单位：省委宣传部、省文明办

2. 广泛开展创新、创业、创造“三创”主题教育实践活动，挖掘、宣传一批在推动经济发展方式转变和经济结构调整中表现突出的先进典型，形成艰苦创业、勇于创新的社会氛围。

责任单位：省委宣传部

（二）强化道德示范引领。

1. 着力在党员干部和公务员队伍中选树道德典范。结合“做人民满意的公务员”活动和政风行风评议活动，在党员干部和公务员队伍中挖掘勤政廉政、道德高尚的先进典型。

责任单位：省委组织部、省直机关工委、省人力资源和社会保障厅

2. 着力在企业家中强化企业公民责任。联合南方日报发表《企业公民责任宣言》，推动企业不仅追求经济利润，还要承担热爱祖国、遵纪守法、诚实守信、关爱员工、保护环境、热心公益等社会责任，培育粤商道德。

责任单位：省文明办、南方报业传媒集

团、省工商联

（三）深化道德模范学习宣传活动。

1. 把全国、全省道德模范的先进事迹作为推进公民道德建设的生动教材，充分利用大众传媒、基层宣传阵地和群众文化活动等多种形式，运用新闻宣传、文艺创作、报告会等方式方法，大力宣传道德模范的先进事迹和崇高精神，形成人人学习模范、人人争当模范的良好氛围。

责任单位：省委宣传部、省文明办

2. 继续做好“身边好人”的选树工作。通过社区议事会、道德评议会、社区论坛等方式，继续开展“我推荐、我评议身边好人”活动，发动群众在熟悉的人群中举好人，在日常生活中找好事，推选出一批孝道之星、公益之星和慈善之星，形成道德模范大量展现、善行义举广为传颂的社会环境。

责任单位：省文明办

（四）丰富“我们的节日”主题活动。

1. 利用春节、清明、端午、中秋和重阳等重要传统节日，广泛组织开展形式多样的群众性节日民俗活动、文化娱乐活动，弘扬中华传统美德和民族优秀文化。

责任单位：省委宣传部、省文明办

2. 开展“中国节”原创歌曲征集活动、“中国节”诗词朗诵音乐会，开展节庆吉祥物和标志征集设计活动，强化传统节日的道德内涵、文化底蕴和时代气息。

责任单位：省委宣传部、省文明办、省文联

3. 开展乡土教育、岭南文化教育，组织“岭南文化十大名片”评选活动，传承岭南文化精神。

责任单位：省委宣传部、省文明办

4. 举办首届“广东农村青年欢乐节”，组织农村青年、返乡务工青年及大学生广泛开展具有乡土气息的节日文化活动。

责任单位：团省委、省文明办、省财政厅、省农业厅、省文化厅、省体育局

5. 以“迎接亚运会，创造新生活”为主题，组织“道德春联进万家”活动，开展新春联征集和书法家下乡挥春活动。

责任单位：省文明办、南方报业传媒集团、广东楹联学会

（五）着力倡导岭南文明新风尚。

运用“岭南文明新风尚”网上评议成果，以我省确定的“公益慈善、志愿服务、关爱外来工、好人建设、读书求知、运动健身、遵守秩序、无偿献血、言行文明、善用法律”等10项岭南文明新风尚为主要内容，充分运用报刊、广播、电视等传统媒体和互联网、手机短信等新兴媒体，多侧面、多角度地开展岭南文明新风尚宣传，把文明的新风传播到广大群众中去，使之成为广大群众的自觉实践。

责任单位：省文明办

（六）深化“书香岭南”全民阅读活动。

总结我省近年来各地开展读书月、读书节等活动的经验，表彰先进，推动全民阅读。以领导干部和青少年为重点，以中华传统经典和红色经典为主要范围，发动干部群众网上推荐“我最喜爱的10本书”并开展学习交流活动，以读书会、读书征文、读书知识竞赛、读书演讲等活动为重点，推动“书香岭南”全民阅读活动不断向深度和广度发展，使阅读成为人们的生活习惯。继续扩大“南国书香节”的影响和规模，打造我省的文化名片。

责任单位：省委宣传部、省新闻出版局

二、一手抓建设、一手抓管理，着力加强未成年人思想道德建设

（一）总结经验，部署工作，在新的起点上扎实推进未成年人思想道德建设。

1. 召开全省未成年人思想道德建设工作会议，总结五年来各地各部门贯彻落实中发〔2004〕8号和16号文件的成功经验，明确当前未成年人思想道德建设的新任务新要求，对

深入扎实推进未成年人思想道德建设工作进行全面部署。

责任单位：省文明办

2. 召开未成年人思想道德建设创新成果展示会，总结基层创造的新鲜经验，不断创新内容、创新方式、创新体制和机制，把未成年人思想道德建设工作进一步引向深入。

责任单位：省教育厅、省文明办

3. 召开中等职业学校德育工作会议。总结交流近年来我省贯彻中央8号文件精神，加强中等职业学校德育工作的经验，研究适应广东经济社会转型和中职教育快速发展，进一步加强和改进中等职业学校德育工作的思路和措施。

责任单位：省教育厅、省文明办、省人力资源和社会保障厅、团省委、省妇联

（二）打防并举，标本兼治，强力净化社会文化环境。

1. 继续保持对互联网、手机淫秽色情有害信息依法打击的高压态势，加大整治互联网、手机低俗之风专项行动力度。严厉查处为传播淫秽色情视频网站提供广告、链接、代收费等服务的单位和企业，强化运营接入服务商保护未成年人身心健康的责任。进一步加快研发网络监管新技术，提高技术防范能力，筑牢抵御不良信息防线。

责任单位：省委外宣办、省通信管理局、省公安厅

2. 加大网吧整治监管力度，推进网吧连锁化、规模化经营，坚持取缔“黑网吧”和变相经营网吧，严厉整治违规接纳未成年人行为。

责任单位：省文化厅、省工商局

3. 着力净化荧屏声频，认真落实把关责任，严格管理黄金时段广播影视节目播出，有效遏制广播电视节目中的低俗媚俗之风。

责任单位：省广电局

4. 及时查禁不良出版物，切实加强校园周边环境治理，不断优化学校周边秩序和学生学习环境。

责任单位：省新闻出版局、省教育厅、省公安厅

（三）建管结合，重在建设，努力满足未成年人精神文化需求。

1. 扎实推进少儿文艺出版精品工程，积极支持优秀少儿歌曲、动漫、网络游戏、影视节目、出版物的创作生产，推出一大批叫得响、传得开、深受未成年人欢迎的精品力作。

责任单位：省委宣传部、省文化厅、省新闻出版局

2. 以心理健康、人格教育等内容为重点，编写青苹果·阳光人生丛书。

责任单位：省文明办、省出版集团

3. 以《青少年礼仪》为参考教材，组织迎亚运、学礼仪活动。

责任单位：省文明办、省教育厅

4. 大力实施优秀童谣、少儿歌曲创作推广计划，持续开展中小学生爱国歌曲大家唱活动、红色经典和传统经典诵读活动。

责任单位：省委宣传部、省文明办、省教育厅、省新闻出版局、省文联

5. 把校外活动场所纳入公共文化服务体系建设范围，不断提高爱国主义教育基地和公益性文化设施建设、管理和服务水平，加快建设公益性上网场所，为未成年人参加校外活动创造条件、提供便利。

责任单位：省委宣传部、省教育厅、省文化厅

三、以举办2010年亚运会、亚残会为契机，广泛开展“迎接亚运会，创造新生活”系列活动

（一）创造礼仪新生活。

1. 继续组织全省文明礼仪知识巡讲，大力普及文明礼仪知识。

责任单位：省文明办、省直机关工委、省

妇联

2. 完成《礼行天下》丛书编写工作，组织文明礼仪讲师团，利用家长学校、市民学校、外来工学校等阵地，推动文明礼仪知识进社区、进农村、进机关、进学校、进企业、进家庭、进军营。

责任单位：省文明办

3. 联合省直机关工委等单位以窗口行业为重点组织“文明服务迎亚运”礼仪展示大赛，切实加强道德规范、服务技能等方面的教育培训，广泛开展岗位练兵、服务承诺、技能竞赛等活动，不断提高行业服务质量和水平。

责任单位：省文明办、省直机关工委、省纠风办

（二）创造守序新生活。

着眼于强化公共秩序，以文明交通为突破口，以“关爱生命，文明出行”为主题，深入开展“文明交通行动计划”，倡导“六大文明交通行为”，摒弃“六大交通陋习”，抵制“六大危险驾驶行为”，完善“六类道路安全及管理设施”，创造安全畅通、文明和谐的道路交通环境。

责任单位：省公安厅、省文明办、省交通厅、省教育厅、省住房和城乡建设厅

（三）创造公益新生活。

1. 开展“爱心点对点南粤公益大行动”。依托媒体，有效整合社会资源，通过成立“爱心点对点”公益基金，开展爱心点对点互助大行动，动员和引导不同界别、阶层、年龄的人积极参与，架起在弱势群体、特殊群体与政府、企业、媒体、社团、市民之间的桥梁，建立点对点的长效爱心平台，打造南粤慈善文化品牌。

责任单位：省文明办、省民政厅、南方报业传媒集团

2. 开展亚运志愿服务。组织动员广大干部群众和青年学生以志愿服务的方式积极参与和支持广州亚运会和亚残会。广泛开展宣传普及文明风尚志愿服务行动、赛场文明志愿服务行动、窗口行业志愿服务活动、平安运动会志愿服务行动、改善城乡环境志愿服务行动、文明交通志愿服务行动，为亚运会营造良好的人文环境和社会环境。与团省委联合举办“志愿服务发展论坛”，召开行业开展志愿服务工作会议，开展社区、乡村的志愿服务工作和青年志愿服务工作。

责任单位：省文明办、省民政厅、省教育厅、团省委

3. 开展关爱独居老人志愿服务。结合“星光计划”、“平安钟”服务等，发动志愿者为空巢老人提供紧急援助、保健康复、心理抚慰、文化娱乐等多项服务，进一步完善养老敬老服务网络。

责任单位：省文明办、省民政厅、团省委

（四）创造绿色新生活。

1. 开展全民健身活动。以“全民健身与亚运同行”为主题，广泛开展贴近群众、方便参与的社区运动会、家庭趣味运动会、民间传统体育花会等形式多样的群众体育活动，吸引广大市民共同参与并逐步形成良好的健身习惯，掀起新一轮全民健身高潮。

责任单位：省体育局

2. 致力营造绿色环境。广泛开展爱国卫生运动，积极实施绿化、美化、净化工程，集中整治场馆周边、小街背巷和城乡接合部的环境卫生，彻底清除卫生死角，努力创造整齐有序、整洁优美的城市环境。

责任单位：省爱卫办

3. 培育绿色生活方式。组织绿色生活论坛，大力普及绿色理念，开展“全民节约、共同行动”，倡导低碳生活方式，不断提高公众的节约、环保意识和行动能力。开展“千名青年环保使者广东行”活动，动员群众参与和支持环境保护、绿色亚运，践行环保生活。

责任单位：省环保厅、团省委

四、着眼于提升公民文明素质和城乡文明程度，深化拓展群众性精神文明创建活动

（一）培育珠三角文明城市群。

按照分类指导、分步推进的原则，加快珠三角地区各市创建全国、全省文明城市工作步伐，打造具有“高效能的基础设施、高水平的管理体系、高质量的生态环境、高效率的分工合作、高品位的都市文化”的文明城市群。同时，按照功能互补、协调发展的原则，推动社会发展、基础设施、生态环境、公共服务、文化发展、居民素质“六个一体化”，建设集环保、运动、休闲、旅游于一体的绿道网络；培育以城区园林化、郊区林荫化、家庭绿色化为主要特征的生态文明圈；打造具有时代气息、岭南特色的珠江文化带；构建以文明镇为节点，以现代文明村、“六好”社区为依托的文明创建延伸网。力争用10年的努力，在珠三角地区培育文明城市群。

责任单位：省文明办

（二）开展文明指数测评，推动创建文明城市、县城工作常态化。

制订《公共文明指数测评实施细则》，在全省启动公共文明指数测评，采取入户调查、实地考察和材料审核等方法，围绕反映城市公共文明水平的公共环境、公共秩序、人际交往、公益行动和创建工作的体制机制建设等项目指标进行测评，有针对性地解决公共文明方面存在的突出问题，推动创建文明城市、文明县城工作常态化。

责任单位：省文明办

（三）实施农村“清和美”工程，深化生态文明村建设。

1. 以“清洁、和谐、优美”为主题，以强化卫生习惯、优化环境面貌为主要内容，动员广大农民群众积极实施“万村百镇整治工程”、参与“万村绿”大行动和乡村清洁运动，共同建设宜居村庄、宜居城镇。

责任单位：省卫生厅、省建设厅、省林业厅、省环保厅、省文明办

2. 推广运用“广东新农居”设计大赛成果，编辑出版《广东新农居设计图案》画册及光盘，免费向农村发放。选择3至5个县开展推广广东新农居试点工作。

责任单位：省建设厅、省文明办

3. 加大推进生态文明村创建工作力度，推动农村经济发展生态化、乡村建设生态化、生活方式生态化。

责任单位：省文明办

4. 积极配合“三旧”（旧城镇、旧厂房、旧村庄）改造，注重增加文化含量，推进古村落的保护、开发与文明村建设相结合。

责任单位：省建设厅、省文明办、省文化厅、省旅游局

（四）开展“迎亚运盛会，树行业新风”活动。

以“擦亮文明窗口，迎接亚运盛会”为主题，召开创建文明窗口经验交流现场会，总结推广行业规范化服务的成功经验，推进党政机关、基层行政管理执法部门和窗口服务行业创新服务理念、完善服务标准、优化服务环境、提升服务质量、提高服务水平，为亚运提供周到、细致、便捷、优质的服务。

责任单位：省文明办、省直机关工委、省纠风办

广东省精神文明建设委员会　中共广东省委宣传部

关于印发《关于我省创建文明城市工作情况报告》的通知

各地级以上市文明委、党委宣传部：

日前，省文明委向省委专题报告了我省创建文明城市工作情况，提出要在全国率先开展文明城市群建设，受到省委主要领导的肯定。中共中央政治局委员、省委书记汪洋同志批示："文明城市群建设是珠三角一体化建设的又一重要平台，希将这一有特色的工作抓出成效来。"省委常委、宣传部长、省文明委主任林雄同志批示：我省创建文明城市工作在全国处于领先地位，今后要争取继续领跑全国，要在此基础上启动文明城市群建设，从已经是全国文明城市的深莞惠城市圈开始试点，经过几年努力后推广到整个珠三角，把文明创建工作由点扩到面。

现将《关于我省创建文明城市工作情况报告》印发给你们，请各地结合实际，认真贯彻落实省委领导的批示精神，开拓创新，积极进取，为我省创建文明城市工作不断迈上新台阶而努力奋斗。

广东省精神文明建设委员会
中共广东省委宣传部
2010 年 5 月 6 日

关于我省创建文明城市工作情况报告

从 1995 年我省确定创建文明城市先行点起，我省创建文明城市工作走过了 15 年的历程。15 年来，在历届省委的正确领导下，全省各地适应经济社会发展对提高城市整体文明程度的客观需要，顺应人民群众建设宜居家园、创造美好生活的强烈愿望，借助广东经济持续快速健康发展、城市综合实力不断增强的独特优势，长抓不懈，推动我省创建文明城市工作始终保持着蓬勃发展的势头，成为群众性精神文明创建活动名副其实的"龙头工程"，也成为我省群众性精神文明创建活动响当当的"品牌项目"。目前，我省有深圳、惠州、东莞、中山 4 个市获得"全国文明城市"称号，数量居全国第一，占全国文明城市（区）总数的 1/6，广州、珠海、江门、肇庆、茂名 5 个市获得"全国创建文明城市工作先进城市"称号，全省共有 17 个地级以上市和 6 个县级市获得"广东省文明城市"称号。

创建文明城市的成功实践，使我们获得深刻启示：

一是创建文明城市是落实科学发展观的有效载体。创建文明城市把物质文明、政治文明、精神文明、生态文明与和谐社会建设融为一体，体现着落实科学发展观，实现城市经济社会全面、协调、可持续发展的明确导向和具体要求，促使各个参创城市树立起抓创建就是抓科学发展、抓创建就是抓和谐社会建设的工作理念，努力预防和消除城市发展过程中产生的各种“社会病”，使城市走上科学发展之路。惠州市干部群众反映，创建文明城市使惠州城市建设提前了5年、市民素质建设提前了5年，而且避免了不少发达城市走过的弯路。

二是创建文明城市是惠民利民的民心工程。文明城市考核采取入户调查、问卷调查等形式采集民意，请群众做裁判，让群众定输赢，群众评价的分值占到50%以上。这一做法促使各地牢固树立与民同心、为民谋利的工作思路，想群众所想、急群众所急、解群众所忧、干群众所盼，切实解决事关群众切身利益的医疗、教育、治安、交通、环境、社会保障、外来工权益保护等民生问题，让人民群众在创建中得到更多的实惠。广州市推出“惠民66条”，切实改善城乡居民的生活条件和社会保障水平。深圳市出台《深圳市民生净福利指标体系》，不断加大财政对民生领域的投入。惠州市打造“民共富、民作主、民和谐、民厚德、民共享”的“惠民之州”，等等，既调动了群众参与创建的积极性，又让群众共享了文明创建的成果。

三是创建文明城市是提升城市形象的有力推手。文明城市首先要树立良好的城市形象。为此，各地本着“量力而行，尽力而为”的原则，集中精力、收拢拳头，围绕基础设施、环境面貌、文化服务和旧城改造等方面，兴建了一批高起点的城市设施，形成了一批城市景观的新亮点，大大提升了城市的美誉度。东莞市市政中心广场及周边的展览馆、博物馆等具有现代气息的重点工程建设，使城市面貌发生了脱胎换骨的变化。珠海的情侣路、江门的体育公园、湛江的观海长廊、韶关的雕塑长廊、潮州的广济桥和古城文化区等亮点，给人耳目一新的感觉。

四是创建文明城市是提高市民文明素质的重要途径。文明城市特别注重培育和提升市民的现代文明素质。为此，中央文明办每年组织针对市民文明行为的公共文明指数测评，计入总评成绩。这就促使各地在创建中突出思想道德内涵，大力加强市民思想道德建设和文明行为习惯的养成，努力把创建过程变成市民自我教育、自我提高的过程，全面提升城市的“精”、“气”、“神”。近年来，我省各地大力开展讲文明、树新风活动，加强现代公民教育，大力开展改革、创新教育，培育新时期广东人文精神，大力开展全民阅读活动，提高居民的文化素养，取得了显著成效。在去年中央文明办组织的公共文明指数测评中，我省各市总体水平靠前，广州、深圳在省会、副省级城市排名中分居第5和第8位，惠州、东莞在地级市排名中分居第5和第6位，受到中央文明办领导的表扬。

当前，我省创建文明城市工作既呈现出蓬勃发展的良好态势，又处于提高水平、提升层次的关键时期。我们将进一步创新思路、开拓局面，重点做好以下几项工作：

第一，首倡文明城市群建设。以《珠江三角洲地区改革发展规划纲要（2008—2020年）》的深入实施为契机，在全国率先倡导文明城市群建设。即在珠江三角洲地区以构建区域一体文明为目标，按照功能互补、协调发展的原则，推动社会发展、基础设施、生态环境、公共服务、文化发展、居民素质“六个一体化”，打造具有“高效能的基础设施、高水平的管理体系、高质量的生态环境、高效率的分工合作、高品位的都市文化”的文明城市群。近期，加快推进集环保、运动、休闲、旅游于一体的绿道建设，建成连接区域—城市—社区的三级绿道网；致力打造具有时代气息、岭南特色的珠江文化带；着力构建以文明镇为节点、以现代文明村（居）为依托的创建纵贯线。今年，以深莞惠文明城市群建设为先行点，加强可行性研究，做好理论探讨、舆论引导、规划指引等前期工作。

第二，优化创建文明城市工作格局。按照分类指导、分步推进的原则，加快推进各市创建全国文明城市工作步伐。一是推动广州、珠海、江门市树立志在必得的决心和信心，加大工作力度，力争明年我省再有一两个城市进入全国文明城市行列，继续领跑全国。拟定于5月份组织省的主要新闻媒体对这几个市创建经验进行集中宣传，在此基础上，争取中宣部、中央文明办将其中的一两个市列入创建全国文明城市工作的重大典型，组织中央新闻媒体对其进行宣传报道。二是推动深圳、惠州、东莞、中山市完善长效机制，提高创建水平，继续蝉联全国文明城市。三是指导佛山、韶关、湛江、清远等广东省文明城市，迈开争创全国创建文明城市工作先进城市的步伐，实现我省创建全国文明城市工作的梯次发展。

第三，开展公共文明指数测评。从今年起，委托高校大学生志愿者对历届省文明城市每年进行公共文明指数测评，将测评结果作为是否继续保留广东省文明城市称号的主要依据，推动各市不自满、不松懈，不断实现自我超越。

第四，举办广东城市文明形象建设论坛。由省文明办联合南方日报、省社科院，分别在深圳、惠州、东莞、中山4个全国文明城市举办广东城市文明形象建设论坛，围绕提升城市的政府形象、市民形象、景观形象和文化形象进行研讨、讨论，为我省城市进一步提高创建水平提供指引和帮助。

广东省文明办

关于深入开展“我推荐、我评议身边好人”活动的通知

各地级以上市文明办：

为推动学习宣传全国道德模范活动深入开展，中央文明办决定，2010年继续开展“我推荐、我评议身边好人”活动。结合我省实际，现将有关要求通知如下：

一、各地要注意挖掘、培育先进典型

各地要广泛发动群众，深入开展“身边好人”评选活动，通过这一活动，挖掘、培育一批道德先进典型，为下一届全国道德模范评选活动打下基础。

二、各地要做好先进典型的材料报送工作

各地级以上市文明办每月向省报送一批“身边好人”先进典型，将事迹材料发送至省文明办电子邮箱：gdswmb@ sohu. com，省文明办择优向中央文明办推荐。

附：中央文明办《关于深入开展“我推荐、我评议身边好人”活动的通知》。

广东省文明办

2010年4月23日

中央精神文明建设指导委员会办公室

关于深入开展“我推荐、我评议身边好人”活动的通知

各省、自治区、直辖市和新疆生产建设兵团文明办：

中央文明办主办、中国文明网承办的“我推荐、我评议身边好人”活动开展两年以来，各地群众推荐了大批感人的好人好事，营造了学习、关爱、崇尚、争当道德模范的浓厚氛围，发挥了引领道德风尚的积极作用。为进一步扩大活动成效，推动学习宣传全国道德模范活动深入开展，根据中央文明委2010年的工作部署，今年继续深入开展“我推荐、我评议身边好人”活动。现将有关事项通知如下：

一、活动目的

通过发动广大群众，在网络上推荐、评议日常生活中发生的感人事迹，大力弘扬中华传统美德，引导人们树立正确的道德观、价值观，促进好人好事不断涌现，为全国道德模范评选表彰进一步扩大群众基础，在生动具体的道德实践活动中推进社会主义核心价值体系建设。

二、活动组织

活动由中央文明办主办，中国文明网承办，中央重点新闻网站协办，各地文明办配合相关工作。

三、活动形式

1. 开设“好人好事栏”。中国文明网及各地协办媒体开设“好人好事栏”，提供电子邮箱、热线电话、网上留言等推荐渠道，集中展示宣传各地群众推荐的身边好人好事。

2. 设立道德“监督台”。在中国文明网活动专题中设立网上道德“监督台”，对经核实确实存在的不道德问题进行评论监督，促进人们修德行善。

3. 组织群众评议投票。中国文明网每月选取部分经各省（区、市）文明办核实的好人事迹，发动广大网民以留言、跟帖、投票等形式，进行评议、学习和投票。

4. 发布“中国好人榜”。综合好人事迹的网上得票和评议情况，每月按助人为乐、见义勇为、诚实守信、敬业奉献、孝老爱亲5个类别，每类评出20人，共100位“身边好人”入选当月的“中国好人榜”，由中国文明网向各媒体发布。

5. 进行表彰宣传。对“中国好人榜”入选者由中央文明办颁发荣誉证书，并优先作为全国道德模范候选人进行推荐；组织媒体对“中国好人”的感人事迹进行广泛宣传。

6. 开展现场交流活动。中央文明办在活动开展有特色的地方，举办全国道德模范与身边好人现场交流活动，传诵中华道德文化经典，交流做好事、当好人的心得体会，推动活动形成高潮。

四、宣传推广

1. 中国文明网、各协办网站开设活动专题，提供推荐渠道和活动宣传平台。

2. 各网站及各地协办媒体每月发布“中国好人榜”名单，对入选者的感人事迹进行广泛宣传。

3. 各地在机关、企业、学校、社区及广场、街道等场所，设立“中国好人榜”宣传栏，大力宣传好人事迹。

五、活动时间

1. 4月上旬，各地文明办做好活动的筹备工作，进行宣传发动，各协办媒体开通群众推荐、评议平台。

2. 从5月初开始，组织网上投票，每月选出一期“中国好人榜”，全年共8期。

3. 从5月份起，各省（区、市）文明办每月底要汇总当月媒体报道、户外宣传栏设立及各地市活动开展等情况，发送到 sbhr@wenming.cn 电子邮箱，联系电话：010－83083132。

4. 活动期间，根据各省（区、市）的申报情况，适时举办全国道德模范与身边好人现场交流活动。

六、工作要求

各地文明办要充分认识开展“我推荐、我评议身边好人”活动的意义，指定专人负责，明确协办媒体，结合当地的相关活动，广泛发动群众推荐、评议“身边好人”，扎实做好事迹核实工作，大力宣传好人事迹；鼓励群众对身边的不道德现象进行曝光监督，引导人们崇德向善。通过各地深入、持久地推动活动开展，使“我推荐、我评议身边好人”活动成为引领道德风尚的有效平台，帮助广大群众提高道德素养的重要载体，影响广泛的品牌项目。

中央文明办
2010年3月31日

广东省文明办

关于印发《关于在全省窗口服务行业开展“迎亚运创五优”活动的实施意见》的通知

各市、县（区）文明办，省直、中直驻粤各有关单位：

现将《关于在全省窗口服务行业开展“迎亚运创五优”活动的实施意见》印发给你们，请结合实际认真贯彻落实。

广东省文明办
2010年7月20日

关于在全省窗口服务行业开展“迎亚运创五优”活动的实施意见

为推进我省窗口服务行业以优雅形象、优美环境、优良秩序、优质服务、优化管理（简称“五优”）迎接和服务2010年广州亚运会，展示广东文明新形象，省文明办决定在全省窗口服务行业开展“迎亚运创五优”活动，现制定实施意见如下：

一、重要意义

近年来，我省窗口服务行业在文明创建活动中，不断丰富活动载体，拓展服务领域和服务内容，既注重改善服务设施条件，又注重提升服务质量与服务水平，既注重提高员工队伍素质，又着力改进管理方法，各行业服务质量更加优良，服务效能更加提升，人民群众越来越多地享受着文明服务、满意服务、规范服务和优质服务。但是，我们也要看到，随着我省经济社会的快速发展，人民群众对服务行业的服务理念、服务手段和服务质量提出了更高的要求。特别是2010年广州亚运会的召开，更需要我们以国际标准来改进工作。窗口服务行业直接承担着服务亚洲各国运动员和记者的职责，也代表着广东的形象。开展“迎亚运创五优”活动，既是提高行业整体素质的重要举措，也是服务亚运的现实需要，更是树立和展示广东文明形象的有利契机。我们要充分认识深入开展“迎亚运创五优”活动的重要性，进一步增强责任感和紧迫感，切实把这项工作抓紧抓好。

二、基本内容

（一）优雅形象。

1. 员工着装得体大方，仪容洁净清爽，举止从容文雅，站姿坐姿端正，态度亲切和蔼，接待来宾主动、热情、耐心、周到，使用文明用语。

2. 积极履行社会责任，参加社会援助和志愿服务等社会公益事业，业务实绩和服务水平处于全省同行业领先水平，社会形象好。

（二）优美环境。

1. 窗口门面牌匾规范，标志鲜明、统一、整洁、醒目；门前车辆停放整齐，秩序良好。

2. 办公场所环境整洁，办公设备配置齐全，办公用品摆放整齐，办事指南、程序指引等摆放有序、醒目美观。

3. 环境整洁优美，屋前屋后绿化美化。

（三）优良秩序。

1. 办公区、休息区设置合理，分区指引清晰明了，设置咨询或值班台，提供咨询引导服务，合理引导群众排队、等候或在休息区休息，窗口营业正常有序。

2. 有需要的地方配备电子叫号系统、设置一米黄线，优化办事流程，简化服务环节。

3. 员工遵纪守法，协助有关部门维护单位内外治安秩序、交通秩序。

（四）优质服务。

1. 服务规范化，制订并实行服务承诺制度、首问责任制度、首办责任制度、一次性告知制度、限时办结制度、责任追究制度。

2. 服务设施便民利民，开通咨询服务电话、咨询服务网站，电子显示屏、触摸屏、电梯、饮水机等设施正常工作。

3. 服务项目多样化，实行“一站式”服务、全程服务、预约服务等；开通“绿色通道”，为老年人、残疾人、优抚对象、特困对象提供全程陪同服务、优先服务。

（五）优化管理。

1. 服务质量管理标准化，按规定的国际标准、国家标准或行业标准进行质量控制和管理。

2. 服务质量管理民主化，职工代表大会和其他形式的企事业民主管理制度完善。

3. 服务质量控制多样化，行风监督评价体系健全，实行内部监督和社会监督。投诉监督电话、意见簿或意见箱等设置规范、醒目。

三、主要措施

（一）以诚信建设为重点加强职业道德建设。

要切实加强政务诚信、商务诚信、社会诚信建设，大力倡导诚信为本、操守为重、守信光荣、失信可耻为基本要求的良好职业道德。一是在党政机关着重抓好以“依法行政”为主题的诚信建设。对面向社会、面向群众、面向基层承诺的事项，要做到不折不扣，有诺必践，诚信服务，诚信办事；深入开展“文明机关”创建活动，切实加强机关作风建设，全面推行公示制、首问负责制等工作制度，进一步简化办事程序，努力提高办事效率和服务质量。二是在执法部门着重抓好以“公正执法”为主题的诚信建设。坚持公正、公平、公开的原则，公正执法、廉洁自律，提高办事透明度和办事效率，切实解决以权谋私、办事不公、执法不严等群众反映较为强烈的问题。三是在服务和流通行业着重抓好以“诚信经营”为主题的诚信建设。生产企业要把创建工作的着力点放在严格生产标准、讲究环境道德、确保安全生产和产品质量上。流通行业要在继续改进服务态度、完善售后服务的基础上，着力解决好杜绝假冒伪劣商品进入流通领域的问题。服务行业和中介组织要全面推广服务行业规范化服务，制定出适合自身工作特点、简明具体、易于操作、便于考核的规范化服务标准和保证措施，自觉按照国家有关法律法规开展经营和服务活动。继续深入开展“百城万店无假货”活动，切实维护消费者权益。

（二）以加强员工培训为重点提升行业服务水平。

各行业、各部门要以职业道德建设为突破口，按照遵守惯例、标准统一、尊重个性、注重细节的原则，全面启动职业道德、服务规范、岗位技能、亚运知识、外语和手语等方面的教育培训，广泛开展岗位练兵、服务承诺和规范化服务活动，从亚运会的全过程上完善服务方案、细化服务保障措施，提供优质高效服务，带动各行各业的服务水平有根本性提升。要从工作职能和工作岗位要求的实际出发，通过组织开展服务专题讲座、技能操作比赛等多种形式的教育培训活动，吸引干部职工广泛参与，扩大教育覆盖面，不断增强行业干部职工服务基层、服务群众的本领。要以我省出版的《公务礼仪》、《商务礼仪》为基本教材，开展文明礼仪知识巡讲活动，大力普及亚运知识和各项社会礼仪常识，培育知礼仪、重礼节的文明风尚。要积极组织礼仪形象展示大赛，切实加强道德规范、服务技能等方面的教育培训，不断提高行业服务质量和水平。

（三）以创建活动为重点树立行业文明新风。

要围绕实现优雅形象、优美环境、优良秩序、优质服务、优化管理，广泛开展创建文明单位、文明窗口活动。要在单位内部深入开展争创文明单位、文明窗口、文明班组、文明柜台、文明科室等活动，开展争当文明职工、文明标兵、先进工作者、青年文明号、巾帼建功等活动，使争先创优蔚然成风。要围绕“讲文明树新风”的主题，把“迎亚运创五优”活动与创建文明城市、文明村镇结合起来，与各行业各人民团体组织的各种创建活动结合起来，使各方面工作展其所长、相互促进、形成合力。

（四）以开展志愿服务活动为重点塑造行业文明形象。

各行各业要结合业务工作，组织开展具有行业特色、职业特点的文明服务活动，确保运营服务保障全面到位。涉外服务、食品安全、医药卫生、商业零售等行业和单位，要组织干部职工成立志愿服务队，积极开展形式多样的便民服务和延伸服务，为人们排忧解难。要积极组织动员广大干部职工开展信息咨询、秩序维护、应急救助、卫生保洁、语言翻译、场馆运行等工作，为成功举办亚运会提供多样化、专业化的志愿服务。并以此为契机，积极参与城市公共管理、社会援助和社会公益等社会志愿活动，塑造行业的良好形象。

四、工作要求

（一）加强领导。

各级文明办要把“迎亚运创五优”活动作为今年的工作重点，与各有关行业主管部门密切合作，切实担负起协调、督促、检查的责任。各行业主管部门要切实担负起对行业工作的组织和管理职能，把“迎亚运创五优”活动与业务工作紧密结合起来，将工作任务落实到具体工作部门，建立健全工作运行机制。要明确工商业联合会、各种行业协会、消费者协会等行业组织在创建工作中的职责，形成齐抓共管、同创共建的工作局面。

（二）制订方案。

各行业要加强对这项工作的统筹协调，结合行业实际，深入调查研究，制订深化“迎亚运创五优”活动的实施方案，进一步明确各阶段的目标任务，并把方案与任务层层分解，落实到各部门、各单位、基层第一线。要根据亚运会的不同时间节点（如亚运倒计时 100 天等），精心设计活动载体，广泛开展多种形式的创建活动，不断形成高潮。

（三）树立典型。

要发挥先进典型的示范带动作用。按照以点带线、由线到面、循序渐进、扎实推进的工作思路，注意培育、树立、宣传和推广先进典型，充分发挥其示范辐射作用。要注意帮助典型探索、总结创建工作的规律和经验，认真组织推广，促进行业整体水平的提高。要精心策划包装一批服务品牌，组织系统内具备条件的各窗口单位，从工作性质、服务对象及社会反馈等实际情况出发，逐步完善服务品牌创建体系，确定品牌名称、标志、理念、内涵和价值取向等，确定一批行业特征鲜明、社会认同感强的服务品牌，以品牌创建推进窗口服务行业开展文明优质服务。

（四）完善机制。

要深入研究创建工作面临的新情况、新问题，认真总结近年来工作机制建设的成功经验，不断创新工作机制。要结合深化行业改革和完善行业管理制度，抓紧建立健全组织领导、投入保障、检查考核、激励约束等创建工作机制。通过邀请人大代表和政协委员视察工作、群众评议行风、消费者投诉举报、新闻媒体舆论监督等途径和方式，实现对窗口服务行业文明优质服务社会监督的制度化。

广东省文明办　中国电信股份有限公司广东分公司

关于开展“迎亚运讲文明树新风——文明e起发”短信传递活动的通知

各地级以上市文明办，省直、中直驻粤有关单位，中国电信广东公司各市分公司：

为落实中央文明办等部门开展“迎世博迎亚运”文明短信传递活动的工作部署，以举办广州亚运会、亚残运会为契机，充分运用手机短信交流平台，传播文明、引领时尚，推动社会主义核心价值体系建设，省文明办、中国电信广东公司决定在全省组织开展“迎亚运讲文明树新风——文明e起发”短信传递活动。现将有关事项通知如下：

一、指导思想

以建设社会主义核心价值体系为根本，以“迎亚运讲文明树新风”为主题，引导群众创作和转发文字优美、雅俗共赏的文明短信，倡导健康向上的手机短信文化，为成功举办广州亚运会、亚残运会营造良好氛围。

二、总体安排

从8月起至11月底，突出“迎亚运讲文明树新风”主题，在全省开展文明短信创作、转发活动；11月底，总结活动经验，表彰先进单位和个人，研究部署下一阶段工作，建立长效机制。

三、组织领导

成立全省“迎亚运讲文明树新风——文明e起发”短信传递活动组委会，下设办公室，由省文明办和中国电信广东公司相关人员组成，具体负责日常组织协调工作。中国电信广东公司负责活动短信平台的开发与维护。

四、活动方式

“迎亚运讲文明树新风——文明e起发”短信传递活动分为短信创作和短信转发两种形式。

（一）短信创作。

要紧扣“迎亚运讲文明树新风”主题，倡导注重礼仪、热情友善、文明礼貌，大兴文明礼仪之风；倡导爱读书、读好书、善读书，大兴读书学习之风；倡导低碳经济和低碳生活理念，节约能源资源，大兴勤俭节约之风。要求内容健康，文字优美，立意新颖，富有创意。诗词、对联、感言等体裁不限，短信、彩信均可，每条字数控制在21—68个汉字之间。

原创作品登记方式：用中国电信“天翼”手机发送到10659855或登陆http://wm.vnet.cn，按照指引上传短信。

（二）短信转发。

1. 短信下载：中国电信“天翼”用户发送短信“A”（或A+短信ID）到10659855，根据提示指令可分别下载短信作品；或登陆http://wm.vnet.cn，按照指引下载短信作品。

2. 转发短信。中国电信手机用户接收到文明种子短信，发送给手机用户，即可参与短信转发活动。

3. 积分查询。中国电信“天翼”用户编辑查询指令“9”，发送到10659855，可查询截至前一天个人的积分和排名。

4. “迎亚运讲文明树新风——文明e起

发”短信传递活动坚持公益性原则，上传、下载、转发短信（含彩信），免收信息费，只收正常通信费。活动产生收益在扣除运营费用后上交中国电信集团公司统一捐赠给中国志愿服务基金会。

参赛细则登陆活动官方网站 http：//wm. vnet. cn 查询。

五、奖励办法

活动期间，主办单位将设置两个层次的奖项：一是月奖，每月评选“文明短信创作奖”和“文明短信转发奖”。“文明短信创作奖”、“文明短信转发奖”分别设一等奖 5 名，奖励 500 元话费；二等奖 10 名，奖励 300 元话费；三等奖 20 名，奖励 100 元话费。二是年终大奖。主办单位将于年终对所有月奖短信进行投票，结合转发量，评选出“文明短信创作奖”、“文明短信转发奖”，分别设一等奖 5 名，奖励价值 5000 元以上高端手机一部；二等奖 10 名，奖励价值 3000 元以上、5000 元以下中端手机一部；三等奖 20 名，奖励价值 3000 元以下手机一部。

六、工作要求

1. 各地各有关部门要充分认识开展“迎亚运讲文明树新风——文明 e 起发”短信传递活动的重要意义，把这项活动作为群众性精神文明创建工作的重要抓手，摆上重要位置，切实加强组织领导，认认真真抓出成效。各市文明办、中国电信广东公司各市分公司既要各司其职、密切配合，又要整体联动、形成合力，在活动主题、内容审核等方面进行指导和把关。要组织报纸、电台、电视台、都市类媒体积极宣传活动的情况，推广成功经验，刊发优秀短信作品，营造良好氛围。

2. 省文明办将于近期与中国电信广东公司联合开展南粤文化短信传递活动，以 21 个地级以上市为单元，针对客家文化、潮汕文化、岭南文化、粤港文化等本地特色文化，开展文明短信的“有形化”传递和争当文明使者活动（方案另发），请各有关市积极与当地电信部门沟通、联系，加强协调配合，扩大活动效果。

3. 各市文明办可联合作协、文联、大中学校文学团体等，鼓励专业工作者创作文明短信，大力培训文明短信写手和爱好者，不断扩大创作队伍。中国电信广东公司将视活动开展情况，尝试启动文明短信有奖创作机制，原创作品通过短信方式、网站方式被电信用户下载，原创者可按其提交的原创作品被电信用户转发条数获得奖励分成。省文明办和中国电信广东公司年底将收集评选最佳文明短信，并汇编成册出版。

4. 各地级以上市文明办要将“文明 e 起发”短信传递活动与文明城市、文明单位等群众性精神文明创建活动相结合，通过文明短信的传播和渗透，提升文明形象。要发动各社区、街道和企事业单位的基层班组积极参与此项活动，通过社区、街道和基层班组的宣传栏宣扬文明短信传递活动，把短信传递活动渗透至群众和职工的日常生活，提升文明短信的精神渲染力和渗透力，营造良好的文化氛围。

广东省文明办
中国电信股份有限公司广东分公司
2010 年 8 月 10 日

广东省文明办

关于转发《关于深化“我们的节日”主题活动的方案》的通知

各地级以上市文明办：

为深入贯彻落实党的十七大提出的弘扬中华文化、建设中华民族共有精神家园的战略任务，中宣部、中央文明办、教育部、民政部、商务部、文化部、国家旅游局联合印发《关于深化“我们的节日”主题活动的方案》的通知（文明办〔2010〕8号）。现将通知转发给你们，并结合我省实际提出要求如下：

一、突出思想道德内涵

要把建设社会主义核心价值体系的要求贯穿“我们的节日”主题活动的各个环节，深入挖掘传统节日的思想内涵和道德意蕴，明确各个节日的主题定位，不断提升传统节日的文化品位，增强传统节日的时代元素，使人们在浓厚的节日氛围中受到熏陶、学到知识、受到教育、得到提高。

二、与发展文化、旅游等产业结合起来

要适应现代市场经济的运作特点，努力挖掘传统节日市场潜力，把弘扬传统节日丰富内涵与发展文化、旅游等产业更好地结合起来，开发节日标志物、服饰、礼品、食品等，设计节日精品旅游线路，推进节日文化产品产业化生产和商品化经营，把丰富的节日资源转化为节日经济优势，增强节日活力，扩大节日影响力，打造节日活动品牌。

三、加大宣传力度

各地主要新闻媒体要充分发挥主阵地作用。报刊要开设专题专栏，通过新闻报道、言论评论、专家访谈、群众讨论等多种形式宣传介绍传统节日。电视台要精心组织节庆活动，在文化类栏目中安排播出介绍传统节日的专题片，丰富节日荧屏。新闻网要开设网上节日论坛，形成网上节日宣传教育平台。

四、纳入精神文明建设重要议程

把“我们的节日”主题活动作为精神文明建设的重要内容，切实抓紧抓好。要抓好工作结合，把“我们的节日”主题活动与“迎亚运、讲文明、树新风”活动结合起来，与加强对青少年的中华民族文化传统教育结合起来，与志愿服务活动结合起来，与群众性文化娱乐和体育健身活动结合起来，不断创新传统节日的形式和载体，增强“我们的节日”主题活动的群众性、广泛性和吸引力、感染力。

为深入推进“我们的节日”主题活动，省文明办委托省民间文艺家协会组织专家学者，对广东传统节日民俗进行了整理，并根据时代的发展，增添了新的文化元素，提出了《“我们的节日”设计方案》（详见岭南文明网），供各地在组织开展节日活动时借鉴参考。

各级文明办要将“我们的节日”主题活动开展情况及时报送省文明办。

附：《“我们的节日”设计方案》。

广东省文明办
2010年8月11日

中共中央宣传部　中央文明办　教育部　民政部
商务部　文化部　国家旅游局

关于深化“我们的节日”主题活动的方案

为深入贯彻落实党的十七大提出的弘扬中华文化、建设中华民族共有精神家园的重要战略任务，贯彻落实中央领导同志关于“策划些群众喜闻乐见的活动，努力挖掘传统节日的文化和精神的内涵”的重要指示精神，就深化“我们的节日”主题活动，提出如下方案。

一、指导思想

深化“我们的节日”主题活动，要坚持以邓小平理论和“三个代表”重要思想为指导，深入贯彻落实科学发展观，以社会主义核心价值体系建设为根本，以群众广泛参与为关键，以经典诵读、节日民俗、文化娱乐和体育健身活动为载体，坚持贴近实际、贴近生活、贴近群众，坚持立足当地、因地制宜、就近就便，积极创新传统节日的形式和载体，深入挖掘传统节日的文化内涵，着力引导人们继承和弘扬中华民族的优秀传统，着力营造民族团结、国家统一、社会和谐、家庭幸福的浓厚节日氛围，在全社会唱响共产党好、社会主义好、改革开放好、伟大祖国好、各族人民好的时代主旋律，更好地聚中国人的心、铸中国人的魂。

二、工作设想

（一）深入开展形式多样的群众性节日活动，更好地发挥优秀传统文化的滋养和引导作用。

在我国重要的传统节日期间，以历史文化名城、文明城市、非物质文化遗产资源集中地区为重点，在城乡社区、街道、学校、机关、企业组织开展丰富多彩的群众性经典诵读、节日民俗、文化娱乐和体育健身活动，推动“我们的节日”主题活动在全国各地深入开展。（1）春节、元宵节期间，突出辞旧迎新、团圆平安、尊老爱幼的主题，举办联欢晚会、焰火晚会、迎春灯会、庙会、秧歌会等活动，营造安定和谐、欢乐祥和的喜庆氛围。（2）清明节期间，突出纪念先人、缅怀先烈的主题，举办祭奠英烈、寻根祭祖、清明诗会、扫墓踏青等活动，引导人们正确认识和理解中华民族优良传统和革命传统，慎终追远，珍惜幸福生活。（3）端午节期间，突出人与自然和谐共处的主题，举办赛龙舟、划旱船、水上拔河、远足登山等活动，增强人们的爱国情感，提高人们的科学意识。（4）中秋节期间，突出团结、团圆、庆丰收的主题，举办民俗文化庙会、中秋赏月等活动，努力营造民族团结、国家统一、社会和谐的节日氛围。（5）七夕节、重阳节期间，突出爱情忠贞、家庭幸福、敬老孝亲的主题，举办乞巧、对歌、联欢会、登高、赏菊、敬老等活动，引导人们追求爱情美满、家庭和睦的美好生活，大力弘扬尊老敬老的传统美德。（6）根据传统节日不同主题，节日期间在全社会广泛开展学习经典、诵读经典的活动，让人民群众特别是广大青少年熟知经典、亲近经典、热爱经典，更好地弘扬中华民族的优秀传统。

（二）加大“我们的节日”宣传推广力度，努力营造浓厚舆论氛围和良好文化环境。

报刊、广播、电视和互联网等新闻媒体要把传统节日宣传作为重要任务，加大工作力度，积极营造尊重传统节日、热爱传统节日、参与传统节日的浓厚氛围。（1）中央和地方主要报刊通过新闻报道、言论评论、专家访谈、群众讨论、公益广告等形式，多侧面、多角度地宣传介绍传统节日相关知识，及时报道各地广泛开展“我们的节日”主题活动的情况。（2）电台、电视台制作播出介绍传统节日的文化类栏目、节目和专题节庆晚会，组织力量制作播出一批介绍传统节日的影视剧、动漫作品和公益广告，丰富节日荧屏。（3）中国文明网、人民网、新华网、光明网、央视国际等重点新闻网站，开展“我们的节日”系列网上活动，建立专门网页，开设网上节日论坛，形成网上节日宣传平台，吸引广大群众参与“我们的节日”主题活动。（4）继续精心制作播出“我们的节日——中华长歌行”特别节目，以经典诗文诵读、歌舞、人物访谈等形式，唱响具有浓郁民族特色、时代特色的成就之歌、精神之歌和文化之歌。（5）通过媒体开展征集传统节日歌曲和推介传统节日经典诗词等系列活动。

（三）大力发展节日文化、旅游产业，不断扩大传统节日的社会影响。

适应现代经济发展的要求，按照“政府主导、民间主办、市场运作、社会参与”的模式，努力挖掘传统节日市场潜力，把弘扬传统节日丰富内涵、推动非物质文化遗产生产性保护和发展文化、旅游产业更好地结合起来，做成节日品牌，产生示范效应。（1）鼓励文化企业针对传统节日，研发一系列富有民族特色、时代气息的节日吉祥物、礼物、服装，推出一大批安全卫生、健康有益的节日玩具、节日食品和更多更好的传统节日图书、电子读物和影视剧，营造节日气氛，拓展节日内涵，增添节日魅力。（2）引导商业企业用好传统节日商机，大力营销节日产品，搞旺节日市场，丰富节日生活。（3）充分利用传统节日的假期安排，开发传统节日人文旅游资源，设计推出“团圆游”、“踏青游”、“生态游”、“夕阳红”等主题鲜明的旅游精品路线。（4）各类公益性文化设施以及与传统节日相关的名人故居、非物质文化遗产名录项目、风景旅游点等，通过专题讲座、图片展览和文体表演等方式加强宣传推介。（5）创作一些易于传颂、真挚感人的节庆用语、节日祝福，开展节日文明短信传播活动，体现人文关怀，增进感情友谊。

（四）进一步做好研究、阐释工作，深入挖掘“我们的节日”的丰富内涵和独特魅力。

加强对节日文化内涵、精神实质、历史演变、礼仪习俗以及当代价值、现实意义的研究，组织专家学者撰写理论文章、通俗读物，举办论坛，普及节日知识。对具有历史、文化和科学价值的传统节日文化进行有效保护和合理利用，继续做好将传统节日纳入国家级非物质文化遗产名录及申报联合国教科文组织人类非物质文化遗产代表作的相关工作。

三、工作要求

（一）高度重视，加强领导。

要把深化“我们的节日”主题活动作为推进社会主义核心价值体系建设的重要抓手和群众性精神文明创建活动的重要载体，同创建文明城市、文明村镇、文明单位紧密结合，同青少年思想道德建设紧密结合，进一步拓展领域、丰富内容，不断提升活动的思想文化内涵。要研究制定具体的活动方案，加强组织协调，周密部署，推动活动有序开展。

（二）齐抓共管，形成合力。

党委宣传部门、文明办要认真做好传统节日的宣传教育工作，及时总结推广经验，推动“我们的节日”主题活动深入开展。文化、体育部门要加强对基层节日文体活动的指导策划，抓好培训基层骨干文体人员、提供活动设施等工作，组织创作富有节日文化内涵的文化产品。民政部门要积极推动城乡社区及基层企事业单位开展健康向上的节日民俗活动，引导人们移风易俗、除旧布新。商务部门要鼓励和引导商业企业开发节日产品、活跃节日市场，丰富人民群众节日生活。广电、新闻出版部门要组织力量制作播出一批介绍传统节日的影视作品，认真做好传统节日图书和电子读物的出版发行工作，扩大传统节日的社会影响。教育部门要把传统节日教育纳入学校教学活动之中，在中小学教材中进一步充实我国各民族的民俗文化、地方乡风民俗、时岁节令等内容，加强民族传统节日文化知识的普及工作。旅游部门要设计推介传统节日旅游的主题与线路，真正把“我们的节日”主题旅游搞旺。工会、共青团、妇联、文联、作协等要认真组织基层群众开展好节日活动，组织作家艺术家深入基层演出。

（三）因地制宜，务求实效。

按照“三贴近”原则，认真组织好各项工作，做到既形成声势又扎扎实实。坚持从实际出发，适应群众的审美情趣、接受能力和心理特点，立足群众乐于参与和便于参与，不断创新节庆活动的形式和载体，有针对性地设计项目、开展活动，增强“我们的节日”主题活动的群众性、广泛性和吸引力、感染力。要力戒形式主义，避免搞脱离实际的形象工程。积极倡导文明和谐、实用节俭的现代节日理念，在移风易俗中体现人文关怀，在欢乐喜庆中倡导文明新风。

少数民族的传统节日是中华民族文化的优秀传统的重要组成部分。要充分尊重少数民族的风俗习惯，加强对少数民族传统节日活动的组织与引导，积极开展丰富多彩的民族节庆活动，增强民族团结，维护国家统一，弘扬中华民族的优秀传统文化。

各地和有关部门根据方案的要求，结合实际制定具体的实施意见，切实抓好各项工作的落实。

附：

“我们的节日”设计方案

春节

名称：春节。

日期：农历腊月二十三至次年正月十五。

定位：大年。

主题词：感恩送旧，迎春接福。

源流：春节源于西周，成于两汉，已有3000多年历史。农历正月初一通常在立春前后，因而正月初一为“春节”。春节是农业社会里最重要的节日，含有庆祝丰收与祝愿来年好景的双重意思。春节到来，游子回家，亲人团聚，族人、社区集体联欢，体现了中华民族特殊的文化心理。

程式：

腊月二十三：送灶。

腊月二十八：扫尘。

腊月二十九：行花街，贴春联，贺卡拜年。

除夕日：合家祭祖，儿童卖懒，吃团年饭，守岁，短信拜年。

正月初一：出行，拜长者，逛庙会，电话拜年，短信拜年，网络拜年。

正月初二：外家拜年，联欢。

正月初三至正月初六：亲朋拜年、联欢。

正月初五：生菜会，舞醒狮。

正月初七：人日。游园，厨艺大赛。

正月初八：开市。开年饭，开门利市。

正月初九至正月十五：舞龙，舞狮，社区、族人联欢，庙会。

吉祥物：年橘。

色调：红色。

衣饰：感恩迎新装（汉服），迎春接福装（唐装）。

食品：甘蔗，煎堆，油角，鱼（年年有余）等。

礼品：橘子，利市。

音乐：《新年好》，《恭喜你》，《春节序曲》，《难忘今宵》，《恭喜发财》，《财神到》，

《祝福你》，《龙船调》，《好日子》，《喜洋洋》。

时花：兰花。

元宵节

名称：元宵节。

日期：农历正月十五。

定位：灯节。

主题词：花前月下，燃灯走病。

源流：元宵亦称为小正月、元夕，源于两汉，中唐以后发展成为全民性的狂欢节。“月上柳梢头，人约黄昏后”，青年男女观灯约会，所以元宵也可谓“中国的情人节”。

程式：挂灯，舞灯，观灯，猜灯谜，灯楼抛绣球，吃汤圆，行花桥，走百病，短信贺节。

吉祥物：灯笼。

色调：橙色。

衣饰：灯火阑珊装（情侣装）。

食品：汤圆，莼菜汤，巧克力。

礼品：香囊，鲜花。

音乐：《闹元宵》，《卖汤圆》，《挂红灯》，《观灯》，《采茶灯》，《生查子》，《闹花灯》。

时花：桃花。

清明节

名称：清明节。

日期：公历4月5日。

定位：寒食节。

主题词：慎终怀远，踏青赏春。

源流：清明节是在夏历农时“二十四节气”之“清明”之中，融合传统寒食节、上巳节等节俗而形成的。寒食节时在冬至后105天，上巳节则在农历三月初三，与清明节近。寒食禁火，在清明节俗之中。

程式：网络公祭，扫墓，插柳，踏青。

吉祥物：柳枝。

色调：绿色。

衣饰：曲水流觞装（古代文人服样式，可以曲水流觞或草书书法作图案装饰）。

食品：青团（蔬菜汁做成的糯米团），艾饼，春卷，韭菜，烧金猪。

礼品：柳条，彩蛋，古玩。

音乐：《清明雨》，《雨打芭蕉》。

时花：栀子花。

端午节

名称：端午节。

日期：农历五月初五。

定位：水节。

主题词：踏歌行船，领潮争先。

源流：端午又称端五、重五、端阳、中天等。传说为纪念屈原人们包粽子、赛龙舟。珠江三角洲水网地带，端午节龙舟竞渡特别隆重，出门在外的人争相回乡参与。

色调：青色。

程式：短信贺节，吃粽子，踏歌，赛龙舟，龙舟趁景，挂香囊，吃龙舟饭，泼龙舟水。

衣饰：水乡龙舞装（水青色质料，五粒纽扣）。

礼品：小鼓、小锣、小号等群众响器，艾叶香囊。

食品：粽子，龙舟大盘菜。

吉祥物：龙舟模型。

音乐：《赛龙夺锦》，《赛龙舟》，《龙船调》。

时花：月季。

乞巧节

名称：乞巧节。

日期：农历七月初七。

定位：女儿节。

主题词：拜星乞巧，福至心灵。

源流：七月七传说是牛郎织女鹊桥会的日子，人们认为在瓜果架下可听到两人在天上相会时的脉脉情话，这便有了设瓜果香案以望星空的习俗。织女民间又称“七娘”，相传是个美丽聪明、心灵手巧的仙女，女儿家便于七夕夜向她乞求智慧、巧艺及美满姻缘，所以七月七为乞巧节、女儿节。

程式：穿针乞巧，蜘蛛应巧，投针验巧，拜织女，吃巧果，短信贺节。

吉祥物：牛郎织女像。

色调：蓝色。

衣饰：纤纤女儿装（裙装，粉蓝色质料，

七粒纽扣，星状头饰）。

礼品：女红，手工织品、绣品，如围脖、丝巾、荷包等。

食品：巧果，花瓜。

音乐：《夫妻双双把家还》，《牛郎织女》，《巧娘娘》。

时花：蓝玫瑰。

中秋节

名称：中秋节。

日期：农历八月十五。

定位：团圆节。

主题词：花好月圆，家国同晖。

源流：“中秋”一词最早出现在《周礼》一书中。唐朝初年，中秋节成为固定的节日。《唐书·太宗记》记载有“八月十五中秋节”。而中秋节的盛行始于宋朝，至明清时，已成为我国的主要节日之一。时日恰逢三秋之半，故名“中秋节”；又因这个节日在秋季、八月，故又称“秋节”、“八月节”、“八月会”、“仲秋节”；因中秋节的主要活动都是围绕“月”进行的，又俗称“月节”、“月夕”、“追月节”、“玩月节”、“拜月节”。

程式：短信贺节，树中秋（大型彩灯），望月（八月十四），赏月（八月十五），追月（八月十六），吃月饼，游园，放烟花焰火。

吉祥物：嫦娥像。

色调：紫色。

衣饰：霓裳羽衣装（双层裙装，里层织锦，表层轻纱，八粒纽扣，月状头饰）。

礼品：项链、项圈、手镯、戒指等圆形饰物。

食品：月饼，柚子，桂花酒。

音乐：《彩云追月》，《春江花月夜》，《水调歌头》，《我给爷爷打月饼》，《八月十五月儿圆》，《月之故乡》，《月亮代表我的心》。

时花：桂花。

重阳节

名称：重阳节。

日期：农历九月初九。

定位：长寿节。

主题词：登高转运，康乐延年。

源流：重阳登高之俗源于东汉，百姓相信登高可以转运。事实上，登山运动可以锻炼身体，可以宣泄情感，达到身心健康的目的。

程式：登高，喊山，唱山歌，放风筝，野战游戏，插茱萸，赏菊花。

吉祥物：寿桃。

色调：黄色。

衣饰：野趣迷彩装（青黄质料，迷彩服，九粒纽扣）。

礼品：轮转风车，健身器材。

食品：长寿面，重阳糕，菊花酒。

音乐：《步步高》，《九月九的酒》，《思乡曲》（马思聪），《遍插茱萸少一人》，《九九艳阳天》。

时花：菊花。

冬至节

名称：冬至节。

日期：公历12月22日。

定位：冬节。

主题词：否极泰来，一阳重生。

源流：冬至前一日称“小至”，后一日称“至后”。冬至节源于秦汉，盛于唐宋，并相沿至今。周朝文献记载，民间有利用冬至日到郊外祭天的活动。唐、宋时期，冬至进一步演变成祭天祀祖的日子。在广东，冬至节尤其受到重视，民间有“冬至大如年”之说。

程式：祭天、祭祖，进补。

吉祥物：小牛工艺品。

色调：褐色。

衣饰：寒梅傲雪装（羽绒衣，咖啡色，可以梅花图案装饰）。

礼品：保温杯、加热器等。

食品：糯米糍，腊味，火锅，羊肉，狗肉，白酒。

音乐：《踏雪寻梅》，《我爱你塞北的雪》。

时花：梅花。

广东省文明办

关于开展“迎亚运文明示范窗口”评选表彰活动的通知

各地级以上市文明办，省直、中直驻粤有关单位：

在广州市举办第16届亚运会和亚残运会期间，我省窗口服务行业深化服务理念，规范服务行为，提高服务技能，拓展特色服务，美化服务环境，为广大亚运来宾和各国运动员提供了优质规范、热情周到的服务，展示了广东文明新形象，为表彰先进、树立榜样，省文明办决定在全省窗口服务行业开展“迎亚运文明示范窗口”评选表彰活动，现将有关事项通知如下：

一、评选表彰范围和名额

凡在本省境内的直接服务亚运来宾、服务市民群众的生产、经营、服务行业和管理部门的基层窗口单位均可作为推荐对象。

此次活动将评选“迎亚运文明示范窗口”10个，“迎亚运文明窗口”40个。

二、评选标准

此次评选标准按《关于在全省窗口服务行业开展“迎亚运创五优”活动的实施意见》（粤文明办〔2010〕7号）执行，具体标准如下：

（一）优雅形象。

1. 员工着装得体大方，仪容洁净清爽，举止从容文雅，站姿坐姿端正，态度亲切和蔼，接待来宾主动、热情、耐心、周到，使用文明用语。

2. 积极履行社会责任，参加社会援助和志愿服务等社会公益事业，业务实绩和服务水平处于全省同行业领先水平，社会形象好。

（二）优美环境。

1. 窗口门面牌匾规范，标志鲜明、统一、整洁、醒目；门前车辆停放整齐，秩序良好。

2. 办公场所环境整洁，办公设备配置齐全，办公用品摆放整齐，办事指南、程序指引等摆放有序、醒目美观。

3. 环境整洁优美，屋前屋后绿化美化。

（三）优良秩序。

1. 办公区、休息区设置合理，分区指引清晰明了，设置咨询或值班台，提供咨询引导服务，合理引导群众排队、等候或在休息区休息，窗口营业正常有序。

2. 有需要的地方配备电子叫号系统、设置一米黄线，优化办事流程，简化服务环节。

3. 员工遵纪守法，协助有关部门维护单位内外治安秩序、交通秩序。

（四）优质服务。

1. 服务规范化，制订并实行服务承诺制度、首问责任制度、首办责任制度、一次性告知制度、限时办结制度、责任追究制度。

2. 服务设施便民利民，开通咨询服务电话、咨询服务网站，电子显示屏、触摸屏、电梯、饮水机等设施正常工作。

3. 服务项目多样化，实行“一站式”服务、全程服务、预约服务等；开通“绿色通道”，为老年人、残疾人、优抚对象、特困对象提供全程陪同服务、优先服务。

（五）优化管理。

1．服务质量管理标准化，按规定的国际标准、国家标准或行业标准进行质量控制和管理。

2．服务质量管理民主化，职工代表大会和其他形式的企事业民主管理制度完善。

3．服务质量控制多样化，行风监督评价体系健全，实行内部监督和社会监督。投诉监督电话、意见簿或意见箱等设置规范、醒目。

凡在申报前发生下列情况之一的，不得申报：

1．单位主要领导发生严重违纪、违法犯罪；

2．发生重大安全质量责任事故（重大事故，是指造成10人以上30人以下死亡，或者50人以上100人以下重伤，或者5000万元以上1亿元以下直接经济损失的事故），发生社会影响恶劣的涉“黄、赌、毒、邪”案件和特大刑事案件、重大环境污染或生态破坏事故等；

3．年度人口与计划生育目标管理责任制考核不达标。

三、评选程序

1．推荐申报。推荐申报工作分别由各地级以上市文明办、中直（省直）主管部门负责。1月10日前，以地级以上市文明办、中直（省直）主管部门名义将推荐名单统一报送省文明办。同时，报送2000字以内的经验材料及申报表各一式2份，并提供电子版和2—3张反映服务亚运、服务群众情况的图片（要求为高清晰易分辨的JPG格式）。

2．评议公示。省文明办审核推荐名单后，于1月20日起在南方网、岭南文明网开设专题网页，由群众按“五优”标准评议各地各部门推荐的窗口单位，共设五个评分选项：满意、基本满意、一般、不满意、不了解，其中“满意、基本满意”两项评分默认进入满意度统计。群众满意度前10名为“迎亚运文明示范窗口”，其余40名为“迎亚运文明窗口”。

广东省文明办

关于在元旦、春节期间组织开展“我们的节日”主题活动的通知

各地级以上市文明办：

中央文明办近日下发《关于元旦春节期间组织开展“红红火火过大年”主题志愿服务活动的通知》和《关于在春节、元宵节期间组织开展“我们的节日”主题活动的工作方案》，现转发给你们并结合我省实际提出如下要求：

一、高度重视

元旦春节期间开展“我们的节日”主题活动，是丰富和活跃群众节日文化生活的重要形式，是培育文明健康社会风尚和融洽和谐人际关系的有效途径。各市要把这一工作摆上重要位置，加强组织协调，推动各项活动深入开展。

二、把握重点

要紧紧抓住社会主义核心价值体系建设这个根本，深入挖掘节日文化内涵，广泛开展群

众性经典诵读、节日民俗、文化娱乐、体育健身、志愿服务等活动，着力营造喜庆热烈、安定团结、欢乐祥和的节日氛围。

三、创新形式

各地要结合实际，精心设计群众乐于参与、便与参与的活动项目。我省将重点组织开展三项活动。一是与中宣部、中央文明办等单位共同举办“我们的节日·春节——中华长歌行”电视特别节目，具体由中山市承办。二是省文明办与佛山市委宣传部等联合举办“第二届中国（禅城）岭南年俗欢乐节”，由禅城区委、区政府承办。三是在全省组织开展2011年新春联征集和书法家下乡“挥春”活动。新春联将于2011年1月17日在《南方日报》公布，“挥春”活动定于2011年1月22日上午举行，省的示范点设在广州市花都区。请各地文明办同时组织“挥春”活动。

请各地将开展活动的经验做法（含图片、视频）及时上报省文明办。

广东省文明办
2010年12月8日

中央精神文明建设指导委员会办公室

关于元旦春节期间组织开展“红红火火过大年”主题志愿服务活动的通知

各省、自治区、直辖市和新疆生产建设兵团文明办：

为认真贯彻落实党的十七大和十七届五中全会精神，大力普及志愿理念、弘扬志愿精神，推动志愿服务活动深入健康发展，营造欢乐喜庆、文明祥和、温馨和谐的元旦春节节日氛围，中央文明办决定，2011年元旦春节期间在全国城乡组织开展“红红火火过大年”主题志愿服务活动。现将有关事宜通知如下：

一、活动主题

组织开展“红红火火过大年”主题志愿服务活动，要高举中国特色社会主义伟大旗帜，以邓小平理论和“三个代表”重要思想为指导，深入贯彻落实科学发展观，紧紧抓住社会主义核心价值体系建设这个根本，贴近实际、贴近生活、贴近群众，以讲文明树新风为主线，以扶老助残、文体娱乐、环境秩序、平安健康为重点，组织动员志愿者广泛开展多种形式的志愿服务活动，在全国上下形成红红火火过大年的喜人景象。

二、活动项目

紧紧围绕辞旧迎新、团圆平安、孝老爱亲的节日主题，扎实开展以送温暖、送文化、送卫生、送平安、送健康为主要内容的志愿服务活动，传递亲情友情，共享和谐美满的幸福生活。

1．广泛开展送温暖志愿服务。深化拓展关爱空巢老人志愿服务活动，组织开展关爱残疾人志愿服务活动，动员社区志愿者结对帮扶空巢老人和残疾人，帮他们置办年货、张贴春联、打扫卫生，陪他们聊天、拉家常、逛庙会，义务参加无障碍设施建设和维护。组织开展“邻里一家亲”活动，把空巢老人、残疾人接到家中，同吃团圆饭，共度除夕夜。组织开展“红十字博爱进万家”活动，为困难群众和残疾人送去节日问候。组织志愿者到敬老院、福利院、光荣院，开展慰问、拜年等活动，使他们心情舒畅、快乐过节。

2. 广泛开展送文化志愿服务。引导专业文艺院团和广大文艺工作者深入城乡社区，组织开展“送欢乐下基层”活动，义务为群众举办文艺演出、放映优秀电影、赠送春联年画，指导开展节日文化活动。组织职工志愿者依托社区文艺小团体，开展形式多样的中华经典诵读活动、节日民俗活动和文化娱乐活动，活跃基层群众节日文化生活。有条件的地方可组织城乡社区开展文化互动交流活动。

3. 广泛开展送卫生志愿服务。按照建设资源节约型、环境友好型社会的要求，组织开展“低碳生活，从我做起”志愿服务活动，大力普及资源节约、环境友好的生产方式和消费模式，积极构建和谐友好的社会环境，使节约能源资源、保护生态环境成为人们的自觉行动。开展“美在家庭、美在社区”活动，结合春节“除尘”习俗，组织居民整治卫生死角，搞好公共环境卫生。动员社区志愿者担任保洁员和卫生监督员，及时清理燃放烟花爆竹后的残屑和废弃物，保持社区干净整洁。

4. 广泛开展送平安志愿服务。组织社区志愿者积极参加治安巡查、禁赌禁毒和防范违法犯罪等工作，完善群防群治网络。组织老年志愿者担任网吧义务监督员，对未成年人上网进行监管，引导青少年文明上网、健康上网。组织大学生志愿者到汽车站、火车站、公园、庙会等人员流动大的场所，协助维护公共秩序。组织专业志愿者普及防灾避险、疏散安置、急救技能等应急处置知识，宣传燃放烟花爆竹的有关规定，提高居民公共安全意识和自我保护能力。

5. 广泛开展送健康志愿服务。组织营养保健专业人员向居民讲解食品安全、健康膳食与营养平衡等科学生活常识，引导人们在节日期间科学饮食、健康生活。广泛开展“健身大拜年、体育进万家”全民健身志愿服务活动，组织优秀运动员、教练员和社会体育指导员深入社区，提供健身指导咨询，开展参与性强、趣味性高的健身活动，帮助人们树立健康正确的健身理念，掌握先进科学的健身方法。

三、活动要求

元旦春节是开展志愿服务活动的有利时机。各级文明办要会同有关部门，把组织开展“红红火火过大年”主题志愿服务活动，作为丰富和活跃群众节日文化生活的重要形式，作为培育文明健康社会风尚和融洽和谐人际关系的有效途径，作为精神文明创建和志愿服务工作的一件大事，与元旦春节期间的“三下乡”、“四进社区”结合起来，与“我们的节日·春节”主题活动结合起来，制定实施方案，强化保障措施，注重实际效果。要精心设计群众乐于参与、便于参与的活动项目，使志愿服务更好地符合现代过节方式，符合人际交往习惯，符合人们的精神文化需求。要多提供人性化、个性化的服务，多做雪中送炭的工作，努力在志愿服务中体现人文关怀，在举国欢庆中倡导文明新风。各级各类新闻媒体要对元旦春节期间的志愿服务活动及时进行宣传报道，努力营造有利于志愿服务的浓厚氛围。

中央文明办

2010年11月26日

中央精神文明建设指导委员会办公室

关于在春节、元宵节期间组织开展“我们的节日”主题活动的工作方案

春节、元宵节是我国重要的传统节日。为认真贯彻落实中宣部、中央文明办等七部委《关于深化“我们的节日”主题活动的方案》，活跃节日期间的群众文化生活，现就在春节、元宵节期间组织开展“我们的节日”主题活动提出如下工作方案：

一、活动主题

坚持以邓小平理论和“三个代表”重要思想为指导，深入贯彻落实科学发展观，以社会主义核心价值体系建设为根本，贴近实际、贴近生活、贴近群众，立足当地、因地制宜、就近就便，深入挖掘春节、元宵节的文化内涵，创新形式和载体，广泛开展群众性经典诵读、节日民俗、文化娱乐和体育健身活动，大力宣传“十一五”巨大成就和“十二五”宏伟目标，着力营造喜庆热烈、安定团结、欢乐祥和的节日氛围，在全社会唱响共产党好、社会主义好、改革开放好、伟大祖国好、各族人民好的时代主旋律，更好地聚中国人的心、铸中国人的魂，引导广大干部群众深入贯彻落实党的十七届五中全会精神，共同建设幸福美好的生活。

二、主要内容

（一）开展向“双百”人物、道德模范和身边好人拜年活动。

利用春节、元宵节有利时机，开展向“双百”人物、道德模范和身边好人拜年走访、慰问交流、座谈联欢等活动，大力宣传他们的先进事迹和崇高品德，展示中华民族崇德向善、文明进步的精神风貌。

1. 春节前，请中央领导同志给在世的“双百”人物、全国道德模范寄发贺年卡、拜年信，体现党和政府的关怀。

2. 安排在世的“双百”人物、全国道德模范代表参加中央电视台春节联欢晚会。部署各地组织在世的“双百”人物、全国道德模范、全国道德模范提名奖获得者、身边好人及其他道德建设先进人物参加当地的节日庆典和文艺联欢活动。

3. 走访慰问在世的“双百”人物、全国道德模范、全国道德模范提名奖获得者、身边好人及其他道德建设先进人物，帮助解决生活中的实际困难，为他们送去节日祝福。

（二）开展“红红火火过大年”主题志愿服务活动。

紧紧围绕辞旧迎新、团圆平安、孝老爱亲的主题，广泛开展形式多样的志愿服务活动，传递亲情友情，共享和谐美满的幸福生活。

1. 开展送温暖志愿服务，继续组织关爱空巢老人、关爱残疾人志愿服务活动，开展“邻里一家亲”、“红十字博爱进万家”活动，组织志愿者到敬老院、福利院、光荣院开展慰问、拜年等活动。

2. 开展送文化志愿服务，引导专业文艺院团和广大文艺工作者深入城乡社区开展“我们的节日·送欢乐下基层”活动，组织职工志

愿者依托社区文艺小团体开展形式多样的文化娱乐活动。

3. 开展送卫生志愿服务，组织“低碳生活，从我做起”志愿服务活动和“美在家庭、美在社区”环境整治行动，普及资源节约、环境友好的生产方式和消费模式，及时清理烟花爆竹残屑和废弃物，搞好公共环境卫生。

4. 开展送平安志愿服务，组织社区志愿者参加治安巡查、禁赌禁毒和防范违法犯罪等工作，组织老年志愿者对未成年人上网进行监管引导，组织大学生志愿者到人员流动大的公共场所协助维护秩序，组织专业志愿者普及防灾避险、疏散安置、急救技能等应急处置知识和安全燃放烟花爆竹的有关规定。

5. 开展送健康志愿服务，组织营养保健专业人员向居民讲解食品安全、健康膳食与营养平衡等知识，开展“健身大拜年、体育进万家”全民健身志愿服务活动。

（三）开展节日文化惠民服务活动。

组织广大文艺工作者深入城乡基层特别是革命老区、少数民族地区和部分灾区，广泛开展公益性文化惠民服务活动，把欢乐送到千家万户。

1. 组织中直文艺院团的艺术家赴西部革命老区、灾区慰问演出，把高质量、高水准的艺术作品送到群众身边，让老百姓与艺术家零距离接触。

2. 以“服务群众、推动发展、促进和谐、共享成果”为主题，继续开展“送欢乐、下基层”活动，既要组织综合性大型慰问活动，又要组成多个流动慰问小分队，与群众开展面对面的文化服务、辅导和交流，更好地满足群众的节日精神文化需求。

3. 发挥公共文化服务设施服务功能，各级美术馆、博物馆、文化馆（站、室）和图书馆等公共文化设施在节日期间要搞好环境布置，做到照常开放，并举办相关展览、演出、论坛、讲座，活跃节日文化生活。

（四）开展群众性节日文化娱乐活动。

各地特别是历史文化名城、文明城市、非物质文化遗产资源集中地区，要在机关、学校、企业和城乡社区组织开展丰富多彩的群众性文化活动，真正做到热在基层、热在群众。

1. 广泛开展群众性文化活动。集中力量组织展览会、游园会、新春音乐会、文艺晚会、联欢会等规模大、影响力大的活动，开展民俗展示、歌舞表演、花会歌会、联欢联谊、社火庙会、灯谜灯会、书法棋艺、美术摄影等群众喜闻乐见的活动，引导群众在参与中感受祖国和家乡日新月异的巨大变化，享受亲情友情，体验健康快乐。

2. 推动节日文化旅游。挖掘地方文化旅游资源，设计推出红色旅游、生态旅游和农家乐等节日精品旅游路线，大力开展节日旅游活动，寓教于乐、寓教于游。

3. 活跃节日市场。推出一些富有文化元素、民族特色、时代气息的节日吉祥物、礼物、玩具、食品和图书、电子读物，大力营销节日产品，着力丰富节日市场。

（五）开展宣传推介活动。

各级各类新闻媒体要把春节、元宵节期间“我们的节日”主题活动的宣传报道作为重要任务，发挥各自优势，加大宣传力度，营造浓厚舆论氛围。

1. 各级各类新闻媒体要通过新闻报道、言论评论、专家访谈、群众讨论、公益广告等形式，多侧面、多角度地宣传介绍春节、元宵节相关知识，及时报道各地开展“我们的节日”主题活动的情况。

2. 电台、电视台要制作播出一批文化类栏目、节目和专题节庆晚会、春节特别节目。中央电视台要精心制作播出“我们的节日·春节”中华长歌行特别节目、文化访谈录和“激情广场”专题歌会。各省级电视台特别是省级卫视要制作播出春节特别节目。

3. 中国文明网、人民网、新华网、光明

网、央视网等要大力开展网上主题活动，组织“网上拜大年”和“网上灯谜征集”活动，征集拜年寄语和过年体会，形成网上节日宣传平台。

三、工作要求

1. 精心组织安排。各级党委宣传部、文明办、文化和文联等部门要把春节、元宵节期间开展“我们的节日”主题活动作为丰富群众节日生活的一项重要工作，摆上重要位置，切实加强组织领导。研究制定具体活动方案，周密安排部署，对各项活动特别是大型主题活动的后勤保障、人流疏散、安保消防等要做好预案和准备工作，确保各项活动圆满顺利。注重加强对少数民族传统节日活动的组织引导，充分尊重少数民族风俗习惯，积极开展丰富多彩的民族节庆活动。

2. 突出思想内涵。坚持把社会主义核心价值体系建设的要求贯穿活动始终，设计项目、开展活动、发动群众、进行宣传等都要坚持以文化人、以文育人，着力增强爱党、爱国、爱社会主义的情感。把开展“我们的节日”主题活动与宣传“十一五”巨大成就、展望“十二五”宏伟蓝图结合起来，与集中开展形势政策宣传教育结合起来，引导人们在感受文化氛围、享受节日快乐的过程中，进一步把思想和行动统一到中央精神上来。

3. 广泛动员参与。把群众作为活动的主角，顺应群众节日生活的新特点、新期待，多设计群众乐于参与、便于参与的活动项目，增强活动的群众性广泛性和吸引力感染力。各类文化场馆、文化服务设施要通过延长周期、增加场次、减免票价等方式，努力让更多的群众能够参与主题活动、享受到文化惠民服务。各类活动既要着力满足群众节日文化需求，又要注重因地制宜、务求实效，积极倡导文明、和谐、喜庆、节俭的节日理念，努力在移风易俗中体现人文关怀，在欢乐喜庆中倡导文明新风。

广州市精神文明建设委员会

关于深入开展城乡共建文明示范村活动的意见

各区、县级市文明委，市直局以上单位（精神文明建设领导小组）：

近年来，我市积极贯彻中央、省关于统筹城乡发展、推进城乡一体化的整体部署，大力开展创建文明示范村活动。以“以城带乡、城乡共建”为抓手，精心挑选一批市级文明单位与示范村结成共建对子，分批开展城乡共建活动。几年来，各级共建单位举党政群团之力，发挥党的建设、精神文明创建、企业文化和经营管理等方面的优势，以饱满的热情和强烈的社会责任感参与文明示范村创建工作，体现了文明单位的风采，为城乡共建文明示范村活动探索和积累经验，有力地推动了农村精神文明创建工作。

为深入开展城乡共建活动，结合广州实际和经验，市文明委决定，在继续抓好全市文明示范村创建活动的同时，今年在全市的农村中挑选一批创建热情高、工作基础较好的村，与各级文明单位结成共建对子，分批开展城乡共建活动，加快农村现代化进程，促进农村和谐稳定。

一、指导思想

坚持以科学发展观统领全局，深入贯彻落实中央、省委和市委关于推进社会主义新农村建设和统筹城乡经济社会发展的有关要求，按照工业反哺农业、城市支持农村和“多予少取放活”的方针，围绕创建100条左右市级文明示范村的目标，充分发挥各级文明单位在信息、资源、技术、管理、精神文明建设等方面的优势参与文明村创建活动，通过实施城乡统筹、工农联动，城乡互动和示范带动，激发农村自我发展的内在活力，努力改善农村生产生活条件，辐射带动广大农村不断向繁荣、富裕、文明、和谐、民主的社会主义新农村迈进。

二、共建内容和工作制度

各共建单位（村）按照创建文明示范村的标准要求全面开展创建活动。重点做好如下工作：

（一）共建内容。

一是促进生产发展，使经济稳步增长。通过共建，增强村级集体经济组织的服务功能，积极建立农业和农村社会化服务组织，提高农业的组织化程度。加快发展都市型现代农业，把促进农村经济发展放在突出位置，努力实现共建村经济的新突破。参与共建的单位、企业，要积极协助共建村制定与村情民情相适应的经济社会发展总体规划，扶持和壮大农产品加工产业，激发农村集体经济发展内在动力，使集体经济有稳定增收来源，并在原有基础上明显增加。

二是促进农民增收，使生活更加宽裕。通过共建，发挥文明单位在人才、信息等方面的优势，开展农民致富实用技术培训，加大农村劳动力职业技能培训，全面提高农民的科学文化素质和科技致富能力，实现农村劳动力基本就业，为发展农村经济增添后劲，不断提高农民的收入。参与共建的单位、企业要坚持优势互补、双向促进、互惠双赢、共同发展的原则，发挥市场营销、经营管理、技术资金等方面的优势，积极帮助共建村群众拓展农产品销路，促进农产品转化增值，并通过对农民进行定向技能培训，转移消化农村劳动力，努力促进群众就业增收。充分利用当地资源，采取建基地、援建招工和参与村庄规划改造等形式，盘活共建村闲置资产，吸纳共建村剩余劳动力，增加共建村的集体收入和农民收入，实现共同发展的目标。

三是促进乡风文明，使社会更加和谐。通过共建，革除陋习、移风易俗，倡导文明健康科学的生活方式，利用企业（单位）文化感染农村群众，不断丰富农民精神文化生活。大力弘扬文明守法、尊老爱幼、邻里和睦、诚信明礼、健康向上的社会新风，大力培养农村群众良好的道德规范和行为习惯，努力提高公民的文明素质和社会文明程度。参与共建的单位、企业要加强协调、指导，解决在社会文化事业发展中存在的具体问题，要把加快农村社会文化事业发展作为新农村建设的重要任务，为农村的社会文化发展创造良好、宽松的环境。举办多种形式的农民培训班，培育新型农民，培植村庄文化，倡导和谐的村风、民风。企业要把成功的企业文化和农村文化进行高位嫁接，并通过实行多种形式的村企文化联谊，指导共建村组织开展丰富多彩的农村文化活动，培育新型的文明乡风，为农村精神文明建设注入生机和活力。

四是促进村容整洁，使环境更加优美。通

过共建，进一步改善村容村貌，落实村建规划，修建乡村道路，加大农村大环境综合整治力度，治理“脏、乱、差”现象，为农村经济发展营造良好环境。参与共建的单位、企业要帮助共建村完善农村文化活动场所和图书室、宣传栏、村民文明学校等精神文明阵地建设，不断加强农村文化阵地建设。根据自身职能和工作特点，组织干部职工利用节假日开展义务劳动等多种形式，帮助共建村改善生产生活条件和环境面貌，把公共服务的触角向农村延伸。努力使农村主要道路实现硬化、净化、绿化、亮化、美化；村庄布局合理，实现“五通”，不断改善群众生产生活条件。

五是促进班子建设，使管理更加民主。通过共建，进一步加强党的基层组织建设，巩固基层政权，抓好党员干部教育和管理，使他们牢固树立为人民服务的思想，在创建过程中，发挥党支部的战斗堡垒作用和党员的先锋模范作用，促进农村四个文明建设协调发展。参与共建的单位、企业要把加强民主管理作为共建村和共建单位联手共建的一项重要内容，不断提高农村规范化管理水平。要把政务公开、厂务公开和日常管理的理念、经验和做法传输给共建村，与村庄日常管理规范有机融合，进一步提高村级管理制度化、民主化和规范化水平。

（二）工作制度。

共建活动应逐步建立和完善以下工作制度：

一是目标责任制度。各共建单位要高度重视文明示范村创建工作，把抓好“结对共建”活动作为一项重要职责，经常检查督促、加强指导。共建单位党组织要根据活动的工作目标，结合自身实际情况，有针对性地制定工作计划，明确工作进度，做到任务明确、责任落实。

二是联席会议制度。结对共建的文明单位与村委会要定期或不定期召开联席会议，共同分析示范村创建活动中遇到的困难和存在的问题，研究确定各阶段工作任务，积极沟通信息，通报情况，交流经验。

三是组织活动制度。共建单位要结合各自实际，协商决定共建活动的方式、内容，如召开共建单位咨询会、技能培训会、专题研讨会、帮困助残、法律援助等群众性活动；发挥各单位党（团）员的先锋模范作用，共同办好健身节、文化节、邻里节等活动，丰富和活跃农村群众的精神文化生活。每次活动都应做好记录。

四是总结交流制度。各共建单位和示范村要注意总结开展共建活动的经验。市文明办将不定期组织共建工作经验交流和观摩学习，互相借鉴，提高创建水平。

三、工作步骤和时间安排

共建工作分批进行，大致分三个阶段。

第一阶段，全面启动（2010 年 5 月）：5 月下旬，召开农村精神文明建设现场会，统一思想，确定思路，制定工作计划，由市文明委统一安排一批文明单位与村建立共建关系。5 至 7 月，各共建单位（村）召开工作会议，制定工作计划和硬件建设规划，并做好经费安排。8 月，启动新一批文明示范村的选点和共建单位的结对工作，对于候选村的选择，坚持好、中、一般兼顾，主要从有带动能力的重点村、规划建设的中心村、规模较大的村和新农村建设示范村、有发展潜力和发展要求的一般村筛选。对于共建单位的选择，坚持自愿为原则，优先挑选社会责任感强、创建热情高的单位。共建单位和共建村原则不实行交叉搭配，一个村庄一个共建单位，特殊情况的可采取几带一或一带几的形式联手共建；同时鼓励各区、县级市自行确定所属文明单位与所属其它村建立共建关系。

第二阶段，建设整治（2010 年 5 月至 2011 年 9 月）：整治脏乱现象；改善公共基础文化设施；绿化美化周边及村内环境；着力培育和发展农村经济；大力倡导科学健康文明的生活方式，坚决扫除“黄、赌、毒”等社会丑恶现象；建立健全各种管理制度。

第三阶段，总结提高（2011 年 10 月以后）：实行工作验收制度，增强动态管理，凡是通过共建达到广州市文明示范村考核标准的共建单位，可向市文明办提出考核申请，由市文明办组织有关部门进行综合评定，原则上每年分批对参加共建的单位进行一次总结表彰。对于共建工作成效显著的单位，将由市文明委授予“共建文明示范村先进单位”的荣誉称号。对于共建成果不明显的，仍需要实施共建的，可按照双方意愿，建立联手共建的长期关系，或由市文明办进行重新搭配，继续实行联手共建，直至取得明显效果。

四、组织领导和主要措施

（一）切实加强领导。各级党委、政府和文明委要提高认识，切实加强对城乡共建文明示范村工作的领导，把这项工作摆上重要议事日程，逐步健全和完善各级共建机制。要加强组织协调，多深入示范村了解情况，帮助共建单位和示范村协调解决共建工作中遇到的困难和问题。逐步建立由市文明委统一组织实施，各区（县级市）文明办协调组织，镇（街）、村和共建单位具体落实，上下联动、齐抓共管的工作格局。

（二）切实加强统筹协调。规划部门要继续组织“送规划进示范村”活动，优先对参与共建的村进行规划整治；建设、农业等部门在项目和资金安排上，同等条件下要优先满足其建设需要；对共建单位在农村投资办厂、建基地的，有关部门要积极予以支持；对共建企业用于农村公益、救济性的资金、物资等，税务部门要按照国家规定，给予相应税收减免政策。市文明办要牵头有关市直部门不定期分片召开共建座谈会，了解共建工作情况，听取共建工作汇报，分析共建工作形势，研究解决共建的困难和问题。

（三）完善奖励投入机制。采取先创建后奖励的办法，凡是考核验收后获得“市级文明示范村”称号的村，由市文明委、市委宣传部给予一定经费扶持，同时参与该村共建的单位将优先推荐为市级文明单位（标兵）或上一级文明单位。各区（县级市）要参照市的做法，设立专项资金，对村的基础设施建设给予补贴。各村要统一思想认识，加大基础设施建设的投入，并发动社会各界捐资赞助，发动村民积极参与支持，鼓励村民投工投劳，用自己的双手建设美好家园。各共建单位要量力而行、积极而为，帮助解决实际问题，保证共建活动顺利推进。

附件：第三、第四批参与广州市共建文明示范村工作单位名单

广州市精神文明建设委员会
2010 年 4 月 22 日

附：

第三、第四批参与广州市共建文明示范村工作单位名单

（排名不分先后）

1. 中华人民共和国黄埔海关
2. 中国银行广东分行
3. 中国建设银行广东省分行
4. 广州市文广新局
5. 广州市邮政局
6. 广州市白云山风景名胜区管理局
7. 广州市林业和园林局
8. 广州市水务局
9. 广州图书馆
10. 广州市归国华侨联合会
11. 广州市科学技术协会
12. 广州市天河体育中心
13. 广州大学
14. 广州广播电视大学
15. 越秀区北京街
16. 天河区石牌街
17. 广州购书中心有限公司
18. 广州花园酒店
19. 广州市电车公司
20. 广州市一汽巴士有限公司
21. 广州市交通集团出租车有限公司
22. 广州港集团有限公司
23. 广州北环高速公路有限公司
24. 广州市地铁总公司
25. 广州白云电器设备股份有限公司
26. 广州万宝冰箱有限公司
27. 广州王老吉药业股份有限公司
28. 广州虎辉集团有限公司
29. 立白集团有限公司

广州市精神文明建设委员会
关于印发《广州市迎亚运 100 天城市文明行动纲要》的通知

各区、县级市文明委，市直局以上单位（精神文明建设领导小组），驻穗有关单位：

2010 年 11 月 12 日，第十六届亚洲运动会将在广州开幕。为进一步提升市民文明素质和城市整体文明程度，为广州亚运会的成功举办营造良好的人文环境，现将《广州市迎亚运 100 天城市文明行动纲要》印发给你们，请认真贯彻，抓好落实。

广州市精神文明建设委员会
2010 年 7 月 27 日

广州市迎亚运 100 天城市文明行动纲要

举办一届高水平的，和谐、绿色、文明的亚运会，是市委、市政府和全体市民的奋斗目标和共同心愿。2010 年 11 月 12 日，第十六届亚洲运动会将在广州开幕，这是全亚洲的体坛盛会，是中华民族精神和新时期广州人精神的集中展示，也是对广州城市综合实力、市民文明素质和城市文明形象的一次全面检阅。为进一步深化“迎亚运、讲文明、树新风、促和谐”全民行动，动员和组织全市人民行动起来，争做好市民，当好东道主，特制定《广州市迎亚运 100 天城市文明行动纲要》

一、总体目标

结合创建全国文明城市，以迎接亚运会、创造新生活为主题，以城市公共文明建设为重点，全城发动，全民参与，着力推进环境文明、服务文明和秩序文明建设，深入开展“迎亚运、讲文明、树新风、促和谐”全民行动和“争做好市民，当好东道主”市民素质提升教育实践活动，进一步提升市民文明素质和城市文明程度。

二、重点任务

（一）持续开展“争做好市民，当好东道主”——“亚运广州行”市民素质提升系列活动。围绕深入推进“全民习礼仪”、“全民学英语”、“全民勤健身”、“全民守秩序”、“全民齐清洁”、“全民传爱心”六大专题行动，精心组织迎亚运主题月、主题日活动。从 7 月至 12 月，分别开展“卫生清洁月”、“友爱互助月”、“道德宣传月”、“礼仪推广月”、“文明观赛月”等活动；结合迎亚运重要时间节点，每月在全市统一开展“文明出行日”、“清洁日”、“互助日”、“公民道德宣传日”、“礼仪日”等主题日活动。（责任单位：市文明办、亚组委宣传部、市文广新局、团市委，各区、县级市）

（二）深入开展“文明礼仪伴我行”系列活动。加印《迎亚运市民读本——广州市市民礼仪手册》，编印市民常用礼仪口袋书，并向社会免费发放。协调、指导全市各系统及窗口行业开展礼仪教育，推动“百万家庭学礼仪”、“百万职工学礼仪”、“百万青少年学礼仪”及公务员礼仪普及教育等活动深入开展。运用电视、网络、平面媒体，举办广州地区“文明亚运东道主”礼仪知识竞赛活动。（责任单位：市文明办、市直机关工委、市教育局、市总工会、市妇联、团市委、广州日报社、广州电视台、广州电台，各区、县级市）

（三）广泛开展“广州为你喝彩”文明观赛教育活动。加强赛场文化建设，普及赛场礼仪规范。编印和发放《“广州为你喝彩”亚运文明观赛指南》、文明观赛宣传挂图。普及亚运加油口号和手势操。发挥各专业体育单项运动协会和球迷协会的优势，加强市民文明观赛教育，营造赛场文明氛围。（责任单位：市文明办、市体育局、亚组委宣传部、各体育单项协会，各区、县级市）

（四）深入开展“文明出行从我做起”宣传教育实践活动。结合实施“文明交通行动计划”，协调、指导有关单位在公务员中开展“文明交通我带头”、在公交系统员工中开展“争当文明驾驶员、争创文明示范车”、在部队官兵中开展“做遵章守法模范，树军车良好形象”、在中小学生中开展“文明伴我行、小手牵大手”、在广大驾驶人中开展“礼让斑马线”等主题教育活动。加大行人违章现场执法和教育力度，深化文明交通示范路口和示范路段创建活动。继续组织迎亚运“文明交通宣传周”活动，举办文明交通宣传服务集市。制作一批文明交通宣传挂图，并在广场、社区巡回展出。（责任单位：市文明办、市直机关工委、市交委、市教育局、市公安局交警支队、团市委、市军警民共建办，各区、县级市）

（五）广泛开展“迎亚运，学双语（英语、手语），做热情东道主”宣传教育实践活动。加印《迎亚运英语100句》，编印并免费发放一批《迎亚运市民礼仪英语》折页和《迎亚运市民礼仪手语》折页，制作下发手语挂图，开展“双语”六进（进家庭、进社区、进机关、进企业、进学校、进军营）活动。组建市民“双语”宣教团，在全市开展巡回教学。组织“双语”情景展示活动，组织召开市民“学双语”工作经验交流会。制作和刊播亚运英语“每天一句”、亚运手语“每日一招”节目和栏目。协调各行业主管部门全面普及《迎亚运英语100句》和迎亚运手语教材，并根据本行业的工作特点编写专项教材。（责任单位：市文明办、市教育局、市残联、市总工会、市妇联、团市委、广州日报社、广州电视台、广州电台、各窗口行业主管部门，各区、县级市）

（六）深入开展各类公共文明建设志愿服务。按照就近发动、属地负责的原则，组织志愿者在全市主要公交（地铁）站点、公交（地铁）线路及重点交通路口、广场、商业街开展倡导“排队候车”、“公交搭乘礼让”、“文明交通”、“环境清洁”志愿服务，发挥“市民文明督导团”作用，组织市民开展公共文明督导志愿服务。（责任单位：团市委、市交委、市文明办，各区、县级市）

（七）组织开展迎亚运公共文明示范区（点）创建活动。以一场三站两街（即白云机场，火车站、地铁站、公交车站，北京路步行街、上下九步行街）和重要旅游景点为重点，制定公共文明示范区标准，打造一批公共文明示范区。开展创建“文明公园”、“文明风景旅游区”活动，着力强化排队守序、不大声喧哗、不乱丢乱吐等公共秩序。（责任单位：市文明办、市城管委、市交委、市林业和园林局、广铁集团、省机场管理集团、市地铁总公司，各区、县级市）

（八）广泛开展“迎亚运、爱广州、看变化、议文明”社区群众论坛。编印《迎亚运千场社区论坛手册》，组织区、街、社区分级举办社区论坛，并组织专家到论坛现场与市民互动研讨。举办“爱广州、看变化”专题摄影作品展览，在社区巡回展示。组织市民评选亚运期间“最影响广州形象的不文明行为”（暂定）活动，配合社区群众论坛的开展。（责任单位：市文明办、市文联、广州日报社、广州电视台、广州电台，各区、县级市）

（九）组织开展“讲道德、做好人、当好东道主”道德模范巡讲活动。组织第四届广州市道德模范巡讲报告团分别到12个区、县级市和市直机关单位、高校举办20场次报告会，通过视频短片、演讲报告、现场互动等环节全方位展示道德模范感人事迹。（责任单位：市文明办、市直各有关单位，各区、县级市）

（十）组织开展窗口行业优质服务竞赛。评选广州地区第三批“文明优质服务示范窗口”，组织窗口单位现场观摩交流和文明示范窗口形象展示活动。组织窗口行业社会美誉度调查，并向社会公布。深化创建“百城万店无假货”示范街（店）活动。（责任单位：市委宣传部、市文明办、各窗口行业主管部门，各区、县级市）

（十一）广泛开展“迎亚运、创文明”公益宣传。增加《广州文明导报》的出版频次和发行量，制作一批公益宣传广告并在电台、电视台播放。设计一批平面宣传广告，在公交候车亭、工地围墙、报刊亭等公共宣传阵地张挂。（责任单位：市文明办、广州日报社、广州电视台、广州电台、市城乡建委、市文广新局，各区、县级市）

三、组织实施

从2010年7月始至2010年12月，分三个阶段进行，精心组织策划各类专题活动，统筹规划工作项目，合理安排时间，集中力量，分步实施，分段推进，全面提升城市的文明程度。

第一阶段：组织启动阶段——7月中旬至8月4日（即亚运倒计时100天）。各相关单位要结合工作实际，制定完善各自具体的迎亚运文明行动计划，落实具体方案和措施，动员全市人民积极行动起来，争做好市民，当好东道主，迎接各国运动健儿和各方宾客，为亚运会的顺利召开创造有利条件。同时，做好今年中央文明办对我市进行城市公共文明指数测评的迎检工作。

第二阶段：整体推进阶段——8月上旬至10月中旬（即亚运倒计时一个月）。各项工作全面推进，形成声势。把握时间节点，分别在亚运倒计时100天、60天、30天等关键日期，开展迎亚运大型广场活动，营造浓厚社会氛围。

第三阶段：全面升温阶段——10月中旬至12月。全面检查，防漏补缺，为迎接亚运会、亚残运会做好全面充分的准备。把握从世博会结束到亚运会开幕和亚运会、亚残运会举办期间等重要时间段，按照每周有安排、每日有活动的要求，精心组织开展各类专题活动，在全社会掀起迎亚运、迎亚残运会活动高潮。

四、工作要求

（一）加强组织领导。各单位要按照市文明委的统一部署，充分认识迎亚运文明行动纲要系列活动的重要意义，把这项工作作为全面提升公民文明素质和社会文明程度、强力推进全社会精神文明建设的重大举措，摆上重要日程，认真进行部署，切实加强领导。主要领导同志要高度重视，亲自抓、具体抓。各区、县级市文明办要认真做好组织协调、联络服务工作，建立部门联系、信息交流等制度，确保各项工作有效推进、持续开展。

（二）营造浓厚氛围。各新闻媒体和社会宣传阵地要充分发挥作用，精心策划和组织迎亚运系列专题宣传报道，积极配合各项活动，及时报道活动的开展情况和成功做法，同时加大舆论监督力度，对不文明现象进行监督曝光。要运用互联网、手机短信、移动电视等载体，扩大宣传覆盖面，要加强教育引导，增强整体效应。

（三）抓好统筹结合。各单位要迅速行动起来，结合本单位各项迎亚运工作的安排，制定具体措施，推动工作落实，形成整体联动的工作格局。各行政管理和执法单位要体现和谐理念，多采取疏导和说理的做法，既严格管理又文明执法。机关、企事业单位、学校、社区等基层单位和群众团体要结合自身实际，发挥自身优势，动员各自联系的群体积极参加活动。各级工、青、妇等群团组织要利用各自的优势，主动参与迎亚运宣传教育实践活动，不断扩大覆盖面，增强影响力。

（四）强化督查落实。加强组织指导和督办检查，及时沟通工作，总结推广经验，协调解决重要问题。建立协调检查、督办制度，通过定期通报、市民巡访、现场观摩、社会舆论监督等形式，对各地区、各部门落实实施方案情况进行督查考核，保证各项任务落实到位，各项工作有序推进。有关部门要按照统一部署和任务分工，既各司其职、各展所长，又密切配合、齐抓共管。

（五）落实后勤保障。各单位要结合自身承担的项目任务，充分做好人力、物力、财力的安排，充分做足、做好计划安排，要积极争取财政支持，确保文明行动计划的各项任务顺利实施。

中共深圳市委办公厅　深圳市人民政府办公厅

深圳市公共文明提升行动计划

为贯彻落实市第五次党代会精神，进一步提升市民文明素质和城市公共事务管理水平，以良好的城市文明风貌迎接2011年第26届世界大学生夏季运动会（以下简称“大运会”），根据《中共深圳市委深圳市人民政府关于建立长效机制全面提升文明城市建设水平的决定》（深发〔2009〕4号）和我市关于“迎大运讲文明树新风”市民素质提升工程的有关部署，从2010年开始至2011年大运会结束，对应市容环境提升行动计划，在全市实施公共文明提升行动计划。

一、工作目标

紧紧抓住迎接2011年大运会的重大历史机遇，结合迎接广州亚运会、庆祝深圳经济特区建立30周年和迎接全国文明城市复查工作，按照“办赛事、办城市，新大运、新深圳”的办会战略，以建设民生幸福城市为目标，以“迎接大运会、树立新风尚、创造新生活”为主题，针对公共文明建设中存在的不足和弱点，采取有力措施，引导广大市民自觉践行“深圳人引以为豪的公共文明行为”，养成科学、健康、文明、和谐的生活方式，推动市民文明素质和城市管理水平持续提高，不断提升民生幸福指数，为迎接大运会、争创“全国文明城市标兵”创造文明和谐的社会环境。

二、工作任务

（一）公共环境改善行动。

1. 优化生态环境行动。以“低碳深圳，绿色未来”为主题，加强生态文化宣传教育，深入开展各类生态文明创建活动，使低碳发展、生态文明理念深入人心，市民广泛参与生态环境保护，争取2010年罗湖区、南山区生态区创建通过国家技术评估，宝安区生态区创建通过省考核验收。继续实施“蓝天行动”，开展河流综合治理，推进污水处理厂和配套管网工程建设，加强饮用水源水质安全保障工作，逐步取缔水源保护区排污口，防止发生重大环境污染事件。

责任单位：市人居环境委、市水务局

2. 优化社区环境行动。确保社区各项公共文体、卫生、休闲设施完好、安全、美观。全面实施绿色垃圾收运系统计划，强化居民环境卫生意识，清除环境卫生死角，社区绿化水平达到国家标准。

责任单位：市城管局、市文体旅游局

3. 优化服务窗口和公共场所环境行动。根据服务对象和服务内容，完善服务设施，净化、美化服务环境，硬件设施、管理制度、环境条件达到全国文明城市测评体系优秀标准。

责任单位：市城管局、各服务窗口和公共场所主管部门

4. 优化社会文化环境行动。持续开展打击、整治互联网及移动多媒体淫秽色情和低俗之风专项行动，深入开展“绿网志愿者行动”等网络监督活动，大力倡导“文明办网、文明上网”，不断加强网吧管理，净化网络环境。加大对广电播出机构的监管和检查力度，坚决禁止含有暴力、凶杀、恐怖等内容的影视节目和虚假违法及不良低俗广告播出，遏制荧屏低俗媚俗之风。加强学校（幼儿园）及周边治安秩序、交通秩序、消防隐患、经营秩序专项整治工作，防止发生学校（幼儿园）重大安全事故和涉及中小学生的治安事件，为未成年人健康成长提供良好的社会环境。

责任单位：市委宣传部、市教育局、市公安局、市文体旅游局、市城管局、市市场监管局、团市委、市妇联、深圳市通信管理局、深圳报业集团、深圳广电集团

5. 优化户外公益宣传行动。围绕“迎接大运会、树立新风尚、创造新生活”主题，制作一系列宣传推广语，组织设计制作一批户外公益广告。配合大运会倒计时有关节点开展的全市文明提升行动重点活动，有针对性地在全市重点地段、主要道路、社区、楼宇等场所集中发布相关公益广告，在全市营造浓厚的社会氛围。

责任单位：市委宣传部、市城管局、市市场监管局

（二）公共秩序优化行动。

6. 提升公民安全感行动。深入开展基层平安创建活动，严厉打击严重暴力性犯罪和“两抢一盗”等多发性犯罪，防止发生危害国家安全和政治稳定的重大事件、重大暴力恐怖事件、重大群体性事件、恶性刑事案件、重大治安灾害事故、重大“黄赌毒”案件。推进“安全生产年”和“安全生产月”活动，建立健全公共安全网格化管理长效机制，完善公共安全隐患举报体系，防止发生重大安全生产事故。加强食品安全宣传教育，建立食品安全风险监测和风险评估体系，完善食品安全应急处置机制，防止发生重大食品安全事故。深入开展药品安全专项整治行动，严厉打击生产销售假劣药品等违法行为，大力整治违法药品广告，防止发生重大药品质量安全事故。

责任单位：市委政法委、市综治办、市公安局、市卫生人口计生委、市市场监管局、市农业局、市药品监管局、市安委会成员单位

7. 提升交通文明行动。全面实施《深圳市“文明交通行动计划”实施方案》（深府办〔2010〕41号）、市文明委《关于“文明出行全城总动员”活动方案》（深文明委〔2008〕6号），围绕“关爱生命，文明出行”主题，加强宣传教育、执法管理和指数测评等长效机制建设，倡导六大文明交通行为，摒弃六大交通陋习，抵制六大危险驾驶行为，完善六类道路安全及管理设施，严查五类交通违法，营造文明、安全、畅通、有序、和谐交通秩序。

责任单位：市文明办、市公安局、市交通运输委

8. 市民崇礼明仪行动。全面落实市文明委《关于开展“百万市民学礼仪”活动的通知》，免费向市民发放50000册《礼行深圳——迎大运讲文明树新风礼仪知识简明读本》，组织开展礼仪知识宣讲活动，举办礼仪知识电视、网络竞赛，开办“文明礼仪晚报大学堂”、“国学小讲堂”等媒体栏目，全面普及礼仪知识。在窗口行业工作人员、青少年、来深建设者、社区居民中，深入开展“文明礼仪形象展示”、“文明礼仪伴我行”、“来深建设者与深圳文明同行”、“社区有礼”等主题实践活动，传播学礼知礼懂礼用礼的文明理念，引导市民自觉践行礼仪规范。

责任单位：市文明办、市直机关工委、市教育局、市民政局、市人力资源保障局、市总工会、团市委、市妇联、各窗口行业主管部门、深圳报业集团、深圳广电集团

9. “拒绝粗俗、崇尚优雅”行动。在各类主要公共场所，向市民免费发放公共文明行为规范宣传资料，对市民在公共场所的行为进行指导，促进市民识别粗俗、告别陋习，养成文明举止。开展市民满意度调查，定期推出星级礼仪示范点，推动各类公共场所加强公共行为规范宣传教育和管理工作。

责任单位：市文体旅游局、市交通运输委、市市场监管局、市民政局

（三）人际交往促进行动。

10. “微笑你我他”行动。展播“寻找身边快乐幸福的人”DV大赛获奖作品，引导广大市民树立积极乐观健康的生活态度。以“歌声传递微笑”为主题，组织开展群众性歌咏活动。以“微笑传递友善”、“微笑面对陌生人”为主题，组织相关讨论、宣传等活动，引导人们热情、友善、文明对待他人，营造和谐的社会氛围，形成温馨、友爱、互助的社会风尚。

责任单位：市文明办、市文体旅游局、深圳报业集团、深圳广电集团

11. 和睦家庭关系行动。以“深圳文明家庭评选”为载体，通过参选家庭讲述、和睦之家典型宣传、家庭关系问题咨询等形式，弘扬男女平等、夫妻和睦、尊老爱幼、勤俭持家的家庭美德。加强妇女社会工作，开展家长课堂、人际关系讲座、沟通技能培训、亲子户外游戏、儿童拓展等活动，提升广大市民应对及解决家庭问题的能力，改善家庭关系，促进家庭和睦。

责任单位：市文明办、市妇联

12. 和谐劳动关系行动。健全企业党群组织，推进职工素质建设工程，广泛开展职工文体活动，推进企业文化建设。完善劳动争议调解工作机制，及时化解劳动关系不和谐因素。引导企业转变经营生产方式，改善劳动条件和生活环境，使员工更加有尊严地工作和生活。组织新生代农民工生存状况、素质状况调查，开展职工心理健康建设系列活动，引导广大职工正确对待自己、他人和社会，勇敢面对问题、困难和挫折，塑造良好的社会心态。组织“送温暖”、“金秋助学”、“阳光就业”和“女职工安康互助计划”等活动，推进开展以工资合理增长为核心的企业集体协商制度，让职工分享企业发展的成果，推动形成和谐融洽的劳动关系。

责任单位：市委组织部、市人力资源保障局、市司法局、市总工会、团市委、市妇联

13. 融洽人际关系行动。举办“社区邻里节”，搭建邻里相互认识的平台，构建社区互助网络，提升居民对社区的认同感、归属感及居民之间的凝聚力，促进邻里关系和谐。充分发挥春节、元宵、清明、端午、七夕、中秋、重阳等传统节日活动密切人际交往的作用，组织各种民俗节庆活动，开展经典诗文朗诵、文艺汇演、登山郊游、赛龙舟、放风筝等群众性文体活动，推动形成团结互助、融洽相处的人际关系和平等友爱、温馨和谐的社区环境。组织“发现深圳之美”摄影大赛，动员广大市民发现、记录、展示身边之美，激发热爱深圳、感恩生活的朴素情感，并转化为人与人和谐相处的自觉行动。

责任单位：市文明办、市文体旅游局、市民政局、市教育局

14. “百万市民讲外语”行动。突出“沟通从语言开始，用外语讲述深圳”的活动宗旨，大力开展“讲外语·迎大运”大型社区主题活动、“一元钱学外语”、英语演讲比赛、“外国人讲汉语大赛”等活动，免费向市民发放*Hello Shenzhen*等外语口语学习基础教材，鼓励市民开口讲外语，切实提高市民对外交往的语言能力。加强酒店餐厅服务员、出租车司机、导游、医护人员、警务人员等涉外工作人员的英语培训，大力提升涉外公共服务人员的外语运用能力。

责任单位：市委宣传部、大运会执行局、市口岸办、市公安局、市卫生人口计生委、市交通运输委、市文体旅游局、深圳报业集团、深圳出版发行集团

（四）窗口行业服务提升行动。

15. 优质规范服务行动。成立行风评议组，健全评议长效机制，对政府部门全面开展政风行风民主评议工作，并将评议分数直接计入政府部门绩效评估得分，促进各部门不断增强服务意识，提高服务水平。积极倡导“科学服务、规范服务、高效服务、周到服务”理念，推动各窗口行业完善服务标准和服务流程，大力推广窗口行业服务国家标准、行业标准和地方标准，促进窗口服务标准化、规范化。健全服务质量测评机制和投诉机制，开展服务回访活动，畅通投诉渠道，采取有力措施解决薄弱环节，不断提高服务质量，提升市民满意度。

责任单位：市监察局、市科工贸信委、市人力资源保障局、市总工会、各窗口行业主管部门

16. 诚信提升行动。加强企业和公民信用信息征信工作，实行社会诚信平台数据库系统上线运行，强化信用信息网上服务，为政府和社会提供统一的信用信息支持和服务，推动建立激励守信和惩戒失信机制。组织“共铸诚信”、“百城万店无假货”等活动，开展“群众满意度调查”等第三方诚信建设活动，营造诚信服务良好氛围。开展以“抵制假劣，喜迎大运”为主题的联合打假执法行动，杜绝集中性、区域性影响恶劣的制售假冒伪劣商品事件发生，切实保护经营者、消费者合法权益，以良好经营消费秩序迎接大运会。

责任单位：市文明办、市市场监管局、市金融办、市科工贸信委、中国人民银行深圳市中心支行、各窗口行业主管部门

17. 文明示范点建设行动。深入开展规范服务达标、青年文明号、巾帼文明示范岗等创建活动，重点在医疗行业、商品零售行业、公交行业、出租车行业和机场、车站、口岸、码头等树立一批示范窗口、车队、站点，挖掘、宣传、推广其先进经验，推动全市窗口行业和部门不断提升服务水平。

责任单位：团市委、市妇联、各窗口行业主管部门

（五）道德风尚共铸行动。

18. 持续开展关爱行动。倡导“关爱、感恩、回报”理念，搭建爱心平台，广泛发动政府、企业、社团、市民等四个层面的力量，切

实帮助一切需要帮助的人，并加强长效机制建设，使单项的关爱活动逐渐转变为长效的公共政策和救助机制。弘扬慈善文化，增强市民感恩奉献的社会责任意识，为广大市民搭建一个参与慈善、奉献爱心的良好平台。

责任单位：市文明办、市民政局、市关爱办

19. 拓展“学楷模、讲道德”行动。深入开展社会主义荣辱观教育，组织文明市民、道德模范、爱心人物、优秀义工、无偿献血模范等推选表彰活动，加强对助人为乐、见义勇为、诚实守信、敬业奉献、孝老爱亲等类型的道德模范的培育和宣传，树立“市民英雄”群像。组织“道德模范基层巡讲网上行”活动，开展“凡人善举、日行一善”宣传活动，引导市民从身边小事做起，积极参与公益活动。深入、持久地开展“我推荐、我评议身边好人”活动，做好向全国道德模范、广东省道德模范和“感动中国”年度人物等评选活动的推荐参评工作，推动形成学模范、当模范，善行义举不断涌现、广为传诵的社会环境和氛围。

责任单位：市文明办、市委政法委、市综治办、市红十字会、团市委

20. 深化志愿服务行动。落实中央文明委《关于深入开展志愿服务活动的意见》（文明委〔2008〕6号）、省委省政府《关于进一步发展志愿服务事业的意见》（粤发〔2009〕5号），推动形成文明办牵头、各有关部门广泛参与的志愿服务领导格局和健康发展的长效机制。抓好大运会志愿者招募、培训、调配、管理及服务工作，全面提升其志愿服务理念和服务水平。广泛开展文明劝导志愿服务，组织志愿者在公共场所宣传大运会知识和公共文明行为规范，引导市民遵守公共秩序，营造“迎接大运会、树立新风尚、创造新生活”的浓厚氛围。

责任单位：市文明办、团市委、大运会执行局、市公安局、市交通运输委、市文体旅游局、市城管局、市红十字会

三、重要节点活动安排

在全面开展以上行动计划的同时，要抓住迎接大运会的重要节点，设定核心主题，集中开展一系列重点活动，动员全社会开展公共文明提升行动，营造“迎接大运会、树立新风尚、创造新生活”的浓厚社会氛围。

节点一：大运会倒计时一周年；深圳经济特区建立30周年；全国城市公共文明指数测评（2010年7月至8月）。

核心主题：改善公共秩序。

1. 加强交通文明宣传。在媒体广泛宣传《深圳市“文明交通行动计划”实施方案》、《深圳经济特区道路交通安全违法行为处罚条例》内容，印发宣传资料，开展宣传咨询，举办电视、网上知识竞赛，引导市民遵守交通秩序。（责任单位：市公安局；时间：2010年7月至8月）

2. 加强文明劝导。组织志愿者在主要交通路口、公交车站、商业区及各类公共场所，宣传大运会知识和公共文明行为规范。（责任单位：团市委；时间：2010年7月至8月）

3. 开展交通劝导体验活动。邀请各区人大代表、政协委员和记者、有关单位驾驶员等参与交通劝导，体察交通现状，体验交通管理，呼吁全社会共同建设文明交通秩序。（责任单位：市公安局；时间：2010年7月至8月）

4. 举办“遵章守法、文明驾驶”签名活动。在公交车、出租车驾驶员中开展签名活动，组织查处爬头、闯红灯等违规行为，促进驾驶员遵守公共交通秩序。（责任单位：市交通运输委；时间：2010年7月至8月）

节点二：大运会倒计时300天（2010年10月）。

核心主题：优化公共环境。

1. 加强人居环境宣传。举办专题讲座，开展推荐环保书籍、“晒出你的宜居生活”网上博客等活动，普及低碳、生态、绿色等科普

知识，引导市民保护城市生态环境。（责任单位：市人居环境委；时间：2010 年 10 月）

2. 开展“百名市民走近城管”活动。邀请市民代表参观街道、社区环境整治成果。（责任单位：市城管局；时间：2010 年 10 月）

3. 开展社区生活环境和社会文化环境专项整治行动。通过专项整治，营造有利于未成年人健康成长的社区生活环境和社会文化环境。（责任单位：市城管局、市文体旅游局；时间：2010 年 7 月至 10 月）

节点三：大运会倒计时 200 天（2011 年 1 月）。

核心主题：弘扬公益精神。

1. 启动第八届深圳关爱行动。弘扬“关爱·感恩·回报”理念，不断扩大受益和参与范围。（责任单位：市文明办、市关爱办；时间：2011 年 1 月）

2. 加强大运会志愿服务宣传。表彰一批大运争章义工（志愿者）服务活动的先进志愿服务组织和个人，宣传报道其典型事迹。（责任单位：团市委；时间：2011 年 1 月）

3. 大力弘扬慈善文化。举办“财富、责任与传承”战略慈善沙龙，进一步提升企业、公民社会责任意识。（责任单位：市民政局；时间：2011 年 1 月）

4. 广泛宣传无偿献血和器官捐赠。举办无偿献血和器官捐献宣传活动，呼吁市民参与无偿献血和器官捐献。（责任单位：市红十字会；时间：2011 年 1 月）

节点四：大运会倒计时 100 天（2011 年 5 月）。

核心主题：提升窗口服务。

1. 开展窗口行业技术比武。举办深圳市第七届职工技术运动会，提升窗口行业从业人员服务水平。（责任单位：市总工会；时间：2011 年 5 月）

2. 倡导微笑服务。开展“窗口行业最美微笑”摄影比赛，营造微笑服务氛围。（责任单位：市文明办、市文联；时间：2011 年 5 月）

3. 加强交通规范服务示范线、点、站宣传。在公交、出租车行业开展规范服务达标活动，评选一批交通规范服务示范线路、站点、车辆。（责任单位：市交通运输委、深圳广电集团；时间：2011 年 5 月）

节点五：大运会倒计时 50 天（2011 年 6 月至 8 月）。

核心主题：优化人际关系。

1. 促进人际交往。组织“微笑传递友善”、“微笑面对陌生人”主题讨论，引导人们热情、友善、文明对待他人。（责任单位：深圳报业集团、深圳广电集团；时间：2011 年 6 月至 8 月）

2. 促进家庭关系和睦。宣传“和睦之家”事迹，组织和睦家庭关系宣传咨询。（责任单位：市妇联；时间：2011 年 6 月）

3. 开展“礼貌让座”活动。在公交车始发站和地铁站开展宣传活动，倡导“文明乘车、礼貌让座”。（责任单位：市交通运输委、团市委；时间：2011 年 6 月至 8 月）

以上各主题行动及各重要节点活动安排，各区和光明、坪山新区均为责任单位，须相应策划、统筹开展本辖区的相关工作。

四、保障措施

（一）加强领导，精心组织。各级党委、政府和各部门要充分认识实施公共文明提升行动计划的重要意义，将其作为加强文明城市建设、迎接大运会、提升市民文明素质和城市管理水平，加快城市文明水平战略性提升的重要工作，摆上重要日程。各责任单位要根据任务分工，制订具体的实施方案，精心组织实施，确保各项任务落实。各区委、区政府和各新区党工委、管委会要根据全市的统一部署，结合本辖区特点，制订详细的推进计划，保证领导力量到位、活动部署到位、工作措施到位、检查督促到位，取得实实在在的效果。要把公共文明提升行动计划各项工作与广大市民的切身利益紧密联系起来，运用多种形式，广泛发动各类社会组织和广大市民参与其中，形成生动活泼、全民共建的良好局面。

（二）完善考评，健全机制。启动深圳市公共文明指数测评工作，定期公布公共文明指数测评结果，全面考评各区、各部门工作成效，科学衡量城市公共文明水平。继续组织开展每月一次的交通文明指数测评，定期公布交通文明指数测评结果，客观评估全市交通文明状况，推动公共文明建设难点问题的解决。各区、各部门要结合自身工作实际，针对公共文明建设中的薄弱环节，认真查找原因，采取切实措施，不断整改提高。

（三）宣传发动，营造氛围。新闻媒体要充分发挥文明建设策划者、组织者、宣传者、监督者的综合作用，围绕行动计划内容，结合自身特点，积极策划活动，直接参与组织工作，推动各项任务深入开展；对测评结果反映出来的问题和薄弱环节进行曝光，对相关问题的整改情况进行跟踪报道，促进问题解决；依托“深圳窗”、“文明进行时”、“文明你我同行”等专版、专栏，大力宣传公共文明提升行动计划工作动态、工作成果和先进经验，尤其在重要时间节点上，要精心策划，组织开展声势浩大的宣传工作，营造“迎接大运会、树立新风尚、创造新生活”良好舆论氛围。要充分利用户外广告、电子屏幕、互联网、手机、移动电视、楼宇电视、车载电视、社区宣传栏等载体，加强公共文明行动宣传力度，营造浓厚社会氛围。

中共深圳市委办公厅

深圳市人民政府办公厅

2010年7月23日

汕头市精神文明建设委员会

关于印发《“文明汕头”——汕头市2010年“书香飘万家”系列读书活动工作方案》的通知

各区（县）文明委，市委各部委，市各人民团体，市直和驻汕中直、省直各单位：

为深入贯彻落实省委宣传部、省文明办等部门关于开展“书香岭南”全民阅读活动的要求，积极倡导全民阅读的良好社会风尚，市文明委决定今年继续在全市开展以“文明汕头”为主题的“书香飘万家”系列读书活动。现将《“文明汕头”——汕头市2010年“书香飘万家”系列读书活动工作方案》印发给你们，请按照方案部署，切实加强领导，精心组织实施。

汕头市精神文明建设委员会

2010年5月7日

“文明汕头”——汕头市2010年“书香飘万家”系列读书活动工作方案

为贯彻落实省委宣传部、省文明办等部门关于开展全民读书活动的工作部署，进一步营造好读书、读好书，读书明理、读书增智、读书有为的社会风尚，建设书香汕头，提升城市人文素质和文明程度，助推创建文明城市活动的深入开展，现制定工作方案如下：

一、总体思路

按照全省的统一部署，贯彻落实全省、全市宣传工作会议精神，着眼于提升城市人文素质和社会文明程度，我市2010年“书香飘万家”系列读书活动的总体思路为：围绕“一个主题”，注重“三个结合”，突出“五大层面”，开展“八大系列”活动，推进各区县基层和各单位读书活动，延伸辐射全社会，着力在全市掀起全民阅读、追求进步、共建文明的文化热潮，形成书香汕头、文化汕头、文明汕头、奋进汕头的良好风尚，推动创建文明城市活动的深入开展。

一个主题：文明汕头。

三个结合：一是把读书活动和建设学习型党组织的要求结合起来；二是把读书活动和解答汪洋书记“三道题”结合起来；三是把读书活动和推动创建文明城市工作结合起来。

五大层面：一是党员干部层面；二是企业员工层面；三是青少年学生层面；四是社区居民层面；五是乡村农民层面。

八大系列：各相关单位、企业、学校以及各区（县）重点组织的系列读书活动。

二、系列活动

根据全省统一部署，紧密结合我市实际，围绕“文明汕头”的主题，积极组织各级各单位开展各种形式的读书活动，重点开展“八大系列”读书活动。

（一）全市阅读动员。

1. 举办汕头市2010年“书香飘万家”系列读书活动开幕式

主办单位：市文明委、市委宣传部。

活动时间：5月18日。

活动地点：市图书馆。

主要内容：通过领导讲话、先进单位发言、下发活动文件、发出读书活动号召等形式，举办汕头市2010年“书香飘万家”系列读书活动开幕式，对今年全市开展读书活动进行宣传发动、营造声势。

2. 各区（县）举办区（县）读书活动启动仪式

主办单位：各区（县）文明委、各区（县）委宣传部。

活动时间：4月—5月。

主要内容：各区（县）结合实际，突出特色，以各种形式举办今年读书活动启动仪式，启动各区（县）的读书活动，推动各地基层读书活动的广泛开展。

3. 举办“阅读，让生活更美好”读书征文比赛颁奖暨读书朗诵会

主办单位：市文广新局、市教育局、市图书馆。

活动时间：4月—5月。

活动地点：市图书馆。

主要内容：围绕“阅读，让生活更美好”的主题，在全市中小学生中开展读书征文比赛活动，并在“4·23”世界读书日举办征文颁奖暨读书朗诵会，举办征文比赛获奖作品展。

（二）机关阅读活动。

1. 开展“答好汪洋书记三道题”学习研讨活动

主办单位：市委办公室、市政府办公室、市委宣传部、市委政研室等部门。

活动时间：全年。

主要内容：通过组织党员干部、专家学者举办学习论坛、开展理论研讨、建言献策征文等活动，弘扬特区精神，探索汕头发展新路。

2. 开展“创建学习型党组织，争当学习型党员”活动

主办单位：市直机关工委。

活动时间：4月—12月。

主要内容：在市直和驻汕单位中开展“创建学习型党组织，争当学习型党员”主题读书活动，通过知识竞赛、读书心得演讲等形式，促使机关全体党员学习践行社会主义核心价值体系，自觉培养高尚道德情操，提高行政执行力，始终保持奋发向上的精神状态。

3. 举办“文明汕头”第三届公务员书法作品展览

主办单位：市文明办、市书法家协会。

活动时间：5月18日—28日。

主要内容：以“文明汕头”为主题，以表现人文风尚、道德修养、家园建设、文明成果、文明宣传语等为主要内容，组织全市党员干部和公务员创作书法作品，全面展示我市党员干部队伍和公务员队伍热爱读书、追求文明、奋发图强的精神风貌。

4. 举办“图书三走进”活动

主办单位：市检察院。

活动时间：6月—12月。

主要内容：开展“图书进社区、进学校、进农村”活动，“图书进社区”：组织检察干警向基层社区捐赠图书，建立社区检察图书专柜；“图书进学校”：选择2至3所中小学校，组织市检察院青联成员到学校开展读书交流活动；“图书进农村”：组织市检察院机关党支部到双联共建联系点举行赠书活动，创建学习型乡村。

（三）企业阅读活动。

1. 举办“潮声论坛”

主办单位：中国建设银行汕头分行。

活动时间：全年。

主要内容：为提高企业管理人员对当前经济社会形势的认识，增强为汕头经济服务的能力，通过组织企业员工参加书本研读、课题调研和潮声讲座三大板块，进一步培养管理人员的持续学习和工作创新能力。

2. 举办“万家灯火，南网情深”读书活动

主办单位：汕头供电局。

活动时间：4月—5月。

主要内容：以部门为单位，组织员工学习南方电网公司编印的《营销服务文化手册》、《服务行为规范手册》和《营销服务文化故事》三本书活动，开展各种形式的学习和讨论，正确领会把握营销服务的文化内涵。

3. 开展“蓝书签”赠送活动

主办单位：中国电信汕头分公司。

活动时间：6月。

主要内容：根据企业文化内涵，凸显职工个性魅力，制作代表电信的精美书签2000份送给全体员工，以此鼓励员工读书，营造读书氛围，增强企业员工凝聚力。

4. 举办“特区三十年”红段子手机短信征集活动

主办单位：中国移动汕头分公司。

活动时间：3月—12月。

主要内容：紧扣“特区三十年”主题，以红段子手机短信征集的形式，发动公司员工和社会群众为总结特区发展经验、弘扬特区精

神、打造区域中心城市建言献策，推动企业文化与社会发展的融合。

（四）学校阅读活动。

1. 开展“书香校园”创建活动

主办单位：市教育局。

承办单位：全市各级各类学校。

活动时间：7月—8月。

主要内容：继续发动各级各类学校积极参与“书香校园”创建和评选活动，大力营造知书达礼、好学求进的校园书香氛围，为学生健康成长提供精神动力和智力支持。

2. 举办“阅读之星”评选活动

主办单位：市教育局。

承办单位：全市各中小学。

活动时间：全年。

主要内容：在全市中小学校积极开展“阅读之星”读书活动，并组织“阅读之星”评选，树立一批阅读小典型，倡导广大中小学生“爱读书，读好书”的良好风尚。

3. 举办“读书·成长·人生”——第七届桑浦山读书节

主办单位：汕头大学。

活动时间：4月。

主要活动：举行“读书·成长·人生”——第七届桑浦山读书节开幕式，通过“语言面对面”、“书香飘校园”知识竞赛、“与馆相伴”之众里寻书千百度等一系列读书活动，增强大学生的阅读能力和学习能力。

4. 举办现场书法绘画比赛

主办单位：市第一中学。

活动时间：5月中旬。

主要内容：倡导高雅艺术进校园，通过组织全校学生开展现场书法绘画比赛，提升学生文化品位与学生的艺术欣赏水平，增强学校德育工作的文化艺术内涵。

（五）农村阅读活动。

1. 开展“书香进农家”系列捐书活动

主办单位：市文明委各成员单位，市直和驻汕中直、省直单位。

活动时间：5月—12月。

主要内容：组织各级各单位和企业开展送书下乡活动，特别倡导送音像作品、电子图书等新信息载体进农家，推动“农家书屋”和农村文化建设，丰富基层群众精神文化生活。

2. 举办“农家书屋”工程竞赛活动

主办单位：澄海区文明办、澄海区文广新局。

活动时间：全年。

主要内容：发动各镇、村利用各种资源，加大“农村书屋”建设力度，并在年底组织评先活动，使“农家书屋”建设的过程，成为一次推动农民读书活动、促进农村文化繁荣的过程。

3. 举办“党员领读农家书”活动

主办单位：潮南区委宣传部、潮南区文明办。

活动时间：4月下旬。

主要内容：通过党员宣读倡议书、开通农民读书网、成立党员学习辅导小组等系列活动，发挥基层党组织和党员干部在读书活动中的带动示范作用，提升当地农民的文化素质和思想觉悟。

4. 开展“科普服务村村行”科普知识下乡活动

主办单位：潮阳区委宣传部、潮阳区科协。

活动时间：3月—12月。

主要内容：通过“一会乡村”、“一村多会”的服务形式，开展技术咨询和服务，推广农业先进实用技术，加强农村劳动力的培训，帮促村级“科普活动站、宣传栏、科普员”建设，为助力社会主义新农村建设提供科技支撑。

（六）社区阅读活动。

1. 开展“扬文明新风，做智慧女性”读书论坛主办单位：市妇联。

活动时间：5 月中旬。

主要内容：组织市知名女作家、女知识分子等专家、学者就“扬文明新风，做智慧女性”、“读书如何改变女性命运”、“女性如何读书”等话题进行互动探讨，并同场举办纪念三八国际劳动妇女节 100 周年“女子当自强”征文比赛颁奖仪式，在家庭妇女中倡导读书的风尚。

2．开展“阅读·进步·文明·和谐”——走进社区文化系列活动

主办单位：市新华书店。

活动时间：5 月—12 月。

主要内容：举办专题读书讲座、“诵中华经典，做文明主人”朗诵比赛、“惠民流动书柜”进社区活动等活动，并在社区组织才艺节目演出，促进“书香社区”建设。

3．开展“好书大家看”社区读书游园活动

主办单位：金平区委宣传部。

活动时间：5 月。

主要内容：组织图书出版企业在龙眼园社区等开展“好书大家看”优惠售书活动，同时在社区举办科普图片展、青少年书画比赛等活动，活跃社区文化，增强社区书香氛围。

4．举办“岭南流动书香车”进社区活动

主办单位：龙湖区委宣传部。

活动时间：4 月。

主要内容：组织一批优秀图书组成“岭南流动书香车”进学校、进村居、进社区，开展图书下基层服务行动，方便基层群众购书。

（七）书惠万家阅读活动。

1．举办汕头市“书香飘万家——文化大超市”活动

主办单位：市委宣传部、市文明办、市文广新局、汕头经济特区报社、市广播电视台、市新华书店、龙湖区委宣传部。

活动时间：8 月。

主要内容：组织市新华书店、三联书店、文化科技书店等书店书城以及书画经营企业进行文化产品集中展销，同时组织民间特色文化展示，通过办好文化庙会丰富读书内涵。

2．举办“汕头经济文化讲坛”

主办单位：市文明办。

活动时间：6 月—12 月。

主要内容：根据不同时期的经济文化热点，邀请著名专家学者莅汕开设讲座，推动新知识、新文化、新理念的传播，打造市民学习新经济文化知识的平台。

3．举办“阅读经典之电影阅读”活动

主办单位：市图书馆。

活动时间：5 月。

主要内容：充分发挥图书馆的公共服务功能，开展文化共享活动，在图书馆“共享工程影视展播室”放映名著经典影片，市民免费观看，丰富市民精神文化生活。

4．举办经典文化学习活动

主办单位：龙湖区委宣传部。

活动时间：全年。

主要内容：继续组织开展古诗文诵读活动，开展古诗文读后感征集活动等，弘扬传统文化，彰显汕头人文精神。

（八）出版系列阅读刊物。

1．创办《书香汕头》专刊

主办单位：市文明办。

承办单位：市读书学会。

创办时间：8 月。

刊物内容：配合全市读书活动和市读书学会会员单位读书活动的开展，推荐优秀图书，发布出版物信息；介绍各地各单位开展读书活动的经验和成效；宣传读书先进典型等。

2．办好《汕头企业文化》刊物

主办单位：市委宣传部。

出版时间：全年。

刊物内容：传达国家、省有关企业文化建设精神，反映我市企业文化建设最新动态，介

绍企业文化建设经验做法，报道企业开展读书活动情况及成果。

3. 办好《文明龙湖》专刊

主办单位：龙湖区委宣传部。

出版时间：全年。

刊物内容：报道龙湖区开展精神文明建设和创建文明区活动情况，宣传全民读书活动先进事迹和突出成果，推介读书活动好做法、好典型和好书、好文章。

三、组织机构

为加强对活动的组织领导和统筹协调，设立汕头市2010年“书香飘万家”系列读书活动领导小组。领导小组由以下人员组成：

组　长：陈　茸（市委常委、宣传部长）

副组长：陈桂源（市委宣传部副部长、市文明办主任）

成　员：李桂龙（市直属机关工委调研员）

林　健（市教育局副局长）

郑鹤龄（市文广新局副局长）

陈　菲（市总工会副主席）

赖恒辉（团市委副书记）

黄丽娇（市妇联副主席）

苏伟钿（汕头经济特区报社纪委书记、汕头日报副总编辑）

杜　冰（市广播电视台副台长）

江　宏（市新华书店总经理）

工作小组日常事务由市文明办负责。

四、活动要求

根据全省统一部署，结合我市实际，今年我市读书活动组织工作必须突出“三个加强”：

1. 加强组织领导，确保扎实开展。去年以来，中央办公厅、省委办公厅先后下发了关于推进学习型党组织建设的文件，省委宣传部、省文明办作出了关于开展全民读书活动的部署。开展“书香飘万家”系列读书活动，是市文明委贯彻落实中央、省和市委、市政府工作部署，推动学习型党组织建设、加强精神文明建设的一项重要工作。各级各部门要切实加强组织领导，进一步落实党委（党组）中心组理论学习制度，精心设计并打造出本地区、本单位的活动品牌，确保读书活动扎实开展。

2. 加强工作结合，务求抓出实效。各地各单位在组织策划今年各项读书活动时，要坚持贴近实际、贴近生活、贴近群众，把开展读书活动与建设学习型党组织、解答汪洋书记“三道题”和创建广东省文明城市等工作结合起来，围绕市委、市政府的中心工作，着力在推动本地区本单位的工作上下工夫，在推动本地区本单位党的建设上下工夫，在提高党员干部思想政治素养上下工夫。通过开展读书活动，实实在在推动工作，推动发展。

3. 加强宣传引导，营造阅读氛围。各新闻单位要充分发挥舆论的导向和激励作用，发挥优势，从不同角度及时报道各地各单位开展读书活动的进展和盛况，大力宣传读书活动中涌现出来的新形式、新亮点和新成果。汕头日报、汕头特区晚报、市广播电视台要发挥舆论主阵地的效应，在策划专题、思想引导、扩大亮点、树立典型等方面下工夫，形成舆论强势；各机关团体、学校企业及社区要通过宣传栏、黑板报等形式张贴标语，宣传读书活动，营造浓厚的阅读氛围，掀起全民读书热潮。

韶关市文明办

关于组织开展第八个“公民道德宣传日”教育实践活动的通知

各县（市、区）文明委、市直及中省驻韶各单位：

今年9月20日是第八个全国“公民道德宣传日”，为进一步贯彻落实《公民道德建设实施纲要》，按照省委十届七次全会、市委十届八次全会关于推进公民道德建设，提升城乡文明水平的有关要求，市文明委决定在9月20日前后广泛开展公民道德宣传教育和实践活动。现将活动的有关事项通知如下：

一、活动宗旨

通过广泛深入开展第八个“公民道德宣传日”教育实践活动，进一步动员社会各界关心、支持和参与道德建设，使公民基本道德规范和“八荣八耻”社会主义荣辱观更加深入人心，进一步激发全体公民热爱韶关、建设韶关的热情，为我市创建全国文明城市、打造区域文化中心营造良好的社会氛围。

二、活动主题

提升文明素养，共建和谐韶关。

三、活动内容

1. 开展“创文在行动，我该做什么”主题系列活动。以“9・20”公民道德宣传日为契机，按照《关于在全市广泛开展“创文在行动，我该做什么”主题系列活动的通知》要求，进一步掀起创建全国文明城市的高潮。各单位、各部门、各行各业广泛开展社会志愿服务、窗口行业文明服务、市区环境和公共秩序综合整治、文化进社区等活动，努力提高城市公共环境、公共秩序、人际互助、公益行动等方面城市公共文明水平。

2. 举办“创文宣传进基层”活动。在9月20日当天，市创文工作指挥部办公室、团市委、市辖三区共同组织创文志愿者在市区人流密集场所、社区、工厂、工地等地发放创文宣传品（实物），派发《市民文明守则》和给市民的一封信，大力普及公民基本道德规范和创文知识，使公民道德宣传贴近实际、贴近生活、贴近群众，使广大市民乐于接受，进而转化为全民的自觉行动。

3. 开展文明礼仪普及活动。通过举办知识竞赛、演讲比赛、形象展示大赛以及在媒体开设专栏等形式，大力普及公务礼仪、商务礼仪、社会礼仪、生活礼仪、职业礼仪和涉外礼仪知识，充分利用大中小学校、市民学校、职业学校、农民工学校以及文化室等基层群众文化活动场所，开展各种形式的学礼仪、讲文明活动，在全社会树立注重礼仪、热情友善、文明礼貌的良好风尚。

4. 开展主题网上实践活动。发动广大干部职工、市民群众特别是青少年学生在中国文明网、韶关文明网上参加“做文明有礼的中国人”网上签名寄语、“迎世博、迎亚运”文明公益短信传递、“文明上网、共建和谐”网上征文暨知识竞赛、“读好书、做好人”全民阅读、“我推荐、我评议身边好人”等网上系列主题实践活动，同时配合创文工作在韶关家园网开展“市民最讨厌的十大陋习”网上评选活动，让广大市民群众在认知陋习的基础上，进一步摒弃陋习，培养良好的行为习惯。

四、活动要求

1. 提高认识，加强领导。加强公民道德建设是创建全国文明城市、提高市民文明素质的一项重要内容，各地各单位要进一步加强认识，紧紧抓住有利时机，把开展公民道德宣传教育实践活动与创建文明城市、文明县城、文明示范窗口、文明单位、文明社区、文明村镇有机结合起来，进一步加强领导，精心部署，确保各项任务落实到位，卓有成效，形成广大群众积极参与道德建设的良好局面。

2. 注重宣传，形成氛围。报社、电台、电视台要注重发挥集中宣传的优势和特点，安排重要的版面和时段，组织得力的策划、采编队伍，集中资源开展形式多样的宣传报道。要在及时报道各地各部门活动特色和典型的基础上，大力宣传道德模范和身边好人的先进事迹和崇高精神，普及文明礼仪知识，曝光不文明言行，倡导低碳经济和低碳生活，掀起公民道德建设宣传热潮。各县（市、区）、各单位也要及时对活动开展情况进行宣传。

3. 周密部署，抓紧实施。各地各单位要紧密结合自身实际，围绕主题制定详细活动实施方案，提前安排，抓紧实施。各县（市、区）文明办和市直有关部门要将活动开展情况形成总结，于10月5日前以书面形式报市创文办。

韶关市文明办
2010年9月10日

“公民道德宣传日”教育实践活动宣传标语

1. 深入开展“9·20”公民道德宣传日活动。

2. 认真贯彻《公民道德建设实施纲要》，全面提高公民道德素质。

3. 爱国守法、明礼诚信、团结友善、勤俭自强、敬业奉献。

4. 提升文明素养，共建和谐韶关。

5. 在社会做个好公民，在单位做个好职工，在家庭做个好成员。

6. 创建良好的社会道德环境，为改革发展稳定大局服务。

7. 讲社会公德，从我做起，从身边小事做起。

8. 大力倡导文明礼貌、助人为乐、爱护公物、保护环境、遵纪守法的社会公德。

9. 大力倡导爱岗敬业、诚实守信、办事公道、服务群众、奉献社会的职业道德。

10. 大力倡导尊老爱幼、男女平等、夫妻和睦、勤俭持家、邻里团结的家庭美德。

11. 道德凝聚力量，文明传播希望。

12. 学习道德模范，弘扬传统美德。

中共河源市委办公室　河源市人民政府办公室

关于印发《河源市创建生态文明村工作方案》的通知

各县区委、政府，市直和中央、省驻河源副处以上各单位：

《河源市创建生态文明村工作方案》已经市委、市政府同意，现印发给你们，请认真组织实施。

中共河源市委办公室
河源市人民政府办公室
2010年1月6日

河源市创建生态文明村工作方案

为深入贯彻落实《中共中央国务院关于推进社会主义新农村建设的若干意见》、《中共中央关于推进农村改革发展若干重大问题的决定》精神，加快我市社会主义新农村建设，促进农村经济社会持续健康发展，扎实有效地推进我市生态文明村创建工作，进一步改善农村生态环境，提高农民生活质量和文明素质，推动我市经济社会又好又快发展，制定本工作方案。

一、指导思想和工作原则

以邓小平理论和“三个代表”重要思想为指导，全面落实科学发展观，以人与自然和谐发展为主线，以经济发展为核心，以改善农民群众生产生活条件为根本出发点，以实施城乡清洁工程和治理农村污染源为抓手，结合新农村建设，突出抓好农村的净化、绿化和美化，因地制宜，分类指导，以点带面，稳步推进全市生态文明村创建工作。一要坚持发展农村经济与改善环境相结合原则。发展生态产业，促进农村经济发展和农民增收，形成生态文明村可持续发展的产业支撑体系，建设农村良好生态环境。二要坚持整体推进和突出重点原则。生态文明村创建活动要在全面推进的同时，突出区域建设重点，选择市郊、城郊、公路干线、乡镇周边村和新农村试点村、文明村、特色村为重点，建成一批生态文明示范村，发挥示范带动作用，整体推进全市创建工作。三要坚持实事求是、因地制宜原则。根据不同村庄的自然条件、区位特点、发展水平，因地制宜，分类指导，一村一策，建设风格不同、特色各异的生态文明村。结合实际，量力而行、循序渐进，分阶段分层次推进创建工作。四要坚持“政府推动、部门联动、村民主动”原则。发动群众，提高村民创建积极性，增强主动创建意识。加强部门配合，建立联动促创机制。

二、创建工作目标及内容

2009年下半年，做好全市创建生态文明目标的试点规划，确定12个试点村，铺开创建工作；2010年全市要建成12个生态文明示范村；自2011年起每年至少建成20个生态文明村，到2015年全市建成100个以上生态文明村。

创建生态文明村围绕优化生态环境、发展生态经济、建设生态文明等内容展开。

（一）优化生态环境。加强村庄周围、村内道路两旁、庭前屋后的绿化美化，鼓励有条件的地方在村内建设公共绿地或小公园，形成四季常青、瓜果飘香的良好生态环境。

实施村内道路硬底化改造，把本村连接附近公路的干道和村内主干道进行硬底化改造。加大治理脏乱差的工作力度。以村为单位设立垃圾池或堆放点，实行定时集中堆放、统一处理，力争每个村有一支环境卫生保洁队伍，建立保洁长效机制，保持村容村貌整洁。扎实推进农村住房改造，进一步抓好农村群众的改水、改灶、改厕工作的落实。实施以建筑节能、太阳能利用与建筑一体化、沼气池建设为主的农村节能房推广工程，推广使用沼气池，建设卫生公厕，鼓励农民建沼气式厕所和三格无害化厕所。

（二）发展生态经济。大力发展现代生态农业，引导村民科学使用农药化肥，推广测土配方施肥技术，禁用剧毒农药，大力提倡使用有机肥、生物肥，推广良种良法，生产无公害和绿色有机农副产品。发展绿色养殖，重点发展养殖小区，积极治理畜禽粪便的面源污染，配套建设大中型沼气工程，形成生产与生活良性循环的生态链。大力发展庭院经济，引导村民在村庄周围、庭院种植果树、种植经济林，使庭院经济成为村民增收致富的增长点。加大旅游资源开发力度，积极发展设施农业、观光农业等生态旅游产业，繁荣农村经济。加强落户乡镇农村的工业企业环境管理，新建企业严格执行环境影响评价审批制度，力争工业污染物做到达标排放。

（三）强化文明意识。坚持以发展、和谐、互助、进步为主题，以勤勉、自强、创业为基本精神，立足于发展新产业，建设新环境，倡导新风尚，培育新农民，发展新文化。健全完善《村规民约》，推动依法行政，落实村务公开，依法保障农民合法权益。大力普及科学知识，切实提高村民的科学文化素养。加大生态环境保护的宣传力度，树立农村群众的环保意识和可持续发展观念，自觉遵守环境保护的法律法规。重视对村民的社会公德教育和卫生意识教育，健全村内的保洁制度，转变村民的卫生意识，培养良好的卫生习惯。大力弘扬晚婚晚育、少生优育的现代婚育观念，提高村民实行计划生育自觉性。切实加强农村精神文明建设，成立群众性文化活动组织，积极开展群众喜闻乐见的各种文体娱乐活动，丰富农民的精神文化生活。

三、创建生态文明村的基本条件和具体评价指标

（一）基本条件。

1. 成立创建工作机构，加强组织领导，落实创建任务。

2. 认真贯彻执行环境保护政策和法律法规，三年内未发生环境污染事故和生态破坏事件。

3. 经济发展，生活富裕，农村居民人均收入高于县区当年平均水平。

4. 满足“六有”条件，即有坚强的村“两委”班子，有科学合理的村庄规划，有良好的生态环境，有增收致富的生态产业，有文明淳朴的村风民风，有和谐、民主、安定的社

会秩序。

5. 实施“五改”（改路、改房、改水、改灶、改厕）措施，根除“五乱”（柴草乱放、污水乱流、垃圾乱倒、禽畜乱跑、乱搭建）现象，达到六化（硬化、净化、绿化、亮化、气化、整齐化）效果。

6. 配套建设一屋两室三栏（农家书屋，综合活动室、卫生室，科普栏、公开栏、宣传栏）。

（二）指标体系。

1. 村容村貌：整洁有序，无“五乱”现象，达到“六化”效果，生态环境良好。

2. 饮用水源：居民饮用水卫生、安全（水质符合国家卫生标准），自来水普及率达90%以上，饮用水源净化。

3. 道路建设：主要村道硬底化，硬化率达到100%以上；主要村道、巷道亮化率达60%以上。

4. 民房建设：按统一规划设计建设，住房整齐、有序、美观、实用，庭院整洁，无乱搭建现象。

5. 改灶：厨房干净整洁，燃气化率达80%以上；太阳能普及率达60%以上；养殖专业户沼气使用率80%以上。

6. 垃圾处理：村内建有固定的垃圾收集储运点，日产日清，垃圾集中处理率90%以上。

7. 污水处理：村内建设有硬化排污沟渠，生产、生活污水集中排放和处理，无渗坑渗井和污水溢流、乱排现象。

8. 卫生厕所建设：村民家庭三格无害化厕所普及率达95%以上。

9. 畜禽养殖污染防治：禽畜圈养，人畜分离，禽畜粪便和污水无乱堆乱排现象，不滋生蚊蝇，综合利用率90%以上。规模化养殖场选址合理，配套建设污染防治设施或综合利用措施，无环境污染。

10. 绿化美化：主要村道、村庄周围、屋前屋后绿化，村庄园林化，绿化覆盖率大于38%（或森林覆盖率大于70%）。无森林火灾。

11. 文化宣传基础设施：有公共文化体育娱乐场所、农家书屋、综合活动室、卫生室、科普栏、公开栏、宣传栏等文化基础设施。

12. 环保管理：辖区内无违反环保法律、法规的违法行为发生，无环境污染事故和生态环境破坏现象。

13. 生态产业发展：有促进经济增长，增加农民收入的发展集体、庭院生态循环经济，有种植、养殖等生态产业。

14. 面源污染控制：积极推广使用有机肥，化肥使用强度低于280公斤/公顷；不使用高残留农药，回收农用塑料薄膜，有效综合控制农村面源污染。

15. 无焚烧农作物秸秆现象，综合利用率达90%以上。

16. 社会秩序：和谐、稳定、民主，《村规民约》健全完善，村民生活方式文明健康，村民法制观念强，无“黄赌毒”、无盗窃、无封建迷信活动、无集体上访等不良现象，治安环境良好。

17. 班子建设：依法行政，村务公开，为民办事，干群关系和谐融洽。

18. 计划生育工作：完成年度人口计划指标，当年全村无政策外出生。

四、实施步骤

（一）第一阶段（2010年1—3月）：选好示范点，制定创建规划阶段。

1. 市、县区、镇领导和挂点单位领导深入农村，按照创建生态文明村的目标要求选好示范点。

2. 组织有关人员到创建工作先进地区参观学习创建经验。

3. 充分利用宣传媒体，广泛宣传创建生态文明村的目标、意义和具体措施，营造良好的创建氛围。

4. 在广泛听取群众意见的基础上，市、

县区规划建设部门制定生态文明村建设规划方案。

（二）第二阶段（2010年4—12月）：抓示范点阶段。

1. 镇工作组进驻示范点，做好村民的思想发动工作，统一村民的思想，调动群众参与创建生态示范村的积极性。

2. 组织发动示范点村民依照规划方案分步实施，从净化门前屋后的垃圾和污水入手，通过改路、改水、改厕，加强农村硬环境建设，特别是加强村道建设和村环境整治工作。同时，把文明村建设与造林种果、美化环境、开发生态旅游、发展农村经济等有机地结合起来。

3. 市、县区检查组督查指导示范点的创建工作。

4. 2010年底，对全市的示范点进行验收，总结经验，对达到创建目标的村庄，市委、市政府授于“河源市生态文明示范村”称号。

（三）第三阶段（2011年至2015年）：全面实施阶段。

1. 先由各乡镇选出条件较好的村作为首批创建示范点，再全面铺开生态文明村创建工作。

2. 市、县区各宣传媒体联合全方位宣传报道创建活动的先进典型、先进经验，激励先进，督促后进。

3. 组织村民广泛讨论制定文明公约，提高村民的文明素质，加强管理，保持良好的创建环境。

4. 各生态文明村对照创建工作的目标任务，查漏补缺，不断提高创建水平。

五、考核验收

在市生态文明村创建工作领导小组的统一领导下，由市文明办牵头，市发改局、市财政局、市环保局、市农业局、市住房和城乡规划建设局、市林业局、市爱卫办等单位，组成市生态文明村联合考核验收组，于每年底，对全市创建生态文明村进行考核验收，达标一个命名一个。

六、工作要求

（一）提高认识，加强领导。创建生态文明村，是建设社会主义新农村的一项基础工程，是实施农村小康环保行动计划、发展农村经济、改善农村生态环境和建设农村生态文明的有效载体，是治理农村脏、乱、差现象，控制农村面源污染，调整农业产业结构，发展生态产业，增加农民收入，促进农村精神文明建设的有效途径。各级各有关部门要高度重视生态文明村创建工作，并采取有效措施，稳步推进。成立河源市生态文明村创建工作领导小组，组织推进全市生态文明村创建工作。各县区要成立相应工作机构，制定创建计划，明确目标任务，制定措施，层层抓落实，加快推进创建工作。

（二）落实责任，全力推进。各县区党委、政府对本县区创建生态文明村负主要责任，负责制定创建总体规划和具体组织实施。市文明办负责全市创建的组织协调工作，总结推广创建经验，加强督促检查和指导，保证各项工作的顺利进行。市各有关部门要按照职能，协同做好相关工作。各村“两委”班子发挥基层组织作用，带领群众、依靠群众建设家园，发挥宣传员、计生员、文化教育员、科技员、道德评议员、治安员、卫生员、信访员的作用，推进生态文明村建设。进一步建立健全《村卫生管理制度》、《村规民约》等规章制度，使村的公共环境管理走上制度化、规范化的轨道。生态文明村创建工作要与创建省卫生村相结合、与建设社会主义新农村相结合、与创建平安和谐示范村相结合、与干部下基层驻农村相结合，通过整合资源，使人力、财力、物力产生最大的效能。

（三）加强资金筹集，加大投入。加大资

金筹集力度，想方设法加大资金投入。要结合社会主义新农村建设，实施农村小康环保行动计划，促进生态文明村创建工作。要广开门路，多方筹集资金，在财政安排基础上，采取职能部门帮一点、社会各界捐一点、村集体筹一点、村民出一点的办法，共同筹措生态文明村的建设资金。从2010年起，县区财政从每年预算安排不少于100万元的生态文明村专项资金，市财政采取以奖代补的方式，支持生态文明村创建工作。

（四）抓好示范带动，推动创建工作。各地各部门要高度重视示范点创建工作，通过示范带动，以点带面，全力推进生态文明村创建工作又好又快开展。各县区要按照市的统一部署，每年选择1—2个村作为年度创建示范村给予重点扶持，促进创建工作有效开展。要动员发动群众，提高村民创建的积极性和主动性，克服“等、靠、要”思想，推动群众性创建活动的开展。要创新方法，攻难破坚，着力打造一批具有较高标准和较强示范作用的生态文明村示范点，把创建活动不断引向深入。

梅州市精神文明建设委员会

关于开展“好客之都·文明相伴”系列活动的通知

各县（市、区）精神文明建设委员会，市直局以上单位，中央、省属驻梅各单位：

为提升市民文明素质，展示梅州文明形象，推动“文化名城”建设，市委宣传部、市文明办、市创卫办、市公安局、市教育局、市旅游局、团市委、嘉应学院、市文联、梅州日报社、市广播电视台、中国移动通信集团广东有限公司梅州分公司、广东中烟工业有限责任公司梅州卷烟厂等单位决定联合在全市组织开展“好客之都·文明相伴”系列活动。现将有关事项通知如下：

一、指导思想

以科学发展观为指导，深入贯彻落实市委五届五次全会精神，以“讲文明、树新风、促和谐”为主题，策划开展“好客之都·文明相伴”系列活动，动员全市人民积极参与，进一步提升市民文明素质，展示梅州文明形象，为我市促进“三名城”建设，推动绿色崛起，实现科学发展作出积极的贡献。

二、活动项目

（一）举行“好客之都·文明相伴”系列活动启动仪式暨“评陋习、树新风”万人签名活动。

聚焦市民行为中的顽症陋习，引导市民展开讨论和点评，从中评选出十大陋习，使市民在讨论和点评中明辨是非、美丑，实现自我教育、自我提高。引导市民摒弃乱扔杂物、随地吐痰、随处吸烟等有违公德、有害环境的不文明行为，形成文明驾驶、文明乘车、文明行路、文明观演、文明游览、讲规则、守秩序等良好行为习惯，为我市创建“国家卫生城市”作出努力。内容包括：

1. 拟于5月中旬在东山教育基地院士广场举行“好客之都·文明相伴”系列活动启动仪式暨“评陋习、树新风”万人签名活动。

2. 评议“十大陋习”。征集不文明行为条目，形成“梅州市民十大陋习”选票，刊登在《梅州日报》和政府网进行评选。通过投票、短信，有组织地开展社会性评选活动，形成市民评陋习的强大声势。同时，推出系列评论，引导市民评说不文明行为；《梅州日报》推出评论员文章，加强舆论正面引导。

主办单位：市委宣传部、市文明办、市创卫办、市公安局、市教育局、梅州日报社、市广播电视台。

协办单位：中国移动通信集团广东有限公司梅州分公司
广东中烟工业有限责任公司梅州卷烟厂

承办单位：市文明办。

活动时间：5月至9月。

（二）开展“我推荐、我评议身边好人”活动。

加强公民思想道德建设，以“存好心、说好话、做好事”为主要内容，组织广大市民在熟悉的人群中，发现推举日常生活工作中的好人，选树和宣传一批先进典型，进一步弘扬学习、关爱、崇尚、争当道德模范的良好风尚。在全市上下动员发动各地各单位推荐“身边好人”候选人，向市文明办（邮箱：mzswmb@126.com，传真：2275821）、市广播电视台（邮箱：minsheng820@21cn.com，传真：2187622）或活动邮箱（keduwmxb@139.com）推荐。对推荐出的“身边好人”事迹进行核实、采访后，不定期在梅州广播电视台“民生820”栏目和《梅州日报》进行报道。12月底，公布2010年“好人榜”名单，从中推选一批在助人为乐、见义勇为、诚实守信、敬业奉献、孝老爱亲等方面有突出表现的个人，组织颁奖晚会，进行总结表彰，颁发证书。对“身边好人”事迹逐级进行推荐。

主办单位：市委宣传部、市文明办、市广播电视台、梅州日报社。

协办单位：中国移动通信集团广东有限公司梅州分公司
广东中烟工业有限责任公司梅州卷烟厂

承办单位：市广播电视台、梅州日报社。

活动时间：5月至12月。

（三）开展文明宣传用语征集和规范使用活动。

开展文明用语征集，发挥文明用语的社会教育、文化传播、舆论导向等功能和作用，使讲文明话、做文明事、当文明人成为广大市民的追求目标和自觉行动。征集文字表达简洁、优美，富有创意，文明健康，适于传播，具有浓郁的地方特色和时代风格，适于宣传，充分体现文明和谐的宣传标语口号。开展文明宣传用语规范使用活动。

主办单位：市委宣传部、市文明办、市城市综合管理局、市工商局、梅州日报社、市广播电视台。

协办单位：中国移动通信集团广东有限公司梅州分公司
广东中烟工业有限责任公司梅州卷烟厂

承办单位：市文明办。

活动时间：6月至12月。

（四）开展文明公益广告宣传活动。

在公共场所制作文明礼仪公益广告宣传牌，在办公场所（办公室）摆放梅州人精神、文明礼仪公益广告宣传台牌，规划建立“公民道德教育一条街”，营造进城大道公益宣传广告氛围，集中发布文明公益广告，让广大市民、干部群众在一种“文明相伴”的氛围中享受文明、讲求文明、做到文明。《梅州日报》、市广播电视台以及网络阵地安排栏目时段刊播文明公益广告，营造文明向上的舆论氛围。

主办单位：市委宣传部、市文明办、市城市综合管理局、市工商局、梅州日报社、市广播电视台，各县（市、区）委宣传部、文明办。

承办单位：市城市综合管理局、市文明办，各县（市、区）委宣传部。

活动时间：7月至12月。

（五）开展“十佳文明风景旅游区（景点）”、“十佳文明导游”评选活动。

开展推荐、组织检查与评议，命名一批文明景区、文明导游。通过评选活动，提升市民文明素质，展示梅州文明形象，更好地促进全市旅游资源的保护和开发利用，为广大游客推介更多更好的景区，更好地展示“世界客都”的窗口形象。

主办单位：市委宣传部、市文明办、市旅游局。

协办单位：中国移动通信集团广东有限公司梅州分公司
广东中烟工业有限责任公司梅州卷烟厂

承办单位：市旅游局。

活动时间：6月至10月。

（六）编印《梅州市民文明礼仪手册》，宣传普及礼仪知识。

为加强市民文明素质教育，引导市民立道德规范、学文明礼仪、育良好习惯、传时代新风、树文明形象，编写《梅州市民文明礼仪手册》，并组织文明礼仪进学校、进企业、进农村、进社区等系列活动，引领广大市民学好《手册》，掌握礼仪知识，践行礼仪规范，提升文明素质，从我做起，从现在做起，从小处做起，形成人人学礼仪知识、个个树文明形象的良好社会风尚。

主办单位：市委宣传部、嘉应学院、市文明办。

协办单位：中国移动通信集团广东有限公司梅州分公司
广东中烟工业有限责任公司梅州卷烟厂

承办单位：嘉应学院、市文明办。

编辑时间：5月至8月。

（七）编印《梅州志愿服务手册》，宣传普及志愿服务知识。筹备成立“梅州市志愿者联合会”。

通过编印《梅州志愿服务手册》，广泛宣传普及志愿服务知识，营造有利于志愿服务的浓厚舆论氛围，不断增强广大市民尤其是青少年的志愿服务意识。广泛宣传发动，动员社会各界人士积极参加志愿者招募，组织各类志愿者队伍，在全社会掀起志愿服务的新一轮热潮，使梅州志愿服务工作逐步走向科学化、规范化、专业化和社会化。在宣传普及志愿服务知识的同时，筹备成立“梅州市志愿者联合会”。

主办单位：市委宣传部、市文明办、团市委。

协办单位：中国移动通信集团广东有限公司梅州分公司
广东中烟工业有限责任公司梅州卷烟厂

承办单位：团市委。

编辑时间：5月至10月。

（八）举办“做个文明好客的梅州人”征文活动。

以“做个文明好客的梅州人”为主题，开展征文活动，撰文投稿，从中挑选优秀稿件在《梅州日报》设立刊头栏目刊登。

主办单位：市委宣传部、市文明办、梅州日报社。

协办单位：中国移动通信集团广东有限公司梅州分公司
广东中烟工业有限责任公司梅州卷烟厂

承办单位：梅州日报社。

活动时间：6月至10月。

（九）举办“好客之都·文明相伴”摄影大赛。

以“好客之都·文明相伴”为主题，组织摄影爱好者投稿（各县不少于10幅），从中挑选优秀作品在《梅州日报》设立栏目刊登。推荐优秀作品在媒体、网络和广告单位使用。

主办单位：市委宣传部、市文明办、市文联、梅州日报社。

协办单位：中国移动通信集团广东有限公司梅州分公司
广东中烟工业有限责任公司梅州卷烟厂

承办单位：市文联。

活动时间：6月至12月。

（十）开展文明交通行动。

通过开展文明交通行动，切实增强市民文明交通意识，养成现代文明交通习惯，着力纠正各类违反交通法规的现象，努力构建安全畅通、文明和谐的道路交通环境。

主办单位：市委宣传部、市文明办、市公安局。

承办单位：市公安局。

活动时间：5至12月。

（十一）组织系列活动总结颁奖晚会。

组织颁奖晚会，宣布“十大陋习”、文明宣传用语征集获奖者、“十佳文明风景旅游区”、“十佳文明导游”、“身边好人”以及征文、摄影大赛获奖名单，对系列活动进行总结表彰颁奖。

主办单位：市委宣传部、市文明办、市创卫办、市公安局、市教育局、市旅游局、团市委、嘉应学院、市文联、梅州日报社、市广播电视台。

协办单位：中国移动通信集团广东有限公司梅州分公司
广东中烟工业有限责任公司梅州卷烟厂

承办单位：市文明办、市广播电视台。

活动时间：12月。

三、领导机构

为切实加强本次活动的组织领导，确保活动顺利开展，决定成立“好客之都·文明相伴”系列活动领导小组，领导小组办公室设在市文明办。领导小组由以下人员组成：

组　长：林碧红（市委常委、宣传部长）
副组长：张德祥（市委宣传部副部长）
刁东田（广东中烟工业公司梅州卷烟厂厂长）
戴希璋（中国移动广东有限公司梅州分公司总经理）
成　员：杨延庆（市广播电视台副台长）
黄山松（梅州日报社副总编辑）
张　阳（市公安局副局长）
陈连豪（市教育局副局长）
侯东新（市城市综合管理局副局长）
黄月朗（市工商局副局长）
谢森元（市旅游局副调研员）
林勤青（嘉应大学宣传统战部部长）
徐维洁（市文联副主席）
陈远洋（团市委副书记）
刘　建（市创卫办常务副主任）
刘依军（广东中烟工业公司梅州卷烟厂副厂长）
张文泉（中国移动广东有限公司梅州分公司副总经理）
刘建丰（市文明办主任）

四、工作要求

（一）加强领导。

各地、各部门要从进一步提升市民文明素质，展示梅州文明形象，营造良好投资环境，为促进“三名城”建设、推动绿色崛起、实现科学发展的高度来充分认识开展“好客之都·

文明相伴”系列活动的重要意义，切实加强对活动的领导，切实担负起组织协调的职责，研究制订方案，周密部署，把这一活动有声有色、扎实有效地开展起来。

（二）广泛宣传。

各新闻单位要高度重视，积极参与，精心组织好有关宣传报道。要重点宣传“好客之都·文明相伴”系列活动的目的、意义，重点报道开展活动的情况、成效和做法、经验，在全市大力营造良好的舆论氛围。

梅州市精神文明建设委员会
2010年5月10日

梅州市文明办

关于印发《梅州市开展创建生态文明村活动的实施意见》的通知

各县（市、区）文明办，市直有关单位：

经市文明委同意，现将《梅州市开展创建生态文明村活动的实施意见》印发给你们，请认真组织实施。

梅州市文明办
2010年11月23日

梅州市开展创建生态文明村活动的实施意见

为认真贯彻中央、省、市关于加强农村精神文明建设的精神，加快我市社会主义新农村建设，大力发展农村经济，改善农村的生产生活环境，提高农民的生活质量和文明素质，促进生态、经济、社会的可持续发展，推进“三名城”（生态、文化、平安名城）建设，推动梅州绿色崛起，实现科学发展，决定在全市广泛开展创建生态文明村活动。为更好地推进创建活动的开展，结合我市实际情况，特提出如下实施意见。

一、指导思想、目标任务和基本原则

（一）指导思想。

以加快推进农村小康社会建设、提高农民现代文明素质、推动梅州绿色崛起为目标，以省、市关于加快社会主义新农村建设的实施意见为指导，以满足农民群众的物质文化需要为出发点，以发展生态经济、建设生态环境、建立生态文化为主要内容，以整治“脏乱差”、改善农村人居环境为突破口，全面落实科学发展观，因地制宜，分类指导，抓点带面，层次推进，发动群众广泛参与，努力建设经济发展、生活富裕、村风文明、规划合理、环境优美、设施完善、富有客家特色的生态文明村。

（二）目标任务。

各县（市、区）结合本地实际，先抓好一批示范点，逐步铺开，2011 年全市建成生态文明村 10 个，2013 年全市建成生态文明村 30 个，力争至2015 年全市建成生态文明村 50 个。

（三）基本原则。

1. 制定规划，明确目标。各县（市、区）要按照市的总体部署和要求，结合当地的实际制订可操作性的规划。既要提出总体安排，又要提出分阶段的工作任务；既要有分期分批的创建目标，又要有落实目标的政策措施。

2. 分类指导，分步实施。各地要立足当前，着眼长远，分步实施。要按创建总体目标，层层抓好示范点，市、县（市、区）、镇每年有计划地抓一批示范村，相对集中人力物力，重点扶持一批，建设好一批，树立样板，以点带面，梯次推进，不断推动创建活动的全面、深入开展。

二、创建标准

生态文明村就是生态环境与精神文明建设先进村。生态文明村的创建标准包含基本条件和考核指标。

（一）基本条件。

有下列情况之一者，不能评为生态文明村：

1. 经济发展不符合国家的产业政策和环保政策，集体经济年收入在 3 万元以下；

2. 近两年来领导班子成员有腐败行为；

3. 近两年来发生重大安全事故；

4. 计划生育受到“提醒注意”、“公开通报批评”或“内部通报批评”；

5. 封建迷信、“黄赌毒”等丑恶现象得不到有效遏制，村民有重大刑事案件行为；

6. 火化率没有达到 100%，出现乱建墓地现象；

7. 未取得县级以上（含县级）“生态示范村”、“卫生村”、“文明村”称号。

（二）考核指标和指标要求。

生态文明村的考核指标包括发展生态经济、建设生态环境、建立生态文化三方面内容，共有 24 项指标。

内容	序号	指　标	指标要求	分值	考核方法	提供数据的县（市、区）单位
生态经济	1	村集体经济年收入（元）	30000	4	材料审核	统计局
	2	农民人均年收入（元）	超过上年全市农民人均年纯收入	4	材料审核	统计局
	3	贫困率（%）	<4.3%	3	材料审核	民政局

内容	序号	指　标	指标要求	分值	考核方法	提供数据的县（市、区）单位
生态环境	4	村庄规划科学化	符合要求	3	材料审核 实地考察	出具县级以上规划部门绘制规划图
	5	主要道路铺装率（%）	≥90%	3	材料审核 实地考察	交通局
	6	饮用水卫生合格率（%）	98%	4	材料审核 实地考察	卫生局
	7	无害化卫生厕所普及率（%）	≥80%	4	材料审核 实地考察	卫生局
	8	人畜粪便无害化处理率（%）	≥80%	3	材料审核 实地考察	卫生局
	9	节能炉灶普及率（%）	≥90%	5	实地考察	农业局
	10	生活垃圾清运率（%）	≥80%	5	材料审核 实地考察	住建局
	11	生活污水治理状况	符合要求	5	实地考察	环保局
	12	生态小公园（个）	≥1	5	实地考察	住建局
	13	村容村貌绿化美化，绿化覆盖率（%）	符合要求 ≥25%	5	材料审核 实地考察	林业局
	14	农户室内整洁	符合要求	4	实地考察	卫生局
生态文化	15	班子团结协作	符合要求	3	材料审核 实地考察	组织部
	16	社会风气优化	符合要求	5	材料审核 实地考察	政法委
	17	九年制义务教育达标率（%）	100%	3	材料审核	教育局
	18	计划生育考核达标	符合要求	5	材料审核	计划生育局
	19	农村合作医疗普及率（%）	≥85%	4	材料审核	卫生局
	20	文化活动阵地（个）	≥1	4	实地考察	文广局
	21	群众文体活动	≥3 次	5	材料审核 实地考察	文广局
	22	文化宣传橱窗（个）	≥1	4	实地考察	文广局
	23	农家书屋（个）	≥1	5	实地考察	文广局
	24	文明户（%）	70%	5	材料审核 实地考察	文明办

生态文明村考核，以行政村为单位，采取百分制，总分100分，达到90分为达标。具体要求是：

1. 村集体经济年收入应达30000元以上。经济发展符合当地实际，突出培育环保产业、生态农业、民俗旅游业，集体经济不断壮大、逐年增加，村民各项社会福利有较大提高。

2. 农民人均年收入应超过上年全市农民人均年纯收入。农民人均年纯收入，是指农民人均各种收入（包括实物按市价折算）之和扣除各项生产性支出后的收入。该收入体现农民生活水平。

3. 贫困率要求达到 <4.3%。贫困率是指村贫困线以下人口占全村人口比重。即：贫困率 = 村贫困线以下人口数 ÷ 村人口数 × 100%。

4. 村庄规划科学化。有村发展建设规划，旧村改造和新村建设均按规划实施，无违章用地、乱占乱建现象。住房完成茅草房、泥砖屋的改造，向砖瓦房、楼房化发展。

5. 主要道路铺装率应达到90%。主要道路铺装率，指村中主要道路铺装长度占总道路长度的比例。道路铺装指水泥硬底化。

6. 饮用水卫生合格率要求达到98%。饮用水卫生合格率，指利用自来水厂和经检验合格的井水等其他饮水形式取得合格饮用水的村人口占总人口的百分率。计算公式：饮用水卫生合格率 = 村域内符合国家《农村实施〈生活饮用水卫生标准〉准则》的户数/全村总户数 × 100%。

7. 卫生厕所普及率要求达到80%。卫生厕所普及率，反映改厕情况，指农村中有卫生厕所的家庭占村中家庭总数的比例。计算公式：户用卫生厕所普及率 = 使用卫生厕所的农户数/全村总户数 × 100%。

8. 人畜粪便处理率要求达到80%。人畜粪便处理率，指对人畜粪便以三级化粪池、沼气池等形式进行处理的比例。

9. 节能炉灶普及率要求达到90%。即大力推广沼气池建设，提倡使用生态能源，农户普遍使用节能炉灶或煤气灶。

10. 生活垃圾清运率达到80%。生活垃圾清运率，指能收集、清运的垃圾占全部生活垃圾的百分比。计算公式：生活垃圾清运率 = 生活垃圾定点存放并得到及时清运的户数/全村总户数 × 100%。

11. 生活污水治理状况应符合要求。此项指标是指采用天然塘、土地、人工湿地或氧化塘处理等形式处理生活污水，村中排水沟渠硬底化，排水管道畅通，无污水溢流，无异味、臭味。

12. 生态小公园应有1个或1个以上。小公园要成为村民休闲、娱乐的场所。

13. 村容村貌绿化美化应符合要求，绿化覆盖率应达到25%。村容村貌绿化美化，指村容村貌干净卫生、整洁美观，村道两旁、村头巷尾、屋前屋后植树种草，有路灯。

14. 农户室内整洁。生产工具、家俬摆放有序，室内通风、卫生、明亮，人畜分离，禽畜圈养，不滋生蚊蝇。

15. 村班子团结协作。村“两委”班子团结协作，坚决贯彻执行党在农村的各项方针政策，带领村民积极参与文明村创建活动，村务公开，廉洁奉公，努力为村民办实事，在群众中享有较高威信，干群关系良好。

16. 社会风气良好。制订维护公共秩序、生态环境的村规民约，各种管理制度健全，无“黄、赌、毒、邪”窝点和公开搞封建迷信等现象；村民守法意识强，无重大刑事案件、无重大恶性事件、无重大责任事故、无流氓黑恶势力，无重大的越级、非法信访事件。

17. 九年制义务教育率达到100%。反映区域人口素质和社会发展水平，以九年制义务教育普及率表示。

18. 无违反计划生育，完成上级政府或主管部门下达的计划生育指标情况，无政策外出生。

19. 农村合作医疗普及率达到85%。普及农村合作医疗制度，村民享有初级卫生保健。

20. 文化活动阵地要求达到1个或1个以上。因地制宜建立文化活动室、篮球场、乒乓球台等文体设施。

21. 坚持开展群众性文化活动，每年组织群众文体活动3次或3次以上。

22. 文化宣传橱窗应有1个或1个以上。设立宣传橱窗、宣传栏，开展思想道德宣传教育、科普和农业技术宣传。

23. 应有1个或1个以上“农家书屋”，每个“农家书屋”可供借阅的实用图书不少于1000册，报刊不少于3种，电子音像制品不少于10种（张）。

24. 文明户应达70%。积极开展精神文明创建活动，文明户比例达到70%以上。

三、申报、考核表彰和管理办法

（一）自评申报。

生态文明村原则上每两年申报、考核、表彰一次。各村对照“生态文明村”的考核指标与要求进行自评，自评达到要求后，由镇级政府向所在县（市、区）文明办申请考核验收。

（二）考核表彰。

1. 对达到生态文明村标准的村，由各县（市、区）组织初审验收，提出推荐报告。推荐报告需附如下材料：①“梅州市生态文明村申报表”；②创建市级生态文明村工作经验总结；③创建标准达标对照表；④有关指标达标情况证明材料。初审符合条件的予以确认，报市文明办。

2. 市文明办对推荐的申报材料进行审核，并将审核情况报市文明委，由市文明委组织考核组，对申报符合要求的村进行现场考核验收，验收合格后，授予“梅州市生态文明村”称号，并择优向省文明委推荐表彰。

（三）管理办法。

1. 生态文明村的管理实行条块结合，以块为主，分级管理。

2. 对生态文明村进行动态管理，每两年复查一次，凡符合条件的，保留生态文明村称号。对有滑坡现象的，视其情况予以通报批评、限期整改，直至撤销其荣誉称号。

3. 被撤销荣誉称号的村，经两年以上时间整改达标后，可再次申报授予生态文明村荣誉称号。

四、工作要求

（一）加强领导，明确职责。创建生态文明村是一项系统的社会工程，创建工作要在各级党委、政府的统一领导下，由各级精神文明建设委员会及其办公室负责工作部署、组织协调、经验推广、检查督导，抓好创建工作落实。县（市、区）和乡镇要重视工作的推进，做到有研究、有部署、有督查、有落实，要安排一名党政主要领导负责生态文明村创建工作。村党支部、村委会要把创建工作作为重要任务，花精力抓好这项工作。各职能部门根据自己的职能和任务各司其职。组织、纪检、民政部门负责农村基层组织建设和党风廉政建设，加强对农村工作的监督管理，抓好党员教育，落实农村政策；国土部门负责协助整治农村乱占乱建现象；建设和规划部门共同负责协调生态文明村的总体规划；交通、公路部门应指导和帮助搞好村道路的规划、建设、管理；共青团、妇女组织要以开展适合农村青年、妇女的各项活动为载体，大力加强农村青年和妇女的组织建设和阵地建设，营造良好的村风民风；计生部门负责指导创建村落实“计划生育合格村”的要求；农林水利部门负责指导创建村的改水、绿化美化和农业开发项目；卫生部门负责指导创建村落实“卫生村”的要求；公安、司法、综治部门负责农村普法宣传教育，搞好综合治理，维护农村社会治安稳定；科技部门负责指导创建村落实“科普村”的要求；环保部门负责指导创建村落实“生态示范村”

的要求；文化、体育、广播电视部门负责指导建立健全文化阵地网络，广播电视覆盖农村，开展群众性文化体育活动，组织“文化下乡”，丰富农民精神文化生活。

（二）*多方筹资，加大投入*。建立投入机制，拓宽筹资渠道，可以采取地方财政补一点、有关部门协助筹一点、社会各界捐一点、村集体经济筹一点、农民群众出一点等“五个一点”的办法筹集资金。各级政府要加大对创建生态文明村的经费投入。各级农业、林业、卫生、交通、环保、教育、建设、规划、水利、电力、劳动、民政、电信、文化广电新闻出版、体育等部门的有关专项资金也要向创建村集中投入。各级党委、政府也可指导各村用改革和市场运作的办法多渠道筹措资金。绝不允许增加农民负担。

（三）*发动群众，广泛参与*。要大力宣传生态文明村建设的主要内容、重要意义，激发全社会和广大农民建设生态文明村的积极性和创造性，形成人人关心、支持和参与生态文明村建设局面。要充分依靠群众，增强农村党员干部的责任感和使命感，切实发挥模范带头作用，用勤劳的双手创造美好的家园。

（四）*以点带面，扎实推进*。各地、各单位要因地制宜，量力而行，注重培养典型，形成特色，发挥好示范带头作用，不断总结经验，逐步扩大覆盖面，以此推进生态文明村创建活动的全面健康发展。

汕尾市文明办

关于印发《关于在全市窗口服务行业开展“迎亚运创五优树形象”活动的实施意见》的通知

各县（市、区）文明办，市直各有关单位：

现将《关于在全市窗口服务行业开展“迎亚运创五优树形象”活动的实施意见》印发给你们，请结合实际认真贯彻落实。

汕尾市文明办

2010 年 8 月 11 日

关于在全市窗口服务行业开展“迎亚运创五优树形象”活动的实施意见

为贯彻落实广东省窗口服务行业“迎亚运、创五优”座谈会精神，树立汕尾市窗口服务行业文明服务形象，带动社会公共文明建设，展示汕尾文明新形象，市文明办决定从2010年8月起在全市开展“迎亚运创五优树形象”活动，现制定实施意见如下：

一、重要意义

近年来，我市窗口服务行业在文明创建活动中，不断丰富活动载体，拓展服务领域和服务内容，既注重改善服务设施条件，又注重提升服务质量与服务水平，既注重提高员工队伍素质，又着力改进管理方法，各行业服务质量更加优良，服务效能更加提升，人民群众越来越多地享受着文明服务、满意服务、规范服务和优质服务。但是，也要看到，随着我市经济社会的快速发展，人民群众对服务行业的服务理念、服务手段和服务质量都提出了更高的要求。特别是2010年广州亚运会的召开，汕尾作为亚运会分赛区，更需要我们以国际标准来改进工作。窗口服务行业直接承担着服务亚洲各国运动员和记者的职责，也代表着汕尾的形象。开展“迎亚运创五优树形象”活动，既是提高行业整体素质的重要举措，也是服务亚运的现实需要，更是树立和展示汕尾文明形象的有利契机。我们要充分认识深入开展“迎亚运创五优树形象”活动的重要性，进一步增强责任感和紧迫感，切实把这项工作抓紧抓好。

二、基本内容

（一）优雅形象

窗口单位领导重视职业道德教育，积极组织开展职业礼仪、微笑服务等教育实践活动，注意提升从业人员的文明素养，塑造员工言行举止得体、服饰仪态优雅，服务热情规范的形象；窗口有谦让、高雅、舒心、快乐的服务氛围，让广大客人可以感受到窗口行业服务人员的热情礼貌、温文尔雅，体验受尊重、享受优质服务的愉悦感觉；单位经济效益和社会效益居同行业前列，具有较大的社会影响力和较高的信誉度。

（二）优美环境

窗口内环境整洁、优美、舒适，窗口外门前“三包”责任制落实，环境净化、绿化、美化，积极提倡和践行低碳生活，节能环保达标；按照现代理念和人性化要求，各项功能设施配套完善，让客人感觉舒适、方便；窗口广告设计健康、高雅，用字规范，各类图文标志清晰，位置醒目，信息及时更新。

（三）优良秩序

严格遵守行业规则，维护经营秩序，遵纪守法、诚实守信、公平竞争、保护消费者权益；工作人员坚守岗位，严格执行岗位纪律，引导客人按规则、规程办事，工作场地井然有序；社会治安综合治理和防火安全责任制落实，措施得力，无偷税漏税、生产和销售假冒伪劣产品现象，无“黄赌毒”和封建迷信活动。

（四）优质服务

服务态度好。工作人员持证上岗，礼貌待客，微笑服务，尊重服务对象，推行人性化、个性化、细节化服务，服务场所配备有桌椅、茶水、办事指南、工作流程图等便民设施；服务效率高。服务规范，方便快捷，推行首问责制、公示制、限时办结制、服务承诺制等的实施，及时妥善处理服务对象的投诉；创新服务方式方法。积极推进电子服务，网上服务，自助服务等服务方式方法，提升信息服务水平。

（五）优化管理

积极推进标准化、精细化、智能化管理，窗口服务标准和服务规范制度健全，推行有力，严格按标准和规范开展各项服务活动，员工对服务标准和服务规范的熟知率达95%以上，服务对象的满意率达98%以上。服务质量控制多样化，行风监督评价体系健全，实行内部监督和社会监督，投诉监督电话、意见簿或意见箱等设置醒目、规范。

三、实施步骤

第一步：组织发动，时间为2010年8月11日至31日。主要是制定下发创建活动工作方案，宣传发动各窗口单位开展创建。

第二步：组织创建，时间为2010年9月至10月。主要由各窗口单位组织开展创建活动。

第三步：检查验收，时间为2010年11月至12月。主要工作是市文明办组织对窗口单位进行检查验收，并组织媒体宣传报道。

四、工作要求

1. 加强领导，狠抓落实。开展“迎亚运创五优树形象”活动，是提升城市文明形象和市民文明素质的一项重要举措，是窗口服务行业提升员工素质、提升行业核心竞争力的有效途径。各地、各行业要切实加强领导，广泛发动，精心组织。各相关单位要根据全市的实施意见，制定本单位的工作方案，狠抓落实，抓出成效。市各行业主管部门要真正负起责任，组织好本行业的创建活动。各县（市、区）文明办要认真做好创建活动的组织协调和督促指导工作，提升各地行风建设和精神文明创建水平。

2. 注重实效，提高素质。各地、各窗口行业要以这次活动为契机，广泛开展职业道德教育、技能大赛、礼仪形象展示等活动，进一步提升从业人员的职业道德素质、人文素质和文明素质。要进一步优化管理模式，规范各项服务流程，着力提高窗口服务的标准化、精细化、智能化水平，着力打造和培育一批窗口服务品牌。要牢固树立以人为本思想，通过开展活动，多为群众办好事、办实事和难事，展示窗口服务行业的文明形象。

3. 加大宣传，强化监督。各新闻媒体要有计划地对开展“迎亚运创五优树形象”活动情况进行宣传报道，及时宣传介绍创建活动中涌现出来的先进经验和先进典型。要强化窗口服务监督，充分发挥舆论媒体和市民的社会监督作用，对影响窗口服务行业文明形象的突出问题，要进行曝光和通报，积极营造良好的社会创建氛围。

中共阳江市委宣传部

关于在全市开展“推动科学发展标兵企业、标兵人物”评选活动的通知

各县（市、区）委宣传部，市直各单位：

为进一步营造我市招才引智、招商引资的社会软环境，推动我市经济社会发展“快马加鞭，乘势而上”，根据市委、市政府的要求和部署，结合省委宣传部《关于开展“科学发展 创新广东”宣传教育活动的通知》（粤宣通〔2010〕18号）精神，经市委领导批准，决定在全市开展“推动科学发展标兵企业、标兵人物”评选活动。现就有关事项通知如下：

一、总体要求

评选活动以“推动科学发展，建设美好阳江”为主题。通过开展评选活动，营造社会氛围，充分调动全市广大干部群众投身阳江经济社会发展的积极性和主动性。

二、评选原则

（一）坚持群众路线。要坚持以人为本和群众参与，广开视野、广辟渠道，真正把为我市经济社会发展作出贡献的广大干部、企业家、群众的优秀代表推荐、评选出来，确保评选出的先进典型可信可敬可励可学，为全市人民树立榜样。

（二）坚持实事求是。评选过程要严谨、规范、公开、务实、节俭，置于社会监督之下，增强评选活动的权威性和公信力，真正把民意基础好、群众认同高、社会影响大的先进典型评选出来。

（三）坚持注重实效。要充分发挥评选表彰的示范激励作用，使评选表彰活动过程成为树立先进典型，弘扬社会主义核心价值的过程，成为全方位宣传阳江，树立阳江良好形象的过程，成为强化阳江软环境建设，增强阳江经济社会发展软实力的过程。

三、参评条件

被推荐参与评选活动的企业或人物，必须热爱祖国，热爱人民，热爱阳江，遵守法律法规和公民基本道德准则，并具备如下一种或几种特点。

（一）标兵企业条件

1. 为推动我市经济社会科学发展作出突出贡献，获得社会广泛认可。

2. 在本行业具有代表性、拔尖性、标杆式。企业硬环境建设有一定规模性、技术性、创新性；软环境建设具有一定的企业文化特色，对市内外有一定的品牌影响力和商业辐射带动作用。

3. 自觉履行社会义务和责任，热爱公益事业，以实际行动感动社会和公众，代表了社会发展方向、社会价值取向及时代精神。

（二）标兵人物条件

1. 为推动我市经济社会科学发展作出突出贡献，获得社会广泛认可和重大荣誉。

2. 个人的经历或行为，代表了社会发展方向和社会主义核心价值取向，突出体现新时期阳江人的创业精神。

3. 在抗洪抢险救灾、社会治安及重大事

件中有突出风范表现。

4. 在党建、双拥、慈善事业等工作中具有突出而感人的事迹。

5. 在尊老爱幼、夫妻恩爱、睦邻友好等方面事迹特别感人，体现了中国传统美德和良好社会风尚。

6. 爱岗敬业，在平凡的岗位上做出了不平凡的业绩。

四、评选程序

评选活动于3—7月举行，分为筹备、推荐、展示、投票、表彰五个阶段进行。

（一）筹备阶段（3月1日至4月30日）。由承办单位负责做好方案制定、成立组委会和评委会、新闻发布和宣传启动等组织筹备工作。

（二）推荐阶段（5月1日至5月24日）。采取公众推荐、单位推荐和媒体推荐相结合的方式进行。

1. 公众推荐。活动组委会向社会公布接受公众推荐的电子邮箱、收信地址和推荐起止日期，社会公众通过网络、信函等方式向组委会推荐候选人或进行自我推荐。

2. 单位推荐。各县（市、区）委宣传部负责本地区候选人的推荐，并进行认真考察审核，确定候选人上报，上报的候选标兵企业、标兵人物数量原则上各不少于10家（名）。市直和驻阳江各副局以上单位负责本单位和本行业候选人的推荐，数量不限。阳江军分区和市委组织部、市直工委、市科工信局、市商务局、市民政局、市总工会、团市委、市妇联、市工商联、市双拥办、市慈善总会以及市企业家商会等部门、单位和团体，要结合实际，按要求进行认真考察审核，推荐相应的候选企业和候选人物，推荐数量原则上各不少于5家（名）。

3. 媒体推荐。市内各媒体根据改革开放30多年来新闻跟踪报道的相关典型情况，筛选和推荐候选对象。

推荐候选人、候选企业须认真如实填写推荐表并附上不少于2000字的事迹材料。推荐候选人可同时提供推荐对象的身份证、荣誉证书等必要的证明材料，由推荐单位加盖公章后送组委会。

经以上三个途径推荐出的候选人，由评选委员会召开会议，按严格程序审定、选出标兵企业候选名单20家，标兵人物候选名单20名报组委会审定。候选企业名单送交税务、海关、环保、工商、公安、综治等相关部门征求意见；候选人物名单送交计生、公安、综治等相关部门征求意见，党员和公职人员同时要征求纪检、监察部门意见，确保推荐质量和权威性。

（三）展示阶段（5月25日至6月15日）。对确定候选企业、候选人物的主要事迹要通过《阳江日报》、阳江广播电视台等新闻媒体及阳江视窗等重点网站，向公众全面推介，努力营造树立典型、学习典型的良好氛围。

（四）投票阶段（6月16日至7月16日）。发动市民通过选票、短信和网络等渠道进行投票。同时采用媒体公益宣传、户外广告、海报等方式进行宣传，调动群众广泛参与投票。经统计市民投票情况，由评委会评审，确定标兵企业10家，标兵人物10名报送市委、市政府审定。

（五）表彰阶段（7月17日至7月31日）。7月中下旬对获评企业和个人进行表彰。一是举行颁奖仪式活动。对荣获“推动科学发展标兵”荣誉称号的企业和人物，颁发荣誉证书、奖金。二是出版纪念画册和VCD光碟，同时在市各新闻媒体广泛宣传标兵企业和标兵人物的先进事迹，引导广大群众学习先进、崇尚先进、争当先进。三是对进入标兵企业、标兵人物候选名单前20名，且没有获评标兵企业和标兵人物荣誉称号的候选对象，设立提名奖，颁发证书。

五、组织机构

（一）评选活动由相关单位成立组委会，具体组织实施。组委会主任由市委常委、宣传部长冯桂雄同志担任，副主任分别由市委组织部副部长黄秀军、市委宣传部副部长叶远德担任，成员由市直工委、市科工信局、市商务局、市民政局、市财政局、市总工会、团市委、市妇联、阳江日报社、阳江广播电视台、市国税局、市地税局、市工商联、市双拥办及各县（市、区）委宣传部等有关单位负责同志组成。组委会下设办公室（设在市委宣传部宣传文艺科，联系电话：3310944），负责评选表彰活动的日常工作。

（二）活动组委会下设评选委员会，由主承办单位领导、相关单位有关人员、专家学者、新闻界代表和群众代表组成，负责审核参评企业和个人的资格，确定正式候选对象，并参与投票评选。

这次评选活动范围广、影响大，是我市贯彻落实省委十届六次全会精神和市委五届八次全会精神的一项重要举措，也是对全市干部群众进行以评选先进促发展为核心的时代精神教育的重要抓手，各地各单位要把这项评选活动作为今年宣传思想工作的一件重要工作抓紧抓好，为进一步优化我市投资环境，共建三次产业协调发展的新型工业化城市增添新动力。

中共阳江市委宣传部
2010 年 4 月 20 日

湛江市精神文明建设委员会　湛江市委宣传部

关于开展“四德五心六歌”活动努力构建社会主义核心价值体系的方案

为贯彻党的十七大、十七届四中全会精神，构建社会主义核心价值体系，加强精神文明建设，全面提升人们的思想道德素质和城乡文明程度，营造文明和谐的社会环境，引领社会风尚，推进湛江科学发展，争当粤西振兴发展龙头，市文明委、市委宣传部决定在全市开展“四德五心六歌”活动，现制定实施方案如下：

一、指导思想

以邓小平理论和“三个代表”重要思想为指导，以科学发展观为统领，全面贯彻党的十七大和十七届四中全会精神以及粤西地区工作会议、粤西地区（湛江市）现场会精神，以构建社会主义核心价值体系为根本，以思想道德建设为重点，以解决突出道德问题为突破口，整体推进社会公德、职业道德、家庭美德、个人品德建设，全面提升广大市民道德素质，进一步优化人文环境，提升社会文明程度，努力在全社会形成文明、和谐、团结、向上的良好风气，为奋力争当粤西地区振兴发展龙头，建设城乡协调、生态文明的科学发展试点市提供有力的道德支撑和文化环境。

二、主要内容

（一）开展“四德”教育。

四德，即社会公德、职业道德、家庭美德、个人品德。

社会公德。讲究文明礼仪，营造良好的公共秩序，开展社会志愿服务，改善城乡人文环境，引导人们以真挚的爱心善待他人、善待社会、善待自己，在全社会形成文明礼貌、助人为乐、爱护公物、保护环境、遵纪守法的社会风尚。

职业道德。广泛开展共铸诚信活动，培养诚信观念和规则意识，健全社会信用体系，引导人民以正确的态度对待工作、对待职业，形成爱岗敬业、诚实守信、办事公道、服务群众、奉献社会的职业操守。

家庭美德。大力开展孝老爱亲活动，树立文明家风，引导人们正确处理夫妻、长幼、邻里之间的关系，形成尊老爱幼、男女平等、夫妻和睦、勤俭持家、邻里团结的家庭氛围。

个人品德。提高个人道德修养，增强责任意识，引导人们自觉遵守法律义务、社会责任、家庭责任，形成爱国明礼、自立自强、公道正派、勇于担当、团结互助的个人品质。

（二）倡导“五心”。

五心，即把忠心献给祖国、把爱心献给社会、把诚心献给职业、把孝心献给父母、把信心留给自己。

把忠心献给祖国，增强爱祖国爱家乡情感。培育以爱国主义为核心的民族精神和以改革开放为核心的时代精神，弘扬传统美德，引导公民牢固树立振兴中华、奉献祖国、为国争光的坚定信念。

把爱心献给社会，营造助人为乐风尚。以集体主义为核心，开展“人人爱社会，社会爱人人”实践活动和“讲守法、讲责任、讲奉献、爱环境、爱劳动”实践活动，弘扬助人为乐、相互关爱、与人为善、爱护公物的良好风尚，营造扶贫济困、礼让宽容的人际关系，不断增强服务社会、奉献社会的责任意识。

把诚心献给职业，树立诚信道德意识。以诚实守信为核心，开展“诚实从我做起，信誉对待他人”活动，积极引导人们树立“人无诚信不立”、“家无诚信不兴”、“国无诚信不稳”、“世无诚信不宁”等诚信观念，着力培育人们诚实守信的品质。

把孝心献给父母，倡导敬老尊亲美德。以尊老爱幼为核心，弘扬“老吾老以及人之老，幼吾幼以及人之幼”的传统美德，培养孝敬父母，尊敬长辈，善待老人的情感和意识。

把信心留给自己，树立能行能干信念。以自信自强为核心，通过开展自信、自强、自立等教育活动，培养坚定信心、艰苦奋斗、不断追求的品质，突出我能我行的时代特征。

（三）唱响“六歌”。

开展学唱《我的祖国》、《走进新时代》、《实现梦想》、《母亲》、《为了谁》、《湛江，可爱的家乡》等六首歌活动。

三、主要活动

（一）宣传教育活动。

1. 开展“四德五心六歌”宣传月活动。充分利用已有的道德教育教材，组织干部群众深入开展学习教育活动，媒体要发挥宣传教育的主阵地作用。在2010年1月份开展宣传教育月活动，组织媒体进行广泛宣传，使之家喻户晓、妇孺皆知。

2. 制作宣传片，编印宣传手册，印发公益宣传广告。

3. 在电视、电台、报纸、碧海银沙网上刊播六首歌。

4. 各地各部门各单位，要通过墙报、图片、网络等多种形式进行宣传，切实让“四德五心六歌”进社区、进学校、进企业、进机关。

5. 制作播发公益广告。在市区重要交通路口和活动场所制作一批道德建设公益广告，形成浓厚的社会氛围。

（二）组织文化活动。

1. 开展湛江读书月活动。倡导多读书、

读好书活动，掀起全民阅读活动热潮。

2. 举办全市“六首歌”歌咏比赛和文艺演出，在全市唱响六首歌。

3. 举办主题演讲比赛。

（三）开展实践活动。

1. 开展“热爱湛江、爱我家乡”主题实践活动，引导广大市民增强热爱湛江，建设湛江的情感，树立主人翁意识，开展“苦干兴湛，奋力争当粤西地区振兴发展龙头”实践活动。

2. 开展创建文明行业、文明单位、文明窗口、文明村镇等活动，推动各行各业的文明建设。

3. 开展志愿者服务活动、市民监督员活动。以完善志愿服务体系建设为重点，积极开展志愿者活动，开展送温暖、献爱心，助残助孤等社会公益活动。

4. 开展“文明礼仪在湛江”活动。教育和引导每一个公民掌握基本的礼仪规范，从身边的小事做起，从一点一滴做起，学会以礼待人、以礼行事，追求高尚的精神境界，做新时代的文明公民。以亚运会在广东召开为契机，组织开展“讲礼仪、除陋习”活动，树立湛江人形象。编印《湛江市市民文明礼仪》手册，开展文明礼仪教育。

5. 开展评选“身边好人活动”。发动广大群众，在熟悉的人群中发现好人，在日常生活中发现好事，通过网络和媒体将各地不断涌现出的好人好事，及时进行广泛传播，使“学好人、做好事”的活动不断深入。

6. 评选市第二届道德模范活动。在2010年9月全国道德宣传月，开展“湛江市公共道德实践周”活动。推荐和评选道德模范，树起道德学习的榜样，引导广大市民以道德模范为榜样，身体力行社会主义道德规范。

7. 开展未成年人教育活动。贯彻落实《关于进一步加强和改进未成年人思想道德建设的若干意见》，把未成年人思想道德建设作为公民道德建设的一项重要任务来抓。

（四）开展研讨活动。

1. 举办有关座谈会、研讨会，组织举办“湛江文明市民教育讲坛”。

2. 在报纸上设专版专栏，开展征文活动。通过手机短信、网络留言、热线电话等方式征集市民感言、献言。

3. 开展湛江文化大讨论活动。

四、实施步骤

活动分三个阶段进行。

第一阶段：宣传发动阶段（2010年1月—3月）。各地、各部门要认真研究制定符合本地、本部门实际的具体操作方案，搞好宣传发动，确保活动在全市全面启动。

第二阶段：教育实践阶段（2010年3月—11月）。各地、各部门集中组织开展丰富多彩的学习教育和道德实践活动。

第三阶段：总结推广阶段（2010年11月—12月）。突出抓好道德舆论宣传，充分利用各种宣传渠道，及时总结宣传各地各单位在开展“四德五心六歌”活动中涌现出的先进典型和新鲜经验，在全社会形成健康向上的道德舆论氛围，弘扬社会正气，全面展示文明和谐湛江新形象。

五、有关要求

1. 加强领导，精心组织。各地各单位要高度重视，搞好动员，制定方案，认真研究，精心组织。要把“四德五心六歌”教育活动摆上重要议事日程，切实抓紧抓好。各级文明委要认真做好组织、协调和指导工作。宣传、教育、文化等职能部门，以及工会、共青团、妇联等群众团体要密切配合，形成合力。

2. 结合实际，突出主题。结合实际开展活动。要与学习实践科学发展观，建立学习型单位等工作有机结合起来，把“四德五心六歌”活动落到实处。

3. 要把这项活动纳入文明单位评选条件，

融进创建活动之中。在创建活动中，要突出思想道德内涵，着力提高人的思想境界和道德素质。

4. 加大宣传，营造氛围。广泛发动各行业参与，围绕主题开展多种形式活动，务求取得实效。新闻媒体要积极宣传推广各地的好经验和做法。

5. 建立机制，形成制度。从2010年起，每年1月定为“四德五心六歌”宣传月活动。

湛江市精神文明建设委员会
湛江市委宣传部
2010年1月5日

潮州市精神文明建设委员会

关于举办第四届“书香潮州”——全民读书节的意见

各县、区文明委，市直各局以上单位，市各开发区管委会：

为深入贯彻落实党的十七届四中全会关于建设学习型政党、学习型社会和省委、市委关于加快提升文化软实力的要求，积极倡导全民读书良好社会风气，进一步提高广大干部群众思想文化素质，推动学习型潮州、创新型潮州建设，根据省的统一部署，结合我市实际，决定从今年9月份开始至10月底，以“让读书成为我们的生活方式”为主题，在全市开展第四届“书香潮州”——全民读书节，并就今年我市全民读书活动提出如下意见：

一、深化认识，进一步增强全民读书活动的主动性

读书是人类生活的重要方式，是人们学习知识、接受教育、发展智力、陶冶性情，提高自身综合素质的根本途径。全民读书能力和水平在很大程度上决定一个城市的公民素质、创造能力和发展能力。当前，我市正处于巩固应对国际金融危机阶段性成果、保持经济平稳较快发展的关键阶段，处于深入贯彻粤东地区工作会议精神、推进“五年大变化”各项任务落实到位的重要时期，深入开展全民读书活动，提高全民读书能力，直接关系到提升潮州文化软实力的进程和目标，关系到潮州科学发展的速度和成效。各地各部门要充分认识开展全民读书活动的重要意义，把它作为深入推进社会主义文化大发展大繁荣的重要举措，作为提高全民综合素质的基础工程，作为丰富群众精神文化生活的惠民工程，大力倡导和营造崇尚知识、自觉读书、快乐读书的良好氛围，使读书学习逐渐成为一种社会风尚，成为每一个人的一种生活方式，为推动科学发展、促进社会和谐提供强大的精神动力和智力支持。

二、统筹兼顾，进一步增强全民读书活动的科学性

提高全民的读书水平和文明素质，是一项长期的系统工程，必须着眼于文化在综合实力竞争中的地位不断上升的新趋势，把“书香潮州”全民读书活动与构筑潮州新的文化优势结

合起来，在重点难点上求突破，在统筹布局中求科学，进一步推动全民读书活动深入开展。要突出抓好四项工作：一是以建设学习型党组织为龙头，以领导班子和领导干部为重点，以基层党组织为基础，以全体党员为主体，以提高广大党员干部的思想政治水平和引领科学发展的能力为目标，紧紧围绕加快转变经济发展方式，广泛深入持久地开展建设学习型党组织活动，以学习型党组织推动学习型社会建设。二是以书香机关、企业、学校、城乡社区为载体，进一步构建全民读书网络。书香机关是干部职工增强党性修养、学习知识、增长本领的大学校；书香企业是培养知识型员工、形成良好企业文化的主阵地；书香校园是培养新人、锻炼人才的象牙塔；书香乡村是建设社会主义新农村，培育懂技术、能经营、会管理的新型农民的有效载体；书香社区是群众生活最为集中的空间。要把开展创建书香机关、企业、学校、城乡社区活动作为当前的一项重要政治任务，通过有效的组织协调，完善的工作制度，逐步构建覆盖广泛、基础扎实的全民读书网络。三是以“书香潮州”全民读书节为重点，着力打造一批富有潮州特色的读书品牌。“书香潮州”全民读书节已经成为我市一个知名的读书品牌，成为推动全民读书活动的重要抓手和文化名片。要丰富读书节的内容，把“书香潮州”全民读书节办成融荐书、读书、购书于一体，阅读、文化、旅游相结合的综合性文化活动。各地各部门要精心培育、着力打造一批富有特色的读书品牌，以品牌活动带动全民读书活动深入开展。四是以报纸、网络、手机和各类图书馆（书屋）为基地，建设一批全民读书平台。大众媒体是全民读书的重要阵地，《潮州日报》、潮州广播电视台等市级主要媒体要开设读书栏目，激发群众的读书热情。要高度重视和积极利用互联网、手机等新兴媒体，拓宽读书渠道，提供多方位读书体验。要根据新媒体特点，开发导向正确、健康向上的读书内容。要充分发挥各级图书馆、农家书屋、职工书屋、乡镇综合文化站、社区文化活动中心等公共文化设施和场所的作用，组织开展读书活动，不断提升广大基层群众的科学文化素质。

三、分类指导，进一步增强全民读书活动的实效性

不同的时代、不同的人群，读书习惯、方式、内容有所不同。要坚持分类指导的原则，从实际出发，针对不同行业、不同需要，确定不同的学习主题和内容，增强读书活动的针对性和实效性。今年要重点抓好五大人群的学习：一是在机关党员干部中开展以“读书增长知识，创新改变作风”为主题的读书活动，引导党员干部强化执政意识和责任意识，加强党性锻炼，提高党性修养。二是在全市企业职工中开展以“读书、敬业、创新”为主题的读书活动，引导企业职工不断提高综合素质，提升创新能力，强化奉献意识。三是在中小学、大中专院校中开展以“读书、快乐、成长”为主题的读书活动，引导学生养成“读书活、活读书、读活书”的良好习惯。四是在乡村农民中开展以“新农村、新农民、新知识”为主题的读书活动，着力培养适应社会主义新农村发展的新型农民。五是在社区居民中开展以“读书、文明、和谐”为主题的读书活动，进一步丰富社区居民文化生活、融洽邻里关系。各地各部门要针对以上五大人群的主题学习内容，认真制定规划以及具体实施方案，努力创造多种学习条件、学习场所，使人人能够学、人人有所学、人人学有所获，使全民读书活动取得实实在在的效果。

四、齐抓共管，进一步增强全民读书活动的参与性

全民读书活动是一项社会性、群众性很强的活动，需要强有力的组织领导，需要社会各方的配合支持，广泛吸引群众参与。各级党委宣传部、文明办和新闻出版行政管理部门要充分发挥组织策划、统筹协调的作用；教育部门要精心组织校园读书活动，认真抓好争当“阅读之星”、创建“书香校园”、“中华经典诵读”等活动；工会组织要认真抓好企业职工学习活动，精心组织开展“创建学习型组织，争当知识型职工”研讨、“阅读讲坛”进企业、“读书——助我素质提升”征文比赛等活动；团委、妇联要主动参与、积极配合，认真组织开展岗位读书、家庭读书、亲子读书等活动；市社科联要继续办好“韩江论坛”活动；市新华书店要开展优秀图书推荐、精品图书联展、优秀图书下乡等活动。各地各职能部门要大力推进“农家书屋”、“社区书屋”、“职工书屋”建设进度，积极组织“送书下乡”、“送知识下乡”活动，切实满足贫困地区和基层群众的精神文化需求。新闻媒体要结合各自实际，认真制定宣传报道方案，充分利用广播、电视、期刊、报纸、网络等媒体形式，广泛宣传全民读书活动的意义，及时报道活动动态，推荐各类优秀读物，展示全民读书活动成果，扩大活动的覆盖面和影响力。在宣传报道中，要注意总结推广各地各部门在开展全民读书活动中创造的新鲜做法和成功经验，广泛宣传基层文化单位和农家书屋、职工书屋、社区书屋等活动开展情况，特别要宣传各行业向山区农村、中小学校等开展捐书助读的好做法、好形式，宣传读书成才、读书致富、读书再就业等典型事例，努力在全社会形成重视读书、鼓励读书、推动读书的社会风气。

潮州市精神文明建设委员会
2010 年 4 月 20 日

揭阳市文明办

关于在全市深入开展“革命传统教育周”活动的通知

各县（市、区）文明办，市直及中央、省驻揭各局以上单位：

近年来，各地各单位结合实际，开展形式多样、内容丰富多彩的革命传统教育活动，取得了良好的教育效果。市文明委决定，今年继续深入开展“革命传统教育周”活动，现就有关问题通知如下：

一、充分认识活动意义

开展革命传统教育，有利于教育引导广大人民群众特别是青少年，学习崇高革命精神，继承发扬革命传统。开展革命传统教育，有利于增强人们的国防意识和双拥意识，激励人们进一步弘扬爱国主义、集体主义和共产主义精神。开展革命传统教育，有利于促使全市党员干部提高认识，发扬优良革命传统，坚定理想信念，崇尚忠诚奉献，立志干事创业，为全面落实“一三二”总体发展思路，实现揭阳经济社会跨越发展做出积极贡献。

二、精心组织教育活动

本次教育周从 2010 年 4 月 1 日起至 4 月 7

日，各项教育实践活动可延续到4月30日。各地各单位要结合实际，因地制宜，有针对性地开展学习、教育、实践活动。

1. 广泛开展纪念革命烈士活动。革命烈士精神是中华民族最宝贵的精神财富，是革命传统教育和社会主义核心价值体系建设的重要内容。清明节前后，各地要结合实际，大力宣传革命烈士为祖国独立和解放事业建立的丰功伟绩，为祖国富强和人民幸福无私奉献的崇高精神，坚持真理、英勇奋斗、艰苦创业、大公无私的高尚情操和优秀品质，广泛开展祭扫革命烈士陵墓、参观陈列展览、报告会、演讲会、宣誓仪式、专题展览等形式多样的纪念活动。市委、市政府将于4月2日上午在市区榕江公园举行祭奠革命先烈活动，届时，榕城区、东山区、试验区和市直各单位要组织干部、群众和青少年学生积极参加活动。各县（市、区）要结合实际，组织好相关活动。

2. 广泛开展爱国主义教育活动。充分利用革命遗址、历史遗址和英雄部队等教育资源，开辟“红色之旅”、组织“军营一日行”、开展“寻找英雄的足迹”等主题活动。充分发挥博物馆、纪念馆、展览馆等爱国主义教育阵地的作用，开展参观学习、撰写心得体会，入队、入团宣誓等活动，进行党史教育，引导广大干部群众特别是青少年全面认识中华民族的悠久历史和党的优良传统，培养他们勤俭节约、艰苦奋斗的生活习惯，引导他们继承先烈遗志，树立远大理想，锤炼他们坚强乐观的心理素质和克难奋进的拼搏精神，为担负起建设富民强市，和谐文明新揭阳的奋斗目标打下坚实的基础。革命传统教育周期间，各地爱国主义教育基地应免费向群众开放。

3. 广泛开展思想道德教育活动。组织“五老”人员参与青少年的思想道德建设工作，聘请他们担任中小学校校外辅导员、思想道德教育宣传员、失足青少年帮教员、家长学校讲授员、社会风尚监督员等，组织他们就地就近参加对青少年进行理想信念教育、爱国主义教育、艰苦奋斗教育和思想道德教育活动。通过组织形式多样的主题实践活动，把对青少年的思想道德教育与建设和谐文明新揭阳的奋斗目标结合起来，用和谐文明的态度对待问题，用和谐文明的方式处理矛盾。让广大青少年既做建设成果的共享者，更是建设的共建者。

三、大力营造宣传氛围

各地各单位要充分利用各种宣传阵地和宣传工具，大张旗鼓地开展宣传活动，在全社会形成学英雄、见行动的浓烈氛围，积极扩大活动影响。电视、广播、报刊、网络等要开设专版、专栏和专题节目，大力宣传我们党的光辉历史和革命先烈的英雄事迹，并及时报道各地各单位开展活动的情况及经验做法。各级文化部门要组织和鼓励文艺工作者以当地涌现的优秀历史人物和当代英雄楷模为线索，创作出主题突出、内容生动的文艺作品，组织好精干宣传队伍深入基层巡回演出和放映革命影片。各地新华书店、图书馆要组织一批革命题材书籍，丰富广大读者的需求。机关、学校、乡村、街道要利用宣传栏、黑板报、宣传车等，大力宣传革命精神和英雄人物。

四、切实加强工作领导

各地各单位要把“革命传统教育周”活动和忠诚教育活动紧密结合起来，切实加强对活动的领导，教育引导全市广大党员干部忠诚于党、忠诚于国家、忠诚于人民、忠诚于事业、忠诚于自己，团结一心，奋力拼搏，全面推动揭阳跨越发展、崛起振兴。要加强对爱国主义教育基地的保护和修缮工作，更加有效地发挥教育阵地作用。

各地各单位于4月30日前将活动开展情况报市文明办，传真：8768183，邮箱：jieyang-wenmingban@163. com。

揭阳市文明办
2010年3月22日

揭阳市文明办

关于开展“文明结对 共建和谐”活动的通知

各县（市、区）文明办，市直各有关单位：

为贯彻落实省委十届七次全会精神，切实推进文化惠民工程，根据市文明委《关于印发〈揭阳市第三届“书香节”活动方案〉的通知》（揭市文明委〔2010〕2号）精神和全市扶贫开发工作要求，决定在全市继续开展“文明结对，共建和谐”活动，促进城乡群众性精神文明创建活动广泛深入开展。现将有关事项通知如下：

一、工作目标

2010—2011年“文明结对，共建和谐”活动以文化惠民为重点，通过广泛动员文明单位帮助贫困村完善公共文化设施，开展文化交流活动，进一步丰富农村群众的精神文化生活，推动农村的文明和谐建设，促进结对共建双方践行忠诚如山、感恩奉献精神，推动全市精神文明创建工作再上新台阶。

二、工作任务

1. 广泛开展“文明结对，共建和谐”活动。由市文明办组织受中央、省、市表彰的部分文明单位与部分贫困村结对开展帮扶共建活动。各县（市、区）文明办组织好本级评选的文明单位与本地区贫困村开展结对共建活动。通过结对共建，促进文明单位各项工作的进一步提升和贫困村经济文化发展、群众文化生活质量的提高。

2. 广泛开展文化惠民活动。结对帮扶的文明单位要组织向结对共建村赠送农村文化知识、农业科技知识、法律法规知识、文明道德知识和忠诚感恩等内容丰富、实用性和可读性强的图书读物，帮助配套完善农家书屋、文化活动室的书籍及设施等，使其能够不断满足群众文化需求，发挥文化惠民作用，促进村民综合素质不断提高。

3. 广泛开展互学互帮活动。结对共建双方定期或不定期开展互访活动，交流单位发展情况和精神文明创建活动情况，定期或不定期举办读书讲座、科普知识讲座、健康知识讲座和法律知识讲座等，组织员工、村民参加文化学习、知识竞赛、才艺展示、体育比赛、文艺表演等联欢活动，丰富干部群众的文化生活，推动企业文化、乡村文化的繁荣发展。

三、工作要求

1. 提高认识，加强领导。开展“文明结对，共建和谐”活动是落实市委、市政府建设文化强市，实施文化惠农，让广大农村群众共享文化发展成果的重要举措，也是增强对困难地区的公共文化服务，开展智力扶贫的一项有效措施，对于提升村民文化水平和农村文明程度，推动全市精神文明建设，促进社会和谐具有十分重要的意义。各地各有关单位一定要提高认识，加强领导，把共建工作摆上重要议事日程。市文明办总体协调全市结对共建活动，重点组织受中央、省、市表彰的部分文明单位与帮扶村的共建工作。

2. 认真规划，落实责任。各地文明办要认真规划，组织好本级受表彰的文明单位的结对共建工作，确保活动有效开展。参与共建活动的单位和村要加强沟通，增进联系，认真制

定方案，积极开展活动，做到优势互补，资源共享，互学互帮，促进精神文明创建活动的广泛开展

3．注重宣传，营造氛围。新闻媒体及各地、各有关部门要充分运用宣传载体，认真做好宣传发动工作，推广好经验、好做法，为文明共建活动营造良好的社会氛围。

4．加强督查，力求实效。各级文明办要加强督查，把文明共建活动落实情况和实际成效作为文明单位、文明社区和文明村镇创建提档升级的重要依据，确保活动有特色、出成效。

揭阳市文明办

2010 年 11 月 19 日

工作指导

广东精神文明建设年鉴（2011）

广东省2010年精神文明建设工作要点

广东省文明办

2010年是战胜国际金融危机、实现“十一五”规划目标的关键一年，也是广州亚运会举办之年。我省精神文明建设工作要高举中国特色社会主义伟大旗帜，深入贯彻落实科学发展观，以建设社会主义核心价值体系为根本，切实加强公民思想道德建设，深入推进未成年人思想道德建设，深化拓展群众性精神文明创建活动，不断提高公民文明素质和社会文明程度，为继续解放思想、深化改革开放、推动科学发展、促进社会和谐，夺取全面建设小康社会新胜利提供强大精神动力、创造良好社会环境。

一、围绕建设社会主义核心价值体系，大力加强公民思想道德建设

1. 弘扬新时期广东人精神。开展经济特区成立30周年系列纪念活动，继续挖掘和提升我省改革开放和现代化建设实践中形成的精神财富，弘扬以改革创新为核心的时代精神。结合应对国际金融危机、提高自主创新能力，采取多种形式大力宣传“敢为人先、开放兼容、务实进取、敬业奉献”的新时期广东人精神，为建设创新型广东提供精神力量。广泛开展创新、创业、创造“三创”主题教育实践活动，挖掘、宣传一批在推动经济发展方式转变和经济结构调整中表现突出的先进典型，形成艰苦创业、勇于创新的社会氛围。

2. 强化道德示范引领。一是着力在党员干部和公务员队伍中选树道德典范。结合“做人民满意的公务员”活动和政风行风评议活动，在党员干部和公务员队伍中挖掘勤政廉政、道德高尚的先进典型，通过广泛宣传，树立党政干部的文明形象，以优良的党风政风引领社会文明风尚。二是着力在企业家中强化企业公民责任。联合《南方日报》发表《企业公民责任宣言》，推动企业不仅追求经济利润，还要承担热爱祖国、遵纪守法、诚实守信、关爱员工、保护环境、热心公益等社会责任，培育粤商道德。三是深化道德模范学习宣传活动。把全国、全省道德模范的先进事迹作为推进公民道德建设的生动教材，充分利用大众传媒、基层宣传阵地和群众文化活动等多种形式，运用新闻宣传、文艺创作、报告会等方式方法，大力宣传道德模范的先进事迹和崇高精神，形成人人学习模范、人人争当模范的良好氛围。继续做好“身边好人”的选树工作。通过社区议事会、道德评议会、社区论坛等方式，继续开展“我推荐、我评议身边好人”活动，发动群众在熟悉的人群中举好人，在日常生活中找好事，推选出一批孝道之星、公益之星和慈善之星，形成道德模范大量展现、善行义举广为传颂的社会环境。

3. 丰富“我们的节日”主题活动。利用春节、清明、端午、中秋和重阳等重要传统节日，广泛组织开展形式多样的群众性节日民俗活动、文化娱乐活动，弘扬中华传统美德和民族优秀文化。开展“中国节”原创歌曲征集活动、“中国节”诗词朗诵音乐会，开展节庆吉祥物和标志征集设计活动，强化传统节日的道德内涵、文化底蕴和时代气息。组织中华经典整理、出版和诵读活动，打造体现中华文化精神的名句、名篇、名著体系，树立中华文化标志，培养社会公众特别是青年学生的人文情

怀。开展乡土教育、岭南文化教育，组织“岭南文化十大名片”评选活动，传承岭南文化精神。春节期间举办首届“广东农村青年欢乐节”，组织农村青年、返乡务工青年及大学生广泛开展具有乡土气息的节日文化活动。以“迎接亚运会，创造新生活”为主题，组织“道德春联进万家”活动，开展新春联征集和书法家下乡挥春活动。

4. 着力倡导岭南文明新风尚。运用“岭南文明新风尚”网上评议成果，以我省确定的“公益慈善、志愿服务、关爱外来工、好人建设、读书求知、运动健身、遵守秩序、无偿献血、言行文明、善用法律”等10项岭南文明新风尚为主要内容，充分运用报刊、广播、电视等传统媒体和互联网、手机短信等新兴媒体，多侧面、多角度地开展岭南文明新风尚宣传，把文明的新风传播到广大群众中去，使之成为广大群众的自觉实践。

5. 深化“书香岭南”全民阅读活动。总结我省近年来各地开展读书月、读书节等活动的经验，表彰先进，推动全民阅读。以领导干部和青少年为重点，以中华传统经典和红色经典为主要范围，发动干部群众网上推荐“我最喜爱的10本书”并开展学习交流活动，以读书会、读书征文、读书知识竞赛、读书演讲等活动为重点，推动“书香岭南”全民阅读活动不断向深度和广度发展，使阅读成为人们的生活习惯。继续扩大“南国书香节”的影响和规模，打造我省的文化名片。

二、一手抓建设、一手抓管理，着力加强未成年人思想道德建设

1. 总结经验，部署工作，在新的起点上扎实推进未成年人思想道德建设。召开全省未成年人思想道德建设工作会议，总结五年来各地各部门贯彻落实中发〔2004〕8号和16号文件的成功经验，明确当前未成年人思想道德建设的新任务新要求，对深入扎实推进未成年人思想道德建设工作进行全面部署。召开未成年人思想道德建设创新成果展示会，总结基层创造的新鲜经验，不断创新内容、创新方式、创新体制和机制，把未成年人思想道德建设工作进一步引向深入。

2. 打防并举，标本兼治，强力净化社会文化环境。以净化互联网、手机为重点，综合运用教育、法律、行政和技术等多种手段，深入推进网络、网吧、荧屏声频视频、校园周边环境净化工作。继续保持对互联网、手机淫秽色情有害信息依法打击的高压态势，加大整治互联网、手机低俗之风专项行动力度。严厉查处为传播淫秽色情视频网站提供广告、链接、代收费等服务的单位和企业，强化运营接入服务商保护未成年人身心健康的责任。进一步加快研发网络监管新技术，提高技术防范能力，筑牢抵御不良信息防线。加大网吧整治监管力度，推进网吧连锁化、规模化经营，坚持取缔“黑网吧”和变相经营网吧，严厉整治违规接纳未成年人行为。着力净化荧屏声频，认真落实把关责任，严格管理黄金时段广播影视节目播出，有效遏制广播电视节目中的低俗媚俗之风。及时查禁不良出版物，切实加强校园周边环境治理，不断优化学校周边秩序和学生学习环境。

3. 建管结合，重在建设，努力满足未成年人精神文化需求。扎实推进少儿文艺出版精品工程，积极支持优秀少儿歌曲、动漫、网络游戏、影视节目、出版物的创作生产，推出一大批叫得响、传得开、深受未成年人欢迎的精品力作。以心理健康、人格教育等内容为重点，编写《青苹果·阳光人生》丛书。以《青少年礼仪》为参考教材，组织迎亚运、学礼仪活动。大力实施优秀童谣、少儿歌曲创作推广计划，持续开展中小学生爱国歌曲大家唱活动、红色经典和传统经典诵读活动。把校外活动场所纳入公共文化服务体系建设范围，不断提高爱国主义教育基地和公益性文化设施建

设、管理和服务水平，加快建设公益性上网场所，为未成年人参加校外活动创造条件、提供便利。

三、以举办2010年亚运会、亚残会为契机，广泛开展“迎接亚运会，创造新生活”系列活动

1. 创造礼仪新生活。继续组织全省文明礼仪知识巡讲，大力普及文明礼仪知识。完成《礼行天下》丛书编写工作，组织文明礼仪讲师团，利用家长学校、市民学校、外来工学校等阵地，推动文明礼仪知识进社区、进农村、进机关、进学校、进企业、进家庭、进军营。联合省直机关工委等单位以窗口行业为重点组织“文明服务迎亚运”礼仪展示大赛，切实加强道德规范、服务技能等方面的教育培训，广泛开展岗位练兵、服务承诺、技能竞赛等活动，不断提高行业服务质量和水平。

2. 创造守序新生活。着眼于强化公共秩序，以文明交通为突破口，以“关爱生命，文明出行”为主题，深入开展“文明交通行动计划”，倡导“六大文明交通行为”，摒弃“六大交通陋习”，抵制“六大危险驾驶行为”，完善“六类道路安全及管理设施”，创造安全畅通、文明和谐的道路交通环境。以“礼让”为主题，在11月11日开展排队日活动，在公共场所推广“排队”、在手扶电梯开展“靠右站立”，引导市民形成自觉遵守公共秩序的良好习惯。

3. 创造公益新生活。一是开展“爱心点对点南粤公益大行动”。依托媒体，有效整合社会资源，通过成立“爱心点对点”公益基金，开展爱心点对点互助大行动，动员和引导不同界别、阶层、年龄的人积极参与，架起在弱势群体、特殊群体与政府、企业、媒体、社团、市民之间的桥梁，建立点对点的长效爱心平台，打造南粤慈善文化品牌。二是开展亚运志愿服务。组织动员广大干部群众和青年学生以志愿服务的方式积极参与和支持广州亚运会和亚残会。广泛开展宣传普及文明风尚志愿服务行动、赛场文明志愿服务行动、窗口行业志愿服务活动、平安运动会志愿服务行动、改善城乡环境志愿服务行动、文明交通志愿服务行动，为亚运会营造良好的人文环境和社会环境。与团省委联合举办“志愿服务发展论坛”，召开行业开展志愿服务工作会议，开展社区、乡村的志愿服务工作和青年志愿服务工作。三是开展关爱空巢老人志愿服务。结合“星光计划”、“平安钟”服务等，发动志愿者为空巢老人提供紧急援助、保健康复、心理抚慰、文化娱乐等多项服务，进一步完善养老敬老服务网络。

4. 创造绿色新生活。一是开展全民健身活动。以“全民健身与亚运同行”为主题，广泛开展贴近群众、方便参与的社区运动会、家庭趣味运动会、民间传统体育花会等形式多样的群众体育活动，吸引广大市民共同参与并逐步形成良好的健身习惯，掀起新一轮全民健身高潮。二是致力营造绿色环境。广泛开展爱国卫生运动，积极实施绿化、美化、净化工程，集中整治场馆周边、小街背巷和城乡接合部的环境卫生，彻底清除卫生死角，努力创造整齐有序、整洁优美的城市环境。三是培育绿色生活方式。组织绿色生活论坛，大力普及绿色理念，开展“全民节约、共同行动”，倡导低碳生活方式，不断提高公众的节约、环保意识和行动能力。开展“千名青年环保使者广东行”活动，动员群众参与和支持环境保护、绿色亚运，践行环保生活。

四、着眼于提升公民文明素质和城乡文明程度，深化拓展群众性精神文明创建活动

1. 培育珠三角文明城市群。按照分类指导、分步推进的原则，加快珠三角地区各市创建全国、全省文明城市工作步伐，打造具有“高效能的基础设施、高水平的管理体系、高质量的生态环境、高效率的分工合作、高品位的都市文化”的文明城市群。同时，按照功能互补、协调发展的原则，推动社会发展、基础设施、生态环境、公共服务、文化发展、居民素质“六个一体化”，建设集环保、运动、休闲、旅游于一体的绿道网络；培育以城区园林化、郊区林荫化、家庭绿色化为主要特征的生态文明圈；打造具有时代气息、岭南特色的珠江文化带；构建以文明镇为节点，以现代文明村、“六好”社区为依托的文明创建延伸网。力争用10年的努力，在珠三角地区培育文明城市群。

2. 开展文明指数测评，推动创建文明城市、县城工作常态化。制订《公共文明指数测评实施细则》，在全省启动公共文明指数测评，采取入户调查、实地考察和材料审核等方法，围绕反映城市公共文明水平的公共环境、公共秩序、人际交往、公益行动和创建工作的体制机制建设等项目指标进行测评，有针对性地解决公共文明方面存在的突出问题，推动创建文明城市、文明县城工作常态化。

3. 实施农村“清和美”工程，深化生态文明村建设。以“清洁、和谐、优美”为主题，以强化卫生习惯、优化环境面貌为主要内容，动员广大农民群众积极实施“万村百镇整治工程”、参与“万村绿”大行动和乡村清洁运动，共同建设宜居村庄、宜居城镇。推广运用“广东新农居”设计大赛成果，编辑出版《广东新农居设计图案》画册及光盘，免费向农村发放。选择3至5个县开展推广广东新农居试点工作。加大推进生态文明村创建工作力度，推动农村经济发展生态化、乡村建设生态化、生活方式生态化。积极配合“三旧”（旧城镇、旧厂房、旧村庄）改造，注重增加文化含量，推进古村落的保护、开发与文明村建设相结合。

4. 开展“迎亚运盛会，树行业新风”活动。以“擦亮文明窗口，迎接亚运盛会”为主题，联合省直机关工委等单位召开创建文明窗口经验交流现场会，总结推广行业规范化服务的成功经验，推进党政机关、基层行政管理执法部门和窗口服务行业创新服务理念、完善服务标准、优化服务环境、提升服务质量、提高服务水平，为亚运提供周到、细致、便捷、优质的服务。

在全省文明办主任会议上的讲话

顾作义

（2010年1月18日）

同志们：

这次全省文明办主任会议，主要任务是传达学习、贯彻落实刚刚召开的全国宣传部长会议、全国文明办主任会议和省委十届六次全会精神。今天上午省委常委、宣传部长林雄同志传达了全国宣传部长会议和省委十届六次全会精神，并对我省今年的宣传思想工作作了部署。刚才，子兴同志传达了中央文明办专职副主任王世明在全国文明办主任会议上的讲话要点。我们一定要好好学习、认真领会，结合实际、抓好落实。下面，我就我省精神文明建设工作讲三点意见。

一、过去的一年，我省精神文明建设亮点纷呈，卓有成效

回首2009年，我省精神文明建设工作有亮点、有创新、有成效。我们以高度的政治自觉，认真负责的态度，勇于创新的精神，围绕中心、服务大局，拓展领域、创新发展，有许多成绩可圈可点，有许多经验值得总结。概括起来，主要有四大亮点。一是唱响爱国主义的主旋律。爱国主义是中华民族精神的核心和社会主义核心价值体系的重要内容，是2009年最响亮最动听的主旋律。全省各地以纪念新中国成立60周年为契机，策划组织开展一系列爱国主义教育活动，最大限度地营造爱国氛围，激发人们的爱国热情，提高人们的爱国觉悟，引领人们的爱国行动。我们开展了“迎国庆、讲文明、树新风”活动，举行国庆升旗仪式，组织“迎国庆·贺中秋”主题活动、道德模范评选活动、爱国歌曲大家唱活动、“祝福祖国”文明公益短信传递活动，等等。系列活动有声有色，发动面广，参与者众，共产党好、社会主义好、改革开放好、伟大祖国好、各族人民好的时代主旋律在全社会唱响。二是净化社会文化环境工作卓有成效。我省毗邻港澳，互联网发达，媒体和出版物市场活跃，净化工作任务艰巨。我们化压力为动力，坚持抓重点、攻难点，以网吧、网络、荧屏声频、出版物市场和校园周边环境为重点，开展一系列专项整治行动，取得了明显的效果。开展专项整治行动以来，共清除各类有害信息140多万条，关闭有害网站2万多个，撤销违规备案网站6.4万多个，查处取缔“黑网吧”5110户，停播违规有奖竞猜类节目38个、涉性医疗专题节目43个。同时，注意把握高新技术发展的新趋势、新特点，研发技术产品，加强技术关防，推广普及我省自行研发的“邦富”网络舆情采集分析系统、“WAP不良信息监测提醒系统”，加大对网络、手机WAP网站的技术监管。去年是我省在促进未成年人身心健康、净化社会文化环境上花大力气、加大力度的一年。三是创建文明城市发展态势良好。继深圳、中山之后，惠州、东莞又荣获全国文明城市荣誉称号。我省全国文明城市数量居全国前列。四市在巩固、提升、延伸上下工夫，文明城市这一“金字招牌”越擦越亮。广州、珠海、江门等地创建全国文明城市工作迈出坚实的步伐。佛山、清远、韶关等地确定了争创全国创建文明城市工作先进城市的目标。全省形成了不落人后、力争上游的创建文明城市格局。组织广东省文明城市观摩活动，召开全省创建文明城市工作座谈会，发表《广东省创建文明城市共同愿景》，在全省启动创建珠三角文明城市群工作。认真做好公共文明指数测评，我省的测评成绩总体水平靠前，广州、深圳在省会、副省级城市排名中分居第5和第8位，惠州、东莞在地级市排名中分居第5和第6位，受到中央文明办领导的表扬。四是培育了一大批精神文明建设品牌。各地精心打造品牌，策划开展了一批影响大、富有地方特色的主题活动，深圳的“关爱行动”、中山的“慈善万人行”、珠海公益奖评选、“情暖佛山”、东莞城市暖流行动、潮州市的“道德就在我们身边”主题实践活动、河源客家古邑文化建设、“顺德好人”和“韶关好人”选树活动等。各项品牌活动不断完善，产生了广泛的影响力。

回首2009年，我们积累和创造了宝贵的经验。一是精神文明建设要用构建社会主义核心价值体系去引领，把塑造美好心灵，形成良好风尚，促进习惯养成作为主要的任务，铸造人的精气神，真正地做人的心灵建设、头脑建设、灵魂建设；二是精神文明建设要以人为本，满足群众需求，反映群众呼声，坚持群众标准，多做暖人心、解民忧、增民利的工作；三是精神文明建设要拓展领域、延伸载体、构建平台，善于运用好群众性精神文明创建活动的载体，善于策划好动员和吸引群众参与的主题活动，善于借助各种力量，善于借助和运用媒体特别是新兴媒体的作用；四是精神文明建设要从人们的衣食住行入手，从变革人们的生活方式入手，从微细之处入手，以人们的文明习惯养成促进社会大文明的形成；五是精神文明建设要以制度文明建设为依托，以科技文明为保障，运用现代科技手段建设精神文明。

回首2009年，展望2010年，我们深感使命光荣，责任重大，任务繁重。国内社会思想多元多样多变，迫切要求用社会主义核心价值去引领，社会大转型，新旧观念的摩擦、碰撞，迫切要求倡导社会新风尚，形成新时尚；高新技术特别是信息网络技术的迅猛发展，一方面要积极利用，另一方面依法管理、科学管理的任务更加艰巨；人民群众日益增长的文化需求，给精神文明建设提出了更多的要求。我们必须以昂扬向上的精神状态，以更加积极的态度、科学的方法、扎实的作风，真心、用心、恒心地做好工作，不辜负党和人民的期待。

二、突出重点，深入推进我省精神文明建设工作

2010年我省精神文明建设的总体要求是：“高举旗帜，围绕大局，服务人民，改革创新，以培育社会主义核心价值体系为主线，以提高人的文明素质为核心，以群众性精神文明创建活动为载体，夯实基础，重心下移，丰富内涵，拓展领域，培育品牌，增强实效，提高广大人民群众的幸福感、舒适感和自豪感，促进社会的和谐稳定。”

（一）围绕建设社会主义核心价值体系，培育精神支柱。

今年铸造灵魂的工作，要突出弘扬以爱国主义为核心的民族精神和以改革创新为核心的时代精神。

1．要大力弘扬爱国主义的民族精神。爱国主义是千百年来形成的人们对自己祖国的一种深厚的感情，是一个民族成员相互联系的精神纽带，是民族凝聚力的根本源泉。世界上很多国家都非常重视爱国主义教育。新加坡领导人经常强调，如果要避免被西方价值观所淹没，就得有新加坡自己的国家意识。韩国国歌里有这样一段歌词：“用我们的意志和精神，热爱我们亲爱的祖国，把身心和忠诚献给她，不管面对痛苦还是欢乐。”培育人们的爱国主义情感是精神文明建设的重要内容，国外的这些做法都值得我们学习借鉴。今年的国庆节要精心组织升国旗、唱国歌仪式，提倡区街张挂国旗，形成浓厚的节日氛围。继续组织“爱国歌曲大家唱”活动，利用城市广场、文化中心、街心公园等公共场所开展爱国歌曲演唱活动，吸引群众广泛参与。广泛开展爱国歌曲歌咏比赛，用汇演推动群众性演唱活动，增强人们对党、对国家、对社会主义的热爱。

2．要大力弘扬新时期广东人精神。前两年我们开展了新时期广东人精神大讨论，产生了良好的社会效果。现在怎么样与时俱进，在原有基础上增添一些新的精神元素，同时，让广大群众大力弘扬这些精神，使其成为推进广东发展的强大精神动力，是我们面临的重要课题。要结合迎接特区成立30周年，大力弘扬新时期广东人精神。特区30年来现代化建设取得了巨大的成就，靠的是什么？除了地缘和政策优势外，最重要的就是人的因素，靠的是广东人敢闯敢冒敢干的精神。广东今后30年的快速发展，还是要靠大力弘扬新时期广东人精神，没有强有力的精神支撑，什么也干不成。在新一轮的发展角逐中，广东要当好排头兵，就必须勇于创新创业创造。要在全省大力开展“创新、创业、创造”教育，开展技能创新大赛，树立一批创新之星，推动广大群众积

极树立一种敢于创新、勇于创业、善于创造的精神，形成一种鼓励创新创业创造的社会文化氛围。加强广东人现代公民人格培育，教育社会成员在工作上敬业务实、敢于竞争、追求效率，在社会生活中觉己爱人、勇于担当、勇于承担社会责任，关爱他人、奉献社会，追求更高层次的人生理想和境界，塑造良好的人格个性，为广东现代化建设打下深厚的人文基础。

3．要大力弘扬中华民族传统文化。传统文化是一个民族的精神之根，是全体社会成员的心灵栖息地，对提升文化自觉、文化自我、文化自信以及文化认同有深远的意义。从社会人的角度来讲，一个人其实就是一个民族文化的具体显现，他的举手投足之间无不体现出本民族的文化特性。更不用说一个人的心理个性，那更是传统文化长期积淀和孕育的结果。要开展传统文化教育，推进社会成员弘扬优秀的传统文化。开展“讲、诵、唱、听、传”活动。讲，就是举办中华文化系列讲座，从理论上回答什么是中华文化精神、文化标志、文化风格和核心价值观；诵，就是开展经典诵读活动，大力普及国学；传，就是传箴言，开展“红段子”征集活动；听，就是听故事，让人从生动有趣的故事中领悟哲理；唱，就是唱红歌。开展乡土教育、岭南文化教育，组织“岭南文化十大名片”评选活动，传承岭南文化精神。组织开展“我们的节日”系列活动，适应时代发展要求，精心设计和举办各种节庆文化活动，组织“中国节”原创歌曲征集活动、“中国节”诗词朗诵音乐会，开展节庆吉祥物和标色征集设计活动，创作一些易于传颂、有真情、有哲理的节庆用语，充分发挥互联网、手机短信等新媒体的作用，开展节日短信征集活动。编写《中国节日诗词名句书法》。春节期间举办首届“广东农村青年欢乐节”、新春联征集和书法家下乡挥春活动，让人们在传承民族传统文化中，精神有所寄托，情感有所依归，境界有所提升。

（二）加强公民思想道德建设，培育岭南文明新风尚。

社会道德风尚是一个社会文明进步的重要标志。道德风尚要坚持把“精英道德”与“草根道德”结合起来，把道德自律与道德监督结合起来，把道德褒扬与道德批评结合起来。今年，我省道德风尚要突出慈善、公益、爱心这一主题。

1．要抓好党员干部、公务员和企业家的道德建设。公民道德建设，我省搞了这么多年，树立了不少先进典型，评出了不少道德模范，取得了一定的效果。但这些先进典型大多是普通的平凡人物，也即是通常所说的平民阶层，如赵广军、丛飞等，这些平凡人物对社会的道德风尚发挥了良好的作用。但社会精英阶层的道德状况对社会的示范带头作用更大。下一步要着重抓好对社会具有较大影响力的党政干部、企业家、文艺界明星等公众人物的道德建设。因为公众人物具有较强的示范效应，比尔·盖茨宣布退休后把财产全部捐给慈善基金，全世界都知道。相反，如果公众人物道德不好的话对社会影响也特别坏，前不久出现的“钓鱼执法”现象，引起了社会的公愤。至于公众人物道德建设怎么抓，各地可以进一步探索。一是加强党员干部和公务员的道德建设。为政者道德的好坏还直接影响着民德、民风。孔子曾说：“君子之德风，小人之德草，草上之风，必偃。”（《论语·颜渊》）其意为：为政者的道德作风好比是风，老百姓的道德作风好比是草，风吹到草上，草必然随风倒，政德对公民道德建设具有很大的示范作用。孔子还说：“政者正也，子帅以正，孰敢不正？”说的“政”就是正道、正直、正气，为政者自身正的话，谁还敢不正呢？也是强调政德的作用。今年，我们将结合“做人民满意的公务员”活动和政风行风评议活动，在党员干部和公务员队伍中挖掘勤政廉政、道德高尚的先进典型，通过广泛宣传，树立党政干部的文明形象，以优良的党风政风引领社会文明风尚。要制订公务员道德行为规则，借鉴香港、澳门行政长官和行政团队宣誓仪式，倡导公务员入职宣誓和晋职宣誓。二是抓好企业家的道德建设。改革开放以来，我国企业得到了很快发展，为社会、为国家做出很大贡献。但同时，由于一些企业引发的诸如急功近利、制假售假、污染环境、逃避税收、财务欺诈、拖欠工资、忽视安全、蒙骗消费者等社会问题频频出现，触目惊心，人们提高企业社会责任、“企业公民”责任的呼声日益高涨。今年，我们将联合《南方日报》发表《企业公民责任宣言》，推动企业不仅追求单纯的经济利润，还要承担热爱祖国、遵纪守法、诚实守信、关爱员工、保护环境、热心公益等社会责任，培育粤商道德。

2. 大力倡导岭南文明新风尚。前一个时期，省开展了“岭南文明新风尚”网上评选活动，确定了“公益慈善、志愿服务、关爱外来工、好人建设、读书求知、运动健身、遵守秩序、无偿献血、言行文明、善用法律”等10项岭南文明新风尚。这些文明新风尚有的普及面比较广，有的还没有广为普及。要利用各种媒体多侧面、多角度地宣传这些文明新风尚，把文明的新风传播到广大群众中去，使之成为广大群众的自觉实践。今后，还将开展不文明的身边陋习点评活动，对生活中的不文明现象进行点评，使群众在参与活动的过程中，正确认识陋习的危害，从而破除不科学、不文明、不健康的陋习。

3. 深化道德模范学习宣传活动。全国及省道德模范评出来以后，还要宣传好，才能起到示范带动作用。要把全国、全省道德模范的先进事迹作为推进公民道德建设的生动教材，运用新闻宣传、文艺创作、报告会等方式方法，大力宣传道德模范的先进事迹和崇高精神，形成人人学习模范、人人争当模范的良好氛围。同时，继续做好“身边好人”的选树工作。发动群众在熟悉的人群中举好人，在日常生活中找好事，评选出十大公益之星、十大慈善之星、十大孝道之星，形成道德模范大量展现、善行义举广为传颂的社会环境。

4. 开展公益大行动。随着社会的进步和公民文明素质的提高，人们奉献社会、关爱他人的热情日益高涨。要在每年12月12日举办“慈善日”，鼓励对口帮扶部门以及社会各界深入贫困地区，献爱心，搞帮扶。开展“南粤公益大行动”，联合媒体、民政等有关部门，有效整合社会资源，动员和引导不同界别、阶层、年龄的人积极参与，架起在弱势群体、特殊群体与政府、企业、媒体、社团、市民之间的桥梁，建立互助、长效的爱心平台，打造南粤慈善文化品牌。

（三）塑造良好的社会文化环境，确保未成年人健康成长。

未成年人健康成长，关系国家前途、民族命运，关系到党和国家事业有没有合格的接班人，也关系到每个家庭的幸福和社会的和谐。现在的情况是，各个层面对未成年人健康成长重视程度不一。从学校层面来讲，学校德育教育的内容和渠道有待创新；从家庭层面来讲，各个家庭都把孩子的成长放在中心位置，不管是教育还是生活的投入，都竭尽所能，但缺乏科学、有效的办法；从党委和政府层面来讲，许多政策措施还没到位，还有很大的加强空间；从社会层面来讲，一些经济主体在利益的驱动下，可以说是完全不顾未成年人的健康成长，只顾赚昧心钱，一些网站特别是手机网站引诱未成年人点击登陆，一些网吧容留未成年人通宵达旦上网，这些经营者为人父母，如果自己的孩子受到不良文化侵害，不知有何感想？最终形成大学老师埋怨中小学老师，中小学老师埋怨家长，家长埋怨社会的“怪圈”。未成年人的思想道德也面临一些值得关注的问题，主要表现在网络沉迷和网瘾、早恋、拉帮结伙，消费超前、不善理财、学习焦虑等。未成年人思想道德建设一定要强化“三长”，即校长、家长、市长的责任，这样才能做到学校、家庭、社会三结合，达到更好的效果。我省未成年人思想道德建设，当前需要着重抓好以下几项工作：

1. 遵循规律，创新未成年人思想道德教育的内容。未成年人思想道德建设一定要遵循儿童的成长规律和心理接受规律的科学性原则，遵循学校、家庭、社会一致性原则，中小学连贯性原则，防止年年提出新口号、新主题。要贴近需求，适应未成年人接受能力，开展现代公民教育，培育权利、责任和义务意识；开展健全人格教育，培育感恩、感谢、宽容、诚实、负责、忠心、礼貌的品格；开展健康心理教育和性健康教育，建立中小学心理健康网站和心理危机干预中心；开展生命教育、生活教育、生存自救教育，培育尊重生命、敬畏生命、热爱生命的意识；开展幸福教育，纠正畸形的成功观，把人的身心健康愉快作为幸福的目标；开展美育，培育未成年人的心灵美、语言美、行为美、仪态美，懂得欣赏美、发现美、创造美。

2. 重在建设，为未成年人提供更多更好的精神文化食粮和文化服务。近年来，我省少儿文化产品在规模和数量上有了很大提高，但品牌产品不多、深受未成年人喜爱的不多。要认真组织实施少儿文艺出版精品工程，编辑《青苹果·健康快乐成长文库》，策划一批少儿题材的影视剧、舞台艺术产品、书刊和音像制品。重点倾斜、专项资助一批优秀动漫产品和健康益智游戏。加强对优秀少儿精神文化产品的宣传推介，通过影评书评、少儿书展、影视展演、动漫博览等多种形式，使更多的优秀文化产品为孩子们所了解、所喜爱。重视解决地方少儿频道节目不足的问题，丰富地方少儿频道的节目源。积极推动各级各类未成年人校外活动场所对未成年人集体参观实行免费开放。

3. 加强管理，进一步抓好净化社会文化环境工作。当前净化社会文化环境的重点是手机网站，这方面也不是没有办法抓，关键是看重视不重视。现在从中央到地方的各种法律法规，对利用网络特别是手机网站传播色情信息的责任规定得很明确，主要是没有较真，没有抓落实，加上巨大的利益驱动，网络运营商、接入服务商、网站经营者等总是千方百计变换形式，规避法律法规，谋取不法利益。这就要看有关部门有没有决心斩断这个利益链。文明办作为牵头部门，不去具体执法，但要履行好自己的职责，加强组织协调，总结推广先进经验。加强调查研究，探讨如何依靠科技管理、依法管理和长效管理。组织对网络、网吧和手机的专项治理进行督查。

4. 创新方法，开展丰富多彩的主题活动。知行结合是未成年人思想道德建设的重要途径。道德实践活动可以让未成年人在潜移默化中受到感染，得到熏陶，养成良好的道德品格。要开展“存好心、说好话、做好事”的好人活动，开展经典童谣、经典儿歌、经典诗词诵读活动，开展“美德少年”评选表彰活动，教育青少年从一点一滴做起，从身边事情做起，养成良好习惯，增强道德意识，培养高尚品质，做一个有道德的人。

5. 积极协调，大力推进家庭教育工作。教育部门创办的家长学校，对提高家长的素质发挥了积极作用，要继续办好。家庭的溺爱或高压造成了许多未成年人人格缺陷，当务之急是要帮助家长树立正确的育人观、成才观，切实改变一些家庭中存在的重智轻德现象。同时，提高家长的家教知识水平、提升家长科学育人的能力，推动家长以身作则、做好表率，确保未成年人健康成长。

（四）开展“迎接亚运会，创造新生活”系列活动，为成功举办亚运会营造良好环境。

今年，是亚运会的举办之年。亚运会既是一次体育盛事，也是展示国民良好文明素质的窗口。我们要以举办这次亚运会为契机，响应中共中央政治局委员、省委书记汪洋同志的号召，组织开展“迎接亚运会，创造新生活”活动，以改变生活陋习、优化生活方式、提升生活品质、引领生活潮流为目标，以文明礼仪、维护秩序、全民健身、环境卫生和志愿服务为重点，广泛开展公益、健康、环保、礼仪等群众性活动，努力建设优美舒适的宜居城乡，大力倡导健康阳光的生活方式，精心展现热情周到的待客之道，形成文明和谐的社会风尚，使公民文明素质和社会现代文明程度得到进一步提高，向世界展示我省人民文明礼貌、积极向上、乐观开朗、热情好客、胸怀博大的精神风貌。亚运会期间，全国各地会有不少群众到赛地观看比赛，各国来宾也会到其他地方参观旅游。“迎接亚运会，创造新生活”活动，是在全省范围内广泛开展的一项重要工作，各级文明办要把这项活动作为一件大事，切实抓紧抓好。作为赛事主办地的广州和佛山、东莞、汕尾等分赛区城市，要全力以赴、积极行动，采取有力措施，发挥示范带动作用，为举办一届有特色、高水平的亚运会创造文明和谐的社会环境。具体来说要倡导“六个文明新风尚”：

1. 培育知礼守礼的礼仪之风。省文明办编写了《礼行天下》丛书，今年将出版《商务礼仪》和《青少年礼仪》。各地要以这套丛书为教材，继续组织全省文明礼仪知识巡讲活动，利用各种形式和手段，多侧面、多渠道地进行文明礼仪宣传，普及文明礼仪知识。突出抓好行业文明礼仪实践活动，以窗口行业为重点组织“文明服务迎亚运”礼仪展示大赛，推动窗口行业健全岗位文明行为规范，开展竞赛活动，评选礼仪标兵，促进行风转变。要在把礼仪知识变为文明行动上下工夫，引导人们在待人接物、交通出行、文明观赛、游览购物、环境保护等方方面面，养成文明礼貌的行为习惯。

2. 营造“己所不欲，勿施于人”的守序之风。着力整治公共场所秩序，健全各类公共场所文明行为守则，重点整治乱丢乱扔、随地吐痰、争抢拥挤、乱穿马路等顽症陋习，引导人们讲公德、守秩序，明显改善公园广场、商业街区、机场车站、旅游景点等场所的秩序。今年，要在11月11日开展“排队日”、“礼让日”等活动，进行文明驾驶、安全出行、自觉排队等宣传教育，使城市的公共场所、道路交通和赛场秩序进一步好转，形成文明礼让、井然有序的新面貌。

3. 弘扬以志愿服务为主题的关爱之风。以“争做志愿者、创造新生活”为主题，组织动员广大干部群众以志愿服务的形式积极参与和支持亚运会，为成功举办一届“团结、祥和、文明、精彩”的亚洲体育文化盛会作出积极贡献。亚运主办协办城市是开展“志愿服务行动”的重点，要周密计划服务项目、服务内容、服务人数和服务要求，明确责任人、落实服务任务，大力推动志愿服务，并以此为突破口，带动全社会志愿服务活动深入开展。结合亚运会的重要时间节点，开展亚运会前期志愿服务、赛会志愿服务、城市志愿服务和各类常规志愿服务活动，引导公众主动参与环境保护、科学普及、社会公益等活动，使奥运志愿服务与日常志愿服务有机结合起来。开展“关爱百万空巢老人”志愿服务活动，组织志愿者为空巢老人提供力所能及的关心帮助。今年，与团省委联合举办“志愿服务发展论坛”，召开行业开展志愿服务工作会议，开展社区、乡村的志愿服务工作和青年志愿服务工作。

4. 大力弘扬以“清和美”为主题的和谐之风。近几年，河源、韶关、湛江开展了城乡清洁运动，效果很好。各地要借鉴他们的成功经验，深入推进城乡环境综合整治，广泛开展爱国卫生运动，重点整治城市出入口通道、重点公共服务区域、亚运场馆周边及主干道沿线的环境，切实改变城乡接合部、“城中村”、背街小巷等重点部位的环境脏乱现象。着力加强城乡规划建设，抓好“三旧”（旧城镇、旧厂房、旧村庄）改造，推进老城区危破房和“城中村”改造，努力打造宜居的生活环境。

5. 倡导以阳光生活方式为主题的健康之风。大力营造“全民健身与亚运同行”的浓厚氛围，吸引广大群众积极参与体育健身，使健身成为群众日常生活中的重要组成部分，形成健身新理念、养成健身好习惯、掌握健身好方法。一是继续加大全民健身的宣传指导力度，进一步增强人民群众的健身意识，引导他们向着方式更科学、态度更积极的方向迈进。二是加大推进群众体育设施建设力度，建设“社区十公里健身圈”，为人民群众提供更多、更好的体育健身场所。三是加大群众体育活动品牌的打造力度，积极开展丰富多彩、形式多样的群众体育活动，为群众提供更多的参与平台。

6. 倡导以绿色生活方式为主题的节俭之风。日常生活中奢侈浪费之风很严重，仅仅酒楼剩菜一项，就浪费了不少。要改革宴客方式和聚餐方式，鼓励不留剩菜的消费方式，宣传《节约歌》，在机关、企业、学校、家庭广泛开展“节约一度电、一张纸、一滴水、一粒粮”活动，在全社会形成勤俭节俭之风。

（五）深化拓展群众性精神文明创建活动，营造文明和谐的社会环境。

1. 以创建珠三角文明城市群为龙头，优化创建文明城市格局。以《珠江三角洲地区改革发展规划纲要（2008—2020年）》的颁布实施为契机，推进珠三角文明城市群建设。即从个别城市的创建向区域城市群体创建的转变，从城市的创建向城乡一体创建转变，从局部行业的创建向行业的整体联动转变，从原来的达标式创建向长效管理转变。与此相配套，整个珠三角文明城市群要以构建区域一体文明为中心，包括以下几方面：一是社会发展区域一体规划。以文明城市创建为龙头，努力建设与之相适应的生态城市、创新城市、健康城市、和谐城市等四大城市。二是基础设施区域一体完善。引入国际先进的规划理念，编制完成具有国际先进水平的城乡规划体系，加快建立覆盖珠三角城乡的系统化、网络化、现代化的基础设施主体框架。三是生态环境区域一体建设。按照“水更清、地更绿、天更蓝、城更美、居更佳”的目标，以珠三角为重点，规划建设省级绿道网，推进集环保、运动、休闲、旅游于一体的绿道网络建设，逐步建成连接区域绿道——城市绿道——社区绿道的三级绿道网络。四是公共服务网络区域一体构建。以改善民生为重点，大力发展各项社会事业，切实做到全体人民学有所教、劳有所得、病有所医、老有所养、住有所居，打造全国高水平、高品质社会事业发展示范区，促进人的全面发展，实现人民幸福安康、社会和谐进步。五是文化发展区域一体繁荣。实施基础文化设施覆盖工程，构建完善的市、县（市、区）、乡镇（街道）、行政村（社区）四级公共文化设施网络，建成城市“十分钟文化圈”和农村“十里文化圈”，确保城乡群众能够免费享受各种公益性文化服务。六是居民素质区域一体提高。创新社会主义核心价值体系教育模式，使社会主义核心价值体系融入国民教育和精神文明建设全过程。弘扬中华优秀传统文化和岭南特色文化，培育创业、创新、诚信精神。为推动这项工作，今年拟与南方日报举办“珠三角文明城市群建设论坛”，开展文明城市与城市形象塑造专题研究。

2. 以公共文明指数测评为重点，推进创建文明城市（县城）常态化发展。今后，中央文明办将每年对国家级文明城市开展公共文明指数测评，每年的测评分数列入最后的全国文明城市测评总分，并实行末位淘汰制。省里将对文明城市的考核指标体系作进一步修订，考虑进行新一轮的文明城市评比。今年，省将组织对省文明城市、文明县城进行公共文明指数测评，以适当方式公布测评结果，反馈测评情况，并以之作为保留文明城市、文明县城荣誉称号的主要依据。公共文明指数测评将在省文明委统一领导下，由第三方进行测评，采取实地考察、入户问卷调查和材料审核等方式，围绕反映城市公共文明水平的公共环境、公共秩序、人际交往、公益行动和创建工作的体制机制建设等项目指标进行测评，有针对性地解决公共文明方面存在的突出问题，推动创建文明城市、文明县城工作常态化。

3. 以“清洁、和谐、优美”为主题，深化生态文明村建设。一是大力实施农村“清和美”工程，引导广大农民群众积极参与“万村百镇”整治，稳步推进“万村绿”大行动，推进生态文明村建设，着力推动农村经济发展生态化、乡村建设生态化、生活方式生态化，建设一批具有岭南特色的宜居村镇。二是积极推进“广东新农居”设计应用。去年，省文明办与省建设厅等单位开展了“广东新农居”设计大赛，“广东新农居”以节地、节能、节水、节材、抗震、安全、资源综合利用为设计核心，按照安全、适用、经济、美观的原则，充分考虑到我省不同区域、不同经济发展水平的实际，以及农民的生产方式和生活习惯，突出了广府、潮汕、客家等地方特色、乡村特色和岭南建筑风格。目前，“广东新农居”征集活动已接近尾声，下一步，我们将编辑出版《广东新农居设计图案》画册及光盘，免费向农村发放。同时，选择3至5个县开展推广广东新农居试点工作，引导建设新型现代农民住宅。三是推进古村落的保护、开发与文明村建设相结合。广东的古村落非常多，且具有旅游的价值。我们不但要保护好这一资源，还要开发好这一资源。按照生态环境整洁、文化开发、特色产品生产和旅游的思路，把一批古村落培养成为我省农村精神文明建设的亮点。

4. 以“迎亚运盛会，树行业新风”为主题，推进创建文明窗口活动。窗口单位承担着大量的服务职能，与人们的生产生活密切相关。窗口服务水平的高低，直接影响人们对一个城市、一个行业文明程度的感受。要以“擦亮文明窗口，迎接亚运盛会”为主题，召开创建文明窗口经验交流现场会，总结推广行业规范化服务的成功经验，指导机关、学校、企事业单位深入开展精神文明创建活动，推动旅游、商务、金融、铁路、交通、民航、卫生、市政公用、电信等公共服务行业和边检、海关、检验检疫等涉外窗口行业，不断完善服务标准，明确服务规范，全面提高行业服务水平，树立窗口行业良好形象。

三、扎实工作，狠抓落实，开创我省精神文明建设新局面

我们在回顾总结前一段工作时，感到我们的工作，仍然存在不足，即特色不足，品牌不足，引领不足，关注热点不足。精神文明建设涉及面广，工作任务重，要加强组织协调，讲究方式方法，才能取得更好的效果。

（一）善于运用媒体力量。要善于利用报刊、电台、电视台、网络等各种媒体，多开一些栏目，加强精神文明建设方面的信息覆盖和公民道德规范的普及。有意识地联合媒体举办各种活动，向媒体提供各种信息和资料，扩大工作影响，增强社会效果。利用好公益广告，加大电视、电台、报刊等媒体公益广告的投放力度，协调有关部门积极拓展街头、车站、码头等户外公益广告阵地，营造氛围，使人们耳濡目染，接受熏陶。特别是要注重新兴媒体的作用，探索利用网络、手机进行精神文明建设。岭南文明网要进一步改版，充实内容，与各市文明网连接，同时，也给各市开辟一个专题栏目，请各市积极供稿。

（二）善于整合部门力量。精神文明建设是一项社会系统工程，涉及到社会生活的方方面面。整合各方资源，集聚各方面力量，能更有效地推进工作。各级文明办要善于借力，不仅借助上级部门力量推动工作，还要利用好文明委成员单位的力量，对创建活动感兴趣的部门力量，积极开展创建活动的企业力量，科研部门的力量，共同推进精神文明建设。要把目标任务制定好，分解好，让各部门去做，让各

单位去完成。

（三）*善于调动社会资源*。要善于利用社会项目资源，以文明城市创建为总揽，整合各类创建活动，如卫生城市、健康城市、生态城市创建等。要善于利用社会人才资源，充分调动社区人才优势，凝聚社区热心群众的力量，发动和鼓励大家积极参与。善于利用社会硬件设施资源，动员社区内的科教文卫体等部门的硬件设施特别是一些公益性文化设施，向社区居民开放，向未成年人开放，为群众文化娱乐活动提供广阔的空间。

（四）*善于运用文艺活动*。用文艺手段加强精神文明建设，形象、生动、直观，容易入脑入心。各地要开展丰富多彩的文化活动，利用戏剧、歌曲、舞蹈、小品等形式多样的文艺形式教育人、感染人、熏陶人，寓教于乐。发动群众积极参与文艺活动，在体验中受到教育，得到提高。广泛开展送戏下乡、送电影下乡活动，丰富农村群众的文化生活。

（五）*善于利用科技手段*。现代科技日新月异，要进一步发挥科技手段在精神文明建设中的作用。利用好互联网，使互联网成为传播先进思想文化的新平台、人们健康精神文化生活的新空间。加强手机短信文化建设，把手机短信打造成传播先进文化的新阵地。各地可以开展温馨短信传递、“红段子短信大赛”等活动。加强数字图书馆、博物馆、阅览室建设，推进精神文化产品的数字转化。

（六）*善于发现、培育和推介典型*。过去，我们在典型宣传方面的力度不够。不论是创建方面的典型，还是思想道德建设方面的典型，都宣传得不够。今年，对各市涌现出来的一些品牌项目和道德典型要认真地组织宣传，以典型去指导工作，引领风尚，促进落实。

同志们，当前，我省精神文明建设既面临着大好的形势，也面临着艰巨的任务，让我们以全国宣传部长、文明办主任会议和省委十届六次全会精神为指导，齐心协力、满怀信心、振奋精神、扎实工作，努力开创全省精神文明建设工作的新局面，为推进我省经济社会又好又快发展，争当实践科学发展观的排头兵作出新的更大贡献。

在广东省中等职业学校德育工作会议上的讲话

顾作义

（2010 年 3 月 16 日）

同志们：

中等职业学校学生是我国未成年人的重要组成部分，是我国未来产业大军的重要来源。他们的思想道德状况如何，直接关系到国家和民族的未来。党和国家高度重视中职学生思想道德建设，去年 6 月份，中央六部门联合召开了新中国成立以来第一次全国中等职业学校德育工作会议，印发了《关于加强和改进中等职业学校学生思想道德教育的意见》，为我省中等职业学校德育工作指明了方向。下面，我就创新中职学生思想道德教育讲几点意见：

一、创新德育理念，进一步明确中职德育工作的方向

德育理念是一种教育精神和价值取向，不仅具有激励人、鼓舞人的功能，也具有教育人、规范人、塑造人的功能。树立良好的德育理念对做好德育工作至关重要。

（一）要树立人文德育的理念。要坚持以人为本，以生为本，尊重学生的主体地位，尊重学生的人格和尊严，激发学生的主体能动性，使学生由被动的受教育者成为主动的学习者。要重视学生的情感，准确把握学生的思想脉搏，让德育走进学生，走进学生的心灵。要关爱学生，营造平等、和谐、轻松、愉快的德育环境，使学生“亲其师、信其道”，更加积极主动地养成良好的道德品质。不但要让学生有一技之长，而且要有远大的理想，高尚的情趣，健全的人格，健康的身心。不但要提高智商，还要提高情商、和商、健商、财商等。

（二）要树立生命德育的理念。把提升人的生命质量，关注学生的生命成长，作为学校德育的核心，促进学生认识生命价值、尊重生命、热爱生命、珍惜生命，增强学生的自我防卫意识和危难逃生能力，使学生在丰富的精神文化生活中不断提升道德修养和人生境界，确保人生把健康、智慧、财富的追求统一起来。

（三）要树立个性德育的理念。个性化教育是时代的必然要求，是创造性人才培养的必由之路。学校应根据学生个人特点，因人施教，充分挖掘其潜能，发挥其特长，鼓励每个学生按照社会的需要自由发展，使学生在社会生活中具有自由选择、自主决策、敢于竞争、勇于担当的能力和品质。

（四）要树立生活德育的理念。行为养成习惯，习惯决定品质，品质决定命运。要牢固树立生活德育的理念，把道德教育深深地扎根于生活的土壤，使德育与学生日常的衣食住行等学习生活紧密相连，在生活中对学生进行启迪与引导，促进学生形成良好的行为习惯，努力把德育内化为习惯，变成生活德育。

（五）要树立开放德育的理念。当今世界是开放的世界，德育教育也应该是面向世界的开放教育。中职德育工作要在坚持正确的价值导向的前提下，确立一种开放意识和开放精神，把发扬中华民族优良传统同积极学习世界上一切优秀文明成果结合起来，在思维方式、信息交换、内容拓展等方面更多地体现出开放性和兼容性，保持不断更新的活力。

二、创新德育内容，把中职德育工作提升到一个新的水平

要根据时代的发展和学生的实际，不断创新内容，丰富内涵，推动中职德育工作深入发展。

（一）要进行中华传统文化的教育。中华传统文化博大精深，熟读、熟记、熟用中华传统文化经典会受益一辈子。从五四运动以来，我们对国学的重视程度是不够的，导致了文化的缺失、教养的缺失。我们中的许多人对什么是中国文化传统、文化精神、文化元素、文化标志、文化内容知之不多。在文化全球化的今天，我们找不到文化自我、文化自信。构建我们的信仰体系和核心价值观，一定要建筑中华民族文化的核心精神、价值理念和道德追求。在今天的学校教育，非常有必要开设国学专题课，培育民族自尊感、自豪感和归属感。要开展“我们的节日”主题活动，利用春节、清明、端午、中秋和重阳等重要传统节日，广泛组织开展形式多样的节日文化活动，强化节日活动的思想道德内涵，引导学生弘扬中华传统美德和民族优秀文化。通过多方努力，从根本上解决文化认同、文化自信和共同价值观的问题，建立新的信仰体系。

（二）要开展以“创业、创新、创造”为主题的时代精神教育。我们知道，世界上许多科学天才、文学泰斗、艺术大师和商界巨人都是犹太人。其根源在于被称为世界最成功教育的犹太教育，这个成功教育的核心是独立思考和鼓励创新。中职学生毕业后，直接面对的就是走上工作岗位就业。围绕就业开展思想道德教育是中职德育工作的重要内容。首先，要帮助学生树立成才的信心和决心。目前，中职学生存在学业焦虑、人际焦虑和就业焦虑。要对学生进行职业规划教育，树立职业理想，提高职业技巧，养成职业道德。其次，要加强“三创”精神教育。一是加强创业精神教育。要教育学生树立创业意识，掌握创业才能和创业本领，适应社会需求，立志在人生当中干出一番事业。要加强学生创业品质的培养，培育学生的创业胆识、风险意识、敢胜意识、领先意识、成功意识、全局意识和勇于承担责任意识等。要开展形式多样的创业教育实践活动，磨炼学生的创业意志，提高学生的创业能力。二是加强创新精神教育。知识经济时代已经向我们走来，其核心在于创新。要教育学生树立探索精神，自主学习，独立思考，崇尚真知，追求真理，始终把创新作为自己永恒的追求。三是加强创造精神教育。著名教育家陶行知先生说：“人人是创造之人，天天是创造之时，处处是创造之地。”中职德育工作要教育学生树立“人人都有创造力禀赋”的观念，鼓励学生不断学习新知识、新技术、新方法，创造性地应用新技术、解决新问题，不断强化自己的创造意识，提高自己的创造能力。

（三）要开展人文精神教育。当前，网络暴力和校园恶性事件屡有发生，反映了部分学生缺少人性的良知，缺失人文素养，因此才发生对生命的漠视、对尊严的践踏现象。这就要求我们进一步加强学生的人文精神教育，培育学生的人文情怀。根据我省实际，特别要抓好以下几项工作：一是要结合我省“书香岭南”全民阅读活动，以中华传统经典和红色经典为主要读物，开展中华美文和经典阅读行动，并延伸开展读书征文、读书知识竞赛、读书演讲等活动，推动学生阅读向纵深发展，使学生在阅读中养成良好的人文素养。二是要结合迎亚运会开展礼仪教育，以我省编写的《青少年礼仪》作为基本读本，在学生中广泛开展礼仪教育，大力普及社会礼仪、涉外礼仪、生活礼仪、职业礼仪和赛场礼仪知识，引导学生在学习生活和社会生活中懂礼节、重礼仪、讲礼貌。三是要深化“做一个有道德的人”主题活动，引导学生在家庭孝敬父母、在学校尊敬师长、在社会奉献爱心。

（四）要开展感恩教育。滴水之恩，当涌泉相报。一个人来到世上，每一分成长进步，无不倾注着来自家人、师长、同事和社会的关爱与帮助。一个人应常怀感恩之心。由于受各种因素的影响，感恩意识在部分未成年人中缺失，认为亲人、朋友和社会给予自己的帮助是天经地义的，应该的，丧失了做人的基本道德素养。加强感恩教育显得尤为必要。要以“感谢父母养育我，感谢老师教育我，感谢同学帮助我，感谢祖国培养我”为主题，组织学生开展学习讨论活动，深化学生对感恩的认识。倡导学生给同学、父母、老师写一封信，组织学生参与社会志愿服务活动，让学生亲身体验感恩的内涵，使学生常常想到“受之于人者太多，出之于己者太少”，懂得感恩不仅是一种情感回馈，更是一种道德责任和义务，是一种道德修养，使学生常怀感动，心存感激，懂得感恩。

（五）要开展心理健康教育。心理素质和道德素质紧密联系、相互影响，良好的道德素质建立在健全的人格和健康的心理基础之上。大部分中职学生的年龄一般在十五六岁至十八九岁之间，是学生身心发展最迅速、最旺盛、最关键的时期，也是心理变化最激烈、产生心理困惑、心理冲突最多的时期。主要表现为自控能力差，情绪不稳定，抗挫能力低，容易走极端，人际交往能力弱，人际关系不和谐，等等。要结合学生在学习、生活、人际交往过程中表现出的心理问题，有针对性地开展心理健康教育和指导，帮助学生了解中职阶段学生的心理特点和心理卫生知识，提高心理素质，形成客观的自我评价能力、良好的情绪调控能力、坚强的挫折承受能力和较快的社会适应能力，培育学生良好的人格。有条件的学校要设立心理健康教育中心，对学生在生活中碰到的心理问题给予咨询、辅导和心理行为训练，帮助他们形成健全的人格。

（六）要开展幸福观教育。对于什么是幸福，古今中外，见仁见智。有的人认为有钱就是幸福，有的人认为健康是幸福，有的人认为幸福是人的一种主观感受，等等，不一而足。但当前有一种比较流行的观点对学生影响比较大，就是把成功当作幸福，认为“当官”、“当老板”就是成功，就是幸福的人，其实，幸福是一个综合因素，成功只不过是其中的一个方面。财富、成功、健康、爱情、亲情等都是幸福的内容。要开展科学幸福观教育，对于什么是幸福作深入研究探讨，也可广泛发动学生进行讨论，使学生领悟幸福的真谛，正确理解幸福，学会追求幸福，积极创造幸福。

三、创新方法途径，确保中职德育各项工作取得实效

中职德育工作必须与时俱进，不断创新方法、途径，才能取得更好的效果。

（一）要善于运用校园文化培育人。要加强校园文化建设，利用学校的建筑、规划和风貌等“无声的语言”来教育学生、影响学生，如开辟德育长廊，设置道德名言录、警示牌，悬挂名人画像等，让校园的一草一木、一砖一瓦都会说话，让环境来感染和陶冶学生，使学生感悟到做人的道理。要开展文艺表演、田径运动、兴趣培训等丰富多彩的校园文化活动，营造浓厚的校园文化氛围，让学生在潜移默化中受到教育、得到提高。

（二）要善于运用新兴媒体培育人。要进一步发挥科技手段在中职德育工作中的作用，增强德育工作的吸引力和感染力。美国的学者说，互联网将改变世界。西方敌对势力提出互联网将是对中国进行和平演变的工具。网络将成为学校德育工作的重要阵地。要利用好互联网，建立网上德育阵地，使互联网成为传播先进德育文化的新平台、学生健康精神文化生活的新空间。加强手机短信文化建设，把手机短信打造成传播先进德育文化的新阵地。可以开展温馨短信传递、“红段子短信大赛”等活动。加强数字图书馆、博物馆、阅览室建设，推进精神文化产品的数字转化，满足学生的多样化需求。

（三）要善于运用实践活动育人。学生品德的养成，无论是道德认识的提高、道德情感的激发、道德意志的锻炼，还是道德行为方式的掌握和道德习惯的养成，都离不开实践活动。要开展丰富多彩的道德实践活动，运用启发式、参与式的教育方式，促进“知行合一”，促进道德知识向内在品质的转化。当前和今后，要以开展各种志愿服务活动作为道德实践活动的途径，发动学生广泛参与，增强学生的道德感悟和体验，促进其道德养成和基本素质的提高。

（四）要善于运用先进典型培育人。榜样的力量是无穷的，先进典型可以让学生见贤思齐。要开展“存好心、做好事、说好话”活动，利用“身边的好人”的故事感染学生。要在中职学生中发现、培育和宣传先进典型，用同龄人的先进事迹教育引导学生。同志们，加强中等职业学校德育工作事关重大。我们要动员社会各方面力量，坚持重在建设、求真务实，不断把我省中职学生思想道德建设提高到新水平，为培养中国特色社会主义事业的合格建设者和可靠接班人作出积极贡献。

在广东省窗口服务行业“迎亚运创五优”座谈会上的讲话

顾作义

（2010 年 6 月 22 日）

同志们：

今天我们召开窗口服务行业“迎亚运创五优（优雅形象、优美环境、优良秩序、优质服务、优化管理）”座谈会，主要内容是以迎亚运为契机，以创五优为主要内容，以弘扬职业道德为核心，部署推进我省窗口服务行业文明创建工作，为即将举行的广州亚运会提供更加优质、更加高效的服务。刚才，五个单位作了发言，介绍了很好的经验，讲得很好，值得大家借鉴。下面，我就“迎亚运创五优”工作谈几点意见。

一、窗口服务行业“迎亚运创五优”是广东文明形象建设的契机和具体展示

近年来，我省各窗口服务行业文明创建工作不断创新思路、创新举措，加大工作力度，完善工作制度，取得了新的进展。一是职业精神得到了大力弘扬。爱岗敬业、忠于职守、乐于奉献的职业道德精神得到大力的倡导，涌现出了一批先进典型，许多行业推出了共产党员岗，发挥了先进典型的示范带动作用。二是行业规范得到了有效遵循。各行业从业人员自觉遵守行业规范，坚持信誉第一、真诚待客，表现了崇高的职业操守和良好素养。三是服务质量有了明显的提升。许多行业从注重服务态度到注重服务品质，从单一服务发展到个性化服务、特色服务、品牌服务。四是服务技能有了很大的提升。许多行业从传统人工服务发展到利用现代科技服务，开通了网上办事大厅等，服务手段、服务技能有了一个新的飞跃。

距离 2010 年亚运会只有半年的时间，“有朋自远方来，不亦乐乎?”把 2010 年广州亚运会办成一届高水平、有特色的和谐亚运、绿色亚运、文明亚运，是我们对国际社会的郑重承诺。2010 年广州亚运会承担着进一步树立我省文明形象、扩大我省影响力、提升我省国际国内社会地位的重任。亚运会期间，将有 45 个国家 12000 多名运动员及随队官员，7000 多名记者来到广东。窗口服务行业直接面向各国运动员和记者，承担着大量的社会服务功能，是广东的窗口，代表着广东的形象。广东在各国运动员和客人心目中印象怎么样，广东的社会文明程度如何？与窗口行业的服务质量和服务水平息息相关。开展“迎亚运创五优”活动，既是文明形象的展示，也是文明形象建设的契机。在当前，开展“迎亚运创五优”活动，具有十分重要的现实意义。

一是提升广东文明形象的需要。广东自古以来商业发达，是海上丝绸之路的起点，具有悠久的商贸历史。秦汉时期广州就有“金山珠海，天子南库”之誉。唐代，官方首设市舶使于广州。清代，广州设立“十三行”，一口通商，专门从事对外贸易。悠久的商贸传统和商业文化的熏陶，造就了广东人浓厚的商业意识，培育了广东人文明有礼、热情好客的品格和开放包容、达济天下的人文情怀。改革开放以来，广东人更是把这些优良品性发挥得淋漓尽致，广东的服务态度、服务水平领先全国。广东不仅创造了巨大的物质财富，更创造了宝贵的商业文化精神。但是，我们也要看到，与发达国家乃至一些省份相比，广东仍然存在着一些差距，广东人的形象仍然有一些负面的评价，如人情冷淡、财大气粗、有钱但没文化等等。开展“迎亚运创五优”活动，就是要把广东人的优秀传统品格进一步发扬光大，把广东在改革开放中取得的巨大物质成果展示给世人，把广东人的良好精神风貌展示给中外宾客，塑造广东人热情好客、文明有礼、开放包容、尊重规则、积极进取、乐于奉献等良好形象。

二是提升行业核心竞争力的需要。开展“迎亚运创五优”活动是行业特别是服务性行业提升员工素质、提升行业核心竞争力的有效途径。现代社会，服务行业市场化程度越来越高，行业要想在激烈的市场竞争中求生存、谋发展，就必须苦练内功，不断提升自己的服务品质，提升行业的核心竞争力。而提升行业核心竞争力关键在人。日本的企业能在世界四处扩张，就在于日本民族强烈的敬业精神和做事务必尽善尽美的品格。德国的产品能受到世界各地欢迎，也在于德国人强烈的规则意识。目前我省各行业从业人员的素质从总体上来讲是好的，但也有不尽如人意的地方。如有的从业人员敬业意识不强，有的业务素质与顾客的要求不适应，等等。这就要求我们，深入开展“迎亚运创五优”活动，进一步提高从业人员的文明素质，如职业道德素质、人文素质、心理素质等等，为提升行业服务水平、提升行业竞争力打下良好的基础。

三是提升亚运服务水平的需要。“最重要的就是服务!”举办过亚运会的城市在总结经验时都反复强调这一点。确实，检验亚运会工作的重要标尺之一，就是场馆内外的服务。就目前状况而言，各行业软、硬环境都有待提升，服务质量还有待改进。如服务还不够人性化、便捷化、品牌化。亚运期间，各窗口行业面对的是各国客人，他们是用世界眼光和标准来衡量各行业的服务水准，眼光更挑剔，要求更高，这就要求各行业要在原有的基础上按照国际化的标准和要求，进一步提升从业人员素质，提高行业管理水平，创新服务手段，使服务质量和服务水平得到不断提高。

四是提升全民文明素养的需要。窗口行业与人民群众生活息息相关，老百姓经常要到那里去办事，从业人员的一言一行都会对普通群众产生示范效应。因为许多行业的从业人员不管是社会地位、经济收入还是受教育程度都比较高，属于社会示范阶层，他们的行为方式、文明素养对群众有很强的影响力和辐射力，容易为老百姓所仿效。行业文明的提升能带动全社会文明的提升。从政务类行业来讲，自古以来，就有“政德隆，民德昌；政德毁，民德降”之说，政府官员有德行，老百姓自然会讲道德，政府官员都不讲道德，老百姓又如何讲道德？从商务类行业来讲，如果行业经营者诚信经营，以诚待客，就会带动社会成员自觉遵守道德规范。如果社会到处都是假冒伪劣、坑蒙拐骗、损害消费者利益的现象，就会对社会风尚产生负面影响。再加上一些行业属垄断性经营，行业收益和员工收入特别高，如果不讲道德，人们就会觉得这些行业“为富不仁”，影响更不好。如果这些行业讲道德，其事业又兴旺，人们就会觉得，“有德必昌”，就会去模仿。开展“迎亚运创五优”活动，就是要通过窗口服务行业从业人员道德素养的提升，辐射、带动全民文明素养的提升。

二、以迎亚运为契机，以创五优为主要内容，全面提升行业的文明水平

“迎亚运创五优”工作，每个“优”要突出一个主题，明确每个“优”抓什么。

1. 以文明礼仪教育为主题，创“优雅形

象”。礼是中华文明的核心要素，是野蛮与文明的区别。礼是社会伦理秩序，是社会交际活动的准则。孔子讲：“不学礼，无以立”，没有礼貌就是没有教养，没有文化，哪怕学历再高，知书而不达礼，也是粗俗之人。荀子说：“人无礼则不生，事无礼则不成，国无礼则不宁。”两千多年来，正是“礼”和“仪”，维系着“华夏”这个文化共同体，并引导它走向繁荣、进步。现代社会，人们交往日益频繁，讲礼仪、重修养越发重要。礼仪是一张人际交往的名片。礼仪可以帮助我们规范言谈举止，学会待人接物，塑造良好形象，赢得社会尊重。知礼懂仪，注重修养，是每个人立足社会，成就事业的重要条件。

窗口行业从业人员的礼仪礼节特别重要，礼仪不仅仅是微笑、礼貌，更是一种职业精神的体现，其内核则是：仁、义、礼、智、信，其表现就是温、良、恭、俭、让。以“礼”为核心的窗口行业服务，是一种至诚服务，是员工发自内心的尊重、真诚、善良和体贴的道德态度，是每一个员工积极主动为客人服务的文化自觉。其外在表现形式就是员工对客人的至诚礼仪，就是要把顾客真正当上帝。就拿我们的近邻日本来说，其国民素质、职业文化修养和敬业精神往往被人称道。在日本各卖场的服务台都有工作人员的微笑服务，他们清新的笑容，鞠躬服务态度，讲解时的肢体语言，都给人以亲切热情的服务，让顾客购物心情更加愉悦。日本的伊藤华洋堂超市进入中国，老板对员工有一个要求：顾客进了超市，不但售货员要微笑，而且要做到让顾客出门时也面带微笑。这个难度就很高，要做到让客户微笑，就要求员工对别人的服务从他律走向自律，从自律走向自觉，最后为信仰，这种信仰的外在表现形式之一就是对客人的礼仪，即对客人那种真诚的、道德化的服务。

现在我们在这方面还有差距。这就要求我们在窗口服务行业员工中开展以职业礼仪、生活礼仪、社交礼仪、涉外礼仪为重点内容的教育实践活动，进一步提升从业人员礼仪素养，塑造窗口行业员工的优雅形象。一是要“知”礼。要抓好文明礼仪知识教育，举办文明礼仪知识讲座、礼仪知识巡讲、礼仪知识竞赛以及主题演讲、交流研讨等活动，把礼仪知识普及到每一个窗口，使广大员工掌握社交礼仪、生活礼仪知识和各国的风俗礼仪常识。二是要“守”礼。中国有句古话：“不讲礼仪不开店。”的确，发自内心的热情和礼貌能使人感觉亲切，从而拉近员工和顾客间的距离。要加强教育和示范，推动各行业从业人员进一步规范语言、服饰、仪态、服务等，营造谦让、高雅、舒心、快乐的服务氛围。三是要“行”礼。要开展“微笑迎亚运”系列活动，引导从业人员以热情服务、礼貌服务、优雅服务等方式，为顾客提供高品质的服务，让广大客人感受到窗口行业服务人员的热情礼貌、温文尔雅，体验受尊重、享受优质服务的愉悦感觉。

2. 以倡导绿色亚运和净化美化为着重点，创“优美环境”。环境的好坏反映了一个地方人的教养、教化的程度，文明人居住的地方总是比较干净的。同时良好的环境又可塑造人、提升人。优美环境大概有这么几个方面：窗口环境卫生干净整洁，功能设施配套完善，店堂内外秩序良好等。创优美环境要做好三方面工作：一是要大力倡导绿色亚运理念。要开展“低碳生活迎亚运”主题实践活动，特别是交通运输、宾馆酒店等行业，在接待和服务工作中要大力倡导并积极践行低碳生活，落实绿色标准，做到节能环保达标，积极打造“绿色亚运”。如酒店可以提醒入住的客人注意环保、节约用水等。二是要搞好窗口环境卫生整治。要发动员工从所在的岗位做起，从所在的窗口做起，加强窗口内外环境整治，确保窗口、店堂、大厅内外的环境卫生干净整洁，绿化美化，为广大公众创造舒适、有序的服务环境。三是要加快服务设施建设和完善。要按照现代理念和人性化要求建立起一些硬件设施，并且这些设施要功能完好，能够运行、能用。要推进窗口设施无障碍建设，车站、码头、航空港、宾馆、商场等重点窗口服务单位要加快实现出入口通道、电梯、卫生间等设施无障碍化。大型公共服务窗口，有条件的要设立特殊优先通道、问询处、救援帮助中心等，窗口内外要有各类图文导向标志，并且图文清晰，位置醒目，信息及时更新，打造一批环境整洁、作业规范、形象良好、反映最新服务理念的窗口。

3．以推动人们遵守规则为核心，创“优良秩序”。秩序是文明的表现，也是社会和谐的基础。创优良秩序主要是强化人们的规则意识，推进人们按规则办事。一是各行业自身要遵守行业规则。各行各业都制订了具有行业特色的行业规范，目前关键是落实到每个员工的行动上。各行业有各行业的规则，但基本的东西应该是爱国、爱岗、公平竞争、遵纪守法、诚实守信。特别是诚信规则，是每个行业都必须遵守的。诚信是一个行业兴业之道。亚运会期间，各窗口服务行业特别是商业、餐饮、旅游、交通运输和医疗等面向消费者的窗口行业，要着重抓好诚信建设。要把精力放到提高产品和服务质量上来，依靠服务质量和服务品牌取胜，确保中外消费者权益。要建立诚信档案，健全诚信受益、失信惩戒机制，进一步建立良好的经营秩序。二是引导社会成员遵守公共行为规则。公共行为规则是一个城市稳定、高效运作的基石，是人们正常生活的保证。各行业特别是像公安、交通运输这些部门，更要勇于担当，积极引导社会成员遵守公共行为规则。要大力实施“文明交通行动计划”，教育引导市民文明出行、文明驾车、文明乘车，使公交车、出租车不违规行驶、不乱停乱靠，市民过马路不闯红灯，公交车上主动让座等成为人们的自觉行动，进一步建立良好的公共秩序。三是要引导服务对象遵守窗口办事规则。引导市民学会排队、学会等待、学会心平气和地分享城市生活资源，使在海关、机场、银行、超市、医院等窗口自觉排队，如让自觉遵守“1米黄线”等蔚然成风。外国人的排队意识强烈，美国人乘公共汽车，无论人多人少都坚持排队上车，而且人与人之间都留下20—30厘米的间距。而中国人在这方面还须加强。这次世博会，一个韩国人最大的感慨就是：中国人终于排队了，这让他有点“震撼”，因为他见过的中国人都不大喜欢排队。这说明引导社会成员遵守窗口办事规则，加强窗口秩序建设也是任重道远。

4．以提升服务效能和服务品质为着眼点，创“优质服务”。优质服务是五优的主要内容，创五优归根到底就是把服务质量搞上去，在亚运会期间来一个服务效能、服务水平大提升。当前，要着重解决好四个问题。一是要大力弘扬职业道德精神。亚运会期间，客人来自不同的国家和地区，有着不同的生活习俗和个人性格，要求各不相同。没有强烈的职业道德意识和全身心投入的态度，服务工作是做不好的。要引导从业人员大力弘扬“爱岗敬业、诚实守信、办事公道、服务群众、奉献社会”的职业道德精神，为客人提供热情周到的优质服务，让客人产生宾至如归的感觉。热情为乘客服务的售票员李素丽说得好：“我为我的职业、我的岗位自豪，是它给了我每一天都能向他人奉献真情的机会，让我每一天都感到充实。”当前我们就是要大力倡导这种职业道德精神。二是要提升服务品质。最主要的就是进一步强化人性化服务。“天地万物，唯人为贵”。天地之间，人是最重要的，是最终的意义和价值。各窗口行业要牢固树立以人为本的思想，推进人性化服务。特别是交通运输、银行、商业、旅游、医院及公用事业等窗口，要想客人之所想、备客人之所需，加快推进个性化、细节化服务。日本的细节化、人性化服务值得我们学习。日本卖花的花坊，在陈列摆放上都很新颖，给人一种很舒服、温馨的感觉，而且每种花的包装都很独特，而且还有很多好的寓意，让购物者不仅仅是买花，还买到了祝福。日本商场的卫生间，从装修，到设施，都很人性化。环境干净幽雅，还有很多标志，例如儿童和残疾人专用的洗手池、烘干机，还有放婴儿的地方，这些设施都给购物者带来很多的方便。这样的购物环境，对顾客来说就是一种享受。所以，我们各窗口行业要向人家学习。三是进一步深化“爱心通道”、“绿色通道”、“温馨通道”、“亲情式”等特色服务，满足中外宾客多样化需求。四是要创新服务方式方法。推进首问负责制、公示制、限时办结制、服务承诺制等，进一步公开办事制度，规范服务流程，提高办事效率。要推进电子政务，充分利用信息化手段，推进网上办事，提升网上政务信息服务水平。

5. 以行业管理标准化、精细化、智能化为目标，创“优化管理”。管理是生产力的一个重要元素，管理不但出效益，管理也出文明。各行业可根据国际、国内通行的做法，结合本行业特点、中外宾客的实际需求，积极推进管理标准化、精细化、智能化。一是要推进标准化管理。加大推行窗口服务业国家标准、行业标准和地方标准的力度，积极制定本单位、本部门服务标准和服务规范，进一步规范办事流程，规范服务语言，促进窗口服务规范化。特别是要加强与国际标准的接轨，亚运期间有许多外来宾客，各行业最好是用客人所熟悉的规范和方式为他们服务，这样他们更乐意接受。二是要突出精细化管理。细节决定成败，“天下大事，必作于细；天下难事，必成于易”，“一树一菩提，一沙一世界”，说的都是这个道理。生活的一切原本是由细节构成的，如果一切归于有序，决定成败的必将是微若沙砾的细节，细节的竞争才是最终和最高层面的竞争。行业管理莫过于精细，优质服务更在于细节，这就要求我们一切从细微处入手，积极推行精细化管理，做到精在事前，细在过程，把亚运各项服务工作做细、做深、做透、做到位。三要积极推行智能化管理。2010 年亚运是广州有史以来最大规模的国际性体育盛会，各行业要为亚运提供优质服务，仅靠人工管理是不够的，还必须利用现代科技手段，加强智能化管理。如机场，是亚运宾客进出广州的第一站，给人们的印象最重要，必须加强智能化管理和应用，缩短客人办理乘机手续的时间，提供舒适、便捷的通关服务，提升国门形象。交通部门更是要加强智能交通建设，实现车辆智能化引导，保证亚运期间不堵车、不塞车，保障交通顺畅，创造良好的交通环境。

三、务实创新，确保“迎亚运创五优”工作取得扎实成效

今年我省精神文明建设的重点之一就是在窗口服务行业开展“迎亚运创五优”活动，为亚运会创造良好的社会环境。各地、各部门要高度重视，回去之后，要拿出有效措施扎实推进这项工作。

1. 要开展岗位技能大练兵活动。各地、各行业、各部门要结合实际，通过各种有效形式，广泛开展“迎亚运创五优”技能大练兵活动，如开展技能大赛，礼仪形象展示、纠错、点评等活动，进一步提升员工的服务技能。

2. 要开展行业志愿服务。发挥行业人才优势，组建行业志愿者队伍。要按照赛会的不同要求，对志愿者进行各方面知识的培训，为亚运会提供礼仪接待、信息咨询、语言翻译、应急服务、赛场服务等各种不同形式的志愿服务。

3. 要打造服务品牌。各地、各行业要开展窗口服务技能、服务方式和服务艺术大提升活动，培育一批服务品牌。要及时总结创建中涌现出的先进典型的经验，以点带面，推进全省窗口服务行业服务质量的整体提高。省文明办将在适当时候推出一批“文明示范窗口”、

“文明示范员工”典型。

4. 要开展群众性评议活动。今年，省文明办准备在一些重点新闻网站开展窗口服务行业网上评议活动，发动广大群众对各行业进行点评，提出意见和建议，并把意见反馈给各单位。各地、各行业还可聘请社会各界人士组成窗口服务行业评议队伍，实行明查与暗访相结合，开展巡访评议活动。发挥新闻媒体的作用，强化窗口服务监督，形成社会化的行业服务监督网络。

5. 要制定工作方案。各地、各行业、各部门要根据这次会议精神和省的实施意见，制订各行业的创五优工作方案。方案要明确创建目标任务、对策措施和实施步骤。要把创建任务层层分解、落实到人。各地文明办要把创五优活动开展情况纳入文明行业、文明单位考核标准，作为推荐评选的重要依据。

同志们，通过这次会议我们进一步明确了“迎亚运创五优”工作的目标和要求，希望各地、各行业、各部门认真贯彻落实这次会议精神，按照会议要求，扎实工作，积极进取，推进窗口服务行业文明创建工作深入发展，为亚运会提供更加优质的服务，创造更加良好的社会环境。

在珠三角文明城市群建设研讨会上的讲话

顾作义

（2010 年 7 月 14 日）

各位专家学者、同志们：

今天省文明办和省精神文明建设研究中心在这里召开珠三角文明城市群建设研讨会，刚才各位专家学者和珠三角九市文明办主任作了很好的发言，思路开阔，观点鲜明，见解深刻，听后令人深受启发。下面，我谈几点意见。

一、珠三角文明城市群建设的缘起和背景

1. 珠三角文明城市群建设的提起。随着珠三角城市一体化进程进一步加快，省委、省政府出台并全面实施《珠江三角洲地区改革发展规划纲要（2008—2020 年）》。同时，我省创建文明城市工作呈现出蓬勃发展的良好势头，深圳、惠州、东莞、中山 4 个市获得“全国文明城市”称号，广州、珠海、江门、肇庆、茂名 5 个市获得“全国创建文明城市工作先进城市”称号。在这种背景和条件下，我们打算以《珠江三角洲地区改革发展规划纲要》的深入实施为契机，以我省创建文明城市工作所取得的成果为基础，启动珠三角文明城市群建设，推动创建工作从点到群拓展，实现区域文明整体协调发展，积极探索城市文明新形态。我们的设想是，在珠三角地区以构建区域一体文明为目标，按照功能互补、协调发展的原则，推动社会发展、基础设施、生态环境、公共服务、文化发展、居民素质“六个一体化”，打造具有“高效能的基础设施、高水平

的管理体系、高质量的生态环境、高效率的分工合作、高品位的都市文化”的文明城市群。特别是在近期加快推进集环保、运动、休闲、旅游于一体的绿道建设，建成连接区域—城市—社区的三级绿道网；致力打造具有时代气息、岭南特色的珠江文化带；着力构建以文明镇为节点、以现代文明村（居）为依托的创建纵贯线。前不久，我们将这一设想向省委作了汇报，受到省委主要领导的充分肯定。汪洋同志批示：“文明城市群建设是推进珠三角一体化建设的又一重要平台，希将这一有特色的工作抓出成效来”。我们召开今天的研讨会，就是想在理论上先进行探讨，作一些可行性研究，为珠三角文明城市群建设提供理论指引。

2. 国内外城市群的发展现状。我们现在所说的文明城市群是在国外城市群概念基础上发展起来的。“城市群”的概念是由法国地理学家戈特曼于1957年提出的，意指“巨大的多中心城市区域”。当今世界有五大城市群，即大纽约城市群、美加大湖城市群、大东京城市群、英国城市群、西北欧城市群，代表了其本国同时也是世界经济发展的巅峰力量。都市群经济总量占其本国的百分比，美国三大城市群为67%，日本大东京区大阪区占为70%。中国有三大城市群，分别是珠江三角洲、长江三角洲、京津唐城市群。中国的长三角、珠三角和京津冀三大城市群，占整个中国经济总量的40%。珠三角城市群，包括广州、佛山、江门、深圳、惠州、肇庆、珠海、东莞、中山9个市。大珠江三角洲城市群，除珠三角9市之外，还包括香港、澳门，共11个市。

二、珠三角文明城市群建设的意义

随着经济社会的发展和珠三角地区城市化进程的加快，打造珠三角文明城市群具有十分重要的意义。

1. 是城市化的必然要求。2001年诺贝尔经济学奖获奖者之一斯蒂格利茨认为新世纪中国将面临三大挑战，其中居于首位的就是城市化问题。目前珠三角城市化发展正进入一个关键历史时期。珠三角城市化水平在全国三大城市群中位列第一，区域内土地开发程度高，城市耕地规模小。在劳动力构成方面，外来劳动人口为所有城市群之最。城市群的突出特点是人均指标排名较高，其中人均GDP、人均可支配收入、人均财政收入、人均储蓄余额、人均第三产业增加值等排名均居于所有城市群之首。对外贸易规模与效益仅次于长三角城市群，吸纳的外资占全国近1/6，体现出强劲的经济开放竞争力；非农产业比重高，位列第一；香港与深圳是组合城市，地理上香港为金融和物流中心，深圳为金融和物流次中心，东莞是华南地区制造业最具规模的集中地。深圳、东莞为高新技术产业制造基地。随着珠三角城市群延伸为包括港澳在内的大珠三角城市群，实力进一步增强，2009年位居全国第一（中国社会科学院《城市竞争力蓝皮书》）。现代城市发展理论认为，城市化水平达到50%以后，“内涵提升”必须取代“数量赶超”。珠三角城市化进程是很快，有关数据认为超过70%。但主要是经济和物质层面的，就精神文化层面而言，明显滞后，许多地方出现了见物不见人的现象。整个珠三角区域包括人的思想观念、教育发展水平、人的文化素养等均跟不上城市化的进程，不能适应现代社会需求。“谋先事则昌”，我们必须进一步加强精神文明建设，通过创建文明城市群这一载体，大力提升人的文明素养，提升整个珠三角地区文化软实力，以适应城市化进程快速发展的需要。

2. 是提升广东整体文明水平的要求。城市群是社会发展和文明进步的巨大引擎。大纽约城市群仅占美国版图1/918的面积，却聚集了全美1/11的人口，占去了美国公司500强的1/3，占美国经济总量的67%，对美国社会发展具有重大的牵引带动作用。就我省而言，珠三角城市群对广东经济社会发展同样起了很好的龙头带动作用。但是不容否认的是，还存在城乡文明发展不平衡和区域不平衡的问题。就城乡比较而言，城市比农村发展进程快、水平高。农村则相对来说较为滞后，社会文明程度低一点。如农村的公共设施和环境建设投入严重不足，建设无序，脏乱差现象突出，等等。就区域比较而言，珠三角发展较快，东西两翼和北部山区则相对来说较慢，属于欠发达地区。所谓“最富的在广东，最穷的也在广东”，说的就是广东区域发展不平衡的问题。破解这些难题，要求我们加强珠三角文明城市群建设，使文明城市创建工作由点到线、由线到面，全面铺开，形成更强大的集聚效应和影响力，用城市文明辐射、渗透、影响农村和欠发达地区，逐渐改变这些地区居民的生产和生活方式，改变他们的思想观念和生活习惯，改变这些地方基础设施落后的面貌，等等，从而提升整个广东的文明水平，树立广东的文明形象。

3. 是资源整合的必然要求。由于受思想观念、体制和管理方式的束缚，珠三角一些市曾经各自为政，没有根据区域经济一体化的趋势进行科学定位，相距不远的广州、深圳、东莞、珠海，就曾先后提出要建中心城市，造成许多大型基础设施重复建设，资源浪费严重。一些市产业结构雷同率达60%以上，城市群的规模效应减弱。近年来，珠三角已意识到这个问题，加快了城市发展的合作和互补发展。已经有一批基础设施项目特别是轨道交通、高速公路项目进入“收官”阶段，珠三角9个城市有望很快形成以广州为中心、1小时内到达的“生活圈”。创建文明城市群，就是要进一步改变人们的思想观念，使各市树立珠三角整体意识、区域意识；就是要抓好珠三角城市群的整体规划，明确每个城市的不同功能定位，推动各城市互补协调发展，特别是在基础设施、城乡规划、环境保护、公共服务等领域搭建合作平台；就是要对整个区域土地、交通、信息、文化体育设施、污水治理等进行重新整合，使之迸发出新的活力；就是要使城市群内部通过人力资源合作、信息资源共享、城市居民公共服务融合等举措，加速铺就人流、信息流“一体化”的高速公路，推进区域发展，提升区域文明。

4. 是提升珠三角综合竞争力的必然要求。在经济全球化及经济一体化的浪潮下，城市在群里的分工越来越明细，城市的竞争力不再仅仅是城市之间的单打独斗和个体比拼，更重要的是取决于城市所在区域的整体实力。一个区域内的城市，要想在发展中获得超出地位，必须凝聚整个区域的城市力量才能在竞争和发展中取胜。目前，世界各大城市都在寻求城市地区整体协调发展，通过汇集区域的整体力量来增强其在国际分工中的有利地位和控制能力。单一的恶性的竞争让位于竞争中求合作、合作中有竞争的“柔性竞争”，城市之间的“竞融”或“竞合”是目前的潮流。从世界经济发展现状来看，世界上已有100多个区域性贸易组织和协议。国际城市群融合风起云涌、竞合浪潮一浪高过一浪的形势，也把珠三角城市群推到了融合的风口浪尖上。特别是近两年来金融危机的发展经验告诉我们，城市之间彼此合作，才可以共同制胜。创建珠三角文明城市群就是要让珠三角不同的城市形成提升区域整体文明的共识，走上融城之旅，发挥各自优势，提升城市功能，加快互补发展，打造一个相互支撑、互相协作的城市群体，从而提高珠三角城市群在全国乃至世界的综合竞争力。

三、珠三角城市群面临的新问题

珠三角城市群发展迅速，但也面临着一些新的问题和挑战。一是人文精神的问题。人们积极向上的精神风貌、精神状态、道德追求等有所弱化，面临如何进一步建设好精神家园的问题。二是城市景观的问题。城市建设出现千篇一律的雷同现象，没有特色和魅力，缺乏文化个性、文化特质和文化品位。三是生态环境的问题。大气、土质、水等污染严重，引发系列社会问题。四是城乡差距问题。珠三角城乡差距比较大，农村基础设施、教育、卫生、文化以及社会保障等与城市差距越来越大，农村公共服务严重滞后。

四、突出重点，扎实推进珠三角文明城市群建设

珠三角文明城市群建设的目标是：城市建设一体化发展，规划布局、基础设施等共建共享；城市建设文化品位高，空间景观特色个性凸现；农村建设社区化，公共服务和社会事业发达；市民文明素质高，人文形象良好；城乡生态环境优美，宜居宜商宜业；人文关怀气息浓郁，关爱互助氛围浓厚。

打造珠三角文明城市群，要着重抓好“六大工程”。

1. 以提升人文精神、人文素养为核心的精神家园建设工程。人是城市的主体，市民的精神生活、道德文化修养决定了城市的文明程度。建设文明城市群，最根本的就是要培育市民的人文精神，提升市民的人文素养。人文精神缺失，人文素养不高，物质文明再发达，也不能算文明城市群。一是要培育公民意识。要开展公民意识教育，培育公民的权利意识、责任意识、民主意识、法制意识、科学理性意识、生态意识、终身学习意识等，最关键的就是培育公民的责任意识，促进农民向市民、向公民转变。二是要提高市民的道德素养。实施“公益慈善”工程，大力开展公益慈善活动，强化人们的慈善意识，使珠三角人不但物质富有，而且精神也富有，乐善好施，关心公益。实施“形象塑造”工程，加强诚信建设，强化市民的诚信意识，改变珠三角一些地方的人头脑灵活、会做生意，但诚信意识不强的负面形象。实施“公德养成”工程，加强社会公德教育，强化居民的公德意识，使居民自觉遵守公共秩序、爱护公共环境，至少达到在公共场所不影响他人、不妨碍他人的最低要求，如文明驾车、文明行路等。三是要大力弘扬中华传统文化。从儒家文化、佛教文化、道教文化等吸取有益的元素，构建人们的精神家园。

2. 以弘扬岭南文化特色为内容的城市文化建设工程。一是要推进珠三角文化资源共享。实施“文化惠民”工程，推进珠三角公共文化服务一体化，建立珠三角地区数字图书馆联盟、公共图书馆联盟、演艺联盟等文化共建共享项目，打造区域联动、资源共享、优势互补、服务一体化的珠三角都市文化生活圈。二是要提高市民的文化素养。要实施市民“文化兴趣培养”工程，引导市民把学习、读书、观看文艺节目等作为生活的重要内容，成为生活方式，培育市民的文化兴趣、文艺爱好，改变部分市民整天无所事事，靠打牌、打麻将度日的现状，使市民自觉摒弃颓废、庸俗的生活方式，自觉追求高尚和美好。要继续抓好全民读书活动，倡导终身学习，提升居民的知识水平，扩展大众的文化视野，提高市民的文化修养。三是要联手打造广府文化品牌。四是要加强珠江文化创意产业带建设。

3. 以提高珠三角美誉度和知名度为着眼点的城市形象建设工程。文明城市群的建设不是要求“千城一面”，相反，要求各城市明确各自的功能定位，突出各自的特色，实现差异发展，互补发展。因为只有各城市有特色和文化品位，整个城市群才更具有活力和生命力。有特色、有品位的城市，应该是以优秀景观为载体，充分展示地域特色文化的城市。像日内瓦、温哥华、西雅图、新加坡等世界名城，无不散发出独特的个性魅力。各地在城市空间景观建设中，一是要把地域特色文化充分展示出来。在世界博览会上，各个国家所展览的建筑在这方面表现最为突出，每个参展的国家都力图把最能够代表本国文化的元素和特色推销给观赏者。珠三角城市群文化具有多样性的特

点。广州是岭南文化的中心地，深圳具有现代和国际化的特征。穗、深代表的是岭南、现代两种文化和资源。广州应重点打造国际商贸中心和国际文化中心，因为广州有悠久的商贸业历史和文化积淀。而深圳则应突出其时代特征、中国气派、国际化特色，建设现代品位之城、和谐之城。珠海应突出山水相间、陆岛相望、田城相映、绿化萦绕的海滨花园城市的特色，打造优美幸福之城。中山市则要利用孙中山和博爱这两块品牌，建设历史文化名城。佛山重点突出禅城的历史文化名城特色等等，不一而足。总之是要突出各城市文化、历史等优势元素，不能将城市群建设搞成千篇一律。二是要抓好城市标志性景观建设。城市的标志性景观，是城市文化的支点，代表了整个城市的形象。世界各国都非常重视城市标志性景观的创立，如巴黎的凯旋门、莫斯科的克里姆林宫、纽约的世贸大厦、澳大利亚的悉尼歌剧院等。这些景观的形成有些是政治方面的原因，有些是经济文化发展的需要。还有些城市特意设计建造的标志性景观，也非常有特色，如巴黎的埃菲尔铁塔，极大地提升了城市的知名度，增强了城市的特色和品位。三是要特别注意景观节点。最明显的城市景观节点是城市道路十字路口的广场或者立交桥交汇处的标志性建筑。例如莫斯科的红场、威尼斯的圣马可广场，都是一个城市的主导景观。对于旅游城市，交通节点也是城市景观重要的方面。例如车站、码头和机场，它们起到“迎宾”的作用，给游客直接的第一印象，要有独特的建筑风格。四是要加强历史人文景观的保护和传承。珠三角有许多承载岭南民俗民风的历史文脉，有不少古镇、古村落和非物质文化遗产。在旧城改造和旅游景点修建中，必须注重历史文脉的延续，保护好这些历史遗迹和人文景观，从而进一步强化城市的历史文化特色和品位。

4. 以农村社区化为突破口的城乡一体化工程。在城市化和城乡一体化发展的带动下，珠三角农村基础设施、教育、卫生、文化、交通以及社会保障等虽然有了很大改善，但与城市相比，还有很大差距。特别是30年的发展，给珠三角农村留下了许多破旧的工业厂房甚或是污染，而公共服务和社会事业则明显缺失。农村文明显然低于城市文明。要缩小这种差距，必须按照城市社区建设的理念来建设农村，推进农村社区化建设和改造。一是要明确农村社区建设的总体思路。要按照“整合资源、城乡一体、适度超前、功能优化”的原则，把农村社区建设与农村经济发展、产业园区建设、住房建设、公共服务以及社会事业发展等有机结合起来，全盘考虑，整体推进，使农村社区建设既具科学性，又适度超前，经得起检验。二是要加快农村基础设施建设。加快推进农村道路、房屋、饮用水、电气网改造等工程，为农村社区化建设提供必要的基础。三是要积极推进农村公共服务。该政府作为的，政府要积极承担责任，如为居民提供文化、教育等方面的基本公共服务等。可以市场化运作的，则按市场规则进行，如成立农村社区服务中心，提供生产性服务、市场化便民服务等，推进农村生产方式和生活方式的转变。近年来，南海桂城以“产业社区”的发展模式，来推动农村向城市社区转变，即在尽量不征用农村集体土地的情况下发展都市型产业，通过产业升级转型的带动，推动旧的厂房、旧的村居、旧的城镇向新的产业形态、新的城市形态和新的生活方式转变，使农村宜业、宜商与宜居环境共生，既发展了现代产业又保护了环境，同时使居民过上了都市的生活方式，促进了农民向市民的转变，不失为农村社区建设的可行之路，值得各地学习借鉴。

5. 以人与自然共融共生、和谐共处为根本追求的生态环境建设和保护工程。目前珠三角大气污染、水污染、噪声污染严重，生态环境压力特别大。看不见蓝天是珠三角城市的共同问题。一项对珠三角九市的居民调查显示，受访民众认为珠三角水环境、河流河涌污染严重，“灰霾天气”、“热岛效应”等问题突出。创文明城市群，一是要抓好环境保护。从政府来讲，就是要转变经济发展方式，推动产业结构调整，加大环保投入，严格执法，严格管理。近期在珠三角城市圈开展环境污染责任保险试点，并建立环境损害赔偿政策机制，就非常好。从企业来讲，就是要突出抓好节能减排，减少资源和能源消耗，降低废物排放。从个人来讲，就是要把节约、环保理念贯彻到生活的每一个细节当中，成为生活方式和生活习惯。如多乘公交车，少用私家车；多用布袋子、菜篮子，少用一次性用品、少制造“白色污染”等等。二是要抓好生态建设。弘扬“天人合一”的优秀文化传统，强化“民胞物与”的意识，把生态理念贯穿于文明城市群建设的方方面面，严格实施环保规划，大力推进生态建设。当前特别要抓好绿道建设。通过构建融合生态、环保、教育和休闲等多种功能的“绿道”体系，逐步形成联系城市之间、城乡之间的绿色开敞空间和网络，构筑区域生态安全网络，防止城市无序蔓延，同时优化城乡生态格局与生态环境，为居民提供健康、休闲的空间。纽约在曼哈顿寸土寸金的地方，建了3.4平方公里中央公园，受到世人的广泛赞誉。珠三角一些市已开始实施“绿道”建设，从城市到乡村，串起了一道道绿色屏障，并在“绿道”里面建设了五十多公里相连接的自行车道，使这些“绿道”成为城乡居民享受生态、休闲健身、回归自然的公共设施，效果很好。各地要积极探索区域绿地规划工作，营造绿色开敞空间，有条件的城市要实现居民出门500米之内就有一个公共绿地活动空间。

6. 以提高人的生活质量、生活方式为重点的文明行为提升工程。改变人的衣食住行，改进居民的生活方式是提升珠三角各市文明的有效举措。主要有两项工作：一是住的方面，要加强岭南新民居建设。今年以来，省文明办与省建设厅联合开展岭南新民居建设，举办农村住宅设计大赛，征集评选出一批优秀设计图纸。下一步，我们将准备在广州、珠海等地开展岭南新民居建设试点推广工作，建设一批体现岭南风格、具有岭南特色的农村新民居。并逐步扩大试点，扩大新民居建设的覆盖范围，使岭南新民居在珠三角乃至全省发挥积极的示范带动作用，打造一批宜居村庄。各地要积极开展岭南新民居建设的宣传，说明新民居对改进农民生活和居住条件的好处，对培育文明生活方式、生活习惯的意义，激发广大干部群众的积极性和主动性，有试点的市要扎实做好新民居建设各项工作，使之成为提升农村文明的有效途径。二是行的方面，要推进禁摩工作。有的城市摩托车特别多，如佛山市达130万辆，对城市产生了严重的污染，对社会治安也带来了一系列问题。推进禁摩的同时，要大力发展公共交通，为市民出行提供方便。要倡导绿色生活、低碳生活，教育引导市民改变出行方式、出行习惯。

发挥优势，打造健康养生文化品牌

——在“文化惠州”高峰论坛上的讲话

顾作义

（2010年12月15日）

各位专家学者、同志们：

很高兴今天参加“文化惠州”高峰论坛，前不久召开的省委十届七次全会，吹响了建设文化强省的号角。惠州市认真贯彻省委十届七次全会精神，明确提出了文明程度高、文化事业强、文化产业强、文化队伍强和文化辐射力、影响力强的“一高四强”的文化建设目标和六个融合（文化与文明、文化与经济、文化与科技、文化与生态、文化与城建、文化与民生）的总体思路，目标明确，思路清晰，对惠州文化的长远发展具有重要的战略指导意义。惠州市今天举办文化高峰论坛，给惠州文化发展定位，谋划打造特色文化品牌，意义深远。下面我就惠州市发挥优势，打造葛洪道家健康养生文化品牌谈点意见。

一、惠州打造健康养生文化品牌具有得天独厚的优势

首先，惠州具有打造健康养生文化品牌的历史人文资源。

惠州的文化名片，有一“山”一“水”，最为闻名。这山水分别是罗浮和西湖，在山水之间有两大名人，即东坡与葛洪。东坡以山为号，却与西湖之水缘深；葛洪取水为名，却在罗浮山隐居36载。山水相依，刚柔并济，兼容并包，不但是惠州的地貌特色，也是惠州的重要文化特色之一。

罗浮山是道教名山，早在西汉，司马迁就将它与五岳并称，比为“粤岳”。葛洪作为道家代表人物，长期以来影响力还仅在民间，近年来随着传统文化的复兴，越来越多地方政府开始关注葛洪。据我所知，国内、省内不少地方都打葛洪的文化牌，做了一些活动，比如湖北葛山、广西永福、浙江宁海等等，我们省内也有在做，南海丹灶就建了一个“仙湖葛洪文化园”。当然，我们惠州、博罗从2008年以来也陆续做了一些活动，举办了文化论坛等等，这都是很好的开端。

葛洪是为数不多写进中国文化史又与广东渊源很深的古代名人之一，对惠州扩大在全国的文化影响力弥足珍贵。在古人的诗词里头，他的出镜率还是挺高的，苏东坡就将他视为己师，写下了“东坡之师抱朴老，真契久已交前生”的诗句。当然最知名的还是杜甫《赠李白》诗中所写的“秋来相顾尚飘蓬，未就丹砂愧葛洪”。在这些著名诗人的笔下，葛洪多以隐士的形象出现，并为世人所熟知，葛洪另有一名号，就叫葛仙翁。葛洪精研道儒，学贯百家，著有《抱朴子》内外篇、《碑颂诗赋》、《神仙传》等。

葛洪夫妇一生为百姓看病，留下的《肘后备急方》，是我国第一部临床急救手册，有很高的医学成就。这部书上描写的天花症状，以及其中对于天花的危险性、传染性的描述，都是世界上最早的记载，而且描述得十分精确。书中还提到了结核病的主症状，并提出了结核病“死后复传及旁人”的特性，还涉及到了肠结核、骨关节结核等多种疾病，可以说其论述的完备性并不亚于现代医学。书中还记载了被疯狗咬过后用疯狗的脑子涂在伤口上治疗的方法，该方法比狂犬疫苗的使用更快捷而且有效，从道理上讲，也是惊人的相似。

尤其值得一提的还有葛洪内外兼修的养生之道。

有人将葛洪的养生原则简单地归结为“不伤不损”。何谓伤损?《抱朴子・内篇》一书里曾列举出10多项伤损之事，包括用脑过度、体力消耗过度、情绪调节失常、过喜过悲、生活没规律、饮食不节制，等等。怎样才能避免伤损呢? 葛洪又列举出许多饮食起居的注意事项，其中包括：唾不及远，行不疾步，耳不及听，目不久视，坐不及久，卧不及疲等。这对于工作、生活压力较大的现代人来说，都不乏指导意义。

葛洪还特别强调精神的调养，认为“无忧者寿”，告诫人们把世情看得淡一些，不要陷入名利色情的烦恼之中，对社会世俗的矛盾采取超然的态度。这也被现代心理学证明。人的情绪确实对人身健康影响甚大，所以养生学特别强调人的心理卫生，要求人们保持坦荡乐观的情绪。

葛洪的养生文化，确实是一个富矿，亟待我们更深地挖掘。葛洪一生行迹遍布各地，当然也不能说是惠州或者罗浮专有，但是葛洪在罗浮山住了36载，与惠州的渊源不可谓不深，惠州要打“葛洪牌”也是当仁不让的。先打有先打的好处，后发也有后发的优势，可以结合前者的路数，探索新路径或找寻差异点，抓住这一座山、这个人，系统地把葛洪打造成影响深远、泽及世人的文化品牌。

其次，惠州具有健康养生的自然条件。

一是山清。惠州因山而雄迈。罗浮山素有“百粤群山之祖”的美誉，早在西汉，司马迁就将它与五岳并称。罗浮山山清水秀、幽谷春深，山中有18洞、72室、432峰、980瀑布与飞泉，奇峰怪石、飞瀑名泉众多，清竹、古树、仙药常年芳翠多姿，环境优美，气候宜人，是一个修身养心的好地方。

二是水秀。惠州因水而灵气。老子说，上善若水。世界上最柔软的能够穿透那最坚硬的。惠州是一个滨海、滨水的城市，东江、西枝江横贯全市，大亚湾、巽寮湾海内闻名，西湖、白鹭湖淡雅秀美。特别是南昆山温泉，富含偏硅酸、纳、锌、铜、钙等多种保健矿物质，适合一年四季冷水浴保健（尤其是夏天），是保健、治疗、美容型的最佳泉水。

三是气清。惠州空气可使人长寿。医学研究证明，空气负氧离子有强身、保健、防治疾病功能，增加血液中的氧含量。在每立方厘米1000个以上时，有利于人体健康；在（每立方厘米）8000个以上时，可治疗哮喘、慢性支气管炎、偏头痛及冠心病、高血压等疾病。罗浮山空气质量上乘，空气中的负氧离子含量每立方厘米最高达15万个以上，堪称养生天堂。

再次，惠州打造健康养生文化符合时代潮流。

健康长寿是当代人的追求，市场前景广阔。发展道家健康养生文化，非常切合现代人的生活需求。社会发展到今天，人们物质文化生活都十分丰富，人们关注的焦点开始转移到自己的身体健康，而恰恰相反，许多人的身体处于亚健康或不健康的状态，从道家思想中吸取精华，发展健康养生文化，顺应了社会的需要，一定具有十分广阔的市场前景。

二、惠州打造健康养生文化的举措构想

惠州打造健康养生文化，可以从以下几个方面开展：

第一，打造健康养生文化主题公园。可以以葛洪的《抱朴子》为原形，打造名为“抱朴子”的主题公园。设立岭南中药区和岭南中医区，普及中医养生智慧，开展运动养生、药膳、传统中医的针灸、推拿等保健项目。开展

中医药宣传咨询、道家保健养生体验服务等，让人们在园内学习养生知识，品味中药茶饮。

第二，建设健康养生文化景观。以打造养生名山为目标，在罗浮山规划一些新的景观。如修建葛洪纪念广场，大型葛洪塑像、“二十四节气养生”、针灸铜人等特色雕塑。设立石刻区，把《道德经》、《抱朴子·内篇》等分别刻制在游览路线两侧，休闲、饮食等处，让游人随处可见。还可设气功养生、太极养生、武术功法健身、饮食养生、中医药养生等场馆，供游人享受中国悠久的道家养生文化。

第三，举办养生旅游文化节。罗浮山是岭南第一山，每年都会有不少的游客来玩，如今又新建了东纵纪念馆等，其实葛洪的元素很多，比如冲虚古观、炼丹灶、洗药池、仙人床、黄龙观等，要进行综合开发，结合其他的道教文化景点，形成专线，培育集祈福观光、生态旅游、会议休闲于一体的复合型旅游产品。建议与旅行社合作开发，并在旅游旺季举办一年一度的旅游文化节，宣扬葛洪的健康养生文化。博罗已经有了“道教高峰论坛”，还可以搞“中华养生论坛”，研讨养生文化，作为文化节的主论坛，打造罗浮山独特的养生文化。举行大型的祈福仪式，让观众近距离接触到道家养生文化，追求健康生活。

第四，推进养生文化精品生产。可以结合道家健康养生文化，生产一系列文化用品，并赋予深刻的文化意蕴和美好的祝愿，吸引人们购买。如生产吉祥红绳、红色福袋等。罗浮山有很多民间传统，如背母逃生、尝百草治病、吐饭成峰，可以运用电影、电视剧、舞台剧、动漫游戏等方式展现葛洪和罗浮山的独特和神奇的养生文化。

第五，出版养生文化系列图书。惠州经典文化丛书已将葛洪的研究和挖掘列入为第一部，接下来，可深挖罗浮山悠久丰厚的文化资源，加强对葛洪养生思想的研究，编辑出版《被遗忘的文化巨人——葛洪传》、《葛洪与养生》、《抱朴子》经典重辑演绎，以及《罗浮山道家文化》丛书等，并可将传统图书和电子图书、网络等手段结合起来，扩大影响力。

第六，打造健康养生文化旅游线路。旅游景点和线路的打造，首先是要做足山的文章。要挖掘罗浮山健康养生文化资源，通过艺术表演等有效形式，让人们感悟当年葛洪和妻子鲍姑、弟子黄大仙采药、洗药、炼丹、修炼、成仙的情趣，同时，进一步完善与养生有关的斋菜、药膳、武术等配套设施和服务，使健康养生文化游变得更加生动、健康、有益。其次，要做足水的文章。要充分发挥惠州滨水的优势，认真地规划滨海长廊以及东江两岸亲水、透江的景观建设，把巽寮湾建成真正的“东方夏威夷”。要保护好西湖的水质，注入养生文化内涵，使之成为健康养生旅游的新景点。再次，要做足火的文章。惠州有近代东征和东江纵队红色革命文化。革命文化似一团熊熊燃烧的圣火，可以点燃人的生命激情，使人对生活更加充满希望，生命意志更坚强，可以把革命文化作为健康养生旅游景点和线路，增强人们的生命意志，使人们的生命力更加旺盛，从而达到健康养生的目的。

第七，举办健康养生讲座。惠州道教文化与当地百姓日常生活中的茶与酒，道教养生文化与惠州饮食习俗，道教医药与惠州民间医药，道教的多神崇拜与鹅城民俗都存在着密切的传承关系。特别是以葛洪为代表的道教养生文化，对于提高民众的身心素质具有积极的借鉴意义，可以定期邀请养生名家为公众开展日常系列讲座，使养生文化真正落地，贴近百姓，为群众所吸收、滋养。

第八，开发生产绿色健康食品。惠州山清水秀，为开发绿色健康食品提供了条件。要培育“一镇一品”农产品生产格局。博罗县的阳桥有一个生产乌龟的养殖场，身价百倍。同时要把百草油、罗汉茶等传统产品发扬光大。要深入挖掘保护和利用好非遗项目。

概况综述

广东精神文明建设年鉴（2011）

全省精神文明建设工作概述

2010年，广东省以建设文化强省为目标，以提升市民文明素质为核心，以建设社会主义核心价值体系为根本，以举办亚运会等重大活动为契机，扎实推进思想道德建设和群众性精神文明创建活动，取得新进步新成效。

一、“迎接亚运会，创造新生活”系列活动亮点纷呈

1. 志愿服务深入开展。一是大力推进亚运志愿服务。以迎接和举办亚运会、亚残运会为契机，广东省特别是广州、佛山、东莞、汕尾等亚运主协办城市，广泛组织开展亚运志愿服务活动。成立亚运会志愿者工作协调小组，整合资源参与亚运志愿服务工作。建立亚运志愿者服务与管理体系，在全国首创实时记录志愿者参与志愿服务时间的“亚运志愿时”信息系统。选树钟南山、赵广军等道德模范和社会知名人士担任亚运志愿者形象大使，发布志愿彩、志愿礼、志愿歌、志愿者徽章等一系列亚运志愿文化的宣传产品，组织1026个亚运志愿信使团分赴世界各地传播亚运志愿文化。广东省掀起志愿服务热潮，据统计，亚运志愿者报名人数达151万人，6万名赛会志愿者为赛事提供礼宾接待、语言翻译、安全保卫、医疗卫生、沟通联络以及引导观众文明观赛等各类志愿服务；59万名城市志愿者提供秩序维护、语言翻译、交通指引等社会志愿服务。二是开展“百万空巢老人关爱志愿服务行动”。广州、惠州、东莞、中山、江门市启动“百万空巢老人关爱志愿服务行动”，以“守护桑榆，奉献爱心，温暖空巢老人”为主题，采取志愿者和社工联动、“多带一”结对帮扶等方式，为高龄空巢老人提供生活照料、心理抚慰、应急救助、健康保健、文体活动、法律援助等服务，进一步完善养老敬老服务网络。三是开展社区志愿服务。依托社区志愿服务全国联络总站，在广东省设立19个社区志愿服务中心，积极探索开展社区服务、扶贫助困、心理咨询、公益宣传等形式多样、扎实有效的志愿服务。四是积极参与全国百名优秀志愿者网上推荐活动。从社区、企业、村镇、学校、机关等基层单位，层层筛选出14名优秀志愿者参与全国百名优秀志愿者网上推荐活动，经群众网络投票，广东省孙影、李森、余新慧、赵广军、熊国柱5人成功入选全国百名优秀志愿者。

2. “文明交通行动计划”扎实推进。一是大力开展交通秩序整治工作。着眼于强化公共秩序，以文明交通为突破口，以“关爱生命，文明出行”为主题，大力整治营运客车、校车、危运品车、泥头车、摩托车等重点车辆的行车秩序，严查严处酒后驾驶、超速、超员、疲劳驾驶等严重交通违法行为，着力抓好交通拥堵黑点和重点路口路段的管理整治工作，为亚运会创造良好的交通条件。二是开展文明交通宣传教育活动。组织开展“5·25”交通安全主题宣传日、“当好东道主，共建文明畅通路”等活动，普及文明交通安全知识。在广东省开展文明交通宣传作品征集评选活动，社会各界以宣传挂图（招贴画）、专题片、电视公益广告和文艺作品等形式，创作了一批反映交通安全的优秀宣传作品。三是组织文明交通督导行动。结合城市公共文明指数测评，广东省各地启动文明交通志愿服务行动。招募文明交通劝导员和志愿者参与文明交通“体验一小

时”、“大拇指行动”等活动，以“礼让”为主题，深入机场、码头、地铁站、公交站场、大型商店、风景旅游区以及商业步行街等公共场所，推广“排队”、“靠右站立”、“让座”等，引导市民养成自觉遵守公共秩序的良好习惯。

3. 礼仪教育活动广泛开展。一是开展文明礼仪教育。以广东省编写的《公务礼仪》、《商务礼仪》等《礼行天下》丛书为基本教材，组织礼仪专家、志愿者组成文明礼仪讲师团，利用家长学校、市民学校、外来工学校等阵地，开展文明礼仪知识宣传普及活动。广州市发布《市民亚运公约》，并开展文明观赛、文明观演、文明观展系列教育活动，大力宣传推广亚运礼仪。河源、梅州、阳江、茂名、潮州、清远等市组织开展文明礼仪展示、礼仪知识竞赛等教育实践活动。广东省直系统组织10场礼仪知识巡讲，参加人数3000多人。二是积极参与“文明观世博、热情迎亚运、和谐迎国庆——做文明有礼的中国人”网上签名寄语活动。组织广州、深圳等珠三角九市举办“做文明有礼的中国人”网上签名寄语活动启动仪式，号召广大群众自觉做到言谈举止文明有礼、公共场合文明有礼、邻里相处文明有礼、行路驾车文明有礼、旅游观光文明有礼、网上交流文明有礼。积极发动群众参与网上签名寄语活动，广东省参与人数占全国的20.18%，名列前茅。

4. 南方公益行动取得初步成效。一是依托南方日报、南方都市报、深圳报业集团等媒体开展南方公益、关爱行动等公益行动，创新社会公益模式。成立“南方公益联盟”、“爱心点对点公益基金”，通过媒体和企业的联动，发挥各方优势、调配各方资源，积极参与文化、教育、扶贫、环保、医疗等公益事业，架起政府、企业、媒体、社团、市民之间的桥梁，打造南粤公益慈善文化品牌。二是举办“畅享绿色出行，迎接激情亚运”系列环保公益行动。以绿色亚运、低碳生活为主题开展环境保护宣传实践系列活动，组织志愿服务队深入社区和企事业单位，开展绿色环保、节能减排主题宣传系列活动，使绿色环保、节能减排理念深入千家万户。

二、思想道德建设工作卓有成效

1. 未成年人思想道德建设扎实推进。一是召开广东省未成年人思想道德建设工作会议。总结五年来广东省各地各部门贯彻落实中发〔2004〕8号和16号文件的成功经验，明确当前未成年人思想道德建设的新任务新要求，对深入扎实推进未成年人思想道德建设工作进行全面部署。二是召开广东省中等职业学校德育工作会议。遵循中职教育规律和中职学生身心发展规律，研究和部署加强中职德育工作，增强工作的针对性、实效性。三是组织开展教育实践活动。在广东省学校开展“活力广东动感亚运——广东欢迎您”书信活动，开展“千万少年快乐阅读”系列活动，组织“书赠农村学子，同享快乐阅读”、“书香校园”评选、“阅读之星”评选、“共读一套好书”、书香作文比赛等活动。深圳市围绕“家庭、学校、社会、文化”四大板块，开展“七彩年华·未成年人道德教育活动季”活动。编写适合未成年人阅读的《青苹果文库》系列丛书，推出第一批五大系列32种精品图书。

2. 道德模范学习宣传活动广泛深入。举办“全国道德模范与身边好人现场交流活动”，组织“道德模范基层巡讲”，大力营造崇尚道德模范、学习道德模范、争当道德模范的浓厚氛围。大力开展“我推荐、我评议身边好人”活动，组织城乡基层做好“身边好人”的选树工作，广东省共有38人入选“中国好人榜”。广东省各地组织了“深圳经济特区30年30位杰出人物”、佛山十佳美德之星、珠海公益奖、中山市十杰市民、茂名市道德楷模等评选活动，评选出一批助人为乐、诚实守信、敬业奉献、见义勇为、孝老爱亲的模范人物。

3. “我们的节日”主题活动丰富多彩。一是开展节日礼仪设计。组织专家研究推出“我们的节日设计”系列方案，对春节、元宵节、清明节、端午节、七夕节、中秋节、重阳节、冬至节等传统节日的主题和内涵进行论证，仪式和程序进行设计，在广东省选取有代表性的地点进行试点推广。二是广泛开展节庆活动。利用春节、清明、端午、中秋、重阳等重要传统节日，广泛组织开展形式多样的群众性节日民俗活动、文化娱乐活动，弘扬中华传统美德和民族优秀文化。春节期间，开展“迎接亚运会，创造新生活”新春联征集暨书法家挥春活动。元宵期间，举办“广东·连平第八届忠信花灯节”，展示弘扬客家民俗文化。清明期间，开展清明缅怀革命先烈活动。端午期间，举办“第二届中国龙舟文化节”，开展龙舟艺术展演赛、龙舟竞渡、群众文化展演、龙舟文化图片展、中国龙舟文化论坛等活动。七夕期间，举办首届中国七夕风情文化节，来自全国35个省市的民间七夕文艺精品浪漫荟萃，同台比拼，为广大群众献上了丰富多彩的文化盛宴。

三、群众性精神文明创建活动深化拓展

1. 文明城市群建设率先开展。顺应珠三角一体化发展的趋势，广东省启动珠三角文明城市群建设，推动创建工作从点到群提升，实现区域文明整体协调发展，率先探索城市文明新形态。这一创举受到广东省委主要领导的充分肯定，中共中央政治局委员、广东省委书记汪洋同志批示：文明城市群建设是推进珠三角一体化建设的又一重要平台，希将这一有特色的工作抓出成效来。在广泛开展调查研究，组织专家座谈研讨的基础上，出台了《珠江三角洲文明城市群建设实施纲要》，举办了首期珠三角文明城市群论坛。

2. 创建文明城市工作格局不断优化。广东省各市以公共文明指数测评为动力，不断升温加压，加快推进创建文明城市工作步伐。广州市坚持每月组织开展文明指数测评，以迎亚运为契机推进文明城市创建；珠海、江门市集中力量解决突出问题，不断提高创建水平；深圳市实施公共文明提升行动计划，惠州市开展六大城市环境整治工作，东莞市把文明指数测评铺向全境32个镇、街，中山市实施“文明城市建设提升年”行动；佛山、韶关、清远等市召开动员大会，确立争创全国文明城市的目标。汕头、揭阳、云浮、乐昌、连州等市启动创建广东省文明城市工作。广东省创建文明城市工作呈现梯次发展、有序推进的良好局面。在组织广东省主要新闻媒体总结宣传江门市建设“和谐侨乡、满意江门”经验的基础上，成功推荐江门市作为创建全国文明城市工作的重大典型，由中央新闻媒体集中宣传。在本年度全国城市公共文明指数测评中，广东省受测城市的排名全面上升、总体靠前。其中，在省会、副省级城市排名中广州、深圳分居第4和第6位，在地级市排名中东莞居第2位、惠州居第3位、江门居第18位、中山居第21位、珠海居第30位。这一成绩受到广东省委主要领导的充分肯定，中共中央政治局委员、广东省委书记汪洋同志批示：成绩可喜，工作要继续努力。文明县城创建工作不断推进，五华、平远、龙门、博罗、惠东、阳山、连山等县的创建工作取得新进展。

3. 生态文明村建设不断深化。开展“岭南新民居”住宅设计竞赛活动，从212个参赛作品中评审出68个获奖作品。编辑出版《岭南新民居——广东省社会主义新农村住宅设计图集》及光盘，免费向农村发放。印发《关于在广东全省开展岭南新民居建设的通知》，在惠州、湛江、肇庆开展岭南新民居试点工作，引导农民群众建造出既符合现代生活需要、又具有鲜明地方特色的新民居，探索适合不同地貌类型、经济水平、文化习俗的新民居建设模式和途径。佛山市和谐文明村居建设、佛山市

南海区罗村镇孝德文化节、汕头市潮南区农民读书活动、吴川市区域连片创建生态文明村的经验，成功入选全国《农村精神文明创建工作典型经验评析》。

4. 创建文明窗口工作持续推进。召开广东省窗口服务行业“迎亚运创五优（优雅形象、优美环境、优良秩序、优质服务、优化管理）”座谈会，总结经验，部署工作，推动窗口服务行业提升服务质量、提高服务水平，为亚运提供优质服务。广东省各窗口服务行业结合自身实际，推出了一系列个性化、特色化服务举措，为广大亚运来宾提供优质高效、热情周到的服务，受到各方好评。开展“迎亚运文明示范窗口”评选表彰活动，树立典型，扩大战果，继续深化文明行业、文明窗口、文明单位创建工作。

总的来看，2010 年，广东省精神文明建设工作主题鲜明、措施有力、成效显著，积累了宝贵的经验。一是勇于争先创优，创新工作品牌。广东省精神文明建设系统坚持以创先争优促工作落实，在“我们的节日”、珠三角文明城市群建设等方面作出积极探索，受到中央领导的肯定。中共中央政治局委员、书记处书记、中宣部部长刘云山对珠三角文明城市群建设工作给予充分肯定，要求广东为全国率先探路，作出示范。中央文明办专职副主任王世明对广东省“我们的节日”系列活动高度赞扬，专门作出批示：广东“我们的节日”活动不但组织得好，而且有许多创新，值得认真总结和借鉴。二是利用重大事件，形成工作亮点。各地围绕举办亚运会、经济特区成立 30 周年等事关全局、牵动力强的重大事件和重点工作，突出主题、精心策划，动员社会参与，形成规模效应。“迎亚运讲文明树新风”、关爱行动、“情暖佛山・守望相助邻里亲”、揭阳感恩奉献教育等活动，社会影响大，群众反响好，成为吸引群众广泛参与的活动品牌。三是主动适应形势发展需要，拓展工作领域。根据社会发展的新变化，更加关注新的社会阶层和利益群体，南方公益大行动、关爱空巢老人、企业人文关怀等工作，做到进城务工人员、困难群体和新经济组织人员之中。四是运用多种手段，提升工作效果。积极利用新闻媒体、公益广告、互联网、手机短信等传播手段，创造了亚运志愿服务、环保公益行动、文明短信传递等时尚化、大众化的工作载体，开辟了更多群众便于参与、乐于参与的工作途径。采用民意调查、媒体公示、专业机构测评等方式评价工作成效，大大提高了工作的科学性和公信力。

广　州　市

2010 年，广州市精神文明建设紧紧围绕社会主义核心价值体系建设，以创建全国文明城市为重点，抓住“迎亚运、促大变”重大机遇，强力推进城市公共文明建设，全面兴起公民道德实践活动、社会志愿服务活动和群众性精神文明创建活动的新高潮，市民文明素质和城市整体文明程度得到显著提升，为圆满成功举办亚运会、亚残运会营造了文明和谐的社会环境，为推动广州科学发展、建设国家中心城市发挥了重要作用。广州市创建全国文明城市、未成年人思想道德建设、“迎亚运、讲文明、树新风”志愿服务、“关爱空巢老人”志愿服务、道德模范和身边好人评选宣传、“文明交通”行动计划实施、“做文明有礼的中国人”礼仪教育实践活动等重点工作走在全国、全省前列，受到中央文明办、省文明办的充分肯定。在2010年全国部分城市公共文明指数测评和全国未成年人思想道德建设工作测评中，广州市成绩优良，排名位居全国前列；城市公共文明指数成绩排名从2009年受测省会和副省级城市的第5名提升到2010年的第4名，在全省9个测评城市中继续排名第一；未成年人思想道德建设测评成绩名列全国117个受测城市的第2名。

一、推进创建全国文明城市工作

2010年，市委、市政府把“迎亚运”和“创文明”有机融合，在全市形成了“迎亚运”、“创文明”的双促进、双提高工作局面。市创建工作协调小组实行每月召开至少一次协调小组会议、通报一次公共文明指数测评情况、研究解决一个带普遍性的创建工作难点问题、通报一次各单位整改落实创建工作督办问题情况的“四个一”工作制度，全年共召开12次市创建工作协调小组会议。坚持每月实施广州市城区、县级市公共文明指数测评，将14个创建重点职能部门、单位纳入测评范围，制定并实施《广州市创建全国文明城市工作奖罚办法》，建立了测评、督查、问责、奖罚“四位一体”的创建工作机制。2010年，市创建办督促整改巡查发现问题2100多个，督促办复群众信访和网上投诉600余件；开展城区、县级市公共文明指数测评8次，重点部门、单位专项测评7次，全市平均成绩从2009年5月的75.00分提升到2010年8月的93.85分，为“国检”取得好成绩奠定了坚实基础。

创建舆论氛围更加浓厚。《广州日报》、广州广播电视台、《信息时报》等新闻媒体刊播创建工作新闻共8200余条，滚动播出创建公益广告325条。《广州日报》编辑出版《广州文明导报》40期2550万份。广州广播电视台录制、播出6期展现广州独特文化韵味和文明建设成果的电视节目《广州好》。大洋网、中国广州网、广州文明网以及市、区属各政务网站设置了创建工作专栏。依托大洋网制作“名博看文明城市”网页，链接中国文明网，展示广州市创建文明成果。中国移动广州分公司、中国联通广州分公司创建发送“红段子”共计550万条。市创建办设计制作公益电视宣传片与公益广播广告各9个，投放创建平面公益广告超过10万幅（套）。全市印制100万张宣传画、24000幅橱窗海报、15000张板报在各社区宣传栏、1400个报刊亭、580个公交候车亭点、600个地铁灯箱广告橱窗张贴、张挂，同时在公交车、出租车、公用电话亭、户外大型电子显示屏以及交通警情显示屏、楼宇电梯显示屏等也投放了大量创建公益广告，形成了声势浩大的宣传声势。

创建惠民效果更加突显。各级党委、政府和各部门把创建文明城市作为服务于民、施惠于民的抓手，紧紧围绕“迎亚运、促大变”的契机，全力推进城市环境综合整治工程，狠抓各项创建工作任务落实，实现了“天更蓝、水更清、路更通、房更靓、城更美”。全市完成3万多幢建筑物的立面整饰，新增绿化面积868.16公顷，建成绿道1060公里，综合整治1512个社区和总长388.5公里的121条河涌，地铁总里程达222公里，中心城区生活污水处理率近90%，显著改善了市民生活环境和质量，增强了市民对城市的归宿感、自豪感和荣誉感。迎“国检”期间，全市清洗淤泥污染路面2.5万平方米，更新果皮箱20085个、垃圾桶23010个，整治“六乱”近10万宗，清拆违法建设和违章户外广告招牌22000宗，取缔无照经营2710户，规范各类市场、超市及店档151647家次，整改窨井盖、消防栓等927个，清查出租屋16891次1110985套。各区、县级市特别是街道、社区从解决市民身边“小事”入手，实施街巷“惠民小工程”，为居民安装和更换破损飘雨棚、晾衣架，免费更新、置换新型邮箱和各类信报箱，及时修补、疏通下水道、排水设施等，切实为群众办实事、办好事，进一步提高了市民对创建工作的满意度。

二、蓬勃开展“迎亚运、讲文明、树新风、促和谐”全民行动

“争做好市民、当好东道主”主题活动高潮迭起。印发《广州市迎亚运100天城市文明行动纲要》，围绕“迎接亚运会，创造新生活”，全城发动，全民参与，着力推进环境文明、服务文明和秩序文明建设。市、区、街、社区四级联动，相继举办“排队日”、“互助日”、“微笑日”、“志愿服务日”等10个主题日活动3330场，参加市民达380万人次。坚持每月开展创建全国文明城市主题月活动，共组织开展“慈善帮扶”、“爱护公物”、“文明出行”、“文明观赛”等12个主题月活动，参与创建主题月活动的市民达270万人次。志愿服务活动全面兴起。组织开展城市公共文明建设志愿服务，全面启动“迎亚运讲文明树新风”城市文明志愿服务九大全民行动，深入开展“大拇指”文明系列活动，全市86.3万人次志愿者在870多个公交站点、340条公交线路、100个交通路口以及各主要商业大街等公共场所开展公共文明志愿服务，为迎办亚运会、亚残运会营造了良好的社会氛围。组织开展关爱空巢老人志愿帮扶活动，设立广州市空巢老人结对帮扶查询系统，发动19家单位向中国志愿服务基金会捐款380万元，中央文明办、民政部、全国妇联、中国志愿服务基金会在广州市举行了“关爱空巢老人志愿服务活动”启动仪式。据统计，亚运会、亚残运会期间全市志愿者累计参与各类志愿服务达1.28亿小时。李森、赵广军入选全国百名优秀志愿者。“做文明有礼的广州人”活动广泛开展。响应中央文明办号召，在全国率先启动“做文明有礼的广州人”活动。向社会征集、评选和发布《广州市民亚运文明公约》，并印制2万多幅公益宣传海报宣传普及《公约》。大力开展“广州为你喝彩”文明观赛教育活动，综合运用新闻媒体平台、移动通信平台、社会宣传平台、赛事组织平台、场馆运行平台等各类资源，普及文明观赛礼仪知识，共计编辑印发《“广州为你喝彩”亚运文明观赛指南》10万册、文明观赛礼仪书签400万张和文明观赛宣传挂图7万张，发送6000多万条文明观赛短信。与市社科联联合召开“文明又热情，当好东道主——市民如何文明参与亚运盛会”座谈会，与广州广播电视台合作在各区、县级市巡回举行12场“亚运文明东道主”社区文明礼仪知识竞赛，与大洋网联合举办五期以“做文明有礼的广州人”为主题的网上互动交流活动。制定并启动了为期三年的广州市“文明交通行动计划”，坚持每月开展“文明交通宣传周”，持续开展文明交通示范路口、路段创建活动。积极开展“迎亚运，学双语，做热情东道主”宣传教育实践活动，编印《迎亚运，学手语》折页70万册，组织策划“迎残运，学手语，做热情东道主”展示活动，组建“学双语”志愿者宣教团深入基层开展手语学习培训活动，联合广州广播电视台制作和刊播亚运手语“每日一式”节目和栏目，营造“两个亚运，同样精彩”的良好氛围。

公民道德宣传教育活动有声有色。举办第四届广州市道德模范评选和颁奖晚会，隆重表彰了助人为乐、见义勇为、诚实守信、敬业奉献、孝老爱亲五类共50名道德模范。积极开展“我推荐、我评议身边好人”活动，广州市有21人荣登“中国好人榜”。组织道德模范网上系列访谈活动、“道德传承·德馨花城”全国道德模范与身边好人现场交流活动和20场道德模范巡回演讲报告会。充分利用民族传统节日，开展“我们的节日”主题活动，相继举

办“我们的节日·清明”网上追思、“中华诵——端午节经典诵读晚会”、“我们的节日·中秋”经典诵读、重阳节“敬老、爱老”志愿服务等专题活动，举办第六届广州民俗文化节暨黄埔“波罗诞”千年庙会，组织端午节龙舟竞渡，引导市民群众了解和传承优秀民族文化，唱响、搞旺“我们的节日”。

三、深化拓展群众性精神文明创建活动

文明社区、文明村镇、文明单位创建深入推进。组织开展广州市2006—2009年度精神文明建设各类先进集体和先进工作者的评选活动。着眼于促进邻里互助、社区和谐，深入推进文明社区创建，组织开展“迎亚运、看变化、议文明”千场社区论坛活动、科教文体法律卫生“四进社区”活动，广泛组织邻里节、互助日、社区文化节、家庭文化节等多种形式的邻里互助、社区联谊活动，积极推动各相关部门开展科普社区、绿色社区、书香社区等主题创建，评选命名广州市第五批13个文明示范社区。着眼于提高农民素质和农村地区文明程度，深入推进文明村镇创建，学习借鉴“四在农家”经验，召开全市农村精神文明建设现场会，坚持市、区（县级市）、街（镇）三级联创文明示范村，组织29个单位与第三、第四批文明示范村结对开展城乡共建文明示范村活动，命名广州市第五批文明示范村12个，并划拨360万元经费奖励示范村。着眼于加强诚信建设，结合迎办亚运会、亚残运会，继续深入推进文明单位创建，积极开展“擦亮窗口迎亚运”主题实践活动，召开“广州市窗口行业迎亚运文明礼貌教育实践活动座谈会”，在全市命名广州白云机场等30个公共场所或窗口单位为“广州市公共文明示范区”，启动了城市公共文明示范区建设。

“多媒体创建平台”初具成型。充分利用广州市报业优势，搭建传媒创建平台，与广州日报社联合创办《广州文明导报》，立足全市、面向基层，全面、系统、生动报道广州市精神文明创建活动情况，成为广州市精神文明创建的新阵地、新品牌。发挥网络媒体的互动优势，在大洋网、广州文明网开设“网上曝光台”，增强舆论监督。在网上举办《广州市民亚运文明公约》征集、全国优秀童谣推荐评选、志愿者心得征集、“珍惜资源，低碳生活——今天你做到了吗”、书香溢岭南，悦读满羊城——“每日一书”阅读等各类网民互动活动，推动创建活动更加贴近生活贴近群众。广州文明网开设“网上曝光台”两年多来共收到市民投诉854件，有841件得到及时处理，处理率达98.5%。坚持每月制作印发一批有关创建新内容的海报，发到12个区、县级市的社区宣传栏、单位墙报栏进行张贴，全年累计发放6万张，成为宣传动员市民了解、参与创建文明城市的有效途径。

四、有力推进未成年人思想道德建设工作

“做一个有道德的人”主题活动丰富多彩。启动广州市优秀童谣传唱活动，开展第二届广州市中小学生诵读中华经典美文表演大赛，举办第四届“在阅读中成长——广州市青少年十年阅读系列活动”。开展首届“小道德模范”、“美德少年”、“文明小公民”系列评选活动，在未成年人中树立起一批身边的学习榜样。印发《广州市开展关爱留守儿童工作实施意见》，安排部署有关拓宽社会援助渠道、改善留守儿童成长环境、完善留守儿童监管等工作。

净化社会文化环境工作成效显著。深入开展打击互联网和手机媒体传播淫秽色情专项行动，整治校园周边环境，累计查处取缔无照经营“黑网吧”469户，查缴非法音像制品、电子出版物483万张（册），关停违规的网站论坛（或栏目）102个，查处关闭违规网站89家，发现、删除和过滤网上有害信息106万余条，图片约7200多张。坚持打防结合、重在建设，建立首批“乡村学校少年宫”35个，

全市各类博物馆、图书馆、青少年宫、儿童活动中心和社区文化活动中心（站、室）2000多处，“绿色网园”759家，“农家书屋”1228家，每年免费接待未成年人超过1000万人次。在全国未成年人思想道德建设视讯会议上，中宣部、中央文明办推广了广州市净化社会文化环境的做法和经验。

“三结合”教育网络日益完善。大力推进家长学校建设，评选了百所优秀家长学校，全市基本实现2900多个家长学校达标建设和社区、行政村、学校全覆盖。印发《广州市进一步加强未成年人心理健康教育服务体系建设的实施意见》，成立广州市未成年人心理咨询与援助中心，启动建设依托高等院校、中小学校师资力量，以学校为主阵地，以社区为基础，以专业工作者为骨干的市、区、学校三级未成年人心理辅导服务网络和心理健康教育服务体系。

（广州市文明办）

深　圳　市

2010年，深圳市认真落实中央文明办、省文明办工作部署，紧紧围绕市委、市政府的中心工作，坚持“抓思路、抓项目、抓体制机制、抓落实”，扎实推进全市精神文明建设，各项工作取得新进展。

一、扎实推进城市公共文明建设

（一）开展迎大运讲文明树新风主题活动。2010年，深圳以“迎接大运会、树立新风尚、创造新生活”为主题，制订了《深圳市公共文明提升行动计划》，策划实施了“公共环境改善”、“公共秩序优化”、“人际交往促进”、“窗口行业服务提升”、“道德风尚共铸”五大行动，着力提升市民公共文明意识和城市公共文明水平。在中央文明办组织的2010年“全国城市公共文明指数测评”中，深圳得分为90.2，在省会、副省级城市中排名第6位，较2009年提高5.29分，排名提前两位。

（二）开展“百万市民学礼仪”活动。组织编印5万册《礼行深圳——迎大运讲文明树新风礼仪知识简明读本》，通过多种渠道发放给机关干部、窗口行业从业人员、学校师生、社区居民、企事业干部职工、部队官兵和广大市民，并向全体市民倡议“做文明有礼的深圳人”，引导市民学礼用礼。组织专家宣讲团和义工宣讲团深入机关、学校、社区和企业，举办700场宣讲活动，大力宣传礼仪规范、礼仪常识和文明理念。在新闻媒体开办“文明礼仪晚报大学堂”专版和《国学小讲堂》礼仪知识宣传电视节目，系统介绍礼仪知识，定期举办礼仪知识竞赛，在全市掀起学习礼仪知识的热潮，形成“学文明礼仪，做文明市民”的良好社会氛围。

（三）开展“文明出行全城总动员”活动。认真落实《深圳市“文明交通行动计划”实施方案》、市文明委《关于“文明出行全城总动员”活动方案》，通过交通安全宣传教育、交通安全专项整治和交通文明劝导等措施，倡导六大文明交通行为，摒弃六大交通陋习，抵制六大危险驾驶行为，完善六类道路安全及管理设施，严查五类交通违法，营造了文明、安全、畅通、有序、和谐交通秩序。在全市主要交通路口、公交站点、口岸设立149个文明劝导志愿服务岗，组织近3万名志愿者开展“文明出行，从我做起”宣传劝导活动，倡导文明出行理念，提高市民文明出行意识。

（四）开展深圳市公共文明指数测评工作。着眼长远、着眼长效，加强公共文明监测，推动各项工作深入开展。每季度对各区和功能区进行一次“公共文明指数测评”，对23个窗口行业进行满意度调查，用可供量化的指标体系衡量市民文明素质和城市文明水平，及时发现工作中存在的问题和薄弱环节，促进各区、各部门采取切实措施，做好整改提高；每月开展一次“交通文明指数”测评，客观评估全市交通文明状况，推动城市文明建设难点问题的解决。测评机制的建立和完善，推动了创建工作的科学化、制度化和常态化，促进各区、各部门不断提高工作水平，实现市民素质和城市文明水平持续提升。

二、大力加强城市人文精神建设

（一）开展第七届深圳关爱行动。第七届深圳关爱行动于2010年1月12日启动，突出“关爱深圳建设者”，动员社会各界开展1000余项形式多样的爱心活动，在专业化和创意化方面积极推进，使深圳关爱行动有了质的提高。聘请谭晶为第七届深圳关爱行动“形象大使”，提升了活动的影响力。4月28日，举办“2010感动深圳——第七届深圳关爱行动表彰晚会”，对最具爱心人物、最具爱心家庭、最具爱心社区、最具爱心企业等先进集体和个人进行了隆重表彰，彰显了一座城市对建设者博大的感恩情怀，增强了城市的凝聚力和向心力。

（二）开展孙影典型宣传和“道德模范基层巡讲”活动。大力宣传赴贵州支教志愿者孙影的典型事迹，弘扬“赠人玫瑰，手有余香”的义工精神，孙影当选“全国百名优秀志愿者”，并成为2010年度“感动中国”候选人物。组织开展“道德模范基层巡讲”活动，在6个区和光明、坪山新区各举办一场报告会，每场安排2—3名不同类型的模范人物上台演讲，通过道德模范与市民群众的交流互动、媒体报道以及视频传播等方式，营造善行义举广为传颂的良好社会氛围，引导人们学模范、当模范，向善向好。

（三）开展“深圳经济特区30年30位杰出人物”、“深圳经济特区30年100件大事”评选。评选活动历时3个多月，历经10道程序，评出袁庚、任正非、张伟基、马明哲、缪寿良、王石、骆锦星、马福元、丁凯、高云峰为“十大杰出创业人物”，马化腾、侯为贵、王传福、马蔚华、牛憨笨、陈志列、蒋开儒、梁光伟、杨焕明、邓国顺为“十大杰出创新人物”，吴立民、丛飞、郭春园、陈观玉、徐华、郑卫宁、王绮红、但昭义、黄联明、林华锋为“十大杰出模范人物”，共30名；同时还评出了30位“优秀人物”。“全国人大常委会批准在深圳设立经济特区”、“新中国第一张股票‘深宝安’发行”、“深圳获得设计之都称号”等具有标志性意义的重大事件被评为“深圳经济特区30年100件大事”。全市干部群众通过参与评选，重温了经济特区发展历程的峥嵘岁月，汲取杰出人物和历史事件所蕴含的智慧经验和精神能量，投身于深圳经济特区新一轮发展热潮。

（四）开展“深圳最有影响力十大观念”评选。评选活动历时两个多月，经过报纸和网络征集、媒体宣传、网络投票、专家评审等多个程序，最终评出了“深圳最有影响力十大观念”，即：1. 时间就是金钱，效率就是生命，2. 让城市因热爱读书而受人尊重，3. 空谈误国，实干兴邦，4. 送人玫瑰，手有余香，5. 深圳，与世界没有距离，6. 改革创新是深圳的根、深圳的魂，7. 敢为天下先，8. 实现市民文化权利，9. 鼓励创新，宽容失败，10. 来了，就是深圳人。活动系统梳理了30年来几代特区人共同奋斗形成、影响中国现代化进程的深圳精神、深圳观念，增强了深圳市民的文化认同，激励了全市干部群众在传承深圳精神、深圳观念中积蓄力量，齐心协力再造一个激情燃烧、干事创业的火红年代。“十大观念”在深圳、广东乃至全国引起了强烈反响。《人民日报》评论其“不独属于深圳”，“是时代精神的高度浓缩，改革历程的生动注脚”，属于30年来在改革开放中不断进步的中国。

（五）开展“我与深圳共成长”活动。活动包括征集“选择深圳的理由”、“深圳人的特征”和“深圳人的成长史”三个方面，得到广大市民的积极响应和支持，共收到“选择深圳的理由”候选条目1500多条，“深圳人的特征”候选条目1200多条，“深圳人的成长史”征文稿件600余篇，活动专题网页浏览量达20多万人次。在此基础上，评选产生了“选择深圳的十大理由”，即：1. 这是一个缔造奇迹、创造传奇的城市，2. 这是一个有着新观念、新思想、新生活的城市，3. 这是一个包容开放、海纳百川的城市，4. 这是一个创业之城、创新之城、创意之城，5. 这是一个充满机遇、充满挑战的城市，6. 这是一个活力四射、青春时尚的城市，7. 这是一个好学上进、崇尚阅读、爱心洋溢、文明现代的城市，8. 这是一个四海群英荟萃、英雄不问出处的城市，9. 这是一个办事效率高、服务水平佳、公民意识强、公共配套全的城市，10. 这是一个环境优美、气候宜人、生活便利的城市；“深圳人的十大特征”，即：1. 敬业专业，2. 公民责任，3. 冒险敢闯，4. 快速高效，5. 创新创意，6. 拼搏实干，7. 公益关怀，8. 开放包容，9. 自我激励，10. 忧患意识；以及100篇“深圳人的成长史”入围稿件。活动以平民视角和民间话语，系统梳理和刻画了30年来几代特区人共同创造并逐渐形成的“城市品格”和“市民性格”，增强了市民对深圳的文化认同和家园意识。

（六）举办首届“发现深圳之美”摄影大赛和“寻找身边快乐幸福的人”DV大赛。首届“发现深圳之美”摄影大赛共收到来自社会各个阶层、各种人群的参赛作品10700多幅，并在市、区、企业举办获奖作品巡展。广大市民通过参赛，积极主动发现、记录、展示身边之美，激发了热爱深圳，感恩生活的朴素情感，潜移默化中提高了家园意识和文明素养。首届“寻找身边快乐幸福的人”DV大赛共收到DV作品80余部，视频短片20多条，并成功举办“发现快乐　守望幸福”颁奖晚会。大赛通过记录和放大了不同阶层人群在工作、生活中快乐和幸福的侧面，引导广大市民树立积极乐观健康的生活态度。

三、深入开展未成年人思想道德建设工作

（一）打造“七彩年华·深圳市未成年人道德教育活动季”品牌。6月至9月，在全市组织开展第五届“七彩年华·深圳市未成年人道德教育活动季”活动，围绕“学校”、“家庭”、“社会”、“文化”四大板块，动员各级各部门和社会各界力量，集中时段、集成资源，组织一系列符合未成年人身心特点和成长规律的道德教育和实践活动。其中，重点活动包括儿歌童谣创作与传唱、“感谢师恩”经典诗文朗诵晚会、“看《命运》·谈感想”征文比赛等166项，营造了共同关注、培育未成年人健康成长的社会氛围。在2010年中央文明办组织的全国未成年人思想道德建设工作测评中，深圳得分97.07，在省会、副省级城市中排名第4位。

（二）推进社区“四点半学校”试点工作。组织召开深圳市社区“四点半学校”试点工作现场观摩与经验交流会，总结交流全市12个试点的工作经验。对各试点的场地建设、设施配备、师资安排、教学活动、管理制度、工作成效等工作情况进行跟踪调研和总结评估，形成中期调研报告和总结报告，初步整理出一套“四点半学校”的基本管理制度，包括《安全管理制度》、《学生管理制度》、《教员管理

制度》和《教学活动管理制度》，总结出“四点半学校”的几种有效运作模式，并就“四点半学校”的建设与推广向市委提出了建议。

（三）宣传推广优秀儿童励志影片《走路上学》。大力推动优秀未成年人文化产品的创作生产与宣传推广，充分发挥儿童励志影片《走路上学》的宣传教育、陶冶性情作用，在全国首创“先看电影后付款＋爱心捐赠”的“爱心观影”模式，引导全市中小学生观看影片，并捐建云南怒江“爱心桥”，帮助“溜索上学”的少数民族孩子实现走路上学的梦想，以实际行动彰显深圳特区团结互助、扶贫济困的关爱精神。

（深圳市文明办）

珠　海　市

2010年，珠海市精神文明建设坚持以邓小平理论和“三个代表”重要思想为指导，深入贯彻落实科学发展观，紧紧围绕市委、市政府工作大局，以创建全国文明城市为抓手，大力开展群众性精神文明创建活动和公民思想道德建设活动，市民文明素质和城市文明程度不断提升，精神文明建设焕发出新的活力、取得了新的进步，为全市经济社会全面发展做出了积极贡献。

一、以提高公共文明水平为重点，全面推进全国文明城市创建工作

（一）加强创建动员部署。召开全市精神文明建设表彰大会暨创建全国文明城市动员大会。市委书记、市人大常委会主任甘霖同志出席会议并讲话，提出举全市之力推进创建工作深入开展，掀起创建全国文明城市工作热潮，全力争取2011年进入全国文明城市行列。从全市各创建责任单位抽调人员组成创建办公室，于5月初集中办公；组织创建办同志到东莞、惠州、南宁进行学习考察；制定创建督查工作方案。建立创建全国文明城市联络员工作制度。

（二）组织市一级公共文明指数测评。为推进文明城市创建工作常态化，珠海市印发《珠海市城市公共文明指数测评实施细则（试行）》，组织400名大学生志愿者在香洲区范围内，开展城区公共文明指数测评，每季度进行一次，已举办三次，测评结果通过新闻媒体向社会公布，有力推进了创建工作向基层深入。

（三）加大创建工作宣传力度。为搭建珠海市精神文明建设工作的宣传平台，扩大文明城市创建的影响力，筹办并正式启用“珠海文明网”（网址：http：//www. wmzh. cn）；积极参与中国文明网“图文简报”的编写工作，以图文并茂的形式，广泛宣传珠海市的创建工作；统一设计制作创建文明城市LOGO、户外公益广告、海报、宣传折页、宣传口号、宣传标语等在全市发布；制作“创建全国文明城市”系列公益宣传片，在珠海电视台和户外电子宣传屏上播放。在全市发放30万份创建文明城市宣传折页和调查问卷（宣传卷），提高创建知晓率。

（四）迎接全国城市公共文明指数测评。召开迎检工作会议，成立迎检临时指挥部，全面部署迎检工作。开展市容环境、文明交通专项整治，以整洁的市容市貌迎接测评。部署社区迎检宣传动员，张贴宣传海报，发放宣传资

料入户。聘请交通协管员、环境卫生督查员在繁忙路段督查、纠正市民不文明行为。组织百名离退休老同志担任公共设施监督员和网吧义务监管员，开展爱护公共环境和净化社会文化环境志愿服务。开展迎检户外环境布置，安排大型户外立柱式广告牌、灯杆旗广告牌、公交候车亭灯箱广告牌以及公交车身、出租车车身等制作和发布创建文明城市公益广告。

二、以丰富多彩的主题活动为载体，群众性精神文明创建活动蓬勃开展

（一）开展珠海市道德模范、珠海公益奖评选表彰活动。为弘扬公益精神，推进公民思想道德建设，组织开展第二届“珠海市道德模范”和第四届“珠海公益奖”评选活动，评选出15名热心公益、助人为乐、诚实守信、敬业奉献的模范人物和团体，举办隆重的电视直播颁奖晚会，广泛宣传模范人物的先进事迹。

（二）开展“道德模范基层巡讲”活动。印发《关于组织开展“珠海市道德模范基层巡讲活动”的通知》，组织珠海市道德模范进机关、进企业、进学校、进社区、进军营举行事迹报告会，以道德模范的事迹教育和感染群众。

（三）开展“讲文明树新风”活动。开展“文明城市　礼仪珠海”主题教育实践活动。举办“文明城市　礼仪珠海”暨“创文明城市　做文明市民”签名承诺活动启动仪式，举办“做文明有礼的中国人”网上签名寄语活动，在全市发放并回收30万份“创文明城市　做文明市民”签名承诺书，组织文明礼仪宣讲团进社区、进企业，开展礼仪知识培训，举办群众性文明礼仪知识竞赛活动。

（四）广泛开展志愿服务活动。以“弘扬志愿精神　创建文明城市”为主题，举办首届志愿文化月活动。组织开展“我是志愿者”演讲比赛、“我眼中的志愿者”摄影大赛、公益广告大赛、“我爱珠海　我爱志愿服务”征文大赛等各项活动，大力宣传志愿服务。组织创建文明城市志愿服务队，400名大学生志愿者统一着装、统一标志，利用星期六、星期天的时间，走上街头发放宣传资料，宣传文明创建工作。启动“微笑指南针”文明交通志愿服务活动，在各口岸、港口、交通枢纽站点等人流车流密集的场所开展交通导引、现场咨询等志愿服务。开展“把珠海打造成全国最清洁的城市”志愿服务活动，组织志愿者在珠海的情侣路、海滨浴场、公园、广场等地，捡拾垃圾，清洁海滩环境。招募1000多名志愿者，设置46个固定和简易的服务站点“蓝天小屋”，为第八届中国国际航空航天博览会提供志愿服务。

三、以营造青少年健康成长的环境为宗旨，不断推进未成年人思想道德建设

（一）大力开展净化社会文化环境工作。开展“扫黄打非”、手机网站、音像制品、印刷品、计算机软件、出版物、网吧、校园周边环境、网络侵权盗版、歌舞娱乐场、社会治安重点地区等各种专项整治活动。立案查处违法违规网吧19家，收缴非法音像制品162038张，非法书报刊3614册，非法电子出版物1256张，取缔无证照或有照超范围经营音像制品、书报刊店28家，打掉销售、储存、批发非法光碟窝点16个，销毁违法音像制品81万张，连续5年保持零投诉、零行政复议、零行政诉讼，确保了全市文化市场平安稳定健康有序发展。

（二）开展各类主题教育实践活动。开展“立志、修身、博学、报国”、“飞扬的红领巾”等一系列主题活动，唱响理想信念教育的主旋律。开展“学雷锋”、“清明祭英烈”、“我爱珠海——珠海市市情市史、文明礼仪知识竞赛”等主题实践活动，增强少年儿童民族自豪感以及对珠海的热爱之情。举办“快乐体验”夏令营、少年军校、知心家庭学校、“欢乐珠海一日游”、少年儿童平安行动等丰富多彩的体验教育活动，为少年儿童了解社会、开阔眼

界提供舞台。开展“城市子女与进城务工子女手拉手”、“捐出爱心压岁钱”、“与三峡库区小朋友手拉手”、“农民工子女助学行动”等活动，将不同地市、不同生活状况的少年儿童聚在一起，互受教育，共同进步。开展“南粤雏鹰之星”、少先队红旗大队、优秀少先队员等评优表彰活动，倡导崇尚先进、学习楷模的良好风尚。开展“诵读经典诗文”主题教育活动，将民族传统文化教育与未成年人的思想道德教育工作相结合。

（三）做好未成年人思想道德建设的测评迎检工作。召开未成年人思想道德建设迎检工作会议，抽调人员组成迎检工作组，加强对网吧、校园周边环境、向未成年人开放的公共文化场所的整治，组织收集整理测评材料，顺利通过首次全国未成年人思想道德建设测评，测评成绩良好，在被测城市中排名第11位。

（珠海市文明办）

汕 头 市

2010年，根据市委、市政府的工作部署和全市宣传工作会议精神，汕头市文明办以创建广东省文明城市工作为总抓手，围绕提高提升城市文明程度和市民文明素质，积极组织各级各部门开展群众性精神文明创建活动，大力推进思想道德建设，广泛开展“文明汕头”系列主题活动，促进了人的素质和城市文明水平的提升。

一、以公共文明品牌创建活动为抓手，推进文明城市创建工作的深入开展

为切实解决公共文明领域存在的突出问题，突出重点，打造亮点，以点带面地推进创建文明城市活动，2010年汕头市以开展公共文明品牌创建活动为抓手，积极组织各级各有关部门针对重点领域、重点环节开展创建活动，通过打造一批公共文明品牌，大力倡导城市文明风尚，提升城市公共文明水平。

一是开展“文明示范路”创建活动。市委宣传部、市文明办联合市公安局、市交警支队、市城管局、市交通运输局等职能部门，以海滨路、中山东路、金砂东路三路为重点，通过加大路面执法力度和日常管理，开展“文明示范路”创建活动，着力规范车辆文明行驶秩序，倡导市民文明出行意识。同时，金平区、龙湖区等区（县）也根据自身实际，在本区内确定2至3条重点街路开展“文明示范路”创建活动，营造平安、有序、文明的城市交通环境。

二是开展“文明示范区域”创建活动。市委宣传部、市文明办选取人民广场和时代广场两大“城市客厅”以及汕头机场、汕头火车站、汕头汽车客运中心站，联合市城管局、市交通运输局、市园林处等部门，开展“文明示范区域”创建活动，通过加强对这两个广场和相关站点的日常管理，开展不文明行为劝导活动，引导广大市民共创文明整洁的公共文明区域，进而以点带面，在全市打造一批公共文明区域示范品牌，全面提升公共活动场所的文明形象。

三是开展“文明示范窗口”创建活动。从2010年7月开始，市委宣传部、市文明办以创“优雅形象、优美环境、优良秩序、优质服务、优化管理”为主要内容，在全市广泛开展“文

明示范窗口”创建活动。经过几个月的创建，并经过层层推荐评选，汕头市从全市各区（县）、各行业推荐的55个窗口单位中评选出20个“文明示范窗口”进行命名表彰，促进了窗口服务行业服务水平的提升。

四是开展“公共文明志愿服务”活动。为配合推进“文明示范路”、“文明示范区域”两大创建活动，2010年10月，市文明办联合团市委、市妇联、蓝天义工协会等部门团体，在全市招募并培训了近200名“公共文明使者”，成立“汕头市公共文明志愿服务队”，金平区、龙湖区也在辖区内组织成立公共文明志愿者队伍。从2010年11月起，公共文明志愿者深入各主要道路、广场和有关公共场所开展文明志愿服务活动，产生了良好的社会反响。

二、以“书香飘万家”系列读书活动为抓手，提升城市文化品位和市民文明素质

为配合推进创建文明城市活动，着力提升城市人文素质、文化品位和市民文明素质，2010年汕头市根据全省关于开展“书香岭南”全民阅读活动的要求，围绕“文明汕头”主题，精细策划开展了“书香飘万家”系列读书活动，推动了书香汕头、文明汕头建设。

一是举办“书香飘万家”系列读书活动启动仪式。为全面部署2010年的全民读书活动，5月18日，市文明委、市委宣传部在市图书馆举办了“书香飘万家”系列读书活动启动仪式暨第三届公务员书法作品展开幕式，市领导陈茸、陈友烈、谢铿等出席了开幕式，龙湖区、潮南区文明委的领导分别介绍了开展读书活动的经验做法，各区（县）文明委、市文明委各成员单位以及各相关单位负责人共200多人出席了启动仪式。启动仪式当天，汕头市公务员书法作品展览也同时开幕，各新闻媒体集中对启动仪式进行了报道，《汕头日报》、《汕头特区晚报》刊登了市文明办统一组织的全市40项基层读书活动和150多项社会各界读书活动，在全市营造了浓郁的全民阅读氛围。

二是开展“八大系列”重点读书活动。根据全省的统一部署和汕头的人文实际，结合创建学习型党组织、学习型城市的要求，2010年汕头市针对全市的不同领域组织开展了八大系列活动，重点是突出党员干部、企业员工、青少年学生、社区居民和乡村农民等五大层面。八大系列活动分别是：全市阅读动员、机关阅读活动、企业阅读活动、学校阅读活动、农村阅读活动、社区阅读活动、书惠万家阅读活动和出版系列阅读刊物。特别是通过举办“汕头学习论坛”、“汕头干部文化讲座”、“党员领读农家书”等活动，打造了一批全民阅读活动平台，形成了一批书香文化亮点，深受广大干部群众的欢迎。

三是办好“南国书香节·书香汕头”系列文化活动。根据全省南国书香节的统一部署，为着力营造浓厚书香氛围，掀起全民阅读活动高潮，从2010年7月开始，市文明办就组织市文广新局、市新华书店、龙湖区委宣传部等单位和部门认真研究策划“南国书香节·书香汕头”系列文化活动。8月20日上午，市文明委在市委会议中心举办了“南国书香节·书香汕头”系列文化活动暨“创新与汕头发展”报告会，并于8月20至25日期间举办“六个一”系列文化活动，即举办一场大型图书联展、一场大型学习报告会、一场“经典阅读”活动、一次文明礼仪知识普及活动、一场环境氛围布置活动、一次送书下乡活动。活动期间，市文明办抢救性录制的《经典潮剧老唱片》在全市掀起了一股回味经典、欣赏潮剧的文化热潮，在开幕式上首发的《汕头市文明礼仪手册》深受广大市民的好评，突出了汕头特色，彰显了城市气质。

三、以文明礼仪教育活动为抓手，深入推进未成年人思想道德建设

为进一步加强和改进未成年人思想道德建

设工作，提升全市青少年的道德礼仪水平，结合汕头市开展创建广东省文明城市活动，2010年市文明办坚持以文明礼仪教育为抓手，在全市中小学中深入开展“小手拉大手、文明伴我行”主题活动，大力开展净化社会文化环境专项整治行动，推动了未成年人思想道德建设工作的深入开展。

一是选择一批试点学校开展文明礼仪学习实践活动。2010年8月，市文明办编辑出版了《汕头市文明礼仪手册》，在市民中产生了强烈反响。为培养青少年学生懂礼仪、讲文明的良好生活习惯，10月份，市文明办联合市教育局、团市委等单位，在金平区、龙湖区各挑选5所中小学校作为先行试点单位，开展第一阶段的中小学生文明礼仪学习实践活动。活动期间，市文明办向10所试点学校共赠送《汕头市文明礼仪手册》8000册，各试点学校通过组织主题班会、团会、学习小组会等形式，以《汕头市文明礼仪手册》为重点，认真开展文明礼仪知识的学习实践活动。

二是面向全市中小学生举办“文明礼仪百佳作文”征文活动。为推进全市中小学生文明礼仪知识的普及，争取用孩子的手带动家长参与到文明礼仪实践学习活动的热潮中来，培养青少年学生形成懂礼仪、讲文明、重实践的行为习惯，提升市民文明素质，从2010年10月至12月，市委宣传部、市文明办联合汕头都市报等有关单位在全市组织开展“小手拉大手、文明伴我行”中小学生征文活动。活动要求学生结合自身实际，撰写学习心得文章。主办单位从来稿中择优在《汕头都市报》上刊登。征文活动结束后，主办单位组织专家对征文进行评选，在全市评出100篇“文明礼仪百佳作文”。通过开展征文活动，着力在全市掀起百万中小学生学礼仪、全民共建文明城的热潮。

三是深入开展社会文化环境专项整治活动。根据中央、省关于净化社会文化环境，促进未成年人健康成长的工作部署和要求，市文明办积极组织各区（县）和各相关职能部门，在全市组织开展了净化网络、净化网吧，净化灾屏声频、净化校园周边环境的“四大净化”专项整治行动。据不完全统计，2010年全市共查封违法经营场所32处，关闭网站43个，取缔“黑网吧”310户，查扣电脑2000多台（套），切断服务信号222户，处罚网吧接纳未成年人案件11宗，处置网上有害信息5000多条，查缴非法音像制品8583张，有效优化了全市的社会文化环境。

四、以精神文明表彰活动为抓手，努力营造文明创建争先创优的生动局面

近几年来，汕头市广泛开展创建文明城市、文明区（县）、文明村镇、文明社区和文明单位的群众性创建活动，涌现了一批先进集体和先进个人。为表彰先进、树立典型，2010年汕头市组织了全市精神文明建设先进集体和先进个人的评选表彰，以精神文明表彰为抓手和引领，营造争先创优的生动局面，推动文明创建工作的深入开展。

一是认真组织全市先进集体和先进个人的评选表彰活动。从10月份开始，市文明办在全市组织开展了精神文明建设先进集体和先进个人的评选表彰活动，全市各机关单位，中央、省、市直企业等部门踊跃参与，积极申报，市文明办经过层层筛选，严格把关，全市初步评选出200个先进集体和先进个人，其中文明区（县）2个，创建文明区（县）工作先进区（县）2个，文明单位100个，文明镇5个，文明村25个，文明社区40个，文明市民15名，精神文明建设先进工作者15名。通过扎实开展评选表彰活动，着力把全市文明创建工作引向深入。

二是精心策划“学典型、创文明”的主题宣传活动。全市精神文明建设表彰活动结束后，市文明办组织编印《文明城市、幸福汕头

——汕头市精神文明建设工作先进事迹》一书，在《汕头市创建文明城市工作简讯》推出一批专稿，组织新闻单位对创建活动中涌现出来的先进典型进行集中报道，特别是深入挖掘了这次表彰的一批“文明市民”的精神内涵，大力弘扬特区精神，营造创文明、学典型的良好社会氛围。

三是初步开展“公共文明指数”测评活动。为贯彻落实中央文明办、省文明办关于开展城市公共文明指数测评、深化创建文明城市工作的要求，推动各级各部门有针对性地解决全市公共文明方面存在的突出问题，市文明办认真制定了《汕头市“公共文明指数”测评活动工作方案》。测评活动分为两个阶段进行，第一阶段以2010年申报“汕头市文明区（县）”的龙湖区和澄海区作为试点，组织机关干部和大学生志愿者初步开展文明指数测评活动。测评活动结束后，再根据测评情况推广到全市，努力推动汕头市的公共文明建设。

五、以构筑“大文明”工作格局为抓手，着力整合社会各界资源参与精神文明建设

2010年在开展文明创建工作中，市文明办牢牢树立构筑“大文明”工作格局的思路和理念，大力动员和整合社会各界参与精神文明建设，形成了各级齐抓共管、全民共建文明的工作合力和工作局面。

一是充分整合各界各有关部门形成有效创建工作力量。充分发挥市创建文明城市工作领导小组、市净化社会文化环境工作协调小组等工作机构的作用，有效整合各个成员单位的力量和资源，推动了各项专项创建工作的深入开展。与此同时，市文明办积极联合各成员单位开展了一系列主题活动，取得了良好的社会效应。联合市公安局开展了“文明交通计划”，着力整治六种交通陋习；联合市交通运输局开展“文明出租车”、“文明驾驶员”评选活动，加强出租车行业的职业道德建设；联合市妇联开展第十五届家庭文化节活动，进一步推进未成年人的思想道德建设；联合市民政局开展“文明殡葬宣传月”活动，促进移风易俗工作；联合市环保局开展“绿色社区”创建活动，有效推动了全市生态创建活动。

二是充分整合青年志愿者和社会义工参加创建工作队伍。为充分发挥广大志愿服务社团的积极作用，2010年市文明办加大整合力度，把广大青年志愿者和社会义工整合到文明创建的队伍中来。通过开展“公共文明志愿服务”活动，市青年志愿者协会、汕头蓝天义工协会、龙湖区山河义工协会、澄海区阳光义工协会等团体共派出300多名义工直接参与公共文明劝导活动。市关工委组织“五老”成立网吧监督员队伍。各区（县）、各单位纷纷组织志愿者队伍开展扶危济困、义务劳动、文明志愿服务活动，全市活跃在各个战线和领域的青年志愿者和义工人员达20多万人。

三是充分调动企业资源助推文明创建工作。近年来，汕头市通过开展全民读书、企业文化、文明创建等主题活动，大力弘扬企业责任精神，引导广大企业勇于承担社会责任，乐于感恩回报社会，特别是对于那些重视精神文明建设的企业，加大引导和宣传力度，使不少企业积极踊跃参与到全市的精神文明建设工作中来。2010年以来，共有中国电信汕头分公司、中国移动汕头分公司、华能海门电厂、广东烟草汕头责任有限公司、中国建行汕头分行、汕头市龙达书店有限公司、中国平安保险汕头分公司等近10个企业直接支持举办各种文明创建活动，促进了精神文明建设工作的开展，也产生了良好的社会效应。

（汕头市文明办）

佛 山 市

2010年，佛山市精神文明建设工作坚持以科学发展观为统领，深入贯彻党的十七届五中全会精神，紧紧围绕中央和省的部署，按照“智慧佛山，文化先行”的要求，以创建全国文明城市工作为龙头，以提升市民文明素质为目标，以全面开展“迎亚运，讲文明，树新风”主题实践活动为载体，全力推动全市精神文明建设。

一、创建全国文明城市工作发起冲刺

2010年12月30日，佛山市委、市政府召开创建全国文明城市再动员会，全面部署创建“冲刺”工作，确立了2011年全力争创“全国文明城市”的目标。会议明确提出：将“创文”工作作为2011年佛山市委、市政府各项工作的“重中之重”，做到“一步到位，力争成功”。为了确保创建取得实际成效，佛山市重点开展了以下工作：

建立了高规格的创建领导机构。成立了以陈云贤书记为组长、李贻伟市长为总指挥的创建全国文明城市工作领导小组，由佛山市委副书记和佛山市委两个常委、市政府一个副市长任常务副总指挥，其他常委和副市长分别任副总指挥和专门工作组组长，实行任务分工，每位市领导分管一块创建工作。成立市创建办，由佛山市委常委、宣传部长任创建办主任，两个副市长、两个秘书长任副主任，要求各区、镇（街）都要对照市的规格成立本级的创建领导机构。

实行“五区同创，条包块管”的创建工作原则。要求全市五区所有镇（街）都要参与创建，提出要明确市责任单位和各区的责任分工，市各责任单位要做好本系统创建任务的达标统筹、制定措施、组织培训、协调指导的工作，各区要实行“属地管理”，落实具体创建任务。要求市、区、镇（街）抽调素质好、能力强的人员组成专门的工作队伍，集中精力抓创建，要确保人力、物力、财力投入。

明确了创建工作重点。提出了创建工作的重点环节，分别是：实现“未达标”、“未知可否达标”、“易反弹”项目任务达标，全力推进交通秩序、社会治安、市容市貌等六大专项整治，大力提高市民对创建工作的支持率、提高公共文明指数。同时提出了强化整改、加快重大项目建设，实施城市“亮点”工程、完善城市服务功能、加大城市环境综合整治，实施“市民教育”战略等具体措施。

明确了创建责任。实行“创文”奖罚分明，与单位绩效考核挂钩，与领导班子成员实绩考核挂钩，未能完成达标任务的要实施问责。五区和市相关责任部门签订了“创文”达标责任书。

二、倡导岭南文明新风尚，打造“情暖佛山·守望相助邻里亲”工作品牌，提升公民文明素质

2010年，市文明办加强与市文明委成员单位之间的协调，整合力量，改进市民教育方式，共同打造“情暖佛山·守望相助邻里亲”工作品牌，形成活动的影响力，共同提升市民的文明素质。

开展了以“情暖邻里，互帮互助”为主题的第二届佛山社区“邻里日”活动，通过系列活动，引导居民走出家门相聚一起，消除邻里

间的陌生隔阂，建立相识、相知、相敬、相助的和谐邻里关系，为居民搭建一个加强沟通、增进了解、联络感情的平台。在“邻里日”当天，全市共有50多个社区近20000名群众同时参与活动，在全市社区形成了良好的和谐氛围，对引领社区文明风尚具有十分重要的意义。目前“邻里日”活动已在全市众多社区推广。

三、实施《佛山市2010—2012文明交通行动计划》

按照中央文明办、公安部的部署和省文明办、省公安厅的具体要求，佛山市相关部门共同制订了《佛山市2010—2012文明交通行动计划》，成立工作领导小组，并全面开展“迎亚运，文明交通伴我行”大行动，大力推动文明交通建设。市文明办、市公安交警支队、团市委、市交通运输局等单位全年开展文明交通宣传教育活动30多场次，市文明办开展“文明交通进社区”活动，深受社区居民欢迎；市公安交警支队开展倡导“六大文明交通行为”、摒弃“六大交通陋习”、抵制“六大危险驾驶行为”宣传教育活动，利用交通指示牌等广告位开展大量图文并茂的宣传；市交通运输局开展“文明交通优质服务月”活动。

四、弘扬中华民族传统文化，开展“我们的节日”主题教育活动

协调文化、体育、文联等相关单位，利用春节、元宵、清明、端午、中秋等传统节日，开展弘扬民族传统文化和传统美德教育活动。春节期间，多个部门共同开展“春联送万家”活动，深受村居群众喜爱；端午龙舟活动有效凝聚市民的力量；中秋期间，佛山市“秋色欢乐节”影响广泛，市文明办举办的中秋赏月活动，向市民讲解中秋习俗，与市民共同探讨中秋的内涵，通过新闻单位宣传后，效果十分明显，传统节日正越来越受到市民的追捧。

为弘扬传统文化，推动“书法名城”创建工作，佛山市还举办了“首届千人广场书法大赛”活动。

五、围绕建设社会主义核心价值体系，深化道德模范学习宣传活动

2010年，佛山市开展了第三届“佛山十佳美德之星”推荐命名活动，引领社会文明风尚和社会主流价值。活动经过基层推荐、专家初选、资格政审、媒体推介、公众投票、评委专访、现场考察、综合评审等流程，活动组委会决定，授予邓赞朋等10名同志“佛山十佳美德之星”称号，授予冯惠珍等10名同志“佛山十佳美德之星”提名奖。承办单位佛山电视台加大了广告宣传，《佛山日报》等其他媒体全面跟进宣传报道，至少200万名市民通过电视广告、平面媒体、互联网络以及手机短信了解到道德模范的基本情况，对提高市民对道德模范的知晓率、认可度产生了重要的作用。12月2日晚上，在佛山传媒集团一号演播大厅举办第三届“佛山十佳美德之星”颁奖会。同时，组织“二十四孝”、“身边好人”等活动，通过全民推荐，全民投票，全民参与评选，向全社会推出道德典型。

六、实施“网脉工程进校园”，塑造良好的社会文化，确保未成年人健康成长

为了推进未成年人思想道德建设工作，佛山市坚持与中国未成年人网脉工程佛山执委会合作，引导青少年正确用好网络。通过网脉工程“校园行”、“社区行”系列活动，聚集了大量的社会资源，在学校、社区及公共文化场所建立了35家公益网络文明示范基地。组织“未成年人互联网应用状况调查”，对家长发放回收调查问卷9万多份，收集了大量的一手材料，整理总结出佛山市未成年人运用互联网的现状，并根据各区镇学校的实况制定了相应的解决方案，提出后续的工作建议。开展了“网络与生活、网络与危害、网络与学习、网络与成长”为主题的图片展。有20所学校1万多

名师生和家长观看了图片展，有59所学校8万名学生及家长参加了“网络文明巡讲活动”。“佛山市网脉工程上网系列活动”被共青团中央、全国少工委授予“2009年度‘中国未成年人网脉工程’优秀活动”。

七、开展“崇文佛山·全民阅读”活动

2010年，佛山市开展了第三届“崇文佛山”全民阅读活动，经过几年的发展培育，其影响力正在不断增强，各区、各单位的阅读之风正日趋浓厚。为了把全民阅读活动的覆盖面进一步扩大，市文明办着重做好了三个方面的工作：开展“崇文佛山·机关阅读”活动。有9位市领导向全体机关人员推荐书目并写了推荐语，有74个单位组织了读书活动。开展“崇文佛山，阅读春天”诗文朗诵会。以“4·23”世界读书日为契机，举办“崇文佛山，阅读春天”诗文朗诵会，引起市民对阅读活动的高度关注。各区建立自己的读书活动品牌，目前，禅城的经典诵读活动、南海的广佛读书节、高明的读书节都具有较大的影响。启动佛山书展。利用8月份全省统一开展的“南国书香节”活动，在全市五区同时启动佛山书展，使全民阅读活动在每年形成两个时段的热潮。

八、开展“迎亚运，讲文明，树新风”主题实践活动

2010年，佛山市以协办亚运会部分项目为契机，大力开展“迎亚运，讲文明，树新风”主题实践活动，活动主要包括：组建“市直机关志愿服务队”，举办“地铁志愿服务项目”培训班，组织首批市直机关志愿服务队进入地铁现场进行志愿服务活动；组织中小学生学习城管知识，参加“迎亚运·文明城管小卫士在行动”，走上大街，步入社区，开展创建文明城市公益宣传、清理“牛皮癣”、规劝不文明行为等活动；以“笑迎天下客，友爱在佛山”为主题，举办“迎亚运·文明窗口行业礼仪形象演示”活动，组织一线窗口单位进行“窗口行业优质服务迎亚运”集体承诺活动；发动广大市民关注和参与迎亚运活动，在广大市民中征集“迎亚运·真诚的佛山　甜美的微笑”市民百张笑脸照片活动，汇编后用于“迎亚运”公益宣传；组织五区开展“迎亚运·文明礼仪小品社区展演”活动；发动各家网站展开“迎亚运·市民践行‘十大文明举止’”网上签名寄语活动；开设“迎亚运　社区文明总动员”栏目，发动市民寻找社区热心人、社区文明地标，引导市民以文明的举止和风貌热情关注亚运、支持亚运、参与亚运。通过开展系列活动，全面营造了“文明亚运”的良好氛围，弘扬了健康文明新风尚，为创建全国文明城市打下了坚实基础。

（佛山市文明办）

韶 关 市

2010年，韶关市精神文明建设坚持以科学发展观为统领，紧紧贴近市委、市政府中心工作，以创建全国文明城市活动为总抓手，从加强组织领导、强化思想教育、严格建设管理、丰富文化内涵、提升文明程度等方面入手，深入开展群众性精神文明创建活动，大力推进社会主义核心价值体系建设，努力提高公民文明素质和社会整体文明水平，精神文明建设工作在创新中不断取得新成果、迈出新步伐。

一、以打基础促规范提素质为重点，全面启动创建全国文明城市工作

2010年，韶关市继成功创建国家卫生城市、国家园林城市后，全面启动了创建全国文明城市工作，初步掀起了创建全国文明城市工作新高潮。一是加强领导，精心谋划，全面启动创文工作。年初，市委、市政府召开创卫工作总结表彰暨创文工作动员大会，对市区创文工作进行总动员，同时成立了以市委书记、市长为总指挥，60多个责任单位为成员的创文工作指挥部及办公室，制定下发了《韶关市创建全国文明城市工作实施方案》和《韶关市创建全国文明城市工作任务分解、责任单位、挂钩领导及完成时间表》，各级各部门根据实际将创建工作进一步细化，全市基本形成了“主要领导亲自抓、抓到位，分管领导具体抓、抓落实”的良好工作机制和创建格局。二是深入学习，武装头脑，提高创文工作指导水平。从不同层面、不同角度加强了对创文工作的学习和认识。1. 市级领导班子率先垂范带头学，通过强化党委中心组学习，将创文工作摆在贯彻落实科学发展观具体实践的战略高度，带头学习调研，带头分析检查，带头整改落实。2. 各级各部门紧密结合工作实际自觉学，进一步增强了以深入贯彻落实科学发展观的自觉性和坚定性投入到创文具体工作中的责任感和使命感。3. 广泛征询良策，带着问题走出去学。6月上旬，市委书记亲自带领市辖三区主要负责人以及市直主要责任单位一把手先后到惠州、东莞两市进行考察学习，通过经验交流、实地参观、现场了解，对创建文明城市工作有了更深层次的思考。4. 市创文办工作人员具体学。分别赴江门、惠州、广州等地学习创文工作具体业务，为工作的有序开展打下良好基础。三是抓住重点，科学规划，加快文化基础设施建设。针对韶关市文化基础硬件设施建设滞后的突出难点，市委、市政府从构筑粤北区域中心城市的需要出发，在多次调研的基础上，深入挖掘韶关历史文化内涵，着力打造一批诸如百年东街、张九龄纪念公园、省委机关旧址等具有粤北特色的文化品牌，推动城市特色文化建设，形成了独具韶关特色的文明创建工作。这些项目均列入市“十二五”城市建设规划，相关部门也初步提交了《韶关市区公共文化设施建设规划建议》，为场馆的动工建设做好前期准备，力争2011年上半年明确规划立项并动工建设。四是强化督导，综合整治，切实抓好创建任务落实。1. 调研点评。市创文工作指挥部主要领导先后带队到18个市直重点责任部门和市辖三区进行深入调研，着重查找薄弱环节，提出整改要求，有效促进了各级各部门抓好市委、市政府重大决策工作的具体落实。2. 综合整治。2010年先后开展了沐溪工业园周边环境综合整治、步行街综合整治、武江区黄屋村排水排污渠整治、市区泥头车整治、市区交通秩序综合整治、拆除市区违章建筑专项行动等“六大重点整治行动”，用实际行动解决市民关注的热点难点问题，赢得了市民的广泛好评。3. 强化督导。主要对环卫保洁、环境保护、农贸市场、交通客运、建筑工地、公共场所等单位（场所）体现城市文明管理水平的大环境实施日常督导，一年来，组织专项督导检查15次，开展市民电话投诉督导22人次，下发督办事项通知书12份，回复率和反馈率均达到100%。4. 民意监督。市委、市政府通过开设网络问政，对市民在韶关家园网和民声网反映城市管理的各类留言（帖子），责成各职能部门抓好整改并回复网民。到12月底，全市接受网民各类留言（帖子）4000多条，100%有受理（回复），90%得到了及时有效整改。五是广泛宣传，积极发动，不断营造浓厚的创文氛围。1. 发挥主阵地作用，通过正面宣传创建动态、普及创建知识、利用监督报道促进热点难点问题的解决等途径，多渠道、多层次、全方位开展创文宣传，形成了强大的创文宣传态势。2. 坚持市、

区、街三级联动，指挥部办公室统一印发了创文宣传标语口号到各级党政机关、企业、学校、街道和社区，各地各部门还通过宣传栏、电子荧屏、橱窗、板报、广播、内部报刊、会议等多种形式，层层动员，广泛发动，让创文活动家喻户晓。3. 在市区主要交通路口、公共场所增设一批大型创文公益广告牌，并督促做好车体宣传、候车站（亭）及建筑工地围墙（或围栏）等创文公益广告宣传。

二、以社会主义荣辱观宣传教育活动为主线，深入推进公民思想道德建设

继续以社会主义荣辱观宣传教育为主线，精心设计活动载体，广泛开展“爱国、守法、诚信、知礼”现代公民教育实践活动，大力加强未成年人思想道德建设，推动和深化公民思想道德建设，营造知荣辱、树正气的和谐社会氛围。一是文明礼仪学习活动全面展开。6 月初，市文明办制定下发了《关于在全市窗口行业广泛开展“创五优”活动的实施意见》，在全市窗口行业进一步倡导知荣辱、重礼仪、讲文明、多奉献的良好风尚。同时围绕创文工作实际，编印了 20 多万册《韶关市民文明礼仪手册》下发到市区各单位、窗口、社区、学校和家庭，对市民文明礼仪知识进行了广泛普及。二是公民思想道德建设长抓不懈。以创文和一系列文明申报创建为载体，以继续开展“身边好人”推荐评议活动为平台，深入普及 20 字公民基本道德规范，大力营造讲文明、树新风的良好社会风尚。“9・20”公民道德宣传日当天，市创文办组织开展了“全国第八个公民道德宣传日——韶关市区‘创文宣传进社区、进家庭’活动”，1300 多名干部群众参加了活动，大力普及了创文知识。继 2009 年举办“道德的传承——全国道德模范与‘身边好人’现场交流活动”之后，2010 年韶关市又成功推荐了许名亮、胡名杰入选“中国好人榜”，至此，韶关市已有 20 人入选“中国好人榜”，全市开展“讲道德、做好人”活动的影响越来越大，该活动已成为推动学习宣传先进典型和引领社会风尚的重要平台。三是净化社会文化环境工作不断加强。通过创文这一有利契机，着力加强和改进未成年人思想道德建设，不断营造有利于未成年人健康成长的良好环境。坚持一手抓管理、一手抓繁荣，发挥净化社会文化环境领导小组及联席会议作用，继续实施整治互联网低俗之风、网吧集中整治、净化荧屏声频、校园周边环境综合治理四大专项行动，并认真研究探索预防未成年人犯罪的途径和方法。会同市教育局、团市委等部门，在全市中小学广泛开展主题班会、演讲比赛、社会调查、知识讲座等 10 项内容的网络文明主题实践活动，努力探索信息社会网络环境下未成年人德育工作的新途径，大力倡导文明上网、绿色上网，极大地丰富了青少年课外生活。

三、以丰富载体为民惠民为重点，扎实开展群众性精神文明创建活动

按照“提高文明素质，提升文明程度”的总体要求，扎实开展全国、省、市精神文明创建申报评选工作，深入推进志愿服务、关爱留守儿童、关爱空巢老人、城乡扶贫结对帮扶等为民惠民务实性行动，不断丰富城乡精神文化生活活动载体，有效推动了群众性精神文明创建活动向纵深开展。一是市、县（市、区）、镇（村）三级联动，各类创建工作扎实推进。目前全市共有 348 个单位申报全国、省、市三级文明单位、文明村镇、文明窗口、文明社区等各级各类文明表彰项目，并且继南雄、乳源、仁化成功创建省文明县城（城市）之后，乐昌、始兴、新丰积极申报省文明县城（城市），全市基本形成了以市区创文带动各县（市）共同创建、连片创建的良好创建格局。二是积极开展以志愿服务为主体的为民惠民活动。启动创文工作以来，武江区先后出动 6000

余人次积极开展文明交通服务、金秋助学义卖、清洁韶城等志愿服务活动，浈江区成立“红袖章”创文志愿服务队30支，辖区内已登记在册志愿者人数达15000人，开展创文志愿者活动24次。市妇联、团市委、市教育局在省民运会、创文启动仪式、文明交通行动、重要节日等重大活动和场合中，积极发挥自身优势，广泛组织动员，使志愿服务活动有了更深层次的拓展，为建设和谐社会创造了良好的社会人文基础。三是城乡文化活动丰富多彩。在广泛开展文体科技卫生下乡服务活动的同时，不断拓展城乡文化互动载体，有效整合城乡文化资源，实现优势互补，在促进城市文化下乡，农村文化进城，推动城乡文化的交流、融合和发展方面进行了积极的探索，全市各地城乡文化活动丰富多彩。如：市区举办“第五届新年千人舞会”，乳源举办第十一届中国瑶族盘王节，南雄举办第二届南雄市红歌大赛等等，仁化县相继成立了老干部金秋艺术团、丹霞粤乐社等6家政府扶持、群众自发组织的业余文艺团体。南雄将舞龙、采茶戏等民间特色文艺放在节假日和旅游旺季节点进行表演，与市民和游客同娱乐。

（韶关市文明办）

河 源 市

2010年，河源市精神文明建设工作紧紧抓住河源市举办第23届世客会的有利契机，大力推进社会主义核心价值体系建设，切实加强公民思想道德建设，积极开展群众性精神文明创建活动，各项工作取得新成绩，有效提高了公民文明素质和社会文明程度，为河源市推动科学发展、促进社会和谐、办好世客会，提供了强大精神动力，创造了良好社会环境。

一、理论武装工作扎实推进

以建设学习型党组织为契机，不断深化理论武装工作，进一步增强了广大干部群众坚持科学发展的自觉性。一是理论学习深入开展。以中心组学习为龙头，以“河源讲坛”为平台，周密安排学习计划，精心组织学习活动，坚持不懈地用中国特色社会主义理论体系特别是科学发展观武装领导干部的头脑。市委理论中心组共举办了9个专题学习，内容涉及政治建设、经济建设、社会建设、文化建设、廉政建设等领域，进一步丰富了领导干部的理论知识，提高了领导干部的政策水平；“河源讲坛”共举办了5次专题（扩大）学习会，邀请国内著名专家学者前来授课，拓宽了党员干部的视野和知识面。二是理论宣讲形式多样。围绕学习贯彻党的十七届五中全会和省委十届七次全会精神，组织开展了“加快转变经济发展方式”、“建设文化强省”等主题宣讲活动。认真办好“社科普及周暨社科学术年会”活动，不断扩大社科知识普及面。大力推广“网络学习天地”信息服务系统，使之成为理论宣传的新平台。在市媒体开设了理论专栏和专访节目，刊播理论文章，解读理论热点，积极推进科学理论大众化和普及化。三是理论研讨日益活跃。积极探索理论研究新模式，与省社科院共建了科学发展研究（河源）基地，常态化开展河源科学发展课题研究。认真做好社科课题立项工作，全年课题立项15项，其中“佗城文化的发掘与利用研究”项目首次列入省级重点课题项目，实现了“零突破”。

二、文明创建活动蓬勃开展

（一）认真开展迎世客文明礼仪教育实践活动。为在全社会形成讲礼重仪的文明新风，展示文明河源形象，为第23届世客会的召开营造浓厚的文明氛围，市文明委在全市开展“迎世客、文明礼仪伴我行”主题教育实践活动。一是组织开展了“迎世客、文明礼仪伴我行”礼仪知识有奖竞赛活动。11月初，在《河源日报》、《河源晚报》、河源网、河源新闻网上同步刊登了礼仪知识有奖竞赛题目，市内外广大市民积极参与，共有1万多人从平面媒体和网络媒体上进行了答题，有效地宣传和普及了世客会基本知识和文明礼仪常识，促进了公民文明素养的提升。二是组织了文明礼仪知识系列宣传报道活动。在《河源日报》和《河源晚报》上开设了“文明礼仪知识”栏目，定期刊登文明礼仪知识。在《河源日报》和河源网上开展了文明论坛活动，就爱护城市公共设施、文明出行、文明行车等论题组织了讨论。三是在全市中小学校开展了“牵手世客会，共做文明人”主题教育宣誓签名活动。共有10万多名中小学生参加了宣誓签名活动，引导中小学生争做文明人，迎接世客会。

（二）不断巩固提升文明城市创建水平。以迎接世客会为契机，大力推进各项市政设施建设，新建和扩宽了市区的“五路一桥”，市容市貌焕然一新；开展了“迎世客、讲文明、树新风”活动，进一步提高了市民文明素质。以创建国家卫生城市、创建全国环保模范城市为契机，大力开展了环境卫生整治活动，重点对旅游景区、城乡接合部、车站码头、集贸市场、背街小巷等地方的脏乱差进行整治，并完善了城市卫生管理长效机制；大力开展了市场秩序、交通秩序整治活动，不断提高城市文明程度。通过巩固提升文明城市创建水平，进一步擦亮了“客家古邑·万绿河源”的城市名片。

（三）扎实推进创建生态文明村工作。2010年1月，市委办公室、市政府办公室联合下发了《河源市创建生态文明村工作方案》（河委办发〔2010〕1号）后，市文明办切实加强了对此项工作的指导和督查。各县（区）认真贯彻落实《河源市创建生态文明村工作方案》，积极开展了生态文明村创建工作，各生态文明村创建点围绕优化生态环境、发展生态经济、建设生态文明等内容，结合“农村清洁工程”、新农村建设示范点和省级卫生村镇示范点建设，积极开展创建活动，建成了一批生态良好、环境优美、经济发展、乡风文明的文明生态示范村和文明生态村，进一步带动了全市社会主义新农村建设。12月份，市文明办联合有关部门对全市生态文明村创建试点村进行了考核验收，全市有12个村通过了考核验收，建成了生态文明示范村或生态文明村。

（四）组织开展文明示范窗口和文明行业创建活动。一是开展创建文明示范窗口活动。根据省文明办关于在全省窗口服务行业开展“迎亚运、创五优”活动的统一部署，河源市从2010年9月起在全市窗口服务行业开展了迎亚运、迎世客、创五优“文明示范窗口”创建活动，各窗口行业和窗口单位高度重视，以创“优雅形象、优美环境、优良秩序、优质服务、优化管理”为主要内容，积极开展创建活动，从而在全市创建了一批文明示范窗口，进一步树立河源窗口服务行业的文明形象，提升全市窗口行业的服务水平，带动全社会公共文明建设，为2010年亚运会和第23届世客会营造了文明和谐的社会环境。二是开展了创建文明行业活动。组织市地税局、市移动通信公司等开展了创建文明行业活动。

（五）积极开展社会志愿服务工作。2010年，市文明办联合团市委、世客会筹备办着力抓好了以迎世客、迎亚运为主题的志愿服务活动。3月份组织了万人迎世客志愿服务宣誓大会。之后开展了招募志愿者活动，引导人们以志愿服务的形式支持和参与世客会、亚运会。特别是在世客会期间，组织近3000名志愿者，分成6个服务队，开展乘车引导、会务咨询、座位指引、秩序维护、资料分发、酒店迎宾、会务礼仪等志愿服务，累计为世客会提供2.5万多小时志愿服务。

（六）组织实施“文明交通行动计划”。从2010年2月份开始，市文明办与市公安局等部门在全市启动“文明交通行动计划”，共发放了有关宣传资料17万多份，市区和各县（区）开展了以“关爱生命，文明出行”为主题的宣传日活动等，倡导文明出行。

三、公民思想道德建设不断加强

2010年，河源市以建设社会主义核心价值体系为根本，大力推进公民思想道德建设。

（一）深入开展“书香河源”全民阅读活动。印发了《2010“书香河源”全民阅读活动工作方案》，组织全市深入开展全民读书活动。一是组织了“爱心传递、知识传承”图书捐赠活动。在“世界读书日”4月23日举行了2010“书香河源”全民阅读活动暨“爱心传递、知识传承”图书捐赠活动启动仪式，组织市直单位、企业，以及干部职工现场捐书一万多册。同时，通过《河源日报》向全市发出《爱心捐书倡议书》，认真组织开展了爱心捐书活动，广泛发动全市干部群众和外出乡贤捐献书籍，共收到捐赠书籍20多万册，丰富了河源市的图书馆藏量。并发出了《全民阅读活动倡仪书》，掀起了全民阅读热潮。二是组织了图书展销活动。5月份，市文明办与市文广新局联合承办的“书香河源大型图书展”在茶山公园举行，组织有关文化企业集中展销内地、港澳地区近年来的正版图书精品，营造书香河源的良好文化氛围。8月份，组织开展了“2010南国书香节暨河源书展”活动。三是深入开展中华经典诵读进校园活动。9月至10月，市文明办与市教育局联合举办了全市中小学生“颂祖国·客家情”中华经典诗文朗诵比赛。全市共有28支参赛队参加了初赛，有18支参赛队进入决赛，决出一等奖3名、二等奖6名、三等奖9名，评出优秀组织奖7名。

（二）开展了新时期“河源人精神”大讨论。针对河源市在创建国家卫生城市、迎接世客会中展示出来的河源人敢想敢干、众志成城的精神，组织全市机关单位开展了新时期“河源人精神”大讨论，并利用网络媒介开展全民大讨论活动，促进形成了“胸怀理想、艰苦奋斗、务实创新、众志成城”的新时期“河源人精神”。

（三）广泛开展爱国主义教育和革命传统教育活动。充分发挥爱国主义教育基地的作用，积极组织全市广大党员干部和中小学生在清明节期间开展祭奠革命烈士活动，缅怀革命先烈丰功伟绩，接受革命传统教育。5月份，在全市巡回举行了大型现代红色剧目《红军魂》演出活动，加强革命传统教育，活跃群众文化生活。

（四）扎实开展模范典型学习教育活动。6月份，组织了“河源市先进事迹巡回报告会”在全市巡回报告，广泛宣传模范典型先进事迹和高尚品格，充分发挥模范典型的示范引领作用，有力推动河源市各项工作的落实。组织开展了道德模范进校园巡讲活动，全市共举办了20场巡讲活动，共有10多万名在校学生听了报告。通过巡讲活动，使道德模范先进事迹在基层和校园广为传颂，营造了崇尚道德模范、热爱道德模范、学习道德模范、争当道德模范的浓厚氛围，促进了公民思想道德建设。

（五）切实加强未成年人思想道德建设。一年来，为加强未成年人思想道德建设，市文明办联合文化、公安、工商等部门大力开展了净化社会文化环境工作，分别开展了网吧管理专项整治行动、净化校园周边环境专项整治等一系列活动，有效净化了社会文化环境，营造有利于未成年人健康成长的良好环境。

四、群众精神文化活动丰富多彩

8月，市委召开五届八次全会专题研究部署文化建设工作。全市宣传思想文化战线认真贯彻落实全会精神，以筹办世客会为抓手，大力推进文化河源建设。一是认真组织创作特色文化精品。围绕世客会，推出了一大批精品力作，包括《古邑情·客家亲》大型歌舞史诗、《客娘颂》交响乐、《天下客家》电视纪录片、《客家古邑文化书系》、《古邑客家》电子杂志等。这些作品编创精湛，特色鲜明，广受好评，获得嘉奖。《古邑情·客家亲》大型歌舞史诗得到了汪洋书记“很完美、高水平”的高度评价，《客娘颂》交响乐被世界客属乡亲认为是客家音乐经典，《天下客家》电视纪录片被中国电视艺术委员会、中国纪录片委员会、广东广播电视协会评为“中国南派优秀纪录片奖”和“最佳摄影奖”，《客家古邑文化书系》列入“十一五”国家重点图书出版规划，《古邑客家》电子杂志出版6期，累计点击率超过千万人次，获得“广东省首届网络文化精品奖”。此外，创作的文学、音乐、戏剧、曲艺、舞蹈、美术、书法、摄影、民间文艺等作品众多，并有不少作品获得国家、省级奖项和荣誉。二是积极开展丰富多彩的文化活动。世客会期间，举办了开闭幕式文艺晚会、“客家情”艺术系列展、千盏忠信花灯展和客家古邑民间艺术花车巡游等活动。此外，还组织了“中外合唱精品专场音乐会”、广播电视文化节、新年音乐会、客家山歌大赛等文艺活动，组织了文艺演出团队和民间艺术团体深入基层献艺献演。各县（区）的文化活动也丰富多彩，如连平的忠信花灯节，龙川、东源等地的重要节庆文艺晚会，紫金的新春系列文化活动，源城的广场文化演出，和平的送戏下乡等，有效满足了人民群众的精神文化需求。

（河源市文明办）

梅 州 市

2010年，梅州市精神文明建设以建设社会主义核心价值体系为根本，积极开展“好客之都·文明相伴”系列活动，扎实推进公民思想道德建设，着力深化群众性精神文明创建活动，进一步提高市民文明素质和城乡文明程度。

一、“好客之都·文明相伴”系列活动丰富多彩

一是“好客之都·文明相伴”系列活动启动仪式暨“除陋习、树新风”万人签名活动声势浩大。5月19日，在梅城东山教育基地院士广场举行了“好客之都·文明相伴”系列活动启动仪式暨“除陋习、树新风”万人签名活动。市政府副市长陈丽霞主持仪式，市委常委、宣传部长林碧红发表讲话，活动主办单位代表宣读了《开展“好客之都·文明相伴”系列活动的倡议书》，市职业学校的学生代表作了表态性发言，最后参加仪式的领导和群众在写有“好客之都·文明相伴”“除陋习、树新风”字样的横幅上签名响应“除陋习、树新风”行动。大埔县也在文化广场举行了“弘扬生态文明、共建绿色大埔”系列活动启动仪式暨“除陋习、树新风”万人签名活动。

二是“十大陋习”评议活动广泛开展。“十大陋习”评议活动历时半年。广大市民针对普遍存在的乱贴乱画、随地吐痰等社会陋习，通过书面言论、大众短信、彩信、互联网等平台进行剖析、评议，并提出整治陋习的办法与措施。广大市民踊跃参与，共提出影响梅州文明形象的陋习66项，经主办单位归纳整理后公布了排序在前15位的陋习，通过媒体、网络等形式让市民投票评议，最后评议确定出十大陋习：随地吐痰擤鼻涕，垃圾污物随处扔，乱穿马路闯红灯，举止不雅讲粗话，乱涂乱画乱张贴，占道经营乱摆卖，公共场所乱吸烟，不守秩序不排队，车辆抢道乱停放，嘈声噪音喧扰人。

三是“身边好人”选树和宣传活动广泛深入。以“存好心、说好话、做好事”为主要内容，在全市上下动员发动各地各单位推荐“身边好人”，选树和宣传一批先进典型，进一步弘扬学习、关爱、崇尚、争当道德模范的良好风尚。全市共推荐出85位“身边好人”，其中有33名“身边好人”事迹在市主要媒体作了宣传推介，经评审，最终有10位入选2010年“梅州好人榜”，并举行了隆重的颁奖晚会。与此同时，在市主要媒体开设专版专栏，集中宣传了9个省文明单位、4个省文明县城先进事迹，引导广大干部群众学习模范、争做模范。

四是文明宣传用语征集成效显著。5月26日启动了文明宣传用语征集活动。这次活动共征集到来自全国各地的文明用语5000多条，经市文明委成员单位和主协办单位初步推荐，从中初选出候选文明用语110条，并经广大市民通过媒体和网络投票，评选出50条文明健康、富有创意、具有浓郁地方特色、适于传播的优秀文明宣传用语，并在新闻媒体、网络、户外广告、宣传栏等各种宣传载体进行宣传推广。梅县、蕉岭县在县城各主要路段和公共场所设立文明公约、文明礼仪公益广告宣传牌，全方位营造文明向上的社会氛围。

五是文明礼仪系列活动工作扎实推进。举办“做个文明好客的梅州人”征文活动，共收到来稿193篇，其中择优在《梅州日报》设立专栏刊登23篇，评选出优秀文章14篇。开展“好客之都・文明相伴”摄影大赛，共收到来稿347幅，其中择优评选出优秀照片18幅，并在《梅州日报》上选登。组织编写《梅州市民文明礼仪手册》和《梅州市志愿服务手册》，并以之为基本教材，组织文明礼仪知识讲座，聘请嘉大教授讲授礼仪知识。各地也采取各种形式大力普及礼仪知识，全市进一步兴起重礼仪、讲礼貌的文明之风。梅江区开展了“喜迎亚运、礼行梅江”活动，引导群众迎亚运、讲文明、树新风。梅县着力抓好学校“三礼”教育，培养学生懂礼仪、懂礼节和懂礼貌。平远县结合实际组织编写《平远县市民文明礼仪手册》，创作一批文明礼仪文艺作品，引领广大市民文明健康生活。蕉岭县开展“十大文明行为”征集活动，引导群众讲文明、守秩序。

六是文明交通行动开局良好。年初启动了以“关爱生命，文明出行”为主题的文明交通行动。10月下旬，市文明办与市交警支队组织对梅县、蕉岭、五华、兴宁等县（市）开展文明交通行动的情况进行检查，从检查情况看，各地开展文明交通行动有三个鲜明特点：首先，加强了组织领导。各地把实施文明交通行动计划作为提升交通管理水平的突破口，成立领导机构，制订实施方案，明确目标任务，落实责任、措施，推动文明交通行动计划顺利开展。其次，加强了交通安全知识宣传教育。通过悬挂宣传横幅、展示宣传版面、发放宣传资料、刊发公益广告、播放宣传教育片等形式，大力加强文明礼让、遵章守纪宣传教育。第三，加大了严惩交通违法整治力度。针对行人不走斑马线横穿马路、非机动车闯红灯的情况，开展“遵守交通、文明礼让”专项教育活动，组织城市交通志愿者，在市区主干道、交通繁忙路段、十字路口，协助交警纠正行人和非机动车交通违规行为。针对春节、国庆等运输高峰情况，召开动员会，分发交通安全资料，加强检查等，确保了节日交通运输安全畅通。

二、公民道德实践活动有声有色

一是“我们的节日”活动形式多样。利用春节、元宵、清明等传统节日，以弘扬民族优秀文化传统和爱国主义精神为主题，积极组织开展“我们的节日”主题活动，吸引广大市民积极参与，引导人们认知传统、继承传统、弘扬传统，增进爱国主义情感。先后开展了道德春联进万家、网上拜大年、元宵山歌擂台赛、清明祭奠革命先烈、端午龙舟赛、国际山歌节等民俗活动，大力弘扬中华民族优秀文化传统。

二是讲道德、学楷模活动深入开展。把全国道德模范入围奖获得者彭彩金和梅州十大道德楷模的先进事迹作为推进公民道德建设的生动教材，充分利用大众传媒、基层宣传阵地和群众文化活动等多种形式，大力宣传道德模范的先进事迹，引导广大干部群众学习模范、争做模范。加强先进典型的挖掘和培养，继续深化“做人民满意的公务员”、“身边好人”评议活动，引导人们在日常工作生活中从点滴做起，积小善为大德，形成良好道德风尚。梅江区广泛开展“五德”（政德、师德、医德、商德、公德）主题实践活动，以道德魅力感染人、提高人。梅县开展“好父亲、好母亲”评选活动。平远县开展第三届“五星”（敬业奉献之星、孝老爱亲之星、见义勇为之星、诚实守信之星、助人为乐之星）道德楷模评选活动。大埔县开展“农村十好”（好乡贤、好教师、好支书、好村民组长、好公公、好婆婆、好父亲、好母亲、好儿女、好媳妇）评选活动，树立道德模范，推进公民道德建设。

三是全民读书活动不断深化。4 月 23 日“世界读书日”，在市剑英图书馆举行了全民阅读启动暨捐书赠书展书仪式。8 月 20 至 25 日，在市购书中心开展南国书香暨梅州书展，开展以“让读书成为快乐的生活方式”为主题的读书活动。全市以领导干部和青少年为主要对象，利用书市、书展，举办读书节、读书会、读书征文、读书知识竞赛、读书演讲等，开展“书香校园”、“书香家庭”、“阅读之星”评比，开展“文化先进镇（街道）”、“农家书屋”、“社区书屋”、“职工书屋”建设，开展“创建学习型组织、争做知识型职工”、“千万少年快乐阅读”、“读书·思考·创新”等活动，吸引人们广泛参与，推动全民读书活动不断向深度和广度发展，使阅读成为人们的生活习惯。全市共成立“创建学习型组织、争做知识型职工”全民阅读领导小组 875 个，建立读书小组 3578 个。全市有 1 个单位被授予全国学习型先进班组，6 位同志被评为全国知识型先进个人，有省级“书香校园”9 所，市级 14 所，建有农家书屋 870 个，职工书屋 66 个。全市有 38 个镇（街）申报文化先进镇（街道），开展检查评选。

四是未成年人思想道德建设不断加强。召开了全市未成年人思想道德建设工作会议，回顾总结了梅州市近两年来未成年人思想道德建设工作。继续抓好社会文化环境净化，大力开展净化网络、网吧、荧屏声频、校园周边环境整治。2010 年 1 至 10 月，全市共清理本地网上有害信息 19856 条，取缔“黑网吧”127 户，没收电脑 683 台（套），切断黑网吧信号 101 户，收缴盗版音像制品 2481 张（盒），查缴非法出版物 2303 册。继续广泛开展“做一个有道德的人”主题活动，组织全市未成年人参与“向国旗敬礼”、“千万少年快乐阅读”、“美德少年”评选等活动，引导未成年人学会做人、学会生活、学会求知、学会发展。平远、大埔、五华县分别召开了未成年人思想道德建设工作会议，丰顺县着力抓好法制教育进校园、交通知识进学校活动，梅县、五华县开展了净化社会文化环境尤其是校园周边环境的专项整治。

五是志愿服务活动切实推进。组织开展“迎亚运讲文明树新风”志愿服务活动，动员人们积极参加“普及文明礼仪、改善公共环境、维护社会秩序”活动。2010年，全市参与志愿服务的达1.6万人次，为社会提供5万多小时志愿服务。启动第四届中国客家山歌旅游节志愿服务大行动，成立梅州市发展志愿服务事业指导委员会和梅州市志愿者联合会，编辑出版《梅州志愿服务手册》，指导推动志愿服务。

三、群众性精神文明创建活动不断优化

一是文明城市、文明县城创建热潮迭起。梅州城区结合创建国家卫生城市工作，加强突出问题的整治，强化城市管理，创建工作迈出坚实步伐。蕉岭县继续围绕“精致、绿色、和谐”的定位，进一步加强对县城的规划与建设，强化县城秩序、绿化、亮化、卫生等方面的日常管理，确保全国文明县城的荣誉。梅县、大埔县以荣获“广东省文明县城”称号为契机，升温加压，巩固和发展创建工作成果。梅县开展拆建扩绿，加强管理，增添设施，不断提高县城环境整体水平。大埔县提出争创全国文明县城目标，启动公共文明指数测评，发放创建倡议书，加大创建力度。五华县细化创建方案，落实责任，强化措施，推进创建工作。平远县正在努力争创省文明县城，成立班子，印发简报，提出抓好“一建设四整治一提高”（抓好市政建设，抓好环境卫生、市容市貌、交通秩序、文化市场整治，提高市民文明素质）的创建工作思路，推进创建工作。兴宁市重点抓“二河二路一公园”（宁江河、和山河，宁江大道、神秀路，城南亲水公园）建设，加强老城区改造，强化市容市貌整治，提高美化、绿化、亮化、净化水平。全市各地创建文明城市、文明县城工作目标更加明确，措施更加得力，工作水平不断提高，保持良好发展势头。

二是生态文明村创建继续深化。制订并下发了《梅州市创建生态文明村的实施意见》。各县（市、区）均确定了创建基础较好的生态文明村试点，作为以点带面典型，推动创建工作。全市各地围绕建设宜居乡村、美好家园的创建目标，积极倡导环保理念，突出生态主题，开展“五星级”（经济好、村容好、生态好、民风好、管理好）生态文明村创建活动。11月，在五华县召开了全市创建生态文明村工作现场会，总结推广了各地的创建做法。

三是文明行业、文明单位创建继续拓展。修订、印发了《梅州市精神文明建设委员会成员单位工作职责和履行细则》，编辑出版了《梅州市精神文明建设先进典型材料汇编》，加强了创建经验与成效的展示，调动各行业、各单位文明创建的积极性。各行业、各单位以增强诚信意识、提高服务水平为主题，推进文明行业、文明单位、文明窗口的创建。在此基础上，新增加了“文明风景旅游区（景点）”、“十佳文明导游”、“文明市场”等创建活动，深化拓展了文明行业的创建活动，评选表彰了10个文明风景旅游区和十佳文明导游。推荐鸿都社区为“广东省科普示范社区”，中国移动梅州分公司为广东省“迎亚运文明示范窗口”。

（梅州市文明办）

惠 州 市

2010年，惠州市精神文明建设工作坚持以邓小平理论、“三个代表”重要思想和科学发展观为指导，全面贯彻落实中央文明办、省文明办以及惠州市委、市政府的工作部署和要求，以提升城市文明程度、市民文明素质，高分通过全国城市公共文明指数测评为目标，积极广泛地开展了形式多样的群众性精神文明建设活动，文明城市工作成果得到进一步巩固提高，全市精神文明建设工作取得了显著成效。

一、扎实推进“迎省运、迎测评”工作，巩固提高文明创建成果

（一）规划部署巩固创建全国文明城市成果和迎接全国城市公共文明指数测评工作。为了进一步巩固提高创建成果，惠州市制定了开展“交通秩序、市容市貌、社会治安、环境卫生、集贸市场、窗口服务”六大整治行动安排计划，对开展城市环境整治工作提出具体要求，组织召开了“惠州市迎省运城市环境整治工作推进和迎接全国城市公共文明指数测评动员大会”，动员全市上下抓紧抓好新一轮城市整治工作；加强常态化督查指导，不定期组织明查暗访和专项督查，督促整改相关问题，组建200多人的第二批文明城市义务监督员队伍，力求解决群众反映的热点难点问题。6月份，惠州市文明办联合国家统计局惠州调查队于6月17—28日分问卷调查和实地考察两个环节组织开展了一次城市公共文明指数模拟测评，进一步全面掌握惠州市公共文明指数测评项目的达标状态，充分挖掘工作潜力和亮点，及时发现问题、整改问题，督促各地各单位抓紧抓好对各种存在问题的整改，确保以最好状态迎接测评。

（二）进一步完善巩固提高创建全国文明城市成果有关制度建设。惠州市文明办结合实际，加强组织协调、综合管理、投入保障、宣传教育、城乡联动、督查考评等六方面的机制建设，城管、公安、交警、交通、环卫、财政、工商、公用事业、环保、住建、综治、房管、民政、团委等各牵头单位按照任务分工，重新制订或修改完善了17项制度，进一步建立健全长效制度建设，巩固提高文明城市工作成果，使文明城市工作更加制度化、规范化、常态化。

（三）2010年全国城市公共文明指数测评再获佳绩。惠州市认真做好迎接全国城市公共文明指数测评的各项工作，加大城市软硬件建设和城市管理力度，不断提高城市文明程度和市民文明素质。在迎检过程中，精心做好撰写各类汇报材料、提供测评路线地点、完善待审材料等基础工作。9月份，国家测评组顺利完成了对惠州的城市公共文明指数测评；10月份，根据2010年全国117个城市公共文明指数和未成年人思想道德建设工作的测评结果，惠州市两项成绩均位居全国地级市第3名，排名比2009年前进两位，继续保持了在全国、全省的前列地位。

（四）大力开展新闻和公益宣传，营造良好的社会氛围。以提高创建工作的知晓率、市民参与面和满意度为目标，惠州市进一步扩大媒体宣传、社会宣传、公益广告宣传的覆盖面，努力将文明城市宣传覆盖到最基层，营造人人争当文明市民、珍惜创建成果、维护城市形象的浓厚氛围。一是通过媒体集中时间、集

中版面、集中专题，利用新闻报道、专版专栏、评论访谈等方式，深入宣传迎省运、迎测评，大力报道各区、各部门和广大干部群众的积极行动、先进做法，提高群众对省运会和公共文明指数测评的知晓率、参与率和满意率，曝光有悖公德、危害秩序、破坏环境等不文明现象。二是充分调动社会资源，通过利用立柱、灯杆、路牌、候车亭、公交车、短信、彩铃、海报、倡议书等形式，进学校、进社区、进工厂、进家庭，全面提高市民的知晓率、参与率和支持率。

二、深入开展市民教育活动，不断提高市民文明素质

（一）广泛开展“迎亚运、迎省运、讲文明、树新风”市民教育系列活动。为进一步强化市民文明意识、引导市民文明风尚，以迎亚运、迎省运、迎测评为契机，由惠州市委宣传部、惠州市文明办牵头组织，在全市广泛开展了“我为省运添光彩——惠州市‘迎亚运、迎省运、讲文明、树新风’市民教育系列活动”。系列活动共分为六大行动60项重点活动：一是崇文厚德行动。开展“感动惠州”年度人物、十佳好母亲、全民读书竞赛、经典书籍推介评选、征文活动、志愿服务等系列活动，在全社会倡导读好书、存好心、做好人、办好事、说好话的良好风气，大力弘扬中华民族的优良传统，提高广大市民的个人品德、职业道德、家庭美德、社会公德。二是文明知礼行动。以机关、企事业单位、工厂、学校、社区等为依托，开展“我为省运添光彩”百万市民签名祝福省运、文明观赛知识竞赛、中小学生“开心看省运，快乐度暑假”等系列活动。利用各种媒体，运用公益广告、宣传栏、知识竞赛等多种形式，深入宣传普及以公共礼仪、赛场礼仪等为主要内容的文明礼仪知识，引导人们践行文明，改变陋习，形成重礼仪、讲文明的浓厚氛围。着力抓好行业文明礼仪学习实践活动，规范岗位文明行为，开展各种竞赛活动，评选礼仪标兵，促进行风政风的转变。三是优良秩序行动。通过开展“乘车排队日”、“公交车、出租车文明标兵车”、“清洁有序、优质服务”集贸市场评选等系列活动，纠正乘客的不文明行为，倡导人人遵章守纪、文明礼让、友爱互助。在售票厅、候车（船）厅、检票口等服务设施和服务场所制作、刊播、张贴、赠送惠州交通图等宣传品，宣传文明乘车（船），加强对乘客的文明提示。设立文明监督岗，组织开展文明执法活动，形成全社会共同维护公共交通秩序和市场秩序的良好风尚。四是优美环境行动。开展以“清洁、和谐、优美”为主题的城乡卫生月活动、“车内垃圾不落地，文明惠州更美丽”宣传教育等系列活动，推出一批“以勤俭节约为荣，以奢侈浪费为耻”的典型。在机关、企业、学校、家庭广泛开展“节约一度电、一张纸、一滴水”活动，使环境保护逐步成为人们的行为习惯和社会风气。五是优质服务行动。继续开展“百城万店无假货”示范街（店）活动，营造“无假、诚信、和谐、文明”的商贸环境。同时在医疗、商业零售、公交等21个窗口行业，按照《全国文明城市测评体系》的考评标准进行自评自查，进一步规范文明服务行为，倡导精细化管理、人性化服务，逐步实现行业窗口服务的科学化、制度化、规范化。六是全民健身行动。大力实施《全民健身条例》，倡导全民健身理念，通过开展“惠州市太极拳活动月”、“迎亚运、办省运”自行车环湖等系列活动，让广大的市民注重健康，提高广大市民健身的意识，激发对体育健身的兴趣和热情。

（二）加强学习宣传道德模范活动。惠州市深入组织开展了道德模范进社区、进机关、进学校、进医院、进企业、进军营巡讲活动以及多种形式的道德模范评选表彰活动，通过报刊、广播、电视等主要新闻媒体深入采访报道和宣传先进人物的感人事迹，号召广大群众学习全国劳动模范王月梅、张观金和广东省“五一”劳动奖章获得者胡斯平等10多位先进人

物的事迹。充分发挥道德模范在市民思想道德建设中的榜样作用，激发广大市民的道德意识，用道德榜样引人向善向好，有力加强了对广大市民的正面引导和行为规范。

（三）广泛开展“我们的节日”主题活动。惠州市在春节、元宵节、清明节、端午节、七夕节、中秋节等节日期间开展了“文化惠万家，快乐你我他”、“喜迎中秋，共创文明”、“网上祭先烈”、关爱外来工系列活动、敬老感恩教育等丰富多彩、各具特色的节庆活动，进一步弘扬传统节日文化，形成了“人人关注节日文化，人人参与节日活动”的良好氛围，使民族传统节日成为推动惠州市社会主义精神文明建设和弘扬民族文化的一个重要载体。

（四）组织开展“我身边的好人”评议活动。为推动惠州市公民道德建设，充分发动广大群众在熟悉的人群中推荐好人，在日常生活中发现好事，惠州市开展了“我推荐、我评议身边好人”征文等系列群众性活动，同时在新闻媒体开设“好人好事专栏”，发现挖掘出一批好人好事，如拾金不昧、救死扶伤的出租车司机周贵普、朱小军，敬业奉献的李运雄、何彩林，见义勇为的朱涛、林和理以及在惠务工见义勇为牺牲的退伍军人雷文春等等。通过广泛宣传好人好事，营造了学习、崇尚、关爱、争当道德模范的浓厚氛围。

（五）组织开展“爱国歌曲大家唱”活动。惠州市把开展“爱国歌曲大家唱”群众性歌咏活动与宣传“文明和谐惠州”的主题结合起来，按照“加强领导，精心组织；面向基层，注重实效”的要求开展相应活动，广泛传唱爱国歌曲和省运会歌曲，从而在全社会唱响共产党好、社会主义好、改革开放好、伟大祖国好、各族人民好的时代主旋律，弘扬社会主义核心价值体系，更好地展示惠州市广大人民群众的精神风貌，形成了大家共唱爱国歌曲的良好社会氛围，激发大家的爱国热情和自豪感。

（六）组织实施文明交通行动计划。根据中央文明办、公安部和省文明办、省公安厅的工作部署，惠州市文明办与惠州市公安局联合制定了《惠州市2010—2012年文明交通行动计划实施方案》，连续3年在全市组织实施以“关爱生命，文明出行”为主题的文明交通行动计划，力争通过3年的努力，使全民交通法制意识、安全意识、文明意识明显增强，文明交通长效机制更加健全，交通环境得到明显改善，广大群众对交通出行安全感和交通环境满意度进一步提高。

（七）协调开展“百城万店无假货”活动。惠州市文明办与惠州市委宣传部、惠州市经信局、惠州市工商局、惠州市质监局、惠州市物价局、惠州市总工会、团惠州市委联合下发了《关于继续深入开展“百城万店无假货”活动的通知》，各有关单位结合实际抓好各项工作任务的落实，各项活动开展得有声有色，巩固提高了惠州市国家级、省级、市级“百城万店无假货”示范街（店）的创建成果，深受广大消费者欢迎和支持。

（八）开通惠州文明网，建立精神文明建设的网络平台。按照中央文明办和文明城市测评体系的要求，2010年8月1日惠州市文明办与惠州报业传媒集团合作，依托“今日惠州网”开通了“惠州文明网”。网站开通以来，组织开展了“名博解读文明城市”、“做文明有礼的中国人网上签名寄语”等主题活动。为了进一步加强中央与地方网站的联系互动，增加网站的宣传效果，形成规模效益，扩大网站的知名度和影响力，惠州文明网与中国文明网进行了相互链接。

三、营造良好的社会文化环境，大力推进未成年人思想道德教育工作

（一）结合“迎讲树”活动组织开展德育工作。惠州市文明办与惠州市教育局、惠州市邮政局联合在全市中小学校开展“争当信使，喜迎省运——惠州欢迎您”书信节活动，让每

一个学生都成为惠州省运大使。组织开展“我为省运添光彩”中小学生演讲比赛，激发广大学生热爱惠州，热爱家乡，为家乡奋发学习、报效祖国。惠州市把心理健康教育摆到德育工作的重要位置，全市各中小学校相继开展形式多样、内容丰富的学生心理、生理健康教育活动，帮助学生树立正确的心理健康观念，化解心理压力，提高心理素质，构建和谐校园。各类学校在开展德育工作的同时，注重创新品牌和管理模式，惠城职教园的“三自管理”、“准军事化”、“校长助理”三大德育管理模式获省德育创新奖项。

（二）深入开展“旭日奖”评选表彰活动。未成年人品德优秀“旭日奖”是惠州市政府与香港旭日集团共同开展的中小学德育工作的一项品牌活动。2010年先后召开了两次专题会议，部署了第六届“旭日奖”评选表彰工作，调整了部分活动领导小组成员。7月份，2010年暑假“旭日奖”素质训练营在市国防教育训练基地正式开营，300名曾获得惠州市未成年人品德优秀“旭日奖”的学生代表连续4天在训练营接受主题为“奉献·关爱·奋斗”的中华传统美德教育和拓展训练活动，取得了良好的效果。

（三）广泛开展组织传唱优秀童谣，“做一个有道德的人”主题活动。惠州市以六一国际儿童节为契机，按照中央文明办、教育部、共青团中央、全国妇联的文件要求，5月25日，在全市中小学和幼儿园中组织开展“传唱优秀童谣、做有道德的人”网上签名寄语活动，积极发动广大家长和未成年人参与学唱传唱优秀童谣，使未成年人在潜移默化中滋养心灵、提高素质，展示良好风貌。

四、大力开展志愿服务活动，不断推进志愿服务工作

（一）全力开展“迎讲树”志愿服务活动。省运会期间，全市30万名志愿者怀着巨大热情和激情全方位参与省运会志愿服务，出色完成了省运会各项志愿服务工作任务。据统计，省运期间惠州市志愿者先后为省运会开闭幕式、场馆比赛服务、倒计时100天活动、场馆测试赛、场馆开放日、誓师大会、省运会志愿者健步行等各类大型活动，志愿服务达18万人次80多万小时。此外，10月19日亚运火炬在惠州传递期间，惠州市近2000人次志愿者参与火炬传递起点、终点和沿途营造氛围、运送物资、观众互动等工作，累计提供服务时数5832小时，保障了亚运火炬在惠传递活动的顺利进行。

（二）深入开展关爱空巢老人志愿服务活动。按照中央文明办的统一部署和要求，由惠州市文明办牵头，团市委、市老龄办、市民政局、市妇联等单位及各县（区）积极响应和配合，开展了关爱空巢老人志愿服务活动，通过健全机制、创新手段、强化服务，基本实现了关爱行动的制度化、信息化和人性化，为广大老年人特别是高龄空巢老人提供了形式多样的关爱志愿服务，取得了较显著的成效。据统计，目前惠州市共有空巢老人3.78万人，其中独居空巢老人1.97万人，80周岁以上的空巢老人近1万人，长期患病、无人照料、生活困难且不能自理的60岁以上的空巢老人1636人。根据老人的不同状况和需求，采取了以“一帮一”、“两老一少”、“以老助老”三种结对帮扶志愿服务方式，组织志愿者定期到老人家中提供生活照料、心理抚慰、应急救助等服务，目前20个试点社区的志愿服务队伍已达40多支，加入关爱空巢老人志愿服务活动的志愿者有1538人，其中低龄老年志愿者338人，已结成“以老助老”对子253对。

五、扎实推进农村精神文明建设，不断扩大延伸文明创建领域

（一）稳步推进文明县城创建工作。大力组织龙门、博罗、惠东县深入开展文明县城创

建活动，推动文明县城创建工作进一步延伸深化和巩固发展，目前3个县的创建工作正在稳步有序推进。龙门县在2009年获得“广东省创建文明县城工作先进县城”的基础上，力争在2011年创建成为“广东省文明县城”。博罗县力争创建成为“广东省卫生县城”和“广东省创建文明县城工作先进县城”，在2013年成功创建成为“广东省文明县城”。惠东县创建“广东省卫生县城”于2010年6月28日通过考核，正式跻身“广东省卫生县城”行列，力争在2011将县城创建成为“广东省创建文明县城工作先进县城”，在2013年创建成为“广东省文明县城”。

（二）开展农村环境整治和文明乡风建设。一是广泛开展城乡“清洁、和谐、优美”活动以及十星级文明户、文明村、文明集市、农村文化广场等创建活动，认真搞好生态文明村建设活动，推进古村落的保护、开发与文明村建设相结合，共同创造整洁、和谐、优美的城乡环境，推动农村精神文明建设工作上水平。二是广泛开展移风易俗活动，深入推进“婚育新风进万家”活动和关爱女孩行动，开展“好公婆”、“好儿女”、“好媳妇”、“好妯娌”等评议活动，推动形成男女平等、尊老爱幼、夫妻和睦、勤俭持家的良好风气，引导农民群众讲文明、讲科学、讲卫生、树新风，倡导健康文明的生活方式。

（三）建设新农村乐园（岭南新民居）示范点。为贯彻落实全省推进岭南新民居建设的实施意见，惠州市文明办组织惠城区政府、惠州市国土局、惠州市住建局等相关部门对惠州市建设新农村乐园（岭南新民居）示范点的工作进行了多次调研和论证，决定在惠城区三栋镇鹿颈村规划建设新农村乐园（岭南新民居）示范点，坚持示范点建设与旧村庄改造紧密结合，坚持与新农村建设紧密结合，坚持与邓演达惠州市纪念园及其周边建设紧密结合，统筹布局，积极打造独具特色的国家4A级景区和新农村乐园（岭南新民居）示范工程。

（惠州市文明办）

汕尾市

2010年，汕尾市精神文明建设工作在市委的正确领导下，在省文明办的指导下，以社会主义核心价值体系为根本，切实加强公民道德建设，深入推进未成年人思想道德建设，深化拓展群众性精神文明创建活动，不断提高公民文明素质和社会文明程度，为汕尾市实现“五年大变化”和全面“砍掉落后尾巴”提供了精神动力、创造了良好的社会环境。

一、围绕建设社会主义核心价值体系，大力加强公民道德建设

坚持把社会主义核心价值体系建设作为精神文明建设工作的长期战略任务来抓。一是开展爱国主义教育。清明节，组织开展“移风易俗——文明低碳祭祖”活动，缅怀革命先烈，对广大青少年进行爱国主义、革命英雄主义教育。加强对红宫红场革命旧址等爱国主义教育基地的建设和管理，充分发挥基地的教育功能。11—12月间，组织各县（市、区）有关单位申报爱国主义教育基地。通过申报以及考察组的核查，确定15个单位为市级爱国主义教育基地，并根据省委宣传部的要求，组织海丰彭湃烈士故居等申报省级第四批爱国主义教育基地。二是开展公益大行动。6月30日，开

展全民捐资助学活动，全市募集到各类助学资金10亿多元，全部用于改善教育环境和帮扶贫困家庭子女上学；12月12日举办“慈善日”活动，鼓励对口帮扶部门以及社会各界深入贫困地区，献爱心，搞帮扶。动员不同界别、阶层、年龄的人积极参与，架起在弱势群体、特殊群体与政府、企业、媒体、社团、市民之间的桥梁，建立互助、长效的爱心平台。三是认真组织第八个“公民道德宣传日”活动。6月，市文明办在陆河县组织陆河县妇联、团县委、教育局、公安局、文广新局、广播电视台、林伟华中学、陆河河田中学等单位召开了汕尾公民思想道德建设研讨会，就如何开展全市思想道德建设特别是未成年人思想道德建设，建立科学的学校评价机制，有效开展网吧、文化市场的整治工作，营造青少年健康成长的良好环境等问题作了深入的探讨和交流；同时，印发了公民思想道德建设知识及资料共5000份，分发到县直机关和各乡镇，取得了良好的效果。四是开展全民阅读活动。全年以领导干部和青少年为重点，举办以“立志·尚学·勤政”为主题的全民读书节，着力把读书活动与机关文化、企业文化、社区文化、校园文化、生态文化和农民文化等方面的建设结合起来。5月，市城区组织编写了《立道在礼——汕尾市城区市民文明礼仪手册》，举办了2010“书香岭南”全民读书活动汕尾启动仪式暨《立道在礼》首发式，向区直单位、各镇（街道）、村（社区）和部分学校捐赠图书3万多册；举办专家讲礼仪等活动，进一步倡导勤奋好学、知书达礼的社会风气。

二、一手抓建设、一手抓管理，着力加强未成年人思想道德建设

结合加强基础教育，把汕尾市教育事业推上新台阶的部署，进一步加强和改进未成年人思想道德建设。一是进一步净化社会文化环境。坚持把净化社会文化环境作为加强和改进未成年人思想道德建设的一项基础性的长期工作来抓，一年来，市工商部门对全市140家网吧重新登记造册，取缔“黑网吧”100家，没收电脑1500台，取缔全市各类媒体广告7600条，网上非法广告500条；市文化部门收缴非法音像制品3410张，非法出版物1340册，涉嫌黄色音像制品43张，进一步净化社会文化环境。同时，加强广播电视安全播出的管理，实现了安全播出零事故。二是开展丰富多彩的主题活动。组织小学和幼儿园开展优秀童谣传唱活动和以及六一儿童节“传唱优秀童谣、做有道德的人”网上签名寄语活动；一年来，市文明办与市教育局等单位共同在中小学校广泛开展“祖国发展我成长”主题教育活动；开展“争当信使喜迎亚运——汕尾欢迎您”书信活动。评选出优秀学校组织奖10名，优秀指导老师奖10名，一等奖10名，二等奖20名，三等奖30名，四等奖40名，鼓励奖50名；开展中小学校“千万少年快乐阅读”系列活动，积极推进创建“书香校园”活动；与团市委共同开展广东省第二届“南粤雏鹰之星”选树活动。通过网络大众投票和专家评审相结合，筛选6名“南粤雏鹰之星”候选人和10名“广东省优秀少先队员”候选人。三是大力推进家庭教育工作。继续办好家长学校，帮助家长树立正确的育人观、成才观，切实改变一些家庭中存在的重智轻德现象。团市委、市妇联分别于三八妇女节、六一儿童节期间多次举办家教讲座，如请家教专家戴洁在市文化中心为广大家长释疑解惑，请退休教师黄沧海在市体育馆为家长普及家教知识等。同时，“五老”队伍继续推进社区家教工作，全年为社区家教义务宣讲30多场。

三、以2010年亚运会、亚残运会为契机，广泛开展“迎接亚运会，创造新生活”系列活动

2010年是亚运会、亚残运会举办之年，汕尾市作为赛事主办地分赛区城市，抓住契机，开展“迎接亚运会，创造新生活”系列活动，着力提升市民文明素质。一是提升市民交通文

明意识。2月，市文明办与市公安局、团市委共同举办“交通安全文明行动”志愿者服务启动仪式，在亚运期间举行多场志愿者交通文明突击行动，提高市民交通文明意识；与市交警部门深入开展“文明出行从我做起”主题教育和培训，普及文明交通安全知识。9月，与市交通局共同推荐一批广东省文明出租汽车企业和广东省出租汽车文明驾驶员。陆丰市一个企业，市区、海丰县、陆河县各一名个人获得荣誉。二是提升市民公共文明意识。广泛开展爱国卫生运动，组织社区居民积极实施绿化、美化、净化工程，集中整治场馆周边、小街背巷和城乡接合部的环境卫生，彻底清除卫生死角，努力创造整齐有序、整洁优美的城市环境。全市各级党政机关和事业单位开展“打扫日”活动，分别于11月1日、11月10日分片清扫街道；深入推进“文明汕尾三有序”实践活动。开展“身边陋习”点评活动；以“礼让”为主题，在11月11日开展“排队日”活动，在公共场所推广“排队”，在手扶电梯开展“靠右站立”，引导市民形成自觉遵守公共秩序的良好习惯。三是提升市民文明健身意识。以“全民健身与亚运同行”为主题，广泛开展贴近群众、方便参与的社区运动会、民间传统体育花会等形式多样的群众体育活动，引导广大市民共同参与并逐步形成良好的健身习惯，尽力做到锻炼不扰民，掀起新一轮全民健身高潮。

四、普及志愿理念，弘扬志愿精神，大力开展志愿服务活动

汕尾市是第16届亚运会的分赛区，承办亚运帆船赛。为做好赛事服务，汕尾市认真贯彻落实中央宣传部、中央文明办和广州亚组委等部门召开的“迎世博迎亚运讲文明树新风”志愿服务活动视讯会议精神，科学谋划，精心组织，全力做好亚运志愿服务各项工作。一是抓好汕尾赛区志愿者招募选拔培训。年初，制订《第16届亚运会汕尾赛区招募选拔工作方案》和《第16届亚运会汕尾赛区赛会志愿者培训计划方案》，印制志愿者招募手册，制作志愿者招募宣传片，积极做好宣传动员、招募培训各项工作。在汕尾职院、汕尾体校及社会各界招募300多名赛会志愿者，成立汕尾赛区赛会志愿者骨干小组，建立志愿者博客，率先对志愿者骨干进行英语、体能及志愿服务通用知识等方面的培训，并组织志愿者骨干到广州参加亚运会志愿者骨干培训，为赛会服务打下基础。二是健全运转顺畅有效的领导体制和工作机制。制定《汕尾分赛区总体工作方案》、《汕尾分赛区筹委会各职能机构工作职责》和《汕尾赛区志愿者工作推进方案》，成立专门工作机构，设立4个部室并制订各部室工作任务，做到任务层层分解，责任落实到人，确保各项工作的正常运转。建立信息报送、后勤保障等制度，对不同岗位负责人进行分类培训和指导督导，及时发现问题，解决问题。制订志愿服务工作宣传方案，对宣传效果、赛时及赛后激励、志愿服务成果转化等提出明确要求。在汕尾电视台播出汕尾赛区亚运志愿者专题访谈节目，在汕尾电台开通12355志愿服务热线。三是组织系列“迎亚运讲文明树新风”志愿服务活动。在志愿者培训期间，举办“亚运英语伴我行”志愿服务活动，举行“志愿者清洗‘牛皮癣’为汕尾扮靓活动”，开展“迎亚运，欢乐共建交通文明志愿服务活动”，举办“迎接亚运会，创造新生活”汕尾赛区城市志愿者共建“文明、绿色、低碳’家园活动，开展亚运会汕尾赛区志愿者走进警营、走进校园系列活动。10月30日，汕尾市举办“全民参与迎亚运”大型志愿服务活动，再次掀起“迎亚运讲文明树新风”志愿服务活动高潮。

五、着眼于提升城乡文明程度，深化拓展群众性精神文明创建活动

创建文明城市方面，抓住迎接亚运会，扮靓汕尾城区的契机，在加强城市基础设施建设的同时，大力抓好城市净化、美化、绿化、亮

化工程，为创建文明城市打下基础。海丰根据本地区优势，制定创建文明县城规划和实施方案。市城区紧抓创建文明社区先行点，开展社区志愿者服务活动，以先行点带动全区创建文明社区工作。按照该区创建文明社区结对共建方案，全区28个机关企事业单位结对共建市区28个社区，全面开展创建文明社区工作。创建文明行业方面，结合迎接亚运会，8月，制定下发《关于在全市市窗口服务行业开展“迎亚运创五优树形象”活动的实施意见》，召开汕尾市窗口行业“迎亚运创五优树形象”座谈会，在电信、交警、公路、工商等窗口单位开展窗口行业文明礼仪展示活动；结合推荐评选“广东省迎亚运文明示范窗口”活动，对全市各行业窗口单位服务质量等进行了一次总体检查评比，有力督促窗口单位服务质量的提升。生态文明村创建方面，深入推进生态文明村创建活动。命名确定了18个首批市级生态文明村，并争取到市财政每个生态文明村给予3万元创建专项经费；组织召开了全市文明单位结对共建生态文明村经验交流会，全面总结了结对共建生态文明村的经验做法，同时倡议各文明单位为共建村认捐调频广播，实施“村村响”工程，收到各文明单位“村村响”调频广播捐款10多万元；12月，《汕尾日报》、汕尾广播电视台分别对部分首批生态文明村和部分结对共建单位进行了系列报道，掀起了新一轮的生态文明村创建高潮；继续加大对陆丰创建文明信用村、信用户活动指导协调工作，陆丰在甲东、博美等镇开展建文明信用村、信用户试点活动，取得良好成效。

（汕尾市文明办）

东 莞 市

一、积极推进创建全国文明城市工作

（一）推进制度保障全覆盖。坚持把建章立制作为基础性工作，从体制机制上确保文明创建长效化。一是强化组织领导建长效。坚持把深入创建文明城市列入“一把手工程”，纳入“十一五”、“十二五”发展规划、政府年度工作计划和领导干部任期考核。市委常委会每年1—2次专题研究精神文明建设工作，协调解决重大问题。市、镇（街）两级长期设立创文领导小组、文明委和创建办，市委书记、市长亲自担任领导小组组长、执行组长，各级创建领导小组组长、成员都是各级各部门一把手，2009年以来先后召开“创建全国文明城市工作表彰动员大会”、“文明委成员（扩大）会议”、“未成年人思想道德建设工作会议”等7次全市性高规格会议，市委书记、市长亲自部署、亲自检查指导工作。建立逐年增长的财政投入机制，三年来市财政预算安排文明创建专项经费达6000多万元，提供了坚实的财力支撑。二是强化责任落实建长效。市政府与各镇（街）、各部门签订严格的目标责任书，出台《关于2009—2011年创建全国文明城市工作的意见》、《2011年东莞市迎接全国文明城市复评工作实施方案》等，将《全国文明城市测评体系》126项指标任务层层分解，形成无缝责任链条。市委、市政府从各级各部门抽调人员累计48人，充实到创建办专人、专职、专点办公，重点开展实地巡查通报，确保薄弱环节及时整改。三是强化社会监督建长效。健全创建点评机制，三年来组织不同形式的现场会、点评会、推进会20多次，难点盲点整改率达90%以上。每年组织人大代表、政协委员开展实地督察，建立市民巡访团、文明监督员等群众监督组织，实现社会监督常态化。

（二）推进一体创建全覆盖。坚持城乡统筹，推动文明城市创建从中心城区向全市延伸，从重点部位向一般地带辐射，从窗口单位向所有行业扩展，实现创建工作的跳跃式发展。一是铺开指数监测促统筹。针对主干道、主要交通路口、农贸市场、汽车客运站、中小学校、重点窗口行业等关键部位，市、镇（街）、村（社区）三级每年定期组织人员开展公共文明指数测评，向全社会发布测评结果。文明指数测评机制实现从城区试点向镇、村（社区）全面铺开，32个镇（街）文明指数每年增长达10%以上。二是优化基层创建促统筹。出台新的《东莞市精神文明创建活动评选表彰工作办法》，高标准、严要求推进基层创建活动，全面覆盖到新莞人、未成年人、“两新”组织从业人员等不同群体，进入到机关、学校、社区（村）、企业、旅游景区等各个层面，实现基层创建水平的螺旋式上升。三是推进城乡联动促统筹。出台《关于在全市广泛开展以城带乡、城乡共建活动的意见》，推动各级文明单位深入开展城乡结对共建活动，打造了省市“双到”扶贫、村（社区）“党建特色示范区”、“两新”组织“双星双创”、文化科技卫生“三下乡”、科教文体法律卫生“四进社区”等示范品牌，实现了创建工作的统筹兼顾、优势互补。

（三）推进社会共建全覆盖。坚持社会共建的理念，把各种社会资源整合起来，把群众参与的积极性调动起来，实现“靠民创建、为民创建、创建成果由人民共享”。一是扩大舆论引导推共建。电视、广播、报纸等市级媒体，长期开设创建专版专栏，三年来刊播专题新闻、专题报道5000多条（期），26则创文电视公益广告每天高密度播放。东莞文明网全新改版并加入“中国文明网联盟”，积极开展“名博解读文明城市”活动，畅通市民参与创建的便捷渠道。二是扩大公益宣传推共建。充分整合公交车媒、经营网点视频、楼宇电视、手机短信、轻轨工地围壁等社会宣传资源，32个镇（街）全部建立“公共文明宣传示范街”、公交站亭横标、道路隔离带、进莞出入口等创建宣传阵地，广泛宣传创建教育内容和行为规范。三年来，全市发放“文明生活读本”100多万本，发放“环保购物袋”、“纸张筒”等创建宣传品共120多万个，实现创建宣传进工厂、进社区、进村镇、进机关、进学校。三是扩大社会参与推共建。在全省首创设立“东莞市文明委列席单位”，东莞移动、东莞电信、东莞银行、东莞供电局、东莞联通5家企业首次列席文明委成员（扩大）会议。累计与60家企事业单位缔结为“公益宣传合作伙伴”。实现“礼仪知识上电视”——制作播出50期“天天有礼”电视栏目、“公益宣传上电影”——免费为社区（村）每月播放一场电影和在经营性电影院每场电影放映前播放45秒创建广告、“公共礼仪上窗口”——在全市窗口行业设立“文明导示系统”、“文明出行上大巴”——在所有进出莞旅游车上开展文明宣讲。发动100多万市民参与“做文明有礼的中国人”网上签名寄语活动。

二、开展“红色礼赞”主题活动

围绕建党90周年和辛亥革命100周年等重大事件，深入开展“红色礼赞”、“永远跟党走”、“光辉历程”、“民族魂”等主题教育活动，深入进行爱国、爱党、爱社会主义和理想信念教育，讴歌中华民族百年奋斗历史、中国共产党90年辉煌历程，唱响共产党好、社会主义好、改革开放好、伟大祖国好的主旋律。

三、开展“讲文明、树新风、为东莞添光彩”主题活动

围绕东莞城市形象整体推介，坚持从基本文明行为规范抓起，贯穿机关、企业、社区、

学校、家庭、媒体等六个层面，深入开展“讲文明、树新风、为东莞添光彩”、“东莞市文明交通行动计划”等主题教育实践活动，重点倡导市民养成“文明礼仪”、“公益慈善”、“阅读求知”、“运动健身”、“志愿服务”、“低碳环保”、“唱好东莞”、“健康爱好”等文明生活习惯，教育引导广大市民把各种文明理念和要求落实为具体行为，以个人小文明的养成促进社会大文明的形成，营造人人争当文明亮点、处处展示东莞形象的良好社会风气。

四、加大道德模范学习宣传

深入贯彻落实中央文明委《评选表彰全国道德模范工作的决定》，做好全国、全省道德模范评选表彰推荐和学习宣传，扶危济困的转业军人李满堂、以诚信创业立业的青年罗铭华成为本届“全国道德模范候选人”。组织开展东莞市第三届道德模范评选表彰活动，评选表彰“助人为乐”、“见义勇为”、“诚实守信”、“敬业奉献”、“孝老爱亲”五类道德模范，目前共有候选道德模范168名。9月20日（全国公民道德宣传日），东莞市举办了隆重的颁奖典礼，广泛宣传“助人为乐”、“见义勇为”、“诚实守信”、“敬业奉献”和“孝老爱亲”五类道德模范，宣传普及核心价值体系。组织道德模范基层巡讲活动，举办宣传道德模范感人事迹的文艺活动，坚持做好帮扶生活困难道德模范工作，引导人们崇德向善。

五、开展“我们的节日”主题活动

总结运用举办“我们的节日”系列文化活动的经验，进一步做好规划部署，加强策划指导，强化统筹协调，落实经费保障，围绕“弘扬传统文化、唱响革命文化、做大本土文化”这一主旨，深入开展“传统节日、纪念节日、地方特色”三大板块文化活动，提高“我们的节日”活动的运作水平、规格档次、品牌效应，使之成为全国公共文化服务名城建设的亮点工程，社会主义核心价值体系建设的有效抓手，为东莞群众谋幸福的文化盛宴、文化经济互动融合的示范平台。组委会精心策划开展2010年度“我们的节日”系列文化活动年度项目评奖投票活动，设立组织奖、原创奖、创意奖、特色奖、宣传奖等九项大奖，举行隆重的颁奖典礼，进一步把“我们的节日”活动品牌打响。先后成功举办“我们的节日”之东莞市2011年春节文艺晚会、洪梅元宵花灯节、清明祭英雄、端午龙舟文化节、东坑二月二“卖身节”、茶山茶园游会、桥头荷花文化艺术节、东莞青年欢乐节、东莞市少儿舞蹈花会、庆祝建党90周年系列活动等大型主题文化活动，举办了“2011东莞节庆文化论坛”，围绕“如何进一步推动节日文化的创新发展”、“如何发挥节庆文化深入创建文明城市的作用”等话题展开深入探讨，制作播放“我们的节日”专题片，出版《我们的节日——东莞市系列文化活动2010读本》。

六、加大对未成年人思想道德教育

依托市展览馆、鸦片战争博物馆、东纵纪念馆、青少年活动中心、袁崇焕纪念园等平台，坚持打造“做一个有道德的人”、“红色经典诵读”、“党旗飘扬我成长”、“童心向党”、“优秀童谣传唱”、“道德小模范评选”、“清明祭奠革命先烈”、“走进东莞文明”、“东纵小战士”、“书香校园”、“书信文化”、“阳光体育”、“18岁成人宣誓”、“手拉手”等特色品牌活动，开设“宝贝豆丁”少儿电视栏目、“阳光教育”专门网站、少儿专题馆，深受广大未成年人欢迎。强力净化社会文化环境，坚持打防并举、标本兼治，持续开展对互联网、手机媒体传播淫秽色情信息整治，遏制不良信息传播。净化荧屏声频，严禁黄金时段播出不适合未成年人的节目，整顿危害未成年人身心健康的不良广告，加强校园周边环境治理，净化社会文化环境工作取得显著成效。加强青少年心理健康教育，建立市级未成年人心理健康辅导中心，推广“莞老师工作室”、“彩虹心理热线”，完善市、镇（街）两级未成年人心理健康教育网络，促进未成年人形成乐观开朗、积极向上的良好心态。

七、开拓志愿服务活动

出台《关于进一步发展志愿服务事业的意见》，推动32个镇（街）全部建立志愿服务中心，591个社区（村）全部建立志愿服务站，全市志愿者服务中心达35个，志愿者服务组织2000多个，注册志愿者20.5万人，形成了较为完备的市、镇、社区（村）、企业、学校多层次志愿服务组织体系，初步实现“三个转变”：队伍由以青年为主向群众共同参与转变，活动由以阶段性为主向经常性转变，管理由松散型向规范化转变。近年来，深入开展“迎接亚运会，创造新生活”、“讲文明、树新风”、“关爱空巢老人”、“关爱农民工”、“抗震救灾”等重大主题志愿服务活动，打造出“三车五行动”（“三车”即文化直通车、健康直通车、普法维权直通车，“五行动”即青春暖流行动、社区和谐行动、爱心助学行动、社会实践行动、环境保护行动）志愿服务品牌活动。

八、开展东莞城市暖流行动

以新入户的新莞人为切入点，深入宣传市委、市政府为群众谋幸福的政策措施，广泛宣传新莞人奋斗成才、创新创业的典型事迹，大力宣传新老莞人和谐共融、共建共享的幸福场景，提升城市亲和力、凝聚力、向心力。开展“幸福东莞·城市暖流行动”，由市文明委牵头开展“十项重点活动”，包括：“爱上你，加入你”亲和力传播活动、“幸福东莞”新春慰问活动、“彩虹热线，阳光人生”关爱未成年人心理健康活动、关爱空巢老人“心愿行动”、“我的城市我的家”城市体验活动、专业志愿服务拓展行动、“东莞有礼更精彩”礼仪大讲堂活动、“文明网上行”专栏、“东莞因你而文明”公益广告传播活动、“幸福东莞·城市暖流行动”总结表彰活动。

九、加大群众性精神文明创建活动力度

东莞市新获“全国文明镇”3个、“全国文明单位”1个、“广东省文明镇”2个、“广东省文明单位”6个、“广东省文明村”3个、“广东省文明社区”2个、“广东省精神文明建设先进工作者”2名。按照新修订的《东莞市精神文明创建活动评选表彰工作办法》，结合量化测评和综合评价情况，评选表彰“东莞市文明镇（街道）”9个，“东莞市创建文明镇（街道）工作先进单位”2个，“东莞市文明标兵社区”18个，“东莞市文明社区”23个，“东莞市文明标兵村”17个，“东莞市文明村”41个，“东莞市文明标兵单位”45个，“东莞市文明单位”51个。

（东莞市文明办）

中　山　市

2010年是全面完成“十一五”规划，谋划“十二五”发展的关键一年，也是中山市“文明城市建设提升年”。全市精神文明建设工作以建设社会主义核心价值体系为根本，以“巩固·提升”为主题开展精神文明建设工作，创建文明城市工作进步明显，群众性精神文明创建工作深入开展，公民思想道德建设稳步推进，未成年人思想道德建设进一步加强，志愿服务工作机制趋于完善，和谐文化活动蓬勃开展，精神文明创建宣传工作富有成效。

一、加大文明城市建设力度

市文明办深入剖析2009年公共文明指数测评得分低的原因，向市委、市政府提交创建文明城市工作的报告，从有关单位抽调6名工作人员，重新组建中山市创建全国文明城市领导小组办公室。5月中旬，召开扩大会议，部署迎测评工作，并印发《迎接全国公共文明指数测评工作任务分解表》，把工作责任明确到各区、各责任单位。加强对城区公共卫生、交通秩序、治安环境、社会文化环境、窗口服务行业、城区公共设施、市民不文明行为等进行集中整治，城市文明面貌大为改善。8月底，在中央文明办组织的测评中，中山市以总分80.22分的成绩排在全国受测评79个地级市的第21位，比上年上升14位。市文明委组织考察团赴东莞、威海、烟台、青岛等市考察学习，向市委提交调研报告《中山会成为被淘汰的全国文明城市吗?》，深入分析中山市创建文明城市的形势和对策，提出下一步创建工作的对策。

二、开展群众性文明创建工作

2010年，中山市广泛开展以城带乡、城乡共建的群众性精神文明创建活动，全市有6个单位、2个镇、4个行政村、4个社区、1个窗口单位被评为省文明集体，1人被评为省文明先进个人。开展2007—2009年度全市精神文明创建先进单位和先进个人评选活动，市委、市政府表彰市级文明镇区20个、文明单位548个、文明社区84个、文明村97个和文明户标兵114户。市文明委与市工商局联合开展“中山市诚信单位”评选表彰活动。10月20日，中山市创建全国生态市工作顺利通过国家环境保护部的验收、审核和公示，待审批程序完成后，将成为全国首个被命名为“国家级生态建设示范区”的地级市。联合环保、教育部门，以创建绿色活动为平台，评选表彰市绿色学校43所，市绿色社区12个。

三、强化公民思想道德建设

2010年，市文明办举办第二十一届“中山市十杰市民”评选活动，三角公安分局局长刘伟刚，市青年志愿者协会直属总队常务副队长罗东，市人民医院大外科主任、普外二科主任师天雄，现役运动员苏炳添，金马游艺机有限公司董事长兼总经理邓志毅，市实验高级中学校长张海经，市城市管理行政执法局东升分局局长狄炜，中山市青年国际旅行社有限公司旅游总部总经理历健，民众镇群安村党支部书记、村委会主任梁接洪，沙溪镇圣狮村治保会副主任陈嘉庆获“中山市十杰市民”称号。开展“文明观世博、热情迎亚运、和谐迎国庆，做文明有礼的中山人”活动，编印并免费派发礼仪宣传手册12万册。开展网上签名寄语活动，宣传文明风尚，倡导健康文明的生活方式。9月20日，在“公民道德宣传日”当日承办由省委宣传部、省文明办主办的“博爱奉献，和谐广东——广东省第八个公民道德宣传日”活动启动仪式，开展“小手牵大手，文明一起走”系列主题活动。与市妇联联合组织主题为“携手共建平安和谐家园——两性和谐，远离家庭暴力”的第35期城市论坛。举办“中山市公务员健康文明生活方式倡议”活动，组织“向不文明行为告别，争做文明公务员”现场签名和网络签名承诺活动，发挥公务员在引领社会文明风尚中的作用。广泛开展“我推荐、我评议身边好人”活动，推荐身边的好人，陈国雄、陈嘉庆、段铁群、李元娟荣登“中国好人榜”。开展道德模范基层巡讲活动，组织道德模范走进学校、社区、企业巡回演讲，在全市掀起学习道德模范和身边好人的热潮。市直机关工委组织全市机关单位举办“深化机关作风建设，提高执行力”主题活动，推进公民道德教育，成为中山现代公民教育工作的重要组成部分。

四、加强未成年人思想道德建设

中山把2010年定为德育工作常规管理年。召开全市中小学“德育常规精细管理”现场会，将德育放在未成年人素质教育的首位，市中小学德育基地被命名为“广东省中小学示范德育基地”。举行“万名青少年进文化场馆”活动和“绿色暑假·缤纷文化”青少年暑期系列文艺活动。利用传统节日契机，广泛开展中华经典诵读活动、“传唱童谣，做有道德的人”活动和网上签名寄语活动，创造性地开展诗歌教育活动。在全市大中小学设立校园警务室，并搭建全国首个综合性的校园网上警务室，成立全省首个“中小学公共心理危机干预援助团”，完善校园危机事件应对机制。贯彻落实《全国家庭教育指导大纲》，成立市家庭教育工作指导委员会。家教指导服务中心举办“万名家长学电脑”活动，依托“家长学校”推进家教工作。推进省“流动儿童登记制度”项目试点工作，推行“16周岁以下流动儿童随行卡”登记管理，促进流动儿童享受公平教育。全年查处取缔“黑网吧”767间，净化社会文化环境。2010年，中山市在全国未成年人思想道德建设工作测评中取得91.08分的好成绩，在全国79个受测评的地级城市中排第13位。

五、拓展社会志愿服务

2010年2月，成立中山市志愿者联合会，整合全市志愿服务组织工作，稳步推进志愿服务事业向规范化、长期化、项目化发展。2010年，全市有志愿服务总队48支，注册志愿者13万人。开展关爱弱势群体志愿服务活动，启动“老吾老以及人之老——中山关爱空巢老人志愿服务行动”，发动社会各界向中国志愿服务基金会捐助160万元。志愿者与城区250名空巢老人进行结对帮扶，稳步推进对全市空巢老人的“一对一”、“多对一”关爱活动。为大型活动提供志愿服务，组建有2100名成员参加的志愿者队伍参与亚运火炬传递仪式，招募38位世博志愿者为世博中山馆提供服务。2009年，中山12名志愿者出色完成援助塞舌尔任务，于2010年获“广东省五星志愿者”称号、“中山市志愿服务特别贡献奖”、“中山市优秀青年集体”等称号。加强文明劝导志愿服务，与市交警支队联合开展“文明交通行动计划”活动，组建有500人的文明交通志愿服务队伍，开展“关爱生命，文明出行”主题宣传日活动，“文明出行，我最闪亮”志愿服务行动，“文明倡导周周行”志愿服务活动。中山被中央文明办、公安部列为“文明交通行动计划”华南地区重点推进城市之一，公安部在中山召开现场会，推介中山的经验。开展倡导低碳环保生活志愿服务活动，组织志愿者广泛开展爱国卫生运动、“畅享低碳中秋、齐迎绿色亚运”月饼盒回收、“畅享绿色出行，迎接激情亚运”等活动。

六、开展和谐文化活动

2010年，市文明办倡导全市市民参加“爱国歌曲大家唱”活动。举办“悦读·和谐”中山第八届读书月活动，活动期间开展“悦读名城——全社会读书活动”、“和美中山——读书月经典诗文朗诵”、第三届中山市公务员读书沙龙等活动，使读书成为一种社会风尚，成为一种生活方式。开展“我们的节日”系列活动，在清明节期间，组织“缅怀祭奠革命先烈”主题活动。端午节期间，与东升镇联合举办“水乡情浓、民歌情深咸水歌公开赛”，与黄圃镇联合举办“2010中山黄圃端午龙舟赛”活动。重阳节期间，开展关爱空巢老人茶话会。加强城乡文化广场、农家（社区）书屋建设，积极组织各类文化活动。开展“树文明新风，做文明公民”社区文艺巡演活动，弘扬传统优秀文化。

七、加强文明创建宣传

2010年，市文明办升级改版中山文明网，增设城市文明名片、未成年人、文化名城、志愿服务、现代公民教育、我们的节日等栏目。开展“名博解读文明城市”活动，组织13名中山知名博主，通过实地采风和调研，发掘感人事迹，撰写博文和拍摄照片，在中山文明网和中国文明网专栏上发表。与中央电视台联合承办2011年“我们的节日·春节——中华长歌行”特别节目，宣传中山文明形象。

（中山市文明办）

江　门　市

2010年以来，江门市精神文明建设工作以创建全国文明城市为龙头，围绕构建“和谐侨乡 满意城市”，深入推动各项工作开展，取得了实效。

一、围绕中心，推进创建全国文明城市工作

（一）精神文明建设工作得到中央领导的充分肯定。11月13日至14日中共中央政治局委员、书记处书记、中宣部部长刘云山莅临江门市，实地察看江门经济社会发展情况，重点调研宣传思想文化工作、精神文明创建尤其是文明城市创建工作。13日晚，刘云山同志，广东省委常委、宣传部长林雄与江门市党政部门负责同志以及江门市创文指挥部成员单位负责人举行创建文明城市工作座谈会。在听取市委书记陈继兴汇报了全市经济社会发展最新情况和创建全国文明城市的做法后，刘云山同志对江门市经济社会发展特别是创文取得的显著成就给予充分肯定。他表示，广东省包括江门市这些年的精神文明建设特别是文明城市的创建活动卓有成效，积累了不少宝贵的经验，有些经验要在全国进行推广。

（二）江门市公共文明指数测评成绩进步显著。8月31日至9月2日，全国公共文明指数测评工作组一行15人来到江门市，开展公共文明指数测评，测评主要采取实地考察、入户问卷调查和材料审核三种方式进行。10月13日，中央文明办在中央主要媒体公布全国117个城市的公共文明指数测评成绩，江门市

位列全国地级市第18位，比2009年进步了21位，进步明显。对此，省委常委、宣传部长林雄作出了批示：“江门市创建全国文明城市成效显著，在年度指数测评中进位提升明显，可喜可贺！望再接再厉，进一步加强创建工作，在现有工作基础上争取更大进步，结出丰硕成果！”为贯彻林雄常委的指示精神，陈继兴书记、刘海代市长也都作出了批示，要求认真贯彻林雄同志的批示，继续抓好城市创建工作，迎接明年的大考。

（三）创文经验在全省、全国集中宣传推广。5月10—13日，省委宣传部、省文明办组织了《南方日报》、《南方》杂志、南方网、广东电视台、广东电台等13家省主流媒体的30多位记者抵达江门市，对江门市创文工作进行了为期4天的集中采访。5月17—19日，13家省主流媒体通过报纸、电视、广播等形式，以丰富的内容、敏锐的视角报道江门创文工作，3天累计共发各种新闻稿件35篇，南方网、金羊网还分别制作了专题网页，进行了大容量、专题专版的报道。

9月15—19日，中宣部、中央文明办又组织《人民日报》、新华社、《光明日报》、《经济日报》、中央人民广播电台、中央电视台、《中国青年报》、《中国妇女报》、《农民日报》、《法制日报》、《工人日报》等11家媒体到江门集中宣传江门市创文工作经验、做法。从9月26日起，江门市创文经验在中央各大媒体集中刊播。9月26日，新华社、中央人民广播电台、中央电视台《新闻联播》和《焦点访谈》首先报道江门创文工作。9月27日，新华社再次播发通讯，《人民日报》、《光明日报》、《经济日报》、《中国青年报》、《农民日报》、《中国妇女报》等中央媒体也纷纷刊发长篇通讯，宣传江门建设成就，深度解读江门创文经验。10月13日，中央电视台《新闻联播》再次报道了江门创文经验。中央、省新闻媒体一系列的集中宣传，大大提高了江门市在全国甚至全世界的知名度、美誉度。

（四）推动创建机制常态化、规范化。江门市创建工作全面推进，部分未达标项目已完成任务，创建工作进入制度化、常态化轨道。市委常委会每半年检查研究一次创文工作；创建指挥部委托高校每季度进行一次公共文明指数测评，并召开指挥部会议通报测评结果。人大代表、政协委员每年至少视察一次文明创建工作。4月初，市创建指挥部下发了《关于进一步完善创建全国文明城市工作机制的通知》，对领导机构、督导和通报机制、会议制度、测评制度、信息报送制度进行了明确规定。

（五）宣传发动形成全覆盖、全方位。充分运用报纸、电视、电台以及网络、手机等媒体开展创文宣传，并通过设置一批大型公益广告牌、灯柱广告、围墙广告、社区宣传栏，印发宣传单张、海报和发放创建公益宣传纪念品等方式，营造浓厚的创建氛围。同时，制作了10个创文公益宣传片在电视、大型电子显示屏、办证窗口、车辆车站等循环播放，提高市民的知晓率、参与率。市创建指挥部领导、三区各级领导还带头深入社区居民家庭宣传创文工作，听取市民意见。目前，蓬江、江海、新会区创文宣传入户覆盖率达到100%。

（六）加强整改，提升城市文明程度。先后组织召开3次创建全国文明城市工作指挥部全体会议，对每一季度创建工作情况进行总结，对下一步的创文工作作出部署。同时，市创建办加大督查力度，分成四个小组，围绕公共秩序、公共环境、人际关系、公益行动等每周至少进行两次督促检查。在迎检期间，每天都开展督促检查并及时通报给相关部门，要求立即整改。三区、市直有关部门先后开展了“牛皮癣”、不系安全带、机动车非机动车乱穿乱行、行人乱吐乱扔、网吧接纳未成年人上网、出租车不打发票等专项整治行动。蓬江区针对突出问题进行重点整治，投入600多万元用于社区硬件配套设施建设，先后开展了清洁卫生万人大行动、整治非法养狗、整治占道经营与“牛皮癣”行为、整治集贸市场等六大创文集中整治大行动。新会区采取堵与疏结合方式。通过政府购买，聘请专业清洁公司对城区“牛皮癣”进行统一清洁、管理，并对旧楼道进行粉刷、清理，完成了楼龄5年以上楼宇、楼道的粉刷。

二、广泛发动，培育现代公民道德意识

（一）大力开展义工服务活动。先后组织开展“迎新春清洁家园”集中行动、“江门市空巢老人关爱义工（志愿）服务行动”、万名义工进社区等一系列活动，服务社会，弘扬义工精神。为发动广大市民参与文明创建工作，市文明委决定将每年7月的最后一个星期六定为“义务劳动日”，倡导全体市民在这一天开展义务劳动。7月31日，市文明办组织发动市直及三区党政机关、事业单位干部职工及市民共两万多人参加义务劳动，共同清理社区的“牛皮癣”和卫生死角，共同净化、美化家园。

（二）加强公民文明意识教育。在全市启动了“文明交通行动计划”活动，活动围绕“关爱生命，文明出行”的主题，编印了2万份“文明交通行动计划”倡议书和6万张温馨提示卡及一大批宣传横幅、宣传标语、张贴画等春运宣传品下发到各执勤点、服务区，免费派发给群众，加强公民交通出行的法制意识、安全意识、文明意识教育。蓬江区启动和实施了提升市民文明素质工程，开展了“小手拉大手、同创文明城市”、文明劝导、文明论坛、社区文化节、“我身边的文明之星”评选等16项主题活动，加强公民道德教育。

（三）提炼出江门市的“城市精神”。2010年4月，市文明办在全市启动江门“城市精神”评选活动，通过征文、调查问卷、召开座谈会、短信征集等途径，共收到各种表述语12000多条。最后，经广大市民投票和市领导审核，确定“爱国爱乡、崇文乐善、开放兼容、和谐文明、创业拼搏”作为江门市的“城市精神”。

（四）开展“文明江门　从我做起”系列活动。3月底，市文明办与中国移动联合开展了“文明江门　从我做起”系列活动，活动贯穿全年，主要内容包括：创文金点子大赛、大拇指行动、“我们的节日——五邑民俗”摄影比赛、“文明红与黑”摄影比赛、文明论坛、文明春风进企业活动、文明啄木鸟行动等。其中，大拇指行动通过发动志愿者每周在广场、主要商业大街、汽车站、社区、学校等场所，向行为文明的市民送出“移动大拇指”贴，在大拇指贴上印上抽奖号码，每月进行一次抽奖，积极引导市民文明出行。至12月，大拇指贴已送出近10万张，产生了良好的社会效益。“文明论坛”则根据不同主题邀请部门领导、专家学者与市民对话，全年在市直及三区举办20多场，参与社区居民群众达1万多人次。

此外，为提高市民的艺术修养、欣赏水平和文明素质，市创建办还与移动、电力等企业合作举办系列高雅艺术欣赏晚会。与移动公司合作举办了“春之声——召唤文明”中央民族乐团经典民乐欣赏音乐会，与电力公司合作举办“夏之韵——文明风”俄罗斯交响乐团音乐会。每一场演出都有艺术欣赏和礼仪知识讲解、创文知识有奖问答，对提前到场的观众进行现场抽奖。

三、结合主题，加强未成年人思想道德建设

（一）大力净化社会文化环境。文化、工商、文明办、公安等部门多次联合开展专项行动和完善技术手段，加大“黑网吧”和网吧接纳未成年人查处力度，保持高压态势。目前，市区正规网吧已基本杜绝接纳未成年人上网现象。开平市通过组织开展辅导沉迷互联网的青少年学生活动，成立帮教组织，落实帮教对

象，并向广大家长和青少年儿童派发倡议书，引导家长教育孩子善用网络，文明上网、安全上网。

（二）*开展主题教育活动*。为提高全市家庭成员素质，激励更多家庭成员积极投身三个文明建设，江门市先后组织开展江门市十大文明家庭、江门十大书香家庭、教子有方大讲堂等系列活动，通过提升家长知识文化水平和教育引导孩子能力来推动未成年人思想道德教育工作。开平市举办以“飞鸿寄情，成长路上有您相伴”为主题的第六届中小学生书信比赛，4万多名学生齐借书信的形式表达自己的所想所感，参加人数创下了历届之最。新会区结合创文，通过举办“公共文明礼仪讲座”、“同迎亚运会，共创文明城”、“创建全国文明城市”签名活动等，引导广大未成年人懂礼仪、讲礼仪、用礼仪。

（江门市文明办）

阳 江 市

2010年，阳江市精神文明建设工作在市委、市政府的领导下，在省文明办的指导下，以贯彻党的十七大精神为主线，以建设社会主义核心价值体系为根本，继续加强公民思想道德建设，大力推进文明城镇、文明村镇、文明单位创建工作，扎实开展未成年人思想道德建设活动，努力建设和谐文化，培育文明风尚，进一步提高公民文明素质和社会文明程度，为阳江市经济又好又快发展提供了强大的精神动力和文明的社会环境。

一、围绕建设社会主义核心价值体系，不断提高全市人民群众的思想道德素质

一年来，阳江市把建设社会主义核心价值体系作为基础工程融入到思想道德建设全过程，精心组织宣传教育、挖掘典型、道德实践等活动。

一是积极开展思想道德宣传教育活动。利用重大纪念日，开展理想信念、爱国主义和革命传统教育活动。4月4日，组织了全市干部群众代表数百人到北山烈士纪念碑举行拜谒革命先烈活动，缅怀革命先烈的丰功伟绩，号召全市人民发扬革命主义精神，为建设和谐阳江作贡献。充分发挥革命历史旧址的宣传教育作用，6月初，在革命老区阳春市河口镇建成金堡乡支部旧址“思源堂”展览馆，展出文字资料1.4万多字、图片资料40多幅，为当地群众开展光荣的革命历史和爱国主义教育提供了很好的舞台。9至10月份，以庆祝新中国成立61周年为契机，全市通过举行“祖国在我心中”文艺晚会、庆祝新中国61华诞书法展、“公大杯”青少年征文比赛等活动，全力开展爱国主义和革命传统教育，提高全市人民的思想道德素质。

二是深入开展公民道德实践活动。2010年，全市各界以“感恩、爱心、奉献”为主题，密切关注弱势群体，关爱贫困人群，积极向困难群体开展资助慰问、“送温暖”行动，特别是在庆祝新中国成立61周年和中秋佳节期间，全市各级各部门积极开展慰问老干部、老党员、特困企业、军烈属代表活动，在全社会营造充满爱心和人文关怀的浓厚氛围。“9·12”阳春特大洪灾发生后，全市各级各部门和社会各界发扬一方有难，八方支援的精神，纷

纷投入救灾抢险，为受灾群众办实事、做好事、解难事，奉献爱心，捐款捐物，以实际行动帮助灾区百姓重建家园。

三是开展一系列丰富多彩的群众性文化活动。以主题文化、节庆文化、广场文化为主要形式，开辟了戏剧曲艺表演、阳江民歌自由表演、举办了“春节慰问驻阳江部队、留守外来工文艺演出”、“送戏下乡”活动以及“送电影下乡”等群众性文化活动和广场曲艺展演，丰富了群众的精神文化生活，获得群众的好评。

二、围绕促进广大未成年人健康成长，积极营造良好的社会文化环境

2010年，阳江市着力为未成年人办好事实事，促进未成年人健康成长。

一是实施“文化育人”工程，大力开展“读书活动”。4月15日，在阳江第一中学召开全市“读书活动”现场会，通过引导在校学生制订读书计划，撰写读书心得，培养广大学生爱读书、读好书的良好习惯。结合全市未成年人读书活动的开展，9月14日开始，阳江第一中学举行了第四届校园读书节活动，通过好书伴我行主题征文、演讲比赛等方式，使校园充满浓厚的读书气息。

二是实施“文化环保”工程，着力净化社会文化环境。2010年，阳江市认真开展净化社会文化环境行动，制定了《阳江市净化社会文化环境工作分工》、《阳江市校园周边环境整治工作方案》、《阳江市公安局着力优化网络环境专项行动工作方案》等工作方案，出动执法人员2534人次，检查游戏机室365间次、网吧209家次、音像店326家次、书报刊（摊）经营单位228家次，查处违规接纳未成年人网吧13家、“黑网吧”8家，收缴低俗音像1843张、非法出版物2325份（本），有效地净化了阳江市校园周边环境，为未成年人健康成长营造良好的社会环境。

三是开展丰富多彩的主题活动。一年来，全市以阳江二中、阳江实验小学、阳春一小、阳东广雅小学为试点积极开展学雷锋活动，通过在校内举办学雷锋专栏，建立学雷锋园地，组建有1100多名少先队员参加的学雷锋中队，传唱学雷锋歌曲，写学雷锋日记和讲雷锋故事等活动，使雷锋精神得以弘扬和传承，校园新人新事蔚然成风，受到了家长和社会各界的好评。此外，5月4日，阳江市在广东两阳中学开展全市未成年人“文明上网，健康成长”签名承诺活动，对全市中小学发出倡议，引导学生树立正确的荣辱观，自觉遵守网络公德，弘扬网络文明，上文明网，文明上网。

三、突出抓好文明城镇、文明村镇、文明单位创建工作，群众性精神文明创建活动深入开展

一是积极改善城乡环境。紧密结合创建省园林城市的目标要求，全市各县（市、区）积极实施“清洁城乡、秀美阳江”工程，大力整治公共场所的脏乱问题，认真解决群众关心的热点、难点问题，建设整洁优美的城乡环境。

二是积极擦亮“文化名片”。以“南海Ⅰ号”广东海上丝绸之路博物馆为重点的文化设施建设，取得了突破性进展，海丝馆已正式对外开放，日接待游客1000人以上，打响了阳江文化品牌，提高了阳江的知名度。

三是文明村镇创建活动扎实开展。一方面切实抓好一批生态文明示范村建设。以“五解”为突破口，解决行路难，解决住房难，解决饮水难，解决读书难，解决看病难问题，推进社会主义新农村建设步伐，涌现了一批生态文明示范村。另一方面以中心镇为龙头，着力抓文明镇建设，重点抓好环境改造、清洁卫生、文明程度，坚持以人为本，构建和谐社会。还积极发动社会捐款，争取相关部门的支持，利用社会资金和村镇闲置资源，建设了200多家“农家书屋”，为农村解决看书难

问题。

四是深化文明单位、文明行业创建活动。通过开展“迎亚运创五优”活动，发动广大党员干部树立创先争优意识，展示广东文明新形象，号召广大党员干部从我做起、从小事做起，认真学习、努力工作，积极投入到“迎亚运创五优”活动和创先争优活动中去。

通过开展文明城镇、文明村镇、文明单位创建工作系列活动，阳江市精神文明的先进典型和先进个人不断涌现，树新风、讲文明行为遍地开花。2010年1月份，省委、省政府召开全省精神文明建设表彰暨未成年人思想道德建设工作会议。阳江市有17个单位和1人受到表彰。其中，阳江海事局等8个单位获省文明单位称号，阳春市春湾镇、阳东县东平镇等2个镇获省文明镇称号，阳春市春城街道崆峒新安村等3个村获省文明村称号，农业银行阳江分行获省文明窗口称号，阳江市江城区城东街金湾社区、阳春市春城街道龙湾社区、阳西县沙扒镇社区等3个社区获省文明社区称号，市地税局局长侯邦安获省精神文明建设先进工作者称号。同时江城区白沙街道办事处等40个单位荣获阳江市文明单位称号，江城区埠场镇等8个镇荣获阳江市文明镇称号，江城区城北街道冲表村等20个村荣获阳江市文明村称号，江城区城东街道鹰山社区等6个社区荣获阳江市文明社区称号，何静虹等40位同志荣获阳江市精神文明建设先进工作者称号。

四、打造工作亮点，推动全市精神文明建设工作再上新台阶

一是积极开展“推动科学发展，建设美好阳江”标兵企业、标兵人物的评选活动。为进一步营造阳江市招才引智、招商引资的社会软环境，推动全市经济社会发展“快马加鞭、乘势而上”，根据市委、市政府的要求和部署，结合省委宣传部《关于开展“科学发展 创新广东”宣传教育活动的通知》（粤宣通〔2010〕18号）精神，在全市开展“推动科学发展，建设美好阳江”标兵企业、标兵人物评选活动。评选活动分筹备、推荐、展示、投票、表彰五个阶段进行。评选活动开展以来，得到市直各单位、广大民营企业和全市广大干部群众的积极响应支持，推荐上来的标兵企业参选对象共61家、标兵人物参选对象共97名。经过评选小组按照认真、严谨、规范的原则进行鉴定，并征求纪检、税务、海关、环保、工商、公安、计生、综治等相关部门意见等程序，评选出标兵企业候选对象20家、标兵人物候选对象20名。

在确定标兵企业、标兵人物候选对象名单后，评选活动组委会通过报纸、电视、网络以及手机短信等平台向社会进行标兵企业、标兵人物先进事迹的宣传公示，得到了广大市民的的积极响应，热情参与。共收到市民投票91427张，其中，有效选票84404张（网络投票15104张，邮寄投票69300张），无效选票7023张，是全市历次评选活动参与人数最多、影响最广的一次。

在经过市直有关部门（单位）的严格审核以及公众投票的基础上，评选活动组委会召开了专家评审小组会议，严格按照标兵企业、标兵人物的先进性、代表性、广泛性，并尊重民意对20家标兵企业候选对象、20名标兵人物候选对象进行了认真、严谨的审核，提出了标兵企业、标兵人物提名奖名单以及标兵企业、标兵人物名单，并经市委、市政府研究审定，确定了荣获阳江市“推动科学发展，建设美好阳江”标兵企业、标兵人物的企业和个人以及荣获阳江市“推动科学发展，建设美好阳江”标兵企业、标兵人物提名奖的企业和个人，并于12月24日举办隆重的颁奖晚会。通过评选活动的开展，大力营造了良好社会氛围，充分调动全市广大干部群众投身阳江经济社会发展的积极性和主动性。

二是举办“喜迎亚运，秀我风采”礼仪形

象大赛。为了进一步提升窗口服务行业员工的文明素质，提高窗口服务行业服务亚运、服务社会的水平，树立阳江文明新形象，充分发挥窗口行业的示范作用，引导人民群众积极参与到文明服务迎亚运的各项活动中，在2010年8月，联合市直机关工委、阳江广播电视台举办了窗口服务行业“喜迎亚运，秀我风采”礼仪形象大赛。比赛分风采展示、知识问答、情景判断三个环节进行，内容涉及公务乘车礼仪、电梯礼仪、商务接待礼仪等与人们日常工作相关的礼仪知识。大赛将本地区、本行业文明服务迎亚运的实际行动和精神风貌展现得淋漓尽致，表现出了服务行业员工良好的礼仪风范和职业形象，得到了观众和评委的高度评价。

三是传承保护本土文化，排演阳江山歌剧。为做好非物质文化遗产传承保护工作，加快推进建设文化名城，对外宣传阳江，创作并排演了大型阳江山歌剧《岭南圣母之恋》，为建设文化名城，打响地方特色历史文化品牌作出了积极的贡献。

（阳江市文明办）

湛　江　市

2010年，湛江市精神文明建设工作坚持以科学发展观为统领，认真按照中央、省文明办的统一部署，围绕市委、市政府的中心工作，采取有效措施，切实抓好各项工作的落实，为推动湛江争当粤西地区振兴发展龙头、促进社会和谐发展提供强大的精神动力和思想舆论支撑。

一、以开展“四德五心六歌”活动为载体，构建社会主义核心价值体系

为加强社会主义核心价值体系建设，推进全市经济社会和谐稳定发展，湛江市委办于2010年2月1日转发市文明委、市委宣传部《关于开展“四德五心六歌”活动努力构建社会主义核心价值体系的方案》的通知，在全市广泛深入开展“四德五心六歌”活动。“四德五心六歌”即，社会公德、职业道德、家庭美德、个人品德，把忠心献给祖国、把爱心献给社会、把诚心献给职业、把孝心献给父母、把信心留给自己，《我的祖国》、《走向新时代》、《母亲》、《实现梦想》、《为了谁》、《湛江，可爱的家乡》。自2010年活动启动以来，各地各部门高度重视，广泛动员，精心组织，积极开展活动，营造氛围，取得了成效，在全市迅速掀起了开展“四德五心六歌”活动的热潮。7月，举行全市“四德五心六歌”歌咏比赛。市直单位系统如团市委、市委党校、市财政局、市房管局、市二中等，积极组织举行“六歌”歌咏比赛。市城市综合管理局组织系统举行了“四德五心六歌”演讲比赛，收到了很好的效果。各县（市、区）紧紧围绕这个主题，纷纷组织开展形式多样、内容丰富、特色鲜明的系列活动，如举办书法、征文、演讲比赛和“六歌”PK大赛。市文明办组织开展“我推荐、我评议身边好人”评选表彰活动。通过湛江碧海银沙网等重要网络，发动广大网民以留言、跟帖、投票等形式，进行评议、投票。组织湛江市新闻媒体开辟专栏对“湛江好人”的感人事迹进行广泛宣传。市文明委对陈小文等20名湛江市“身边好人”进行命名表彰。市文明办与广东省人口促进会共同举办了首届“弘扬中华传统文化，促进和谐社会发展”大型公益论坛，推进了湛江的文化建设和精神文明建

设。开展“四德五心六歌”活动，有力地提升了全市广大市民的思想道德素质，优化了人文环境，提升了社会文明程度，培育起文明、和谐、团结、向上的时代精神风貌。

二、以广泛开展群众性创建活动为基础，扎实开展创建文明城市活动

一是结合湛江市创建国家环保模范城市、国家卫生城市和创建全国文明城市等工作，对照《全国文明城市测评体系》的内容要求，落实工作任务，发挥各职能部门的作用，加大各项创建工作力度，为争创全国文明城市打下基础。同时，抓好创建文明县城（城区）工作。

二是积极开展创建健康社区、绿色社区、学习型社区、和谐社区等活动，在赤坎区坚持开展“好邻居”活动。

三是深入开展文明行业、文明单位创建活动。评选表彰了市文明单位标兵22个、市文明单位61个、市生态文明村111个和精神文明建设先进工作者26名。

四是开展“迎亚运创五优”活动。在全市窗口服务行业开展了“迎亚运创五优”活动，评选表彰了一批先进单位，推荐了市邮政局参加全省“迎亚运文明示范窗口”评选。

五是文明共建活动深入推进。积极与有关部门联合开展文明共建活动，分别与市交警支队开展“文明交通行动计划”，与市建设政研会开展“创建建设行业文明单位”，与市环保局开展“绿色学校”活动，与市工商局开展“创建文明诚信单位”，与市住房和城乡建设局开展“创建宜居城乡活动”，与市教育局、市邮政局开展“争当信使，喜迎亚运——广东欢迎您”书信专题教育活动等，有力地推进了文明共建活动的深入开展。

三、以开展创建生态文明村10周年纪念系列活动为契机，加快推进新农村建设

2010年是湛江市开展“四通五改六进村”创建生态文明村10周年，湛江市以此为契机，对生态文明村创建活动进行了回顾总结，对进一步提升创建活动水平进行了研究和部署。一是继续抓好生态文明村、镇建设。坚持以点带面，不断提高各级生态文明村的建设水平，同时，在全市抓一批高起点的示范点，推动生态文明村创建活动向面上发展。坚持把生态文明村创建活动列入各县（市、区）党委、政府年度科学发展考核指标，对各地进行年度考核。二是大力抓好生态文明示范区（片、带）建设。着重在沿国道线、农业示范区或人文环境、资源条件、经济发展等相同的村庄，实行连线连片建设。通过解决乡村道路、用水、用电、住房改造、农业基地建设等，充分发挥地域优势，促进区域内村庄互相学习借鉴，争创共建，形成规模，整体推进，扩大覆盖面，增强效果，提高创建水平。吴川市以3个镇内200平方公里的400多条自然村为区域，开展连片创建生态文明村，取得成效，其连片建设生态文明村的经验，成功入选全国农村精神文明创建工作典型经验评析。三是举办“美丽村庄”摄影大赛，编印摄影作品集，举办摄影作品展。组织发动湛江市摄影家协会会员深入到各县（市、区）农村拍摄，评选了一批优秀的摄影作品，并在海滨宾馆进行展览。四是制作《走向生态文明》VCD专题片，全面反映湛江市开展“四通五改六进村”创建生态文明村活动10年来的工作历程、总结经验做法和取得的成果。五是编印出版了《熠熠生辉的湛江新农村》一书。

四、以抓好净化社会文化环境工作为重点，加强未成年人思想道德建设

组织净化社会文化环境工作领导小组成员单位和各县（市、区）文明委负责同志参加了全国未成年人思想道德建设工作视讯会议，认真学习了刘云山同志的重要讲话精神，为推动湛江市进一步做好未成年人思想道德建设指明

了方向，以净化网络、网吧、荧屏声频、校园周边环境为重点，遏制淫秽色情等违法有害信息的传播，综合运用教育、法律、行政、技术和经济等多种手段，积极开展了净化社会文化环境工作，协调各部门各负其责，密切合作，并动员社会各方面力量共同参与，积极营造有利于未成年人健康成长的良好社会文化环境和氛围。

（湛江市文明办）

茂 名 市

2010年，在市委、市政府的正确领导下，茂名市按照省文明办的要求和部署，以邓小平理论和“三个代表”重要思想为指导，深入贯彻落实科学发展观，以建设社会主义核心价值体系为根本，广泛开展群众性精神文明创建活动，努力提高公民素质和社会文明程度，为促进茂名经济社会科学发展提供精神动力。

一、认真组织开展群众性精神文明创建活动

*（一）以搞好公共文明指数测评为切入点，大力加强创建全国文明城市力度。*一是制订印发了《茂名市创建“全国文明城市”工作实施方案》。为推动茂名市创建文明城市工作再上新台阶，重新拟定了《茂名市创建“全国文明城市”工作实施方案》，对《全国文明城市测评体系》（2010年版）的目标任务进行了责任分工，在征求了所有责任单位意见的基础上，召开市文明委成员会议进行研究、讨论，形成创建工作实施方案报市委、市政府审批。6月13日，市委、市政府正式印发了《茂名市创建“全国文明城市”工作实施方案》（茂办发〔2010〕14号）。此外，筹备召开创建全国文明城市动员大会。二是开展“茂名创建全国文明城市红段子”征集活动。2010年8月，为动员和鼓励市民为全市创建文明城市建言献策，形成“全民讲文明，创‘文’齐参与”的良好局面，市文明办与中国移动茂名分公司联合举办“和谐茂名，文明有我”，“茂名创建全国文明城市红段子”征集活动，就茂名市区的公共环境、公共秩序、人际交往、公益行动等反映公共文明水平的城市建设情况，提出自己原创的计策或建议。活动共征集到红段子1万多条，其中入选优秀红段子160多条。三是大力开展整治市容秩序。组织城管、工商、公安等有关部门，对占道经营、乱摆乱建、乱涂写等脏、乱、差现象进行经常性整治。一年来，共派发宣传单张11000多份，宣传广播50场，面对面宣传30000多人次，发出“限期改正书”5000多份，签订“遵守市容管理规定保证书”3800份。共纠正违章摆卖31.6万摊次，扣缴猪肉1.25万斤、家禽345只，收缴违章摆卖工具三轮单车873辆，烧烤炉387只，以及其他违法经营工具一大批；清理市区主次干道非法小广告36000张（处），没收活动式的灯箱招牌170个，太阳伞149把，台凳、三色布一大批；清拆乱拉挂横幅标语2460多条，还市民一个整洁、有序的工作、生活环境。四是组织开展公共文明指数模拟测评。以城市公共环境、公共秩序、人际交往、公益行动等国家测评项目为重点，采取问卷调查等形式，组织市区干部职工和学生志愿者开展公共文明指数模拟测评。茂名市在市直干部、职工中开展“五个一”活动：1. 向家人和周围群众宣传一次市委、市

政府的惠民政策和举措；2. 组织家人和周围群众学习一次文明礼仪常识；3. 填写一份《茂名市公共文明指数测评调查表》；4. 提一条创建文明城市的意见和建议；5. 各单位组织干部职工开展一次清洁卫生志愿行动。在青少年学生中开展“小手拉大手，文明一起走”志愿行动，以一个学生带动一个家庭的形式，组织发动群众参与到创建文明城市活动中去。据统计，共印发《致市民的一封信》10.5 万份、《城市公共文明调查表》10.5 万份、《文明礼仪常识》11 万份，并全部回收《测评调查表》进行综合分析。五是努力做好测评材料的收集、整理工作。1. 印发了《2010 年公共文明指数测评材料分工》方案。年初，茂名市以中央文明办布置的重点工作及创建工作体系机制建设方面的要求为依据，形成方案，并印发到各有关单位，请他们帮助收集反映相关活动的部署、成效等方面的台账材料。2. 层层召开会议，充分发动有关单位提供测评材料。分别召集城管、团委、公安、工商、教育、文化、综治等有关部门的领导开会，部署工作任务，积极争取各有关单位的支持，取得了较好的成效。3. 广泛收集材料。除收集各单位提供的材料外，还注意做好日常的剪报工作，从《茂名日报》、《茂名晚报》上收集有关创建方面的材料和信息，并进行归类整理。六是做好中央文明办公共文明指数测评迎检工作。茂名市把迎检作为推动文明城市创建工作的重要契机和强大动力，市委常委、宣传部长、市文明委主任陆庆彪同志挂帅亲抓，制定了迎检工作方案，召开了工作分析会、汇报会和督查会，组织迎检专题宣传，营造浓厚氛围，同时认真抓好各项创建任务的落实，提升了城市的文明形象。

（二）以实施农村“清和美”工程为契机，大力推进文明村镇创建工作。按照省文明办的部署，以“清洁、和谐、优美”为主题，以强化卫生习惯、优化环境面貌为主要内容，动员广大农民群众积极实施“万村百镇整治工程”、参与“万村绿”大行动和乡村清洁运动，加强乡村规划，加大推进生态文明村创建力度，推动农村经济发展生态化、乡村建设生态化、生活方式生态化，努力打造宜居的生活环境。

二、大力加强市民思想道德教育

（一）组织开展“我们的节日”系列活动，推动传统文化建设。年初，茂名市印发了《关于在 2010 年广泛开展“我们的节日”主题活动的通知》，活动内容包括：1. 春节和元宵节期间，广泛开展广场和社区文化、送温暖献爱心、联欢慰问和各种文体活动；2. 清明节期间，广泛开展祭奠先烈、扫墓踏青等活动；3. 端午节期间，广泛开展爱国卫生运动、全民健身和赛龙舟等活动；4. 中秋节期间，广泛开展中秋赏月、社区联欢等活动；5. 重阳节期间，广泛开展孝老敬老、扶残助残、登高野游等活动。为了确保各个节日活动顺利开展，还多次召集有关单位的领导开会研究和部署，从而保证了各项活动顺利按计划开展。其中，春节、元宵节期间，市区各大公园，电白、高州等地举办了各类灯展，市文化广场举办 10 场广场文化活动；清明节期间，组织 10 万名青少年学生祭扫革命烈士墓；端午节期间，市区和茂南、化州等地举办了龙舟比赛；中秋节组织千名志愿者慰问空巢老人活动、中秋节赏月诗歌朗诵会等；重阳节组织了万人登山活动。

（二）组织学习《文明礼仪常识》，提高市民的文明素质。组织编印了《文明礼仪常识》彩色小折页 11 万册，免费赠送给市区中小学生和在职干部职工，并组织动员市民学习，推进市民学礼仪、知礼仪、讲礼仪、用礼仪，不断提高市民文明素质。

（三）组织开展第二届茂名市道德模范评选表彰活动，推动社会主义道德风尚建设。4 月 13 日，茂名市印发了《关于开展第二届茂名市道德模范评选表彰活动的通知》，同时还在《茂名日报》、名升网、茂名文明网和户外电子荧屏刊登了评选公告，广泛动员市民参与评选活动。经过组织推荐，候选人名单在《茂名日报》、《茂名晚报》和名升网公示，群众投票，专家评议等环节，评选出了第二届茂名市道德模范10名，分别授予“茂名市助人为乐模范”、“茂名市见义勇为模范”、“茂名市诚实守信模范”、“茂名市敬业奉献模范”、“茂名市孝老爱亲模范”称号。此外，还有9人获得了“茂名市道德模范提名奖”。9月17日上午，市文明委在市国际会议中心召开茂名市道德模范表彰暨首场事迹报告会。会上，隆重表彰了荣获茂名市道德模范称号和提名奖的19位同志，道德模范黎娜、梁华超、林向波、戚亚美、韩宜奋作了事迹报告。随后，茂名市组成道德模范事迹巡讲团，赴各县（市、区）和茂名石化公司等地进行了10多场巡回报告。同时，市各大媒体还开辟专栏，大力宣传道德模范的先进事迹和高尚品德，在全社会形成学习先进、崇尚模范、见贤思齐、争先创优的生动局面，有力推进了社会主义核心价值体系建设。

此外，茂名市还召开第一届道德模范座谈会。会上，在家的8位道德模范分别介绍了近两年来的学习、生活、工作等情况，交流了实践道德建设的经验和感想，市政府副市长、市文明委副主任陈海出席了座谈会，作了重要讲话，并代表市文明委向道德模范发放了慰问金。

（四）开展“茂名人精神”讨论、提炼、宣传活动，引导市民弘扬和践行“茂名人精神”。根据市委、市政府的部署，为了弘扬和培育民族精神，加强思想道德建设，推动茂名经济社会发展，从2009年9月开始，茂名市在全市部署开展“茂名人精神”大讨论活动。活动开展以来，全市各地和社会各界纷纷响应，开展了各种形式的讨论活动，市各新闻媒体开辟专题、专栏或专版进行跟踪报道，2010年初组织有关专家和学者对大讨论成果进行归纳、分析和提炼。经过筛选归纳，共提出三种表述方式，并先后于4月23、26日在《茂名日报》连续刊登《关于“茂名人精神”表述征求意见的公告》，公开征求社会各界的意见和建议，其中重点征求了市文明委各成员单位的意见和建议。在综合多数人意见的基础上，形成书面意见请示市委、市政府研究审定。经市委、市政府审定批准，“茂名人精神”的规范表述为：崇文尚德、勤奋务实、团结包容、创新图强。

（五）开展“书香飘茂名”全民读书活动，推动学习型社会建设。一是印发了《2010“书香飘茂名”全民读书活动工作方案》，开展10大方面29项主题读书活动。二是举办“书香飘茂名”全民读书活动暨赠书百万大型图书展销赠送活动。三是举办2010南国书香节暨茂名书展。8月20日，在市博物馆举行了2010南国书香节暨茂名书展开幕式，新华书店等省内外10家出版物发行单位参展，共举办图书展销及名家读书讲座等10多项活动，取得圆满成功。四是举办系列读书演讲活动。与市妇联联合组织全市妇女干部开展读书活动，并在3月份举办了“学习伴我成长”演讲比赛。市委办等市直单位举办了“快乐读书，阳光成长”等主题演讲比赛。

三、切实强化未成年人思想道德建设

（一）在全市中小学生中组织开展“迎亚运、讲文明、做主人”主题教育活动。2010年初，联合市委宣传部、市教育局、团市委、市妇联等发出了《关于在全市中小学生中开展“迎亚运、讲文明、做主人”主题教育活动的通知》，以迎亚运为契机，广泛深入开展“习礼仪”、“健身心”、“守秩序”、“齐清洁”、“读经典”、“迎亚运”六项专题活动，努力打造全市未成年人思想道德教育活动的品牌。此外，还与市教育局、市邮政局联合，在全市学校开展“争当信使　喜迎亚运——广东欢迎您”书信活动，5月11日在市新世纪学校举办了活动启动仪式。

（二）组织开展“小手拉大手，文明一起走”志愿行动。5月13日，与市教育局联合发出了《关于在市直学校开展“小手拉大手，文明一起走”志愿行动的通知》，通过开展这一志愿行动，引导广大青少年学生争当城市公共文明指数测评的宣传员和测评员，让市区中小学生把《文明礼仪常识》、《致市民的一封信》、《城市公共文明调查表》等宣传资料带回家，向家长宣传创建文明城市的重要意义，宣传公共文明指数测评的基本做法，动员家长积极配合做好公共文明指数测评工作，并与家长一起讨论共同填写《公共文明指数测评调查表》，从而使创建文明城市和开展测评工作家喻户晓。6月21日还举办了“小手拉大手，文明一起走”志愿行动启动仪式。《茂名晚报》还专门组织小记者进行了测评体验，专版刊登了小记者义务当测评志愿者的体验文章。

四、广泛开展净化社会文化环境整治工作

深入贯彻落实《关于进一步净化社会文化环境，促进未成年人健康成长的实施意见》和《任务分工》，经常性地组织开展网吧、网络、荧屏声频、出版物市场和校园周边环境整治活动，坚决遏制淫秽色情的传播，营造有利于未成年人健康成长的良好环境。据不完全统计，2010年全市共出动执法力量3万多人次，收缴非法出版物一大批，清除网上有害信息4.1万条，关闭违规网站、有害论坛300多个，清查网吧270多家，取缔“黑网吧”30多家，查处校园周边各类娱乐场所1200多家次，净化社会文化环境工作取得明显成效。

五、深入开展志愿行动

（一）开展各种形式的志愿服务活动。2010年元旦、春节期间，与团市委、市青年志愿者协会联合组织开展了“清洁家园”活动、“送温暖”活动和关爱留守儿童活动等。春运期间还开展了“服务春运”志愿活动。3月份与团市委联合组织开展了志愿服务月活动，活动内容包括组织志愿者开展义诊义疗、家电维修、卫生保洁、法制宣传、心理辅导等，并于3月5日在茂名卫校隆重举行了“志愿服务月”活动启动仪式。

（二）组织开展关爱空巢老人志愿服务活动。年初，联合市民政局、团市委、市老龄办等，制订印发了《茂名市开展关爱空巢老人志愿服务活动工作方案》，以社区为依托、以家庭为单位、以志愿服务为纽带，动员和组织更多的社会力量投身关爱空巢老人志愿服务活动，帮助空巢老人尤其是独居的高龄空巢老人解决实际困难。还在6月上旬召开了有关职能部门工作会议，研究部署推进志愿服务活动的组织实施工作。

（三）组织开展关爱留守少年儿童系列活动。4月20日，与市委宣传部、团市委、市教育局、市民政局、市青年志愿者协会等单位联合发出了《关于开展茂名市“关爱留守少年儿童”系列活动的通知》，积极组建关爱留守少年儿童志愿者队伍。5月21日在化州市官桥镇三角车小学成立了茂名市首个关爱留守少年儿童“希望家园”，并举行了挂牌揭幕仪式。全市已建立省级“希望家园”3个，市级“希望家园”17个。

（四）成功举办“抗甲流献爱心你我齐参与”大型义演义卖捐款活动。2009年8月，茂港一中学生林安妮身患甲流重症，省市领导非常关心。中共中央政治局委员、省委书记汪洋同志，副省长雷于蓝同志，市委领导同志等先后看望林安妮同学。为帮助林安妮同学解决出院后后续治疗所需费用，2010年1月31日，与团市委、茂名日报社、市广播电视台、市疾病预防控制中心、市健康教育所、市青年志愿者协会联合发出了捐款倡议书，组织了“抗甲流献爱心你我齐参与”大型义演义卖捐款活

动，市委领导现场带头捐款，共筹得善款18万多元，及时送到林安妮手中。林安妮同学现已康复并重返校园。

（五）组织开展茂名市“文明交通，你我齐参与”志愿行动，深入推进茂名市“文明交通行动计划”的实施。11月9日，与市公安局、团市委在茂名市体育中心广场联合举行茂名市“文明交通，你我齐参与”志愿行动启动仪式。市委常委、宣传部长陆庆彪和茂名市党代表、人大代表、政协委员、各界志愿者等500多人参加启动仪式，陆庆彪在启动仪式上作了重要讲话。仪式结束后，与会人员沿油城路游行，随即分赴各个十字路口开展文明交通劝导活动。为了使志愿活动常态化，茂名市把每月10日定为全市文明交通“劝导日”、“让座日”和“排队日”，通过引导和鼓励广大志愿者开展交通劝导活动，增强广大市民的交通安全意识、法制意识和文明乘车意识，提升全市文明交通新形象。

六、召开了两年一度的全市精神文明建设表彰大会

2010年3月12日，市委、市政府召开了两年一度的全市精神文明建设表彰大会，表彰了6个文明镇、10条文明村、6个文明社区，65个文明单位，34名精神文明建设先进工作者，并对部分先进单位和先进个人的事迹进行了系列报道，在全市产生良好反响，形成了学先进、赶先进的热潮。

（茂名市文明办）

肇庆市

2010年，肇庆市以科学发展观为统领，按照高举旗帜、围绕大局、服务人民、改革创新的总要求，围绕“两个尽快、两个成为”目标，紧紧抓住维护好经济发展大局、维护好深化改革大局、维护好社会稳定大局这一中心任务，突出实施《珠江三角洲地区改革发展规划纲要》，为加快转变经济发展方式、推动肇庆市经济社会平稳较快发展提供强大精神动力这一工作主线，把精神文明建设摆到更加突出的位置，各项工作保持了积极健康向上的良好态势。

一、组织2010肇庆市新闻年度人物、经济年度人物评选活动

西江日报社、肇庆市工商业联合会、西江网联合举办肇庆市2010新闻年度人物和2010经济年度人物评选和颁奖，是激发创业精神，弘扬奉献精神，彰显进取精神，营造和烘托肇庆发展氛围、和谐氛围的一次好形式，它由媒体、社会团体携手举办，体现了广泛的参与性和评选的公开性。

为了保证活动公平、公正、公开，主办单位成立了评选活动组委会和评审会，制定了评选方案，提出了评选条件和标准，提出参加评选候选人。新闻年度人物候选人主要由西江日报社进行推荐产生，经济年度人物候选人由肇庆市工商联和西江日报社联合推荐产生。之后，在《西江日报》和西江网公开刊登候选人简介，并在西江网上公开投票。整个评选投票数达50多万张，其中经济年度人物高达46万多张。最终评选出聂桂清、林观金、张婧、谢建平、梁彩凤、夏诗颖、黄桂华、吴木生、邓少维、罗文星等10名“2010肇庆新闻年度人物”和肖烈明、尹启禄、冯毅、陈诗国、陈明新、黄绍华、苏惠隆、张铭峰、程玉成、钟耀新等10名“2010肇庆经济年度人物”。

这次新闻年度人物、经济年度人物获奖者中，有国有企业负责人，也有民营经济发展的领头雁，有外资企业的老板，也有战斗在第一线的人民警察，还有呕心沥血、甘当人梯的优秀教育工作者。他们在改革开放和推动肇庆经济社会大潮中，勇于进取，敢于拼搏，业绩突出，书写了自己人生的精彩篇章。他们是推动肇庆发展的见证者、参与者和贡献者，是我们这个时代的优秀代表，是肇庆创业大军的楷模。在他们身上，集中体现了矢志不渝、自强不息、勇往直前的精神追求，展示了立足本职、爱岗敬业、勤劳善良、甘于奉献的优秀品质，反映出顽强拼搏、开拓创新、奋发向上的时代风貌。他们确实是我们各行各业广大工作者和劳动者学习的榜样。

二、大力促进社会主义核心价值体系建设

2010年，肇庆市深入开展丰富多彩的实践活动，大力促进社会主义核心价值体系建设。一是抓住春节、清明节、端午节、中秋节等传统节日，组织开展了“道德春联进农家”、“贺新岁和谐文化进万家”、“送温暖、献爱心”扶危助困、祭奠革命先烈、“端午情浓献爱心”、“迎国庆贺中秋”等活动，大力弘扬以爱国主义为核心的民族精神。二是围绕举办肇庆市第九届龙舟邀请赛、“迎世博迎亚运”等契机，广泛开展文明礼仪教育实践活动，“讲文明、树新风”活动不断拓展。三是举办以“全民阅读·科学发展”为主题的第五届肇庆读书节，进一步推动学习型家庭、学习型组织、学习型社会的建设。四是广泛发动干部群众参与评选“广东十大创新人物”和“广东十大创新企业”活动，使“三创”教育推向深入。广东风华高新科技股份有限公司荣获“广东十大创新企业”，广东四会互感器厂有限公司总经理张树华荣获“广东十大创新人物提名奖”。五是开展了“我爱肇庆一万个理由”红段子创业大赛，大力宣传红色文化。六是开展肇庆市“文明观世博　热情迎亚运　和谐迎国庆——做文明有礼的中国人”网上签名寄语活动，举办“做文明有礼的中国人，做文明有礼的肇庆人”首期文明论坛，引导人们说文明话，做文明事，当文明人，为文明中国、礼仪之邦增光添彩，自觉做到“六个文明有礼”：言谈举止文明有礼，公共场合文明有礼，邻里相处文明有礼，行路驾车文明有礼，旅游观光文明有礼，网上交流文明有礼。

三、扎实推进思想道德教育活动

2010年，肇庆市扎实推进未成年人思想道德建设和大学生思想政治教育，广大青少年精神面貌更加积极向上。一是积极做好省评选命名第四批爱国主义教育基地推荐工作，向省委宣传部推荐了端州青少年军校、广宁县博物馆、广宁县烈士陵园等6个爱国主义教育基地。各地充分发挥这些基地的的教育功能，进一步强化未成年人爱国主义教育和思想道德建设。二是召开全市中等职业学校德育工作会议，加强中小学校心理教师的培训，推进未成年人心理健康教育工作规范化、日常化。三是积极推进学校、家庭、社会“三结合”教育网络建设，各类关爱青少年健康成长的活动更加活跃。四是净化社会文化环境的工作进一步推进，全市妇联组织开展的“为了明天——母亲网络护卫行动”、共青团组织组成的“绿网志愿者”、关工委派出的“网吧监督员”产生良好的社会效果。五是组织开展市直中小学生暑期活动，围绕“庆世博，迎亚运，平安快乐过暑假”的主题，开展“听一次形势报告、学一点安全知识、搞一次健身活动、玩一项智力游戏、诵一句经典名言、写一篇感悟文章”等活动，有3150多名学生参加了这次假期活动。六是各地各部门整合社会资源，采取有效措

施，促进未成年人健康成长。市总工会在全市开展“希望在明天，工会助您行”助学圆梦活动，团市委组织“爱在希望家园——关爱留守少年儿童活动”、“关爱农民工子弟志愿服务行动”，市妇联开展“爱心父母牵手困境儿童大联盟”行动，高要开展“凝聚青少年　永远跟党走”青少年思想道德建设主题实践系列活动，端州、德庆等地举办了家庭教育巡回讲座。

四、深化拓展群众性精神文明创建活动

2010年，肇庆市紧紧围绕落实科学发展观和构建和谐社会两大主题，不断调整创建思路、创新载体、拓展领域，开拓了新局面。

一是广泛开展创先争优、“做人民满意的公务员”活动，推进和谐机关创建。各地各部门围绕加快转变经济发展方式和工作作风、促进社会和谐、服务人民群众，把创先争优与文明创建有机统一起来。封开县“我承诺、你监督、抓落实、促发展”活动不断扩大覆盖面，进一步提升了部门单位的执行力。四会市直单位党员干部开展的“进百家门、问百家事、讲百姓话、办百姓事”，密切了党群干群关系。肇庆高新区以“科学发展、创先争优”为主题，全力打造全省示范性产业转移园典范，顺利晋升为国家级高新区。市总工会开展“七大人文关怀行动”，促进劳资关系和谐。市公安局提出“在保亚运平安中争当先锋”的口号，组织党员干警以高昂的斗志投身亚运安保各项工作。教育系统开展“创办人民满意教育、争当教书育人标兵”活动，为创建教育强市逐步打基础。这一系列的活动主题突出、内容鲜活，为群众性精神文明创建活动注入了生机和活力。在3月30日，省政府召开的第三届广东省“人民满意的公务员（集体）”表彰大会上，市国土资源局地质与环境科科长吴龙文、怀集县公安局城南派出所社区民警莫莉两人被授予广东省“人民满意的公务员”荣誉称号，市公安局端州分局湖滨派出所被授予“人民满意的公务员集体”荣誉称号。

二是以构建和谐劳动关系为核心，不断深化和谐企业创建。2010年以来，肇庆市以富士康科技集团员工跳楼事件和南海本田汽车厂员工停工事件为鉴，大力开展送温暖、送探视、送爱心、送保障、送阳光、送清凉、送安康、送法律等“八送”活动，切实为职工排忧解难，进一步加大劳动关系和谐企业与和谐工业园的创建力度，促进了企业的和谐发展。

三是以“城市建设年”、“三旧”改造为契机，加强社区硬件建设，推进了文明和谐社区建设。在城市建设热潮中，把创造优美舒适的生活环境，促进人与环境的和谐作为和谐社区创建的基础工作，通过加大投入，建造大批环境卫生基础设施，创建绿色社区、环保社区，引导居民树立生态环保观念，倡导绿色生态方式，使社区成为绿化、美化、亮化的特色社区。

四是大力实施农村“清和美”工程，深化和谐镇村创建。2010年新创建广东省卫生村437个、生态文明村414个，均超额完成了任务。11月，在德庆县启动了广东新农居推广试点工作。农村精神文明建设上了一个新台阶。

五是以迎测评为契机，大力提高市民文明程度。中央文明办在8月22—24日，对肇庆市进行了公共文明指数测评工作。在迎接测评工作中，市领导高度重视，7月19日，市委常委陈以良主持召开会议，对做好迎接测评工作进行深入动员和精心部署。市文明委制定并印发了《迎接中央文明办对我市公共文明指数测评实施方案》，对任务进行层级分解，落实责任。成立了综合协调督查组，宣传组，城区公共环境、社区调查组，档案资料组等4个专责小组，建立起协调联动的工作机制。市文明委成员单位和市直以及端州区、鼎湖区各部门各单位积极配合，调动一切资源，全力抓好迎检各环节的工作，把迎测评和提高市民文明素质紧

密结合。端州区委动员各社区认真抓好市民的文明教育，大力宣传创建全国文明城市测评体系有关知识。团市委、团端州区委派出志愿者上街，做好市民出行劝导工作。市公安、城市综合管理、卫生、文广新等部门认真抓好交通、环境卫生、社会文化环境的整治工作，进一步提高了市民的文明水平。11 月 4 日，召开了全市精神文明建设暨创建省卫生村镇、生态文明村工作会议，总结前一阶段工作，表彰了一批精神文明建设、创建“两村”先进集体和先进个人，对全力推进文化强市和精神文明建设再动员、再部署，为下一阶段掀起精神文明创建活动新高潮加油鼓劲。

六是组织市创建全国文明城市考察团，赴中山、江门、惠州市学习考察创建全国文明城市经验，进一步拓宽视野，解放思想，更新观念，为贯彻落实好市委十届九次全会精神，大力推进全国文明城市创建工作作好基础性的工作。

五、改革创新，营造精神文明建设的良好环境

一是做好生态文明村与卫生村创建情况调查摸底工作。2003 年实施千村生态文明工程以来，肇庆市生态文明村和省卫生村工作取得了长足的进步，但与珠三角其他城市相比，还有很大的差距。突出的表现是规模少，覆盖人口少。为进一步贯彻落实肇庆市《建设文化强市规划大纲》的精神，实现《规划大纲》制订的目标任务，使这“两村”创建上新台阶，实现生态文明村、省卫生村创建由小村创建向大村创建的转变，扩大受益人口覆盖面，市文明办开展了全市性的调研工作，并筹划下一阶段创建的规划和推进措施。

二是改革市文明单位评选办法，下发了《关于申报 2010—2011 年度肇庆市文明单位的通知》（肇文明委〔2010〕5 号），确定了自愿申报、关口前移、程序公开、量化考核、社会考评、重在建设、注重实效的原则，将申报的过程转变为提高各部门与干部群众自觉参与文明创建活动，自觉提高文明程度的过程。在该通知下发后，肇庆市市直单位申报市文明单位的积极性进一步提高，市直单位均根据《通知》精神，报送创建方案，明确自己创建的计划目标，自觉按照自定的创建计划和文明单位创建标准，大力筹划 2011 年的创建活动，创建工作有条不紊地展开。

三是按照中央、省的要求，理顺肇庆市志愿服务领导体制。按照中央文明办《关于深入开展志愿服务活动的意见》（文明委〔2008〕6 号）、《中共广东省委、广东省人民政府关于进一步发展志愿服务事业的意见》（粤发〔2009〕5 号）精神，成立了肇庆市志愿服务事业指导委员会，并确立由市文明办牵头的工作体制。在市志愿服务事业指导委员会的领导下，肇庆市志愿服务蓬勃发展。先后组织了“文明交通——志愿者百日行动”、“万名志愿者植树造林、为家园添绿行动”、“万人城乡环境卫生清洁大行动”、“朝阳行动”——关爱农民工、贫困家庭子女志愿服务活动、“迎接世博亚运、创造新生活”等志愿服务活动，进一步提升了志愿服务的知名度和影响力。

（肇庆市文明办）

清 远 市

2010 年，清远市精神文明建设工作坚持以科学发展观为统领，紧紧围绕市委、市政府提出的建设“大广州卫星城、环珠三角高端产业成长新区、华南休闲宜居名城”总目标，广泛开展创建全国文明城市、生态文明村等群众性精神文明创建活动，大力培育文明道德风尚，着力提高公民文明素质和社会文明程度，为争当科学发展排头兵、构建和谐清远提供强大的思想保证、道德支撑和智力支持。

一、召开 2008—2009 年度精神文明建设表彰大会，总结经验，明确任务

为了总结经验，树立榜样，进一步推进清远市精神文明建设上新水平，3 月 26 日，市委、市政府在市国际会展中心隆重召开清远市精神文明建设表彰大会。会议全面总结了2008—2009 年全市精神文明神建设工作，部署了 2010 年及今后一段时期精神文明建设的任务。对近两年来，在精神文明建设工作中成绩显著的清远市工商行政管理局等 30 个文明单位、清城区东城街道办事处等 10 个文明小康镇（街）、连州市连州镇城东社区等 10 个社区、英德市九龙镇枫木村委会老鸦山村等 31 个生态文明村、清远市海事局政务中心等 50 个文明示范窗口、清远市档案馆等 6 个爱国主义教育基地和肖宁等 30 名精神文明建设先进工作者进行了表彰，对荣获“广东省文明城市”荣誉称号的英德市、荣获“广东省文明县城”荣誉称号的佛冈县给予了特别奖励。

二、深入开展以社会主义核心价值体系为根本的思想道德建设，不断提高市民文明素质

大力弘扬以爱国主义为核心的民族精神和以改革创新为核心的时代精神，有针对性地开展各种实践活动，广泛开展世界观、人生观、价值观教育，使市民文明素质不断得到提升。

（一）开展“我们的节日”主题活动。一是在清明节期间，全市各级党政机关、事业单位、大中型企业以及中小学校积极组织广大干部职工和师生开展“清明祭奠革命先烈”活动。市直和清城区宣传系统组织近千名干部职工到东城石板革命烈士纪念馆参观，并举行祭奠活动。祭奠活动进一步增强了广大干部群众特别是青少年振兴中华和建设清远的责任感和使命感。二是在春节、端午节等民族传统节假日开展民族传统教育。春节前夕，市、县两级书法家协会举办了 2010 年送春联活动，众多书法家现场挥毫，通过春联抒发爱国爱乡之情、颂扬民族传统美德，群众热烈响应，书法家不顾疲劳，延时满足群众的要求。在端午节，广泛开展了包粽子、划龙舟等活动，在城乡营造了爱国、爱家，颂扬民族精神和民族文化的浓厚氛围。连南县利用瑶族盘王节，连山县利用壮族“戏水节”，大力宣传民族文化，弘扬民族传统，促进了民族地区团结和稳定。

（二）开展“百城万店无假货”示范街示范点创建活动。“百城万店无假货活动”在全市继续广泛深入开展，2010 年创建活动的重心下移至全市 94539 户个体工商户和私营企业主。市文明办与市个体私营者协会于 6—9 月在全市广大个体工商户和私营企业中广泛开展了清远市“文明诚信经营户”考核评选表彰活动，按照“文明诚信经营户”的标准，经过认真的推荐考核复审，最终评选出 123 户“文明诚信经营户”并进行了隆重的表彰，活动的开

展为提高全市个体私营企业主和从业人员的职业道德水平，强化依法诚信经营意识，促进“诚信清远”建设、构建和谐社会起到了积极作用。

（三）推进文明礼仪知识普及工作。开展文明礼仪知识普及工作是精神文明建设的重要内容，举行各种学习和实践活动，在公务人员中开展礼仪知识普及是2010年的工作重点之一。一是组织了各县（市、区）和市直机关公务员开展《公务礼仪》一书的学习活动，进一步推进全体公务人员学礼仪、知礼仪、讲礼仪、用礼仪，不断提高自身道德修养、规范文明言行。二是举办“迎国庆、讲文明、树新风”礼仪知识竞赛。竞赛活动包括礼仪知识笔答和礼仪知识团体竞赛两种。市文明办统一编印了10000份礼仪知识答卷，组织全市机关单位公务人员进行学习和解答，收集答卷并进行了抽奖。礼仪知识笔答基本普及到全体公务人员，收效显著。团体竞赛于9月20日公民道德宣传日，在市国际会展中心大礼堂举行，由各县（市、区）和市直机关9支代表队组成，每队有5名队员，经过必答、抢答、纠错题（电视短片）及公务员礼仪展示四个部分，通过对职场礼仪、服务礼仪、商务礼仪知识的测试和对参赛队员个人言行、仪容、体态、着装的考核，最后角逐出了一等奖一名、二等奖两名和三等奖等，现场有近千人观摩了竞赛。三是由国家注册高级礼仪培训师唐小婉在《清远日报》开设了“礼仪知识”专栏、中华传统道德故事专栏，刊登了有关公务礼仪、商务礼仪、公共礼仪、家庭礼仪等方面的文章共30篇，收集了一批孔融让梨等有关弘扬中华传统道德的故事，并根据公民道德基本规范进行释义。四是在党校各类培训班中设立公务员礼仪课程。文明礼仪普及活动提高了广大公务人员的文明素质，培育了党政机关良好的礼仪文化，树立了公务员队伍亲民、爱民、为民的良好形象。各县（市、区）都积极开展了文明礼仪知识竞赛活动，清新县除了组队参加市的比赛，也组织了全县24个代表队参加的礼仪知识竞赛，大力推广文明礼仪知识。

（四）做好各类楷模的选树工作。为推动全市道德模范学习宣传活动深入开展，引领社会风尚，在广大群众中推进社会主义核心价值体系建设，开展了多项内容鲜活、形式生动的“身边好人”选树活动。一是举办了2010“我身边的好人推荐评议”——红段子大赛活动，经过各县（市、区）相关单位和广大群众积极推荐，从近百位推荐者中选定20位候选人，然后由各大媒体对候选人好人好事进行广泛宣传推介，社会公众通过网络、手机、邮寄投票，经评委会审定，最终确定邓卫星等10位“我身边好人”。以“身边好人”评选活动为契机，在全市形成了人人学习道德模范，宣传好人好事，争做好人好事的浓厚氛围。二是开展了清远市首届“十大书香之家”、“好母亲好父亲”评选表彰活动。收到“书香之家”申报材料15份、“好母亲”申报材料22份、“好父亲”申报材料17份，各选15名候选人事迹简介和相片在《清远日报》、飞翔网、139说客、手机短信等公共平台上公示并接受公众投票，最后评选出周海波家庭等10个清远市首届“十大书香之家”，授予唐晓琼等10名同志清远市首届“好母亲”荣誉称号、陈灿球等10名同志清远市首届“好父亲”荣誉称号。其中唐德亮、唐晓琼还获得广东省的表彰。活动的开展为全社会积极营造了全民学习、终身学习的浓厚氛围，大力弘扬了感恩父母、孝敬长辈的传统家庭美德。三是开展“十杰青年”评选活动。评选活动从6月底启动，采取社会推荐、组织推荐和个人自荐相结合的方式，在全市范围内“海选”。12月7日，来自全市的19名青年才俊在现场进行了激烈角逐，最终由评委会投票选举王贵清、阮灿华、罗裔平、赵恒、袁卫国、盘泽辉、黄华铮、曾剑丛、蔡鸿雁、薛永忠为本届“十杰青年”。

（五）深化全民国防教育。一是在八一期间，举办了清远市双拥文艺晚会。邀请省武警总队政治部文工团和市武警支队的有关演员进行演出，市四套班子领导和市直机关学校的代表近千人观看了晚会，增强了全民国防意识，密切了军民关系。二是充分利用国防教育基地开展国防教育。2010年清远市新评出连州市丰阳镇梁家水革命烈士陵墓、中国人民解放军粤桂湘边纵队太平秦皇山根据地纪念碑等6个爱国主义教育基地，全市现有爱国主义教育基地和国防教育基地14个，75734部队还被授予“广东省国防教育基地”称号。各地各单位充分利用爱国主义教育基地和国防教育基地深入开展全民国防教育，全年接受国防教育的群众近百万人次，军训学生8万人次，基地全部实行免费开放。命名清新县沙田凤城生态园为清远市人民防空教育基地。这是清远市第一个针对初中教师学生进行的防化学武器、防生物武器、防核武器的三防教育训练基地，2010年正式对全市在校师生进行教育训练。

（六）“文明交通行动计划”持续推进。深入开展文明交通宣传教育活动，与市交警支队在市博爱学校举行了“交通安全出行进校园”活动。通过青少年喜欢的动漫、游戏等形式倡导青少年要遵守六大文明交通行为，摒弃六大交通陋习、抵制六大危险驾驶行为，与会的领导和学生并签名承诺。市青年志愿者在各大中小学校派发了5万份交通安全宣传单张。大力开展交通秩序整治工作，严厉查处酒后驾驶、超速超员等，加强对营运客车、校车、泥头车、摩托车整治，加强对重点交通路口和重点路段的管理，为市民出行创造良好的交通环境。

三、进一步净化社会文化环境，促进未成年人健康成长

2010年以来，在市委、市政府的高度重视下，各地各级未成年人思想道德建设工作领导小组成员单位共同努力、密切配合、创新方法，大力加强网吧和文化市场管理、净化荧屏声频、治理校园周边环境等工作，清远市未成年人思想道德建设工作呈现出良好局面。

（一）贯彻落实好中央文明委“12·8”视讯会议精神。中央文明委于12月8日下午召开全国未成年人思想道德建设工作视讯会议，根据中央和省文明委的要求，清远设立分会场。市文明办认真细致地落实视讯会议的参会人员、信号、会场等工作。市及各县（市、区）专职副书记、党委宣传部长和净化社会文化环境工作联席会议的成员单位负责同志60人参加了会议。会后，市委常委、宣传部长雷广财向市委、市政府主要领导汇报了会议的主要精神及要求。市委领导根据会议精神，要求清远市各地和各单位要深入学习领会视讯会议精神，落实好未成年人思想道德建设各项工作，为全市未成年人健康成长提供良好的环境。

（二）大力净化社会文化环境。一是各职能部门切实加强对互联网和网吧的综合管理。严格审核网吧的办证手续，严把市场主体准入关，严格“先证后照”，做好网吧登记工作，全面落实属地监管，做到责任到人；进一步加强全市互联网、网吧安全管理系统，完善网上舆情信息安全监控制度，落实24小时对网络信息收集、跟踪、检查；坚决落实网吧100%实名上网，杜绝违规上网行为。2010年以来出动警力380人次，共检查网吧、宾馆、电子阅览室等互联网营业检查网吧240多家，查处“黑网吧”28家，共办理行政案件48宗，侦办复制传播淫秽信息案件6起。二是围绕“平安世博”、“平安亚运”两个主题，对全市的互联网、网吧、学校周边的书店、报摊、印刷、出版物发行单位进行全面检查，组织了十次全市性的净化社会文化环境活动，共出动文化市场管理和执法检查人员11434人次，检查网吧2007家次、查处网吧119家、查处网站10家，协助工商部门取缔“黑网吧”15家。检查经

营业性演出单位119家次、游艺娱乐场所和歌舞娱乐场所1882家次、查处违规娱乐场所204家，取缔无证照经营的娱乐场所20家。文化部门检查书报刊经营单位1194家次、音像（电子）出版物经营单位1241家次、印刷经营单位531家次，受理举报案件31宗，查处书报刊经营单位24家、音像（电子）出版物经营单位62家，查缴非法音像制品（非法电子出版物）21935张（盒）、非法出版物（非法图书和非法报刊）18739册（份）。市广播电视台着重对群众参与的有奖竞猜类节目和涉性违规医疗专题节目进行全面检查，对有问题的节目立即责令停播整改。经过各部门的共同努力，净化了网络环境，严厉打击了校园周边向未成年人出售和散发淫秽色情“口袋书”和音像制品等不良出版物和物品的行为。

（三）广泛开展未成年人思想道德建设实践活动。一是与团市委等单位举办了“我与清远共奋进——游戏达人拇动天下”手机游戏大赛。推出了《黄金矿工—清远新年版》、《清远淘特产》、《反砖块—清远版》、《清远风景拼图》四款游戏，把清远市经济社会发展取得的骄人成绩、市委市政府的战略决策很好地转化为广大未成年人易于接受的信息和“小道理”，并以手机游戏这种当下青少年最喜闻乐见的载体传播，这在全国属于首创，是对未成年人思想道德建设工作有益的探索和尝试。二是与市教育局、清远广播电视台等单位举办了“清远市首届中小学生书法大赛”。这次比赛规模大、范围广、跨度时间长，涵盖全市各县（市、区）中小学学校，为期四个月，9月5日上午举行了隆重的启动仪式。书法大赛大力弘扬了中华民族的书法传统，为广大中小学生书法爱好者提供了一个展示才艺的平台，同时为全市加强未成年人思想道德教育创建了良好的载体。三是完善社会教育网络。全市关工系统建立校外教育辅导站1196个，校外辅导员8159人，其中“五老”4435人，每个乡镇、街场设立了校外教育辅导中心，每个行政村和社区设立了校外教育辅导站，部分较大的自然村成立了校外教育辅导组，形成了全覆盖性的校外教育四级辅导网络。全年各地校外教育辅导站共开展各项活动6325场次，参加的青少年学生达43.7万人次。校外教育辅导工作促进了青少年思想道德素质的提高，促进了学校、家庭、社会“三教”结合的突破。四是召开关工委成立十周年纪念大会，隆重表彰了一批在关心下一代工作和未成年人思想道德建设工作中作出积极贡献的先进代表，为加强未成年人思想道德建设工作营造了浓厚的舆论氛围和社会环境。

四、继续开展文明城市创建工作，进一步提升城市文明水平

（一）完善创建机制，明确创建责任。一是调整了创建全国文明城市领导小组。鉴于创建全国文明城市领导小组部分成员工作变动，根据创建工作的需要，市委、市政府调整了清远市创建全国文明城市领导小组成员，为进一步推进创建全国文明城市创建工作提供了组织机制保障。二是按照最新《全国文明城市测评体系》的要求，根据各责任单位的职能对原《全国文明城市测评体系责任分工表》进行修订，进一步明确了各职能单位目标任务，强化了工作责任。

（二）推进“五城同创”，城市文明不断提高。市委、市政府作出了在开展创建全国文明城市的同时，启动国家卫生城市、全国双拥模范城市、国家园林城市、省环境保护模范城市创建工作，实施“五城”同创工程的决定。市文明办按市文明委的职能积极做好协调工作，把创卫、创园、创环、创双拥纳入创建全国文明城市总体部署，积极推动文明城市创建，城市文明水平有了显著提高。一是加快推进“十个一批”重点工程。2010年市中心区域“十个一批”工程新增项目约50个，包括清远大道二期工程等23个道路工程，新城区公厕10座和垃圾中转站2座等公共设施工程，以及新城区人行道改造工程，清北围堤景观工程、飞来湖西出口工程、市政府大院前的三角绿化带雕塑等3个“一批城市标志性景观工程”，清远市人民医院新院区建设二期工程、市公共实训中心、市特殊教育学校、市中医院门（急）诊住院大楼等9个民生工程。随着“十个一批”重点工程的建设完工，市区整体环境再上新台阶。二是抓好了市中心区域绿化整治工程。市园林处实施了城市道路绿化鲜花种植工程，包括市政府后门西侧绿地改造，北江一二三路绿化带整治，连江路、广清大道绿化整治，江滨公园和明珠广场设施与绿化整治一期工程等。公园广场和城市道路绿化摆放或种植了时花20多万盆，补植、改造了灌木50多万株，大树90多株、大苗2500多株，合计改造城市绿地面积将达到120多公顷。通过改造，大大提升了市中心区域城市园林绿化景观效果和生态水平，市区绿地率达到40.16%、绿化覆盖率达到35.94%、人均公园绿地面积达到15.42平方米。三是实施城市亮化工程。为进一步提升清远城市形象，市委、市政府以“合理利用资源，塑造安全舒适的夜环境”为目标，对市区一河两岸及一些重要的建筑物和城市公共空间实施了亮化工程，对北江东路至北江三四路的建筑物、绿化带、公园及广场，对人民路、银泉路、凤翔路、半环路、广清大道、连江路、滨江路等主干道的标志物、建筑物进行亮化；对城市光照度不足的主干道进行改造通过市区重要路段、重要设施灯饰美化改造建设，亮化工程共更换路灯上部灯具580支；全新安装路灯86支；安装绿地射灯300支；为市区50栋主要建筑物增设LED射灯、线条灯以及点状灯等亮化设施。

（三）广泛开展创建活动，促进市民文明素质的养成。围绕促进人的全面发展，提升市民的综合素质开展了多项主题实践活动：一是深入社区，力促居民文明素质的提升。广泛开展“创建全国文明城市，争当文明公民”——文明进社区活动。12月8日在市金海湾举行了启动仪式，仪式以文艺晚会为载体，向居民派发了“创建文明城市，争当文明公民”的宣传资料，对小区评出的文明户进行了表彰，并组织社区居民开展了文明知识有奖竞猜活动，最大限度、最广泛地动员引导居民以自身实际行动争当文明公民。二是联合单位，力促职工文明素质的提升。各机关、企事业单位干部职工文明素质的养成、提高也是文明城市重要的环节，与市工商局、地税局等单位开展了提高职工文明素养的文化活动，与市工商局开展了“讲文明、树新风、迎国庆”光彩杯书法绘画摄影作品展，与市地税开展了“淡墨浓影”税情书画摄影展。发动干部职工进行自写（书法）、自画、自影，积极参与、积极参展，选出优秀作品在单位进行展出，有些作品还被布置在单位大堂、接待厅、走廊、卫生间，形成了独特的行业文化，广大职工受到了艺术的熏陶，陶冶了情操。三是进入行业，力促员工文明素质的提升。与市交通局开展了“十佳文明出租车驾驶员”评选活动，由出租车公司首先对本公司参选驾驶员进行推介，评委会按运价执行、车容车况、服务质量、行车安全等进行评分，再由市民通过短信、电话进行投票。评选活动进一步推动了出租车行业的文明建设，提升了出租车行业的服务水平。

五、深入开展文明城市（县城）、生态文明村、文明行业、文明单位等群众性精神文明创建工作

（一）文明城市（县城）创建工作有较大突破。一是11月10日，在英德召开了全市创建工作现场会，各县（市、区）文明办和相关创建责任单位的领导参加了会议，会议总结推广了英德成功创建省文明城市的工作经验，对下阶段创建工作进行了总体部署。二是加强对

各县（市）创建文明城市（县城）工作的调研指导。12月派员为阳山县各责任单位就创建文明县城资料收集制作和迎检等工作进行授课、现场指导。三是各地创建工作持续推进。各地把创建文明城市、文明县城作为地方创建品牌之一，作为城镇精神文明建设的有力抓手，以县城文明水平的提高，带动全县文明水平的提升。连州市、阳山县、连山县分别提出了创建省文明城市（县城）的目标。阳山县组建了10多人的创建办，制作了《创建文明县城纪实》电视短片，在送电影下乡和电影院放电影前播放，制作《不文明行为》VCD在县委、县政府机关和各责任单位及电视中播放，有力地促进了县城居民文明意识、文明习惯的养成。连山克服基础设施滞后，经济基础薄弱等困难，想方设法加强城市基础设施建设，切实加强城镇管理，县中心城镇面貌有了较大改善，文明水平有了较大提升。

（二）扎实做好生态文明村创建工作。一是创新工作，提升生态文明村创建水平。各地党委、政府高度重视生态文明村创建工作，把它作为一项长期任务和系统工程。各级文明办积极调动各方面的积极性、主动性和创造性，不断探索创新工作模式，把创建生态文明村活动密切与社会主义新农村建设，与城乡清洁工程，与“十百千万”挂扶工作，与移民重建，与实施乡村道路、饮水安全工程建设等农村工作相结合。在投入机制上，不断探索“政府投一点、社会筹一点、集体出一点、农民拿一点”的办法。清城区2010年投入生态文明村的建设资金超过800万元，建设了40条高标准的生态文明村，带动全区生态文明村建设向更高的层次迈进。在工作方法上，各地文明办积极联合农口、组织、城乡建设、文化体育、卫生、交通等部门和单位共同参与创建工作，拓展生态文明村创建渠道，取得了显著成效。二是健全机制，整体推进生态文明村创建。各地在抓好创建工作的同时，不断加大对生态文明村管理的力度，清城区制定了《清城区生态文明村管理考核办法》，把生态文明村的管理工作纳入规范化的轨道，对提高农民文明素质、改善农村卫生环境起到了较大的促进作用。石角镇和东城街等街镇，为每个自然村都建立了垃圾池，聘用一名环卫员，统一清运垃圾，形成了乡村卫生长期治理机制。三是抓示范点建设。全市建立生态文明村示范点26个，为全市生态文明村创建树立了榜样，带动了创建工作的拓展。

（三）创建文明社区、文明单位、文明行业、文明示范窗口创建活动持续推进。一是抓好文明行业、文明示范窗口的创建活动。按照三个贴近的要求，坚持重心下移，重点在基层、在窗口，以提高服务质量、改善服务环境、提高员工素质和群众满意度为重点，深入开展文明行业、文明示范窗口创建活动。公安、工商、地税、交通等窗口服务行业，大力加强面对群众的服务场所建设，服务环境有了较明显的改善。二是继续培育提升文明单位的创建水平。协助市财政局、清远海事局、市地税局、市烟草专卖局、清远移动公司等单位开展创建文明单位工作。三是继续组织开展科技、文化体育、卫生、法律进社区活动。

（清远市文明办）

潮 州 市

2010年，潮州市精神文明建设工作在市委、市政府的正确领导下，在省文明办的关心指导下，围绕中心、服务大局，突出重点、狠抓落实，切实加强公民思想道德建设，广泛开展群众性精神文明创建活动，扎实推进未成年人思想道德建设，巩固文明城市创建成果，着力提高市民文明素质和社会文明程度，各项工作焕发出蓬勃生机。

一、以社会主义核心价值体系为根本，着力推进公民思想道德建设

坚持把公民思想道德建设摆在首要位置，采取有力措施抓紧抓好，促进公民道德素质的大提升。一是开展“我们的节日”主题活动。面向基层、面向群众，深入挖掘春节、元宵、清明、端午节、中秋节、重阳节等传统节日文化内涵，广泛开展多种形式的节日民俗活动和文化娱乐活动，引导人们在活动中认知传统、尊重传统、继承传统、弘扬传统，增进爱党、爱国、爱社会主义情感。二是开展“我推荐、我评议身边好人”活动。向省文明办推荐了“人民的好法官”张林武、见义勇为陈文旭、敬业奉献孙时浩等3名身边好人，其中孙时浩事迹被省文明办作为典型在岭南文明网上刊登并推荐中央文明办参与11月份“中国好人榜”的评选。此外，最高人民法院、中共广东省委联合在潮州市召开追授张林武同志“全国模范法官”、“人民的好法官”荣誉称号大会，潮州市委举行孙时浩同志先进事迹报告会。通过形式多样的学习宣传活动，大力在全社会树立“好人有好报”的价值导向。三是开展爱国主义教育。推荐市西湖公园、潮安县陈伟南荣勋陈列馆、潮安县凤凰山革命纪念公园、饶平县黄冈丁未革命纪念亭、饶平县战斗英雄麦贤得事迹展览馆5个基地参与第四批省级爱国主义教育基地评选命名。此外，潮州市还组织宣传、民政、文物旅游、城市综合管理等部门对全市各级爱国主义教育基地进行全面调研，形成调研报告报省。并以此为契机，广泛开展各种形式的教育活动，大力弘扬革命传统和爱国主义精神。四是深化新时期潮州人精神教育活动。采取多种形式大力宣传“开放、务实、创新、奉献”的新时期潮州人精神，特别是抓好各类新经济组织和新社会组织的教育活动，不断扩大社会宣传覆盖面，为建设和谐潮州提供精神力量。在2010年市哲学社会科学优秀成果奖评选活动中，《新时期潮州人精神教育读本》荣获市哲学社会科学优秀成果奖一等奖。五是开展文明礼仪教育，深入开展“迎亚运、讲文明、树新风”活动，在全社会大力普及社会礼仪、生活礼仪、职业礼仪和校园礼仪常识，自觉践行公民道德，引导市民讲礼仪、讲文明、重修养，以健康向上、文明礼貌的良好形象迎接亚运会的召开。六是开展“关爱生命，文明出行”主题活动。联合市公安局制订了“关爱生命，文明出行”文明交通行动计划（2010—2012），开展文明交通宣传作品征集评选活动，开播“行之有道”电视专题宣传活动，积极在全社会倡导文明交通行为。其中1件作品获省文明交通宣传作品征集评选活动一等奖，1家出租汽车企业获“省文明出租汽车企业”，2名出租汽车驾驶员获“省出租汽车文明驾驶员”称号。七是积极开展社区志愿服务工作，通过不断创新志愿服务形式，丰富志

愿服务内涵，着力帮助群众解决热点难点问题。湘桥区太平街社区被推荐作为全国社区志愿服务活动联系点。八是树立和表彰先进典型。为在全市营造学习先进、争当先进、赶超先进的良好风气，潮州市隆重举办了“7·27”抢险救人表彰大会，大力弘扬抢险救人精神和中华民族优秀传统美德。并及时整理总结“7·27”抢险救人典型事迹上报中央、省文明办，得到省文明办、中央文明办的肯定，并在岭南文明网和中国文明网上进行宣传介绍。

二、以文明城市创建为龙头，着力深化群众性精神文明创建

坚持把创建的出发点和落脚点放在改善民生，推动经济社会又好又快发展上，以创建活动为载体，更好地服务发展、服务大局、服务民生。一是以连续五年荣获“省文明城市”荣誉为动力，大力开展城市园林绿化、水环境整治、空气环境整治、城乡环境整治和文明城市创建宣传活动，进一步改善了市民的居住环境，优化了潮州的投资环境，提升了城市的品位和档次。二是深化农村精神文明创建活动。以“清洁、和谐、优美”为主题，深入开展星级文明户、生态文明村等创建活动，进一步破除陈规陋习，加强环境保护，倡导健康文明生活方式，农村精神面貌得到有效改善。三是深化文明行业文明单位创建活动。在党政机关开展“创文明机关、做人民满意公务员”活动，推动形成为民、务实、清廉、高效的政风；在窗口行业开展“迎亚运创五优”活动，积极组织文明窗口的申报工作，推荐了一个窗口单位参与省“迎亚运文明示范窗口”的评选表彰活动，有力地推动窗口行业创新服务理念、完善服务标准、优化服务环境、提升服务质量、提高服务水平；在企业开展“以诚实守信为荣、以见利忘义为耻”主题教育，培育以诚信为核心的企业文化。四是举办精神文明建设表彰活动。表彰一批精神文明建设先进单位和个人，集中宣传一批受省、市表彰的单位和个人，在全市营造争先创优的良好创建氛围。五是进一步完善精神文明创建制度。按照《关于进一步完善我市精神文明创建申报评选和管理机制的实施意见》要求，制定下发了《关于做好2010—2011年度市精神文明创建活动申报工作的通知》，启动新一届市精神文明创建申报工作。

三、以全民读书活动为载体，着力提升市民文明素质

坚持贴近群众、贴近实际、贴近生活原则，以“书香潮州”全民读书活动为载体，发挥特色优势，注重元素创新，扎实推进学习型社会建设，进一步提高市民的整体素质。一是隆重举办第四届“书香潮州”全民读书节启动仪式暨中华经典诵读表演。通过表演形式展示潮州市诵读经典活动成果，通过视频形式展示“发现·潮州”首届网络文化嘉年华活动成果和近年来全民读书活动成果。此外，向全市农家书屋、社区书屋、职工书屋、学校代表赠送了一批书籍，活动受到人民网、新华网、南方网及全市各新闻媒体、各网站大篇幅报道，有力提高“书香潮州”全民读书节的影响力和知名度，打造“书香潮州”读书活动品牌。二是制定《2010年市直机关“书香潮州”读书活动方案》，并印发到市直各单位，在广大党员干部中开展以“读书增长知识，创新改变作风”为主题的读书活动，通过以党委中心组报告会、领导干部读书交流会、学习论坛等形式，各级领导干部带头写读书笔记，带头作读书辅导，为全市党员干部和广大群众读书学习作出表率，自觉做全民读书的倡导者和组织者，使全市广大人民群众主动参与到各种丰富有趣的读书活动，有力地引领社会读书风尚。三是举办《潮州凤凰山畲族文化》系列丛书和《凤凰山畲族文化研究文集》首发式。为挖掘、整理、研究凤凰山畲族文化，继承、保护和弘扬这份宝贵的文化遗产，经过两年多的努力，编著出版了《潮州凤凰山畲族文化》系列丛书和《凤凰山畲族文化研究文集》，并在凤凰山隆重举办首发式，向畲族村代表、农家书屋代表、学校代表和粤东地区文化研究机构代表赠送这两套书，进一步促进畲族文化发展和传播，弘扬潮州优秀传统文化，提升潮州文化软实力。四是精心组织开展系列读书活动。在广大中小学生中开展“读书与人生”主题征文比赛和经典诵读活动，引导广大学生学经典，用经典，诵经典；在机关单位中开展了读书报告会、读书演讲比赛、读书知识竞赛、读书交流座谈会等活动，着力推进“学习型党组织”、“学习型机关”建设；在基层组织开展读书巡展和送书活动，进一步解决基层买书难、读书难的问题，大力丰富基层文化生活；在广大市民中开展“书香潮州，全民读书”红段子创作大赛，引导广大市民积极创作内容健康向上，形式短小精悍，反映读书感受的短信红段子，着力培育崇尚知识、自觉阅读、快乐阅读的良好习惯；在新闻媒体开展全民读书公益广告宣传活动，向全市手机用户发送读书宣传标语，着力营造浓厚读书氛围。此外，工青妇等部门结合各自实际，组织开展岗位读书、家庭读书、助廉读书、亲子读书等活动和“书香校园”、“书香家庭”、“读书之星”等评选活动，有力地推动全民读书活动深入开展。2010 年以来，潮州市有一个家庭获省“优秀书香家庭”、一个社区被评为全国创建学习型家庭示范社区，有一批“书香校园”、“读书之星”受到省有关部门的表彰。“潮州突出特色创新载体，扎实推进学习型社会建设”的全民读书活动经验总结，得到省委常委、宣传部长林雄同志的重要批示，并以经验材料印发全省各地学习。

四、以“三结合”教育网络为抓手，着力加强未成年人思想道德建设

坚持把未成年人思想道德建设工作作为精神文明建设的重要内容来抓，不断完善学校、社会、家庭“三结合”的未成年人思想道德教育网络，开展多形式教育活动，着力培养未成年人正确的世界观、人生观、价值观，促进未成年人健康成长。一是召开全市未成年人思想道德工作会议和组织收看收听全国未成年人思想道德建设工作视讯会议。贯彻落实全国、全省未成年人思想道德建设工作会议精神，并从深化学校德育工作、净化社会文化环境、提供优秀文化服务、加强“三结合”教育网络等方面部署了 2010 年未成年人思想道德建设，切实把未成年人思想道德建设引向深入。二是加强理想信念、国情和形势政策教育。以“我与祖国共奋进”、“科学发展・青春畅想”、“携手青春・共赢未来”为主题，组织开展了中华经典诵读、“迎世博迎亚运”文明公益短信传递和青少年爱国主义宣传教育月等活动，引导广大青少年增强爱国主义精神，坚定中国特色社会主义信念。三是深化学校德育教育。围绕“爱国守法、明礼诚信、团结友善、勤俭自强、敬业奉献”基本道德规范，广泛开展健全人格教育、民族优秀传统文化教育、网络道德教育、生命教育和心理健康教育，同时，通过举办“书香校园”、“阅读之星”、“文明班级”、“潮州百名好少年”等评选表彰活动，引导学生自觉遵守“守则”和“规范”，养成文明健康的行为习惯，提高中小学生的道德素养。四是深化“做一个有道德的人”主题活动，在全市组织开展“传唱优秀童谣、做有道德的人”、“做文明有礼的中国人”网上签名寄语活动，引导未成年人阅读享受健康向上的文化产品，做一个文明有礼的人。同时，充分发挥全国、全市“做一个有道德的人”主题活动联系点的示范作用，认真开展祭奠先烈、网上祭先烈征文、爱国歌曲演唱比赛等主题活动，以示范点的带动作用，推动全市未成年人思想道德建设。五是继续强力净化社会文化环境工作。大力开展以网络、网吧、荧屏声频、校园周边环境为重点的整治活动，特别是开展校园及周边治安秩序综合整治行动，切实加强对重点时段校园安全保卫，确保校园安全。同时，加大未成年人文化精品创作生产力度，加强对优秀少儿精神文化产品的宣传推介，积极推动未成年人校外活动场所对未成年人集体免费开放，依托学校电教室、社区服务中心、农家书屋等阵地，加快建设绿色网园等公益性上网场所，切实为未成年人健康成长营造良好的社会文化环境。

（潮州市文明办）

揭 阳 市

2010年，揭阳市精神文明建设以科学发展观为指导，以创建文明城市为主线，不断深化群众性精神文明创建，着力提升城市文明程度和市民文明素质，稳步推进公民思想道德建设和净化社会文化环境工作，努力夯实未成年人思想道德教育基础，取得明显成效。主要体现在：

一、群众性精神文明创建活动扎实开展

（一）总结经验、树立典型，推动精神文明建设再上新台阶。市委、市政府召开全市精神文明建设表彰大会，总结经验，表彰先进，树立典型，部署工作，推动全市精神文明建设再上新台阶。会议表彰了2008—2009年省、市精神文明建设先进单位、先进个人和第二届揭阳道德模范，其中受市表彰的文明单位39个、文明镇9个、文明窗口40个、文明村（社区）37个、和谐文明村17个、文明小城镇1个、先进工作者59名、第二届揭阳市道德模范5名。

（二）认真规划、落实责任，拉开创建“广东省文明城市”序幕。部署创建任务，落实创建责任。根据市委、市政府《关于在全市开展创建广东省文明城市活动的决定》（揭委发〔2008〕22号）和《广东省文明城市测评体系》（粤文明办〔2009〕12号）文件精神，制订了《揭阳市创建广东省文明城市活动实施方案》和《揭阳市创建文明城市工作任务分工测评表》，明确任务、时间和工作要求，规划创建目标，落实工作责任，扎实有效推进创建工作。实施“文明交通行动计划”。按照中央文明办、公安部的统一部署，在全市广泛开展“文明交通行动计划”。成立了交通安全志愿者服务队，举行“交通安全宣传周”、“文明出行宣传晚会”，省、市评选表彰13个交通安全文明示范单位，在全市主要道路设置LED交通安全广告牌，开展交通安全公益广告和交通安全知识宣传教育，文明交通行动计划取得积极成效。创建省级卫生城市取得成功。获得省卫生城市称号是创建省文明城市的必备条件之一。11月，省爱卫会考核鉴定组对揭阳市创建“广东省卫生城市”工作进行考核鉴定，认为措施得力，成效显著，各项指标已达到要求，考核验收合格，决定授予揭阳市“广东省卫生城市”荣誉称号，创建文明城市活动开局顺利。

（三）精心创作、广泛传播，运用红段子助推文化强市建设。结合第三届粤东侨博会暨第二届揭阳特色文化节的胜利召开，精心组织“精彩侨乡，文化揭阳”红段子创作活动，围绕“爱乡、感恩、书香、宜居”四大主题，向社会广泛征集“我爱精彩侨乡”、“助建文化揭阳”、“共建文明城市”、“祝福祥和亚运”、

“书香溢家园”、“爱传千万家”、“情系外来工”等七方面内容的红段子作品。参与人数达到8786人，上传红段子作品12485条，下载量为198458次，转发量为1295807次。红段子成为全市精神文明创建的新载体，助推揭阳文化强市建设。

（四）*文明结对，共建和谐，促进城乡群众性精神文明创建活动有效开展。*在全市部署开展2010—2011年“文明结对，共建和谐”活动。活动以文化惠民为重点，通过广泛动员和组织文明单位帮助贫困村完善公共文化设施，开展文化交流活动，丰富农村群众的精神文化生活，推动农村的文明和谐建设。揭阳海关、揭阳供电局、揭阳学院等文明单位与结对共建单位举办科普、健康、法律知识讲座和知识竞赛、才艺展示、体育比赛等活动，互帮互学，以实际行动践行“忠诚如山、感恩奉献”精神，推动城乡群众性精神文明建设再上新台阶。

二、现代公民思想道德教育成效显著

（一）*“忠诚如山、感恩奉献”，“感恩日”活动创新公民思想道德教育形式。*为进一步加强公民思想道德教育，市委决定把每年9月20日定为揭阳市“感恩日”。9月20日，市委、市政府组织首届“感恩日”活动，市五套班子领导和社会各界代表1万多人参加了“忠诚·感恩万人行”，教育引导全市人民忠诚于国家、忠诚于揭阳、忠诚于自己，进一步增强广大干部群众践行忠诚、感恩奉献的自觉性和主动性，为推动揭阳经济社会跨越发展，建设富民强市、和谐文明新揭阳提供强大的思想动力。活动当天，全市各地也组织了大型的“忠诚·感恩万人行”活动，参加总人数超过4万人，气氛热烈，盛况空前。开展全民忠诚教育，设置“感恩日”，组织忠诚感恩教育活动，是揭阳市开展公民思想道德教育的一大创新，也是扎实推进社会主义核心价值体系建设、大力培育揭阳人精神支柱的一项重大举措。

（二）*学习英雄、发扬传统，“革命传统教育周”内容丰富多彩。*组织开展第五个“革命传统教育周”活动，在全市深入开展革命传统教育。组织祭奠革命先烈活动。隆重举行“揭阳市清明祭奠革命先烈大会”，市各套班子领导和各级、各界代表共2000人参加了大会。各地各单位也组织了祭奠革命先烈活动。组织英雄事迹报告会。各地邀请英雄部队代表、战斗英雄、老游击战士等到机关、学校、企业等单位作英雄事迹报告，广泛开展革命传统教育。全市共举办专题报告会、座谈会、故事会等共200多场次。组织参观革命遗址活动。广大青少年在团委和教育部门的组织下，积极开展“军营一日行”、“寻找英雄的足迹”等活动，接受爱国主义的教育和优秀革命传统的熏陶。广泛开展思想道德教育活动。聘请“五老”人员担任中小学校校外辅导员、思想道德教育宣传员、失足青少年帮教员、家长学校讲授员、社会风尚监督员等，加强青少年的思想道德建设工作。

（三）*与书为友、以德为先，全民读书活动深入开展。*举办“2010南国书香节暨揭阳书展”。与广东省2010南国书香节互动，8月份在市区组织各图书经销单位开展优秀图书展销活动，邀请7位揭籍女作家举行作者签名义卖，售书款全额捐赠给市红十字会作为扶贫资金。组织向贫困学生、外来工子女赠送学习用品及书籍，举办象棋围棋表演赛等活动，营造浓烈的书香氛围，创建学习型社会。举办揭阳市第三届“书香节”活动。印发《揭阳市第三届“书香节”活动方案》，积极倡导崇尚阅读、践行忠诚的良好社会风气，在全市掀起全民读书热潮。以粤东侨博会为契机，把“书香节”启动仪式——“书香揭阳”纳入第二届特色文化节的一项重要活动内容。活动组委会向全市人民发出“与书为友，以德为先，努力创建学习型社会”的一封公开信，引领全民读书风尚。书香节期间，深圳出版发行集团、市作家书店、市邮政局、中国移动揭阳分公司等单位积极参加文化产品展销服务活动。吸引了市区3万多名读者，销售图书码洋20多万元，全市读者沐浴书香，享受了一次丰盛的文化大餐。

（四）传承孝道、弘扬美德，公民思想道德教育活动广泛开展。开展道德教育进村、二十四孝进脑活动。《揭阳日报》在“循道崇德”专栏刊登“二十四孝”故事，揭阳电视台在“道德在线”栏目开设“二十四孝”故事会，诠释古今孝道故事。同时，组织新闻媒体对省、市表彰的精神文明建设先进集体、先进个人和第二届揭阳市道德模范的先进事迹进行深度报道，以点带面，在全市形成“树典型、学先进”的良好氛围，推动全市群众性精神文明创建工作深入广泛开展。开展“我推荐、我评议身边好人”活动。广泛发动干部群众，深入开展“身边好人”评选活动，深入挖掘身边好人的先进事迹，培育一批道德先进典型人物。市主要新闻媒体和主流网站加大宣传力度，积极宣传和报道各地、各单位涌现的好人好事，发动广大干群主动参与推荐和评议身边好人活动，造浓道德氛围，引领道德风尚，为下一届道德模范评选活动打下坚实的基础。

三、未成年人思想道德建设逐步推进

（一）重典整治、坚持常抓不懈，治网行动取得实效。开展整治网络低俗之风。全面查处网上涉黄涉赌，全市共破获色情网站案件2宗，查处网上涉黄涉赌案件9宗20人，抓获在逃犯42人。清理清除有害信息，共删除有害信息23908条，通报异地删除有害信息4534条。升级网吧安全管理系统，扩大网上虚拟警察布设范围，增设报警岗亭580家，建立网络管理志愿者队伍。进一步完善互联网接入服务市场准入机制，严格落实网站备案和信息安全监管制度。继续开展“阳光·绿色网络工程”系列活动。广泛开展“净化网络，护卫孩子——万名母亲网络护卫行动”宣传活动，发送活动倡议书30多万份。举行绿色上网倡议、“网络承诺签名”和“网络举报”活动，发放绿色上网卡1.6万张。在全市中小学开展“珍惜青春，依法上网”宣讲教育300多场次，受教育人数达30万人。开展“信息直通车开进和谐校园”义务宣传周活动，引导广大青少年学生绿色上网、健康上网，自觉远离黑网吧。

（二）规范秩序、严格管理，网吧经营遵章守法。开展网吧整治专项行动。全市共出动警力2100多人次，工商、文化执法人员8115人次，检查网吧8044家次，查扣网吧违规卡1680张，取缔“黑网吧”57家，查扣电脑设备556台（套），落实断网抄告制度，严防死灰复燃。进一步健全网吧安全管理和实名登记系统功能，严格整治网吧接纳未成年人问题。充分发挥揭阳网吧协会和“五老”义务监督员作用，推行互联网行业自律和社会监督、监管，对守法经营的网吧给予悬挂“绿色网吧”标志。落实用户备案制度，完成备案网站1384家。进一步规范文化市场和网吧经营秩序，取缔DVD音像制品包装窝点2家，收缴非法音像制品23300余张；取缔无证电子游戏机室8家，没收电子游戏机50多台。取缔游商地摊30多家，收缴非法书刊3200册（本）；收缴低俗淫秽及盗版类音像制品1734张。

（三）健全制度、加强监控，荧屏声频得到净化。切实加强对全市各级广播电视节目管理和监测，进一步规范广播电视节目审查和播出程序，建立和健全选题申报制度、播出管理制度、监听监看制度、分级审查制度、责任追究制度和奖励惩罚制度。做好广播电视各频道频率节目的实时监听监看和记录留存，重点加强对综艺类、谈话类节目的监管。在节目内容上加强正确思想和健康情感的引导，坚决制止渲染与正常伦理道德相悖的不健康情感，杜绝封建迷信和伪科学的内容，抵制利己主义、拜金主义倾向。清除广播电视节目中不利于未年人健康成长的思想行为、语言、形象等内容，为未成年人健康成长提供一个“绿色文化空间”。成立医疗药品广告监督小组，对新投放的每个医疗、药品、广告进行认真审查，审查内容包括批文及画面、语言，严格把关，对不符合医疗广告审查证明的坚决不予播出。对涉嫌违规违法的广告，马上停止发布，进行严厉处罚。2010年共监测经营性网站4家，责令停止发布非法涉性、医疗保健等广告13条，立案查处3宗，罚没款2万多元。

（四）加强教育、筑牢阵地，青少年思想道德教育取得实效。加强学校德育教育，在全市学校中，深入开展“做一个有道德的人”主题活动。加强校园文化建设，广泛开展中华民族优秀传统文化教育、网络道德教育、尊重生命教育和心理健康教育，组织青少年健身操大赛、揭阳特色文化诗歌朗诵会等校园文化活动。加强德育工作队伍的建设，提升广大教师、共青团干部的道德修养和德育工作能力。加强对校园周边环境的整治力度，严格执行中小学校周围200米范围内一律不得设立网吧和娱乐场所的规定，严厉打击操纵利用品行不良学生的犯罪、教唆引诱和指使未成年人从事不良文化活动等违法犯罪行为。加强学校及周边地区的视频监控网络建设，加大对校园的安全保护。进一步做好“问题”青少年帮教工作，共同构筑学校、家庭、社会共同关心和支持未成年人教育的工作格局，为未成年人健康成长提供良好的社会文化环境。

四、志愿者服务领域不断扩大

（一）提升热情、积极参与，青年志愿者继续发挥领军作用。在全市广泛开展青年志愿者服务月活动，有100多个青年文明号集体和青年志愿者服务队参与活动，志愿服务领域涉及社区援助、医疗保健、法律咨询、科技培训、敬老助残、义务家教、环境保护、扶贫助学等10多个领域。启动“青春·创卫先锋”——揭阳市创建省级卫生城市志愿服务系列行动，广大团员青年、少先队员、青年志愿者、社会义工积极参与创卫工作，引导广大青少年增强文明卫生意识，争做“创卫”先锋，成为揭阳市创建省级卫生城市的一道亮丽风景线。

（二）扩大覆盖、增强实效，社区志愿服务不断拓展。市文明办抓住社区人口比较密集、人口组成多元化的特点，有针对性地部署在全市社区开展卫生、文化、法律、扶老助残进社区等志愿者活动，通过活动的开展，展现志愿者风采，弘扬志愿服务精神，传播志愿服务理念，引导和吸引更多的人参与到志愿者队伍中来，进一步壮大志愿者队伍，丰富志愿服务内容和形式。推进“全国社区志愿服务活动联系点”东山区马牙社区建设，以点带面，进一步推动社区志愿服务的深入开展。

（三）扶贫济困、温馨关怀，节日志愿服务不断拓展。利用国庆、元旦、春节等重大节日开展志愿服务活动，积极引导社会各类志愿者队伍以“讲文明树新风”为主题，以“扶老助残、社会治安、文化服务、环境卫生”为重点，大力弘扬“奉献、友爱、互助、进步”的志愿精神，不断开拓工作领域，先后开展了扶老助残服务、平安社区服务、文化服务、环境卫生服务等一系列志愿服务活动200多场次，产生了良好的社会影响。市红十字志愿者队伍的600多位志愿者，近年来，共募得款物近2000万元，受益人群10多万人，为100多名白内障患者带来光明，救助先天性心脏病儿童近100例，完成造血干细胞采样100多例，推动无偿献血1800多人次，救护防病知识普及3000多人次，预防艾滋病宣传10多万人次，成为揭阳市志愿者服务的一支生力军。

（四）关爱生命、文明出行，交通志愿服务成效彰显。成立文明交通志愿者服务队，来自市星火义工队的近百名青年踊跃参加到首批文明交通志愿者服务队行列。市交警支队为首批文明交通志愿者服务队员进行了法律法规、交通指挥手势、文明服务等内容的培训。志愿者通过开展文明交通安全宣传、参与交通违规劝导等志愿服务活动，亲身经历和体验交警同志的执勤工作过程，在社会上产生积极影响，让群众进一步了解交通安全法规，理解执法人员的辛勤付出，提高遵守交通法规的自觉性，促进道路交通秩序明显改观。

（揭阳市文明办）

云 浮 市

2010年，云浮市精神文明建设工作深入贯彻党的十七届四中和五中全会、全省宣传工作会议、市委四届八次全会和全市宣传思想文化工作会议精神，深入贯彻落实科学发展观，围绕推动云浮科学发展跨越发展，以《美好环境与和谐社会共同缔造行动纲要》为统领，以建设社会主义核心价值体系为根本，着力培育文明风尚，进一步加强公民思想道德建设，深入推进群众性精神文明创建活动，不断提高公民文明素质和社会文明和谐程度，为云浮市建设广东富庶文明大西关提供强大精神动力。

一、理论学习宣传教育全面加强，文明建设思想得到夯实

云浮市坚持以邓小平理论和“三个代表”重要思想为指导，按照“高举旗帜、围绕大局、服务人民、改革创新”这一总体要求，把学习实践科学发展观等理论宣传教育纳入到精神文明创建的工作之中，充分利用精神文明建设贴近基层群众的优势，广泛开展理论宣传教育活动。2010年云浮市委学习中心组举办每月三期的“书香大西关读书讲坛”，由市委书记王蒙徽亲自为广大干部推荐学习书目，带头自学，围绕加快经济发展方式、宜居城市建设等专题为全市领导干部作专题辅导报告，带领市直领导同志和各县（市、区）委书记、县（市、区）长轮流作读书报告，交流学习体会，并将这种读书交流模式推广到各县（市、区），通过领导干部带头，在全市形成“人人读书学习，处处崇尚知识”的新气象。举办了多个大型理论研讨会，先后组织了“美好环境与和谐社会共同缔造”社科理论界座谈会、云浮市宜居城市建设培训班和研讨会、以“转变发展方式，建设人居环境”为主题的研讨会等，把宜居城乡建设、“美好环境与和谐社会共同缔造”等科学理论观点宣传到广大干部群众当中，引导市民进一步解放思想，强化科学发展意识。在党员干部带头学习的同时，云浮市更积极引导和推动全社会参与。组织协调《人民日报》、人民网、广东电视台、南方网以及本市报纸、电视、网站等媒体对云浮市理论宣传动态和成效进行报道。经过系列的理论宣传教育活动，广大群众的思想道德素质明显提高，精神文明建设的思想动力得到进一步增强。

二、思想道德教育活动扎实开展，市民文明意识不断增强

云浮市坚持把教育、引导广大群众积极开展社会主义荣辱观，遵守社会主义道德准则，养成爱国、守法、诚信、知礼的道德行为习惯作为精神文明建设的首要任务，努力营造守法律、讲文明、求和谐的良好氛围，市民文明素质不断得到提高。

（一）深入开展社会主义核心价值宣传教

育。为在群众中广泛开展社会主义核心价值的宣传教育，市文明办组织、协调各单位举办了多层次的精神文明创建活动。2月初，云浮市举办了“云浮市道德春联进万家即席挥毫活动”，邀请了多名书法家为当地群众免费书写、派发道德春联近1000副。4月23日是“世界读书日”，云浮市启动2010年“书香大西关”全民阅读活动。活动现场，由青年代表现场宣读向全体市民发出的倡议书，宣传读书重大意义。活动当日，云浮市历届政协委员联谊会成员向市图书馆捐赠了6600册图书，让市民享受更丰富的图书资源。4月初云浮市积极开展第四批省级爱国主义教育基地的申报活动，向省委宣传部报送了如罗定市蔡廷锴故居等一批能反映云浮市爱国主义和革命传统的教育基地，积极发挥云浮市爱国主义教育资源在建设社会主义核心价值体系，加强爱国主义教育和公民道德建设中的作用。5月上旬，云浮市积极开展“我推荐、我评议身边好人”活动，发动各县（市、区）文明办、市直各局和上级驻云浮单位积极推荐身边好人活动，以此挖掘、培育一批道德先进典型。通过举办一系列的精神文明创建活动，让广大群众在参与中接受现代知识、现代文明的熏陶，确立遵纪守法、明礼诚信的道德理念。

（二）加强未成年人思想道德建设。营造良好的社会环境，开展丰富多彩的主题实践活动，着力为未成年人办好事实事，促进未成年人健康成长。6月中旬，云浮市在小学和幼儿园广泛开展优秀童谣传唱活动，使广大少年儿童在传唱优秀童谣中陶冶情操，快乐成长，做有道德的人。在城区中小学深入开展学习《弟子规》活动，不断提高学生的道德水平和法制观念，努力创建平安校园、和谐校园。8月中旬，云浮市举办了以青少年为重点的“2010南国书香节暨大西关书展”。通过举办系列图书展销、本土作家、书法家作品慈善义卖、读书有奖问答、“创建书香机关”演讲比赛等活动，向广大青少年倡导喜爱阅读、崇尚知识、感受快乐的理念，激发了广大青少年的阅读热情。着力实施“文化环保”工程，认真贯彻落实中办、国办下发的《关于进一步净化社会文化环境，促进未成年人健康成长的若干意见》，抓好社会文化环境净化工作，突出抓好网络视听节目管理，严厉打击网络淫秽色情活动；持续开展网吧整治行动，依法取缔“黑网吧”，查处网吧接纳未成年人行为；抓好荧屏声频净化工作；抓好校园周边环境治理，要求在城区校园周边200米内的网吧和娱乐场所，全部实施搬迁和查封，进一步净化校园周边环境。

（三）丰富城乡群众文化生活。一年来，云浮市为广大城乡群众提供了内容丰富、形式新颖、充满特色的公共文化服务，进一步丰富了群众的精神文化生活。在春节、元宵、国庆等重大节假日期间，针对不同层次、不同年龄群众的文化需求，云浮市精心组织了春节游园活动、迎春音乐会、“军民鱼水情——双拥文艺晚会”、纪念“七一”暨宜居城市齐参与活动演讲比赛等多项大型文化活动。各县（市、区）也结合本地实际，纷纷挖掘和发展本地的特殊文化，如云城区积极组织石材工艺企业68家（含民间艺人）参加第二届广东省（云浮）石艺创意大赛，参赛企业或个人占全省70%，获得石雕、石刻、拼图和装饰工艺的金奖4个、银奖5个、铜奖24个、优秀奖50个，占获奖总数的75%。还有新兴县的禅宗六祖文化、郁南县的南江文化、罗定市的祠堂文化、云安县的廉政文化都得到了蓬勃发展。

（四）加强公共意识的宣传教育。在全社会组织开展公共卫生意识教育，普及预防甲型流感及保健知识。引导广大市民增强交通法规意识，倡导文明出行。2010年市文明办会同市公安局在全市开展以“关爱生命，文明出行”为主题文明交通行动计划，并共同印发了《云浮市文明交通行动计划实施方案》，倡导文明出行引导交通参与者从规范自身交通行为做起，自觉遵章守纪，文明礼让。为配合广州亚运会的顺利开展，市文明办、市公安交警支队在各社区积极开展文明交通宣传教育活动，向居民派发文明交通宣传单张，倡导六大文明交通行为、摒弃六大交通陋习、抵制六大危险驾驶行为宣传教育活动，利用路灯广告牌进行形象宣传，并向全社会发出了文明交通倡议，并向过往机动车驾驶人派发《致广大交通参与者一封信》等宣传资料共2500份，受教育交通参与者5000多人次。

三、创建活动深入开展，城乡文明水平显著提高

一年以来，云浮市围绕“美好环境与和谐社会共同缔造”行动纲领为工作重点，全面开展群众性精神文明创建活动。

（一）深入开展创省级文明城市申报活动。创建省文明城市是精神文明建设的重要组成部分，是践行科学发展观的实际行动，也是2010年全市宣传思想文化工作会议确定的一项重要工作任务。近年来，云浮市积极开展宜居城市的建设，城乡环境有了很大改观，城市形象得到迅速提升，“健康、生态、幸福”的宜居城市建设已初见成效，特别是云浮市于2009年获得了“广东省卫生城市”的称号，这为申报广东省文明城市提供了很好的准入条件。为此，市文明办根据《广东省文明城市测评体系》的要求，结合云浮市《美好环境与和谐社会共同缔造行动纲要》、《云浮市改革发展规划纲要（2009—2020年）》等文件精神，草拟了《云浮市创建广东省文明城市工作方案》（讨论稿），向全市各相关单位进行意见收集并组织了三次大讨论，形成了创建省文明城市工作方案，成立了云浮市创建广东省文明城市工作领导小组。与此同时，云浮市认真对照《广东省文明城市测评体系》标准，制定工作目标，落实工作责任，进一步做好创建省级文明城市的准备工作，推动“省文明城市”的创建工作有效开展，努力争取早日成为省文明城市。

（二）开展宜居城乡创建活动。紧紧围绕打造“宜居城市”、建设社会主义新农村的机遇，广泛开展城市美化、绿化、亮化工程及爱国卫生运动，积极抓好旧城镇、旧厂房、旧村庄“三旧”改造建设，积极规划建设和谐宜居示范村（社区），深入开展文明村镇、文明单位、文明户、文明学校等各种形式的创建活动。如云浮市云城区2010年共评选表彰了文明镇（街）3个、文明村（居）委10个、文明示范村15个、文明标兵户15户、文明单位14个、文明学校5所、精神文明建设先进工作者20人。全区2010年共建设和谐宜居示范村（社区）10个。为推进社会主义新农村建设，罗定市把生态文明宜居村建设作为农村精神文明建设的工作重点，把生态文明宜居村建设作为一项民心工程来抓，组织市、镇干部深入农村与群众共谋建设，发动群众积极参与，完善民主管理机制，让广大群众能享受到生态文明宜居村建设的成果。据统计，到2010年12月底，罗定市生态文明宜居村道、绿道及城防工程建设的土地达到3000多平方米，收到社会各界捐款捐物折款200多万元，参与投工投劳达到32800人次。全市生态文明宜居村建设得到进一步完善，让广大群众真正享受到共享共建的成果。

（云浮市文明办）

广东省教育厅

2010年，在省委、省政府的正确领导下，省教育厅深入贯彻中央8号文件精神，坚持育人为本、德育为先，坚持以机制建立为保障，以队伍建设为关键，以课堂教学为主渠道，以实践活动为重要途径，以心理健康教育为重点内容，创造性地开展工作，德育工作体系日趋完善，学校德育能力不断增强，德育工作的针对性和实效性进一步提高。

一、健全评估机制，完善政策体系，为德育工作提供制度性保障

一是建立中小学德育工作绩效评估机制。印发《关于开展中小学德育工作绩效评估的通知》，出台评估方案、指标体系及实施办法，从2010年秋季学期起在全省各地启动中小学德育绩效评估工作，指导和督促所有中小学校特别是农村薄弱学校加强德育工作规范管理，引导中心城市学校特别是初中规范化学校和示范性高中学校创特色、树品牌，促进我省中小学德育工作科学发展、均衡发展、特色发展。二是完善中等职业学校德育工作政策体系。联合省文明办、省人力资源和社会保障厅、团省委、省妇联召开全省中职学校德育工作会议，全面部署今后一个时期我省中职学校德育工作。宋海副省长出席会议并作重要讲话。会后印发了《关于加强和改进中等职业学校、技工学校学生思想道德教育的实施意见》以及加强中职学校校园文化建设、班主任工作、德育课程建设等四个政策性框架文件，初步建立起我省中职学校德育工作政策体系。

二、加大培训力度，创新培养方式，提升德育工作队伍专业能力

着力抓好学校德育管理者、班主任和德育课教师三支队伍建设。一是举办第三届广东省中小学班主任专业能力大赛、第二届广东省省属中职学校班主任专业能力大赛，为班主任教师搭建交流学习和能力展示的良好平台。二是联合省总工会举办广东省幼儿园教师德育专业能力大赛，积极探索德育工作向幼儿园的有效延伸。大赛综合考察评定第一名的幼儿园教师获颁“广东省五一劳动奖章”。三是推进第二批中小学名班主任培养工作。组织培养对象集中培训2次、考察学习1次，完成对培养对象的中期考核。四是继续加强全省中小学（中职学校）德育校长（书记）、班主任骨干、团委书记、德育课教师培训。共培训初级中学德育校长2期500人次，中职学校德育校长（书记）2期88人次、骨干班主任3期267人次、团委书记2期180人次、德育课教师2457人次。

三、深化德育科研，推进课程建设，充分发挥课堂主渠道的育人作用

一是加强德育课题建设。研究制定《广东省中小学德育科研课题管理细则》，进一步规范德育课题研究管理。组织2009年中小学德育课题立项学校开展中期汇报交流。启动全省中职学校德育课题研究工作，共立项课题78项。二是加强德育课程建设。促进中小学（中职学校）德育课与学科和专业课程的有机融合，引导学科教师主动承担教书育人责任，充分利用各学科教学中的德育因素，潜移默化地在学科教学中渗透德育。进一步加强中职学校德育课的学科建设、课程建设和教材建设。以教案、教学片、教学课件为展示方式，举办中职学校德育课优秀教学成果展示活动。

四、建设校园文化，强化实践育人，引导学生学会自我教育、管理和服务

一是高品位校园活动不断丰富。配合广东“文化强省”战略的实施，组织开展“千万少年快乐阅读”中小学主题教育系列活动、“明理、立志、勤学、成才”中职学校主题教育系列活动，深入推进“书香校园”创建活动，全面营造知书达礼、好学求进的校园书香氛围。2010 年评出省级“书香校园”123 所。配合广州亚运会的举办，联合第 16 届亚组委志愿者部、广东省邮政公司等单位，组织开展“争当信使　喜迎亚运——广东欢迎您”中小学书信活动、“迎接亚运会、当好东道主、创造新生活”亚运志愿精神百校行教育系列活动，培育学生热爱祖国、建设广东、奉献社会的志愿服务精神，营造浓厚的关注亚运、祝福亚运、参与亚运的宣传氛围。组织开展中职学生优秀社团评选展示活动，培养学生团队合作精神，引导他们学会自我教育和管理。2010 年评出省级优秀社团 164 个。组织开展全国中职学校“文明风采”竞赛活动广东复赛活动，不断扩大活动参与面。2010 年我省共选送 5767 份作品参评，有 3775 份作品获奖，选送作品和获奖作品的数量和质量居全国首位，被教育部评为组织工作特殊贡献奖（全国共 3 个地区获奖）。二是强化校外活动场所建设和管理。召开全省中小学德育基地建设第六次工作现场会暨中小学德育基地工作协作会第二届年会，研究探讨融入课程改革的实践教育发展思路。组织开展第二届中小学德育基地论文征集和评选活动。三是加强民族团结教育。以“感恩伟大祖国”为主题，组织内地新疆高中班师生演讲比赛广东片区复赛，引导内地民族班学生树立正确的国家观、民族观和宗教观。

五、加强心理教育，普及心理知识，深化学生心理危机预防、预警、干预“三预”机制建设

一是召开工作研讨会。举办社会转型期加强学校心理健康教育专题研讨会、中职学校心理健康教育研讨会，深入分析社会转型期学生心理状况，积极探索加强心理健康教育新思路新对策。二是继续加强心理健康教育师资培训。完成 A、B、C 证培训 28457 人次。三是推进心理教育示范学校建设。2010 年评定示范学校 10 所。四是组织开展中职学校“心理健康”课程教学成果征集评选活动。五是协助省政协开展学校心理健康教育专题视察。我省学校心理健康教育工作得到视察组充分肯定。

（广东省教育厅）

广东省监狱管理局

2010 年，广东省监狱系统坚持以邓小平理论和“三个代表”重要思想为指导，深入贯彻落实科学发展观，认真贯彻落实党的十七届四中、五中全会以及省委十届八次全会精神，按照党的监狱工作方针，坚持全面安全观、科学改造观、公正执法观，以维护社会安全稳定为己任，以提高警察职工队伍素质为目标，广泛开展群众性精神文明创建活动，推进思想道德文化建设，精神文明建设取得了新的进展。

一、确保安全稳定，实现全省监狱连续十年安全

2010 年，广东省监狱系统坚决贯彻省委、省政府决策部署和省领导重要指示精神，以全面完成“平安世博”、“平安亚运”为目标，切实加强监狱安全管理，全力确保我省监狱的持续安全稳定。一是广泛宣传，进一步树立广大警察职工亚运安保的“大考”意识，以超常规的决心、超常规的力度和超常规的措施，争分夺秒，奋勇争先，全力推进亚运安保各项工作，确保“平安亚运”、“平安广东”的目标实现。二是精心组织实施亚运安保三级响应。停止组织警察外出参观学习活动，组织警察做好风险预警、预案制订、应急演练、统筹协调等工作，并有效落实好人力、物力、通信、运输、医疗等必要保障。严格警察值班备勤制度，保持警察通信畅通，全天候待命。三是坚持公平、公正、公开原则，严格公正执法，严格执行《罪犯考核奖罚规定》、《关于办理减刑、假释案件实施细则》、《关于进一步依法做好罪犯减刑假释工作的通知》等规范性文件，严格罪犯考核、奖惩，规范减刑假释案件办理，严把办案质量，从源头上消除影响监狱安全稳定的隐患，加强对狱务公开的检查和考核，促进狱务公开常态化。四是深入开展监狱安全隐患排查整治活动，对排查出来的安全隐患，实行整改项目化、具体化、责任化，做到整改内容、整改标准、整改措施、整改资金、整改期限、整改责任“六落实”。五是认真开展信访排查化解工作，切实加强监狱的生产安全、交通安全以及罪犯疾病预防和管理工作，加强食品安全和公共卫生管理，加强监狱监控安防设施建设，加强舆情引导与应对工作，加强对罪犯的教育改造工作等。六是大力抓好联防联动工作。2010 年，广东省监狱系统进一步深化与武警的“三共”活动，加强与地方公安、消防、卫生、交通、“三防”、水利、610 办等各有关部门的联防，增强快速反应、有效处置的能力。加强与当地政府有关部门的沟通协调，争取把监狱安全工作纳入当地政府综治维稳范畴。

2010 年，我省监狱系统确保了全面安全，从而取得了从 2001 年以来全省监狱系统在押犯全国最多、警囚比例全国最低、监管资源不足、社情狱情日益复杂的形势下，全省监狱系统取得了连续十年无罪犯逃脱、无重大生产安全事故的优异成绩，实现了连续十年安全。

二、深入开展执法大培训岗位大练兵活动，全面提高警察职工队伍素质

为贯彻落实司法部的要求和部署，进一步增强政治、业务、体能素质，切实提高广大监狱人民警察的执法能力、执法水平和执法公信力，切实履行岗位职责，严格执行监狱工作各项法律政策，恪守职业道德规范，树立监狱人民警察的良好形象，广东省监狱管理局迅速行动，精心组织，周密布署，按照“全警参训、立足岗位、内强素质、外树形象”的要求和“干什么练什么，缺什么补什么”的原则，坚持求实创新，从“深、细、实、活”上下工夫，组织全省 16000 多位监狱人民警察全面开展大培训大练兵活动。一是创新学习载体，开设学习讲坛，全面提高各级领导的政治素养和应用法律政策的能力。二是创新培训方式，探索队伍分类培训机制，全面提高警察执法管理水平。三是突出岗位能力建设，依托战训队扎实开展大练兵活动。四是加强制度建设，建立健全培训练兵的长效机制。

通过执法大培训岗位大练兵活动，广东省监狱系统警察队伍实现了“三个增强”，即警察的执法意识、团队合作意识进一步增强，警察履行岗位职责的能力、确保监狱安全稳定的能力进一步增强，警察集体荣誉感、团队凝聚力进一步增强，为建立一支政治坚定、业务精通、作风优良、执法公正监狱人民警察队伍起到了积极的推动作用。

三、广泛宣传英模先进事迹，大力弘扬社会主义精神风貌

2010 年，广东省监狱管理局党委高度重视

队伍的政治思想宣传工作，先后及时宣传树立起了李瑞书、曾祥华、吴晓华等因公牺牲在工作岗位上的优秀监狱人民警察、英雄模范榜样以及勇救落水女孩的英雄警察胡兵等一批先进典型。

李瑞书同志生前系广东省四会监狱一监区教导员，2010 年 4 月 16 日深夜，因劳累过度壮烈牺牲在工作岗位上，年仅 40 岁。李瑞书同志牺牲后，广东省监狱管理局迅速做出向李瑞书同志学习的决定，并在全省监狱系统开展“七个一”（组织巡回报告会、举办一次演讲比赛、开展一次征文活动、编辑一本学习李瑞书精神文集、开展一次研讨活动、开展一次寻找身边“李瑞书式的同志”活动和组织一次讴歌李瑞书精神歌词征集活动）教育培训及宣传活动，尤其是弘扬瑞书精神的《崇高的平凡》一书编印后，更是得到省委领导的肯定和好评，省政法委书记梁伟发同志就编写《崇高的平凡》给予了“此书编得好！好就好在以战斗在平凡岗位上的监狱人民警察的‘心’写出了非常不平凡的李瑞书精神，好就好在以李瑞书的平凡事迹激发了无数监狱人民警察的无限活力，好就好在把李瑞书的平凡事迹留在了无数监狱人民警察的心中……”的高度评价。省监狱管理局和省司法厅已分别追授他为“全省司法行政系统优秀共产党员”和“模范监狱人民警察”，司法部追授他为“国家司法行政系统二级英雄模范”，省委追认他为“广东省优秀共产党员”。李瑞书同志牺牲后，在全省监狱系统乃至社会上均引起广泛的影响，省内外各大媒体广泛进行了宣传报道。通过树立宣传李瑞书这一先进典型，有效树立了监狱人民警察忠诚事业、坚守责任、扎根基层、默默奉献的良好形象。

其次是广泛宣传了勇救落水女孩的英雄警察胡兵的感人事迹。胡兵系广东省英德监狱警察，2010 年 5 月 8 日傍晚，他不顾个人安危，冲进 5 米多深的湖里救起了两名溺水儿童，挽救了两条生命，事后悄悄地离开了。溺水儿童家长几经周折，一个多月后才找到救人英雄胡兵，大家也才知道英德监狱的一名好警察做了好事不留名。对此，社会各界反响强烈，《南方日报》、《羊城晚报》、南方网、大洋网等媒体都以大篇幅进行宣传，广东电视台也以《寻找救人英雄》进行专题报道。胡兵同志见义勇为的事迹受到了省委政法委、省司法厅、省监狱管理局、清远市委政法委和英德市委政法委等各级领导的高度重视，省司法厅及时记胡兵同志二等功一次。2011 年元月，省委政法委、省见义勇为基金会专程进行了慰问。

通过树立宣传先进典型的感人事迹，大力弘扬社会主义精神风貌，广东省监狱系统在全体警察职工中营造了崇尚先进、学习先进、争当先进的良好氛围，凝聚了人心，鼓舞了士气，激发了斗志，极大地调动了广大监狱人民警察职工献身于党的监狱事业的工作热情。

四、深入开展创先争优活动，全面推进基层党组织和党员队伍建设

2010 年，根据中央、省委和省司法厅党委的精神，广东省监狱管理局党委全面部署了在全省监狱系统基层党组织和党员中深入开展创建先进基层党组织、争当优秀共产党员的活动。主要围绕以下内容进行：一是在树立首位意识、维护监狱安全上创先争优。二是在落实首要标准、提高改造质量上创先争优。三是在促进公正执法、维护公平正义上创先争优。四是在推进“三个转型”、促进监狱工作科学发展上创先争优。五是在转变作风抓落实、提高执行力上创先争优。六是在提高学习力、建设学习型党组织上创先争优。为了使我省监狱系统创先争优活动落到实处，省局专门制订了《关于在全省监狱系统基层党组织和党员中深入开展创先争优活动的实施方案》，及时下发了《广东省监狱系统先进基层党组织和优秀共产党员考核评选办法》，明确了先进基层党组织和优秀共产党员的考核评价标准。省局还要求全省监狱单位要结合实际，开展内容通俗易懂、群众喜闻乐见的活动，充分运用形式多样、生动形象的现代载体，引导基层党组织履职尽责创先进，党员立足岗位争优秀，努力使活动取得实实在在的效果。

通过深入开展创先争优活动，我省监狱系统各级党组织以深入学习实践科学发展观为主题，坚持从实际出发，改革创新，务求实效，统筹推进监狱党的建设其他经常性工作，充分发挥了基层党组织的战斗堡垒作用和共产党员的先锋模范作用，为全面履行监狱机关职能、推动我省监狱工作实现“三个转型”、努力当好科学发展排头兵提供坚强的组织保证。一年来，全省监狱系统涌现出了一大批先进典型。其中3个监狱单位荣获全国监狱劳教工作先进集体荣誉称号，3个单位荣获全国模范职工之家荣誉称号，1个单位荣获广东省“工人先锋号”荣誉称号，6个单位荣获广东省610办通报表扬单位，1个单位荣获广东省优秀爱心父母（集体）称号，1个单位荣获部门（企业）决算类报表表扬单位，45个单位荣获亚运安保工作先进集体，10个单位荣立集体二等功，28个单位荣立集体三等功。8名共产党员荣获全国监狱劳教工作模范个人称号，39名共产党员荣获全国监狱劳教工作先进个人称号，2名共产党员荣获广东省五一劳动奖章，76名共产党员荣立个人二等功，144名同志荣立个人三等功，123名同志荣获亚运安保工作先进个人称号。另外，还涌现了一大批岗位标兵能手。

五、强化党建带团建工作，全面夯实共青团组织基础

为切实加强新时期我省监狱共青团建设，巩固和加强党在基层的青年群众基础，团结和带领监狱广大青年在推动我省监狱工作科学发展、推进监狱工作“三个转型”和贯彻落实“首要标准”中发挥生力军和突击队作用，2010年，省局党委坚持党建带团建，全面推动“五带一优化”（带思想、带组织、带班子、带队伍、带工作发展，优化工作条件）的深入贯彻落实。以创先争优活动为契机，全面开展五四红旗团委”和“先进团支部”的创建活动。以团委换届改选为突破点，进一步完善团组织机构设置。以推广“共青团基本信息管理系统”软件为着力点，规范团组织工作运行。以纪念建团88周年为载体，进一步强化团员意识。以开展监狱青年警察工作学习生活状况调研活动为切入点，明确共青团的主要任务。2010年来，我省阳江监狱、未成年犯管教所团委分别获得“广东省五四红旗团委”称号，高明监狱一监区被评为“广东省杰出青年文明号”，还有8个基层团委获得地区级的“青年文明号”称号，乐昌监狱的卢荣和北江监狱的周栋获得“广东省五星志愿者”称号等，监狱青年警察队伍建设取得了长足进步。

六、创新形式，广泛开展群众性精神文明创建活动

2010年，省局党委十分注重开展群众性精神文明创建活动，主要体现在以下几个方面：

一是成立了广东省金匙救助基金会。监狱历来被喻为“火山口”、“炸药库”，基层警察职工长期奋战在惩罚和改造罪犯的第一线，由于警力严重紧缺，他们长期加班加点，连续作战，超负荷工作，相当部分同志的健康状况堪忧，有的长期带病坚持工作，有的甚至积劳成疾，因公牺牲和致伤致残的事情也时有发生。由于没有专项救助资金，现行抚恤制度规定的补助标准又十分有限，省局经过精心策划，省民政厅和省民间组织管理局批准，成立了广东省金匙救助基金会。广东省金匙救助基金会为非公募性质，资金全部用于救助在从事监狱管理工作和维护监狱安全中因公牺牲、因病去世、致伤致残或者患有严重疾病的在职人民警察、职工本人及其家庭。基金会的成立，充分

表现了局党委落实从优待警政策的创造性、前瞻性思维，也体现了局党委十分重视警察职工队伍建设，体恤基层警察职工，关心基层群众疾苦的人文关怀，受到广大警察职工的广泛好评。

二是承办了第五届粤港澳监狱警察（惩教人员）运动会。本届运动会由广东省监狱管理局承办，广东、香港、澳门、北京、广西等五地监狱警察（惩教人员）参加了比赛。本届运动会是历届中规格最高、规模最大、参赛人数最多的一届，充分展示了粤港澳京桂五地监狱警察（惩教人员）积极进取、拼搏向上的精神风貌，同时也有力地宣传了我省监狱系统改革发展的新成就、新形象，展示了我省监狱警察热情好客、开放文明、团结和谐的良好风貌和团结一致、顽强拼搏、争创一流的昂扬斗志。运动会得到了参赛队员和嘉宾的好评，达到了把运动会“办出水平、办出特色、办出影响”的预期目标。

三是广泛开展各类群众喜闻乐见的文体活动，诸如警察职工知识竞赛、演讲比赛、摄影比赛、歌咏大赛、登山运动、钓鱼比赛、网页设计大赛等丰富多彩的群众性活动，活跃了警察的业余生活，营造了监狱单位良好的工作和生活环境。

（广东省监狱管理局）

广东省财政厅

2010年，在省委、省政府的正确领导下，广东省财政厅坚持以邓小平理论和“三个代表”重要思想为指导，全面贯彻落实科学发展观，紧密围绕省委、省政府中心工作，以创先争优活动为抓手，大力推进学习型党组织建设、机关作风建设和文化建设，全面提高财政系统干部队伍软实力，有效推动财政部门精神文明建设取得长足发展。

一、着力推进学习型党组织建设，引导党员干部加强学习、提高能力

制定实施《关于推进我厅学习型党组织建设的实施意见》，坚持学习的重要性、长期性、全面性和实效性，突出政治理论的深化学习、政策法规的强化学习、岗位职能的务实学习、经验成果的创新学习和修身立德的提升学习，在服务全省中心工作、推动财政改革发展、推动厅机关党的建设和提高党员干部思想政治素养四个方面下工夫，结合实际积极探索富有时代特点的新方式，不断探索学习型党组织建设的方法和途径。一是健全完善制度，完善实施《广东省财政厅党组中心组学习管理制度》、《广东省财政厅党组中心组学习法律制度》和领导干部中心组学习联系点制度。二是创新学习方式，加强和改进学习论坛、专题讲座、报告会、专题电视片、主题教育、读书会、知识竞赛、技能比赛、参观考察、个人自学等学习教育方式，充分运用厅办公自动化、互联网站、省直机关“网上读书直通车”等现代传媒手段组织和推动学习，不断增强学习教育的吸引力凝聚力，扩大覆盖面和参与度。三是突出财政特色，精心打造“广东财经论坛”学习品牌。紧紧围绕我国和我省经济社会形势和财政工作中的热点、难点和重点问题，邀请国内外知名专家学者作专题辅导报告。四是鼓励在职学习，加强党建和财政业务培训。认真落实

《2009—2013年全国党员教育培训工作规划》，落实处级以上党政领导干部参加脱产培训每年一般不少于110学时，一般干部一般不少于100学时的要求。贯彻执行《省财政厅机关工作人员参加学历学位学习管理办法》规定，鼓励党员干部进行在职学习，继续深造。五是丰富学习内容，深入开展专题读书活动。开展“读一本好书，写一篇心得”和“提高执行力”、“加快转变经济发展方式”专题读书活动，创办《读书园地》内部刊物，落实厅处级以上领导干部每年脱产集中5天时间读书要求，成立读书小组，广泛开展读书活动。六是注重实践学习，广泛开展调查研究。建立健全调研制度，处级以上领导干部每年到基层调研时间不少于60天，并撰写1至2篇高质量的调研报告，加强调研成果汇报交流，促进调研成果转化为指导工作的科学决策。

二、着力开展创先争优活动，引导党员干部立足本职、争创佳绩

根据中央和广东省关于开展创先争优活动的部署要求，紧紧围绕“党员创先进、组织争优秀、群众得实惠”的总要求，以解决突出问题、完善体制机制为核心，突出实践特色，贯彻群众路线，圆满完成了成立机构、制定方案、贯彻落实、创新载体、加大宣传、督导检查等各项工作，取得了明显成效。在活动中创新性地提出了“八个一”活动载体，进一步增强创先争优的责任感和紧迫感，使创先争优活动取得实实在在的成效。一是作一次公开承诺。全厅35个基层党组织549名党员对照省财政厅创建“五个好”先进基层党组织和争当“五带头”优秀共产党员的基本要求逐一进行承诺。承诺践行情况纳入党支部和个人年终考核范围。二是树一个先进标杆。开展争创“先进基层党组织”和“党员先锋岗”活动，颁发“先进基层党组织”流动红旗和“党员先锋岗”流动岗牌，共建立先进基层党组织4个、党员先锋岗47个。开展创建“五星服务岗”活动，选取会计服务大厅作为窗口建设的典型，实行“一站式”便民服务。开展“四比四看四提高”活动。通过树标杆、立先进，实现比有标杆、学有榜样、赶有目标。三是建一套工作机制。重新修订《广东省财政厅机关工作制度汇编》，涉及相关制度110项，其中新制定40项。厅各党支部（党委）建立内部工作制度废、改、立机制，完善行政问责、工作考核、定岗定责、服务承诺、限时办结、调查研究等内部管理制度，形成了抓落实的倒逼机制，促进机关工作质量、工作效率和服务水平的提高。四是定一个工作亮点。开展“定一个工作亮点、破一个工作难点”活动，厅各党支部（党委）共确定工作亮点34个，涵盖了财政工作促进发展、改善民生、深化改革的各个方面。同时，开展“亮点追踪”，将各党支部（党委）工作亮点进行汇编公开，并建立督办通报制度，追踪工作亮点进展，努力把“亮点做亮”。五是做一次调查研究。坚持把学习的收获、调研的成果转化为谋划发展的正确思路和推动财政改革发展的具体举措。一方面，在“准”字上下工夫，确定了42个调研专题，并明确了各专题的牵头处室，落实工作责任。42个调研专题均完成调研并形成了调研报告。另一方面，在“实”字上下工夫，建立优秀调研报告评比制度，促进提高调查研究的整体质量和水平。六是开一期民主生活会。开展“联创共建”、“结对共建”、“党群共建”活动，创新民主生活会方式，提高民主生活会成效。全厅34个党支部（党委）共计召开140余次民主生活会。工会、团委、妇委会、离退休人员共计召开创先争优主题座谈会6次。七是写一篇读书心得。活动中共收到干部职工读书心得投稿90余篇，出版4期《读书园地》，刊登70余篇。八是帮一户贫困农户。开展“规划到户责任到人”对口帮扶大沙村活动，118位厅处级干部对口帮扶大沙村78户贫困户，积极推

进产业帮扶、救济帮扶，发动社会帮扶、智力帮扶，特别是通过设立“大沙村扶困基金”，发动社会力量累计捐款达140多万元，专项用于大沙村读书教育、特困救助及基础设施建设等，建立了帮扶长效机制。

省财政厅创先争优活动先后得到了中央和省领导同志的高度肯定。2010年8月5日，中共中央政治局委员、书记处书记、中央组织部部长、中央创先争优活动领导小组组长李源潮同志在中央创先争优活动领导小组办公室简报第134期《广东省财政厅开展“八个一”活动推进创先争优》上作出重要批示：“广东省财政厅在创先争优中用‘八个一’的办法将活动变成可量化、可考核的行动很好，请创先争优办注意推广。”8月12日，中共中央政治局委员、省委书记汪洋同志批示：“请小丹、玉妹同志阅，我省要做好推广工作。”8月18日，省委常委、常务副省长朱小丹同志批示：“源潮同志重要批示对省财政厅是极大的鞭策，要认真贯彻批示精神，运用‘八个一’经验，推动创先争优活动取得更显著成效。”2010年11、12月份，省财政厅应邀分别在全国财政系统党建工作会议、省直机关创先争优活动座谈会上作经验介绍。

三、着力深化机关作风建设，引导党员干部牢记宗旨、狠抓落实

不断深化机关作风建设，引导党员干部牢记党的宗旨，加强党性修养和道德修养，增强干部队伍凝聚力、向心力和执行力，在全厅形成风清、气正、实干的良好风气。一是换位思考转观念，牢固树立服务意识。首先，增强群众观念，把实现和维护好人民群众的利益作为做好各项工作的根本出发点，时刻牢记党的宗旨，不断增强为人民群众办实事、办好事的情感和责任，探索简化惠民资金审批程序，方便群众办事。其次，增强大局观念，始终认清财政部门肩负的重要使命，围绕中心，服务大局，主动为全省经济社会发展出谋划策，统筹财力安排，在当好省委、省政府参谋助手方面发挥更大的作用。再次，增强主动服务观念，面对财政收支的突出矛盾，在坚持“有所为有所不为”的同时，注重换位思考、主动服务，大力推进“五个一服务程式”，做到资金不足用笑脸和服务补足，将服务的理念落实到各项财政管理实践中，不断提高服务效能。二是转变作风抓落实，大力弘扬优良作风。按照汪洋书记提出的“在抓落实上见分晓、比高低、论英雄”的要求，制定实施《广东省财政厅深化作风建设提高执行力实施办法》等，着力转变不适应、不符合抓落实促发展要求的工作作风，大力弘扬十个方面的优良作风，为财政工作提供良好的作风保障。三是激励引导添活力，营造鼓励全厅干部干事创业、奋发有为的良好环境。秉持“凭能力定使用、靠实绩求进步”的用人理念，积极推进一系列干部人事制度改革，充分调动和激发全厅干部奋发有为、勤奋工作的积极性。

为确保机关作风建设取得成效，2010年11月22日，厅党组书记、厅长曾志权同志以“立足本职　创先争优”为题主讲作风建设专题讲座，随后，全厅组织开展“立足本职　创先争优”专题学习讨论活动。学习讨论主要围绕思想、工作和作风等方面开展，每一位党员干部逐一对照检查，从思想深处查原因、找差距，认真查找思想观念、工作作风上的问题。针对讨论检查出来的问题，认真深入分析原因症结，提出切实可行的整改措施，并严格贯彻落实。通过开展学习讨论活动，清除消极和错误的思想作风，推动厅机关干部队伍作风建设取得实实在在的成效。

四、着力加强机关文化建设，引导党员干部乐于奉献、团结和谐

充分发挥工、青、妇组织的桥梁纽带作用，通过开展一系列富有特色、生动活泼的主

题活动，深入推动以“务实、创新、高效、廉洁、和谐”为核心的机关文化建设，不断增强干部队伍的凝聚力、向心力和竞争力。一是开展爱国主义教育活动。结合传统节日、重大纪念日和欢庆广州亚运会举办，举办“创先争优庆国庆、和谐财厅迎亚运”文艺演出，组织入党积极分子参观黄埔军校，在干部职工中弘扬爱国主义精神，牢固树立社会主义核心价值观。二是丰富机关文化生活。举办省财政厅第十二届全民健身运动会及其配套的毽球比赛、乒乓球比赛；举办专题健康知识讲座；组织全厅干部职工参观各种展览，参加上级部门组织的各种知识讲座；组织全厅干部职工每季度登山活动；组织篮球队、足球队、网球队、乒乓球队、礼仪队、舞蹈队等定期进行训练并参加各项比赛和演出，不断丰富机关文化生活，充分调动党员、干部工作的积极性和创造性。三是开展送温暖献爱心活动。按照省委、省政府实施扶贫开发“规划到户、责任到人”的工作部署，配合“广东扶贫济困日”捐助活动，在全厅举行扶贫济困募捐活动，共计收到捐款54000元。继续做好厅2010年“春风送暖——万名爱心父母牵手困境儿童志愿行动”活动，全厅干部职工共帮扶河源市仙塘镇龙尾小学困难儿童129名。组织厅干部职工39人参加无偿献血活动，获得“广东省无偿献血先进单位”称号。关心慰问困难职工和病员，为干部职工排忧解难，办实事好事。

省财政厅精神文明建设的深入开展，为财政部门顺利完成各项工作任务提供了坚实的思想基础和组织保障，财政部门服务中心工作的能力显著增强。2010年，全省各级财政部门坚持“生财有道、聚财有方、用财有规”和集中财力办大事，充分发挥财政职能作用，促进经济社会又好又快发展，取得了较好的成绩，得到了省委、省政府的充分肯定。主要表现在“六个突出”、“六个新进展”：突出加强财政收支管理，增收节支工作取得新进展。收入总量创新高。来源于广东财政收入达到11842亿元，增长30.82%，全省一般预算收入达到4516亿元，增长23.75%，连续20年居全国各省、自治区、直辖市首位。突出促进经济发展方式转变，财政杠杆作用显现出新成效。积极贯彻落实我省加快经济发展方式转变“四十条”政策，省财政全年用于促转变和调结构的支出达156.2亿元。突出抓好省以下财政体制改革，构建有利于科学发展的体制机制实现新突破。重点推进五项工作：调整完善省以下财政体制，建立县以下政权基本财力保障机制，实施生态激励型财政机制，稳步推进省直管县财政改革，认真贯彻落实《珠江三角洲地区改革发展规划纲要》。突出保障和改善民生，推进基本公共服务均等化迈出新步伐。进一步加大民生投入，2010年全省财政民生投入达3099亿元，占全省一般预算支出比重达57.23%。突出落实强农惠农政策，支持“三农”工作取得新进展。2010年省财政投入“三农”支出约为295.9亿元，增长9.93%。突出加强财政“两基”建设，财政科学化精细化管理提升新水平。落实财政部工作部署，制定实施《关于加强财政基础工作和基层建设　推进财政科学化精细化管理的实施意见》，全面推进“两基”建设。

（广东省财政厅）

广东省交通运输厅

2010年，第16届亚洲运动会在广州召开。为给亚运提供顺畅的交通环境、提供优质服务，广东省交通运输厅结合行业管理和工作实际，在全省交通运输系统有计划、有步骤地开展了以“我为亚运作贡献”为主题的各种创建活动，其中反响比较大的包括文明礼仪风采展示大赛、出租汽车行业精神文明创建活动和文明样板航道创建活动。

一、以“我为亚运作贡献”为主题，号召全省交通运输系统的干部职工以“五优”为目标积极投身亚运

“服务于国民经济和社会发展全局，服务于社会主义新农村建设，服务于人民群众安全便捷出行”是交通的行业使命。随着社会发展和人民生活水平的不断提高，群众对出行的要求也逐步从“基本解决”转向“更便捷、更舒适、更优质”。如何提高交通的服务质量已摆上了广东省交通运输厅的重要议事日程。早在2009年下半年，广东省交通运输厅就开始酝酿借2010年亚运会的东风，在全行业开展学礼仪、讲文明、树形象、促发展的活动，旨在推动交通行业文明优质服务水平的进一步提升。

2010年5月，广东省交通运输厅开始在全省交通运输系统开展“我为亚运作贡献”文明礼仪风采展示大赛活动。为了使活动不流于形式，真正取得推动行业文明服务的实效，在组织策划上，广东省交通运输厅做到了三个突出、三个保障：一是突出组织，保障活动顺利开展。精心制定了大赛活动组织实施方案，成立了以厅党组书记、厅长何忠友为主任的大赛活动组委会；同时，整合资源，扩大影响，明确大赛由厅机关党委、交通工会、厅团委、厅妇委会联合承办，各承办单位抽调人员成立组委会办公室，要求各参赛单位指定一名单位领导当领队，以保障大赛组织有力、人员到位。二是突出主题，保障活动更显行业特色。要求围绕“迎亚运、保畅通、文明服务树新风”的宗旨，按照“五优”的要求，结合交通运输行业的实际开展形式多样的创文明活动，培育和树立本地区本单位的先进典型；同时，为了深化大家对优质服务和优雅形象的理解，引导交通人学以致用、敢于实践、敢于创新、敢于展示，在大赛的内容和形式上，除了知识竞赛外，广东省交通运输厅还特别安排了难度较高的“风采展示”和“才艺表演”内容，要求各参赛单位把近年创文明的体会、成果与对行业精神的理解融合起来，用舞台艺术形象的形式生动地展示出来，使原本较单调的知识竞赛变得亮点纷呈，激动人心。三是突出宣传，保障活动得到广泛参与。广东省交通运输厅通过印发文件，发放《公务礼仪》、《商务礼仪》等书籍，印发自编的包括亚运历史人文、岭南文化、公务礼仪、商务礼仪、交通礼仪等内容的《大赛知识要点》，举办礼仪知识讲座等方式，大力营造学礼仪、讲文明的良好氛围，各地各单位开展交通基础设施质量年活动、收费员技能大赛、文明执法活动等，把行业“创五优”活动推向高潮。2010年9月27—29日，来自全省各市交通运输系统和厅直属各单位、省交通集团、省航运集团的32支代表队160名干部职工参加了现场比赛，展示了广东交通人“迎亚运创五优”的成果，对行业精神、共同愿景的深刻理解和生动诠释，表达了广东交通

人“迎亚运、保畅通，文明服务树新风”的信心和决心。

二、开展以规范管理、守法经营、诚信服务为主要内容的出租汽车行业精神文明创建活动

出租车是城市文明建设的一扇窗口。为了提高我省出租车行业的服务水平和管理水平，2009年上半年，广东省交通运输厅联合省总工会、省文明办在全省出租车行业启动了文明创建活动。各地通过创新和丰富活动载体，营造良好的创建氛围，不断提升行业全员参与的积极性。如广州市交委编写了包括职业道德、服务礼仪、亚运常识等方面内容的出租车司机在岗培训系列教材，下发全市出租车企业，对驾驶员进行培训。根据“迎亚运创五优”的要求，2010年5月，广州白云、广骏等出租车企业举行了“百名亚运服务英语传播使者暨有奖问答竞赛”、“司机服务技能讲座及现场抢答”、“迎亚运驾驶员文明服务礼仪知识竞赛”、“优秀司机巡回演讲”等活动，加强了驾驶员对亚运常识、职业道德、业务技能、文明礼仪、安全和治安防范等的培训，进一步规范司机的服务行为，积极引导驾驶员遵纪守法、依法营运。佛山市顺安达出租车公司主动投入20台无障碍车，组织了40多名驾驶员为亚残运会提供无偿志愿服务，真诚回馈社会，用爱心践行企业的社会责任。惠州、深圳市的出租车企业开展“党员示范车”、“党员先锋车队”活动，在社会上得到广泛的认同。

经过一年多的创建，全省出租车行业无论车容车貌还是司机的服务质量都有了明显的提高，全省涌现出了如广州市出租汽车企业经营资质等级评定、深圳市驾驶员阳光招录平台等一批符合科学发展观理念的行业管理经验；培养出了荣获“全国五一劳动奖章”的驾驶员刘磊，荣获“全国模范职工小家”称号的深圳市金鹰出租汽车有限公司等一批有影响的先进典型；打造了一批像“白云出租”、“丛飞爱心车队”、“惠州市党员先锋车队”等知名的服务品牌，行业呈现出持续、健康、稳定、和谐发展的良好态势。

三、开展以提高服务质量、确保航道安全畅通为目标的文明样板航道创建活动

广州、佛山、东莞都是2010年亚运会的赛场。为了以良好的精神状态和优质的服务迎接亚运，改善广州、佛山、东莞等市航道的通航能力、通航环境，广东省交通运输厅在推动佛山东平水道创建全国文明样板航道的基础上，大力推进东莞水道和番禺航区（包括市桥水道、沙湾水道、大沙水道、浮莲岗水道、大九沥、小虎西水道和沙仔沥等7条航道，共70公里）的省级文明样板航道的创建工作。加大航标的改造力度，加强养护应急体系建设，落实船舶三级保养，确保了各项养护指标达到国家规定的标准。及时在门户网站公布航道水情信息，在浅滩上下游设点实行24小时值守监控，义务引导船舶顺利通过浅滩。佛山航道局加强与当地交通、海事、水利等部门的协调和沟通，并联合东平水道沿线港口码头、航运企业共同开展“安全畅通文明”航线活动，着力解决影响航道安全畅通、防止船舶污染水域等问题。

（广东省交通运输厅）

广东省环境保护厅

2010年，广东省环境保护厅精神文明建设坚持以邓小平理论和“三个代表”重要思想为指导，深入贯彻落实科学发展观，以建设社会主义核心价值体系为根本，积极开展“转变作风抓落实”主题实践活动，动员和组织全厅各级党组织和广大干部群众紧紧围绕广东省委、省政府的中心工作，在抓落实促发展见成效上下工夫，为积极应对国际金融危机带来的困难挑战，推动全省经济建设和环保工作科学发展、建设绿色广东，营造了良好的生态环境。

一、加强学习型党组织建设，努力提高党员干部的工作水平和领导能力

推进学习型党组织和学习型机关建设，是广东省环境保护厅2010年的重点工作之一。厅党组提出，要以加强作风建设、能力建设为主线，开展“建设学习型机关、争当学习标兵”活动；要加强对读书活动的督查，把理论素养、学习能力作为选拔任用干部的重要依据。6月21日，广东省环境保护厅召开推进学习型党组织建设大会，厅党组副书记、机关党委书记王子葵作动员讲话，要求全厅党员干部围绕加快转变经济发展方式，加强学习、自觉学习，努力转变知识结构，提高工作本领，为推动广东经济社会又好又快发展奠定知识基础，提供智力保障。

（一）建立健全理论学习制度。2010年初，广东省环境保护厅组织修订了《广东省环境保护厅党组中心组理论学习制度》；2月5日，厅党组制定并印发了《关于推进学习型党组织建设的实施意见》、《广东省环保厅2010年理论学习总体安排》，对厅系统开展学习型党组织建设活动作出了全面部署，明确要求机关各处室、直属各单位每月集中党员干部学习时间不得少于半天，各党总支、党支部每年集中党员干部学习时间不少于24学时。厅党组每个季度印发《省环保厅党组中心组及各基层党组织理论学习实施计划》，要求做到“六有”，即各处室、各单位有学习计划，重要专题有学习材料，集体学习有规定的学习时间，个人学习有读书笔记，集中学习有档案记录，个人特别是处以上党员干部有学习心得体会文章。8月，制定实施了《广东省环境保护厅贯彻落实中共广东省委〈关于适应我省加快转变经济发展方式要求大规模培训干部的指导意见〉实施方案》，规定处级以上领导干部每年完成60个学时的脱产培训，其他干部每年完成40个学时的培训。培训做到“四个全覆盖”，即应训人员全覆盖、培训内容全覆盖、参训单位全覆盖、施训机构全覆盖。为保证理论学习效果，广东省环境保护厅严格执行集中学习考勤、学习督查、学习考评、学习交流、学习情况通报等制度。

（二）切实抓好党组中心组理论学习。厅党组要求，中心组学习要围绕全省环保工作改革发展实际，有针对性地提出研讨专题，确定中心发言人，形成中心发言人主讲，其他同志补充、完善的系统思考、集思广益的学习模式，不断提高中心组的学习质量。重点学习贯彻十七届四中、五中全会精神和省委十届四次、五次、六次全会精神；学习贯彻《珠江三角洲地区改革发展规划纲要》，推进珠三角环保一体化；学习践行社会主义核心价值体系；学习《六个“为什么”——对几个重大问题的

回答》；认真落实省委、省政府主要领导关于环保工作的重要批示；加快经济发展方式转变；推进学习型党组织和学习型机关建设；展开党的建设的成绩、问题与对策探讨；以学习贯彻胡锦涛总书记在深圳经济特区建立30周年庆祝大会上的重要讲话精神等为主题，组织了12次厅党组中心组理论学习。在学习方法上，广东省环境保护厅力求做到“四个结合”：一是集中学习与个人自学相结合，二是专题讨论与独立思考相结合，三是中心发言与相互交流相结合，四是理论学习与实际应用相结合，切实做到时间、内容、人员、效果“四落实”。同时做到理论联系实际，着重在分析和解决环保事业发展过程中遇到的新情况、新问题上下工夫。

（三）认真办好广东环保学习论坛。厅党组坚持把精心办好广东环保学习论坛与环保促进经济发展方式转变、推进环保工作科学发展有机结合起来。党组书记、厅长李清指出，建立“广东环保学习论坛”，目的是通过一种定期集中学习研讨的形式，营造积极学习向上的氛围，推动全厅学习型机关的建设，使广大干部能够更好地树立新理念，掌握新信息，拓宽新思路，增长新知识，不断提升全厅各级领导干部服务科学发展的工作能力和管理水平，以适应新时期环保工作的发展需要。每期论坛的选题，都牢牢把握服务科学发展这一宗旨，紧密联系认识和解决改革发展中出现的新情况新问题来进行，为我省环保系统干部构筑一个高层次、多视角、宽领域的学习平台，提供一个良好的学习交流场所，使论坛成为广东环保系统提高服务科学发展能力的重要学习载体，成为广东环保加强学习，争创学习实践科学发展观的品牌。广东环保学习论坛自2009年5月创办以来，坚持定期举办，邀请有关领导、知名学者等作报告，至今已成功举办12期，分别以水污染控制、大气污染防治、电磁辐射污染防治、政府机关信息保密管理、环境信访工作、环境应急与环境安全、党建工作成绩、问题与对策等为主题进行宣讲，在全系统产生了积极而广泛的影响。

（四）扎实推进专题读书活动。3月，厅直属机关党委下发了《关于开展第三届“读书·思考·进步”专题读书活动的通知》，积极引导和促进机关干部抓好自学，确保个人有一定的阅读时间和阅读量。把多读书、读好书作为开展读书活动的基本要求，坚持开展读书学习心得体会征集活动，以学习专栏、学习座谈、学习宣讲、学习论坛等形式交流学习体会，不断提高学习的质量和效果。通过在广东环保政务网开辟第三届“读书·思考·进步”专题读书活动专栏、为党员干部开通“网上读书阅览证”、举办以读书活动为主题的演讲比赛等方式，扎实推进读书活动深入开展。一年来，厅直属机关党委共收到学习心得体会200多篇，并在读书活动专栏刊载。为了鼓励广大党员干部的参与热情，交流读书心得体会，推动读书活动持之以恒开展下去，广东省环境保护厅组织各单位推选出34篇文章参加优秀读书心得体会评选。经11名评委无记名投票，评选出一等奖3名、二等奖6名、三等奖9名，优秀奖12名，还特别授予环监局党支部和废管中心党支部为广东省环保厅第三届“读书·思考·进步”专题读书活动优秀组织奖。

（五）不断推进学习成果的转化。广东省环境保护厅按照学习理论、武装头脑、指导实践、推进工作的要求，积极探索和实践工作学习化、学习工作化的学习成果转化途径和机制。针对工作中存在的突出问题，深入进行系统思考，形成工作的新思路、新方法和新措施，不断开拓创新，促进各项工作的不断改进和创新发展。积极协助省政府颁布了《珠江三角洲环境保护一体化规划》，出台了《广东省环境保护厅关于环境保护工作促进全省加快经济发展方式转变的意见》；制定实施了《广东省珠江三角洲清洁空气行动计划》、《广州亚运会空气质量保障措施方案》、《第16届广州亚运会广州及周边地区环境空气质量监测预警工作方案》、《广东省环保厅亚运会空气质量保障工作内部分工方案》及《广东省环境保护厅亚运会空气质量保障工作专项督导方案》等一系列文件，以确保“绿色亚运”成功举办。

二、积极开展“转变作风抓落实”主题实践活动，努力提高环保工作服务“三促进一保持”的水平

广东省环境保护厅紧紧围绕省委、省政府“三促进一保持”（促进提高自主创新能力、促进传统产业转型升级、促进建立现代产业体系，保持经济社会平稳较快发展）的决策部署，积极组织开展“转变作风抓落实”主题实践活动，集中精力从抓好六件事着手，强化党员干部六种意识，力促机关作风转变。

（一）组织党员过好组织生活，强化公仆意识。按照广东省委关于“以转变作风为主题，定期过好组织生活”的要求，各党总支、党支部组织党员干部重新学习《中共中央关于加强和改进党的作风建设的决定》和省委书记汪洋同志在省委十届五次全会上的重要讲话精神，厅党员领导干部带头参加所在党支部的专题组织生活会，带头查找在改革创新意识、进取精神、事业心和责任感、工作作风、党风廉政建设等方面存在的问题，带头开展批评和自我批评。党员干部通过参加组织生活会，找准了差距，理清了思想根源，找到了压力，找出了动力，进一步增强了政治意识、大局意识、责任意识、忧患意识，进一步强化了党员干部的公仆意识。

（二）组织开展“四个一”活动，增强执行力意识。一是厅党组书记、厅长李清结合厅系统实际，亲自为厅系统党员干部上了一堂加强作风建设提高执行力辅导课。二是组织开展了一次加强作风建设提高执行力“大家谈”活动。全厅各处室、各直属单位围绕本部门、本单位在作风建设方面存在的问题进行分析讨论，并结合本部门、本单位的实际提出了加强作风建设提高执行力的办法和措施。三是面向管理和服务对象集中听取一次意见，广东省环境保护厅邀请了11个企事业单位代表进行座谈，认真听取他们的意见和建议，同时进行作风评议，填写作风测评表。四是厅领导和机关干部以普通群众身份体验一次办事服务，厅机关参加体验人数达137人次。

（三）建设一个高质量的便民窗口，强化服务意识。广东省环境保护厅印发了《广东省环保厅便民窗口管理规范》、《广东省环保厅政务公开办法》等便民窗口管理制度，为群众营造良好的办事环境，切实保障公众的环境知情权。实行了厅领导值班月、处领导值班周制度，及时应对和解决便民窗口碰到的各种困难和问题。为将广东省环境保护厅便民窗口打造成为“环保为民的窗口”、“廉政建设的窗口”、“形象展示的窗口”，打造过硬的窗口服务队伍，广东省环境保护厅下大力完善各项服务承诺和行政审批电子监督系统，实行网上审批、并联审批，开展最佳窗口评比，推动省“文明窗口”评选活动，不断提升窗口硬件质量，努力提高窗口工作人员服务水平，强化其便民服务意识。

（四）开展环保信访案件后督查活动，强化责任意识。广东省环境保护厅结合环保信访案件的实际特点，着力从三个方面重点开展环保信访案件后督查活动：一是将久拖未决、单靠环境信访部门难以解决的重大信访案件列入挂牌督办事项，加快解决难点信访案件。二是开展信访案件专项清理，坚持实施重点案件督办制度。对没有按规定期限办结或没有息诉罢访的环境信访案件、近年突显的热点环境信访问题、上级部门或同级信访部门转办的重点环境信访问题等实行专项治理督办。三是认真做好重大活动、“两会”和重要节假日期间环境信访案件的排查调处工作，以及已处理重要信息案件的后督察工作，进一步强化了环保机关工作人员的责任意识。

（五）采取切实有效措施开展绿色扶贫工作，强化为民意识。广东省环境保护厅根据广东省委《关于全省扶贫开发“规划到户、责任到人”工作的实施意见》精神，成立了由党组书记、厅长李清挂帅的扶贫工作领导小组，并确立了“党组统一领导、全厅统一协调、资金统筹安排、责任落实到位”的扶贫工作原则，积极开展对揭西县灰寨镇上角村的帮扶工作，努力做到三个“结合”和三个“作为”，即把解决村集体经济收入与帮扶贫困户相结合，把解决村里当前存在的实际问题与制定长期稳定的脱贫机制相结合，把帮扶贫困户与让全村村民都能得到实惠相结合，在解决长期稳定脱贫上有所作为，在解决民生民困上有所作为，在改善村容村貌上有所作为。在对口帮扶工作中，广东省环境保护厅实行绿色扶贫、产业扶贫和教育扶贫并举。筹款100万元，在上角村建设自来水、排污渠、垃圾站三大工程。目前，自来水工程已竣工，村民在家中拧开水龙头便能喝上清洁的山泉水；3.5公里长的排污渠、排灌渠已建成；6个生活垃圾集中投放点也已建成投入使用。为帮助上角村长期稳定脱贫，广东省环境保护厅对上角村实行产业扶贫，在不到一年的时间里，上角村贫困户由当初的138户678人减少为现在的46户192人，村集体经济年收入由0.7万元提高至20万元。3月30日，广东省环境保护厅召开党组会，决定再筹资148万元，主要用于上角村的文化设施建设、学校校舍整修和环境综合治理等项目。通过这些项目的实施，上角村的人居环境明显改善，生态环境焕然一新，科学发展意识逐步增强，村民积极走经济环境协调发展之路，努力建设生态文明示范村。

（六）举办全省环保系统职工运动会，增强健康意识。8月份在东莞市组织举办了广东省环保系统第三届职工运动会。来自环保部华南环科所及华南督查中心、省环保厅以及广州、深圳等21个地级以上市环保局共23支代表队参加了本届运动会，800多名运动员围绕篮球、乒乓球、羽毛球、象棋和网球5个项目展开了200多场激烈比赛。本届运动会，从运动项目设置到开幕式节目编排，都有力地展示了新时期广东环保人的良好精神风貌。全体运动员、教练员和裁判员恪守“健身、拼搏、团结、和谐”的运动宗旨，公平竞赛，公正裁判，赛出了成绩，赛出了风格，赛出了友谊，取得运动成绩和精神文明双丰收。运动会所设比赛项目贴近职工、贴近基层、贴近生活，激发了广大职工的参与热情，共有运动员、裁判员和工作人员近千人参加，3000多名环保系统职工现场观看了比赛，在全省环保系统掀起了职工群众体育健身的新高潮。

通过“转变作风抓落实”主题实践活动，增强了全厅党员干部的工作责任感，办事效率进一步提高，服务社会、服务企业、服务群众的意识进一步增强，有力推进了重点工作的开展。在服务“三促进一保持”工作中，广东省环境保护厅出手快、措施准、工作实，大大促进了污染减排任务的落实，有力地推动了全省科学发展和社会和谐。

（广东省环境保护厅）

广东省广播电影电视局

2010年，广东省广电局在广东省精神文明建设委员会的指导下，认真贯彻党的十七届五中全会精神，围绕“建设社会主义核心价值体系，大力加强公民思想道德建设”，把精神文明建设同广播电视事业发展有机结合，积极开展各项工作。

一、严格贯彻落实相关管理制度，净化荧屏声频

根据国家广电总局的要求，省广电局多管齐下，强化监管职能，着力净化荧屏声频。一是强化对新闻节目的监管力度，整改了《马后炮》等存在导向偏差问题的新闻节目。二是加大反“低俗、庸俗、媚俗”的力度，查处了《师奶永远OK》、《乐拍乐高》、《别对我说谎》等一些存在低俗问题的节目；对海丰、陆丰等播出机构违规播出低俗涉性节目的行为，召集相关行政主管部门及播出机构负责人进行了警示谈话。三是加强对广告和购物节目的监管力度，全年共抽查地级以上市电视播出机构22个，共40个频道，广告7574条次，总时长80小时8分钟，共发出广告整改通知书129份。四是加强互联网和手机媒体视听节目的监管力度，全年共查处违规互联网网站61个、手机WAP网站57个，删除政治类有害信息近40万条，共报送《互联网视听节目监管工作简报》93期。五是加强对境外电视的监管力度，全年共监控处理有害、违规信息4580条，报送境外电视监控情况报告共45份。

2010年，按照国家广电总局的部署要求，省广电局先后在全省范围内对医疗专题类节目、婚恋交友类节目、情感故事类节目、选秀类节目等进行了全面的清理检查。经过检查之后，省内地级以上市127套自办广播电视节目已基本遏制了涉性等违规节目的播出。除严格按照广电总局的部署分阶段、分步骤进行清理检查之外，还及时根据群众投诉以及监听监看中心监测的情况，对低俗等违规节目进行停播整改。全年共发出停播整改通知近20份，有效地遏制了低俗等违规节目的滋生，进一步净化了荧屏声频。

二、全力做好各大宣传报道

全国“两会”：南方广播影视传媒集团整合广东电台、广东电视台、南方电视台，组织了96人参加的全国“两会”联合报道组赴京采访报道，在京设立三个直播室，全方位报道全国“两会”。共采制播发“两会”报道580多条，时长2300多分钟。同时，积极做好与中央电台、中央电视台的沟通合作，借助中央媒体的平台深入宣传广东。广东电视台与新华社联合推出的大型特别节目《2010权威访谈》，邀请国务院总理温家宝以及一批省部级领导进行访谈，节目收视创出新高，提升了广东卫视在全国的影响力。

上海世博会：上海世博会是继北京奥运会之后我国举办的又一次世界性盛会。省内各新闻媒体均对上海世博会的开幕式进行了大版面的报道，营造出喜庆欢乐的氛围。广东电视台珠江频道的新闻节目大版面报道了上海世博会开幕盛况，新闻频道推出了《游世博、看世界》四小时特别直播节目。广东电台珠江经济台与中国国际广播电台、上海财经频道等电台联手，直播“上海世博会开园仪式”。城市之

声与中国城市广播联盟等二十多家电台共同合作，全国同途直播《看世博，爱生活》两小时大版块节目，与全国听众一起分享世博开园盛况。世博会开幕后，各台播发了大批新闻和专题稿件，对世博会的各项情况进行了详尽的报道。深圳广电集团在万科馆搭建了演播室，牵头成立“世博报道联盟”，极大丰富了信息来源。

青海玉树地震：青海玉树地震发生后，省广电局及南方广播影视传媒集团领导立即部署抗震救灾宣传报道工作，广东电视台和南方电视台派出记者赶赴玉树灾区进行深入报道。集团属下各台迅速调整版面，推出特别节目，及时全面准确报道灾情的最新进展与全国各界的抗震救灾消息。广东电视台启动重大突发性新闻响应机制，派出新闻直播组赶赴机场抢发广东消防救援队出发赴灾区的新闻，连续在7：30的《广东新闻联播》、8：00的《新闻在线》和9：00的《今日关注》三档节目中进行现场直播，先后策划播出了现场直播新闻28场，平均每天7场，播发新闻近300条，及时、全面充分地报道了广东消防、医疗救援队、志愿者驰援灾区抗震救灾的情况。广东电台第一时间跟青海电台派往地震灾区的三名记者取得联系，并在七点新闻、八点新闻进行连线报道，播发地震现场第一手信息。同时每天安排记者值班，对派往灾区一线的广东多支救援力量进行电话连线报道，跟踪报道我省对灾区的积极救援。

广州亚运会、亚残运会：

安全保障方面：为确保亚运会、亚残运会广播电视安全播出，省广电局紧紧抓住“内容安全”和“技术防范”两大核心内容，建立健全播出安全工作机制，全面加强安全播出监管工作。组织广东电视台、广州电视台、广州市网络公司及佛山市、东莞市、汕尾市台和网络公司等单位积极配合亚组委做好场馆赛事的节目信号制作、传输等设备安装调试工作及现场安全播出防控措施和应急准备工作。加强亚运安播人员培训，从7月29日至9月27日，历时两个月，共举办培训班129期。加强应急值守工作，全省广电系统严格落实值班制度，特别是亚运专网严格执行24小时值班制，确保了亚运会、亚残运会期间广播电视节目“零差错、零事故”的安全播出。

宣传报道方面：2010年以来，省内各播出机构围绕亚运会、亚残运会，通过新闻节目、专题专栏、大型活动、公益广告等各种形式，对亚运会、亚残运会进行了浓墨重彩的预热宣传，及时报道了亚运会、亚残运会倒计时、场馆建设、安保工作等情况。亚运会、亚残运会举办期间，广东电台、广东电视台、南方电视台、广州电视台等投入强大的采编及技术保障力量，在亚运主新闻中心以及户外设立了多个亚运直播室，浓墨重彩做好亚运会、亚残运会的宣传报道。广东电视台创新打造水上移动演播室，“广东电视台号”游艇改建成开放式移动直播室，在珠江游动拍摄、播出亚运节目。广州市广播电视台专门打造了一个由10个演播室全线拉通联动为全天候全景式全频道的现场直播平台。除了台内中心演播厅和新闻直播室、赛事直播室外，还有海心沙附近的“广州塔演播室”和亚运城媒体中心的“IBC直播室”、运动员村的“亚运城直播室”，直抵亚运最前线，真正将亚运进行时和广州魅力完美展示出来。

三、促进影视产品繁荣发展，丰富精神文化生活

影视剧：2010年，省广电局共审查批准电视剧43部1996集，动画片54部2725集30967分钟（居全国第三名），电影立项共61部，审查影片6部。全年全省共有5部动画片被国家广电总局评为优秀国产动画片，珠江电影集团拍摄的电影故事片《秋喜》获得2010年中美电影节最佳故事片奖。8月7日，中共中央政

治局委员、广东省委书记汪洋同志邀请了100位省内外来务工人员共同观看由珠江电影集团拍摄的电影故事片《所有梦想都开花》，给予了高度评价。电影院线也呈现出快速发展的态势，全省院线电影票房收入达15.12亿元，同比增长76%；放映场次达100249场，同比增长14.16%；观众人次达约3965万人，同比增长51.77%。全省共新建影院43家，新增银幕214块，新增座位28949个。

大型活动：2010年，全省各广播电视播出机构除完成各自的宣传任务之外，还举办多场文化活动，极大地丰富了群众的精神文化生活。广东电视台制作了“中华之声”——2010年名家名曲广东演唱会，在总结历届演唱会风格的基础上，精选传统名剧名段，邀请了京剧、昆曲、越剧、粤剧、黄梅戏、河北梆子、秦腔、豫剧、婺剧等9个剧种共30余位各戏种领军人物参演，力求展现我国传统戏曲艺术的精华和魅力。南方电视台与河源世客会组委会合办了“客家妹”形象大使选拔赛，大赛以客家文化的发展和客家文明为背景，以竞赛为平台与桥梁，以传播客家文化为目的，充分反映时代精神，体现时代风貌，构筑和谐氛围。通过大赛活动整合传统媒体和新媒体的力量，运用电视，网络等多元化的宣传手段，大力宣传世客会，宣传客家文化，展示客家特色。深圳电视台首开先河，在国内四大城市举行“跨年音乐季”，其中，2010年12月31日晚在深圳举办的跨年演唱会，深圳卫视与全国强势卫视同台竞技，同时段收视排名成功跻身全国卫视前六强。都市频道与国内外14个电视台共同举办的“盛世鸣钟　祈福五洲”活动也获得良好反响。

其他节目：广东电台南方生活广播与省文联携手，着力打造文化名人访谈节目《岭南文化名人访谈录》，先后采访陈定方、黄树森、刘长安、龙伟华、李海鹰等各界文化名人，为打造广东文化强省作出贡献。广东电视台《摇钱树》栏目，是一个开播24年的对农电视栏目。2010年，节目在传播农业知识，宣传科学致富的同时，从“树立勤劳致富，科学致富的农民典型”、“宣传科技致富，科技下乡，服务三农”、“普及健康种养，食品安全，惠及市民”、“宣传乡风文明，推广建设社会主义新农村”等多个方面开展对精神文明建设的宣传报道，做到两手抓，两手硬，力求宣传勤劳致富，科学致富的理念，宣传乡风文明，管理民主的社会主义新农村建设。南方电视台少儿频道自主研发的卡通品牌形象“波仔”、“美美”，以其活泼可爱、绿色环保的公益形象，受到广大青少年和小朋友的喜爱，2010年6月1日，“波仔”、“美美”被推举为“广东省环保大使”。儿童栏目剧《放学我当家》在国家广电总局主办的2009年度全国少儿节目精品及动画精品评选中获得优秀少儿电视栏目一等奖，是全国首部获得国家广电总局最高奖项的儿童栏目剧。由该剧改编而成的同名故事书已由新世纪出版社出版。

四、精神文明建设取得新突破

2010年，根据省委、省政府扶贫“规划到户、责任到人”工作要求，省广电局成立扶贫“规划到户、责任到人”领导小组，明确联络人和驻村干部，分设13个工作小组，局领导也先后多次赴五一村调研和慰问。目前，局扶贫工作已全面铺开，帮扶形式多样，成效显著：一是为该村购买一间商铺，采取出租的方式增加村集体经济收入，并以分红的形式对贫困户实施补助。二是协助民间慈善团体为两个贫困户修建房子90多平米，并对贫困房自主进行危房改造给予补助。三是协助香港西京投资公司公司每月捐助1000元人民币（每年递增10%），医治患重度地中海贫血的小朋友（从1岁半到23周岁止）。四是动员2家民营企业签署了捐资助学协议，资助7名贫困户家庭的学生上学。五是联系企业，帮助提供外出务工机会。六是鼓励贫困户开展种植、养殖业生产，如种蔬菜、种金银花、养鸡、养鹅等。七是在春耕时为每位贫困户购买稻种化肥。八是帮助2名孤儿申请五保。九是对3名勤劳致富农户颁发奖金，激发贫困户脱贫致富的热情。十是鼓励在职干部职工扶贫济困献爱心捐款37270元，用于扶持五一村的建设和发展。全年累计扶持五一村共62.569万元。同时还加大对汕头市潮南区人口计生工作的帮扶力度，支持潮南区帮扶资金80万元。组织全局干部职工为玉树地震灾区捐款达63870元。

同时，省广电局及下属机构还开展了多项群众性的精神文化活动，丰富业余生活。举办局党组中心组文化强省学习论坛，学习胡锦涛总书记在中央政治局第22次集中学习时的讲话和在深圳经济特区建设30周年庆祝大会上的讲话以及省委十届七次会议精神。组织开展“读书乐”活动。组织干部职工参加“网上读书直通车”活动，开通了16张“网上阅览证”，方便全局干部职工免费在网上阅览中山图书馆、珠江三角数字图书馆的书籍。广东电台、广东电视台、南方电视台等播出机构也积极开展各项群众性活动包括女职工“三八”健美操比赛、象棋、篮球、羽毛球、迎新春职工书画比赛等，这些群众性活动贯穿全年，主题丰富，寓教于乐，极大丰富了职工的业余生活，展示了精神风貌。

（广东省广播电影电视局）

广东省统计局

2010年，广东省统计局认真贯彻落实党的十七届四中、五中全会和省委十届七次、八次全会精神，以提高统计能力、提高统计数据质量、提高统计公信力为目标，以开展“统计数字质量年”和“统计优质服务年”活动为抓手，围绕中心，服务大局，大力加强统计职业道德教育和统计行风建设，不断完善统计指标体系，坚持依法科学统计，进一步规范统计管理和统计行为，积极推进统计文化建设，促进了统计事业的发展和统计队伍的和谐，为广东经济社会科学发展提供了有力的统计保障，在精神文明创建活动中取得了积极成效。

一、完善统计指标体系，积极创新统计制度方法

一是不断完善科学发展观考核评价指标体系。认真落实《广东省市厅级党政领导班子和领导干部落实科学发展观评价指标体系及考核评价办法（试行）》，进一步完善评价指标体系和评价办法，组织收集各部门统计资料，建立模型开展测算和评估，为省委、省政府考核领导干部提供科学的量化指标体系和办法。省委十届七次全会首次通报了2009年市厅级党政领导班子和领导干部落实科学发展观考核评价结果，汪洋书记对考评工作给予了高度评价，并得到中央有关领导的好评。二是进一步完善现代产业统计指标体系和自主创新统计制度。按照省委、省政府关于建立现代产业体系六大主体产业和八大重要载体的要求，新增了现代产业体系年度主要指标内容，调整了现代农业统计范围，设置了“相关行业指标体系”反映与现代产业体系相关联的房地产业、物流业、住宿餐饮业等行业的发展情况。研制了综合反映全省科技发展情况的综合统计指标体系，为

建立自主创新统计指标体系打下了坚实基础。三是完善“双转移”和节能减排统计指标体系。明确了产业转移考核评价办法涉及指标数据的提供范围和方法，积极开展省级产业转移园区、省内劳动力流动情况的统计调查，强化园区工业增加值等主要指标数据的审核。完善后的节能减排统计指标体系既反映规模以上企业能耗情况，又能对全社会能耗情况进行监测，及时提出预警和应对建议。四是创新统计制度方法。有序推进GDP核算改革步伐，不断完善基本单位名录库制度，启动了统计地理信息系统建设。农村、贸易、劳动工资、建筑业、交通运输等领域的统计制度都进行了相应改革，开展了新兴战略性产业统计制度研究，建立了新能源汽车产业统计制度。同时，严格实施《广东省统计数据质量控制办法》，对GDP及主要专业统计数据加强审核和评估，确保统计数据的准确性。

二、增强统计服务意识，不断提高统计服务水平

一是准确、及时提供月（季）度和年度统计资料。金融危机发生后，省统计局坚持每月比以往提前1—2天完成宏观经济快报，把全省经济运行的最新情况尽早送到省领导手中。坚持按季分析宏观经济运行变化走势，撰写短平快的进度信息，汇编成《广东经济形势分析材料》，为省委、省政府判断金融危机后全省经济走势、部署经济工作提供依据。二是集中力量开展关系广东长远发展的课题研究和分析。重点围绕省领导点题的金融危机后广东经济发展对策、实施扩大内需战略、建立现代产业体系、推进产业和劳动力转移、区域协调发展等课题开展分析研究。省统计局机关全年共撰写统计分析87篇，形成了《2010年上半年广东经济运行情况及走势分析》、《广东推进产业和劳动力转移情况分析》、《2009年广东常住人口情况分析》、《科学利用外商直接投资促进广东现代产业体系建设》、《广东规模以上工业企业专利状况分析报告》等一批高质量分析报告，受到了汪洋书记、黄华华省长、肖志恒副省长等领导的高度评价。三是强化统计监测和预警。及时跟踪广东劳动就业和人才流向的最新动态，开展了600家企业用工重点调查。强化对工业经济运行情况、亿元以上新开工投资项目的监测和分析。做好现代产业体系统计资料报送及监测分析工作，跟踪后金融危机时期广东现代产业发展轨迹。加强对重点能耗企业的统计监测，参与对各市节能减排工作考核，对节能指标不理想、完成节能任务有困难的地区及时发出预警，为落实节能降耗各项工作提供准确、及时、科学的统计服务。对全省2000—2009年全面小康实现程度进行测算。加强对实施妇女儿童发展规划目标完成情况的监测。四是积极做好统计新闻宣传和信息公开工作。及时通过广东统计信息网发布重要的统计信息，定期举办经济运行情况新闻发布会，在各大主流媒体发表统计新闻稿或接受记者采访，通过丰富翔实的统计数据分析经济形势，解读社会热点问题。全年共发布统计公报8篇，统计快讯131条，工作要事121项，收到和受理政府信息公开咨询890多人次，取得较好的社会效果。五是认真做好人口普查宣传动员。2010年开展的第六次人口普查是一项重要的国情国力调查，全省动用了60多万名普查员和普查指导员，各地统计部门通过开展形式多样、声势浩大的宣传动员，营造了良好的社会舆论氛围，取得了普查对象和社会各界的理解和配合，确保了普查工作的顺利进行和普查资料的真实可靠。

三、坚持依法科学统计，切实保证统计行为规范

一是继续开展了统计巡查工作。2010年分别组织对肇庆、江门、阳江和茂名四市统计数据质量及报表执行情况等开展了专项巡查，进一步规范了统计基层基础工作。二是开展了统计调查环节专项整治工作。在全省统计系统开

展了为期4个月的统计调查环节专项整治活动。通过自查自纠、交叉检查、整改落实，取得了扎实的成效，统计数据质量逐步提高。三是有序推进统计执法大检查。联合省监察厅、省司法厅和国家统计局广东调查总队开展《统计法》和《统计违法违纪行为处分规定》贯彻执行情况大检查活动，分别对深圳、珠海、中山、云浮等4个地级以上市及其管辖的6个县（区）、14个乡镇（街道）、32家企业，以及4个省直单位进行了现场检查。在广泛深入宣传统计法律法规的基础上，着力在抓好自查、抽查上下工夫，做好统计违法行为的立案、处理和整改工作。据统计，大检查期间全省共发现统计违法行为426起，立案查处143宗，已结案104宗，其中警告61宗，通报批评30宗，罚款51宗，罚款金额34.38万元。四是加强统计法制宣传。结合典型案件查处，以各级党政领导为重点开展普法宣传活动。结合统计执法大检查和第六次全国人口普查，着重宣传《统计法》和《全国人口普查条例》。五是加强制度建设，规范统计管理。修订完善了涉及政务文秘、统计业务、保密安全、信息化、财务资产等方面的多项规章制度，将全局各项工作纳入民主化、科学化管理，进一步规范了统计行为，规范了机关内部管理，为确保各项工作有序推进和高效运转提供了制度保障。六是开展纪律教育学习月活动和创先争优活动。严格按照省纪委、省直工委的要求和部署，切实开展了纪律教育学习月和创先争优活动。认真制定了活动方案，召开专门会议进行动员部署。各处室、各党支部组织学习了中央、省委有关领导讲话和文件精神，着重学习了《廉政准则》，并结合实际开展讨论，撰写了学习心得体会和学习总结，收到了良好效果。

四、加强职业道德教育，大力弘扬统计优良作风

一是加强理想信念、统计法制和统计职业道德教育。通过采取各种形式的教育活动，促进广大统计人员牢固树立正确的世界观、人生观、价值观以及科学的发展观和正确的政绩观，切实增强宗旨意识、责任意识、服务意识和大局意识，始终恪守“不出假数、真实可信、准确完整”的职业操守。二是大力弘扬“求实、创新、严谨、奉献”的统计行风。坚持实事求是的思想路线，大兴求真务实之风，以科学严谨的态度，依法履行独立调查、独立报告、独立监督的职责，坚决反对和抵制在统计上的弄虚作假行为，确保统计数据真实可信、准确完整。大力弘扬统计人不计得失、淡泊名利、甘于奉献的优良传统，积极倡导热爱统计、忠诚统计、依法统计、科学统计的崇高风尚。三是坚持以人为本，深入基层，密切联系群众。省统计局领导和统计业务骨干经常深入基层第一线，了解基层统计工作情况和存在的问题，虚心听取基层统计人员的意见、建议和呼声，及时解决统计改革建设中的各种困难和问题。省统计局每年都从统计业务经费中拿出部分补助给有关的市县统计局，确保统计工作的顺利推进。2010年省政府出台了《关于加强乡镇街道统计基础建设的意见》，就乡镇街道统计机构、人员配备、培训和管理、办公场所和设备、经费保障等方面作出明确规定，同时，省统计局就加强乡镇街道统计基础建设制定了实施意见，进一步夯实了统计基础。四是扎实推进扶贫开发“规划到户、责任到人”工作。省统计局成立了扶贫工作领导小组，制定了扶贫开发3年总体规划方案，扎实推进翁源县周陂镇礤头村以种植、养殖业为重点的结对帮扶工作，村党支部“三室五有”全面落实，村道硬底化、危房维修等工作逐项落实，村容村貌有了较大改观，农户及村集体收入有较大幅度提高，取得了阶段性成效。

五、开展统计文化建设，有力促进统计队伍和谐

一是加强政治理论学习，创建学习型机

关。以创建学习型机关为抓手，以知识更新为重点，以政治理论、现代科技、专业技能学习为主要内容，认真落实《广东省统计局机关学习制度》。省统计局党组举行中心组理论学习会，强调了增强学习的针对性和实效性，同时要求创新形式，充分利用现代信息网络技术等载体，打造党员干部学习的新平台，营造重视学习、崇尚学习的良好学习氛围，推动学习上新水平、工作上新台阶。二是加强统计队伍建设，转变机关作风。认真落实《广东省统计局干部教育培训工作暂行规定（试行）》，通过举办业务培训班、专题研讨班等活动，提高了干部综合素质。同时，加强了党风廉政建设，进一步落实了党风廉政建设责任制和领导干部述职述廉制度。三是不断推进统计文化建设，增强统计队伍的凝聚力和活力。积极发挥工会、团委、妇联等组织的作用，结合工作实际开展读书、征文、讲座、论坛以及文娱、体育、登山等内容丰富、形式多样的活动，培养干部高雅健康的文化情趣，创建和谐向上的统计环境，进一步活跃机关文化生活，促进干部身心健康，增强统计队伍的活力。组织开展党员干部向扶贫点捐款献爱心和无偿义务献血活动。开展了“世界统计日”和“中国统计开放日”活动。2010年省统计系统选送的文艺节目参加全国统计系统文艺汇演获得一等奖，通过全省统计调查系统选拔的乒乓球代表队参加全国统计系统乒乓球邀请赛获得第二名。全省各级统计部门也开展了群众性的精神文明创建活动，共同推动了全省系统的统计文化建设，有力促进了统计队伍的和谐。

（广东省统计局）

广东省物价局

一年来，省物价局坚持以邓小平理论和“三个代表”重要思想为指导，认真贯彻党的十七大精神和科学发展观，围绕全省“三促进一保持”的中心工作，积极推进精神文明建设，创新活动载体，特别是大力推进物价文化建设和开展重温入党志愿活动，形式新、效果好，促进了物价队伍政治与业务素质的提高，焕发了物价干部职工精神风貌，营造了积极上进干事创业的氛围。

一、大力推进物价文化建设

省物价局党组制定了《关于加强全省物价文化建设的意见》，以“廉、公、勤、亲”为目标，“廉政文化、道德文化、管理文化、形象文化、文体文化”为主要内容和工作重点，积极推进全省物价系统的机关文化和行业文化建设，营造廉洁自律、公道办事、勤奋工作、亲民为民的文化氛围。围绕推进物价文化建设在全省物价系统开展了物价人精神大讨论活动和物价人行为规范职业道德格言网上征集评选活动，对征集到的600多条格言进行评选，最后评选出5条优秀格言和40条鼓励奖格言予以通报和奖励。

二、开展重温入党志愿活动

为深化作风建设提高干部执行力夯实思想基础，省物价局在5、6月份组织开展了以“四个什么、三个是否”为主要内容的重温入党志愿活动。做法是：组织人员从人事档案中复印全局在职党员的入党志愿发给党员个人，要求党员重读个人入党志愿，围绕“四个什么”即“当初入党为了什么、入党以后做了什么、对照志愿缺些什么、今后应改进些什么”进行认真思考，结合本人入党以来思想和行动的实际认真进行对照剖析，撰写1000字左右的个人党性分析材料。在此基础上，各党支部召开本支部全体党员大会，围绕“三个是否”即思想、行动上“是否符合党章的要求、是否履行了入党时的志愿、是否发挥了共产党员的先锋模范作用”开展党员党性分析评议，查找问题，明确方向。与此同时，建立关怀机制，制订了《关于提高局机关党组织凝聚力的意见》和《关于加强工会人文关怀工作的通知》，在开展交心谈心活动、织造密切联系纽带，开展党内关怀扶助、营造温暖和谐氛围，创建学习型党组织、增强理性思维素养，开展创先争优活动、提高组织生活质量等方面作出具体规定，以期增强组织的凝聚力，巩固活动效果。

（广东省物价局）

广东省工商行政管理局

2010年，广东省工商局党组高度重视全省工商系统的精神文明建设工作，把精神文明建设与队伍作风建设相结合、与发挥工商职能相结合、与让人民群众得实惠相结合，将精神文明建设融会贯通于广东工商建设的各项工作中。通过开展创建活动，全省基层工商系统队伍的作风在改进、面貌在转变、形象在提升，呈现出“进取、拼搏、务实、创新”的崭新广东工商人状态。2010年，全省工商系有一个单位、一个个人被推荐参加全国巾帼文明岗、巾帼建功标兵评选，有一个单位、一个个人被推荐参加省直文明单位和文明个人评选。

一、坚持精神文明创建活动与队伍作风建设相结合，着力夯实创建精神文明活动的基础

为了保证庞大的队伍具有健康的体魄、坚强的作战能力，广东省工商局党组高度重视干部队伍的作风建设。大力开展反腐倡廉教育，提高干部队伍拒腐防变的能力；大力整肃队伍纪律作风，巩固政风行风的成果；大力开展职业道德教育，提高思想觉悟水平。这些举措为省工商局创建精神文明活动奠定了良好的基础。

（一）坚持持之以恒开展反腐倡廉教育，促进领导干部以身作则、廉洁自律。一是开展理想信念和廉洁从政教育。将反腐倡廉教育纳入2010年全系统大规模培训干部总体部署中，把廉政教育作为工商系统各级领导干部任前培训、干部在职岗位培训的重要内容。二是全面开展《廉政准则》专题学习。组织党员领导干部深入学习《廉政准则》，由省工商局党组书记、局长卢炳辉带头作辅导报告，组织处级干部认真学习《廉政准则学习实用读本》，发动干部职工参与网上答题活动，在注册大厅等显著位置悬挂标语横幅，将《廉政准则》主要内容在机关大楼显示屏滚动播放，确保系统内部人人知晓，人人参与。三是深入推进廉政文化建设。在全省系统开展廉政小品征集活动，发动工商人员自编自导自演，邀请专家评审并通报表彰获奖作品，大力营造廉荣贪耻氛围，提升了工商廉政文化水平。四是认真开展警示教育。8月中旬，组织省局机关副处级以上干部、直属行政单位副科长以上干部等110人到高明监狱参观，由监狱服刑人员现身说法，进一步加强党员领导干部的反腐倡廉教育。五是开展

纪律教育学习月活动。围绕“加强制度教育，构筑拒腐防线”主题，制定了《省工商局机关2010年纪律教育学习月活动计划》，制作《党员领导干部廉洁从政若干准则》教育演示片在省局大堂播放，组织机关党员观看廉政电教片，组织机关干部结合自身工作对已制定的业务流程图、廉政风险点、防范措施和责任追究进行重新整理，设置相应的预警和防范措施。

（二）坚持集中力量开展队伍纪律作风建设，巩固政风行风建设成果。省工商局一贯注重从严治队、严格管理。针对队伍自身反映出来的问题，有重点、有措施、有检查、有落实地抓队伍纪律。重点抓好规范窗口管理，坚决杜绝“吃、拿、卡、要”，解决群众关注的“门难进、脸难看、话难听、事难办”问题；规范执法行为，制定了执法办案“三能、三严禁”等一系列行为规范，着力解决执法中重处罚轻教育问题；整肃内务，加强对办公秩序的督察力度，办公环境和窗口服务环境进一步美化，服务水平和质量得到了进一步提升。

（三）积极开展职业道德教育，找准精神文明创建活动的抓手。2010年，根据省政府的工作部署，结合贯彻落实《公民道德建设实施纲要》的要求，全省工商系统大力开展职业道德教育。通过举办全系统公务员职业道德全员培训考试活动，进一步增强了全省工商系统干部的职业操守和职业素养，进一步提高了工商干部依法行政、廉洁从政、转变作风的自觉性，对提升工作效能、建设高素质的队伍起到重要的推动作用。根据形势和任务的需要，省工商局及时制定了《广东省工商行政管理局关于加强工商所规范化建设的意见》，进一步对工商所人员的公务行为以及与公务活动相关的其他行为进行了明确规范，有效地推动了全省基层工商系统精神文明创建工作。

二、坚持精神文明创建活动与发挥工商职能相结合，着力丰富精神文明建设的内涵

创新服务机制，积极发挥工商职能，服务经济发展大局，这是做好精神文明创建工作的前提。2010年，全省基层工商系统与时俱进，强化服务意识，创新服务机制，拓宽服务领域，为精神文明创建活动注入新鲜内涵。

（一）全力支持各类市场主体稳定增长。广东省工商局研究制定了关于进一步服务外商投资企业发展的若干意见、关于加强全省个私协会工作的指导意见等，大力服务经济结构调整、服务“双转移”战略实施、服务传统产业转型升级；研究开展商事登记试点、债权出资登记试点和非上市股份公司股权托管试点，大力推行登记服务标准化、珠三角地区工商登记一体化，完善实施登记窗口服务质量评价系统、行政审批电子监察系统，认真做好外商投资合伙企业法规的实施工作，全面推进和深化粤港澳台合作，全省市场主体稳定增长。

（二）全力服务广告行业健康发展。以推进文化教育强省为契机，全力服务广告业发展，受到省委书记汪洋和黄龙云、林木声等省领导的批示支持。《广东省建设文化强省规划纲要（2011—2020年）》将广告设计和创意研发确定为我省高端和新兴文化产业，将建设“广东广告创意基地”作为“珠江两岸文化创意产业圈”建设的重要组成部分。广告服务被列入《广东省现代产业鼓励发展指导目录》，广告创意产业园项目——“广东现代广告创意中心（首期）”被确定为广东省现代产业500强项目。

（三）全力推进市场诚信体系建设。首创专门针对企业合同信用信息的征集和公示平台，建立诚信企业合同签约履约数据库，引入社会监督机制，设立网上投诉窗口，实现了企业合同信用信息透明化和监督社会化。省委常委、常务副省长朱小丹在2010年全省市场诚信体系建设工作会议上专门对公示活动给予了表扬和肯定。

（四）全力加大执法体制改革力度。推行“一个窗口许可”，进一步规范注册条件、办理

程序和服务要求。截至目前，全省工商系统1208个基层登记注册大厅基本达到省工商局窗口规范化标准。佛山市工商局全面整合许可业务，所有审批业务全部整体进驻行政服务中心，100%“一个窗口许可”。推行“一支队伍办案”，通过监管平台开发、完善社会监督、强化行业自律多管齐下搭建网络市场监管框架。江门市工商局深入探索“一支队伍办案”执法体制，整合构建统一指挥、实时关联的综合执法体系，实现监管执法工作由软管理向硬约束的转变。韶关市工商局试行“专业技术队伍支持”模式，形成真正意义上的“一张网络监管”。顺德区市场安全监督管理局发挥“大部制”职能优势，推行“专业与综合执法”一体制，有效提高了监管执法能力。

三、坚持精神文明创建活动与让人民群众得实惠相结合，着力扩大精神文明建设的公益效果

全力服务民生，让人民群众得实惠，这是省工商局创建精神文明的出发点和落脚点。

（一）扶贫工作出新成绩。广东省工商局制定扶贫开发宝石村2009—2011年规划，确定把养牛作为核心工程，力促宝石村脱贫致富。制定省工商局机关、直属单位党支部（总支）开展挂钩帮扶宝石村贫困户方案，实行副处级以上干部“一帮一”责任制。发动全省私营企业、个体工商户参与当地的扶贫济困、慈善募捐活动，累计募集善款580万元。还为当地一名患先天性腭裂的17岁少年筹资14495元，为其成功做了手术治疗，半个月后就恢复了说话能力，进而恢复了这位少年的自信心和重新积极面向未来的勇气。省工商局的扶贫开发“双到”工作得到省委书记汪洋的充分肯定。2010年6月，广东省工商局作为唯一的省直单位在全省扶贫开发“双到”工作经验交流会上介绍经验。

（二）“9·21”特大洪灾抢险救灾工作深受好评。2010年发生的“9·21”特大洪灾给茂名、阳江等地造成了重大损失，在大灾大难面前，全省工商系统表现出一股“灾难面前不低头”的可贵精神，特别是茂名、阳江市工商局行动迅速，两市工商干部中秋国庆不放假，全员坚守岗位，强化监管，保障灾区市场安全，主动参与抢险救灾和灾后重建工作，得到地方党委、政府的高度肯定和人民群众的一致好评。

（三）援疆、援藏工作开局良好。我省工商系统对口支援新疆、西藏工商系统的工作已逐步开展，接洽、确定了对口支援意向；成立了援建机构，派出了援建人员，建立了对口支援运行机制；到新疆、西藏两地进行了实地调研，制定了对口支援的初步方案，省委组织部对省工商局援建工作给予了充分肯定。

（四）稳步推进创先争优活动。广东省工商局深入开展创建“五个好”党支部、争当“五带头”党员活动，组织机关党员干部做到“五个承诺”，实施“六个一”工程；积极开展创先争优迎亚运活动，引导机关干部把迎亚运工作作为创先争优的崭新载体，把服务亚运的过程转化为创先争优的生动实践。实行各市局、省局机关各处室、直属各单位相互考评机制，推动各单位保质保量完成各项工作任务。云浮市工商局创先争优工作成绩突出，作为市直唯一代表单位在全市创先争优工作会议上作经验发言。

（五）认真做好社会治安综合治理工作。扎实推进查处取缔“黑网吧”，深入开展扫黄打非、禁毒防艾等工作，认真履行安全监督管理职责，积极配合安监、消防等部门开展安全生产大检查和消防安全大检查，有力维护了和谐稳定的社会秩序。汕尾市工商局以贯彻《广东省反走私综合治理工作规定》为契机、开展进口商品专项整治，重点打击以烟酒、食品等应节商品走私贩私活动，取得了明显效果。

中共中央政治局委员、省委书记汪洋同志

专门就工商工作作出重要指示，要“加快法治工商、信用工商、信息工商建设的步伐，改革企业登记注册制度和监管方式，营造良好的市场环境”。据不完全统计，2010 年，先后共有 11 个地级以上市的市委书记、市长专门对工商行政管理部门服务经济发展工作作出 33 次批示表扬，充分肯定工商行政管理部门的工作成绩。工商工作的作用、地位明显提升。

同时，省工商局非常重视工商文化建设。工商文化建设是精神文明创建活动的重要组成部分。建设工商文化，从本质上讲，就是塑造工商人的精神、塑造工商人高效文明形象，先进的广东工商文化是全省工商系统开展精神文明创建活动的集中体现和升华。2010 年，按照省局的统一部署，全系统广泛开展了丰富多彩的工商文化活动。开办“广东工商学习讲坛”，邀请国内著名专家学者授课，以视频方式实行系统联动，反响良好；开展群众性读书活动，省局机关“五四”读书演讲比赛和全系统“服务加快转变经济发展方式”主题读书演讲比赛，效果很好；举行“迎亚运、促和谐”男子篮球比赛等系列文体活动，在全系统营造了喜迎亚运、内和外顺的良好氛围。建设工商文化，对进一步推动广东工商精神文明创建活动，增强队伍凝聚力有着重要作用。

（广东省工商行政管理局）

广东省新闻出版局

2010 年，广东省新闻出版局深入学习贯彻党的十七届四中、五中全会精神和省委十届六次、七次、八次全会精神，高举中国特色社会主义伟大旗帜，以邓小平理论、“三个代表”重要思想和科学发展观为指导，按照高举旗帜、围绕大局、服务人民、改革创新的总体要求，充分发挥新闻出版行业优势，着力推进精神文明建设，积极为全面建设小康社会和构建社会主义和谐社会提供强大的精神动力、智力支持和良好舆论环境。

一、弘扬主旋律，为人民群众提供健康有益的精神食粮

坚持马克思主义的指导地位，牢固树立政治意识、大局意识、服务意识，引导出版单位探索用社会主义核心价值体系引领社会思潮，主动做好意识形态工作。广东省新闻出版局重点推出一批形式多样的思想道德建设、品德教育、陶冶情操和素质培养的原创性读物，以健康向上、弘扬主旋律的出版物占领市场，为群众提供更多更好的精神食粮。围绕上海世博会、广州亚运会和亚残运会、庆祝中国共产党建党 90 周年、纪念辛亥革命 100 周年等宣传工作重点，广东省新闻出版局积极组织省内出版单位策划了一批选题，其中有关迎接广州亚运会和亚残运会的出版物 63 种，庆祝中国共产党建党 90 周年选题 34 种，纪念辛亥革命 100 周年选题 50 种。广东人民出版社出版的《漫话建设学习型党组织》、《开国将军逸事》、《辛亥革命与中华民族觉醒》，暨南大学出版社的《海外华人与辛亥革命》，太平洋影音公司的《振兴中华——纪念辛亥革命 100 周年》和广东海燕电子音像出版社的《回首百年——纪念辛亥革命 100 周年》入选新闻出版总署“庆祝建党 90 周年、纪念辛亥革命 100 周年百种重点出版物选题”。广东教育出版社《亚运知多

少》和新世纪出版社《暖暖的星星索》入选2010年新闻出版总署向全国青少年推荐的百种优秀图书。此外，广东省新闻出版局以组织申报国家出版基金项目和编制“十二五”国家出版规划项目为契机，积极推动我省出版精品工程的实施。

二、巩固思想阵地，为未成年人健康成长创造良好环境

指导出版单位在制定重点选题出版计划中增加未成年人出版物的品种和数量，发展壮大以未成年人为读者对象的优秀少儿报刊出版单位，鼓励支持出版单位打造品牌，重点推出一批富有广东地方特色、适合未成年人阅读特点，集知识性、娱乐性、趣味性和教育性于一体的原创少儿出版物，重点抓好1至2种叫得响、传得开、影响大的粤版少儿图书精品，最大限度满足未成年人日益增长的精神文化需求。一是在我省影响力较大的报刊上开设专栏，不断加强青少年思想道德教育，增强社会成员培养青少年养成良好品质的自觉性。二是积极参加全国青少年推荐优秀少儿报刊活动。根据《关于开展2010年向全国青少年推荐优秀少儿报刊活动的通知》（新出厅字〔2010〕52号），广东省新闻出版局按照通知要求，组织本省少儿报刊开展推荐和初评活动，经审核推荐18种报刊参加全国优秀少儿报刊活动。通过活动的开展，努力为青少年推荐更多健康向上，高品质的精神食粮。三是组织出版了一批青少年喜闻乐见的优秀音像电子出版物。省内各音像电子出版单位根据新闻出版总署关于音像出版物的选题指导方针，围绕加强青少年思想政治教育，以提升素质教育为目的，出版了一批儿童音乐、儿童电影、儿童教育方面的音像节目。如：深圳市激光节目出版发行公司出版的《儿童古典音乐小品》，精选中外著名古典音乐，给儿童以高雅的音乐启蒙教育；《创造屋》从绘画方面对儿童进行素质教育，而《娃娃》、《大海计划》等儿童电影，充满温馨向上的情怀，促进儿童形成正确的人生观和价值观，对净化青少年学习环境发挥了积极作用。

三、完善监管机制，严把出版物审核关

在2010年的选题审核中，广东省新闻出版局继续加强书稿事前审读，及时发现涉及重大、敏感内容以及带普遍性或倾向性的问题，重点防控，力争把事故消灭在萌芽状态。一是对出版单位申报的涉及有关热点、敏感问题的选题，如官场小说、宗教读物、时评文集等，有针对性地采取调控手段，总体上进行减量、降温，防止出现盲目跟风甚至导向错误的情况。二是定期组织出版单位进行专项自查，针对出版工作中容易出现问题的环节，采取切实有效的管理措施。在出版内容上，重点对涉及重大内容和敏感内容的书稿进行审读；在出版方式上，重点对与民营工作室合作出版的图书进行检查。对发现问题的出版物立即停止发行，在制品和选题阶段停止出版。三是进一步完善出版单位内部管理，严格“三审三校”制度，对本单位“三审”人员名单重新清理备案。

四、加强出版物市场监管，为精神文明建设营造良好氛围

出版物市场是精神文明建设的重要阵地。广东省新闻出版局把封堵和查缴各种政治性非法出版物、淫秽色情出版物，打击侵权盗版盗印作为加强精神文明建设、营造和谐社会氛围的一项重要工作。省“扫黄打非”办协调有关部门在加大出版物市场日常监管力度的同时，围绕“两节”“两会”、上海世博会、广州亚运会等重要时间节点和重大活动，先后组织开展了“打击盗版音像制品专项行动”、“迎世博‘扫黄打非’专项行动”和“迎亚运‘扫黄打非’专项行动”等共8次专项行动，相继侦破

了一批重大案件，关闭了一批违法违规网站，严惩了一批违法犯罪分子，有效净化了出版物市场环境。据统计，全省共出动执法人员80.9万人次，检查店档摊点17.1万个次，检查印刷复制企业6.7万家次，查获5条地下光盘生产线，收缴非法出版物1025.6万件（其中，盗版音像制品840.6万张、盗版图书79.9万册、淫秽色情出版物10.9万件），取缔关闭店档摊点、印刷单位1786家，行政处罚案件3604宗，刑事审结案件142宗，刑事处罚187人，为维护社会稳定、确保广州亚运会的成功举办做出了积极贡献。

在净化网络文化环境方面，广东省新闻出版局认真开展了打击互联网和手机媒体传播淫秽色情信息专项行动，共查处22批次非法互联网和手机出版物，其中涉及我省124家网站登载的161部非法网络和手机出版物。广东省新闻出版局责令其中的79家网站作了信息删除处理，并按要求做好网站整改、谈话批评、报送整改报告等工作，关闭了另外45家两次以上登载淫秽色情内容的网站。此外，广东省新闻出版局还按照中央统一部署以及省网络文化建设和管理办公室的要求，认真开展清理整治网上政治类有害信息专项工作，联合省直有关部门印发了专项整治工作通知并召开全省专项整治工作会议，组织召开了广东省加强互联网出版管理工作通气会，部署我省互联网出版企业对有害信息开展专项清理整治。为了净化未成年人的上网环境，引导未成年人健康上网、文明上网、安全上网，我省7家青少年报刊通过资源整合，锐意创新，建设了国内首家未成年上网导航网站“百嘟嘟www.baidudu.cn”，从互联网的源头上把好内容“过滤关”，剔除网络糟粕的同时，推荐了上千家主题积极、内容健康、适合未成年阅读的优秀网站，受到了社会的普遍关注和好评，目前日浏览量近万人次。

（广东省新闻出版局）

广东省食品药品监管局

广东省是食品药品产业大省。2010年以来，省食品药品监管局以文明创建为动力，切实加强食品药品安全监管，促进食品医药产业健康快速发展，文明创建与食品药品监管互为渗透，相互促进，取得了显著的监管成果和良好的社会效果。近两年，省食品药品监管局涌现出了荣获“全国工人先锋号”、“全国三八红旗集体”、“全国五一劳动奖章”以及省直机关工委2008—2010年精神文明建设先进单位、先进工作者、“青年文明号”等荣誉的一批先进集体和先进个人。目前，全省共有药品生产企业597家，药品批发企业1633家，药品零售企业4.9万家（134家连锁企业）。全省医药产业总产值约1150亿元，居全国第3位（其中医疗器械产业完成产值约385亿元，居全国第1位）；全省保健食品工业总产值约450亿元，占全国40%；化妆品工业总产值约1200亿元，均占全国70%，保健食品、化妆品产值均居全国第1位。

一、加强队伍建设

致力于打造能力素质过硬、作风清正廉洁、善于应对复杂局面、勇于攻坚破难的干部队伍，为文明创建工作夯实根基。积极推进学习型党组织建设，通过开展读书学习、封闭学习、读书活动以及先后组织全省系统正处级以上领导干部、副处级及正科级骨干进行业务培训等形式，不断提高了全省系统干部职工理论水平和实践能力，提升了实践科学监管的水平。目前，全省系统干部职工中，本科以上学历占70%、食品药学等相关专业占77%，干部队伍的素质和专业结构明显优化。深入开展创先争优活动，有力推动了基层党组织、基层干部的战斗堡垒作用、骨干带头作用和先锋模范作用。认真抓好党风廉政建设，坚持把贯彻落实党风廉政建设责任制工作与食品药品监管工作一起研究、一起部署，一起考核，强化了一把手和领导班子的“一岗双责”意识。加强内控机制建设，推进了行政权力网上公开，着力规范行政工作和执法行为。建立健全内外监督体系，加强对领导干部的监督，强化对重点工作、重点岗位的监督，确保了执法权、行政权的正确行使。认真贯彻落实《党员干部廉洁从政若干准则》，坚持廉洁自律，营造了风清气正的工作氛围。紧紧围绕“抓党风、促政风、带行风、树形象”这一主题，深入开展作风行风建设，树立了食品药品监管部门良好形象。

二、开展群众性文体活动

组织围绕食品药品监管中心工作，积极开展适合机关特点的文体活动，舒缓干部职工的工作压力，调节工作情绪，培养健康心态。一是举办2010年省食品药品监管局运动会。局机关及直属单位干部职工踊跃参加，参赛人数达600多人次，参赛率达46%；比赛项目多样化，比赛项目不仅传统的、竞技型的赛跑、羽毛球、乒乓球、网球、游泳比赛，还有群众性的、活跃型的踢毽子、跳绳、五人六足、跳大绳等13个项目的比赛。二是坚持开展经常性“全民健身”活动。积极响应“全民健身”活动，提出了“每天锻炼半小时，健康工作每一天，幸福生活一辈子”的口号，结合各自实际开展形式多样健身活动。如省局机关坚持周一至周五每天上午10时和下午3时半利用消防音响播放音乐，使机关干部在自己的办公室或走廊过道上做轻松的保健操、广播操等健身活动。省药品检验所坚持每年举办两次运动会，并将健身活动作为传承广东药检文化，展现广东药检风采的经常性活动。省医疗器械检验所根据职工的兴趣爱好，成立羽毛球、乒乓球、足球、篮球、游泳等活动小组，开展了丰富多彩的文体活动，初步实现了“全民健身”活动常态化。三是丰富职工业余文化生活。组织职工观看潘作良的《情暖万家》、《暖川》等教育影片，组织参观《广东对口援建汶川灾区图片展》等展览，激发干部职工的爱国热情，树立奉献意识，营造“人人当先锋，处处做模范”的好氛围。

三、关心职工生活

一是组织好干部职工体检工作。干部职工通过体检及时了解自己的身体状况，做到有病早治疗，早康复，以健康的身体、饱满的精神投入到食品药品监督工作中。二是帮助干部职工解决实际困难。热情帮助和慰问有困难的干部职工，特别是及时主动对重大疾病和困难职工给予重点帮助，力解燃眉之急。如职工遇有病、丧、产假，都派人去慰问，把单位领导的关心送到每位职工的心坎上，真挚的关怀为广大职工解除后顾之忧，使他们体验到组织的温暖。三是关心退休职工生活。制定退休职工活动制度并认真落实，及时掌握他们的思想动态，了解他们的困难并帮助他们解决。如省医疗器械所每季度召开退休职工茶话会，每年至少组织退休职工到省外进行一次观光旅游。省药检所为全体离退休人员订阅了《秋光》杂志，给离休干部订了《广州日报》、《老人报》，丰富离退休人员晚年文化生活，使他们深刻体会到工会这个“家”的温暖。四是做好关爱女职工工作。开展纪念三八妇女节100周年活动。注意调动女职工的积极性，在她们的孕期和生产期都给予关注和慰问，及时帮助她们解决问题，同时依法维护好女职工的权益，使她们的权益不受侵害。

四、做好扶贫帮困工作

积极响应省委、省政府、省总工会的号召，认真做好帮扶解困工作。2010年青海省玉树发生地震后，组织广大干部职工为玉树抗震救灾开展捐款活动，共捐得善款20余万元。在省委、省政府举办的“扶贫济困日”活动中，又筹得善款近12万元。各单位还结合实际开展了形式多样的帮扶活动，如省药品检验所结合母亲节及计生协会日，开展了以“喜迎亚运、爱心奉献、关爱母亲、共创和谐”为主题的救助贫困母亲的筹资和宣传系列活动。这些活动不仅帮助了困难群众，同时也在广大干部职工思想上树立起“扶贫济困”的高尚情操。

五、强化食品药品监管

把文明创建工作作为推动食品药品监管事业发展的动力，把文明创建各项工作融入履行食品药品监管职能、切实保证群众用药安全的全过程，全面拓展和延伸文明创建工作载体，使文明创建工作内容具体、形式多样，效果真正看得见、摸得着。一是集中力量开展专项整治。对药品研制、生产、经营、使用各个环节和餐饮服务食品安全进行全面整治，推动食品药品市场秩序的持续好转。2010年，全省共查处各类违法案件6797宗，捣毁制造假劣窝点63个，涉案总值2.47亿元。全省食品药品质量安全水平持续提升，反映药品、医疗器械、保健食品、化妆品总体质量水平的评价性抽验合格率分别达到99.0%、94.0%、98.0%、97.1%，同比均有不同程度提高，显示全省食品药品市场更加安全有序。二是全力打开餐饮服务监管工作局面。试点运行了全省统一的餐饮服务许可平台，初步实现了餐饮服务许可工作流程化、规范化。大力开展餐饮服务食品安全整顿工作，组织了对学校食堂、建筑工地食堂以及旅游景区等重点区域和违法添加非食用物质、滥用食品添加剂、餐饮具消毒、食用油等重点领域的专项整治。积极开展餐饮服务食品安全示范工程建设工作。积极开展餐饮服务食品安全宣传和消费预警工作，初步营造了良好的社会氛围。三是全面提升药品日常监管效能。大力推行信息化建设，积极倡导企业开展药品质量标准提高工作，积极推进药品注册申报人制度的实施，不断提高保健食品注册水平。努力推动企业提高生产质量管理水平，在全国率先成立了广东省药学会质量受权人专业委员会、广东省药学会药物临床试验专业委员会，全面推行医疗器械企业管理者代表管理办法和行业诚信体系建设工作，不断提高保健食品生产质量管理规范，全面完成“化妆品生产企业卫生许可证”的核发工作。全面实现对基本药物和医疗器械等重点品种流通环节电子监管，开展“药品安全示范县（区）”创建试点活动，大力扶持药械经营龙头企业开展第三方药品现代物流配送业务，妥善处置化妆品突发事件。四是圆满完成亚运保障任务。在全省系统，特别是广州、佛山、东莞、汕尾四个赛区食品药品监管部门的共同努力下，全力做好广州亚运会食品药品安全监督保障工作。全省共组织抽检食品、食品原料、餐具等3037批次，合格率为79.4%；抽检亚运接待酒店和供餐单位的食品和食品原料594批次，合格率为98.8%；抽样药品1717批，合格率为97.3%；抽验医疗器械1112批，合格率为85.0%。认真开展药源性兴奋剂生产经营专项治理和保健食品、化妆品中非法添加化学药物的专项整治。广州亚运会和亚残运会期间，全省未发生一起重大食品药品安全事件和兴奋剂管理突发事件，实现了食品药品安全“平安亚运”的目标。五是大力促进食品医药产业健康快速发展。正确处理监管与发展的辩证关系，在加强监管，提供公平、公正、有序的市场环境的前提下，积极主动出台促进产业发展的服务举措，推动了全省食品医药产业的平稳较快发展。推行政务公开和网上办事，实行“网络审批、一站式审批”。简化办事程序，缩短审批时限，各审批事项平均提速40%。科学划分事权，探索更多的行政审批事项受理窗口前移，提高审批效率，方便企业办事。率先在全国先后出台18项和16项具体服务发展的措施，扶持我省食品医药企业积极应对国际经济金融危机。成立了由佟星副省长担任第一召集人，15个成员单位主要负责人任成员的全省推进生物医药产业自主创新联席会议，并制订了相应的会议制度，明确了成员单位工作职责，加强了对自主创新工作的统筹规划和组织协调。初步遴选了一批有规模、有基础、有潜力的生物医药企业，拟作为全省推进生物医药产业自主创新骨干企业，以此带动全省生物医药产业自主创新水平的提高。全省已拥有境内上市医药企业18家，占全国同行业的1/8强，排名第1位。拥有生物医药行业中国驰名商标11个，占全国的11.5%，在国内同行业中优势明显。

（广东省食品药品监管局）

广东省妇女联合会

2010年，广东省妇联以科学发展观为指导，以建设社会主义核心价值体系为重点，创新工作方法和载体，围绕省委、省政府的中心工作，深入开展群众性精神文明创建活动，取得了显著的工作成效，为推动男女平等，促进社会和谐作出了积极贡献。

一、以纪念三八节100周年为契机，策划开展系列纪念活动，掀起弘扬“四自”精神、宣传男女平等国策新高潮

2010年是三八国际劳动妇女节100周年，广东省妇联以此为契机，高扬“三八”精神，唱响主旋律，策划开展了三八百年系列纪念活动。一是创作拍摄三八百年专题纪念晚会。2月26日在中山纪念堂隆重举行纪念大会。省委书记汪洋等省四套班子领导出席了大会，汪洋同志在会上发表了重要讲话。还以《百年巾帼浩歌》为主题，创作拍摄了纪念晚会，以史诗化的手法总结展现了广东妇女百年运动蓬勃发展的历程，热情讴歌广东妇女为新中国的建立、经济社会的发展和改革开放作出无愧“半边天”的贡献。现场还隆重表彰了创造全国“第一”的岳喜翠、李华梅、游景玉、马文丽、董明珠、张建好、翟美卿、红线女、冼东妹、郭惠绮10位广东杰出女性和第六届南粤巾帼十杰等一批优秀妇女典型。纪念晚会于3月7日黄金时间在广东卫视首播，在新闻、公共频道和南方卫视多个频道重播，引导全省妇女群众缅怀妇女先驱，弘扬“三八”精神，激励全省妇女继续发扬“四自”精神，为广东科学发展作出新贡献。二是依托《南方日报》等媒体发表了省政协副主席、省妇联主席温兰子同志署名文章《南粤百年妇运的光荣与梦想》，以及组织社科界专家发表了纪念三八节100周年系列理论文章，从劳动、教育、卫生、参政等角度展现广东妇女的进步发展。三是组织专版、专访，总结“三八”100年经验。全省各级妇联也纷纷抓住机遇，分别以图片展、文艺晚会、百年女性人物专版、出版纪念邮品、制作宣传书签等形式策划开展百年“三八”纪念活动，掀起了宣传学习妇女先进典型、妇女事业的进步发展、男女平等基本国策等的高潮。

二、以开展好父亲好母亲评选活动为切入点，大力倡导亲情感恩，促进家庭文化建设

2010年母亲节、父亲节期间，广东省妇联联合省内各大媒体，以“亲恩永在·感恩永远”为主题策划好父亲好母亲评选系列活动，开展了广东“十大杰出父亲母亲、百名好父亲好母亲”评选活动、现代好父亲好母亲标准大讨论、“父母与我温馨瞬间”摄影大赛、“我的父亲、母亲”征文比赛、最爱妈妈菜电视专题节目、颁奖典礼专题电视晚会等6项。活动持续近两个月，收到摄影作品3000多幅，征文作品近千篇。好父亲好母亲评选活动，吸引了广大群众的热情参与，涌现出单位推荐员工、子女推荐父母、妻子推荐丈夫、丈夫推荐妻子、邻居朋友推荐身边好父亲好母亲的动人场面，共收到候选人近千名。经过网上公示、投票、综合评定等形式，评出广东“十大杰出父亲母亲、百名好父亲好母亲”，并利用报刊、网络、电视等形式对好父亲好母亲的事迹进行深入宣传，以典型引路，弘扬慈爱、仁义、孝悌等传统美德，激励全省广大家庭成员增强责任感，重视家庭角色塑造，建设文明和谐的家庭。据统计，好父亲好母亲专题页面点击率突破1亿人次，候选人最高得票超过1000万张。《南方日报》、《羊城晚报》、《广州日报》、《中国妇女报》等主流媒体对活动进行大篇幅跟踪报道达30多篇。好父亲好母亲颁奖晚会于6月20日父亲节当天在南方电视台（经济频道和综艺频道）播出，之后又在广东电视台珠江频道重播，受到群众普遍好评，社会反响热烈。南方电视台、《文明导报》专刊、《家庭》杂志、广东省关工委等纷纷与省妇联合作，采写、演绎好父亲好母亲故事，进一步宣传优秀父母亲典型。这次活动主题突出、内容丰富、高潮迭起，产生了一系列的社会反响，不仅树立了一批道德模范，引发了人们对父亲角色的更加重视，触动了更多儿女思亲感恩的情怀，也启发了更多群众对家庭文化的关注，弘扬了“慈爱仁义、孝老爱亲、感恩亲情”等传统美德。

三、以书香岭南全民阅读活动为结合点，评选表彰优秀书香之家，营造家庭读书学习氛围

7—8月，结合书香岭南全民阅读活动，开展了第五届广东“十大优秀书香之家”评选表彰活动。通过各市推荐，经过组委会与候选家庭代表见面、听自我介绍、提问题等程序，评出10户广东“十大优秀书香之家”和12户广东“优秀书香家庭”。8月25日，省妇联把表彰会安排在开放的琶洲会展中心“南国书香节”中心活动区举行，同时还创新性加入了群众喜闻乐见的新形式，增加了历届广东“十大书香之家”代表访谈、创建学习型家庭专题讲座、歌曲表演等丰富内容，现场400多个座位座无虚席，还吸引了大量购书的群众驻足围观，现场掌声不断。不少群众专门带着小孩来倾听“书香之家”访谈和创建学习型家庭专题讲座等。多家媒体对优秀书香家庭的读书学习情况宣传报道，对营造全民读书学习氛围起到了很好的示范带动作用。

四、做好儿童的帮扶教育工作，努力打造“爱心父母牵手困境儿童大联盟”工作品牌和家庭教育服务平台

六一节期间，为关爱帮扶困境儿童，广东省妇联启动新一轮困境儿童帮扶工作，开展了“爱心父母牵手困境儿童大联盟”行动。在开展了三年多的“爱心父母牵手困境儿童志愿行动”的基础上，广东省妇联投入大量人力，建立健全项目各种标志要素、行动规则，完善活动的网络平台和爱心父母的支持系统，加强对

数据库的管理等，把原来的三年计划发展为长期开展的品牌项目来做，把原来主要面向体制内扩展为面向社会，努力打造“爱心父母牵手困境儿童大联盟”工作品牌。行动开展以来，得到社会各界的积极响应。据不完全统计，从2010年5月至年底，全省帮扶困境儿童总数达到15万人次，爱心父母总数达到12.9万人，帮扶款达数千万元。同时积极开展家庭教育服务。据不完全统计，2010年全省共举办了各级各类家庭教育讲座、报告会、现场咨询等2253场，受众家长达128万多人；发放净化网络等各类家庭教育宣传资料10多万份；征集家庭教育论文（调研报告）200多篇；编印书籍、资料近10种。

五、以开展反家庭暴力为重点，拓宽妇女的维权途径，维护妇女的合法权益

3月，广东省妇联在全省开展了“两性和谐，让家庭远离暴力”宣传活动，联合羊城晚报在金羊网上开设反家暴网络问策平台，设立有奖征文、问卷调查等栏目，发布大量反家暴动态信息和知识，定期抛出讨论话题和专家观点，引起网民热议。在全国妇联系统首次开展反家暴网络问策活动，开启了维权工作新路径。活动持续了一个月，点击量达1096万人次，专栏访问达29.5万多人次，参加问卷调查2023人，发帖、跟帖4600多条，收到征文1047篇。结合网络问策与羊城晚报召开网友见面暨专家研讨座谈会，“会诊”反家暴问题，金羊网全程现场直播。随后，又联合广东电台“民生热线”栏目、珠江电视台“午间说法”栏目，广泛宣传预防和制止家庭暴力的知识及救济途径；积极推动构建反家暴长效工作机制，逐步形成公安、妇联、民政、司法、舆论“五位一体”的反家暴联动工作机制。同时不断完善维权网络，拓宽妇女的维权途径，2010年3月，广东省妇联以及21个地级以上市妇联全面开通“12338”妇女热线，为广大妇女提供便捷的调适婚姻、心理疏导、人文关怀等服务。又在“广东女性e家园”网站开通网上信访，设立主席信箱专栏，妇女群众可以发送电子邮件或直接给妇联领导留言，反映问题、寻求帮助。

此外，各地妇联抓住第16届亚运会在我省举办的契机，将迎亚运与倡导节能减排、营造文明环境结合起来，开展“迎亚运、讲文明，树新风、促和谐”系列活动，引导妇女参与健身活动，大力宣传亚运、节能环保和文明礼仪知识，营造和谐文明的亚运氛围。2010年，全省39个活动场所被命名为全国妇女健身示范站点，30户家庭获得全国五好文明家庭称号，4户家庭获得全国五好文明家庭标兵称号。

（广东省妇女联合会）

广东省文联

文联工作是精神文明建设的重要组成部分。2010年，广东省文联和各团体会员认真贯彻党的十七届五中全会和省委十届七次全会精神，以科学发展观为统领，积极开展各项文艺活动，大力推出优秀文艺人才和作品，为满足和丰富人民群众精神文化生活做出了新贡献。

一、推出人才，催生精品佳作

以优秀的作品鼓舞人是促进社会主义精神文明建设的重要方式，广东省文联发挥行业特点和优势，做了一系列卓有成效的工作。为庆祝中国共产党建党90周年、纪念辛亥革命100周年，重点组织了“百年风云·广东近当代重大历史题材美术作品创作工程”。广东省文联与130多位美术家签约，创作以反映广东从鸦片战争至改革开放30年来的重大历史事件为主题的作品。组织开展“广东文艺终身成就奖”评选活动，举办陈翘从艺60年座谈系列活动、倪惠英从艺40周年艺术成就座谈会等，大力宣传文化领军人物和专业人才，重点推介体现新时期广东人文精神的时代人物。举办广东省第23届摄影作品展、广东省首届百佳电视艺术作品评选表彰活动、广东首届魔术公开赛、群众性曲艺大赛、星河展第66回作品展、中国节——传统节庆歌曲创作大赛、“海上丝绸之路”创作活动，全面展示当前广东省各艺术门类的中坚力量。举办“南山杯”全国曲艺新人新作邀请赛、广州90后系列原创电影征集活动，推出一大批新人新作。开展第七届中国文联文艺评论奖广东省初评工作，省文联连续5次获得中国文联文艺评论奖组织工作奖；举办第三届“康有为奖”理论奖评审，并出版《第三届“岭南书法论坛”论文集》；《广东历代书家研究丛书》撰写工作已完成过半，并成功获批广东社科地方历史文化特色项目，其中10册即将出版；举办“广东省第五届水彩粉画展学术研讨会”、“广东电视发展50年高峰论坛”、第三届“岭南书法论坛”等活动，总结、宣传和推介了一批文艺作品和文艺家，有力地促进了文艺创作。

在大埔西岭中国书法公园设立了广东文艺家采风创作基地，成立“广东省音乐家协会东莞（塘厦）创作基地暨东八区音乐创意园区”，组织“共享世博·畅想未来”全国文联世博采风活动、“寻古·岭南行”书画摄影民间艺术大型采风活动。通过组织文艺家深入生活，建设创作采风基地，为培育人才、激励精品创作创造了良好环境。

二、做强品牌，丰富精神生活

打造一批立得住、叫得响、传得开、留得下的文艺活动品牌，联合各种社会力量做大做强这些有着优良传统、特色鲜明的品牌活动，提高全省人民群众文化艺术素质。创新“我们的节日”系列主题文化活动品牌，举办第二届中国龙舟文化节、首届中国七夕风情文化节，启动拍摄纪录片《我们的节日系列》，举办第七届广州大学生电影节，举办2010首届Hip Hop达人街舞挑战赛，与香港亚洲电视有限公司合作共同录制魔术娱乐综艺节目《大魔界》，举办“同心结华夏”两岸四地大学生魔术交流大会等活动。大力开展丰富多彩的文化下基层活动，多渠道配送文化资源，尤其是重点开展高雅艺术进校园、进社区、进企业、进军营活动。举办“送欢乐，下基层”系列慰问活动，开展“和谐粤韵大家唱”群众性曲艺创作和表演活动，举办“春之旋律——广东省公安机关深入基层送欢乐”文化活动周，继续开展“中国书法进万家”活动。完善岭南文化遗产保护工程，完成广东省两批古村落的调查认定工作，建立民间文化传承基地；举办中国盘古王文化研讨会、中国古村落保护与发展研讨会；拍摄并播出反映广东民间文化杰出传承人生活现状的15集纪录片《民间传统文化传承人》；出版《广东省古村落》、《世纪传承》、《中国木版年画集成·广东卷》等书籍。

三、展示成就，营造良好氛围

围绕广东省文联成立60周年，开展系列活动，展示广东文艺界60年来的巨大成就。举办“岁月流金——广东省文学艺术界联合会成立60周年纪念晚会”。晚会由省委宣传部和省文联共同主办，采取纪录短片和舞台艺术相结合的形式，以“礼赞祖国、讴歌时代、回顾辉煌、展望未来”为精神内涵，回顾总结广东省文联60年发展历程，梳理展现60年来不同时期的文艺精品。组织开展“广东文艺终身成就奖”评选活动，王为一等15人（其中艺术类11人）获此殊荣，通过表彰德艺双馨、德高望重的文艺工作者，提倡崇德尚艺的良好风气，推动广东文艺的繁荣发展。推选广东省第八届“新世纪之星”，展现广东省优秀中青年文艺家的整体形象和水平，搭建发掘优秀艺术人才的平台。出版《亲历与感动——我与文联》纪念文集，通过诗歌、散文等体裁，生动记录了在文联工作的难忘经历和美好回忆。编辑出版《艺海华章》纪念画册，立足回顾过去、审视当下、展望未来的主题，用大量珍贵的历史图片，浓缩广东省文联成立以来的60年峥嵘岁月，记载广东文艺界60年奋进历程，展示所取得的辉煌成就。举办“庆祝广东省文联成立60周年广东美术书法摄影精品展”，展出精品佳作200余件。组织“岭南文化名人访谈录”电台广播系列节目，自下半年启动以来，已经播出专题访谈20余集。开展“60年广东艺术60经典”公众评选活动，借助媒体的力量，用公众投票的形式评出新中国成立60年来广东文艺界最受群众喜欢的经典之作，扩大广东文艺精品的公众影响力。

四、加强交流，促进文化融合

组织广东书画代表团参加“台湾·广东周”活动，在台北市举办“广东省当代书画名家作品展”，展出的41件国画作品、48件书法作品，是有史以来粤台书画界规模最大的一次文化交流活动，同时出版《广东省当代书画名家作品集》。组织独具岭南特色的优秀节目参加央视“香江明月夜”大型中秋主题晚会；举办粤港澳三地庆贺粤剧成功申遗研讨会、香港及内地电影商谈会、第七届“四洲杯”粤港澳粤曲演唱大赛广东赛区复赛决赛粤韵情浓顺德戏曲新作粤港澳巡演、第四届（2010）粤港流行童声“星海音乐奖”歌唱大赛、全国第九届书法篆刻作品展（香港展）、两岸四地纪念孙中山先生诞辰144周年中国画名家作品展、“天下客家人·走马美丽大埔”摄影展；与中联办共商粤港两地开展文化交流合作发展前景；与香港文艺界举行茶聚会；组织艺术家参加法国“尼斯民间艺术狂欢节”活动；举办“第14回世界书法文化艺术大展”；与澳大利亚的电影工作者访问团就筹备拍摄第一部中澳合作影片以及加强今后的合作签订了意向合同；接待阿根廷中国文化协会就加强民间文化合作，组织广东文艺代表团赴阿开展交流活动交换了意见；组织艺术家赴韩国、马来西亚、日本、美国等多个国家和地区进行文化交流活动。发挥文联的专业优势、组织优势和体制优势，进一步加强民间交流合作领域的对外文化交流，坚持“走出去”与“引进来”相结合，使广东成为我国重要的对外文化交流中心和华人华侨文化交流中心。

五、服务大局，提升社会形象

配合广州2010年亚运会召开，组织开展“广东书法名家百米长卷迎亚运”大型广场书法文化活动、第二届广东文化创意产业论坛2010体育文化高峰会、“迎广州亚运，看今日广东”摄影大赛、第三届亚运会会歌征集活动、“庆九艺、迎亚运、展传统”第二届广东珠三角咸水歌歌会等一系列主题文艺活动，以艺术的形式热情讴歌亚运精神，颂扬中华盛世繁荣，向亚洲人民、世界人民展示了优秀的中华文化。配合广东省委、省政府“规划到户、责任到人”扶贫开发工作部署，以艺术的形式积极开展帮扶工作，丰富了帮扶内容，创新了帮扶形式。实现了被帮扶村2010年人均收入较上年增长20%，脱贫率占45%，教育、医疗等基础设施建设完备，实现了通邮、通电、通路和通广播电视，饮用水符合安全卫生标准，镇村公路硬底化，农村合作医疗和贫困户适龄儿童教育实现全覆盖，村民自治各项制度得到健全，村级组织活动阵地实现“五有”，确保帮扶工作取得显著成效。

（广东省文联）

广东海关

2010年，广东海关坚持以中国特色社会主义理论体系为指导，以提高关员队伍思想道德素质和文明服务为目标，大力践行“忠诚公正，兴关强关”海关精神，扎实开展精神文明创建活动，进一步优化了海关监管和服务，为推动广东加工贸易转型升级、转变经济发展方式作出了积极贡献。广东海关文明把关、高效服务的形象得到进一步提升，涌现出一大批全国及省市级精神文明建设先进集体和个人。

一、以理论武装为重点，大力加强思想建设

广东海关坚持把机关思想建设作为机关精神文明建设的首要任务高度重视、常抓不懈。按照海关总署和广东省委的相关部署安排，围绕践行社会主义核心价值体系要求，结合海关行业特点和工作实际，坚持不懈地用马克思主义中国化最新成果武装广大关员的头脑，用社会主义荣辱观引领风尚，引导广大关员牢固树立正确的价值取向，不断夯实机关精神文明建设的思想基础。年初，制定了政治工作要点和理论学习计划，对全年的政治理论学习作出了详细的部署安排，提出了具体要求。在实际学习中，以贯彻落实海关总署印发的《海关系统党组（党委）中心组学习规定》为契机，认真抓好各级领导班子的理论学习，对交流研讨、实地调研以及撰写学习文稿等作了具体规定。年内先后组织了学习十七届五中全会精神、转变经济发展方式、加工贸易转型升级、干部选拔任用监督制度、保密法学习以及海关大监管体系建设等方面的学习，对提高认识、指导实践、推动工作起到了积极作用。同时，充分发挥党组中心组学习的龙头带动作用，抓好各个单位和部门的学习，为推动整个面上的理论学习营造了良好氛围，为广东海关加强精神文明建设奠定了良好的理论基础。

二、以主题教育为载体，认真开展思想教育

按照海关总署的统一部署，广东海关认真开展了“感动海关——我身边的故事”主题教育活动。一是抓学习教育。认真组织广大干部职工学习全国海关关长会议精神，学习海关总署下发的《海关总署关于开展践行社会主义核心价值体系、弘扬海关精神教育活动的通知》精神，积极引导干部职工对开展主题教育活动重要性认识。二是丰富教育形式。通过广泛开展“感动海关——我身边的故事”故事征集和视频制作评比活动、“服务亚运当先锋”活动以及“走进边关——感受边境海关工作生活”等活动，深入挖掘和宣传身边的先进人物的感人事迹，营造爱岗敬业、无私奉献的良好工作氛围，引导广大干部职工更加积极主动地投入到工作中去，争取在本职岗位上为海关的改革发展贡献才智力量。三是注重活动实效。坚持把主题教育活动与亚运安保服务、海关大监管体系建设以及加工贸易转型升级等主要业务紧密结合，做到以活动促进工作，用工作推动活

动。活动的开展，进一步增强了干部职工的职业感和事业心，为推动海关各项工作任务的完成提供了精神动力。

三、以迎接亚运为契机，扎实推进精神文明创建工作

广东海关认真把握第16届亚运会在广州举办的机会，通过开展服务亚运争先锋活动，有力地推动了精神文明创建工作。一是认真贯彻落实总署印发的《广州亚运会亚残运会海关安保工作方案》，认真做好相关安保和服务工作。创新工作方式方法，积极推进省内海关亚运物资进口统一操作、旅检现场旅客通关子系统运行以及知识产权保护等重点工作，不断优化海关监管与服务，向兄弟单位和社会各界展示海关服务亚运的具体举措，树立了海关良好的社会形象。二是结合文明示范窗口、青年文明号、青年岗位能手、巾帼文明岗、党团员示范岗等评选工作，开展了“服务亚运当先锋”活动，狠抓现场一线行风建设，在窗口部门引导关员树立和强化服务意识，倡导文明执法、热情服务。三是推出了《广东海关“服务亚运当先锋”主题实践活动简报》，及时宣传报道省内海关服务亚运的经验做法和先进事迹，对于展示广东海关服务亚运争先锋风采，促进基层海关单位争创文明窗口单位起到了积极作用。在做好亚运安保和服务工作中，广东海关关员的服务意识和服务水平得到了各界的肯定好评，广东海关精神文明创建工作整体水平有了显著提升。

四、以人文关怀为重点，努力做好思想政治工作

广东海关根据新时期的新情况、新特点，注重创新思想政治工作的形式和方法，加强人文关怀和心理疏导，有针对性地做好经常性的思想教育工作，努力提高干部职工的思想政治素质和文明把关服务能力，切实把大家的思想统一到海关总署党组的决策部署上来，把力量凝聚到海关业务改革与建设发展上来，保持了队伍旺盛的斗志和工作激情。如，广州、黄埔、拱北等海关充分利用现代信息网络资源的优势，开设了反映关员心声的网站，并借助网站的调查、统计功能，有效掌握关员的最新思想动态。深圳海关组建了“星聆热线”志愿者服务队伍，及时解答干部职工在日常生活、工作环境、人际交往、应对方式、社会支持、心理承受等方面的诉求与反映，有针对性地加强引导和教育，帮助干部调适情绪、缓解压力，提升关员整体的“心理和谐水平”，保持健康向上和奋发有为的精神状态。汕头海关通过开设网络论坛“阳光驿站”，推行党群对话制度，采取关领导与普通党员群众“面对面”交谈和在线交流等形式，加强正面引导，鼓励党员群众多提建设性的意见和建议，多为强关战略规划献计谋，进一步增强了党员群众的主人翁意识，拉近了领导与干部、党员与群众的距离，同时还有效化解了党员群众的思想情绪，达到了统一思想、鼓舞士气的目的。湛江、江门海关充分利用《政工简报》、《关情速递》及《每日播报》等宣传载体，认真反映关员的工作、生活和情感状态，以及关注的热点、难点和焦点等问题，加强正面引导，大力宣传身边的人和事，积极倡导先进理念和进步思想，及时帮助大家澄清模糊认识，加深对新形势、新任务的理解与把握，增强了关员贯彻落实党和国家方针政策的自觉性和坚定性，促进了地方经济社会的健康协调发展。

五、以贯彻《海关文化建设纲要》为重点，大力组织开展群众性文化活动

广东海关以学习贯彻《海关文化建设纲要》为重点，按照贴近实际、贴近生活、贴近群众的要求，积极开展体现海关传统和行业特点的群众性文化活动。一是开展读书育人活动。以青年读书小组为基础，定期组织干部职

工开展读书评书、读书征文等活动，积极引导干部职工勤读书、读好书、善读书，在读书中净化思想，增长才干，提高觉悟，进一步为海关事业发展贡献才智。二是加强文化设施建设。广东海关认真按照《海关文化建设纲要》要求，加强文化基础设施建设工作，先后建立了关史荣誉室、图书阅览室、棋牌室、乒乓球室、网吧、桌球室等功能齐全的“关员之家”活动场所，较好地满足了干部职工的文化需求。三是积极开展文化体育活动。成立了海关文体协会，定期组织干部职工观看文艺演出和优秀影片，组织登山、摄影以及多项球类比赛交流等健康向上的文体活动，促进了和谐海关建设。四是积极参加文化和体育交流活动。成功组织了省内海关首届智力运动会，并作为试点推向全国海关系统。在全国海关比赛中，广东海关整体表现优异，拱北海关更是取得了总分第一名的好成绩。

（广东海关）

广东出入境检验检疫局

广东出入境检验检疫局党组高度重视精神文明建设，坚持两手抓两手都要硬，围绕中心、服务大局，把精神文明建设与党的建设紧密结合起来，与创建学习型党组织活动、深入开展创先争优活动紧密结合起来，与构建大质量机制、建设大质检文化等活动紧密结合起来，积极开展文明单位、文明窗口创建活动，通过多种形式不断推进精神文明建设向纵深发展。2010 年广东局共有 3 个单位分别获得全国巾帼文明岗、全国三八红旗集体、全国模范职工之家等荣誉称号，有 7 个单位分别获得广东省文明窗口、文明单位、青年文明号等荣誉称号，有 28 个窗口单位被国家质检总局评为文明服务窗口，有 54 名个人被国家质检总局评为窗口服务文明标兵。

一、扎实开展教育活动

从 3 月至 5 月，开展了“抓作风、强素质、树形象，建设学习型文明机关”教育活动，着重对照检查、整改“学习认识不够高、忧患意识不够强、创新服务不足、能力与实力有待加强、官僚主义和形式主义、组织纪律松懈”等问题。各级领导动员讲课 92 场，组织形势报告会 28 场，编发简报 186 期，教育宣传栏及墙报 52 期，共写出心得体会文章 2255 篇。通过教育活动，广大干部职工加深了对“建设学习型文明机关”的理解，增强了政治观念和纪律观念，增强事业心和责任感。

二、抓好主题实践活动

按照国家质检总局和省委的部署，深入开展“以质取胜、创先争优”活动，紧密结合省直机关开展的“抓落实、促发展”和“迎亚运创五优”等主题实践活动，进一步推动机关作风建设。推出了促进外贸经济发展多项举措，全面强化质量监管，推动质量大提升。组织 3400 多名党员深入 7000 多家出口企业开展“质量提升服务进万企”活动，提出了 23 项重点促进出口工作任务和 150 项工作措施；面向企业召开质量分析会议 418 次，为 4245 家企业免费培训 714 场次，组织 294 位专家向 3393 家企业进行了产品质量知识解读活动。

三、大力加强大质检文化建设

认真贯彻落实国家质检总局大质检文化建设的各项要求，一是组织开展了大质检文化建设理论研究和大质检文化建设征文活动，动员全系统各单位各部门和广大干部职工，围绕大质检文化建设理论和实践问题进行研究，献计献策，集思广益，共收到征文80多篇。二是加强对党建文化调研，参加了质检总局分配的调研课题，承办了全国质检系统第三次质检党建文化课题调研，完成了质检党建文化课题调研任务，受到质检总局好评。三是广泛开展向先进人物、先进事迹学习活动，重点宣传了林应太等8位同志的先进事迹，组织了巡回报告会，充分展示了事业发展和全面建设所取得的丰硕成果。四是加强与质监、工商、公安、海关的沟通合作，加强与广、深、珠三地质监部门联谊合作，与广东省质量技术监督局联合举办了12365共建共用活动。

四、大力加强学习型机关建设

一是推进学习型领导班子建设，不断强化各级领导干部的战略思维、创新思维、辩证思维，提高推动工作、解决问题的能力和水平。局党组成员结合思想和工作实际撰写体会文章，有多篇被省委中心组简报等上级刊物转发。二是深入开展了第三届“读书·思考·进步”专题读书活动，依托广东省中山大学图书馆丰富的图书资源和功能强大的服务平台，帮助各支部开通“读书直通车”，办理免费“网上读书阅览证”，让广大干部享受方便快捷的读书服务。三是在局内网开设大质检文化网页，设立征文活动专栏、开展征文活动，收到大质检文化投稿32篇，共收到党建文化投稿45篇，并汇编成册组织全系统广大党员学习。局党组书记、局长李延辉坚持带头学习、带头讨论、带头撰写心得体会，她调研撰写的论文获得了全国质检系统一等奖。

五、积极开展文明创建活动

一是研究制定了文明创建五年规划，力争80%以上的分支局进入当各地省市县（区）级以上文明单位和精神文明先进单位行列。二是把创建工作纳入重要议事日程，把创建目标、任务阶段化、具体化，层层分解到各级，纳入各级领导班子任期目标责任制。三是坚持党建带团建、工建和妇建，抓好机关“爱心父母”活动，被广东省妇女联合会表彰为广东省优秀爱心父母；局机关团委积极开展广、深、珠三地局青年文明号联创活动，申报省直和省级青年文明号及岗位能手的单位和个人数量均超过前几年的平均水平；局机关工会关心职工困难，丰富职工业余生活，开展了第二届“和谐杯”趣味运动会等活动。

六、认真做好各项扶贫工作

认真贯彻执行省委“规划到户、责任到人”的要求，努力创新扶贫工作思路，落实帮扶工作责任制，对定点扶贫的五华县龙村镇兴民村112户贫困户，采取“一户一策一支部”扶贫措施，专门派出两名同志驻村，向兴民村投入扶贫资金80多万元，捐赠电脑、办公台等办公设备和农业种养殖图书一批。局直属机关党委与兴民村党支部共建学习型党组织，共建党员学习室，协助兴民村党支部制定了创建先进基层党组织承诺书，共同开展创先争优活动。组织机关党员到兴民村开展访贫帮困活动，各党支部向困难家庭和困难学生赠送了慰问物品和助学款。此外，还组织开展了向玉树震区和西南旱区捐款活动，为灾区人民捐款109万元。

（广东出入境检验检疫局）

广东省气象局

2010年，广东省气象局在广东省委、省政府和中国气象局的正确领导下，以创先争优活动为契机，重视文明建设，创建文明品牌，丰富文明载体，加强文化交流，精神文明建设取得了显著成效，对构建和谐部门，促进气象事业发展起到了积极的作用。截至目前，全省气象部门有7个基层气象台站被授予全国气象部门“文明台站标兵”，5个单位被评为全国精神文明单位或创建先进单位，3个集体获“全国工人先锋号”、“全国巾帼文明示范岗”称号，5人获得省部级“五一”劳动奖章，1人获火车头奖章。2009年获全国精神文明创建先进单位称号，2010年获中国气象局综合考评“特别优秀单位”。

一、坚持气象惠民，提升公共气象服务水平

广东省气象局坚持做好面向公众的公共气象服务，努力提高天气预报预警等气象服务时空精度，拓展气象信息传播手段，扩大公共气象服务覆盖面。在亚运会倒计时100天和30天之际，广东气象部门分别推出“亚运气象服务十件实事”和“气象服务大礼包”，确保人民群众真正得实惠。

在电视、广播、报纸、手机、网站、12121电话、传真等常规传播手段基础上，广东省气象局开发了手机电视、IPTV、移动电视、地铁电视、数字电视、气象电子显示屏、多媒体显示终端、天气小羊羊桌面软件等新型信息传播方式；全省共有76套电视气象节目在68个频道播出，每天播出气象节目超过500分钟，全省每天接受电视气象服务的公众超过4000万人次；通过“政府购买服务，市民免费收看”方式实现中国气象频道在广州的本地化插播；手机气象短信用户已达1590万，突发预警信息发布能力由2005年的2000条/秒提升到2010年的5000条/秒；建成了供地方领导和有关部门决策服务的气象专用网、74个气象公众网站和专业网站，气象信息公众覆盖率达到90%以上，公共气象服务向基本均等化和多样化发展取得较好的成果。

在气象局干部职工的共同努力下，公共气象服务水平得到了显著的提高，气象服务的公众满意度逐年提高。据国家统计局广东调查总队2009年调查数据显示，居民对气象工作的认可率达93.2%（城镇）和93.6%（农村）。2010年广东地方政府公共服务公众评价调查报告显示，我省气象服务水平和服务能力得到了民众的充分肯定和普遍赞扬，在公用事业领域和政府公共服务40项具体服务测评指标中均列第2位，比2009年上升了一位。中共中央政治局委员、省委书记汪洋对气象服务作出批示：“气象预报工作为我省的经济社会发展做出了积极的贡献。在落实以人为本的科学发展观的背景下，社会对气象预报的要求越来越高，希戒骄戒躁，继续努力”。

二、秉承奥运标准，圆满完成亚运气象保障

2010年，在省委、省政府、广州亚组委和中国气象局的领导下，广东省气象局发扬“敢想、会干、为人民”的广州亚运精神，以“惠民气象，服务亚运”为宗旨，以“奥运标准，周到服务”为理念，为广州亚运会、亚残运会

开（闭）幕式、体育赛事、城市运行等提供定点、定时、定量的精细化气象保障服务。

亚运气象服务保障做到了思想认识到位、组织机构到位、人员落实到位、监测装备到位、预报预警技术到位、各项惠民措施到位、应急保障到位和宣传保障到位等“八到位”。亚（残）运会气象服务呈现的“十大亮点”令人瞩目：科学分析为重大活动选定“良辰吉日”，气象科技助焰火开幕式表演历史上最好，气象应急观测为珠江巡游保驾护航，人工消（减）雨保障开闭幕式“云淡风轻”，特色化气象产品帮助运动员取得好成绩，人性化气象服务实现“无所不在”，灰霾预警和信息发布保障城市运行有序，开闭幕式温馨天气短信息激发大众亚运情怀，亚（残）运会手语气象服务彰显气象人文关怀，主动建议亚（残）运会赛事调整体现专业气象服务敏锐性。精彩纷呈的气象服务亮点彰显了重大活动气象保障的广东特色，为“精彩绝伦”的亚（残）运会贡献了气象力量，塑造了气象部门良好的公众形象。广州市统计咨询中心“迎亚运气象服务公众满意度调查”结果显示，97.1%的市民对气象部门的服务表示满意；对广州亚组委官员、教练员、运动员和青年志愿者的问卷调查结果显示，99.3%的被调查者认为气象部门实现了周到服务的承诺。

三、体现部门特色，弘扬气象优良传统作风

广东省气象局高度重视气象文化建设，发挥部门优势，结合时代主题，多次组织全省性的文体活动。近两年来，先后组织全省气象部门庆祝新中国成立60周年歌咏比赛、全省气象部门弘扬气象工作者优良传统与作风征文和演讲比赛。在干部职工中弘扬艰苦奋斗的爱岗敬业精神，营造健康向上的干事创业氛围。

2010年广东省气象部门弘扬气象工作者优良传统与作风征文和演讲比赛取得了较大的成功，活动得到了广大干部职工的积极响应和广泛参与。来自省局机关、直属单位及市、县（区）局的观测、预报、服务、管理、执法等各个岗位的干部职工踊跃投稿，共征集作品121篇。经过专家和领导的4轮评审，共评选出获奖文章52篇。《气象万千　人生百味》等3篇文章被推荐参加全国气象行业弘扬气象工作者优良传统与作风征文比赛，其中1篇获得三等奖，2篇获得优秀奖。

8月30日，全省气象部门弘扬气象工作者优良传统与作风演讲决赛顺利举行，广东省文明办常务副主任张子兴亲临演讲比赛现场指导。演讲选手结合主题，从不同角度讲述了自己对气象工作者优良传统与作风的认识和感悟，展现了广东气象人爱岗敬业、无私奉献的精神风貌。共评选出一等奖2名、二等奖5名、三等奖8名，其中一等奖获得者郭鹏，代表广东省局参加全国气象行业弘扬气象工作者优良传统与作风演讲比赛，喜获一等奖，充分展现了广东气象人蓬勃的朝气、创新的锐气、发展的大气。另外，省局文明办将本次征文演讲比赛的优秀文章汇编成册——《南粤气象情》，这本承载着广东气象人精神的书，将成为南粤气象文化的重要组成部分。

四、发挥群团作用，不断发展丰富文明载体

广东省气象局重视发挥群团组织的桥梁纽带作用，不断丰富发展精神文明建设载体。通过创建篮球、瑜珈、舞蹈、摄影、乒乓球、网球等俱乐部，增进了有共同爱好的同事之间的交流，提高了专业水平，丰富了干部职工的业余生活。同时，这些俱乐部还协助承办每年组织的各类比赛活动，充分调动了广大职工参与文体活动的积极性。省气象局积极与省总工会工业工会、省职业技能鉴定指导中心、省直机关工会工委沟通协调，举办全省气象行业地面观测技能竞赛。个人全能第一名授予“广东省

五一劳动奖章”，个人全能前五名由省人力资源和社会保障厅授予“广东省技术能手”称号。技能竞赛活动的成功举办，有利于营造学技术、练技能、比贡献的浓厚氛围。

通过“读书月”活动以及中心组理论学习制度推动学习型部门的建设。集中向全省气象部门处以上干部开展赠书活动，内容涵盖政治理论、行政管理、气候变化、人才战略等各个方面，共发放图书近800册。为确保学习效果，加强对读书情况、撰写笔记和学习体会的督促检查，2010年全省处级以上干部共撰写心得体会文章305篇。以广东气象青年读书会、广东气象青年讲坛为载体，利用“飞扬在线”网络平台，发挥青年党员、团员学习优势，定期进行学习交流，形成浓厚的学习氛围。目前广东省气象局青年读书会现有青年读书分会11个，固定会员近140名，2009年、2010年向团员青年推荐和赠送图书600多册。围绕“改革伴我成长”、“气象伴我成长”、“低碳迎亚运、创造新生活”、“快乐的源泉——不抱怨”等主题，组织开展征文活动，收到读书心得200多篇，营造了多阅读、好读书、勤思考的良好氛围。

五、承担社会责任，扶贫济困送温暖献爱心

积极参与社会公益活动，向社会公众传递爱心送去温暖。在2010年西南旱灾中，省气象局组织开展“南岳甘泉”抗旱救灾行动，共筹集善款10172.5元。七一前夕，省局结合七一主题党日活动和创先争优活动，组织开展“广东扶贫济困日”捐赠活动，各单位党员带头示范，干部职工发扬友爱精神，慷慨解囊踊跃捐款，共捐款26634元用于支持广东扶贫济困工作。

扎实开展扶贫共建活动，推动对省局“十百千万”扶贫驻村点的帮扶。把“双到”工作与气象为农服务紧密结合，积极探索气象为农服务的形式和手段，将帮扶村建设成为气象为农服务的示范点。省局气候专家根据当地天气和气候特点进行分析，为山口村及连山县制作农业气象专报，实地指导山口村的春耕和夏种工作。并在太保镇和山口村安装了天气预警预报信息电子显示屏，指导农户根据天气信息进行农业生产和气象灾害防护。根据当地气候特点和土地资源，通过调研以及与农户的沟通，引导该村贫困户种植和养殖经济效益好的农业项目，促进农户增收。2010年5月，该村农田灌溉水渠由于暴雨造成水渠崩塌，省气象局立即投资5万元修复农田灌溉水渠，保证农田耕作。

省气象局组织各单位党团组织及职工个人等担任“爱心父母”，共有25个“爱心父母集体”和87个“爱心父母个人”对山口村的59名困境儿童进行帮扶，采取助学、助养、助教等方式对困难儿童进行经济上的帮助和精神上的支持。省局还组织捐书慰问活动，为山口村农家书屋赠送图书1200多册。2010年，省局被广东省妇联授予“爱心父母牵手困境儿童志愿行动优秀集体奖”。

（广东省气象局）

思想文化

广东精神文明建设年鉴（2011）

广 州 市

结对共建实现城乡互补 以城带乡促进全面发展

广州市是改革开放前沿地和国家中心城市，城市绿化率为82%。繁华的城区与美丽的农村共同构就了广州城市的和谐文明。全市现有农村面积2000多平方公里，有1142个行政村241万名农民。近年来，广州市紧紧围绕社会主义新农村建设“生产发展、生活宽裕、乡风文明、村容整洁、管理民主”的总体目标，突出“以城带乡、城乡共建”特色，分五批建成市级文明示范村62个、区（县级市）级文明示范村400多个，有效地促进了农村精神文明建设。

一、抓住组织领导、工作机制和资金筹集三个关键，农村精神文明建设有保障、有抓手

一是强化组织领导，实现多方联动。成立了广州市创建文明示范村镇活动指导小组，市委常委、宣传部长王晓玲同志任组长。市委、市政府的组织、宣传、政法、农业、环保、林业园林、文化、体育、规划、国土房管等15个部门分管领导担任指导小组成员，各成员单位具体工作处室负责人为联络员，共同负责对创建活动的指导协调。各有关区（县级市）和街道（镇）同时相应成立创建工作组织领导机构。各级创建文明示范村镇活动领导机构在实现多方联动中发挥了重要作用。

二是健全工作机制，实现城乡共建。2010年，市文明委发出《关于深入开展城乡共建文明示范村活动的意见》。重点指导市级以上文明单位与文明示范村试点村开展结对共建文明示范村活动，将参加结对共建情况与推荐参评省级以上文明单位挂钩。市文明办根据各村实际需求，通过“量身打造”，精心挑选了包括党政机关、事业单位及大型国企、中外合资企业、民营企业等各种类型单位在内的市级以上文明单位参与结对共建试点工作，并由点到面，逐步形成全市包括各区（县级市）精神文明创建活动的品牌。

三是多方筹集资金，实现以城带乡。据统计，2005年以来，市委宣传部“两金”投入62个市级文明示范村建设资金1860万元，56家参与市级文明示范村创建活动的文明单位累计筹资超过750万元，区级财政投入区级文明示范村建设资金近3亿元。同时，市委宣传部、市文明办还积极协调市级财政、农业、林业等部门的资金和资源向文明示范村倾斜，为文明示范村创建活动提供了坚强的经费支持。取得了以城带乡、城乡携手的良好效果。

二、抓住共建联动、典型带动和督查鼓动三个环节，农村精神文明建设有特色、有成效

一是调动积极性，让共建双方“联”起来。参与共建的文明单位与村签订《城乡共建文明示范村活动协议》，制订共建方案，明确具体共建项目和完成任务时间。同时，通过积极调动共建双方积极性，使双方在共建中同发展，在共建中实现双赢。一方面，注重调动各文明单位的积极性，发挥它们在共建活动中的先导作用。各区（县级市）和市属各单位把参与城乡共建作为衡量精神文明创建成果的重要指标纳入考评，鼓励各单位自觉履行社会责任，踊跃参与城乡共建活动。另一方面，注重调动农村干部群众的积极性，发挥他们在共建

活动中的主体作用。通过发动农村干部群众出钱、出工、出劳，使他们按照自身的意愿和地方特色，改善村居环境，养成文明习惯。

二是及时推介经验，让共建典型“带”起来。在共建文明示范村过程中，及时总结经验，树立城乡共建、以城带乡先进典型，在全市普遍推介。向全市推介番禺区、市规划局、中国联通广州分公司等开展共建的有益做法和成功经验，通过典型引路，带动城乡共建全面发展。开展市级文明示范村评选工作，影响和带动有农村的区（县级市）纷纷在辖内铺开文明示范村创建活动，并影响和带动一大批街道（镇）和村加入到城乡共建活动中来，有力地促进了全市社会主义新农村建设。如番禺区开展“双百共建文明示范村”工作，即组织100个区级文明单位与100个村建立共建关系，区级财政每年投入区级文明示范村建设经费3000万元，4年共计1.2亿元。该区已经实现80%以上的村成为文明示范村。

三是加大督促激励，让城乡共建“活”起来。市创建指导小组加大检查督促力度，通过调研、协调会、检查等形式督促区（县）、镇、村创建工作落实，现场指导创建工作中出现的难点问题，全年平均做到一个星期检查指导一个村。同时，还组织对部分文明示范村进行了抽查和暗访，对在创建过程中出现的问题及时进行督办解决，确保了文明示范村创建稳步推进。制定文明示范村资金使用管理办法，建立奖励机制，对经考评被授予“文明示范村”的达标村给予奖励，对积极推动文明示范村工作的镇和成绩突出的文明单位给予表彰，大大激发了共建双方的创建积极性，使创建活动富有生机和活力。

三、抓住经济发展、环境美化和素质提升三个环节，农村精神文明建设有干劲、有后劲

一是帮助发展生产，使农村经济稳步增长。各文明单位发挥行业特点和资源优势，在技术、信息、资金等多个方面给予结对村大力支持，使共建村的经济获得新的突破。如全国三家白金五星酒店之一的广州市花园酒店利用各种商务活动和市场营销机会，为莲塘村的特色农副产品提供销售与需求信息，并对莲塘村发展生态旅游功能开设的农家乐、旅馆等经营项目给予培训指导。市科协以科普惠农“四个一”工程为依托，指导帮助东境村发展特色农业。通过城乡共建活动，农村经济更加发展，村民生活更加宽裕。

二是大力美化环境，使农村面貌不断改善。美化农村生产生活环境，是文明示范村建设的重要内容，也是提升农民生活质量的必然要求。市规划局送规划进村，免费为各文明示范村提供测量图纸，编制村近期建设整治规划。市地铁公司帮助马溪村打造山顶生态公园，对村容村貌进行外墙整饰，并为该村修建一条连村路。市邮政局围绕上坭村“一河两岸”景观建设，帮助打造村民休闲绿化带，并实现人行路扩宽、路机耕路路面硬底化和商铺前地面硬底化。通过城乡共建活动，农村环境更加优美，村民生活更加舒适。

三是普及文化文明，使农民素质不断提升。城乡共建文明示范村着眼长远，送知识、送技能、送文明进村。广州电大面向水口村村民开展多门职业技能培训。建设银行广东省分行组织理财师举办金融讲座，为当地农民提供政策法规、金融咨询等知识，深受村民欢迎。广州图书馆投资建设占地50平方米的“广州图书馆江高镇分馆水沥村图书室”，鼓励村民养成阅读习惯。通过城乡共建活动，农民文化水平显著提高，村民文明素质大幅提升。

下一步，广州市将深化城乡共建、以城带乡工作，实现建成市级文明示范村100个、区（县级市）级文明示范村广泛覆盖的目标，不断推进农村精神文明建设，为文明城市创建和幸福广州建设奠定坚实的基础。

（广州市文明办）

广 州 市

薪火相传 礼在羊城

——广州市开展文明礼仪教育实践活动综述

广州，是一座千年商埠，和气生财、文明有礼是沿袭已久的传统，它滋养了繁荣昌盛的商业文明，也构成了广州可贵的人文精神。从20世纪80年代初首倡“友爱在车厢”到90年代为人所熟悉的“微笑在广州”、市民“十不”行为规范，从“稻穗鲜花献人民”城市精神凝练到市民文明行为“十大亮点”的闪烁，从《广州市民礼仪手册》的字里行间到“市民礼仪动漫大赛”的熙攘的人群，新时期广州人在发展经济的同时，身体力行地践行着“礼仪”的理念，交出了一份份优秀的答卷。

一、持之以恒，打造品牌，使文明礼仪教育实践活动历久常新

（一）抓重点，在公民道德教育中突出礼仪教育内容。一直以来，广州市坚持开展文明礼仪教育实践活动，发轫于1986年并坚持至今的“友爱在车厢”活动走过了20多年的历程，一路播春风，满城传友爱；“微笑在广州”活动，引出了“微笑在商场”、“微笑在医院”等一系列的活动，催生了全国第一条志愿者服务热线电话，社会风气为之一转，影响了几代人。20世纪90年代，广州市发动全体市民，开展了修订和完善《广州市文明公约》，制定《广州市民“十不”行为规范》、《广州市社会公德守则》、《广州市家庭美德守则》和《广州市职业道德守则》（简称“一约三则”）活动。广州市还将“一约三则”谱写成曲，在全市群众性合唱团中组织演唱比赛，举办全市中小学生“十不”行为规范歌咏比赛，在全市各交通主干道公交站场、居民小区、各类公共场所广为张贴“一约三则”公益宣传画，并把宣传普及“一约三则”列入全市文明社区、文明街道评选考核的内容，使“一约三则”成为广大市民普遍遵守的行为规范。

（二）抓实践，在各类群众性精神文明创建活动中推动礼仪教育经常化。进入新世纪以来，为弘扬中华民族精神，特别是弘扬伟大的抗非精神，广州市在全市广泛深入开展“新时期广州人精神”大讨论活动，通过组织群众讨论、媒体宣传、典型示范和实践等活动，极大地调动了广大干部群众参与大讨论的积极性。2006年，广州市组织专家学者编撰《广州市民礼仪手册》，引起了省内外乃至国内外的热烈反响，连续几个月名列各大书店图书销售排行榜第一名。广州市还对《广州市民礼仪手册》的内容进行精心“包装”，做成便携式的“口袋书”等，分主题投放在机场、医院、酒店、银行、餐厅、剧院等场合。同时，广州市还举办了以宣传《广州市市民文明礼仪手册》为内容的“市民文明礼仪动漫及DV作品大赛”，启动以来短短不到三个月间，收集到来自省内外的作品数百件，上网浏览人次已超过了10万人次。

（三）抓细节，引导市民在日常生活中摈弃陋习、养成文明行为习惯。一是以文明交通为突破口，开展礼仪实践教育活动，通过“宣传教育”、“示范带动”、“集中整治”、“疏导劝导”四个系列，广泛发动150万人次投身文明交通宣传“体验一小时”志愿服务活动，印发了《市民出行手册》等宣传品50多万册，张贴、派发各类“迎亚运”全民行动宣传单张200余万份，制作、发布户外公益宣传广告牌超过1000块。坚持广州市“文明交通宣传周”活动，至今已举办34场次，大力培育文明出行、文明驾驶、文明候车、文明乘车新风尚。二是开展评选“广州市民十大文明行为亮点”，并在公交候车亭和公交车上刊播“十大文明亮点”的公益宣传广告，倡导市民生活礼仪，广州日报、信息时报配合活动，用整版推出宣传活动系列工作等以动漫形式将18个“广州市民文明行为习惯”候选条目一一列出，图文并茂，短短一个月间，收到来自全国各地的近7万张选票，并邀请专家学者进行评审论证，评选出了“广州市民十大文明行为亮点”。三是结合文明社区创建工作，在荔湾区西关大屋、越秀区旧南海县和盐运西等社区开展中华道德名言进社区工作，将公民思想道德教育与美化环境结合起来，寓教于景，收到润物无声、潜移默化的效果，经过两年的试点实践，现在此项工作已经在全市各区（县级市）普遍开展。

应该说，广州开展文明礼仪教育工作有深厚的实践基础和丰富的历史积累。20余载春风化雨，礼仪实践教育的范畴更广了，广大市民知荣辱、讲礼仪、树新风、促和谐的意识更强了，和睦相助、友爱向善、谅解宽容的社会人际氛围也更浓厚了，也充分说明了广州市开展礼仪教育、培育知礼向善的社会环境得到了广大市民的积极支持和热烈响应，反映了广大群众的心声。

二、以“迎接亚运会，创造新生活”为契机，掀起新一轮文明礼仪教育实践活动的新高潮

近年来，广州市抓住迎接2010年亚运会和创建全国文明城市的有利时机，以培育现代文明市民为目标，以“争做好市民，当好东道主”为主题，深入开展“迎亚运、讲文明、树新风、促和谐”全民行动，着力激发市民参与城市文明建设的主人翁精神，不断提升市民文明素质和城市整体文明程度，以良好的精神风貌迎接亚运盛会。近几年主要开展了以下工作：

（一）“迎亚运”主题系列活动亮点纷呈。2009年，组织开展了“迎亚运、讲文明、树新风、促和谐”全民行动、“争做好市民，当好东道主”——“亚运广州行”市民素质提升系列活动、创建全国文明城市主题月实践活动。坚持每月开展“文明交通宣传周”，相继举办“微笑日”、“健身日”、“礼仪日”、“邻居日”、“问候日”、“礼让日”、“英语日”、“清洁日”等8个主题日活动和“微笑服务月”、“文明出行月”、“卫生清洁月”、“友爱互助月”、“社区文化月”、“志愿服务月”、“礼仪推广月”、“法制宣传月”等8个主题月活动。据统计，2009年12个区（县级市）共组织开展“迎亚运”各类主题活动3330场，参加市民达380万人次。

（二）城市公共文明体系建设不断强化。从2009年5月份开始，每月开展城区、县级市公共文明指数测评，向社会公布测评结果，全年共组织了8次公共文明指数测评。建立创建工作问责制，制定创建工作奖罚办法，对创建工作实施绩效考核，在全市形成了比学赶帮的良好局面，推动了城市公共文明建设的深入开展。2009年共组织19个市直机关单位的1958名干部利用双休日开展入户大调查暨“四项工作”活动，共走访近3万户市民家庭，上门宣传市委、市政府创建工作惠民政策，宣传文明行为规范和亚运赛场礼仪常识。各区（县级市）组织机关干部、街道干部和中小学教师67450人，走访居民153万户次。

（三）公民道德实践活动有声有色。一是大力选树和宣传道德模范，为迎接亚运会的到

来营造文明和谐的社会氛围。2009年，优秀青年志愿者赵广军荣获“第二届全国道德模范”称号，翟美卿、曾宪杭获全国道德模范提名奖。组织开展第四届广州市道德模范评选活动，16万市民参与了网络评选，共评出“助人为乐”、“见义勇为”、“诚实守信”、“敬业奉献”、“孝老爱亲”五类共50名道德模范，举行“道德的力量——第四届广州市道德模范评选表彰颁奖典礼”，社会反响强烈。二是广泛开展公益、健康、环保、诚信、礼仪、科技、学习等七个系列社会志愿服务活动。全市参与志愿服务的大中小学生、团员青年、志愿者和社区居民达423.82万人次，服务时间136.95万小时。组织开展亚运志愿服务全民体验日活动，成立迎亚运各类新生活志愿服务队。组织成立广州市市民文明督导团，5500多名市民被吸收为文明督导员。三是教育引导广大市民以崭新文明形象迎亚运。2009年向市民免费派发《广州市民礼仪手册》、《迎亚运英语100句》20余万册，市、区两级共制作印发宣传单张、小册子、海报等各类宣传品总计1317万份(件)，为亚运会的成功举办创造良好的语言氛围和人文环境。四是组织市民群众唱响爱国歌曲。2009年5月份，组织开展“爱国歌曲大家唱”群众性歌咏活动，把唱响红歌与迎亚运，与丰富群众文化生活充分结合起来。7月8日，联合中央电视台在白云山举行“激情广场——爱国歌曲大家唱”群众歌会活动，在歌会现场专门安排歌手演绎亚运主题曲《广州之约》，让全场3000名群众为迎接亚运而沸腾。

（四）群众性精神文明创建活动蓬勃开展。大力开展文明家庭、文明社区、文明村镇、文明窗口创建活动，抓好“细胞工程”，以此带动城市文明建设，营造全民迎亚运的氛围。全市各区举行“亚运社区”文化论坛，动员社区居民围绕“我为亚运做什么”出谋献策，引导市民群众用实际行动来关心、支持亚运会。2010年8月，举办“迎亚运　创文明”系列主题文化广场活动——“广州好”，以地面活动与电视等多媒体传播相结合的方式，打造立体式广场文化活动平台，以展现今日城市人文风采及精神风貌，唱响“文明广州、和谐社会、激情亚运”的主旋律，提升市民对广州的认同感及荣誉感。

（五）提高社会服务质量，规范全市服务活动，为中外来宾提供优质规范服务。2006年，市文明委以《全国文明城市测评体系》为导向，制定并下发了《广州市窗口行业专项考评实施细则（试行）》，将创建文明窗口任务细化为服务环境人性化、服务工作规范化、服务项目特色化、文明创建常态化、投诉处理快捷化、社会美誉度高（简称“五化一高”）六大方面内容及若干考核标准，覆盖21个窗口行业单位。2007年、2008年广州市文明委分别命名表彰了33个和50个高水平、高标准、示范性强的“广州地区文明优质服务示范窗口”，覆盖医疗、公交、银行、邮政、电信、税务等23个窗口行业。同时召开广州地区窗口行业经验交流会，通过视频播放现场展示各窗口行业亮点和经验做法，相互交流，取长补短，促进广州市窗口行业整体水平提升。2007年，市委宣传部、市文明办在全市窗口行业举办“广州，有礼”文明礼仪展示大赛，运用礼仪规范与舞台艺术相结合的方式，通过礼仪规范表演、英语对话和礼仪知识问答三个环节，富有创意地展示了广州各窗口行业的礼仪风采。

（六）深化社会志愿服务，弘扬文明道德风尚。广泛开展公益、健康、环保、诚信、礼仪、科技、学习等七个系列社会志愿服务活动，2009年全市参与志愿服务的大中小学生、团员青年、志愿者和社区居民达423.82万人次，服务时间136.95万小时。积极倡导公共文明，组织开展“我文明、我很棒——大拇指行动”，将每月30日定为“大拇指行动日”，在全市公交站、地铁站设立100个“大拇指爱心岗”。组织开展亚运志愿服务全民体验日活动，启动“新生活驿站”——亚运城市志愿服务站点，成立迎亚运各类新生活志愿服务队，组织志愿者开展“夕阳关爱”、“伤健共荣”、“启智行动”等社会关爱行动。

三、积极开展“做文明有礼的广州人”系列主题实践活动，进一步丰富文明礼仪教育工作的内涵

为了进一步开展文明礼仪宣传实践活动，提高公民文明素质和社会文明程度，为成功举办广州亚运会，喜迎国庆61周年，营造文明和谐的浓厚氛围，根据中央文明办《“文明观世博、热情迎亚运、和谐迎国庆——做文明有礼中国人”网上签名寄语活动方案》和市文明委《广州市迎亚运100天城市文明行动纲要》，2010年8月8日，广州市启动了“迎亚运、讲文明、树新风、促和谐——做文明有礼的广州人”礼仪教育实践系列活动，重点开展以下活动，为迎亚运营造浓厚的人文氛围。

（一）组织“做文明有礼的广州人”网上谈系列活动。一是组织网上签名寄语。8月8日起至活动截止期间，在广州文明网和大洋网设立专题浮标，点击进入链接中国文明网、新华网首页开设的签名寄语栏目，可进行签名、寄语，发感言，表达心声。二是组织网上访谈。从8月8日起至9月12日，每周定期在大洋网直播间举行“做文明有礼的广州人”网上谈系列访谈节目，分批邀请政府部门、窗口行业代表、专家学者以及市民代表，与广大网民交流互动。三是组织网上论坛。由大洋网、广州文明网等网站设立“做文明有礼广州人”网上论坛，并在网上广泛开展寻找和展示身边的文明人、文明事活动，《广州日报》、《信息时报》定期进行网上访谈和网上论坛网言网语的摘录选登，广泛征集选登广大市民就如何“做文明有礼的广州人”的评论文章，扩大网上谈系列活动的影响。

（二）组织“广州市民亚运文明公约”网上征集活动。从8月4日起至9月4日，在广州文明网和大洋网首页设立“‘广州市民亚运文明公约’征集”专题，通过网上投票有奖征集的方式，发动市民群众参与。在广泛征集的基础上，组织专家评审会，共同审定票选出的方案，并通过各种社区论坛及宣传海报、公益广告等形式广泛宣传普及，使征集活动成为市民自我教育、自我提升的有效载体。

（三）举办“亚运文明东道主”文明礼仪知识竞赛。2010年8月上旬至11月上旬，开展“亚运文明东道主”社区文明礼仪知识竞赛，在各区（县级市）巡回开展，以电视综艺的形式，普及亚运知识，传播文明亚运的理念，让广大群众更加主动地参与到迎亚运的热潮中来，全方位地自觉学习和遵守文明亚运的礼仪规范守则，在亚运到来之际，形成“全民总动员，文明迎亚运”的高潮。

（四）开展“广州为你喝彩”文明观赛教育活动。2010年8月上旬至12月亚残运会结束，编印文明观赛、观演宣传手册，免费派发到全市各窗口单位、社区、学校、企业；组织专门宣讲队伍，在全市各街道、社区，通过文艺展演、社区论坛、上门宣传等多种形式，深入基层全面宣传普及亚运观赛礼仪知识；组织印制加油手势的宣传图册，加大对亚运加油口号和手势操的宣传力度；编印文明观赛礼仪挂图，在亚运会各赛事重要场馆张挂。广泛发动全市各单位和广大市民群众积极参与，努力形成“文明、热情、懂行”的观赛、观演文化和宾至如归的亚运人文氛围。

（五）深入开展“文明出行从我做起”宣传教育实践活动。结合实施“文明交通行动计划”，协调、指导有关单位在公务员中开展“文明交通我带头”、在公交系统员工中开展“争当文明驾驶员、争创文明示范车”、在部队官兵中开展“做遵章守法模范，树军车良好形象”、在中小学生中开展“文明伴我行、小手牵大手”、在广大驾驶人中开展“礼让斑马线”

等主题教育活动。加大行人违章现场执法和教育力度，深化文明交通示范路口和示范路段创建活动。继续组织迎亚运“文明交通宣传周”活动，举办文明交通宣传服务集市。制作一批文明交通宣传挂图，并在广场、社区巡回展出。

（六）广泛开展“迎亚运，学双语（英语、手语），做热情东道主”宣传教育实践活动。编印并免费发放《迎亚运市民礼仪英语》折页和《迎亚运市民礼仪手语》折页，制作一批手语挂图，开展“双语”六进（进家庭、进社区、进机关、进企业、进学校、进军营）活动。组建市民“双语”宣教团，在全市开展巡回教学。组织“双语”情景展示活动，组织召开市民“学双语”工作经验交流会。制作和刊播亚运英语“每天一句”、亚运手语“每日一招”节目和栏目。协调各行业主管部门全面普及《迎亚运英语100句》和迎亚运手语教材，并根据本行业的工作特点编写专项教材。

（七）深入开展各类公共文明建设志愿服务。按照就近发动、属地负责的原则，组织志愿者在全市主要公交（地铁）站点、公交（地铁）线路及重点交通路口、广场、商业街开展倡导“排队候车”、“公交搭乘礼让”、“文明交通”、“环境清洁”志愿服务，发挥“市民文明督导团”作用，组织市民开展公共文明督导志愿服务。

（八）组织开展迎亚运公共文明示范区（点）创建活动。以三站两街一场（即火车站、地铁站、公交车站，北京路步行街、上下九步行街，白云机场）和重要旅游景点为重点，制定公共文明示范区（点）评选标准，引入市民参与评价机制。开展创建“文明公园”、“文明风景旅游区”活动，着力强化排队守序、不大声喧哗、不乱丢乱吐等公共秩序，打造一批公共文明示范区。

（九）广泛开展“迎亚运、爱广州、看变化、议文明”社区群众论坛。编印《迎亚运千场社区论坛手册》，组织区、街、社区分级举办社区论坛，并组织专家到论坛现场与市民互动研讨。举办“爱广州、看变化”专题摄影作品展览，在社区巡回展示。组织市民评选亚运期间“最影响广州形象的不文明行为”（暂定）活动，配合社区群众论坛的开展。

（十）组织开展“讲道德、做好人、当好东道主”道德模范巡讲活动。组织第四届广州市道德模范巡讲报告团分别到12个区（县级市）和市直机关单位、高校举办20场次报告会，通过视频短片、演讲报告、现场互动等环节全方位展示道德模范的感人事迹。

（广州市文明办）

深　圳　市

“深圳经济特区30年30位杰出人物”、“深圳经济特区30年100件大事”评选

2010年是深圳经济特区建立30周年，在创立和建设经济特区的伟大历程中，深圳涌现出许多勇于开拓、锐意创新、道德高尚的杰出人物，发生了许多影响深远的重大事件。这些杰出人物和重大事件所体现的精神，是深圳的骄傲，是社会主义核心价值体系和深圳精神教育的最生动最直接的教材。为弘扬特区精神，重温峥嵘岁月，深圳市组织开展了“深圳经济特区30年30位杰出人物”和“深圳经济特区30年100件大事”评选活动。

一、评选基本情况

“30位杰出人物”评选活动由深圳市委宣传部、深圳市文明办主办，深圳报业集团承办，深圳市委组织部、市委统战部、市直机关工委、市教育工委、市卫生工委、市两新组织工委、市科工贸信委、市人力资源保障局、市史志办、市金融办、市总工会、团市委、市妇联、深圳广电集团、深圳警备区、武警深圳指挥部、各区和新区宣传部联合协办。评出袁庚、任正非、张伟基、马明哲、缪寿良、王石、骆锦星、马福元、丁凯、高云峰为“十大杰出创业人物”，马化腾、侯为贵、王传福、马蔚华、牛憨笨、陈志列、蒋开儒、梁光伟、杨焕明、邓国顺为“十大杰出创新人物”，吴立民、丛飞、郭春园、陈观玉、徐华、郑卫宁、王绮红、但昭义、黄联明、林华锋为“十大杰出模范人物”，共30名；同时还评出了30位“优秀人物”。2010年9月6日，在深圳经济特区建立30周年庆祝大会上，中共中央总书记、国家主席胡锦涛亲切接见了“深圳经济特区30年30位杰出人物”代表，并合影留念。

“100件大事”评选活动由深圳市委宣传部主办，中央新闻单位驻深记协、深圳报业集团、深圳广电集团承办。经过数轮征求意见、核对史实的过程以及媒体公示、群众投票、专家评审，最终评出“全国人大常委会批准在深圳设立经济特区”、“新中国第一张股票‘深宝安’发行”、“深圳获得设计之都称号”等100件具有标志性意义的重大事件。

两项评选活动历时3个多月，得到深圳全体市民乃至全国各地群众的高度关注和踊跃参与，其中“30位杰出人物”评选共收到网络投票950.5万张，纸质投票176.7万张，手机投票2.8万张，总投票数达1130多万张；“100件大事”评选共收到各类投票180多万张。全市干部群众通过参与评选，重温经济特区发展历程的峥嵘岁月，汲取杰出人物和历史事件所蕴含的智慧经验和精神能量，投身于深圳经济特区新一轮发展热潮。

二、制定科学的评选规则

“30位杰出人物”评选活动充分借鉴2009年中组部、中宣部等单位为庆祝新中国成立60周年联合开展的“100位为新中国成立作出突出贡献的英雄模范人物”和“100位新中国成立以来感动中国人物”（以下简称“双百”）

评选活动的做法，对参评范围和评选标准、组委会构成和职责、评审组专家构成和职责、群众支持率和专家支持率权重分配及计算方法等问题，都进行了反复权衡和考虑。在候选人的推荐范围和原则要求方面，明确评选活动重点面向基层，副局级以上领导同志，原则上不列入推荐评选范围。在组委会的构成和职责方面，明确组委会由市委组织部、市委宣传部、市委统战部、市科工贸信委、市人力资源保障局、市史志办、市总工会、团市委、市妇联、市总商会、深圳报业集团、深圳广电集团、深圳警备区、武警深圳指挥部共14家单位负责同志组成，主要职责是确定正式候选人和当选人名单，研究决定有关事项。在评审组的构成和职责方面，明确评审组成员包括14家组委会成员单位各一名处级干部、两名人大代表、两名政协委员、两名社科专家、两名文明市民、一名全国劳动模范，共23人，负责候选人提名把关，参与正式人选的投票表决，提供有关咨询等事项。在候选人支持率的计算方法方面，明确每位候选人的报纸投票、网络投票、手机投票得票数相加，得出该候选人的群众支持率，占60%的权重；根据每位候选人在评审组投票中的得票数，得出该候选人的专家支持率，占40%的权重；加权后的群众支持率与专家支持率相加，为每位候选人的总支持率。

“100件大事”评选活动参照2008年“改革开放初期最具影响力的深圳10件大事”的评选标准，要求候选事件必须符合以下条件之一：第一，在深圳经济特区30年发展历程中具有标志性意义；第二，创造全国第一或在全国开风气之先，在全国产生重大影响且至今仍持续产生积极影响；第三，能够充分展示“敢闯敢试，敢为天下先”的深圳精神；第四，对特区未来的发展具有积极探索意义。

三、严格评选程序

两项评选活动意义重大、工程浩大、影响深远，为确保评选结果客观、公正，经得起历史的考验，活动严格按照程序开展。其中“30位杰出人物”评选历经了10道程序：

第一步，发动群众“海推”候选人提名人选。5月中旬，组委会在深圳市属各媒体发布评选活动启事，并通过印发通知、召开协调会等方式，动员全市各牵头推荐单位发动本辖区、本系统、本界别的市民群众，广泛推荐提名杰出人物候选人。在这个过程中，社会各界共推出提名人选300多名。

第二步，初步筛选候选人建议人选。6月初，组委会办公室根据评选活动实施办法，综合各候选人提名人选支持率等因素，初步提出了“杰出创业人物”、“杰出创新人物”、“杰出模范人物”各30人共90人的候选人建议人选名单。

第三步，组委会和归口单位审核建议人选名单。6月中旬，组委会办公室根据评选实施办法的程序要求，将90位候选人建议人选名单经送组委会各委员审查后，根据其身份归属情况，分送各牵头推荐单位。各牵头推荐单位在审核把关和征求本级纪检监察和组织人事部门意见后，填报“‘深圳经济特区30年30位杰出人物’审批表”。

第四步，各相关部门审核建议人选名单。一是征求市纪检监察和组织人事部门意见。根据组织人事管辖权限，对建议人选中的处级以上党员领导干部或国家公务员，组委会办公室于6月下旬分别征求了市纪委、市委组织部和市监察局的意见，请其对建议人选在党风廉政建设方面和组织人事工作方面是否存在违规违纪问题进行审查。二是征求市场监管和社会管理部门意见。考虑到建议人选中有一部分是企业家、自由职业者等新社会阶层或普通群众，组委会办公室对所有建议人选，征求了市卫生人口计生委、市人力资源保障局、市市场监管局、市审计局、市地税局、市国税局、深圳海关等单位的意见，请其对建议人选在计生、社保、工商、审计、税务、海关等方面是否存在违规违纪问题进行审查。三是征求市史志办意见。考虑到一些建议人选的事迹发生在建市初期，时间久远，组委会办公室同时征求了市史志办的意见，请其对建议人选的事迹与史实是否相符进行审查。

第五步，评审组第一次会议票决。6月25日，召开评审组第一次会议，对通过各方审查的候选人建议人选进行审议。各位评委在评审会上充分发表了意见，并通过投票方式，产生了“深圳经济特区30年30位杰出人物”正式候选人建议名单（60名）。

第六步，组委会委员会审。6月28日，组委会办公室将正式候选人建议名单分呈组委会各委员会审。各委员均无异议。

第七步，向市领导通报。7月15日的市委常委会，组委会通报了60人的候选人名单。

第八步，发动市民群众学习和投票。8月3日，在《深圳特区报》、《深圳商报》、《深圳晚报》、《晶报》、新浪网、腾讯网、深圳新闻网、中国时刻网、广东红段子网等媒体刊登了评选公告、选票和60名候选人事迹简介。同日，深圳市委宣传部、市直机关工委、市文明办联合印发通知，动员全市干部群众积极参与评选活动。8月中旬，组委会办公室加印了26万份刊登候选人事迹的报纸和1万份宣传海报，在党政机关、企事业单位和社区广泛发放，方便市民学习事迹、参与投票。

第九步，评审组第二次会议票决。8月24日，组委会办公室召开评审组第二次会议。各位评委在评审会上充分发表意见，并以审慎、负责的态度，对“深圳经济特区30年30位杰出人物”正式候选人（60名）进行了投票。

第十步，组委会全体会议审议。8月26日，组委会召开全体委员会议，对候选人得票情况和支持率情况进行审议。根据每位候选人总支持率从高到低的顺序，经认真研究、充分讨论，组委会表决通过了“深圳经济特区30年30位杰出人物”人选名单（30名），并形成决议。由于其他30人事迹也很突出，组委会研究决定，对另外30位候选人，授予“深圳经济特区30年30位优秀人物”称号。

（深圳市文明办）

深　圳　市

开展“深圳最有影响力十大观念”评选

深圳经济特区建立30年来，在率先推进经济体制改革、创造巨大的物质财富的同时，将中国特色社会主义理论内化为广大人民群众的价值追求，创新观念，引领实践，培育了一批适应改革开放、体现时代精神的先进观念。为了系统梳理这些观念，深圳组织开展了“深圳最有影响力十大观念”评选活动。

一、评选过程

1. 网络发起。“深圳最有影响力十大观念”评选活动缘于一篇网络热帖。2010年8月1日，深圳新闻网一篇网帖《来深十八年，再回忆那些曾令我热血沸腾的口号》引起了广泛关注，仅仅一个月，点击率就超过3万。众多网友呼吁，应该通过某种方式，把深圳经济特区建立30年来植根于深圳土壤的一句句口号收集、总结起来，让每一个深圳人都能重温那些曾经激动人心的“深圳观念”。

2. 社会征集。网友的建议受到了深圳有关部门和新闻媒体的重视。2010年8月20日，“深圳最有影响力十大观念”评选活动正式启动。活动由深圳报业集团主办，其下属《深圳商报》、《晶报》和深圳新闻网联合承办。经过近一个月的报纸与网络征集，汇集了200余条市民与网友推荐的条目。

3. 初步筛选，深入宣传。对于社会各界推荐的200余条观念，主办方请专家组进行了两轮筛选，确定了最终入围的30条候选观念，于10月21日进行了公布。此后，《深圳商报》、《晶报》、深圳新闻网对其进行了持续、深入的宣传报道。其中《深圳商报》的“文化广场”推出特别栏目，对候选观念的来历等进行追踪采访，并推出专访栏目，邀请社科界专家学者对候选观念进行逐一解读。《晶报》和深圳新闻网推出了征文活动，发动读者和网友撰写自己与某条观念之间的故事，讲述观念对个人的影响。

4. 网络投票，专家评审。深圳新闻网专门为评选活动设立了网络投票平台，该平台采用了识别度最严格的IP投票形式，进行了持续半个多月的投票，网友投票总数近6.7万人次。在此基础上，11月7日，评选活动办公室组织由15位专家、学者和资深媒体人士组成的评委会，对30条候选观念进行了认真讨论和审慎投票，并按网络评选和专家评委会评选权重各占50%的比例，评选出了最终结果。“深圳最有影响力十大观念”分别为：（1）时间就是金钱，效率就是生命，（2）让城市因热爱读书而受人尊重，（3）空谈误国，实干兴邦，（4）送人玫瑰，手有余香，（5）深圳，与世界没有距离，（6）改革创新是深圳的根、深圳的魂，（7）敢为天下先，（8）实现市民文化权利，（9）鼓励创新，宽容失败，（10）来了，就是深圳人。

二、活动意义

评选活动系统梳理了深圳经济特区建立30年来几代特区人共同奋斗形成、影响中国现代化进程的深圳观念，增强了全体市民的文化认同，激励了全市干部群众在传承深圳观念中积蓄力量，齐心协力再造一个激情燃烧、干事创业的火红年代。“十大观念”在深圳、广东乃至全国引起了强烈反响。《人民日报》评论：“观念影响中国。作为改革开放排头兵的深圳，30年特区史上诞生的一批新理念新口号，不独属于深圳。它是时代精神的高度浓缩，改革历程的生动注脚；它勾连着走向开放的全体中国人的共同记忆，也可以沉淀为我们继续迈步未来的独特财富。”这些观念与深圳30年发展所创造的物质财富一起，成为深圳对全国改革开放和现代化建设作出的重要贡献。

（深圳市文明办）

深　圳　市

举办首届“发现深圳之美”摄影大赛和“寻找身边快乐幸福的人”DV 大赛

深圳城市环境优美、城市文明程度高，处处洋溢着生态之美、人文之美，充满了快乐和幸福，但快节奏的工作和生活，却让许多市民脚步匆匆，心浮气躁，无暇关注和感受生活的美，发现不了身边的快乐和幸福。为了引导市民调整浮躁心态，排除焦虑情绪，在快节奏的工作和生活中，不忘发现美，感受快乐和幸福，2009 年 11 月至 2010 年 10 月，深圳市文明办联合深圳市文联、深圳报业集团、深圳广电集团等单位，在全市举办了首届“发现深圳之美”摄影大赛（以下称“摄影大赛”）和“寻找身边快乐幸福的人”DV 大赛（以下称“DV 大赛”），积极引导市民通过感悟自然、城市和生活之美，增强对深圳的认同感和自豪感，通过记录、展示身边人的快乐和幸福，树立积极乐观、健康向上的生活态度，活动取得良好成效。

一、主要做法

1. 专业运营。在充分调研和论证的基础上，深圳市文明办将“摄影大赛”委托深圳市职业摄影协会具体执行，将“DV 大赛”委托深圳市影视家协会指导、深圳广电集团移动电视频道具体执行，确保了大赛组织工作的专业化水平。

2. 广泛动员。深圳市文明办协调深圳报业集团、深圳广电集团，在本市主要报纸、电视台、电台和网站发布活动公告，同时在全市社区张贴了数万张活动海报，对两项大赛进行宣传推介。“摄影大赛”期间，发动深圳市职业摄影协会会员深入学校、社区，举办多场摄影讲座，普及摄影知识，动员市民参与。“DV 大赛”期间，深圳广电集团移动电视频道开设专栏，连续展播参赛入围作品；深圳新闻网开设大赛官方网页，组织开展幸福提问、幸福感言征集、网络签名留言墙、幸福指数调查、幸福大使聘请等配套活动，形成立体宣传格局，多形式、多渠道，广泛深入地动员市民群众参与。

3. 专家评选。两项赛事均成立专业评审团，“摄影大赛”邀请深圳资深摄影家、媒体图片总监担任评委，“DV 大赛”邀请深圳纪录片创作领域专家和资深媒体人士担任评委，评审团本着“公平、公开、公正”的原则，对作品进行严格评选，确保大赛结果的权威性。

4. 扩大影响。两项赛事结束后，分别举办“摄影大赛”作品巡展和“DV 大赛”颁奖典礼，展示大赛成果，扩大活动影响。

5. 保存成果。深圳市文明办将“摄影大赛”和“DV 大赛”作为一项常规活动，每年举办一届。随着赛事的延续和作品的积累，深圳市文明办将委托专业机构建设公益性质的深圳民间记忆影像资料库。以“摄影大赛”为依托，建设一个城市图片资料库，真实记录深圳之美；以“DV 大赛”为依托，建设一个市井生活视频资料库，真实记录市民之乐。

二、活动效果

“摄影大赛”和“DV 大赛”积极引导市

民求“美”、求“乐”，在全社会引起强烈反响，市民参与热情高涨，投稿十分踊跃。“摄影大赛”共收到参赛作品10700多幅，“DV大赛”共收到参赛作品80余部，参赛者来自社会各个阶层、各行各业，参赛作品数量多，质量高，以演绎身边故事、传达真实力量而打动人心。随着两项大赛的深入开展和媒体的大力宣传，深圳人越来越关注身边的美和平凡生活中的快乐幸福，并开始深入思考发现美和获得快乐幸福的方法，市民中发现、挖掘、记录、展示身边之美以及身边的快乐与幸福的氛围越来越浓厚。

大赛的成果也得到了社会各界的普遍认可。“摄影大赛”作品巡展的消息发布后，一些社区主动打电话到深圳市文明办，邀请到该社区展览。2010年7月21日，中国摄影界权威媒体《人民摄影》报以一个整版的篇幅选登了“摄影大赛”部分获奖作品。社科领域的专家学者们也对活动给予了高度评价，认为此项活动已成为深圳市城市人文精神建设的新载体，并有望成为市民文化生活的新品牌。

（深圳市文明办）

韶 关 市

大力加强“韶文化”的研究与推广力度

“韶文化”是韶关的特色文化，它是指分布在粤北地区的、由历代行政区划和自然环境所决定的、一种反映多民族民系特点的、有着突出特征的区域文化；其文化核心是以“韶”为主的包容、和谐、追求善美的传统，其文化结构的主要因素是舜韶乐文化、古道交通文化、客属文化、珠玑移民文化、瑶族文化、南禅宗佛教文化、历史名人文化、矿冶文化、丹霞文化、红色革命文化、山区生态文化等；其文化形态上表现了与岭南文化的同一性，又表现出自然与人文各方面的多元性与特殊性；正是以上在自然生态、民族构成历史文化中所反映出的诸多特殊性，才使得以“韶”为主题的韶文化得以确立。可以说，韶关本土的历史文化就是韶文化。韶文化是岭南文化的重要组成部分，是韶关最具特色的文化品牌。

韶关市在制订贯彻《广东省建设文化强省规划纲要（2011—2012年）》实施意见中，明确提出了要将韶关建设成为具有特色文化影响力、传播力和竞争力的区域文化中心，争创国家历史文化名城，为此，必须“加大‘韶文化’研究与推广力度”。2010年，韶关市宣传文化部门着力推进了以下三项工作，取得了明显的社会效应。

一是组织专家学者编著了韶关市乡土文化教材《善美和谐的家乡——韶关》。该教材在深入挖掘、整理韶关乡土文化的基础上，以翔实的史料、广阔的视角全面彰显了“韶文化”的自然生态优势与人文特色优势，介绍了韶文化的各主要构成部分，展示了韶关有史以来的沿革变迁、交通开发、民族迁徙、风土人情、英才贤达、名胜古迹以及今天的建设成就等，弘扬了韶关数千年来形成的善美和谐与开放包容的传统精神。这对于普及宣传韶文化，提高市民文化素质、引导中小学生和群众了解家乡、热爱韶关、普及生态文明教育都具有重要的现实意义。该教材上册已进入全市中学生课堂，下册正加紧撰写中。

二是在全市广泛开展“话说韶文化”征文活动。通过在《韶关日报》、韶关家园网、韶关公众信息网及韶关电视台、广播台等新闻媒体广泛发布征文启事，共征集到200多篇文章，《韶关日报》从中摘录刊载了50多篇。文章从各个角度介绍了韶关名胜古迹的由来及其许多相关的逸闻轶事与论述，有的还是作者多年潜心研究的成果，不乏真知灼见。征文活动在广大市民中初步掀起了认识、了解、探索韶文化的热潮。

三是整合全市开展韶文化研究的资源，与韶关学院合作联合成立了专门从事韶文化研究与推广的机构韶文化研究院。2010年，该院紧扣韶关市“十二五”规划和地方文化建设急需开展科学研究与学术交流活动，提交了系列重要的规划草案，立项申报了二十多个研究课题，编撰了首批《韶文化丛书》十本专著，参加了数十场由市相关部门召集的研讨、论证、咨询工作会议，在韶关市旧城改造，城市规划，发展文化产业，建立公共文化服务体系及开发大丹霞、大南华，重建风度楼、韶阳楼，改造百年东街等重大建设项目上充分发挥了“智囊团”的作用。

（韶关市文明办）

韶关市浈江区
开展“一月一演”广场文化活动

韶关市浈江区是一个城乡结合的辖区，下辖5个镇、5个街道办事处，群众文化需求呈多层次、多样化，文化建设任务异常繁重。近年来，为了满足群众日益增长的文化需求，浈江区以辖区的文化广场为平台，以群众自导自演自娱自乐为开展形式，实行“一月一演”、为全区群众性文化活动开展，搭建了一个良好的平台。

群众文化活动是一项有益身心健康的活动。其主要特点就是群众的广泛参与，自娱自乐。多年来，财力不足、没有专业的文艺表演队伍、干部群众参与程度低一直是制约辖区群众文化活动开展的瓶颈问题。为切实改变这一被动局面，浈江区改变了工作思路，采取了以下一系列措施切实抓好“一月一演”活动：一是抓基础设施建设。投入50多万元，在辖区启明广场建起了第一个户外、标准化的文艺演出舞台，使浈江文化广场真正建设成为一个集文化、体育、休闲、娱乐功能于一体的活动场所。二是抓队伍建设，大力扶助业余文艺队伍，培育群众文化活动“领头羊”。利用辖区文艺人才丰富，文艺爱好者众多的优势，积极引导，精心培育，为他们出场地、搭平台，引导群众自发组织，逐渐建起了一个个文艺群体，形成了“镇（办）有队、村（居）有舞”的新格局。其中最为活跃的城区有风采艺术团、夕阳红歌舞团、侨联文艺队、浈江区文化艺术团、欢乐艺术团等文化团体；镇、办有东河办的广场舞蹈表演队，犁市镇的农村文艺表演队，曲仁办的潮州锣鼓队、腰鼓队和“客家山歌”表演队等群众文艺队伍。这些业余文艺团队不但成为浈江区流动舞台车巡回演出的主力军，而且他们常年穿梭于广大城区、企业、农村，年演出高达600多场次，为群众提供了生活气息浓厚、形式丰富多样的“文化大餐”，激发了广大群众参与文化活动的积极性，群众自发组织活动、自编自演、自办文化节目蔚然成风，也为浈江区“一月一演”活动的开展打下了扎实的组织基础。三是抓制度建设，形成“政府主导、全民参与，企业支持”的活动机制。市、区领导高度重视群众文化建设，经常过问群众文化建设情况，研究解决工作中存在的问题，将群众文化活动开展情况列入镇、办及区直各单位年度考核范围，明确任务，落实责任，使此项工作真正成为了“一把手工程”。2009年，浈江区进一步加强了对群众文化活动的策划，利用新建的文化广场，提出了“一月一演，一周一活动”的目标，要求各镇、办及区直有关单位轮流每月在广场举办一场大型文艺演出，组织城区20多个民间文艺活动团体每周末轮流在广场举行一次表演活动。这样不但有效地督促了各级党委、政府的积极参与，还为广大干部群众参与活动，表现自我以及宣传时事政策提供了一个较好的平台，从根本上打破了文化活动由专业文艺团体唱独角戏的局面，提高干部群众的参与热情。到目前为止，浈江区已在文化广场开展大型文艺表演活动14场，各类文体活动20多场，参与表演的干部群众达3000多人次，观看群众15万多人次。四是抓调研工作。加大调研力度，制定了《关于进一步加快浈江区文化产业发展的意见》，为全区群众文化发展描绘了蓝图。同时，在文化活动开展中，积极引导社会各方力量参与，全面促进企业文化、社区文化和广场文化发展。辖区东河办、车站办南韶村社区、风采办文化街社区等引进企业发展社区文化，实行共建共享就是很成功的例子。

（韶关市文明办）

梅 州 市

认真实施“十项工程” 努力提高市民文明素质

梅州市认真贯彻《广东省建设文化强省规划纲要（2011—2020年）》和《梅州市建设文化强市规划纲要（2011—2020年）》，落实市委五届七次全会、市文化建设工作会议精神，重点实施好“十项工程”，努力提高市民文明素质，提升梅州人文精神，更好地为“绿色的经济崛起”蓝图服务。

一、实施人文培育工程

在全社会开展“增强社会责任感、做现代文明公民”主题教育实践活动，广泛宣传“梅花香自苦寒来”的梅州人精神，广泛开展“创新、创业、创造”教育，树立典型，推介一批梅州创业之星、劳动模范、英雄人物等体现新时期梅州人精神的时代人物，引领广大干部群众立足山区，鼓足干劲，艰苦创业，奋发有为。营造解放思想、干事创业、加快发展的浓厚氛围，塑造富有人文关怀、充满现代活力的新时期梅州人文精神。

二、实施文明风尚工程

广泛开展文明礼仪普及宣传，培育知礼守

礼的礼仪之风，营造“己所不欲，勿施于人”的守序之风，倡导绿色生活方式，开展“排队日”、“文明交通行动”和资源节约等礼仪实践活动，倡导和践行社会主义荣辱观，弘扬文明和谐的社会风尚，充分展示梅州市民文明礼貌、积极向上、乐观开朗、热情好客、胸怀博大的精神风貌，使懂礼节、重礼仪、讲礼貌、守秩序蔚然成风，把梅州建成文明好客之都。

三、实施道德建设工程

加大普及基本道德规范的宣传力度，开展社会公德、职业道德、家庭美德、个人品德教育，充实完善行业道德规范、行为守则、乡规民约、学生准则等道德规范，建立和完善符合梅州实际的道德规范体系，深化“做人民满意的公务员”、“道德模范”、“身边好人”评议活动，开展“公民道德宣传日”、“慈善日”、“公益大行动”等实践活动，引导广大市民从点滴做起，积小善为大德，在全社会努力形成诚信、正直、敬业、守法、慈善、包容、感恩的良好道德风尚。

四、实施健康成长工程

扎实开展社会文化环境整治，突出抓好网络视听节目管理、网吧整治行动、荧屏声频净化、校园周边环境治理，为未成年人提供良好的社会环境；积极构建学校、家庭、社会“三位一体”的教育网络，加强学校德育工作，引导未成年人在家里孝敬父母、在学校尊敬师长、在社会奉献爱心；积极推动各级各类未成年人校外活动场所对未成年人集体参观实行免费开放，丰富青少年精神文化生活，全面提升未成年人思想道德素质，营造未成年人健康成长的良好环境。

五、实施创建活动工程

推进文明城市（县城）、文明村镇、文明单位、文明窗口创建活动，树立一批创建生态文明村示范点。以“村容环境”、“乡风文明”为主题内容，改善生产条件、改造生活环境、改进生活方式，促进市民文明素质和城乡现代文明程度的提高，加快建设社会主义新农村步伐。

六、实施全民读书工程

深入开展全民读书活动，通过举办“读书节”，开展争创“学习型组织、知识型职工”、“书香校园”、“书香家庭”等评比和“农家书屋”、“社区书屋”、“职工书屋”建设，推进学习型组织、学习型机关、学习型企业、学习型城市、学习型农村建设，倡导读书学习的文明风尚，推动全市广大干部群众养成自觉阅读的良好习惯，营造好学求进、书香客都、文明和谐的社会氛围。

七、实施志愿服务工程

成立志愿者服务指导机构，广泛普及志愿理念，大力弘扬“奉献、友爱、互助、进步”的志愿精神，组织开展普及文明风尚志愿服务、科技、文体、法律、卫生志愿服务、社会治安志愿服务、保护环境志愿服务、扶老助残、便民利民等志愿服务，拉近人与人之间的心灵距离，减少疏远感，缓解社会矛盾，促进社会稳定。

八、实施科学普及工程

广泛开展科普宣传教育，弘扬科学精神，普及科学知识、传播科学思想和科学方法，巩固和发展群众自治自律组织，教育引导群众破除迷信，远离黄、赌、毒，抵制邪教，确立科学、文明、健康的生活方式。做到移风易俗，除旧布新，形成崇尚科学文明、反对封建迷信的良好社会风气。

九、实施阵地建设工程

建设和完善精神文明活动阵地，建立一批

爱国主义教育基地，坚持把活动阵地的社会效益放在首位，发挥其功能作用，为广大市民提供学习活动的新场所。

十、实施机制保障工程

把精神文明建设纳入经济社会发展规划，不断充实精神文明建设委员会及其办事机构，完善《精神文明建设委员会成员单位责任制度》，制订精神文明建设目标责任制考核办法，构建推进精神文明建设的保障体系，营造良好的精神文明建设环境。

（梅州市文明办）

惠 州 市

设立未成年人品德优秀“旭日奖”打造未成年人思想道德建设品牌工程

为深入贯彻党的十七大精神，以实际行动落实中共中央、国务院《关于进一步加强和改进未成年人思想道德建设的若干意见》，关心未成年人的健康成长，全面提高全市青少年的思想道德素质，鼓励青少年学生勤奋学习，德、智、体、美全面发展，形成良好的社会道德风尚，从2005年起，由惠州市人民政府与香港旭日集团共同设立了未成年人品德优秀“旭日奖”，每年开展一届评选表彰活动。该奖项的设立，不仅是惠州市精神文明建设和推动教育事业发展的一项大事、盛事、好事和实事，同时也是香港旭日集团热心社会公益事业和关心青少年一代健康成长的义举和善举。至2010年，惠州已举办了6届评选表彰活动，共评选出品德优秀（进步）“旭日奖”学生19500名，品德教育先进工作者200名。

一、设立“旭日奖”的宗旨

通过评选表彰活动的开展，进一步鼓励未成年人不仅学好文化科学知识，掌握现代化建设技能，而且正确认识人生价值，懂得怎样做人，从而在德、智、体等诸方面积极进取，迈向灿烂人生，成为社会有用之才。

二、组织机构

未成年人品德优秀“旭日奖”由惠州市精神文明建设委员会代表惠州市人民政府，与香港旭日集团共同开展“惠州市未成年人品德优秀‘旭日奖’评选表彰活动”，领导小组成员单位包括市委宣传部、市文明办、市教育局、团市委、市妇联、惠州报业传媒集团，负责“旭日奖”的组织协调和宣传工作，“旭日奖”领导小组办公室设在惠州市教育局，负责具体评审事务。

三、评选范围与表彰方式

香港旭日集团每年出资表彰在校就读的品德优秀的小学、初中、高中（含中职）学生，在未成年人品德教育中成绩突出的优秀教师，在未成年人品德教育中成效显著的学生家长，在未成年人品德教育工作中成效显著的学校。2005—2007年，香港旭日集团每年出资60万元人民币，全部用于奖励在惠州市就读的小学、初中、高中（中职）品德优秀的学生，每年奖励3000人，每人奖金200元。从2008年开始，为扩大影响，给予成长有困难的学生更多关注和引导，为全市青少年树立上进的典范，“旭日奖”又增设未成年人思想品德进步奖500名和未成年人品德教育优秀班主任100名等两个奖项，每年的出资额由原来的60万元增加到135万元，学生每人奖励300元，优秀教师每人奖励3000元。为进一步扩大、深化奖项的影响及效果，2011—2015年将增设“未成年人品德教育优秀家长奖”和“未成年人品德教育先进学校‘旭日奖’”。

四、认真组织，广泛发动，严格按照评选程序开展工作

开展“旭日奖”评选活动，已经成为各个学校日常教育教学中的一项重要内容。各学校都把开展“旭日奖”评选作为加强青少年学生思想品德建设的重要抓手。各地中小学把“旭日奖”当作重大的奖励事项来激励广大学生，并配合开展有学校特色的主题活动，丰富“旭日奖”的内容。通过德育活动，把“旭日奖”的评选贯穿教育教学过程的始终，同时还组织校内监督小组和校外监督小组，搭建起了校外人员参与“旭日奖”评选的平台。有的中小学开设“旭日奖”专门宣传栏，广泛宣传“三好”和“三善行”，并把同学获奖作为班级管理的加分内容，扎实做好引导学生“日行一善”和开展“爱心社”的活动。有的中小学设计专门的评选表格，严格按照学生推荐（自荐）——班级评定——年级推荐——学校审核——校外评定——全校公示——隆重表彰的环节，完成评选的全过程。

五、活动成效良好，师生评价高，社会效益大

“旭日奖”评选表彰活动已成为惠州市精神文明建设和未成年人思想道德教育工作的品牌。“旭日奖”开展六届以来，收到了很好的成效。全市1000多所中小学（含中职）80多万名师生共评选出了19500名获奖者，培养出了一大批品德优秀的群体，这个群体已经在全体青少年学生中起到了模范作用。从历年调研的情况看，获奖学生都能在原来的基础上，更进一步地加强自身修养，并且起到带头作用。钟卓红同学说：“获得‘旭日奖’，是行善的一种奖励，对学习进步，多做公益，起到了很好的促进作用。”市一中的张家琪同学说：“我小学时性格内向，在班主任的鼓励下，我与同学们一起，积极参加公益活动，去老人院看望老人。在那里，我学会了宽容。今后要像杨钊先生一样，为大家多作贡献。”博罗中学的黎伟华同学说：“小时候，我什么也不懂。但慢慢地，我懂得了赠人玫瑰，手留余香的道理，我能帮助别人，心里非常高兴。我会把我的资金捐给比我更需要的人。”同学们的感言，都流露出因获得“旭日奖”的自豪，都深深感激香港旭日集团提供了这么一个好的平台。

目前，“旭日奖”已经深入学生、家长的脑海，真正做到了家喻户晓。“旭日奖”已经成为加强青少年学生思想建设的品牌，得到了全社会的认可。这项活动将继续下去，旭日集团做了很好的榜样，将引导更多的企业、集体行动起来，关心、支持青少年的思想品德建设。

（惠州市文明办）

阳 江 市

十大标兵企业标兵人物出炉

历时9个月的阳江市“推动科学发展标兵企业、标兵人物”评选活动结果于12月24日晚揭晓，阳江核电有限公司等10家优秀企业和陈启蒙等10位先进个人分别荣获“推动科学发展”标兵企业、标兵人物称号。本次评选活动共收到市民投票9万余张，为阳江市历次评选活动参与人数最多、影响最广的一次。

为进一步营造阳江市招商引资的社会环境，推动经济社会发展“快马加鞭，乘势而上”，根据市委、市政府的要求和部署，市文明办于2010年4月开始在全市开展“推动科学发展标兵企业、标兵人物”评选活动。此次活动得到了市直各单位、民营企业和广大干部群众的积极响应，61家标兵企业参选对象和97名标兵人物参选对象很快就被推选出来。评选活动组委会经过认真筛选，并征求纪检、税务、海关、环保、工商、公安、计生、综治等相关部门意见，初步评选出20家标兵企业候选对象和20名标兵人物候选对象。之后，工作人员将候选对象的先进事迹通过报纸、电视、网络以及手机短信等方式向社会宣传公示，邀请市民参与投票。此次活动收到了选票91427张，有效选票84404张，其中网络投票15104张，邮寄投票69300张。

经过公众投票后，评选活动组委会召开了专家评审小组会议，按照标兵企业、标兵人物的先进性、代表性和广泛性的标准，对候选对象进行严谨审核，最终确定了荣获阳江市“推动科学发展标兵企业、标兵人物”的企业和个人名单，以及荣获提名奖的企业和个人名单。

12月24日晚，阳江市“推动科学发展，建设美好阳江”标兵企业、标兵人物表彰大会在市体育馆举行。市委常委、宣传部长冯桂雄在大会上通报了本次评选活动的结果。市人大常委会副主任郑尤坚、副市长陈芝岳、市政协副主席容振标等参加了表彰大会。

（阳江市文明办）

茂 名 市

开展“小手拉大手，文明一起走”志愿行动

茂名市区共有住户12.6多万户，市区中小学生7.5万人。为了积极配合做好创建全国文明城市工作，进一步动员全市人民投身到创建文明城市活动中去，2010年5月，市文明办、市教育局联合组织市区中小学生开展了“小手拉大手，文明一起走”志愿行动，教育引导广大青少年学生“小手拉大手”与家长一起，从我做起、从现在做起，自觉遵守社会公德，维护公共秩序，人人参与文明城市创建活动，为争创“全国文明城市”作贡献。

主要做法是：

1. 引导中小学生做“文明从我做起”的实践者。建设文明，推广和传播文明，最好的办法就是每一个人都从我做起。市区每一所学校积极引导中小学生做“文明从我做起”的实践者。一是各学校积极开展礼仪教育系列活动。深入开展“迎亚运，讲文明，做主人”主题教育活动，认真组织中小学生习礼仪，举行礼仪知识讲座、礼仪知识竞赛等，以“学习礼仪，做文明人”为主要内容开展评选“礼仪天使”，使中小学生从小养成文明有礼、尊老爱幼、助人为乐、团结协作的良好品德。二是开展“文明礼仪进社区”活动。结合社会实践活动，组织中小学生走上街头、走进社区进行文明礼仪宣传，弘扬中华民族文明礼仪的传统美德，营造健康向上的人文环境。三是开展“小手拉大手，共建文明和谐家庭”活动。指导中小学生从提高家庭成员素质、弘扬家庭美德入手，监督家长文明礼让、尊老爱幼，创建文明家庭、学习型家庭、平安家庭等，以家庭和谐促社会文明。市文明办还编印了《文明礼仪常识》发放到每个学生手中，请学生把手册带回家，与家人一起学习，共同提高文明素质。四是开展“文明出行”交通安全教育活动。以“礼让”为重点，以出行安全为突破口，组织广大青少年学生积极参与“文明出行，从我做起”交通安全宣传行动，在全市中小学生中宣传文明出行知识，并通过学生来引导广大家庭成员自觉遵守交通规则。五是开展“绿色环保”活动。组织广大青少年学生自觉动手清洁校园和家园，积极参与维护好街道、村庄、校园、社区及公共场所的美化、绿化，努力营造优美舒适的居住、生活环境。

2. 引导中小学生做创建文明城市的宣传员。创建文明城市是一项社会系统工程，需要全社会和全体市民的积极参与，尤其需要广大青少年学生的积极参与，为创建全国文明城市摇旗呐喊，做创建文明城市的宣传员。一是引导中小学生向家长宣传创建文明城市的积极意义。二是引导中小学生动员全家人积极参与创建文明城市活动。主要就是动员家人从我做起，从身边的小事做起。不随地吐痰、不乱扔垃圾，不在公共活动场所吸烟和大声喧哗，不乱穿马路，不闯红灯等，养成良好的生活习惯。三是引导中小学生动员家长，为创建文明城市提意见出建议。城市是我们自己的城市。城市如何建设，如何管理，如何绿化美化等等，大家都来出谋划策。

3. 引导中小学生做公共文明指数的测评员。开展公共文明指数模拟测评，组织市区广大中小学生当公共文明指数志愿测评员，入户即回自己家当一回测评员，做一次公共文明指

数测评工作。做法是：带《致市民的一封信》和《茂名市公共文明指数测评调查表》回家，与家人一起读《致市民的一封信》，一起讨论和共同填写《茂名市公共文明指数测评调查表》，并请家长签名后再带回学校交给班主任。同时请学生们回去动员家长，中央文明办到茂名市开展公共文明指数测评的时候，要积极配合和支持，开门让座，热情回答问题，为树立茂名人良好形象作出应有贡献。

4. 引导中小学生做一个有道德的人。教育引导市区中小学生向身边的人宣传茂名市道德模范的事迹，与家长一起推荐身边的好人，学习道德模范，做一个有道德的人。

通过以上志愿行动，茂名市创建文明城市工作基本家喻户晓，人人参与，市民文明素质和城市整体文明程度都得到有效提高。

（茂名市文明办）

潮 州 市

“五个着力”提升公民素质

2010年，围绕促进人的全面发展，潮州市从五个方面入手，着力实施公民素质工程，全面提升市民的综合素质。一是着力加强爱国主义教育。评选命名一批爱国主义教育基地，举办隆重授牌仪式，激发市民爱国热情；创办“爱国主义教育网上展厅”，全面展示潮州爱国主义教育基地和革命烈士风采；结合“我们的节日・清明节”，组织“缅怀革命先烈，继承革命传统”主题活动，引导人们慎终追远、缅怀先辈。二是着力加强诚实守信教育。深化“身边人、身边事”评选活动，组织新闻媒体宣传推介一批诚实守信道德模范；以湘桥区新桥东路步行街获省“百城万店无假货一条街”为契机，进一步加强对商业街、旅游区经营行为的监管，深化“百城万店无假货”创建活动；在广大企业中开展“以诚实守信为荣、以见利忘义为耻”主题教育，培育以诚信为核心的企业文化；继续开展“百家食品企业践行道德承诺”活动，推动行业职业道德和诚信建设。三是着力加强文明礼仪教育。组织编写《文明礼仪读本》，普及社会礼仪、生活礼仪、职业礼仪和校园礼仪常识；结合全省文明城市公共文明指数测评工作，在全市开展“关爱生命，文明出行”主题活动，加大文明服务、文明交往、文明乘车、文明行走、文明驾车、文明游览、文明观赏、文明就餐等礼仪的监管和宣传力度，推进文明礼仪进机关、进单位、进学校、进社区、进农村、进家庭；组织开展文明礼仪形象大赛，树立礼仪学习标杆，在全社会形成讲文明的良好风尚。四是着力加强传统文化教育。深入开展“我们的节日”主题活动，利用重要节庆日和重大活动，广泛开展具有地方特色的文化活动；编写出版《潮州畲族文化系列丛书》，全面介绍潮州凤凰山作为全国畲族始祖地的人情风物；举办潮州文化网上文化节，向世界全方位介绍推介潮州深厚的文化底蕴和独特文化表现形式；组织开展中华经典诵读活动，推动中华经典诵读进机关、企业、社区、学校。五是着力加强未成年人教育。深化拓展“做一个有道德的人”主题活动，以点带线，以线带面，推动全市未成年人思想道德建设；大力净化社会文化环境工作，着力抓好“绿色网络”、“视听清洁”、“阳光校园”、“沃土育苗”四项工程，强力净化社会文化环境；加大精神文化产品的生产和文化服务工作；不断完善学校、家庭、社会“三位一体”的教育网络；组织编写《学子情怀》、《阳光下成长》等乡土文化教材，邀请专家开设“道德与成长”专题讲座，为广大青少年提供更多文化服务，丰富未成年人文化生活。

（潮州市文明办）

潮　州　市

开展敬老孝老活动欢庆重阳节

为大力弘扬中华民族尊老敬老的传统美德，潮州市结合“我们的节日”主题活动，在重阳节期间组织开展多形式敬老孝老活动，引导人们自觉形成尊老、爱老、助老的良好行为习惯，努力营造欢乐喜庆、温馨和谐的节日氛围。

一是举办宣传文化界老同志代表座谈会。10 月 13 日，市委宣传部邀请全市宣传文化界老同志代表欢聚一堂，共庆一年一度的重阳佳节。同时，市委宣传部向老同志通报近几年潮州市文化建设的情况，介绍新时期文化建设的基本思路，征求各位老同志对文化建设的意见建议。潮州市委常委、宣传部长陈丽文同志出席座谈会，并作了讲话，希望老同志发挥好在弘扬广东时代文化精神中的表率作用，发挥好在繁荣潮州文化中的带头作用，发挥好在推进文化建设中的参谋作用，发挥好在推进文化队伍建设中的桥梁作用。同时，要求各有关部门高度重视，形成合力，“尊重”、“支持”、“学习”、“服务”老同志，千方百计为老同志发挥“光”和“热”提供良好的条件，创造宽松环境，致力营造宣传文化界老同志“温馨之家”。

二是举办“关爱老人，构建和谐”老人节文艺晚会。重阳节前夕，潮州市在市委党政机关会堂举办庆祝老人节文艺晚会，来自市老干部大学的老年学员和昌黎路小学的少年学生同台演出，载歌载舞，喜迎重阳。晚会中，老年女学员以弹唱的形式表演了《化蝶》、《亲亲茉莉花》，以合唱形式表演了《湘桥吟》、《问鉎牛》，以演奏形式表演了《忙亦乐》、《中秋月》，和少年学生表演了《梅英表花》等节目。通过内容丰富、精彩纷呈的表演，展现了老年们积极向上的精神面貌，同时也为全市广大老年人提供了一场丰盛的文化大餐，丰富了老年文化生活。

三是开展“十大孝贤青年”评选活动。结合“身边好人”评选活动，挖掘一批敬老孝老的先进典型，开展“十大孝贤青年”评选活动，通过评选活动的辐射示范作用，不断壮大敬老爱老社会队伍，为广大青年树立榜样，在全社会形成敬老人、树正气、倡美德的社会风气。

四是开展敬老慰问活动。在重阳界来临之际，潮州市领导带头慰问一批困难老年人、看望一批百岁老年人向他们送去节日的问候和良好祝愿，同时，走访一批老年福利机构，关心老年人生活，倾听老年人的心声，帮助其解决实际困难。

五是开展敬老爱老志愿服务活动。从老年人的实际需求出发，以家政服务、心理抚慰、养生保健、文体娱乐等为主要内容，组织巾帼志愿者、学生志愿者、医疗卫生志愿者、青年志愿者、职工志愿者到敬老院、光荣院、城乡基层社区、孤寡老人、空巢老人家中，为老人提供各种服务，丰富老年人的节日生活，使老人们心情舒畅、欢度佳节。

（潮州市文明办）

创建活动

创建文明城市

广 东 省

率先启动珠江三角洲文明城市群建设

在珠江三角洲区域一体化快速发展的背景下，广东省文明委提出在全国率先启动文明城市群建设，推动珠三角文明城市创建从点到面、从个体到群体、从城市到地区的跃升，实现区域文明整体协调发展。

创建目标：

以文明城市创建为载体，解放思想，开拓创新，打造区域文明城市共建新平台，提升珠江三角洲城市群整体文明形象，在全国率先建成功能互补、协调发展、特色鲜明的区域文明城市群，打造亚太地区最具活力和国际竞争力的全球城市区域。

按照“巩固提高、辐射延伸”的原则，不断提高现有“全国文明城市”和“广东省文明城市”的工作水平，不断完善长效工作机制。

按照“分类指导、分步推进”的原则，加快推进珠江三角洲各市创建文明城市的步伐，力争到2017年，珠江三角洲各地级以上城市100%建成“全国文明城市”，2020年广东省各县级市（县城）100%建成“广东省文明城市（县城）”，实现文明城市创建全面覆盖。

按照“优势互补、资源共享”的原则，加强联片创建、联手共建，形成区域文明城市群。

创建重点：

（一）共建珠江景观带。

利用珠江水系河道纵横的自然优势，点线面结合，共同建设自然景观与人文景观和谐统一的沿江景观带。

（二）共建滨海景观长廊。

综合规划开发珠江三角洲海岸带，构建彰显人文特色和海洋魅力的阳光金海岸。

（三）共建珠江文化带。

加快珠江沿线文化一体化建设，增强区域文化特色，提升区域文化的竞争力和辐射力。

（四）共建珠江绿色水系。

建立珠江流域上下游统一协调的水环境保护机制，加强生态环境建设和保护，推进珠江水系综合整治，建设绿色水系。

（五）共建清洁蓝天。

全面实施珠江三角洲清洁空气行动计划，切实治理区域大气污染。

（六）共建爱心家园。

强化居民群众的社会责任意识，广泛开展公益活动，构筑区域联动爱心工作平台，建设爱心家园。

（七）共建文明生活引领区。

着力倡导文明行为和健康文明的生活方式，提高居民的文明素质，共同建设文明生活引领区，共创珠三角优质生活圈。

（八）共建乡村文明圈。

以推进珠江三角洲农村社区化为突破口，加强城乡共建，提升乡村文明水平，着力推进社会主义新农村建设，推进城乡一体化。

（广东省文明办）

深 圳 市

开展“百万市民学礼仪”活动

在成功申办2011年第26届世界大学生夏季运动会后，深圳市委、市政府和全体市民都期待着深圳能向世界人民展示较高水平的城市文明。为此，深圳市文明办组织开展“百万市民学礼仪”活动，倡导学礼知礼懂礼用礼，为成功举办大运会创造文明和谐的社会环境。

一、市文明办综合协调，狠抓示范性基础工作，推动活动深入开展

深圳市文明办充分发挥综合协调作用，将礼仪宣传教育实践活动与筹办大运会、创建全国文明城市等工作结合起来，提请深圳市委、市政府和市文明委先后印发了《“迎大运讲文明树新风”深圳市民素质提升工程实施方案》、《关于开展“百万市民学礼仪”活动的通知》、《深圳市公共文明提升行动计划》等，对礼仪知识宣传普及、主题实践、氛围营造等系列活动进行全面部署。

与此同时，深圳市文明办重点抓好示范性基础工作，促进活动深入开展。一是编发《礼仪知识简明读本》。组织编印5万册《礼行深圳——迎大运讲文明树新风礼仪知识简明读本》，通过多种渠道免费发放给广大市民，引导他们学礼用礼。二是开展礼仪知识宣讲活动。组织宣讲团深入机关、学校、社区和企业，举办近1000场宣讲活动，宣传礼仪规范和文明理念。三是开展公共文明宣传劝导活动。组织志愿者到主要交通路口、主要商业街区和各类公共场所开展宣传劝导活动，引导广大市民遵守公共场所礼仪规范。

二、各级各单位精心组织，广泛发动，形成齐抓共管工作格局

各区、各部门、各行业结合不同群体特点，精心组织开展文明礼仪宣传教育实践活动，在全市掀起学礼用礼热潮。如，深圳市教育局组织开展“文明礼仪伴我行”主题实践活动，通过讲座、主题班会、演讲和征文比赛等多种形式，引导中小学生养成文明行为习惯；市妇联大力开展“美德在我家”、“做合格父母、育文明新苗”等礼仪实践活动，倡导现代家庭文明新风；出租车、公交车、口岸、机场、火车站等行业组织从业人员学礼仪，促进服务质量不断提升；福田区大力开展“礼在福田”主题宣传实践活动，推动活动深入开展；宝安区组织编排“文明礼仪”文艺节目到社区、学校、企业进行巡回演出，以寓教于乐的形式宣传普及礼仪知识，引导辖区居民践行礼仪规范。

三、新闻媒体发挥优势，积极参与，营造学礼行礼良好氛围

深圳市新闻媒体充分发挥文明建设策划者、组织者、宣传者、监督者的综合作用，在全市营造了学礼行礼良好氛围。一方面，新闻媒体不断加大宣传报道力度。各新闻媒体制作、刊播文明礼仪公益广告，依托创建文明城市专版、专栏，大力宣传“百万市民学礼仪”的重要意义，及时报道活动动态、成果和经验，并曝光不文明行为，发动市民开展讨论，在报道新闻事实中体现正确导向，在同市民交流互动中促进形成共识，在加强信息服务中开

展思想教育，充分调动市民参与活动的积极性。另一方面，新闻媒体积极参与组织开展活动。如，深圳少儿频道开办《国学小讲堂》礼仪知识宣传电视节目，每周两期，通过情景剧、动画等形式，介绍中华传统礼仪文化和现代社会礼仪规范，使青少年轻松学习礼仪知识；《深圳晚报》开设“文明礼仪晚报大学堂”专版，每周一期，系统介绍礼仪知识，并每月、每季度举办一期礼仪知识竞赛，吸引广大市民参与，在全市掀起了学习礼仪的热潮。

深圳市文明办组织开展“百万市民学礼仪”活动，在全市掀起学礼用礼热潮，使广大市民在参与过程中得到提高，逐步养成良好文明行为习惯，从而促进城市文明水平持续提升。

（深圳市文明办）

深　圳　市
开展“文明出行全城总动员”活动

深圳以筹办2011年大运会为契机，在全市开展“文明出行全城总动员”系列主题活动，通过加强宣传教育、完善交通设施、开展交通秩序整治、强化社会监督等手段，着力解决影响交通环境的一些突出问题，推动城市公共文明水平持续提升。

一、加强教育引导，营造文明出行良好社会氛围

始终将市民文明交通素养提升作为文明交通行动的重要内容，精心策划开展各种参与人多、受益面广的群众性宣传教育和实践活动，积极动员广大市民参与文明交通行动，共同营造文明出行良好社会氛围。

一是加强文明交通和安全交通教育。在新闻媒体开设“文明出行，为你加油”互动活动，大力普及交通礼仪规范，积极倡导文明出行理念。在每年春运前固定开展为期一个月的“交通文明宣传月活动”，并在每个月的25日固定举行交通安全主题宣传日活动，开展保安全、保畅通的职业道德教育，培养广大机动车驾驶员的良好职业道德习惯和文明驾车意识。将文明交通常识纳入中小学生安全教育体系，加强校车及校车驾驶员管理，开展中小学生规范行路和文明交通常识教育，引导中小学生养成文明出行良好习惯。在来深建设者中深入开展“安全伴我行”活动，切实提高来深建设者文明出行和安全交通意识。

二是拓宽市民参与文明交通行动渠道。充分发挥公职人员的示范带动作用，每周六开展全市公务员志愿行动，组织公务员近18万人次到公交站点、地铁站和主要交通路口，宣传文明出行礼仪规范，引导市民文明行路、文明乘车。在华强北、皇岗口岸等全市149个主要交通路口、公交站点、口岸设立文明劝导志愿服务岗，组织近5万名志愿者开展“文明出行，从我做起”宣传劝导活动，倡导“优雅生活不超速，成功人士不违章”等文明出行理念，提高市民文明出行意识，共同营造文明和谐的交通环境。在公交车配备摄录装备，由市民和公交车司乘人员采取照相、录像等方式取证，举报占用公交车道的违法行为。结合手机

彩信“随手拍”和电子邮箱举报制度，设立“举报受理中心”专门窗口，扩展群众举报途径，积极发动社会力量广泛参与，对指定的四大类16小项的交通陋习进行摄录取证，震慑交通违法行为人的同时加强举报人的自我教育。

三是加大宣传力度。充分发挥新闻媒体组织者、策划者、监督者的综合作用，制作、刊播了一批文明交通主题的公益广告，依托“深圳窗”、“文明进行时”、“文明你我同行”等专版、专栏，及时报道活动动态、成果和经验，并曝光不文明行为，发动市民开展讨论，在报道新闻事实中体现正确导向，在同市民交流互动中促进形成共识，在加强信息服务中开展思想教育，充分调动市民参与文明交通行动的积极性。依托客货运场站、高速公路服务区、学校、工厂、社区等宣传阵地加强宣传，大力倡导“文明出行”、“安全交通”理念，营造文明交通良好社会氛围。

二、加强服务与管理，切实优化交通环境

始终将优化交通环境作为文明交通行动的基础工作，各职能部门齐抓共管，从服务和管理着手，努力创造安全畅通、文明和谐的道路交通环境。

一是进一步完善交通设施。结合“畅通工程”，推进事故“黑点”路段治理工作，加强交通事故多发道路预警信息系统建设，推动实现以计算机信息系统为平台的交通事故多发道路“科学分析、滚动排查、及时预警、有效治理”。不断完善新建（改建）路口、学校、幼儿园、医院等门前路段警示、提示标志和减速设施的设置，强化事前细致排摸、事中严格监管、事后滚动查验“三位一体”的保障措施，切实维护周边道路交通安全、便利。深入实施“快、干、支”三层次公交线网规划，2010年新开通线路113条，优化调整线路240条，新增及更新运力2104辆，同时加快地铁建设，总长178公里的五条地铁线全面开通，为缓解交通压力、方便市民出行、优化交通环境提供了保障。

二是加强交通整治。针对严重影响交通秩序的涉酒驾驶、泥头车超载、假牌套牌、摩托车非法营运等十种严重违法行为，以“猎虎”、“天眼”等集中处置模式严厉打击，依法从严查控严重违法及重点车辆，确保交通安全、顺畅。针对行人、非机动车闯红灯、在机动车道无序通行，机动车“不排队、乱变线”、鸣笛、向车外抛垃圾、乱停乱放，公交车、出租车不按规定次序进站、上下客等不文明现象进行集中整治，引导行人、乘客和非机动车、机动车驾驶员等交通参与者逐渐养成守法、文明的交通行为习惯，共同营造文明、安全、畅通、有序、和谐的交通秩序。

三、加强长效机制建设，推动交通文明水平持续提升

始终着眼长远、着眼长效，建立健全文明交通行动的长效机制，推动工作深入开展，促进城市交通管理水平和城市公共文明水平持续提高，取得了良好效果。

一是加强文明交通立法。充分利用特区立法权，深圳出台了《深圳经济特区道路交通安全违法行为处罚条例》（以下简称《条例》）。《条例》多项条款为全国首创，如《条例》不但对一些违法者作了处罚规定，而且对违法行为发生负有管理责任的人员也规定了罚则，同时，《条例》还设专章对交警的执法行为进行规范和监督，形成了严密的监督体系。《条例》自2010年8月1日起正式实施以来，深圳加大了对严重交通违法行为的处罚力度，综合运用记分、安全教育、社会服务、罚款等措施，严格管理，严厉处罚，增强威慑力，强化源头治理，注重治本，取得了良好效果。

二是加强文明交通监测。每月组织开展一期“交通文明指数测评”，并公布测评结果。

深圳交通文明指数包括守法率指数、市民感受度指数、交通设施完善指数和人行道无障碍指数等4个分项指数。深圳交通文明指数用可供量化的指标体系衡量交通文明水平，将各区的交通文明状况清楚地展示出来，借此对城市文明现状和百姓行为常“把脉”、勤“诊治”，确保文明交通行动科学化、制度化和常态化，推动各区、各有关部门有针对性地加强交通文明建设，不断提升市民文明交通意识和城市公共文明水平。

（深圳市文明办）

深 圳 市

开展第七届深圳关爱行动

2010年1月12日，深圳市文明委启动了第七届深圳关爱行动。深圳市50余家涉及民生福利的党政机关和企事业单位以“关爱·感恩·回报”为主题，结合深圳经济特区建立30周年以及市委、市政府改善民生等中心工作，突出“关爱深圳建设者”，全年开展了1000余项形式多样的爱心活动，吸引了各界人士的广泛参与，涌现出一大批先进集体、先进个人和优秀活动，深圳市关爱行动公益基金会接收社会捐款983.99万元，资助了李汝勇等一大批需要帮助的人，巩固和发展了深圳关爱行动“爱心洋溢，充满激情、创意和责任感”的活动特色。2010年4月28日，深圳市委宣传部举办了“2010感动深圳——第七届深圳关爱行动表彰晚会”，对郑卫宁、巫仕琴家庭、深圳市腾讯计算机系统有限公司、福田区南园街道沙埔头社区等新一批“最具爱心人物”、“最具爱心家庭”、“最具爱心企业”、“最具爱心社区”进行了表彰。

第七届深圳关爱行动在专业化、机制化和创意化方面积极推进，取得如下主要成效：

一是提升了深圳市党政机关倡导推动和整合资源的能力。深圳各级党委、政府积极响应，自觉将深圳关爱行动作为重要工作之一，充分发挥资源整合能力，调动各方力量，搭建优化配置社会救助资源的平台，促进了长效机制建设。

二是提升了与企业、社会组织合作的水平。首次推出公益合作伙伴制度，邀请中国移动深圳分公司、深圳中航集团等6家爱心企业为公益合作伙伴，合作开展了“幸福人生大讲堂之职场超越”、“山海和声，飞越彩虹”少数民族少儿音乐舞蹈晚会等活动。首次推出企业冠名系列工程。佳兆业集团捐资200万元开展“佳兆业白衣天使关爱工程”，迅宝公司捐资100万元开展“迅宝外来女工关爱工程”，企业冠名有效促进单项的关爱活动规模化、系统化、长期化，同时使企业感受参与公益的荣耀，在社会上形成示范效应，吸引更多企业参与关爱行动。首次与社会公益组织全面合作。与腾讯公益慈善基金会共同主办“千里送水行动·贵州行”活动，为贵州受灾地区捐赠1208吨水。在深圳市学生爱心捐助活动中，上海“真爱梦想”承担了21万余册图书的物流、分发、信息反馈等大量工作，为该活动的顺利举行提供了强有力的保障。

三是强化媒体的宣传、策划和组织能力。媒体宣传报道的篇幅、密度、影响力，均创历年最高纪录，形成报、网、台联动，移动视讯、户外公益广告总动员的公益宣传体系。从2010年1月至4月底，深圳报业集团四报一网对深圳关爱行动报道共计1065篇，深圳广播电台、深圳电视台共播出关爱新闻500余条次，重大活动专题报道40余次。各有关单位发布了近30个户外广告。

四是提升了广大市民的公益理念和参与热情。个人捐款、投票评选人数的增长反映出市民参与度越来越高。2010年1月至11月，爱心账户接收社会捐款983.99万元，比2009年全年增长86.7%（526.5万元），实现了爱心账户在常态年份下年度募集善款数额的成倍增长；最具爱心人物等系列推选共收到有效选票近270万张，较上届评选票数增长了67万多张，增幅达34%。青年义工主动参与热情大大增强，一批青年义工主动参与了“幸福人生大讲堂”、“募师支教”、“西部支教计划”、“小相机大世界”助学活动图片展等多项活动。

五是创新了社会救助机制。形成了“记者调查采访——媒体报道——基金会凝聚爱心——爱心善款送达求助者——媒体公布”的快捷、透明的救助方式。

六是提升了关爱行动的品牌影响力。邀请了谭晶、白岩松等代言或参与深圳关爱行动，发挥名人的示范、带动和辐射作用，使关爱行动的号召力进一步提升。

经过多年的积累，深圳关爱行动的影响力逐年提升。2010年10月16日，香港理工大学应用社会科学系一行3人专程来深调研深圳关爱行动，详细了解了深圳关爱行动系列推选和“感动深圳”表彰晚会、深圳“关爱指数”等有关情况。香港关爱基金项目顾问、香港理工大学应用社会科学系陈清海教授认为，深圳关爱行动的“政府倡导、媒体宣传推动、企业社团协同、公众广泛参与”的模式与香港关爱基金有相似之处，对香港关爱基金的运作有借鉴作用。

（深圳市文明办）

汕 头 市

开展百万中小学生学礼仪、讲文明活动

2010年9月28日，汕头市委宣传部联合市教育局、团市委、市文明办、汕头都市报在龙湖区翠英中学举办“小手拉大手、文明伴我行”中小学生文明礼仪学习实践活动启动仪式，市、区两级有关部门负责人及相关学校师生共600多人出席了启动仪式。2010年，为加强未成年人思想道德建设，培养青少年学生讲文明、懂礼仪、重实践的良好生活习惯，培育文明社会风尚，推动创建文明城市活动的开展，市委宣传部联合多个部门以“小手拉大手、文明伴我行”为主题，通过组织中小学生学习《汕头市文明礼仪手册》，践行文明礼仪要求，撰写心得体会，提高广大青少年学生对文明礼仪的理解和掌握，从而带动学生家长参与文明礼仪知识的学习和实践，推动社会文明水平的提升，着力在全市营造百万中小学生学礼仪、全民共建文明城的良好态势。此次活动主要从三个层面进行推进：

一是开展学习实践试点活动。主要是选择金平区聿怀初中、东厦中学、长厦小学、桂花小学、百合小学，龙湖区翠英中学、锦泰中学、丹霞小学、金珠小学和林百欣附小等10所中小学校作为全市中小学开展学习实践活动的先行试点单位。市文明办向这10学校赠送《汕头市文明礼仪手册》，每个学校600册。由这10所先行试点学校重点组织一个年级的学生，以《汕头市文明礼仪手册》为主要内容，通过自学、主题班会、团会、学习小组会等形式，认真学习实践文明礼仪知识。

二是开展学习实践征文活动。在《汕头都市报》开设“小手拉大手、文明伴我行”——“龙达杯”中小学生文明礼仪学习实践征文专栏，发动全市中小学生尤其是10所先行试点学校的学生，以“小手拉大手、文明伴我行”为主题，通过学习《汕头市文明礼仪手册》，结合现实生活撰写学习实践体会文章，积极向《汕头都市报》征文专栏投稿，《汕头都市报》定期刊登优秀征文。征文活动得到广大师生和家长的热烈响应，受到了社会各界的广泛好评，达到了预期的效果，在学习实践活动结束前，主办单位还组织专家对征文进行评选，在全市评出100篇“文明礼仪百佳作文”，并举办颁奖活动。

三是开展学习实践推广活动。主要是总结和推广10所先行试点学校开展学习实践活动的经验，进而延伸推广到全市，带动全市各中小学乃至全市文明礼仪学习实践活动的开展，不断扩大学习实践活动的覆盖面和影响力，提升全社会的文明程度，在全市掀起百万中小学生学礼仪、全民共建文明城的热潮。

（汕头市文明办）

汕 头 市

启动公共文明品牌创建活动

为推动创建省文明城市活动深入开展，2011年11月4日，市委宣传部、市文明办联合市公安局、市城管局、市交通运输局、市民政局、团市委、市妇联等部门在人民广场举办汕头市公共文明品牌创建活动启动仪式暨“公共文明志愿服务队”成立大会，市领导陈茸、陈香兰、林梃、林依民，市纪委副书记林健民出席仪式并为志愿服务队授旗，市文明委各成员单位领导和各区（县）委常委、宣传部长，文明办主任以及公共文明志愿服务队队员约300人出席了活动仪式。此次活动为期3个月，汕头六区一县根据实际开展相应的创建活动。

一是开展“文明示范路”创建活动。从2010年11月至2011年1月，市委宣传部、市文明办联合市公安局、市交警支队、市城管局、市交通运输局等职能部门，以海滨路、中山东路、金砂东路三路为重点，通过加大路面执法力度和日常管理，开展“文明示范路”创建活动，着力规范车辆文明行驶秩序，倡导市民文明出行意识。同时，金平区、龙湖区等区（县）也根据自身实际，在本区内确定2至3条重点街路开展“文明示范路”创建活动，营造平安、有序、文明的城市交通环境。

二是开展“文明示范区域”创建活动。从2010年年底至2011年年初，市委宣传部、市文明办选取人民广场和时代广场两大“城市客厅”以及汕头机场、汕头火车站、汕头汽车客运中心站，联合市城管局、市交通运输局、市园林处等部门，开展“文明示范区域”创建活动，通过加强对这两个广场和相关站点的日常管理，开展不文明行为劝导活动，引导广大市民共创文明整洁的公共文明区域，进而以点带面，在全市打造一批公共文明区域示范品牌，全面提升公共活动场所的文明形象。

三是开展“文明示范窗口”创建活动。从2010年7月开始，市委宣传部、市文明办以创“优雅形象、优美环境、优良秩序、优质服务、优化管理”为主要内容，在全市广泛开展“文明示范窗口”创建活动。经过几个月的创建，并经过层层推荐评选，汕头市从全市各区（县）、各行业推荐的55个窗口单位中评选出20个“文明示范窗口”进行命名表彰，促进了窗口服务行业服务水平的提升。

四是开展“公共文明志愿服务”活动。为配合推进“文明示范路”、“文明示范区域”两大创建活动，2010年10月，市文明办联合团市委、市妇联、蓝天义工协会等部门团体，在全市招募并培训了近200名“公共文明使者”，成立“汕头市公共文明志愿服务队”，金平区、龙湖区也在辖区内组织成立公共文明志愿者队伍。从2010年11月起开始，公共文明志愿者深入各主要道路、广场和有关公共场所开展文明志愿服务活动，产生了良好的社会反响。

（汕头市文明办）

惠 州 市

以“四化”推进关爱空巢老人志愿服务行动深入开展

近年来，惠州市不断建立完善志愿服务机制，加大政策扶持力度，规范志愿服务资助资金管理，努力探索和创新志愿服务模式，探索出一条以社区为依托、以家庭为单位、以志愿服务为纽带的关爱空巢老人志愿服务活动模式，为广大老年人特别是高龄空巢老人提供了形式多样的关爱志愿服务，取得了较显著的成效。2010年1月25日，中国志愿服务基金会在惠州市启动“老吾老以及人之老——惠州市关爱空巢老人志愿服务行动”，全市进一步掀起了关爱空巢老人志愿服务行动的热潮。目前，全市各社区居委会共设立了78个社区志愿服务中心，基本上实现了空巢老人生活有人管、困难有人帮、需求有人问、困惑有人解，在全社会形成尊老、爱老、敬老的良好氛围。总结经验做法：惠州市主要以“四化”努力推进关爱空巢老人志愿服务行动的深入开展。

一、健全机制，确保关爱行动制度化

主要是建立完善“五大机制”体系。一是建立健全关爱行动领导机制。做到市直各有关职能部门、街道、社区有部门管有专人抓。二是建立健全关爱空巢老人志愿服务队伍和网络机制。各个社区、小区有一支挂钩定点的志愿服务队伍，形成结对帮扶、定点服务的工作网络。三是建立健全关爱空巢老人志愿服务管理

和培训机制。做到明确服务对象、服务内容和服务形式，志愿服务规范周到。四是建立完善关爱空巢老人志愿服务的经费保障和管理使用机制。逐步形成多渠道、社会化的筹资机制，规范管理，专款专用。五是建立健全关爱空巢老人志愿服务推动机制。采取“试点先行，逐步推进，以点带面，全面铺开”的推进机制，使全市关爱行动有重点、有步骤、有计划地深入开展。

二、创新手段，推动关爱行动信息化

设计“惠州市空巢老人基本情况电脑统计系统”，把各个社区采集的空巢老人的家庭基本情况、身体状况、兴趣爱好、心理状况、生活需求等15大项91个子项的信息数据输入数据库，并做到信息查询共享，做到了“八清楚”：人数、年龄、家庭地址、子女状况、身体状况、个人特长、个人需求、经济状况。

惠州市是较早进入人口老龄化的地区之一，目前全市共有空巢老人3.78万人，占老年人口42万的9%。其中独居空巢老人有1.97万人，占空巢老人总数的52%，80周岁以上的空巢老人近1万人，占空巢老人总数的25.6%，长期患病、无人照料、生活困难且不能自理的60岁以上的空巢老人有1636人，占空巢老人总数的4.3%。为使开展关爱空巢老人行动更加及时有效，使信息数据实现实时互通，市政府把建立关爱老人服务平台（系统）列入为民办实事项目之一，由市财政拨出专款进行建设，运用网络和通信技术，把信息、服务、救助、定位等多种功能集合在统一的网络平台上，预计2011年底投入使用，实现关爱行动的信息化、科学化。

三、强化服务，确保关爱行动人性化

按照以人为本，服务为先的原则，根据老人的不同状况和需求，采取了三种方式强化志愿服务。一是以“一帮一”（一名志愿者帮扶一名空巢老人和一支志愿队伍帮扶一个社区）、“两老一少”（两名老年志愿者和一名青年志愿者同时帮扶一名空巢老人）、“以老助老”（低龄老年志愿者帮扶高龄空巢老人）等多种形式的定向结对帮扶方式，志愿者定期到老人家中开展服务的办法，为高龄空巢老人提供生活照料、心理抚慰、应急救助等服务，积极为他们排忧解难。全市20个试点社区志愿服务队伍达到40支，加入关爱行动的志愿者1538人，其中低龄老年志愿者有338人，已结成“以老助老”对子253对，有213名空巢老人享受到了“以老助老”带来的各种志愿服务。二是由政府向社会服务机构购买助老服务。每年由市、县（区）两级财政投入困难空巢老人政府津贴近400万元，对长期患病、生活困难且不能自理的60岁以上的空巢老人每月给予200元生活补助，保障他们随时有人关心、看望和照顾。三是加强和完善社区主阵地建设。重点推进试点社区老年人协会按照“四自”（自我管理、自我教育、自我服务、自我保护）、“八有”（有牌子、有领导班子、有会员、有章程、有制度、有经费、有活动场所和有活动内容）的规范化建设标准建立健全协会。全市有1133个村（居）委会建立老年人协会，普及率达到93%，为关爱空巢老人奠定了坚实的阵地基础和服务平台。

四、严审把关，确保资金管理规范化

为积极响应中国志愿服务基金会的倡议，通过广泛发动，为中国志愿服务基金会筹集了150万元活动捐款，中国志愿服务基金会返拨了135万元作为关爱行动的活动资助经费。对这笔经费的开支，首先合理编制使用项目，结合惠州的实际，资助经费主要使用在以下项目：一是注册服务。主要是印制注册登记表格、制作服务证和胸章、制作志愿者服装。二是组织管理。主要是对城市社区志愿服务工作站的日常运作经费进行适当补助。三是活动资助。主要用于补贴志愿者的误餐、交通饮水和购买保险。四是培训教育。主要是用于每季度的志愿者培训。五是表彰奖励。每年对开展志愿服务的先进社区和优秀个人进行表彰奖励。其次在资助资金的使用和管理上，严格按照中国志愿服务基金会的要求，规范程序和审批手续，由志愿服务活动的组织机构编制经费使用项目和预算申请，经过各有关负责人把关核实，由市文明办审定批准后，按照财务管理拨给款项，志愿服务组织机构事后对资金的使用要提交工作报告，确保每一笔资金都能实实在在地用在志愿服务活动上，发挥好资助资金的最大效用。

（惠州市文明办）

潮　州　市

以完善申报制度为抓手
深化群众性精神文明创建活动

潮州市以完善申报制度为抓手，进一步引导和规范各创建单位制定创建规划，明确创建目标，主动创建，强化监督，不断深化群众性精神文明创建活动。

一、完善申报制度

为进一步规范精神文明创建活动的申报评选和管理工作机制，建立健全监督和激励机制，增强精神文明创建工作的计划性、针对性和实效性，潮州市先后制定了《潮州市精神文明创建活动评选表彰工作的暂行办法》、《关于进一步完善我市精神文明创建申报评选和管理机制的实施意见》和《潮州市精神文明创建活动测评体系》，对精神文明文明创建活动的申报、创建、考核、表彰、监督等环节，进行规范和完善，并于2011年印发了《关于做好2010—2011年度潮州市精神文明创建活动申报工作的通知》，启动新一轮的精神文明创建活动，首次在全市实行精神文明创建活动申报制，使群众性精神文明创建活动迈上经常化、制度化、规范化和科学化的轨道。

二、明确创建方案

全市各地各单位按照精神文明创建申报制度的有关要求，积极开展文明创建活动，认真制定创建活动方案，自定创建目标，健全创建活动领导机构和办事机构，细化工作计划，明确工作责任，落实工作举措，有计划有步骤地开展创建工作。同时，各创建单位还主动向各自主管部门和市文明办提出创建活动的书面申请，并组织单位人员学习有关精神文明创建的文件精神，让创建工作深入人心，成为群众自我提高、自我发展的过程，增强创建的自觉性和主动性，形成人人参与创建工作的局面。

三、强化创建监督

各创建单位按照确定的创建目标和创建方案要求，加强自我监督，组织创建活动“回头看”，对各项创建活动进行复查，查漏补缺，及时改正，确保创建工作扎实到位。同时，各创建单位及时把创建目标和创建方案向社会公示，公布创建措施承诺，自觉接受社会监督。在创建过程中，市文明办按照申报制度的有关要求和标准，组织市文明委有关成员单位对各申报单位进行定期或不定期的监督检查，对创建中发现的问题，提出整改意见，确保创建活动有序健康开展。

四、提高创建效果

精神文明创建申报制度的不断完善和精神文明创建的量化考评实施，不但改变了一些地方和单位存在的重表彰、轻创建，重结果、轻过程，重形式、轻内容等现象，而且使各创建单位在创建过程中，实事求是地找准定位，把精神文明创建活动与业务工作紧密结合起来，纳入目标管理责任制，加大资金投入，丰富创建内容，创新创建形式，调动了广大干部群众的创建积极性，打造了一批有较大影响的创建亮点，提高了精神文明创建的水平，有力地推动了全市精神文明创建活动深入开展。

（潮州市文明办）

韶关市乳源瑶族自治县

创建文明县城　建设文明和谐瑶乡

近年来，乳源县委、县政府高度重视精神文明创建工作，把创建省文明县城作为全县重要工作来抓，坚持从健全和创新机制入手，加大宣传力度，营造创建氛围，突出创建主体，注重群众参与，开展共创共建群众性活动，使创建成果惠及广大市民，推动了创建工作卓有成效地开展，为建设文明和谐瑶乡奠定良好的基础。

一、抓机制建设，构建良好的创建工作格局

成立了县委书记和县长为组长、部分县四套班子成员为副组长、相关职能部门一把手为成员的创建省文明县城领导小组，下设办公室和督查组，负责创建省文明县城日常工作的协调组织和跟踪检查。各职能部门根据县委的部署，按照《创建省文明县城测评体系》的要求，结合“乳源瑶族自治县创建省文明县城工作任务分解表”，全力以赴推进文明县城创建工作，形成县委、县政府统一领导，创建办组织协调，责任单位各司其职、互相配合的良好工作格局。

二、抓舆论宣传，营造全民共建共享的浓厚氛围

充分利用电视、报刊、网络、广告等媒介，开展了一系列富有成效的宣传活动，做到电视有影、报纸有文、广播有声、网络有页。在县广播电视台开设创建省文明县城专栏和播放宣传短片；在县政府信息网开设创建省文明县城专题网页；在《韶关日报》发表了5篇专题报道；在县电视台播出了600多条创建新闻动态；在周末电影放映前播放创建宣传短片；在县城主要路口、主街道制作大型公益广告牌和灯箱广告；在候车亭、电梯间、公交车上张贴文明标语；利用流动宣传车上路宣传；向广大市民发放《文明手册》、《倡议书》、《民意调查表》、《市民文明“十不”行为规范》等宣传资料，征求市民对创建工作的意见和建议。同时还在全县各机关单位、县城中小学校电脑室、县城营业性网吧等统一推广使用创建省文明县城的宣传图片作为电脑桌面；编写创建省文明县城工作简报22期，等等。通过一系列多形式、多层面、多角度的宣传，大造声势，大造氛围，逐步形成了人人了解创建、人人支持创建、人人参与创建的良好社会创建环境。

三、抓硬件建设，夯实创建工作基础

近年来，乳源县进一步完善县城基础设施，美化、亮化县城环境，致力于打造“宜居、宜商、宜旅游、宜发展”的韶关西部卫星城，大力推进县城市政基础设施建设。先后完成了二九一大道、民族实验学校至紫荆桥段的车行道和人行道、沿江东路和沿江中路人行道及护栏、民族路、四方地道路、沿江东路财政局公园、育才路等一大批重大市政工程建设。完成了嘉乐雅居、“瑶家源”、嘉乐豪庭、丽江花园等一批住宅小区的工程建设。制定了沿江东路（财政局至迎宾桥段）、滨江中路（交通局至紫荆苑段）及文昌塔民族文化广场建设方案。星际花园小区、富邦华景、碧水南湾等一批房地产项目建设进展顺利。污水处理厂和垃圾填埋场顺利建成并投入使用。以五星级标准兴建的乳源丽宫国际温泉度假区，也已竣工开业。县城宜居环境不断改善，城市综合品位不断提升，为创建省文明县城奠定了扎实的基础。

四、抓专项整治，优化县城社会人文环境

一是加强交通整治，着力改善交通秩序。成立了由公安局牵头，城监、交通部门配合的县城交通秩序专项整治工作小组，大力开展违章驾驶、非法机动车辆等各项集中整治行动，查处了一批违法机动车辆和违章驾驶车辆，规范了县城交通秩序，打击了各种交通违法行为。积极做好交通安全宣传活动，在车属单位、企业、街道、学校发放了交通安全宣传资料挂图，悬挂了交通安全宣传标语横额，向过往群众、学生宣传交通安全知识。

二是加强社会文化市场整治，净化社会环境。社会文化市场专项整治行动分引导行业自律和专项整治两个阶段。文化、公安、工商分工负责，采取明查暗访的形式，对全县“黑网吧”和无证照电子游戏机室进一步调查摸底，核实情况，进行统一登记。文化市场联合执法小组向全县各网吧、电子游戏机室印发《关于自觉清理整治网吧、电子游戏机室的通知》，要求经营业主按照有关规定时限，自觉规范经营秩序。积极展开巡查、侦查行动，在消费比较集中的时段大力展开巡查工作，坚持每周巡查3次以上，做到巡查不定点、不定时。大力开展专项执法行动，对全县游戏机室、网吧娱乐场所、书摊、音像制品销售点等进行突击检查，查实关闭一批“黑网吧”和无证照电子游戏机室，没收盗版光碟300多张，收缴涉黄、六合彩赌博书籍450多册，有效地净化了社会文化市场。

三是加强环境卫生整治，净化县城卫生环境。县工商局与县城个体工商户签订“门前三包责任书”，县政府与县城100多个单位签订“城镇建设和市容环境卫生管理责任书”，进一步提高单位、个人的卫生责任意识，为净化县城卫生环境提供制度保障。重点开展了整治乱摆摊、乱张贴、乱倒垃圾行动，清理卫生死角、清除占道经营、拆除违章搭盖，规范了县城环境管理。同时，县政府办公室在落实县城卫生每月两大扫清洁制度的基础上，结合创建省文明县城，以学雷锋活动和庆祝重大节日为契机，由县四套班子成员带头参加，动员机关单位干部职工、驻县武警官兵、青年志愿者、县城各中小学师生和个体工商户积极开展全民大清洁活动，进一步美化净化县城环境。

四是加强社会治安综合整治，维护群众利益和社会稳定。广泛开展“平安社区”、“平安乳源”创建活动，坚持“严打”方针，完善群

防群控群治网络，防范和打击各类违法犯罪活动，严厉打击“黄赌毒”等社会丑恶现象，严查人防、消防安全隐患，全力维护社会安定稳定。加强社区警务室建设，按照居住集中、分片划分、便于管理的原则，在现有社区建立警务室，合理调配警力，明确工作职责，严格工作制度，加强安全防范，热情服务社区居民。大力加强“110”报警服务系统规范化建设，配置必要的装备，确保快速反应、密切配合、协调动作，有效控制动态环境下的社会治安。

五、抓社会调研，提高创建工作质量

启动创建工作以来，县委书记带头，部分县四套班子成员积极行动，先后开展了10多次创建工作调研，深入建设部门、教育部门、工商部门、卫生部门、文化部门、环保部门等10多个单位，以及县城各中小学校、窗口部门和县城公共场所，调研内容涉及面广，包括县城环境卫生、市场管理、城市建设、环境保护、学校教育、社会文化市场等等。通过调研，深入了解创文工作的进展情况，查找创建工作差距，指导各单位积极开展创建工作，推动各项创建工作广泛深入开展，不断把创建工作引向深入。

六、抓督导检查，促进创建工作的整改

创建督查组充分发挥检查督办作用，积极开展创建督查工作。采取听取汇报、查阅资料、实地察看、座谈交流等方式，了解各责任单位开展创建工作情况，挖掘各责任单位创建工作新做法、新经验和新成效，查找创建工作中出现的问题、难题，督促整改，通过电视等媒体的广泛宣传，接受群众的监督，使创建工作深入民心。同时督促对创建工作反应迟、动作慢、力度小的责任单位按创建办的要求抓好各项工作落实，使各项创建工作不断上新台阶。

七、抓活动载体，积极推动创建工作深入开展

创建省文明县城工作启动以来，创建办广泛动员，各责任单位制订了创建专题活动计划，组织开展了形式多样的创建专题活动。如县总工会开展创建“职工书屋”和建设“职工之家”活动，县妇联开展评选“优秀书香家庭”和“百万妇女奔健康”活动，县民政局开展规范道路标牌和城乡特困群众医疗救助活动，县建设局开展“文明工地”创建和建设绿化一条街活动，县文广新局开展文化执法行动和送戏下乡活动，县卫生局开展“以病人为中心”构建平安医院活动，团县委开展助困扶幼志愿者服务和文艺宣传进社区、进企业活动，县教育局开展我为创建读本书和举行“文明校园你我他”演讲、作文比赛活动，县工商局开展创建文明窗口和诚信经营街道活动，等等。各项创建专项活动得到了广大市民的支持与参与，为创建省文明县城工作注入了新的活力，使创建活动高潮迭起，层层深入。

八、抓创建材料，规范创建档案整理

材料档案是创建工作的集中反映，是创建省文明县城考评验收的重要内容之一。乳源县高度重视创建材料的收集和整理，要求各责任单位的办公室主任专门负责本单位的创建材料收集和整理。举办了创建省文明县城业务骨干培训班，使各责任单位充分认识创建材料在创建工作中的重要性，并指导材料责任人收集和整理材料的方式方法。创建办把抓好材料工作作为推动创建工作深入开展的重要抓手，先后多次组织人员到责任单位检查创建材料的收集整理情况，指导各责任单位按《广东省文明县城测评体系》的要求，认真落实好材料收集工作。同时，下发了《关于做好创建省文明县城资料保存的通知》和《关于做好创建省文明县城材料整理和上交的通知》，进一步明确材料内容，规范材料的收集和整理方法。创建办工

作人员对各责任单位上交的材料进行检查把关，查漏补缺，使材料项目齐全，佐证材料丰富，材料内容翔实。创建活动期间，创建办专门抽调了一名县档案局业务骨干，负责创建工作的材料整理归档工作，把各单位上送的创建材料按照《广东省文明县城测评体系》的“八大环境一项活动”进行归类整合，使创建档案的归档整理规范、分类合理、卷宗明晰。

（韶关市文明办）

梅州市大埔县

提升文化软实力　创建文化先进县

近年来，梅州市大埔县切实把创建文化先进县作为提升文化软实力，增强综合竞争力的重大举措，作为提高人民群众生活质量和幸福指数的重要途径，充分发挥人文秀区优势，着力打造文化品牌，大力推进文化繁荣发展。2010年6月，该县被省政府评为“广东省实施‘南粤锦绣工程’文化先进县”。

一、加强组织领导，推动文化发展

在具体实践中，注重加强领导，精心组织，做到了“三个到位”：一是组织领导到位。牢固树立文化软实力的理念，把文化建设纳入全县经济社会发展总体规划，摆上与经济社会发展同等重要位置，专门成立以县委书记任组长，县长任第一副组长，宣传、文化、财政、建设、发改、人事等16个部门主要负责人和15个镇（场）党委书记为成员的创建文化先进县工作领导小组，定期听取创建工作行动情况汇报，研究解决工作中存在的困难和问题。重视文化事业的持续发展，每年召开县委常委会议、县政府工作会议进行研究部署，做到政策上倾斜，人员安排和资金投入优先，着力解决实际困难和问题，支持保障文化事业持续发展。二是责任落实到位。按照“南粤锦绣工程”的标准制订创建工作方案，对照文化先进县评选标准逐项抓落实，并把每一项工作责任和任务分解落实到单位和个人，明确完成的时限和标准。加强创建工作的督促检查，确保工作落实到位，把工作完成情况作为各级领导干部绩效考核和评先评优的重要依据。同时，利用各种有效宣传渠道，积极宣传创建文化先进县的目的和意义，统一创建认识，凝聚创建合力，全县上下形成了县五套班子领导带头、各镇和职能部门通力协作，全社会共同参与的大文化建设工作格局，推动文化事业繁荣发展。三是投入保障到位。把创建文化先进县活动经费列入财政年度预算，按照“高标准、高档次、高品位、高质量”的要求，努力建设和完善县、镇、村三级公共文化设施。近几年来，投入1.8亿元，兴建和完善了“一中心（县文化活动中心）、三馆（县文化馆、县博物馆、县图书馆）、五园（西湖公园、湿地公园、滨江公园、书法公园、亲水公园）、五场（县文化广场、滨江文化广场、西湖文化广场、老干部活动广场、县文化中心文化广场）”等文化设施，统筹推进镇级综合文化站建设、广播电视村村通、农家书屋、农村数字电影放映、农村信息资源共享等“五大文化工程“建设，实现城乡文化事业同步发展。

二、加强载体建设，促进文化繁荣

（一）抓好重点文化活动。充分发挥县文化馆、汉剧团的主导作用，辐射带动镇、村（社区）、学校、机关团体群众文化活动的开展，丰富了群众文化生活，形成了健康向上的文化娱乐氛围。近年来，组织举办了纪念八一起义军三河坝战役80周年、大埔国际广东汉乐周、第二届大埔广东汉乐大型音乐会“客风·出水莲”、“美丽大埔”全省摄影比赛和“中国·大埔——客家世界香格里拉”全国摄影大赛、纪念改革开放30周年和新中国成立60周年等文艺演出活动。每年举办群众文艺汇演、广东汉乐汉曲汇演、中小学生文艺汇演等，形成经常化、制度化的大型展演活动。同时，积极开展集文艺演出、电影公映、图书开放和灯展、山歌对唱、民间艺术表演、交谊舞、健身操等于一体的广场文化活动。坚持开展文化“三下乡”活动，送戏、送书、送电影到农村、学校，使县、镇、村文化活动丰富多彩，相得益彰。积极抓好客家文化的传承和发展，县、镇均设有广东汉乐培训基地，家炳职校、华侨二中、大埔二小等学校还开设了汉乐和民间艺术课程，培养了大批后继人才。大力发展文化社团，目前全县共有汉乐、书法、美术、音乐、舞蹈、摄影协会等群众文艺团体20多个。此外，邀请广东民乐团、中国武警文工团和印尼、加拿大、新加坡、马来西亚等国的文艺团体前来演出，促进了文化交流。

（二）积极开展艺术创作。认真抓好文化艺术创作工作，文艺创作硕果累累、精品纷呈。近几年来，该县先后荣获省、市奖项40多件。编辑出版了《大埔县历史文化丛书》、《美丽大埔》、《印象大埔》、《行走大埔》、《大埔民居》、《大埔文艺》、《红山茶》、《汉乐研究》、《广东汉乐三百首》、《万川诗萃》、《大埔墨缘》等一批书籍和刊物，弘扬了优秀传统文化，擦亮了文化名片，提升了大埔的美誉度和知名度。

（三）完善各级图书馆室。建立完善了县、镇、村三级布局合理、藏书丰富、检索便捷、管理规范的图书馆（室）。2005年，县图书馆设立广东省流动图书馆大埔分馆和全国文化信息资源共享工程基层中心，读者通过网络可以浏览阅读省立中山图书馆几十个文献数据库的资源。增设了多媒体阅览室，配置了15台电脑，使读者能通过网络方便快速查找到相关的信息资料，该馆每年接待读者达13万多人次。各镇文化站均设有图书室，藏书共有7万多册。全县行政村普遍建起了图书室，还建立了茶阳镇古村、湖寮镇长教、百侯镇侯南等20多家“农家书屋”。

（四）拓宽电影放映覆盖面。县电影公司切实增强服务意识，提高服务质量，积极开拓电影放映市场，着力解决山区群众看电影难的问题。县政府每年拨出9万多元专项经费，不断加强农村影院（队）建设，确保了送电影下乡活动的正常开展。县电影公司每年送电影到农村、学校、社区620多场，全县90%以上的农村群众都能看到好的电影。

（五）抓好文化市场管理。积极探索市场经济条件下文化市场管理的有效途径，努力建设“管理促繁荣，繁荣促管理”的良性循环工作机制。县文化市场综合执法部门与各职能部门通力协作，密切配合，始终保持高压态势，加大执法和管理力度，加强对全县网吧、音像、娱乐场所、印刷业、出版物市场的监督管理，较好地净化了社会文化市场环境。同时，切实抓好公共文化场所的安全措施及责任制的落实，多年来，该县文化市场未发生一起安全事故。

三、加强品牌打造，培育文化产业

把彰显文化优势作为绿色崛起的“突破口”，着力打造文化品牌，培育文化产业，不断提升文化软实力。近年来，大埔先后获得中国花环龙之乡、中国广东汉乐之乡、中国十大文化休闲基地、中国最美的小城、中国最具文化品位小城、全国平安建设先进县、中国小食名县等称号。

一是打造文化艺术创作基地。从大埔人文积淀深厚，文化、生态优势明显的实际出发，打造了广东省文联采风创作基地、广东省摄影家协会创作基地、深圳市大芬美术写生创作培训基地、深圳市龙岗区摄影学会采风创作基地、深圳龙岗区美术家协会写生基地。

二是重视文化遗产的挖掘和保护。专门成立了县文物管理委员会、县非物质文化遗产保护中心，切实抓好文化遗产的挖掘、整理和保护工作。制定出台了《关于加强对特色民居保护工作的意见》和《实施方案》，对特色民居挂牌保护。完成了泰安楼、花萼楼申报世界文化遗产材料上报工作，积极做好父子进士牌坊、张弼士故居光禄第申报国家文物保护单位和人境庐等5处申报省级文物保护单位工作，做好茶阳花环龙、青溪仔狮灯申报国家级非物质文化遗产工作。至目前，大埔广东汉乐被国家列入首批非物质文化遗产名录，大埔广东汉乐、大埔广东汉剧、茶阳花环龙、百侯鲤鱼灯、青溪仔狮灯等5个项目被广东省人民政府列入非物质文化遗产名录，大埔元宵灯节等7个项目被梅州市人民政府列入非物质文化遗产名录，大埔广东汉剧等23个项目列入县级非物质文化遗产名录；有省级文物保护单位8处、县级37处和特色民居187座，都达到了“四有”标准。投入资金1500多万元，重点抓好古民居、古塔、古牌坊等省级、县级以上文物保护单位的维修，并以名人名居为载体，把田家炳祖居——拱辰楼建成全市爱国主义教育基地和德育教育基地，使之成为广大群众培养爱国情感的阵地、青少年陶冶道德情操的重要课堂。

三是精心打造文化旅游品牌。以张弼士故居光禄第为核心，把西河镇车龙村建成张裕酒文化和客家民俗文化旅游区；把大东花萼楼建成客家民居建筑文化旅游区；把湖寮镇泰安楼建成客家民俗风情旅游区；把三河坝建成客家名人文化旅游区；把英雅万福寺建成宗教文化旅游区。软环境的改善带来硬实力的提升，为文化事业和谐发展提供了精神动力，促进了全县经济社会又好又快发展。2010年，全县实现旅游接待64.2万人次，同比增长33%，旅游经济收入3.36亿元，同比增长35.1%。

（梅州市文明办）

创 建 文 明 社 区

广州市荔湾区冲口街杏花社区

创建文明社区　共建幸福家园

杏花社区地处广州市荔湾区冲口街辖内，占地0.4平方公里，常住人口3817人，是一个颇具历史沉积与生态气息的社区，辖区人杰地灵。社区打造以“管理创新，服务周全，环境舒适，居民参与”为特征的文明社区初见成效。

一、加强组织管理，发挥党组织的领导核心作用

社区党员共76人，党支委3人，支部书记1人、副书记1人，支部把社区离退休党员、下岗职工党员共76名同志纳入社区党组织有效管理，通过以点带面，充分利用社区的党员基干力量带动周边群众积极参与到服务亚运、保障亚运和创建文明城市等工作中，共组织党员群众、社区好孩子等力量有两百多人次参与到各类志愿活动中。在社区开展的文明教育、科普周宣传活动、法律宣传咨询、文化体育活动等工作中，社区党员基干积极参与并充分发挥模范带头作用，为居民树立了榜样，使党组织在推进社区建设各项工作中能够发挥领导核心作用。

社区于2011年依法直选，超过80%的选民参与选举；产生居委会主任1人，副主任1人，居委会委员6人，另配备城管人员和出租屋管理人员各1人，既分工负责又相互合作；社区党组织和居委会制度健全、工作落实；社区党组织和居委会人员、办公、活动等经费落实。成立了社区议事厅，制定了相关议事制度，每月定期召开议事会，由居民代表、居民小组长、网格片长、热心群众共同商讨社区重大事务。议事会让百姓有了说话的地方，让居民真正当家作主，热烈地投入到社区的建设当中。

二、创造优美环境，配置完好公共设施

2010年，在上级领导的重视下，在党员、群众与工作人员的努力下，杏花社区把被岁月的风尘蒙蔽了的彭氏、何氏家族、杏花古井等杏花文化历史底蕴挖掘了出来。街道办事处将杏花社区文化历史与迎亚运人居环境整治工程结合，使“古色古香”的杏花社区重现光彩：青砖绿瓦麻石路，高大的鸡蛋花树下，人们悠然自得，错落有致的民居旁，一湾青绿的冲口涌蜿蜒流淌。广大社区居民积极参与社区绿化和环境保护活动。现建有公共绿化广场、聚龙广场，面积超1000平方米；建设了800平方米的家庭服务中心，为居民提供了活动的场所。主要道路、公厕、公共活动场所等设有无障碍设施；无障碍设施的管理、使用情况良好，社区道路完好，标牌配置合理，文字、注音规范，公共设施完好、干净。

三、健全群防群治网络，创建良好治安环境

社区有民警值班制度，居住小区有巡逻等安全防范制度，封闭小区有门卫值班；新建住宅安装有楼宇对讲电控防盗装置，设有符合标准的消防设施、疏散通道和安全出口；老式住宅安装有简易防火、防盗装置；逐步建立社区视频监控系统。

成立群防群治队伍，有机构，网络健全，

严格落实社区治安防范责任制。没有发生重特大恶性案件、带黑社会性质及流氓恶势力犯罪团伙案件；无“黄赌毒”窝点和制假、售假窝点，无盗版书刊和非法音像制品销售。曾被评为荔湾区平安社区、荔湾区“无毒”社区、广东省六好平安和谐社区、广州市文明社区。

成立了家长学校、关心下一代工作委员会小组，有负责社区未成年人权益保护工作的人员；支持各级政府及其派出机构维护未成年人合法权益的工作；无虐待、不赡养老人案件；无家庭暴力投诉案件；无侵犯残疾人合法权益事件。

四、创新管理模式，强化服务载体

社区针对多年来社区管理的难点、群众反映的热点，从两个方面对传统的管理模式进行了创新。一是打造以网格管理为目标的社区综合管理系统。二是打造以居民群众为主体的社区居民议事中心。逐渐形成了以下三大特色项目：

一是创新家庭互助服务模式。该社区在原来居家养老的基础上进行大胆的改革，通过采取政府购买专业服务、志愿者专项服务、邻里照应帮扶服务等“三位一体”的家庭照顾方式，“一个微笑、一声问候”，培养了社区居民“近邻胜远亲”邻里亲情的自愿互助氛围，提升了社区的凝聚力。目前在社区已有20多对家庭邻里成功实现了互助。

二是建立了社区知心服务站。该社区把社区家庭的情况进行分类，了解社区群众的心理需求，社区建有专门的谈心室、情绪发泄室等场所，通过采取政府购买专业服务，志愿者（义工）、社区专干、社区居民辅助服务的模式，春风化雨，润物无声，开展社区居民的心理关爱行动。

三是打造社区志愿者服务品牌。在区民政局的支持下，通过购买服务的形式，委托了广州市大同社会工作服务中心，建立一支80多人的志愿者服务队伍，内容包括：义务家教、弱势群体关怀、组织公益活动、邻里互助、见义勇为等。同时该社区还引进了广州启智服务总队，开展低碳、环境美化志愿活动，进一步提升了辖区居民的素质和道德水平。

五、丰富社区活动，营造浓郁文化氛围

社区设有图书阅览室、舞蹈室、乒乓球室、文化活动室、星光老人之家等室内文化活动场所；有室内、室外体育场地设施，有一定数量的体育健身器材。成立了本社区的合唱队、舞蹈队、乒乓球队，曾代表区、街参加比赛。每年举办群众性文体活动不少于8次。经常利用重要事件、重要纪念日、节庆日开展主题明确的民族精神、爱国主义和公民道德教育活动，科教、文体、法律、卫生“四进社区”宣传教育活动，评选社区文明楼宇、文明家庭、好孩子、好家长、好邻居等先进典型，社区好人好事层出不穷。

在上级领导的关心与重视下，在党员、群众与工作人员的努力下，杏花社区先后获得广东省“六好平安和谐社区”、广州市“六好平安和谐社区”、广州市“三八”红旗集体、广州市文明社区、广州市人口计生工作暨两无活动先进居委、广州市巾帼文明示范岗等荣誉。

该社区在社区实践中所提出的四句话“管理创新，服务周全，环境舒适，居民参与”体现了文明和谐社区建设的深刻内涵。目前，虽然取得了一些成果，也只是万里征程的第一步，今后的工作任重而道远。该社区相信，在政府的正确领导下，在街道党工委、办事处关心支持下，杏花社区一定会建设成为环境宜居、文明幸福的家园。

（广州市文明办）

广州市越秀区北京街盐运西社区

文明创建点滴做起　幸福家园处处温馨

在创建文明社区工作中，盐运西社区以邓小平理论和“三个代表”重要思想为指导，深入贯彻落实科学发展观，以建设“管理有序、服务完善、治安良好、生活便利、人际关系和谐”的文明社区为目标，以基层管理体制改革试点为契机，全面加强社会管理，注重在提升居民文明素质、塑造社区文明形象、增强创建活动实效上下工夫，全面推进社区自治、社区服务、社区文化、社区卫生、社区治安、社区环境协调发展。先后被评为广东省六好和谐社区、全国和谐邻里建设示范社区、广东省文明社区。

2011 年 8 月 13 日，胡锦涛总书记到盐运西社区视察，当看到社区管理井然有序、服务周到细致，老社区焕发出新活力时，他十分欣慰，并语重心长地说，社区建设是社会管理的基础环节。他希望盐运西社区按照中央提出的加强和创新社会管理的要求，进一步提高社区管理和服务水平，真正做到和谐社区大家共建、社区和谐大家共享。

一、抓住试点机遇，全面提升社区建设水平

2010 年 3 月，北京街被列为广州市开展基层管理体制改革和社区综合服务中心建设试点街道。盐运西社区抓住试点机遇，以居民“自我管理、自我教育、自我服务”为目标，强化社区居委会自治，建立完善以社区作为街道社会管理服务的终端与载体，以居民需求为导向着力完善七个工作机制，促进社区民主管理与居民“自我服务”的有效衔接和良性互动。

一是社区居民议事机制。设立“居民议事厅”，通过以社区片长、楼长为骨干的社区议事会，引导居民自我解决社区事务，培育社区自治。二是社区民意沟通机制。建立“民声之窗”工作平台，定期组织辖区人大代表、政协委员、党代表和街道党政领导到社区接访。结合越秀区三级市民意见处理系统的运用，和居民论坛、社区信息发布平台、社区民生事务联络员等手段，形成街道、相关职能部门与社群之间的多渠道、多平台双向互动沟通机制。三是社区矛盾化解机制。整合政府资源的人民调解平台、居民自我调解平台、社会资源的第三方调解平台，不断丰富和完善形成社区矛盾化解机制。四是社区转介服务机制。建立政府购买服务的专业社会机构——家庭服务中心，作为政府服务的补充。对社区民生事务进行分类，对专业诉求的家庭、老人、青少年教育服务转介家庭服务中心承接；对水、电、气以及环境卫生、社区公共设施等方面的诉求转介街道相关部门，街道无法解决的，及时转介政府职能部门。五是社区多方参与机制。结合社区特点，与“两新”组织结对子共建，建立社区“能人库”，整合志愿者资源，培育壮大义工队伍。从慈善资源、服务资源、志愿者资源三个层面，形成整合资源多方参与社区建设的机制。六是社区便民服务机制。通过社区居委会错班工作制、居民预约办事、辅助队伍错班工作等措施，使社区不同作息时间的居民都实现个性化的便民服务。七是社区监督机制。建立社区监督员队伍，召开社区评议会，对街道办事处、社区居委会和社会服务组织的工作进行

评议监督，促进社区管理服务工作不断改进。

二、发挥社区优势，探索文明社区创建工作

盐运西社区典故多、历史名人多、知识分子多，有较多的资源，在社区建设中，盐运西社区注意发挥优势，积极推进精神文明建设工作不断深入。辖区内为居民提供有偿、免费的的服务点有 16 个，如幼儿园、居民俱乐部、孵化基地等。

一是发挥文化历史资源优势。根据社区一街三巷的地形特点，以社会主义荣辱观主题墙、中华道德格言椅、书香长廊、典故教育区、礼仪实践区、历史文化长廊等形式，把公民道德教育的各项内容布局在社区每个角落，让社区居民抬头可见、低头可读、具体可行、对照实践，使公民道德建设的诉求与居民生活融为一体。营造了一个有利于提高人的文化素养和精神境界的氛围，促进了社区文化、社区教育的蓬勃发展。

二是发挥人才资源优势。建立了一支由 20 多名党员组成的志愿者队伍，广泛开展文化、科普、治安、青少年教育等志愿服务活动，带动社区居民共同建设文明社区。党员义工服务集市每周一在社区举行，风雨无阻、长年不断；义工流动书车每周两天免费开放，送书上门，在群众中赢得了赞誉和口碑。以党员为骨干建立 21 人的居民片长、楼长队伍，把居民自治具体落实到每个楼栋，在老城区社区管理中作用显著。

三是发挥党群关系密切融洽的优势。以社区党员之家和社区百姓之家为载体，进一步强化社区党组织与社区居委会的合力，有效整合教育路小学、西湖医院等资源，深入开展帮扶社区困难家庭，共建社区环境，发展社区文化，共育社区文明的创建活动。形成了一个以社区党组织为核心，辖区内单位及居民代表参加的联创共建机制，不断深化创建成果、提高创建水平和创建文明社区的总体推进力度。

三、实施六个工程，提高文明社区幸福指数

（一）宣传教育和表扬批评相结合，实施“育民工程”。充分发挥社区学校和宣传栏、画廊的宣传作用，开展各种宣传教育，赋予社区居民知情权、监督权、评议权，努力形成公众参与机制。小区设立了社区管理公示栏，表扬好人好事，批评不文明举止，调动社区居民广泛参与的积极性，引导社区成员自觉、自律，共同搞好社区环境。使公民道德建设进社区、法律知识进社区、科普知识进社区、婚育新风进社区、康复保健进社区落到实处。

（二）上门巡查和结对帮扶相结合，实施“暖心工程”。坚持将社会效益放在首位，通过推广“平安宝”和居家养老服务帮助孤寡老人和独居老人安享晚年，不断拓展服务领域，实实在在将社区服务融入居民生活，为他们提供优质服务。每个工作人员都与辖内的一名孤寡或独居老人建立了结对帮扶关系，并发动党员、居民、邻居一起开展邻里守望、“一帮一”、“三帮一”的帮扶活动。还与学校一起组织学生上门探望孤寡、独居老人，帮他们搞卫生、聊天等，想方设法为老人营造一个良好的生活氛围和环境。

（三）诊病和传授保健知识相结合，实施“健康工程”。社区和医院联合设立义诊服务点，每个周四上午由医院派出医生到社区为居民义诊。社区宣传栏定期宣传卫生健康知识，有效地改善了社区居民的卫生服务，提高了居民防病治病的意识。义诊服务点还为居民建立健康档案，传授慢性病的预防保健知识。社区居民特别是老人在义诊服务点免费看病后，再到药店买药，既省时又省钱，免去医院排队之苦，深受社区居民的欢迎和赞赏，居民们都称赞“社区义诊服务点，就像家庭医生，既贴心又实惠”。

（四）建设和维护管理相结合，实施“美化工程”。抓好社区环境建设，因地制宜，整修路面和粉饰外墙，赋予社区内四条自然街巷不同的主题，社区环境得到整体提升。坚持长效管理机制，常抓不懈做好社区卫生保洁、公共设施的维护。全面清理“六乱”，清洁楼道，教育和督促居民搞好家庭卫生，开展社区绿化，鼓励居民在自家庭院内种花草、建花台。组织小区内的小学生认养植物、维护花草、清洁花基花坛，成功地把调皮的捣蛋鬼变成绿色社区的环保小卫士。让居民生活在一个文明、清洁卫生的社区，使古老街巷焕发出新的青春活力。

（五）人防和技防相结合，实施“安民工程”。组建由20多名党员义工、社区志愿者组成的义务巡逻队，同时积极发动低保人员参与巡逻值班。加强出租屋流动人员管理，定期上门摸查，做到“人来登记，人走注销”，辖内出租屋合格率不断提高，有效遏止了盗窃分子的犯罪活动，维护了社区的稳定。在社区内安装了18个摄像头，建成以技术手段覆盖全社区的视频监控系统，对社区内主要道路进行全天候监控。2009年以来，社区的入屋发案率为零。没有发生过重大、特大恶性案件。

（六）自我服务和组织活动相结合，实施“文化工程”。为了提高居民素质和社区的文明程度，社区注重加强思想文化阵地建设，积极开展群众都喜欢的活动，社区的星光老人之家、文化共享工程基层服务点和居民俱乐部，常年向居民免费开放。组织举办独居老人长寿宴、社区新生开笔礼、困难家庭孩子集体生日会、中秋灯谜游园会、街坊论坛、趣味运动会等别开生面的活动。既营造了优良的文化环境，又丰富了居民的精神文化生活，成功促进邻里之间互相了解。居民对社区有归属感，从而更加自觉地参与到文明社区的建设中。

四、取得五个体会，强化社区基层社会管理

一是把居民群众既作为社区服务管理的对象和受益者，又作为社区服务管理的评价者和监督者，改变了过去有什么服务就提供什么服务的旧观念，以群众的需求作为出发点和归宿，形成了以群众需求为导向的社区服务理念和模式，突出了居民群众这个服务主体。二是将社区作为基层党组织和广大党员联系群众、体现价值、永葆先进的重要平台，通过制度建设，让社区党组织发挥领导核心作用，实现了“社会党员”向“社区党员”的转变，突出了社区党组织这个领导核心。三是还原了社区居委会作为群众性自治组织应有的自治和服务功能，设立了居民自治工作专职岗位和专门队伍，为实现社区自治提供制度、岗位和队伍保障，突出了社区居民自治这一工作重点。四是通过加大投入、政府购买等方式，建立政府购买服务的家庭服务中心，设立社会组织孵化基地、居民俱乐部等措施，既着力解决好群众普遍关注的民生问题，又根据不同阶层、群体和对象的实际需求，有针对性地推出周到细致、富有特色的民生服务，突出了服务多元化这一主攻方向。五是依托区电子政务工作平台，为市民提供了91项政务服务，实现了居民群众办事不出社区、投诉不出社区。

（广州市文明办）

创建文明村镇

广 东 省

积极推进岭南新民居建设

为贯彻党中央、国务院关于建设社会主义新农村的重大战略部署，不断提高广东省农村住宅设计和城乡建设水平，在广东省建设有岭南特色的宜居村庄，广东省文明办、省住房和城乡建设厅和省委农办以《岭南新民居——广东省社会主义新农村住宅设计图集》为蓝本，在广东省推进岭南新民居建设。

活动内容：

（一）*总体要求*。立足广东农村实际，充分考虑当地自然条件、历史文化背景、经济发展状况、生产生活方式和风俗习惯，突出地方特色、民族特色和文化特色，并与村庄环境治理结合起来，在提高农民建房水平和质量的同时，改善村庄基础设施和环境面貌，努力实现环境优美、生活便利、居住舒适、文明和谐的宜居目标。

（二）*选择试点*。广东省在全省部分市选择试点，宣传推广岭南新民居建设。广东省各地级以上市和有条件的县（市、区）也选择一至两个试点村，逐步扩大岭南新民居建设的覆盖范围。各地根据“经济有基础、群众有愿望、班子有能力、区位有优势”的基本要求，按照村委会申报、镇政府推荐、县主管部门审核的程序确立试点村。

（三）*规划先行*。试点村的新民居建设，按照村庄规划，紧密结合现状实际，充分利用旧宅基地和废弃地改造和建设，避免大拆大建，大力推进集约、节约用地。总结和提炼当地民居在院落布局、建筑形式、建筑色彩、建筑材料等方面的特色，参考借鉴《岭南新民居》优秀方案，引导农民群众建造出既符合现代生活需要，又具有鲜明地方特色的新民居。

（四）*规范运行*。为保证岭南新民居建设高水平规划、高质量建设、高效能管理，广东省各地制定并实施一整套规范、严密的运作程序。开工前，各村向规划、建设主管部门申报规划、建设方案，包括选址、建设规模、建筑方案、配套设施及资金预算等。规划、建设主管部门会同文明办、农业局等部门进行现场核实、审查批准后进行招投标，并按相关程序办理开工手续。建设过程中，规划和建设主管部门、文明办、农业局实施全程监管和服务，发现问题立即解决，确保施工质量和进度。验收时，相关部门严把资金使用和工程质量关，做到阳光操作。经验收合格后，方可交付使用。

主要特色和实际成效：

推进岭南新民居建设，就是以优化农村环境面貌为目标，以改善农民现有居住条件为重点，通过改变目前农村住房观念和建设模式，传承岭南文化特色，促进农民住宅的升级换代，培育文明健康的生活方式。同时，同步推进基础设施配套建设，带动广东省农村各项社会事业发展，形成环境优美、生活便利、居住舒适、文明和谐的宜居村庄。

（广东省文明办）

广州市番禺区东涌镇

打造广州特色名镇

东涌镇位于珠江三角洲腹地，广州市番禺区的东南部，紧邻南沙开发区。全镇总面积91.66平方公里，辖22个行政村共333个村民小组和2个居民委员会，总人口18.03万人，其中户籍人口7.41万人。2010年底，全镇地区生产总值80亿元，同比增长16.2%，三次产业比例达到10.2：61.2：28.6；全社会固定资产投资额14.6亿元，同比增长45.4%；工业总产值214.3亿元，同比增长27.4%；农业总产值13.4亿元，同比增长9.3%；出口总值8.98亿美元，同比增长22.8%；财政收入3.23亿元，同比增长12%。税收入库总额10.3亿元，同比增长48.2%；农民人均收入12240元，同比增长11.2%。

一、党的领导坚强有力

东涌镇委、镇政府始终将党的坚强领导放在首位，非常重视班子的团队建设，精心打造了一支具有相当凝聚力和战斗力的领导团队，为东涌镇各项事业的发展打下了坚实的基础。认真开展“继续解放思想，坚持改革开放，努力争当实践科学发展观的排头兵”学习讨论活动，将科学发展观普及、贯彻到全镇各阶层。把基层党建工作放在突出位置，完善落实班子成员包片和干部驻村工作机制，切实加强对农村工作的领导，扎实推进“固本强基”、“三个培养”和非公党建等各项工作；结合机关服务年活动，不断深化“创先争优”和“共产党员示范岗”创建活动，党建带工建、团建、妇建各类特色活动亮点纷呈；成功处置引起境内外高度关注复杂敏感的“太石问题”，得到中央、省、市、区委的充分肯定和好评。依法、依规、依程序圆满完成2008年、2011年村（居）“两委”换届选举的各项工作任务。围绕“按制度审批，按程序决策，按规范公开”，有序推进村务公开民主管理工作，不断提高农村基层民主政治建设水平。

二、新农村建设卓有成效

紧紧围绕“生产发展、生活宽裕、乡风文明、村容整洁、管理民主”这条主线，突出“惠民”和“发展”两大主题，制订《东涌镇关于推进社会主义新农村建设的工作方案》，大力推进公共基础设施和公共服务的均等化，让广大群众共享改革发展成果。近几年来，镇村两级共投入资金3亿多元开展新农村建设，通过以路灯建设为主要内容的“光亮工程”、“二次水改”工程、“安居工程”和城乡美化绿化工程等一系列民生实事，让群众切身感受到经济发展和新农村建设带来的实惠，树立了党委、政府的良好形象。充分发挥“城乡基层党组织互帮互助”等载体作用，深入整合现有的区位、交通、特色农业、水乡风光等多种资源优势，突出农业生态特色、岭南沙田风光和现代渔业，大力发展都市型农业、观光休闲农业，促进农业增效、农民增收、农村繁荣。特别是东涌镇被列入打造广州市“特色名镇”试点单位之一后，作为番禺区的唯一“特色名镇”打造点，镇委、镇政府高度重视，积极动员全镇广大干部群众参与到该项工作中来。随着“特色名镇”建设的不断深入，不论是在环境卫生方面，还是在文化传承方面以及经济建设方面，都会对东涌产生相当积极的影响。

三、综治信访维稳中心试点工作扎实推进，平安建设水平不断提高

进一步加大对综治信访维稳工作的领导和投入力度。对村级治安队伍实行统一招聘、统一管理，配足配强镇村两级专业治安力量；近几年来，该镇共投入1000多万元，建设和不断完善社会治安视频监控系统，建有镇视频监控室2个、村级视频监控室22个、镇级社会治安视频监控点663个，遍布全镇各主要路段、重点场所和重要部位，形成社会矛盾纠纷联合调处，社会治安联合防范，突出问题联合整治，平安建设联合推进的大综治大调解工作格局。重视群众来信来访，认真化解人民内部矛盾。近年来，全镇治安形势持续好转，没有发生重大责任事故，信访件做到件件有落实，事事有回音，群众安全感和满意度不断提高，创造了良好的社会治安环境，保障了广大群众安居乐业。

四、文化体育活动亮点纷呈，群众文明道德法制水平不断提高

一是深化“创文”工作，力促文明水平全面提升。该镇始终将提高全社会的文明水平、提升发展软实力作为常抓不懈的基础性工作。2010年，重点围绕“迎亚运、创文明，树新风、促和谐”这条主线，投入2000多万元，全力推进亚运人居环境综合整治工程，完成辖内4000个乡间窝棚、建筑物的整治、整饰工作，不断深化省市卫生村创建活动，目前全镇共有广东省卫生村5个、广州市卫生村14个；加大城乡绿化美化投入力度，加强卫生保洁、生态保护和景观营造，使镇村环境焕然一新。同时，加强文明督导力度，深入治理“六乱”现象，从源头上减少不文明行为，使全镇的镇容村貌焕然一新；在社会各阶层广泛开展“文明进农村，家居齐清洁”、“文明创建进厂企”、“巾帼文明岗”、“大拇指行动”社会志愿服务等各类特色活动，通过镇报《东涌天地》、镇政府网站、大型LED电子屏进行全方位宣传，使文明新风深入人心；积极开展“文明示范村”创建活动，目前全镇共有12个村被评为“文明示范村”，有7个村被评为“双百共建文明村”工作先进村。二是重视镇村文化活动，不断提高群众文明道德法制水平。健全镇级文体设施，投入3000多万元建造7310平方米建筑面积的镇文化中心大楼，预计2011年7月完工，内设多功能厅（影剧院）、会议室、展览室、动漫棋艺幼儿活动室、美术书画创作室、练琴室、多功能报刊阅览室等15个功能室，继续完善面积30000多平方米的中心文化广场和面积25000平方米的鱼窝头文化广场的舞台、基本灯光音响设备等设施配套。在率先实现村级文化室的100%全覆盖基础上，积极培育文化“一村一品”，以粤曲乐社、外来工乐队、群众舞蹈队、青年合唱团等本土特色文化队伍为主体，广泛开展各类群众性文化娱乐活动，周末广场音乐会、私伙局、“四进社区”文艺汇演、送戏下乡、体育竞赛活动、农家书屋等系列文体活动，多次精心组队参加广州国际龙舟邀请赛和区“莲花杯”龙舟赛并取得佳绩，并成功举办东涌镇第一届运动会，大大丰富了基层群众的物质文化生活，带动群众在健康向上的文体活动中潜移默化、陶冶情操；有计划、有步骤、积极稳妥地开展普法工作，落实“五五”普法规划，通过建立镇村两级法制宣传栏网络、定期在镇办报纸《东涌天地》上刊登法律法规、举办“调解宣传月”等大型法律咨询活动、开展法律“六进”活动等方式，加强法制普及宣传，增强了广大干群的法律意识和法制观念。

五、以民生为本，社会各项事业全面进步，让群众共享发展成果

一是把教育当作重要民心工程来抓。推进

教育工作的“三个优先”，实施促进镇村各级各类教育均衡发展的“五大工程”，教学工作屡获佳绩，在全社会弘扬尊师重教的良好风尚。近几年来，提前实现义务教育学校规范化率和中小学校园网建成率“两个100%”，高考、中考成绩均名列全区前茅；镇成人文化技术学校成功通过“省示范乡镇成人文化学校”评估；2010年以高分通过广东省教育强镇复评。二是注重保障群众福利。近几年来，该镇认真落实各类惠民措施及2009年出台的《东涌镇帮扶困难群众实施细则》，实现好、维护好、发展好人民群众的根本利益；全面推进农村合作医疗和农村养老保险工作，覆盖率分别达99.8%和95.06%，位居全区前列；扎实加强敬老院、星光老年之家、康园工疗站的建设和管理，促进家居养老、五保供养、残疾人康复就业工作；加快解困房建设，解决困难群众的眼前之困。三是加快医疗卫生事业的发展和加强城乡卫生工作。筹措投入1080万元完善医疗卫生设施，鱼窝头医院防保科大楼和太石、大稳、大简等3个农村社区卫生站如期建成，逐步完善镇村卫生院（站）标准化建设，推动农村卫生机构向社区卫生服务转型；建立东涌镇重大疾病应急救助机制，理顺城乡卫生管理机制，2008年被省爱卫会命名为“广东省卫生镇”，镇村卫生水平大幅提升。四是全面抓好党建带团建、工建、妇建工作。近几年来，该镇有团委荣获“全国五四红旗团委”创建单位及“广东省五四红旗团委”称号，镇农村青年中心被授予“全国示范性农村青年中心”创建单位光荣称号，镇农普工作被评为全国先进单位，镇档案工作通过省特级档案综合管理单位考核验收。镇义工联荣获广州市雷锋号志愿服务先进集体称号，无偿献血工作被评为广州市先进集体，顺利完成广东省教育强镇复评工作。

（广州市文明办）

广州市增城新塘镇西南村

新农村　新农民　新风貌

西南村位于增城市新塘镇东北部，总面积2.06平方公里，辖5个经济合作社309户，常住人口1233人。2010年，村内有企业25家，村集体各项经济收入1000多万元，村民年人均收入17000元。

近年来，西南村以创建全国文明村为契机，推动社会主义新农村建设，在上级的支持和帮助下，通过改善村容村貌促进村民文明素质的提高；同时积极开展精神文明创建活动，提升村民的文明素质，营造文明环境，建设文明新村，取得了“建设新农村、培育新农民、塑造新风貌”的效果，得到了上级部门的肯定，让广大群众得到了实惠，成为增城市新农村建设的典范，并先后被授予省卫生村、全省农村党的建设“三级联创”活动“五个好”村党组织、省民主法治示范村、省巾帼示范村、省文明村、全国绿色小康村、全国民主法治示范村、全国妇联基层组织建设示范村等称号。

一、强化创建意识，营造创建氛围

西南村按照抓好创建促发展的工作思路，

开展乡风文明活动，促进经济社会发展，真正使创建工作为群众服务，让群众受益，使群众满意。首先是统一思想、明确目标。村“两委”多次召开会议统一思想，认真总结以往创建市级、省级文明村的做法，分析存在的问题，形成同心协力、齐抓共管的创建格局。其次是制订创建计划。在分析问题、统一思想的基础上，制订创建全国文明村的工作计划，确保创建工作有序开展。第三是广泛宣传发动。充分依托宣传栏、宣传单张、党员干部担当义务宣传员等载体，积极宣传创建活动的目的、意义和要求，动员群众积极参与创建活动。创建活动做到与贯彻落实党的十七大精神相结合，与建设社会主义新农村相结合，真正形成人人参与、人人争创的良好氛围。

二、以旧村整治为载体，开展新农村建设

1995年村委会成立初期，集体经济薄弱，村容村貌破旧、脏乱差严重，群众环境卫生意识淡薄。为改变这种落后局面，村“两委”制定了“从建设改造好农村环境入手，通过改善村容村貌促进村民文明素质逐步提高”的工作思路。

西南村立足自身实际，坚持不搞大拆大建，围绕拆除脏乱差和违章建筑、立面整治、按照修旧如旧原则修复保护古建筑、抽疏旧村增加绿化景观等方面开展新农村建设。在旧村整治、改造过程中，做到在规划建设新村的同时，把村庄的历史文化、人文景观和自然风貌保留下来，传承农村的生态特点和传统风貌，营造宜居环境。

多年来，西南村还自筹资金建设公共基础设施，逐步提高村庄的社区化水平。现时村里已经建成的基础设施有：村道和大街小巷全部硬底化，下水道密闭式改造；建设了绿化小公园、硬底化停车场、蔬菜批发市场、灯光球场、卫生站，安装了露天电子大屏幕电视、室外广播系统，建成了生活污水净化处理工程；安装了路灯和公园灯；完成了首期景观鱼塘改造工程，后续工程也正在推进当中。通过不断的整治和投入，村容村貌得到很大的改善和变化，使新农村真正成为农民安居乐业的家园。

三、大力发展集体经济，为创建文明村提供物质保障

西南村委会在1995年成立时是当地比较落后的一条村。面对落后的现状，村“两委”想方设法发展集体经济，帮助村民脱贫致富。村干部瞄准村里地理位置较好的2000多亩荒山地，决定搞工业园区来发展集体经济，工业园由村统一规划、集中开发、收益共享，通过融资自行投资建设和经营仓储物流项目、大型专业市场加快集体经济的增长。村工业园区自1999年启动，2000年正式推进各项工作以来，经过规划、办证、动迁、“三通一平”到招商引资等阶段的艰苦工作，如今，园区内各项设施正逐步得到完善，企业聚集效应初步显现，电子、五金模具、彩印、织布、制衣、纸品包装等25家投资落户企业不断发展壮大。村工业园区的开发建设增加了集体和村民的收入，同时解决了村庄整治改造和建设的主要资金来源，为创建文明村提供了物质保障。

四、大力开展群众性精神文明建设活动，促进乡风文明

为提高村民的思想道德素质和科学文明素质，大力开展群众性精神文明建设活动。

一是抓道德风尚建设。村委会十分注重社会公德建设，通过开展文明家庭评选活动，引导和教育村民遵纪守法、文明礼貌、助人为乐、爱护公物、保护环境，做文明村民。提倡科学文化，反对封建迷信；提倡健康的文化娱乐，反对聚众赌博等；使“邪教”无藏身之地，让村民牢固地树立崇尚科学、文明、健康、向上的生活方式。

二是抓好文化体育建设。村里建设了农家书屋、绿色网园、村史展览室、曲艺社和全民健身设施，定期举办文艺晚会和节日喜庆活

动，每年举办全村大团圆宴会，举办新年跑步、拔河比赛等群众性体育活动，开展经常性的群众广场舞蹈活动和文艺团体送戏下乡活动。努力创造条件多渠道、多形式地组织开展健康有益的文体活动，丰富社区文化生活，提高村民的精神生活质量，激发村民热爱生活、奋发向上的热情，增强广大群众对社区的认同感和归属感。

三是抓好民主法治建设。从增强村民民主法治观念入手，加强法制宣传、民主化管理、村民自治、综合治理等方面的工作，使村民的法制观念、民主意识进一步提高，同时，不断加强村务、财务公开的制度化、规范化建设，实现村务管理制度健全、规范有序。目前，全村社会稳定，农民增收，经济持续发展，开创了物质文明、精神文明、政治文明建设协调发展的良好局面。

五、提高办事服务水平，加强社会保障建设

坚持“以人为本、服务群众”的社区建设理念，完善社区综合服务中心场所建设，健全社区服务体系，努力为村民提供便捷的办事服务。完善社会保障体系，不断提高村民的社会保障水平。村集体为全体村民出资购买新型农村合作医疗，参合率达到100%，参合农民住院补偿封顶线达到10万元，保障水平逐年提高。农村社会养老保险工作逐步铺开，随着保障水平的逐年提高，村民参保的积极性逐步增强。此外，积极开展扶贫济困活动，切实做好五保户、孤儿、低保户、残疾人等弱势群体的生活保障工作，保障其正常的生产、生活，改善其生活质量，增强其幸福感。

通过开展文明村创建活动，村内环境得到了较大改善，提高了农民生活素质，农民群众封闭落后的生活习惯正在逐步向乡风文明转变，农民实实在在享受到了创建文明村带来的可喜成果。

（广州市文明办）

梅州市五华县

落实“三个三”　创建特色生态文明村

梅州市五华县按照“全面推进，重点推进，有特色推进”的工作思路，强化“三个理念”，实施“三大工程”，抓好“三个结合”，扎实推进特色生态文明村的创建工作，取得了良好实效。

一、强化“三个理念”

一是强化党委、政府主导的理念。县委、县政府高度重视，把强势“推进生态文明建设”作为一项重点工作来抓。县文明委印发了新一轮创建实施方案，并采取“三个加强”积极推动工作。首先，加强舆论宣传。通过五华电视台、政府网和《长乐文艺》等媒介，宣传、报道创建工作动态。通过召开座谈会、组织参观学习和现场观摩会等形式，广泛、深入、多层次营造创建氛围。其次，加强学习交流。2010年5月，组织了各镇宣传委员到梅县侨乡村、梅江区中村村、丰顺县黄花村等地参观学习，启迪思维，开拓思路。9月，召开了全县创建生态文明村现场观摩会。同时，县里还积极抓好郭田镇龙潭村试点工作，通过抓示范引路，推动面上工作。第三，加强指导督查。在抓好面上指导督查工作的同时，针对创建工作中的重点难点问题，经常召集相关部门负责人，深入现场调研，切实解决实际问题。

二是强化社会力量支持的理念。积极发挥五华民资民力丰厚、乡风民风淳朴的优势，通过乡情、亲情、友情、感情，调动外出乡贤、企业家和社会能人热心家乡建设的积极性，支持家乡建设。长布镇长安村发动乡贤周国辉热心捐资500万元，完善、美化怡亚通长安希望小学，使之成为设施一流、环境一流的山村小学。在横陂镇叶湖村，乡贤香港企业家魏法赐等人投资180万元，兴建了省内最大的650立方米的上流式沼气池，既保护了环境，又解决了基地农业用肥。沼气供周边农户生活之用。潭下镇乐道村投入500多万元，修建硬底化水泥村道14公里、安装统一标准化路灯80盏、完善饮水工程、新建村委会和小学，村容村貌焕然一新。

三是强化群众热情参与的理念。群众是创建生态文明村的直接受益者，也是创建生态文明村的主体力量。把创建活动带来的好处让农民群众了解清楚，从而调动他们的积极性、主动性，增强他们参与这一工作的自觉性。岐岭镇王化村村民钟胜会，在自己的住宅里办起了“胜裕庐书屋”。梅林镇村民彭乃乐，投资50多万元，把自己位于梅林圩镇的房子作为书屋场所，免费向群众开放，而且购书、水电开支、雇请管理人员等经费，全部由彭老先生支付。长布镇横江村抓好生态观念教育，订立环境保护条约，成立管护队，筹资80多万元兴办老人康乐会、农家书屋，兴建篮球场、公共厕所等设施，设立颇具特色的“乡贤楷模榜”、“龙凤榜”和“感恩榜”。三榜已成了全村人“比学赶超”的目标，培育文明新风尚的有效载体。

二、实施“三大工程”

一是实施生态经济发展工程。生态文明村建设，不仅要改善村容村貌，让农村环境美起来，更主要的是让老百姓富裕起来。该县把生态经济发展和生态环境建设融为一体，形成“一村一业、一村一品”的生态产业格局。全县以岐岭镇华源村为示范点的烤烟种植区，以潭下镇百安村为示范点的油茶种植区，以周江镇蓝坑村为示范点的百香果种植区，以长布镇青岗村为示范点的果合柿种植区等等，成为全县农村经济新的增长点。

二是实施乡村环境建设工程。没有绿色就不适合人类居住，一个缺少绿色的地方，谈不上建设生态文明村，更谈不上实现人与自然的和谐发展。首先，抓好绿化。近年来，该县围绕建设“山清水秀、绿树成荫”的目标，坚持植树造林、退耕还林、封山护林、管林护林一起抓。经过几年的努力，出现了潭下镇乐道村，郭田镇龙潭村，龙村镇云溪、营田、南洞、硝芳等林相极好的村。据统计，全县山地面积356.7万亩，林地面积292.7万亩，其中，生态公益林就达135万亩。在抓好山林绿化的同时，各镇村庄还注重抓好村内宜绿空地的绿化工作。其次，抓好环境卫生整治。该县把治理农村“脏乱差”作为首要任务。2010年以来，全县共清理村道890余条，设置村级垃圾箱650多个，120多个村成立卫生清扫队，垃圾全部实行了无害化处理。第三，抓好基础设施建设。把“五通”改善村庄基础设施，作为提高农民群众生活质量的重要内容，加大了投入。先后实施了“五通”工程。2010年来，全县投入2076多万元，完善了水华线、238线桥江至安流段沿村公路改造，完成了涉及152个村的水泥村道192公里村村通。投资1618.07万元，抓好14宗农村饮水安全工程，解决农村34217人的饮水不安全问题。有线电视用户实现较大幅度增长，全县山区4.7万农户看上了有线电视。为了把生态文明村建成环保型、节约型村居，该县积极引导农民群众“五改”，加大技术扶持力度，推广沼气池、太阳能热水器、节能灶等生态节能技术。据统计，2010年全县新建沼气池400多个，全县累计兴建沼气池2万多个。在节约柴草、保护山林的同时，还与养殖业、种植业实现了有机结合。

三是实施农民文化生活创建工程。该县结合农村各项中心工作，广泛开展了“文明新风进农家”活动，农民的文明素质和生态文明意识有了较大的提高。有的村建立了老年协会、红白理事会、妇女禁赌会等群团服务组织，有的村组建了民间文艺队、业余戏剧团和文学社，有效吸引了农民群众参与创建活动。同时，把创建活动和办实事结合起来，增强了创建活动的吸引力。华城镇城镇村积极开展五种人（团结热心人、帮助贫困人、孝敬老年人、激励读书人、受益全村人）系列活动，努力提升文化素养和文化品位，大打文化品牌。1977年恢复高考至今，全村考入大学的共有425人，平均1.09户就有一个大学生，被誉为“五华县秀才村”。

三、抓好“三个结合”

一是结合扶贫“双到”工作抓创建。近年来，省委、省政府实施“双转移”和扶贫开发“双到”重大部署，加大了对该县落后地区的帮扶力度，为改善农村环境、发展农村经济、提高农民生活质量提供了良好机遇。该县把创建生态文明村与扶贫“双到”工作紧密结合起来，找准工作结合点，以解决群众最关心、最直接、最现实的切身利益问题入手，加大了资金投入。省财政厅挂点帮扶水寨镇大沙村后，县、镇、村三级高度重视，该县及时跟进，在深入调研的基础上，按照“一村一策、一户一法”和创建生态文明村工作的要求，制订了具体帮扶方案和创建计划，并全力抓好落实。潭下镇杞水村在广州市番禺区沙湾镇的鼎力支持下，投资200多万元，集约土地100多亩，兴建杞水荷景农庄。此项目的实施，不但解决了村民就业难问题，而且确保了村年集体经济收入达3万元以上，实现脱贫目标，还保护了生态环境，实现了生态经济平衡发展。

二是结合文化先进镇工作抓创建。创建文化先进镇工作打造的乡村文化，既是文化工作的内容，更是创建生态文明村的重点。该县通过创建文化先进镇平台，推进了生态文明村创建工作。2009年，投资700多万元，修缮了省级文物保护单位——五华长乐学宫。先后在岐岭镇、郭田镇召开了创建文化先进镇工作现场会。通过现场会，推进了全县乡村文化设施建设和文化生活大繁荣、大提升、大发展。

三是结合民间节庆活动抓创建。该县各地流传着许多传统的“庙会”，是广大农村群众走亲会友的传统节日性活动。多年来，该县注重抓好村民引导工作，努力改革传统庙会，把宴请亲友、吃喝赌博的庙会，逐渐改革为农民接受先进文化思想教育，学习科技，交流文化的“聚会”。棉洋镇洛阳围民间艺术节，源于明朝纪念白衣仙娘演变而来的庙会。近年来，洛阳围民间艺术节已经成为当地村民凝聚乡情、修桥建路、兴学育人的重要载地。

该县通过开展创建特色生态文明村活动，取得了良好实效。

一是环境建设更加完善。通过生态文明村创建平台，加大了以改路、改水、改厕、改灶、改房等为主要内容的农村基础设施建设力度。实现了村道水泥路面村村通，延伸了自然村道水泥路面道路；完善了农村文化体育设施；很多家庭住上了水泥房，用上了清洁自来水，用上了煤气炉和节柴灶；房前屋后、村前村后绿化美化，环境优美、清风扑面。

二是群众身心更加健康。创建生态文明村，改变了千百年来农民群众传统的生活方式，赋予了农民在衣食住行等方面的崭新内涵。不少村建起了篮球场、文化广场、农家书屋、宣传栏、阅报栏、小公园等文体设施，农民群众学习娱乐、休闲健身、求知益智有了好去处。村民们逐渐养成了讲究卫生等良好的生活习惯，而且积极举办文体活动和学习活动，提高了生活质量和情趣。可以说，创建生态文明村不仅仅改变了农村的外在环境，而且促使农民身心更加健康。

三是村风民风更加文明。在创建中，通过大力普及科学知识、卫生知识和生态环保知识，积极开展“和睦文明家庭”、“文明户”、“好媳妇”等各种形式的活动，引导村民移风易俗、破除迷信，实行婚事新办、丧事简办，自觉抵制毒品、远离赌博，潜移默化提升了素质，进一步形成了家庭和顺、邻里和睦、人人和善的文明新风尚。

（梅州市文明办）

汕尾市陆河县水唇镇高丰村

创生态文明 谱和谐高丰

陆河高丰村地处水唇镇东部，辖15个村民小组，总人口2500多人。近年来，该村在上级党政的正确领导下，在共建单位中国电信汕尾分公司的大力支持下，扎实推进生态文明村建设，村容村貌日新月异，人民群众安居乐业，社会和谐稳定。

一、强化组织领导，全民动员参与

一是加强领导，落实责任。2008年8月市文明委在陆河县召开了文明单位结对共建生态文明村的启动仪式后，该村迅速成立了创建生态文明村工作领导小组，制订了切实可行的工作方案，建立了各村干部包片包干责任制，对创建进度实行倒逼问责，从而为生态文明村建设提供了有力的组织保障。

二是广泛宣传，营造氛围。充分利用广播、横幅、宣传标语、宣传栏、宣传小册子等多种形式加强宣传生态文明村创建活动，使之家喻户晓、深入人心，保证创建活动的顺利开展。近年来，该村共悬挂横幅15条，张贴宣传标语100多条，出版宣传栏10多期，发放宣传小册子1000多份。

三是抓好规划，扎实推进。根据该村的实际，以发展经济，改善人居环境为目标，制订了本村生态文明村建设十年发展规划，体现整体性、前瞻性和可操作性。

四是全民动员，广筹资金。推行“五个一点”的资金筹措办法，即是上级单位争取一点、镇拨一点、社会各界捐一点、村集体分担一点、村民自筹一点，广泛发动社会各界、广大村民，积极争取上级政府和结对共建单位等有关部门的大力支持，筹措资金，共同创建生态文明村。

二、双方精心谋划，合力推进共建

高丰村积极与结对共建单位中国电信汕尾分公司协调积极做好各项工作。一方面，该村积极与电信公司商讨硬件建设。在结对伊始，该村得到了汕尾电信公司的3万多元资助，建成了农家书屋并购买了2000多套图书资料，为村民带来了丰富的精神食粮，惠泽了广大村民。2009年10月，中国电信汕尾分公司支持该村10多万元，建成了约1400多平方米的集健身、休闲、娱乐于一体的村文化广场。2010年初又获得了汕尾电信公司的文化广场周边的绿化建设资金资助2万多元，很好地解决了文化广场周边的绿化缺欠资金，同时又美化了文化广场。一方面，该村积极与汕尾电信公司商讨软件改造。鉴于村“两委”干部年龄偏大、自动化办公能力差以及信息化程度低的实际，该村争取了汕尾电信公司电脑培训的机会，这在一定程度上提高了村党员干部为人民服务水平。另一方面，汕尾电信公司又筹措资金近3万元购置慰问品，在元旦、春节、端午节、中秋节、国庆节等节日期间对村党员干部、高丰小学师生以及挂钩帮扶的贫困户进行慰问。2010年以来，该村村民自发成立了老年人健身队，迅速带动了村民健身娱乐活动的开展，很好地享用了汕尾电信公司的建设成果。

三、文明硕果初显，面貌日新月异

根据市、县关于“三年村变新，五年大变样，十年建成生态文明县”和镇关于生态文明镇的战略部署，对照“四通五改六进村”的工作任务要求，高丰村生态文明村建设取得了较好的成绩，主要体现在如下几方面：一是四通方面。通15个自然村的水泥公路已全面完成；全村已通照明用电，照明用电条件有了明显提高；通邮已完全实现；通广播电视，95%以上用户能接收广播电视节目。二是五改方面。改水，全村95%以上村民用上清洁卫生自来水；改厕，90%左右农户已完成厕所改造工作；改路，村道村巷过小的问题已基本上得到解决；改灶，98%农户用上煤气炉灶，大部分村民柴火灶修建较为合理；改造住房，全村90%以上农户住上了楼房，居住条件有了较为明显的提高。三是生态环境方面。全部村道已绿化、亮化，全村设置了垃圾集中堆放池1个、垃圾屋2座，90%以上生活垃圾集中处理。

（汕尾市文明办）

湛江市吴川

三步跨越点线面　十年巨变四改善

吴川市地处粤西，是广东省经济欠发达地区之一，总面积848.5平方公里，辖15个镇（街）193个村（居）委会1585条自然村，总人口106万。2000年起，吴川市认真实践“三个代表”重要思想，牢固树立和落实科学发展观，按照湛江市委的部署，以“四通五改六进村”为抓手，把创建生态文明村作为建设和谐社会的加速器，作为社会主义新农村建设的重要载体。10年来，共投入资金13亿多元，创建各级文明村1153条，占自然村总数的72.7%，其中湛江市生态文明村267条，广东省文明村9条，全国文明村3条。得到了中共湛江市委和中共广东省委的充分肯定。

吴川市的主要成效和经验做法是：

一、“三三四”构架起吴川模式

吴川市的生态文明村创建活动开始于2000年，10年的创建实践，取得了累累硕果，也创出了独具特色的“吴川经验”。

（一）三步三台阶。吴川市始终坚持实事求是，循序渐进的原则，充分发扬群众的首创精神，发挥党委、政府的领导、主导作用，及时总结，适时提升。通过实施“三亮”（亮点、亮线、亮片）工程，实现了生态文明村建设的三次飞跃。1. 2000年至2003年为典型示范阶段，培育了林屋村、蛤岭村、芝蔼村等一批高标准的先进典型，实现了文明村从无到有的质的飞跃；2. 2004年至2006年为连点成线阶段，以国道、省道、县道为纽带，培育了沿国道325线、塘（缀）黄（坡）线、梅（录）化（州）线等16条文明村链，文明村创建活动由亮点向亮线发展；3. 2007年至现在为区域连片发展阶段，把地域相近，经济条件、群众基础相当的村庄分片规划建设。全市共分为37个片区，每个片区根据自身的特点和条件进行统一规划，尽量做到资源共享、优势互补、特色鲜明。2010年，又规划建设横跨振文、黄坡、塘缀三个镇共500多条自然村，面积近400平方公里的“吴川市生态文明示范区”，生态文明村建设在区域连片发展上又跃上了一个新的台阶。

（二）三类三板块。创建生态文明村，不能搞一刀切，要从实际出发，分类分层次实施。吴川市按照“能高则高，宜低则低”的原则，根据各地经济社会发展的特点和差异，把全市划分为三大板块：把经济比较发达的吴阳、黄坡等镇的村庄定为第一板块，创建小康型文明村；把经济相对较好的塘缀、樟铺等镇的村庄定为第二板块，创建宽裕型文明村；把经济相对落后的覃巴、浅水等镇的村庄定为第三板块，创建生态型文明村。在不同板块中选择具有代表性的村庄作为示范点，加以培育、推广，使各地学有榜样，追有目标。这样，富裕村庄有富裕村庄的措施，贫困村庄有贫困村庄的办法，村村有创建，处处有行动，形成一浪又一浪创建高潮。

（三）四轮四驱动。创建文明村，如何完善体制机制，是关系创建活动能否深入、持久、扎实开展的首要问题。在实践中，吴川市积极探索“政府推动、老板带动、集体联动、群众齐动”的“四轮驱动”模式。

政府推动。生态文明村创建的效果如何，很大程度上取决于各级党委和政府的引导和推动。吴川市先后出台了《关于全面开展社会主义新农村创建活动的决定》、《关于开展“党政联动共建文明村”活动的意见》、《关于开展“万干建千村”活动的通知》、《关于连片成群推进新农村建设的实施意见》、《关于创建“吴川市生态文明示范区”的实施方案》等文件，在政策、资金、项目、技术、人力、物力等方面支持文明村建设。同时，坚持每年召开三个生态文明村建设工作会议：年初召开座谈会（动员会），年中召开战地会（加温鼓劲会），年底召开现场会（总结表彰会）。

老板带动。生态文明村建设是公益事业，必须动员社会各界人士积极参与。吴川市根据外出务工经商老板较多，乡情较浓，经济实力雄厚且乐善好施的特点，作出了《关于深入实施“回归工程”的决定》，成立十大驻外商会，系统实施“回归工程”，用乡情、亲情引导外出老板支持家乡的文明村创建工作。10年来，外出务工经商办企业成功人士，热心捐资支持家乡建设文明村的达2000多人次，捐资总额超过12亿元。他们成了吴川市文明村建设的主力军。

集体联动。集体经济投入是文明村创建资金的重要来源。在创建中，充分发挥镇党委及村委会的龙头和核心作用，引导村集体经济重点投向文明村建设，把村办企业的集体收益和集体山林、土地、鱼塘的出让金、承包金部分投入文明村建设。黄坡镇林屋村是依靠村集体企业出资建设起来的国家级文明村。

群众齐动。创建文明村是一项群众性实践活动。在创建活动中，要注意发挥群众的主体作用，让农民当主人、做主体、唱主角。广泛发动村民投资投劳，积极参与生态文明村建设。吴阳镇水洒村是依靠村民群策群力建设文明村的成功典范。

二、“四改善”实现了乡村巨变

生态文明村创建活动是社会主义新农村建设的有效载体。创建文明村是一场历史性的乡村变革。吴川市的生态文明村建设以“四通五改六进村”（四通即通路、通电、通邮、通广播电视，五改即改水、改厕、改路、改灶、改造住房，六进村即党的政策进村、科学技术进村、先进文化进村、优良道德进村、法制教育进村、卫生习惯进村）为抓手，取得了显著成效：共修建农村硬底化道路1700多公里，改水7.5万户，改厕10.3万户，改灶8万多户，消除了泥砖房、茅草房，建成文化楼450栋、文化室800多间，灯光篮球场238个。目前“四五六”各项任务基本完成，农村面貌发生了翻天覆地的变化，广大农村初步出现了生产发展、生活宽裕、乡风文明、村容整洁、管理民主的新气象。

（一）改善了人居环境，促进了城乡协调发展。1500多条村庄都基本完成了“四通”“五改”的任务，农村基础设施建设有了长足的进步。农村住房、公路、卫生饮用水、交通通信、文化教育、商业网点、环境卫生等都有了很大的改善，彻底告别了昔日交通闭塞、脏乱差严重的落后面貌。基本实现了以市区为中心的半小时经济圈、工作圈、生活圈，初步实现了城乡一体化。

（二）改善了生产条件，促进了农民增收。文明村创建活动大大改善了农村的发展环境，加快了农民致富奔康步伐。如林屋村在创建活动中，大搞农田基本建设，改造低产田，成立牛蒡经营合作社等，大大增加农民收入。塘缀镇山瑶村建成广东省文明村之后，投资环境得到改善，招商建起了圣达电器厂，解决了500多人的就业问题，年创汇超500万美元。一些创建村庄还大力发展旅游业。如：林屋、芝蔼、蛤岭等文明村，成了旅游新景点，吸引大批客人来观光旅游，促进了经济发展。

（三）改善了村风民风，弘扬了先进文化。创建文明村的过程，是先进文化传播的过程，也是移风易俗的过程。通过开展“六进村”活动，农村思想道德新风尚逐步形成，村风民风普遍好转，农民的思想观念、生活习惯、生活方式悄悄发生了转变。涌现出一批无族头村霸、无黑恶势力、无黄色淫秽、无聚众赌博、无封建迷信、无盗抢欺诈、无宗派械斗、无抢生偷葬、无群众上访、无刑事案件的“十无村庄”，培育了一批有文化、有技术、有道德、守法纪的新型农民，形成了争创文明户、争做文明人、遵纪守法、尊老爱幼的良好风气。

（四）改善了党群关系，提升了农村基层党组织的战斗力。文明村创建活动，为农村基层党组织提供了一个能够凝聚人心和力量的有力的支点。基层党组织和农村干部在新农村建设中为农民做了大量的好事、实事，使广大农民群众得到了实惠，从而赢得了民心，密切了党群关系。广大党员干部也在创建活动中，受到教育，得到锻炼。文明村建设增强了基层党组织的凝聚力和战斗力，并推动了党在农村其他方面工作的顺利开展。

（湛江市文明办）

云浮市罗定
大力发展生态文明宜居村建设

罗定市地处广东西部，是广东通往西南诸省区重要门户之一，属于经济欠发达的县级市。2010年，罗定市委、市政府以“共谋、共建、共管、共享”为原则，发动农民群众广泛参与生态文明宜居村建设，既改善了农村生活环境，又提高了农村文明程度，使农村精神文明创建活动取得了良好效果。

一、市、镇干部深入农村，与群众一起“共谋”建设

罗定市把生态文明宜居村建设作为新时期加强农村精神文明建设的重要抓手。市委、市政府成立了强有力的领导机构，设立了由市委书记任组长，市委常委、常务副市长担任常务副组长的领导小组。领导小组下设办公室，从市委宣传部、市文明办、市建设局、市规划局、市林业局、市交通局、市文化广电新闻出版局等单位抽调精兵强将，落实办公地点，落实办公经费，配备工作用车，负责统筹协调全市生态文明宜居村建设工作。

在谋划过程中，罗定市十分注重“共谋”。一是选点时共谋。选点时，市直和镇驻村干部与村委干部一起，认真察看村容村貌、地理环境、楼房建设布局等情况，选择生态环境基础较好的自然村为试点。二是在选好点后，再召集村中“三老”（即村中父老、老师、离退休老干部）开会，明确建设目标、任务和要求，对和谐宜居村（社区）的道路、房屋、绿化带、文化体育休闲场所、宣传栏等各项规划和基础配套设施进行规划，三是发放问卷征询意见，让群众积级献言献策。如素龙街道大甲村就发放了500多份咨询意见书，附城街道鱼湾村发放了600份咨询意见书。四是召开村民会议，征求群众的意见，达成建设共识。然后，根据历次开会和征询意见的结果进行科学合理规划，并对规划建设图表进行上墙公开。

二、干部群众相互配合，扎扎实实开展“共建”

罗定市把生态文明宜居村作为一项民心工程来抓。在建设过程中，坚持突出群众这一主体，让群众主动融入这一行动，实现和谐共建。一是市镇干部深入农村，发动群众积极参与，让群众主动投工投劳。如附城街道塔脚村在村“两委”干部的带动下，许多村民自觉参加到环境整治和绿道建设中来。在2010年五一假期的三天里，60多名村民、义工自带工具，开展了义务清除杂物，搞清洁行动，大大提高了村中的环境质量。二是充分发挥党员干部的带头作用。如罗城街道的党员群众陈洁芳、林文海、吴仁宇等，主动把各自菜园所种的菜及青苗自觉清除掉，交地给施工队进场施工，以实际行动支持了宜居村的道路建设。三是充分发挥企业和个人的作用。通过宣传发动，使市内的知名人士、知名企业如南江帝景、好莱湾酒店、御景豪庭等公司纷纷参与到宜居村的道路建设中来。据统计，到2010年12月底止，全市捐出用于生态文明宜居村道、绿道及城防工程建设的土地达到3000多平方米，收到社会各界捐款捐物折款200多万元，参与投工投劳达到32800人次。

罗定市的生态文明宜居村建设是在生态文

明村的基础上创建的。在资金投入上，该市财政按每个宜居村（社区）1万元标准拨放启动资金，不足部分则以“六个一点”办法加以解决，即“向上争取一点，市地方财政划拨和奖励一点（划拨1万元，完成验收后再奖3万元），镇（街道）、村（社区）自筹一点，挂钩单位部门扶持一点，外出乡贤捐助一点，所在村群众筹集一点”的办法，多方筹集资金。市直部门（单位）和每个生态文明宜居村建立了良好的帮扶关系，为生态文明宜居村建设出谋出钱出力。如罗城街道区屋社区居委会在建设中，就用“六个一点”的办法，筹到20多万元，完善了星光老年活动中心和村内文体活动设施，使群众有休闲活动的场所，大大丰富了社区群众的精神文化生活，提高了社区的文明程度。

三、倡导人性化管理，完善民主“共管”机制

良好的生态宜居环境，离不开良好的管理。在管理上，罗定市提倡民主共管。一是提高群众的参与管理意识和积极性。通过开展“除陋习、树新风”活动，引导群众更新观念，逐步形成遵纪守法、团结互助、文明礼貌、移风易俗的良好社会道德风尚，着力培养村民的主人翁精神，从而提高群众参与管理的积极性。二是指导各村完善各项管理制度。如卫生保洁制度、村民自治制度、农家书屋管理制度、生活垃圾收集制度等。三是落实专人管理各村公共事务，确保事事有人跟，项项有人管。设立了治安员、保洁员、水电管理员、卫生监督员等，这些人员与村“两委”干部一起，成为了生态文明宜居村管理的骨干力量。

四、把建设成果交给群众，实现文明“共享”

让群众共享建设成果是生态文明宜居村建设的落脚点和归宿。在“共享”方面，罗定市实现四个“共享”：美好的生态环境让群众共享，文化设施让群众共享，体育设施让群众共享，和谐休闲的生活状态让群众共享。

为确保创建成果共享，罗定市进一步完善公共服务体系，加大投入，大力推进“一站式”服务，在所有生态文明宜居示范村委会都建起了“行政服务中心”。如近年来，罗城街道的区屋居委，投入120万元建起了建筑总面积达840平方米的集文化、教学、娱乐、办公于一体的办公大楼，既改善了办公条件，又完善了一站式服务窗口。

自生态文明宜居村建成后，村容村貌有了较大的改善。村内各种设施比较完善，当地村民可在村中的球场打篮球、乒乓球，做其他健身运动，看电影；可在村中的商店购物；可到村中的“农家书屋”借书阅读；可在村中的汽车下落点搭乘汽车……如华石镇鹅公咀村，自生态文明宜居村建成后，有了文化小广场，农闲之时，就有不少村民经常到小广场跳舞健身和做其他健身活动。每周有专人为村民放电影，村民拍手称好，村民的精神面貌亦有了较大的改观。

（云浮市文明办）

创建文明单位

广州地铁总公司
文明出行　地铁先行

广州地铁总公司担负着城市轨道交通的建设、运营和经营管理重任，拥有8条线236公里的地铁线网，在世界十大地铁中位列第九。公司现有职工17000余人，线网日均运送乘客500万人次。

公司坚持以科学发展观为指导，实现了精神文明与物质文明的协调发展。工程管理成为全国典范，主编或参与编制了30多项国家技术标准，获得“国家科技进步二等奖”。运营准点率超过99.9%，群众满意度连续4年位列广东省交通行业首位。为全国20多个城市提供地铁设计、监理、咨询、培训服务，为全国城市轨道交通建设做出突出贡献。

近年来，公司先后获得“全国精神文明建设先进单位”、“全国五一劳动奖状”、“全国民主管理先进单位”、“广东省文明单位”和“广州市2006—2010年度精神文明建设红旗单位”等荣誉。公司党委被中组部授予“广州亚运会创先争优先进基层党组织”称号。

一、以“文明出行，地铁先行”为己任，通过塑造500万乘客的文明行为影响带动城市文明

公司领导班子充分认识到：地铁是广州市精神文明建设的重要阵地和文明服务的重要窗口，公司有责任通过营造文明乘车、文明出行、文明生活的良好氛围，影响带动城市文明形象，实现“文明出行，地铁先行”。公司制定五年发展战略规划，把精神文明建设作为主要目标和工作内容，与企业管理、生产经营紧密结合、互相促进。

以坚强的组织领导和工作机制保证文明创建高起点高标准。提出“服务创建全国文明城市，用心创建全国文明单位”的目标，建立健全文明创建领导体制、工作机制和保障机制，层层落实工作责任，成立了由党政主要领导主抓，总公司领导班子和党群纪检负责人组成的创建文明单位领导小组和办公室，做到思想认识到位，工作机构到位，人员配备到位，管理制度到位，资金保障到位，问责考核到位。领导班子狠抓文明服务、思想教育、廉政建设，在创建活动中发挥了模范带头作用，被授予广东省国有企业创建“四好”班子先进集体称号，并成为广州市纪律教育月示范单位。

以优质的服务提升市民的文明意识。制定《车站文明服务形体标准》，开展“文明乘车五步曲”、“文明坐电梯”、“排队日”、“志愿者服务日”、“站长接待日”、“咨询服务台”等文明创建活动，推出“爱心候车区”、“爱心专座”、“爱心雨伞”、“便民药箱”等服务，选拔“文明使者”开展文明示范，培育“活地图”、“服务之星”等服务品牌。围绕市民需求，全面提升了服务设施的质量和智能化水平，推出形式多样的人性化措施：无障碍设置便捷、完善，导向标志清晰、到位，列车准点率超过99.9%，连续安全运营4000多天，保持着国内地铁平安运营的最好纪录。目前，市民有序候车、主动让座、礼貌待人的文明行为蔚然成风，满载精神文明新风的地铁列车，正随着一个个车站向四面八方不断延伸。地铁运营被评为广东省文明窗口，40多座车站成为全国、省市“青年文明号”，5个车站成为广州

市“公共文明示范区”。

以良好社会责任传播文明观念。一是深入开展文明创建宣传，充分利用地铁工地围墙、车站灯箱、地铁电视和报纸等资源，广泛传播文明风尚和社会公德，亚运、创文、消防、卫生、疾病防控、控烟禁烟等涵盖社会方方面面的各类公益宣传，覆盖率均超过20%，在地铁站达到了“抬头可见、随处可读”的效果。二是积极开展文明共建。以“和谐随地铁延伸”为载体，联合地铁沿线100多家大中小学校、党政部门、企事业单位、驻地部队、街道社区，开展地铁工地党建共建、周边社区学校共建、警企和谐共建、商铺文明共建等活动。特别是2010年亚运年，公司在全市率先启动志愿服务共建，组织发动15000多名地铁志愿者，开展了近20万人次的亚运志愿服务，广泛传播文明、引领风尚。三是全面落实社会责任，积极推进城乡文明建设，将文明新风传播得更远更广。根据省市要求，公司对从化石联村，梅州琴口村、优河村，增城黄洞村，花都马溪村等5个村进行经济、文化、党建帮扶，被评为广东省驻村先进集体、市扶贫开发“双到”工作先进单位，在全市起到了示范带头作用。

二、坚持以人为本，建设群众满意的地铁工程

广州地铁以建设以人为本的公共交通为己任，紧紧结合企业生产经营和市民、乘客需求，广泛深入开展文明创建活动。

建设和谐地铁工程。在工程建设中，注重维护农民工权益，与所有施工单位签署倡议书，规范签订劳动合同，设置绿色维权通道，努力维护好农民工权益；在征地拆迁中注重营造和谐的建设环境，通过联欢会、座谈会、友谊赛等生动活泼的形式与工地周边居民面对面地沟通交流，在欢笑声中争取群众对征地拆迁工作的理解和支持。

运营群众满意的地铁。围绕市民的需求，开展了精细化、标准化、人性化的服务。针对残疾人士，开启专用扶梯和盲人导向带等设备，并派专人全程服务。针对老年乘客开设“温馨小憩”服务点。针对身体不适的乘客，设置便民药箱提供医疗服务。主动为上下楼梯换乘的乘客运送大件行李。针对广交会上中外客商较多的情况，设立“活地图”和英语咨询岗提供指引。为方便首次坐地铁的乘客使用自助设备，加强车票导购和进出的服务。下雨天，各主要通道及时放置“小心，地滑”等提示牌以及防滑地毯，并提供雨衣、伞套给有需要的乘客。

三、以思想道德建设为核心，打造“企业和谐发展、员工快乐成长”的优秀企业文化

发扬职工主人翁精神，打造“企业和谐发展、员工快乐成长”的良好企业氛围。坚持全心全意依靠员工办企业，以“以人为本、尊重员工”为企业价值观，制订了《推行厂务公开制度的实施办法》、《关于深化厂务公开民主管理工作的意见》等制度，保障员工的民主管理权和监督权，制定工资集体协商机制和集体合同制度保障员工权益，17000余名员工，不分职务高低，享受同等福利。通过实行岗位管理，打破“正式工”与“临时工”、“干部”与“工人”、“本地工”与“异地工”、“城镇户口员工”与“农业户口员工”的身份界限，员工的劳动合同签订率100%。通过建立济难基金、重疾保险等制度、员工互帮互助机制，积极开展送温暖活动。成立了篮球、足球、书画等11个职工文体协会，开展的丰富多彩的群众性文体活动，增强了企业的凝聚力、向心力和集体荣誉感，促进了和谐的企业文化氛围。总公司获“全国劳动关系和谐企业”称号。

坚持“理想在岗位、岗位创佳绩”，培养员工良好的思想道德。广泛培养、树立、宣传

基层员工先进典型，做到了“好人好事有人夸，不良倾向有人抓”，保证队伍的健康和谐，不断提高员工服务市民、造福社会的思想认识。建立《广州地铁岗位廉政风险防范指引手册》和《内部控制学习手册》，通过岗位制约、流程监控、效能监察、厂务公开、民主管理等方式，形成了用制度管权、管事、管人的管理机制，从源头上治理腐败，确保广州地铁成为廉洁工程、民心工程。建立了立体式、全方位的沟通交流渠道，包括领导接待日、内部邮箱、网络交流园地、员工座谈会、工作论坛、合理化建议活动、车站工地宣传栏、班组会议等，做到思想面对面、管理面对面、服务面对面。通过组织各种类型的技术比武、技术革新、技术攻关等群众性劳动竞赛活动和岗位练兵，为员工快速成长提供练兵场，涌现了张重阳、潘庆璋、戴杨波等一大批技能过硬、业绩突出、贡献卓越的人才标兵，培养了拥有享受国务院政府特殊津贴专家11人，全国劳模2人，全国五一劳动奖章获得者及省市劳模近40人、全国行业先进个人11人。

（广州市文明办）

广州友谊集团股份公司

诚信为本　打造长青企业

广州友谊一直致力于企业诚信和美誉的培育，在多年的发展历程当中，该公司把企业“创新·稳健·责任·协作”的核心价值观贯穿在诚信建设工作中，使之成为经营以及打造长青企业的指导思想。向管理要效益，向诚信要效益，务实发展，经营业绩连续8年保持着两位数的增长，在目标消费者当中有着良好的口碑。

一、以社会核心价值体系为引领，加强员工文明素养

1. 开展各项文明教育，提升员工文明素质。一是坚持深入开展“爱国、守法、诚信、知礼”现代公民教育和以“八荣八耻”为主要内容的社会主义荣辱观教育，深入开展各项关爱员工活动，培育和谐精神，形成和谐风尚。二是以“我们的节日”主题活动为契机，弘扬节日传统，激发爱国主义热情。三是发动广大党员和员工学习、参加各种文明道德建设活动，结合文明建设的公约和守则进一步提高员工文明素质。

2. 抓好诚信教育，加强职业道德建设。近几年，集团公司加快发展步伐、扩大经营规模，2010年环市东店南北馆扩场升级打造华南地区首家“双子百货”商场，国金店盛大开业成为珠江新城首家高级百货商场。在加快发展的同时，诚信经营显得更为重要。集团公司在坚持贯彻落实《公民道德建设实施纲要》、深入推进“百城万店无假货”和“文明优质服务示范窗口”活动的基础上，结合开展“共铸诚信”主题教育活动和参加“诚信单位”、“守合同、重信用单位”等各种诚信评比活动，集团公司主要通过岗前培训、在岗教育、案例分析、条规学习和PK大赛等生动有效的形式，灌输诚信观念，加强诚信教育，在广大员工中深入推广“诚信是企业‘立业之道、兴业之

本’”的意识；同时，以制度建设为抓手，实施“质量保证金”制度及定期检查措施，有效规范各项经营管理行为，完善企业内控制度体系，以自我约束、自我完善的行为，努力塑造高级百货店“诚信经营、优质服务”的企业形象。

二、努力构筑企业有序的管理体系，抓好基础管理，全面落实各级质量工作责任制

1. 在诚信经营基础的建设上，该公司做了大量的工作。

（1）一是建制度。公司严格遵守国家有关法律法规，坚持以诚信、公平为准则，以价、量、质为基础内容，建立了严格的质量管理制度保障体系。在质量、价格、计量方面，制定了《商品质量管理体系文件》；在服务方面，制定了《标准化接待服务管理流程》、《零售商品售后修理、更换、退货管理办法》、《广州友谊集团商品质量承诺》、《门店—内控管理》等制度文件进行制度化的管理。

（2）二是设机构。公司设立物价、计量、质量的专责机构，明确物价、计量、质量由质量跟踪站负责，总经理亲自挂帅任质量跟踪站站长，并设专职的副站长。物价、计量、质量管理组织机构的健全，确保了企业物价、计量、质量管理工作的有质、有效、有序展开。

（3）三是强责任。商店把物价、计量管理各项制度的执行要求和标准，分别融入商场经理、营业主任、售货员以及相关职能部门的岗位职责规范当中，并制定相应的考核奖罚办法，从而使责任更好地进行层级分解、细化，落实到各管理层和售前、售中、售后各环节、各岗位。

2. 在商品销售流程当中，该公司以质量管理促进诚信建设。

（1）一是严抓货源，把好质量第一关。公司遵照《质量管理体系文件》的规定，对所有进入经营现场的商品把好证照、质量、价格三关。其一，组织有关部门做好索证工作，严格确保各品牌的厂家和供货商保证商品符合国家安全标准；其二，对不明晰的问题和商品，首先向质监部门咨询，充分掌握商品的质量信息，严把应节商品、应季商品的进场关、质量关，加强检查与监督。

（2）二是售中督查，消除消费隐患。切实抓好“公司—门店—商场—售货岗组”四级检查制度的落实。在日常经营中，各级人员都能对照自己的制度和规范，积极查找不足并立即进行调整；同时，公司质量跟踪站定期巡店进行监督检查，商品进场上柜检查由岗组负责，商场进行每两周一次的抽检；质量跟踪站则每月围绕着门店、商场对制度的落实以及商品质量管理的落实情况进行现场监督抽查。最终实现自检自控与监督抽检的结合。

（3）三是售后跟踪，预防质量事故的发生。广州友谊质量跟踪站每月将从商店售后登记单上随机抽取一定比率的顾客，进行售后回访跟踪，通过了解顾客对各品牌、各类商品的售后服务意见和评价，来改善商品的质量管理。

3. 物价和计量都是大家关注的问题，该公司也做了很多工作规范物价、计量行为，维护公平竞争秩序。

（1）一是严格按照标准规范物价管理。遵循公平、合法和诚实信用的原则，正确行使经营者定价权利。凡发现不符合公司制度和要求的商品一律不予上柜，杜绝不正当价格行为，如价格欺诈、价格垄断、价格歧视、低价倾销等现象。

（2）二是严格按照标准规范计量管理。在计量管理中，商店明确所有的价格标签必须双人复核，检查五要素内容齐全和规范后背书签名，才可以展示；所有的商品、广告宣传单等标示的计量单位必须使用法定计量单位，标示必须准确规范；对定量包装商品要实行收货复核；特价商品和处理商品使用黄色价格标签标

示，并明示原价、现价和降价原因；短期促销明示促销期限及优惠折率；赠品促销明示购赠内容，不可采用“买一赠一”等含糊不清的用词标示，并保证赠品质量和落实赠品的“三包”等。对计量器具的购进、使用、报废及定期强检等情况实行电脑化管理，建立电脑台账；经销的计量器具必须全部索证；计量器具使用时的检查和校准以台账记录方式落实，使计量器具的管理符合规范、科学的要求。每年对商场使用的计量器具进行强制性年审。

4. 坚持提供真诚服务，营造和谐购物环境。

（1）有先进的企业文化。广州友谊坚持为顾客提供“朋友式接待，专家式服务”，“微笑、体贴、专业”是广州友谊的六字服务承诺，在日常的接待服务跟踪中，要求每一个员工，都要以发自内心的“微笑”传递友谊人的真诚，以“体贴”和“专业”展现友谊人的职业素养。

（2）有一批专业的服务人才和多项创新型服务。多年来，广州友谊通过多次“专业之星”评选活动，打造出一支专业知识过硬，服务到位的销售人员队伍，为顾客提供更优质周到的贴心服务。并且，通过不断完善各项服务项目，先后增设了代客电召的士、代客泊车等受到顾客认同的创新型服务。

（3）有细致的服务规范。在一线服务工作中，广州友谊要求严格遵守 KBF 规范关键服务行为，使到店的客人切身感受到友谊人出色的“服务质素”。同时在经营活动中，要求员工做到开诚布公、货真价实、公平交易、信守承诺，赢得了“友谊就是质量”的消费者口碑，增强了顾客忠诚度信赖度。

（4）时刻以金鼎店的高标准要求自己。2009 年，广州友谊属下的环东店、时代店、正佳店被商务部组织的“百货业分等定级”评选为广州首批金鼎百货店。一直以来，广州友谊为了给顾客创造一个更为优雅舒适、又符合环保节能和人性化需求的现代化购物场所，不断以金鼎百货店的高标准严格要求自身，对于购物环境进行优化和提升。

三、以“顾客满意”为标准，把妥善处理好每一宗顾客投诉作为对企业信誉的投资，努力达成顾客、供货商和企业的共同满意

1. 把握原则，有效解决。对于顾客的投诉，公司制定了明晰的投诉处理原则，为各级处理提供了有效指引。这些原则包括：“换位思考原则”，“责任方无法判定时，向消费者倾斜的原则”，“经营者先行负责的原则”，“投诉尽可能不出门的原则”。在实际处理过程中，贯穿依法依规以及合情合理的灵活处理方法。多年来，无论是企业受理的顾客投诉，还是 12315 和消委会转来的顾客投诉，广州友谊都能令各种投诉得到较圆满的解决。

2. 制度从严，有效把关。处理中，对涉及人身安全、健康问题的商品，公司有着严格的处置方法。一旦自检发现或顾客反映质疑商品质量问题，立即暂停经营，调查确认若是批量性商品质量问题，立即撤出经营，并向供应商、厂家反映，督促其找原因和采取有效措施整改，将出现问题商品记录在案，性质严重的一次否决，永远撤出公司经营；非性质严重的给予整改机会；情节重犯的撤出经营。

此外，该公司在依法纳税、履行合同、安全生产、劳动用工等方面严格执行国家、省、市的有关法律法规和制度、规定，自觉承担企业的社会责任，为创建和谐社会作出企业应有的贡献。

立足信誉的建设，面向崭新的未来，广州友谊将持续秉承“友谊、超越、创造新生活”的企业哲学，坚持求真务实、稳健经营的作风，进一步筑牢商誉的长城，切实做到“以真诚赢得信誉，用信誉打造品牌”。

（广州市文明办）

广东（韶关）东明股份有限公司

坚持创新经营战略　创建省级文明单位

广东东明股份有限公司是一家以零售连锁为主业的民营企业。现在广州、韶关等地有零售连锁分店近50家。经营业态有明乐购物广场、明乐生活超市和明乐便利店。多年来，公司坚持业态创新、制度创新和管理创新，实施商业贸易、物业投资和文化教育等实业经营和资本运营一体化经营策略，打造出一个具有广泛影响力、强大市场竞争力和可持续发展能力的现代化综合性企业集团。在争创省级文明单位活动中，公司积极围绕创建条件、创建目标和要求，从健全创建机构、提升员工素质、创新创建活动、弘扬企业文化、改善购物环境入手，持续开展创建活动，取得了显著成效。

一、加强领导，建立健全创建机制

在市文明办和市个私协会的指导下，公司成立了专门的创建工作领导小组，公司总经理担任组长，党、工、团组织负责人以及营运系统区域总经理任组织成员，党支部书记负责召集组织成员制订创建目标。领导小组成员各自有明确的分工，每月召开一次工作会议，对上月的工作进行总结，对照创建方案进行检查落实，并及时对下月的工作进行部署。各组织成员对所管辖的工作，对照创建目标坚持做好检查落实工作，发现不达标的情况追查原因，加以整改；对条件不成熟的，参照公司创建条件加以实现。公司全体高管人员对创建文明单位的意义和目的有着高度的共识，把创建活动作为推动企业发展的一项重要措施去对待，并制订了创建目标和工作计划。在创建工作中，领导小组根据实际情况，对创建工作计划进行不断调整和完善，各责任人按照自身的职责，对每个创建阶段的工作目标层层抓落实。

二、强化培训，不断提高员工素质

公司分期分批把一批素质好、贡献大的管理人员送到各类专业院校进行管理知识培训，使员工的思想素质得到有效提高，管理技能和水平有了较大提升，成为企业发展的中坚力量。在人力资源部对员工的常规培训中，增加了爱国主义教育、企业文化宣传的内容，使全体员工爱国家、爱企业、爱集体的精神情操得到有效的培育、提升。领导小组还紧扣创建中心思想，把创建活动与培养员工高尚的精神情操结合起来，与敬业爱岗的职业道德与技能教育结合起来，开展了多项有益于员工身心健康与提高岗位技能的教育与竞赛活动。如庆五四青年节员工舞蹈大赛、七一党员演讲比赛、收银员技能竞赛等。同时，通过与韶关市消防大队官兵建立共建精神文明建设的关系，培养了员工的团队意识，锻炼了员工的意志品质。员工们在活动中感悟人生，在人生感悟中获得进步与成长，企业在员工的成长中增强了实力发展与后劲。

三、联系实际，在实践活动中检验创建成效

公司把创建工作与实践活动结合起来，在活动中提升创建效果。2008年韶关百年一遇的雨雪冰冻自然灾害中，公司在得知京珠北高速公路滞留大量旅客受冻挨饿时，领导小组积极作出反应，立即组织乳源区域的分店员工连夜

加班，给灾区旅客运送了大量的救灾物品。通过参与这次救援，员工们深有体会，在工作中更能设身处地为顾客着想了。2010年4月，当青海玉树地震发生时，公司员工纷纷向分店长、部门经理提出要向灾区人民捐款捐物的请求，这种主动提出向灾区人民援助的情感，来自于对祖国人民的热爱，来自于对骨肉同胞的深情，也是创建活动成效的一种强烈体现。公司党工团顺应员工意愿，立即组织开展了对青海玉树地震的捐资赈灾活动，公司及员工捐款13万多元。另外，还通过开展“讲奉献做文明员工”、“法律法规知识竞赛”、“门店业绩提升之促销、陈列篇”、“供应链管理与品类管理”等一系列活动，使员工的精神面貌、企业管理水平、销售服务质量以及社会认可度提升到了一个新的层面。

四、以人为本，大力弘扬企业文化

一直以来，公司都注重弘扬和发展优秀的企业文化传统。在成立股份公司后，东明股份对自身的价值及经营宗旨进行重新定位并使之更加明确：我们是一家向本土区域消费者提供与他们生活息息相关的日用商品和服务的零售企业，我们的任务是为我们的股东（投资者）、我们的顾客和我们的员工创造最大价值。在企业管理中，注意把柔性文化与刚性制度结合起来，使管理始终保持一股正向的牵引力。为在企业形成一个“激励人、鼓舞人”的人文环境，公司不断完善薪酬激励机制，最大限度地激发管理人员和员工在企业创造佳绩、发挥潜能。员工们关心企业、热爱企业蔚然成风。2010年，一线员工和管理人员积极向公司提出合理化建议共100多条，员工的主人翁意识大大增强。通过创建工作不断扩展企业文化的处延，同时注入更多新的元素。在2009年“问题奶粉”事件中，公司本着对社会、对大众高度负责的态度，在没有完全接到厂家或供应商的退货通知的情况下，首先执行国家紧急出台的有关政策规定，毫不含糊地把问题奶粉下架，并为顾客办理退换货，为维护社会的稳定和谐作出了应有的努力，公司与顾客之间的关系也因此更为和谐密切。在这个奶粉事件处理过程中，公司敢于为了国家和社会大众的利益承担经济风险的做法，在员工中再次诠释了“企业应尽社会责任”的意义。

五、加大投入，切实改善购物环境

在创建过程中，公司花了大力气在改造分店的购物、优化商场硬件设施上下工夫。2009年，公司的品牌提升为“明乐”后，投入近千万元对各分店购物环境、信息系统、收银设备、空调系统进行改造或更新，成功地建成了明乐乐昌购物广场等一批具有超同行先进水平的购物广场或生活超市，使明乐的商业服务功能更为完善。投入30多万元在公司总部建造了园林鱼池景观，种植了一批景观植物，为配合韶关市创卫创园工作，优化管理人员的工作环境作出了努力。目前，旗下明乐连锁超市近50家，包括便民超市、标准超市、大卖场等多种经营业态，连锁网络遍布广州、清远、韶关、四会等城市，总面积近20万平方米，植根于广东十几年来，一直秉承“我真心换你美心”的经营理念。未来三年，公司将充分发挥优势在自建新店的同时实行加盟、合作、购并等方式实现总店铺数达100家。经过多年的摸索和不断修正与调整，公司坚定地将目标市场定位于广阔的二三线城市、县城和农村乡镇市场，这必将有助于公司避开一线中心大城市激烈的商业竞争，在区域地区市场形成相对垄断和规模效益。时至今日，公司在韶关市场占有绝对的竞争优势，销售额占据韶关零售市场的40%以上。

六、树立形象，企业稳步健康发展

公司在做大做强企业的同时，坚持业态创新、制度创新和管理创新，实施商业贸易、物业投资和文化教育等实业经营和资本运营一体化经营战略，时刻记住回馈社会。自1993年以来，个人及公司资助农村贫困中小学生数百名，资助贫困大学生数十名，累计对社会各种公益事业捐款捐物达200多万元，特别是对教育事业情有独钟，一如既往地支持。公司法定代表人王东明先生先后当选为全国、省、市的人大代表及市人大常委，其个人及企业曾多次获得省、市多项荣誉称号。公司连续多年被评为韶关市文明单位；2009年被评为广东省文明单位；获2009年度“曲江区超百万纳税民营企业”荣誉称号；广东省企业联合会、企业家协会授予2009年度广东省诚信示范企业；2010年被共青团韶关市委员会评为“五四红旗团委标兵”；广东省企业联合会、企业家协会评为广东省服务行业100强。创建省文明单位工作，大大促进了公司面貌的改变，培育了一批素质高，专业能力强，职业道德好的新人，公司的各项工作也得到了稳步的发展。

（韶关市文明办）

汕尾市交通运输局

发挥优势共建文明　携手结对互促发展

根据《汕尾市开展文明单位结对共建生态文明村活动的实施意见》（汕文明委〔2008〕3号）精神，从2008年8月起，汕尾市交通运输局作为全国精神文明建设工作先进单位与陆河县新田镇新田村结对共建生态文明村。两年来，该局在市委、市政府领导下，在市委宣传部、市文明办指导下，切实加强组织领导，充分发挥自身优势和特点，按照城乡统筹、协调发展的总体要求，与结对单位新田村互帮互学、互相促进，局村携手共进、共同提高，双双结出文明硕果，取得了物质文明和精神文明的双丰收。

一、领导组织推进，双方共同参与，积极谋划共建

一是领导亲抓，群众参与。为了有效推进文明共建活动，该局与结对村迅速成立了以局长林东为组长，结对村村委会主任及副局长为副组长，结对村干部和局各科室负责人为成员的结对共建领导小组，下设办公室专门负责，并指派专门联络员负责联络事宜。同时，因地制宜根据新田村实际制订了具体的实施方案，召开全局动员大会，动员全局干部职工积极参与支持结对共建活动，从而形成了齐抓共管、人人参与的共建工作格局，为结对共建工作奠定了坚实的组织保证和群众基础。

二是加强联系，双方共建。该局为了与结对村加深了解，增进共识，积极主动与新田村加强联系，共谋发展之路。如：指定一名分管公路建设的副局长下乡时，多到结对村加强调研联系；专门指派一名联络员经常沟通联系；平时也是积极通过电话多联系，遇到问题尽快沟通商量。在共建活动中，该局始终坚持“多指导不添乱，多参与不干预”的原则，把“了解村情民意、结交百姓朋友、为民排忧解难、密切局村关系”作为共建工作的切入点和落脚点，充分调动结对村的积极性和责任感，突出“双方共建、以村为主”。如：在领导小组人员

组成上有双方人员参加；方案制订由该局拟稿，同时征求对方意见，根据实际需要提出修改补充；项目调研由双方派人去实地勘测，资金也是双方都想办法筹集。突出双方共同参与、共同建设的特点。

二、发挥自身优势，落实项目建设，切实抓好帮建

在这次活动中，该局充分发挥交通运输部门的职能作用和自身优势，帮助新田村完善基础设施建设和加强精神文明建设。

一是完善村道建设。在结对初期，通过实际调研、召开村民座谈会了解到，新田村村委会通往汤仔寨、大埔村、新田小学、山顶公园等地的4.5公里道路仍是泥土路，是当时村民及村委会亟须解决的问题。为此，该局立即派出抓公路建设的副局长带队，与基建科长等工程技术人员到上述路段进行实地勘测，并委托陆河县交通部门协助新田村对上述路段做好施工图设计工作，同时积极到省交通运输厅争取资金支持并多渠道筹集资金共60万元。另外，新田村在该局和外出乡贤、全村村民的共同努力下，筹集资金20多万元，铺设水泥村道5.4公里，并对村道进行绿化、亮化，实现了户户通水泥路的目标。

二是完善自来水管网、公园配套设施建设。通过实地走访，该局了解到新田村的自来水管网破损、不完善，为使全村村民用上清洁、安全的饮用水，又想方设法筹集10多万元支持新田村实施自来水改造工程，对全村自来水管网进行全面升级改造，使全村自来水普及率达100%，生活饮用水水质符合《生活饮用水卫生标准》，供水水质合格率达100%。与此同时，又投资5万元，在新田公园内兴建了两个公厕，并修建公园路灯，让文化公园真正成为村民“文化娱乐、体育锻炼、休闲怡情”的好去处。

三是在完善村基础设施建设的同时，充分发挥文明单位的带头、示范作用，加快结对村精神文明建设步伐。该局曾两度被评为全国精神文明建设工作先进单位，在精神文明创建方面积累了一些经验，为促进新田村生态文明村的创建工作，该局在文明创新理念、文明管理制度、文明长效机制等方面与新田村加强交流，互相学习，注入新的活力，促使新田村的生态文明村创建工作超前规划、高标准实施，生态文明村的创建工作走在了全市前列。

三、局村结对互动，携手共进，实现共建共赢

通过两年的结对共建工作，该局与结对单位新田村一起互帮互学、互相促进，以城带乡、城乡共建，携手共进、共同提高，双双结出文明硕果，取得了物质文明和精神文明的双丰收。新田村紧紧围绕建成“生产发展、生活宽裕、乡风文明、村容整洁、管理民主”社会主义新农村的标准，通过大力加强生态文明村的创建，已逐步形成一个舒适、文明、卫生、优美的生活环境。汕尾市交通运输局通过结对共建工作，既提高了结对村的文明创建水平，也促进本单位各项工作有了新进展。该局于2010年被省政府评为广东省重点项目建设工作先进集体。同时，全新的交通行业管理模式正在逐步形成构建中，交通行业文明建设有新局面。

（汕尾市文明办）

汕尾市海事局

服务亚运当先锋　文明服务树形象

第16届广州亚运会汕尾赛区帆船比赛取得圆满成功，汕尾海事局以高度的政治责任感和使命感，深化服务理念，规范服务行为，充分发挥海事职能优势，提高服务技能，拓展特色服务，美化服务环境，在维护赛区海上通航环境，保障水上交通安全和确保赛区水域不受污染等保障服务中发挥了不可替代的关键性作用。参加安保工作的全体海事人员任劳任怨、扎实工作，充分展现了“服务亚运当先锋，文明服务树形象”的海事服务工作精神。在全局上下的共同努力下，该局圆满完成了此次亚运安保工作，履行了打造“平安亚运”的庄严承诺，为广大亚运来宾和各国运动员提供了优质规范、热情周到的服务，展示了广东文明新形象。

一、优雅形象展示海事服务一流作风

在亚运期间，汕尾海事人员统一身着新式制服显得得体大方，仪容洁净清爽。借鉴军队的管理思想和管理方法，结合海事队伍建设的需要，全面推行了以提高规范化管理为目标的半军事化管理活动，使海事人员举止从容文雅，站姿端正，态度亲切和蔼。通过严格正规的管理，推动了海事正规化管理水平，使大家接待来宾使用文明用语、主动、热情、耐心、周到。建立正规化的办公秩序和服务模式，达到全局工作效能和服务质量明显提高的目的。该局积极履行社会责任，参加帮扶农村等社会援助和共青团志愿服务等社会公益事业。近年来，该局荣获全国海事系统文明达标单位、广东省文明单位、广东省海边防管理先进单位、汕尾市文明单位等荣誉称号，业务实绩和服务水平处于全省同行业领先水平，社会形象好。

二、优美环境打造海事文明服务氛围

为做好海事亚运文明服务工作，汕尾海事局积极争取资金建成广州亚运水上交通管控指挥中心汕尾分中心。筹资重新装修了政务中心、指挥中心等，将单位门面牌匾统一规范，使标志鲜明、整洁、醒目。出资建设了局新大门、停车场和码头并重新绿化，使车辆停放整齐，秩序良好，环境整洁优美，楼前屋后绿化美化。为强化办公场所环境整洁，该局一方面更换相应的办公设备，做到配置齐全，办公用品摆放整齐，另一方面强调服务，将办事指南、程序指引等摆放有序、醒目美观，使服务对象一目了然。

三、优良秩序彰显海事文明服务理念

为保证海事亚运文明服务工作全天候进行，汕尾海事局合理设置办公区和休息区，做到分区指引清晰明了。设置了24小时值班的应急指挥中心，开通了全天咨询应急电话12395。优化了办事流程，简化了服务环节，全方位地向服务对象提供咨询引导服务，使各项运作正常有序。长期以来，该局人员遵纪守法，并协助有关部门维护单位内外治安秩序、交通秩序，在维稳综治内保工作中年年被上级评为优秀。

四、优质服务体现海事文明服务职责

汕尾亚运赛事筹办之初，汕尾海事局就从

履行海事职能、服务赛事水上安全出发，一方面强化服务规范化，制订并实行了服务承诺制度、首问责任制度、首办责任制度、一次性告知制度、限时办结制度、责任追究制度等多项规章制度；另一方面靠前服务，在赛场选址、亚运海事专用浮标投放、海上运动场维修改造、防波堤建设等工程中充分发挥了海事服务职责，保证了赛事顺利进行。在亚运期间，该局还有针对性地实行服务项目多样化，例如：为亚运项目实施全程服务、优先服务和预约服务；为运输船舶实行“一站式”服务；为电煤船开通“绿色通道”服务；在广州亚运水上交通管控指挥中心汕尾分中心，该局的服务设施便民利民，开通了咨询服务电话，建立了咨询服务网站，电子显示屏、触摸屏、饮水机等服务设施一应俱全，优质服务落到了实处。

五、优化管理凸显海事文明服务特点

为将海事亚运文明服务优化，该局充分发扬服务质量管理民主化。召开职工代表大会全面建立《汕尾海事局服务质量管理体系》，对外公开投诉监督电话、意见簿和意见箱，实行内部和社会监督，使规范服务质量控制多样化，行风监督评价体系全面形成。在全市开展“民主评议公务”活动以来，多次名列前茅。在亚运海事服务过程中，对照建设“廉洁、高效、勤政、务实”服务型政府机关的目标要求，该局对亚运水域的海上交通安全工作进行了深入研究，编制了《亚帆赛水上交通安全和应急保障手册》，并制定了亚帆赛船舶防污染治理、海上交通管理、船舶污染应急处置、海上搜救应急等保障服务方案和预案，将服务标准化放在了首位。在狠抓服务标准化的同时，该局在执行标准服务上下工夫，采用船舶自动识别系统、甚高频、视频监控、视频会议系统、海上3G移动视频等海事国际标准、国家标准和行业标准装备来进行质量控制和管理。调集全国最先进的“海巡31”、“海巡21”等13艘海事船舶，1架海事巡逻直升机来严格执行服务标准，采用海上巡航围控、陆上动态信息实时指挥、空中海事直升机相互配合，形成陆海空一体化安全管控服务格局，筑牢亚帆赛海上钢铁长城，确保了亚帆赛海上交通安全万无一失，实现了亚帆赛水上交通管控“零事故”的目标，为赛事安全举行提供了强有力的海事保障服务。

（汕尾市文明办）

茂名市水务局

开设“科长论坛” 创新理论学习模式

2007年3月，茂名市水务局新一届领导班子针对机关干部中存在的学风不浓，玩风很盛，纪律松弛，作风散漫等问题，大力倡导建设学习型机关。通过健全局党组中心组学习制度、干部职工理论学习制度，局长带头上理论课，局班子成员和科长轮流上理论课等形式，加强思想道德、理想信念、组织纪律和革命传统教育，使机关的学习空气越来越浓，有效地控制了玩风，较好地统一了干部职工的思想，促进了机关规范管理和水务工作的发展。尝到甜头后，该局进一步加强领导，完善学习制度，丰富学习载体，逐步形成了以科长为主要授课人的“科长论坛”。

一是健全学习机构制度。由局党组中心组负责组织，局领导起模范带头作用，主要是“五带头”：带头学多一点，带头学好一点，带头上辅导课，带头组织学习，带头用理论指导工作实践。（1）学习计划安排。局党组中心组的集中学习按市委宣传部规定的专题进行，干部职工学习的“科长论坛”一般是1—2个月举行一次。（2）学习目标管理制度。包括时间安排、推荐书目、规定要完成的学习心得及其刊出学习专刊的指标，使理论学习由定性的“软任务”变成了定量的“硬指标”，增强学习的动力。（3）学习检查督促制度。主要建立考勤制度、理论学习活动专门档案、检查评比制度、激励机制等。将理论学习情况列入干部考核的重要内容，并与年度考核、评优、职务晋升挂钩，调动学习的积极性。

二是丰富学习内容。“科长论坛”的内容以思想道德、政治理论和水务业务工作为主，但没有严格限定。既可以是上级规定的理论专题，也可以是思想道德教育、革命传统教育、纪律教育、工作经验介绍、业务工作建议，或者探讨时政问题、解读热点问题等。

三是活化学习形式。（1）强调自学。（2）刊出心得体会专刊。（3）举行“论坛活动”。具体做法：①预先安排“论坛”专题和演讲人员。演讲人员一般是一名局领导带1—2名科级干部，有时全是科级干部。②随机点评。每次演讲结束，由局长或主持人随机点3人以上上台当场点评。要求点评者实事求是，有赞有弹。由于实行随机点名点评，大家都能认真听课，认真思考。“科长论坛”实行开放式、互动式学习，人人可以参与，大大提高了责任意识、主人翁参与意识，增加了文化氛围。③总结推广。及时总结“科长论坛”的成功范例，把握正确方向；及时将“科长论坛”经验上报市委宣传部；推广到下属各单位。（4）聘请专家学者或先模上门讲课。根据学习需要，近年先后聘请市纪委、市检察院、茂名军分区、市委党校、市委讲师团、市直工委、市司法局领导（专家）和道德模范、劳动模范等作了纪律教育、预防职务犯罪、继续解放思想、海峡形势、婚姻家庭、理想信念、革命传统教育、普法知识和先进事迹等多场专题报告。这对开阔视野，提高“科长论坛”档次起了重要作用。此外，该局还通过到挂钩点开展“联合党日”活动、到阳春监狱接受警示教育、到外单位参观取经等形式，大大丰富了学习的载体，增强了学习教育的效果。

四是学习成效显著。茂名市水务局“科长论坛”一办数年，并坚持理论与实践相结合，取得了显著的成效。（1）大大提高了党员干部的理论水平和综合素质。（2）提高了局领导班子的执政能力，促进了水利业务工作的长足发展。主要标志是水利投资建设上了新水平，取得了抗击2009年“9·21”特大洪灾及泥石流灾害的重大胜利。（3）推动了建设学习型、廉洁型、务实型、服务型、高效型机关工作的发展。近年来，局先后被评为全省城乡水利防灾减灾工程建设先进单位一等奖、全省水利系统文明单位、市落实党风廉政建设责任制先进单位、市直机关一把手抓党建先进单位、市直机关廉政文化进机关活动示范单位、市文明单位、市首批理论教育示范基地。

（茂名市文明办）

茂名石化公司

加强思想建设　打造炼油行业尖兵

2010年，面对兄弟单位急起直追、千帆竞发的激烈竞争形势，茂名石化公司党委和炼油分部党委根据各时期的形势任务，采取专题讨论、典型教育和闭环管理等手段，引导干部职工发扬“事争第一”的精神，把思想统一到继续“争当中国石化炼油专业达标竞赛排头兵”的奋斗目标上来。2010年，炼油部分实现利润23.69亿元，创下历史新高，炼油加工损失率、吨油利润和综合能耗等主要技术指标继续排在中国石化同行前列。

一、用专题教育凝魂聚力，为“打造尖兵”提供思想基础

公司和炼油分部紧紧围绕企业的生产形势，以专题活动的形式，做好职工的思想引导，增强职工克服困难的信心和决心。

一是开展“跳出冰窟，奋起直追”专题讨论。年初炼油效益不佳、指标下滑，掉进了“冰窟”。为此，炼油分部开展了“跳出冰窟，奋起直追”专题讨论，组织职工围绕“三个是否”（我们是否还陶醉在过去的辉煌业绩中？我们是否认清当前的严峻形势？我们是否有扭转当前落后局面的应对措施？）开展“跳出冰窟，奋起直追”专题讨论。通过讨论，职工们认清了系统内各企业你追我赶的现实，更加体会到不进则退，进慢亦退的道理，增强了广大干部职工争当指标排头兵的紧迫感、责任感和使命感，迅速在第二季度扭转了生产被动局面，真正“跳出了冰窟”。

二是开展“创先争优，比学赶超，事争第一”活动。第三季度初，在基本实现“跳出冰窟”的形势下，炼油分部把握时机，及时部署开展了“创先争优，比学赶超，事争第一”专题活动，开展个人与个人、班组与班组、装置与装置、车间与车间、厂与厂的“比学赶帮超”竞赛活动，激发职工队伍潜能；在分部主页上开通活动专栏，在基层醒目位置设立“创先争优，比学赶超，事争第一排行榜”和“竞赛台”，实时公布装置与装置之间、班组与班组之间、个人与个人之间的竞赛结果，使竞赛成绩和差距可视化，进一步形成“向国内先进学，向系统内先进学，向身边的先进学”的良好风气，有力促进了分部各项经济技术指标再上新台阶。

二、用典型教育比学赶超，为“打造尖兵”提供精神动力

一是营造“谁当第一就表扬谁，谁是先进就学习谁”的比学赶帮超气氛。6月21日，茂名炼油30000标立/小时干气提浓装置长周期运行118天，创国内同类装置长周期运行最好水平。为了宣传和表扬先进，炼油分部在干气提浓装置操作室举行了庆祝仪式，并且给联合五车间颁发了“长周期运行”2万元的奖金。并以此为契机大力营造“谁当第一就表扬谁，谁是先进就学习谁”的比学赶帮超气氛，印刷了庆祝宣传单，在企业报作了大篇幅的报道，并撰写了《谁当第一就表扬谁，谁是先进就学习谁》的评论文章。同时，还向干部职工提出了“向书本学习，向自己学习，向对手学习”的要求，在职工中形成相互学习、谁先进就向谁学习的良好氛围。各车间进一步“比学赶帮

超”的劲头更足，其中联合一车间奋力对标建标追标，三催化装置能耗大幅度下降了36%，同比下降了26.97个单位，是分部能耗降幅最大的装置。

二是营造学习典型、争当先进的浓厚氛围。第一，选树先进典型。在《茂名石化报》陆续重笔宣传了劳模，突出宣传一批职工认可、影响力大、工作表现突出的党员班长，如吴金源、柯观福、黄昭雄等，增强了班组长的光荣感和责任感。此外，组织职工学习茂名市敬业奉献道德模范戚亚美的先进事迹报告，教育和引导职工爱岗敬业，遵纪守法。职工撰写心得体会15篇。第二，开展“明星”典型宣传。在简报、内部网上开通了“星光大道”栏目，对历年来的40名星级操作能手陆续进行宣传，同时对在日常工作中有突出表现的职工，以“炼油人物SHOW”的形式进行宣传。尤其大力宣传“党员十大科技管理创效之星”，促使广大职工争当“创先争优，比学赶超”的“明星”。

三是营造节能降耗优化增效氛围。炼油分部利用分部简报、网络跟踪报道10个大炼油大联合典型案例，如三制氢装置“越做越小”，从五一起实行阶段性打循环，降低全厂加工损失，渣油加氢装置实现“双重变身”，全厂氨液优化平衡，停下一套溶剂再生装置，加氢精制从用氢到产氢的转变等等典型事例，在分部内形成“打开空间，全局优化，争当一流”的良好氛围。

三、用闭环管理解疑释惑，为“打造尖兵”提供和谐稳定环境

公司和炼油分部从畅通反映渠道出发，实施思想工作的闭环管理模式，认真抓好一人一事思想政治工作，确保了职工队伍的稳定。

一是完善党群人员挂钩制度。要求党政工团的党群工作人员两人一组联系一个车间，每周不定时深入基层，了解基层单位学习贯彻公司政策精神情况和职工思想动态，挖掘车间工作亮点等，并进行情况汇总，然后在每周的调度会上通报，改进了机关作风，拓宽了基层反映问题的渠道。

二是建立基层职工思想联络员工作制度。聘请23名一线班组长作为分部职工思想联络员，召开思想联络员座谈会，“直接”接收一线职工的思想反映，畅通了上下思想交流的渠道，收到了较好的效果。一年来，共收到思想联络员反馈的各种意见和问题80多条，党群工作部对其进行了分类，反馈到各相关处室进行处理和答复，再反馈回思想联络员，使思想工作形成闭环管理，确保了公司政策的顺利实施和职工队伍的思想稳定。

（茂名市文明办）

茂名市委党校

掀学习热潮　树文明新风

茂名市委党校自2009年以来，以开展创先争优活动、创建学习型党校活动为契机，掀起新一轮精神文明创建活动。为全面提高党校教职工的思想觉悟、职业道德、社会公德和家庭美德水平，积极探索新形势下精神文明建设的新路子、新方法，茂名市委党校创造性地开设了“党校人论坛”，在党校内部掀起了知荣辱、讲正气、比奉献、促和谐的学习热潮，引领了崇尚学习、弘扬美德的良好风尚，形成了领导带头、全员参与的生动局面。

一、目的明确

“党校人论坛”是为党校党员干部、教职员工展示自我、互相学习、增进交流、共同提高而搭建的一个学习平台。论坛坚持以科学发展观为指导，围绕“争创粤西一流党校”的目标，针对当前理论和现实的热点问题以及党校发展中的问题进行自主选题、自由发言、广泛讨论，以达到促进交流、提高素质、形成共识、推动工作的目的。

二、主题鲜明

一年来，“党校人论坛”分别以“谈读书”、“如何提高党员干部素质”、“学习市委九届七次全会精神”、“寻找生命的金字塔——心理健康与调适”、“党校干部教育改革创新”、“加强廉政制度教育，筑牢思想道德防线”、“学习贯彻十七届五中全会精神”、“读书与人生”等内容为主题举办了8期。每期主题都由校委精心研究决定，主题彰显党校精神，弘扬时代主旋律。

三、全员参与

论坛要求领导班子成员带头、全体教职员工人人参与，轮流上台，以45岁以下的年轻人为重点，同时发挥老同志的表率作用，以老带新，以新促老，共同提高。论坛开展以来，先后有20多名教职员工登台主讲，全体教职工参与了每个主题的讨论。登台主讲的无论是校委班子成员、教师还是行政人员，都在活动前悉心准备，发言时主题鲜明，层次清晰，引经据典，教职工的文化素质不断提高，既做学习研究党的创新理论的传播者，又做践行党的创新理论的模范执行者。

四、保持常态

“党校人论坛”主要采用“党支部论坛”、“大论坛”两种形式进行。“党支部论坛”每个月举行一期，安排在每月最后一个星期内举行；“大论坛”每季度举行一期，安排在每季度尾月的最后一个星期内举行。“大论坛”由党校机关党委组织，党校全体党员参加，由校领导主讲或由各“党支部论坛”推选的优秀者参加主讲，每期论坛由校领导点评。论坛开展以来，除了寒暑假期间外，活动均按时按质举行。

一年多来，茂名市委党校通过开展学习论坛活动，促进了学习交流，提高了素质，对创建先进党组织、学习型党校起到了促进作用，教职工的主动性、创造性被充分地调动了起来，提高了教职工崇尚科学、文明易俗的美德。

（茂名市文明办）

揭阳市人民检察院控告检察科（举报中心）

内强素质　外树形象　创建人民满意接待室

揭阳市人民检察院控告检察科（举报中心）努力实践文化育检，以“内强素质，外树形象，创建人民满意接待室”为目标，以“便民、利民、为民、执法公平”为宗旨，积极做好受理群众信访等工作，努力化解矛盾纠纷，减少社会不和谐因素，在开展集中处理涉法涉检信访专项活动和集中处理信访突出问题及群体性事件等工作中取得较好成绩，多次受到上级表彰：获得最高检察院、省检院授予“文明接待室”称号，被省妇联授予“巾帼文明示范岗”称号，2008 年被揭阳市委、市政府授予“文明窗口”称号，2009 年荣获“省文明窗口”称号。

一、明确思路，确定目标，促进工作健康发展

控告检察科把“内强素质，外树形象，创建文明检察院”的建院目标延伸到自身工作中，通过制订方案、深入调研、加强沟通等一系列措施，大力开展“内强素质，外树形象，创建文明接待室”活动。通过制订创建文明接待室实施方案、专项工作会议，深入基层开展督查巡查，加强交流和沟通等工作，明确思路和目标，协力做好接访、举报、法律宣传等工作，努力维护法律的权威和检察机关的形象，促进了各项控告举报工作的健康发展。

二、创建机制，规范流程，提高工作水平

规范流程，创新机制是控告检察科提高业务水平的重要途径，他们从严格执法、创建机制、规范流程等方面入手，不断加强对控告举报工作的管理，使执法活动更加严格、公正、文明。

（一）坚持检察长接待日和阅批群众来信制度。

检察长接待日和阅批群众来信是检察机关转变工作作风、密切联系群众的一项基本工作制度。控告检察科不断加强和完善检察长接待日各个环节的工作，并不断完善督办责任制度，做好回访工作。检察长通过听取群众投诉，解答或解决群众提出的问题，密切了检察机关与群众的联系，有效维护了法律的权威和检察机关的形象。

（二）深入推进首办责任制，规范责任制流程。

按照最高检察院的有关要求，制定并上墙公布《首办责任制流程图》，对信访案件规定了“专人负责、挂牌接待、及时处理、答复有据、跟踪反馈”的工作程序，做到严格责任、负责到底，使首办责任制要求更加明确，将问题解决在首次办理环节，收到了解决问题快、办结率高的效果。2004 年以来，控告检察科对群众 1710 件来信来访所反映的问题基本解决在首办环节，做到件件有结果，事事有回复。

（三）科学管理举报线索。

控告检察科（举报中心）对各类举报线索实行统一受理、分级负责、归口管理的原则，使举报工作取得良性发展。其一，对举报线索实行微机管理、专人负责、严格保密，及时登记造册，依法按程序办理；及时汇报院领导，由院领导审批，然后迅速落实到具体职能部门消化处理，同时做好跟踪、督办、催办工作，

要求承办部门按时反馈查处结果，并将结果及时答复给举报人，坚决杜绝有案不查、压案不办的现象。此外还建立了举报奖励制度，设立了举报奖励金。其二，通过依法认真做好举报线索分类、线索资料分析工作，及时审查后报院领导批示，移送职能部门查处，提高了举报线索的查办率，切实维护了群众的合法权益和司法公正。

三、注重细节，美化环境，舒缓人心

控告检察科还致力于文明执法的探索，他们在细节管理、美化环境等方面下工夫，一方面烘托了良好的接访环境，培养了干警的文化素养，另一方面便民、利民，舒缓了上访者的情绪，从而有效提高息诉水平。

（一）注重细节，美化环境。

努力改善接待室条件，创造良好的接待环境，设置了专用接待室、候谈室和检察长接待室；对线索受理和案件系统管理设置专用微机。如自养花卉，美化接待环境，对舒缓上访者情绪起到良好的作用。全体干警还积极通过参加各级组织的文化活动，勤练书法等，切实提高文化素养，提高干警息诉罢访等工作的整体水平。

（二）配齐装备，便民利民。

控告检察科还配置了打印机、扫描机、举报自动受理电话等设备，并为上访群众准备了饮水机、空调等便民措施。为了使来访群众知法懂法，同时把检察工作置于群众监督之下，在单位门口显著位置设置“检务公开”宣传栏，在接待室内设置“控告申诉举报受理范围”、“来访须知”、“投诉指南”、“检察人员纪律守则”等宣传板和“监督岗”。

四、热情服务，文明执法，促进和谐

关注民生、情系民生、服务民生，改善民生是当前党的政策取向，也是揭阳市检察机关的执法使命。控告检察科深刻认识到，只有坚持为民执法，通过履行或延伸检察职能，积极为人民群众排忧解难，才是检察机关树立“为民”形象的重要途径。由此，他们坚持做到热情服务，文明执法，积极化解矛盾纠纷，努力促进社会和谐。

（一）热情接待来访群众，及时处理群众来信。

2004年以来，控告检察科接待群众来访263批，处理群众来信1447件，对于群众来信来访反映的问题，均能做到及时分流、妥善处理，没有发生一起因处理不当而越级到省进京上访的案件。

（二）妥善处理告急访、集体访，努力化解社会矛盾。

坚持以“便民、利民、为民”为宗旨，深入开展文明接待活动。针对告急访和集体访，加强领导和工作力度，及时掌握情况和动态，对来访者做好教育工作，化解矛盾；依法妥善处理，千方百计地控制和平息事态。

（三）加强纵向横向联系，有效促使信访老户息诉罢访。

在处理信访老户问题上，做到上下联动，左右协调，属地管理，形成合力，积极协调联系信访局、纪检、公安、法院等相关部门，对信访老户进行“会诊”，切实解决问题，有效息诉。对于家庭生活困难的上访老户，主动联系当地党政机关为其解决实际困难，从源头上化解矛盾，做好息诉工作。

（四）认真办理上级和领导交办的案件，建立督查督办机制。

对上级部门及本院检察长交办的案件都极为重视，列为优先处理，及时登记送批、交办，并做好督办工作，按期反馈结果，服务工作大局。

（五）集中处理涉法涉检上访，认真做好下访巡访工作。

控告检察科认识到集中处理涉法涉检上访，认真做好下访巡访工作是检察机关密切联系群众，直接了解解决基层反映的问题，提高群众法律意识，减少群众盲目上访、越级上访、集体上访，将矛盾解决在基层、解决在萌芽状态的有效途径。因此他们认真建立信访网络，及时掌握信访动态，带案下访，解决问题，送法下乡，提高基层群众的法制意识，切实把矛盾解决在基层、解决在萌芽状态，有效防止了群众越级上访。

（揭阳市文明办）

先进个人

广东精神文明建设年鉴（2011）

黄瑞萍

黄瑞萍1997年担任华景小学校长，是广州市优秀校长培养对象。在上级领导关心和支持下，该同志带领全体教师全面贯彻执行党的教育方针，实施素质教育，坚持可持续发展观，秉承“教学相长，止于至善”的校训，弘扬“德智体美全面发展，科学人文和谐共存”的校风、“爱生如子，敬业如山”的教风、“勤奋扎实，灵动创新”的学风，以“依法治校，以德治校，科研兴教，特色强校”为办学思路，以“人本化管理、专业化教师、创新型学生、学习型校园”为立校方略，开拓创新，积极进取，全面推进素质教育，实现了学校跨越式的发展。学校从开办仅有62名学生发展为现有38个教学班1800名学生的家长、社会满意的省一级学校，学校还先后被评为中国和联合国儿童基金会“姊妹学校”项目阶段成果优秀学校、“全国中小学生良好习惯养成主题教育系列活动”一等奖、全国信息技术创新与实践活动先进单位等。

学校的发展成就了校长的成长。黄瑞萍同志被选派参加第29期全国小学校长高级研修班；被评为市精神文明建设先进工作者、市优秀教育工作者、市支持少先队工作好校长、“三八”红旗手、创建文明城区先进工作者、区模范教师、德育先进工作者，被区授予三等功、政府嘉奖。《有情、有趣、有美、有新的校园文化》入选全国哲学科学“十五”国家课题“新基础教育”发展性研究丛书，多篇论文在《中国人才》、《广东教育研究》、《教育导刊》等杂志发表，并获全国论文评选一等奖、成果鉴定一等奖、优秀科研人员称号。

（广州市文明办）

陈伟青

陈伟青同志现任广州开发区、萝岗区爱（创）卫办副主任兼萝岗区卫生局办公室主任。全区的创文工作启动后，该同志从2008年5月抽调到区创建全国文明城市办公室，协助区文明办主任工作。该同志抽调到区创建办（文明办）工作以来，认真履行职责，责任心强，工作经验丰富，任劳任怨，加班加点，勤于思考，充分发挥共产党员的模范带头作用，出谋献计，全心扑在工作上，与全区上下一道为该区的创文工作付出了最大的努力，做出了积极的贡献。

以创建全国文明城市为契机，开展精神文明建设系列活动。一是发挥他在创卫工作中积累的丰富经验，提出创文工作的建议和措施，并对区创文办的工作人员进行培训，提高大家的业务水平。二是结合该区的实际，制定该区创文细化操作指引，把内容繁多的全国文明城市测评体系变得明白易懂，更具操作性，并组织社区、街道和各职能部门的同志进行培训，为各单位创文项目达标和提高全区创文绩效起到了积极的作用，受到各级的好评。三是抓好现场考评项目的资料建档工作。牵头制定该区创文资料建档工作指引，组织建档责任单位进行培训，并在夏港街和青年社区抓点示范，召开现场会统一全区的资料。四是积极开展巡查督导。对全区创文项目达标情况开展两个层面的督查：深入街镇、社区，靠前指挥协调创建工作。带队对街道和社区项目及部分窗口行业进行巡查，督促和指导有关单位整改不足、努力达标。五是认真做好各级对该区创文工作进行检查的迎检工作。参与制定中央、省、市对该区进行检查考评的迎检方案和线路，并对线路进行反复巡查、优化；迎检当天带先导队处置突发情况，确保迎检工作万无一失。六是认真负责地做好领导交办的各项工作和办文把关工作。

陈伟青同志先后被市委、市政府和区委、区政府分别评为创卫先进个人和创卫标兵个人；连续三年创卫考核被评为优秀；创卫和创文的组织协调工作受到区主要领导的肯定和表扬；受到有关职能部门和各街（镇）的一致好评。

（广州市文明办）

黄晓鹏

黄晓鹏，深圳团市委办公室主任。该同志思想政治过硬、为人正派笃厚、模范遵纪守法，树立了特区精神文明建设干部的良好形象。作为团市委机关一名年轻的中层干部，充分展示了特区干部的好作风，树立了精神文明建设干部的良好形象，在领导、同事、基层团干和青年群众中有良好的口碑。

一是参与义工服务事业，积极投身抗震救灾，开展震后青少年心理危机干预义工服务。“5·12”汶川大地震发生后，黄晓鹏同志在危急关头敢于冲在最前，第一时间报名参加青年义工突击队，并被选为第三批突击队副队长奔赴四川绵竹、汶川漩口中学等地开展服务。作为青年义工突击队的杰出代表，黄晓鹏同志全面展示了广东的文明形象，全方位体现了广东志愿者的专业服务水准，2008年被评为“广东省志愿服务先进个人”。

二是创新思维、丰富手段，有力地推动了青少年思想道德教育工作。该同志创新形式，寓教于乐，用青少年喜闻乐见的方式开展思想道德教育。2010年五四期间，大胆探索新的工作手段，参与组织开展了“延安精神与新时期青年使命”——深圳纪念五四运动90周年系列宣讲活动，用讲、唱、跳的方式为全市团员青年和高校学生开展宣讲活动，反响热烈。刘玉浦同志做出批示，指出本次活动“组织得很好！”

三是加强青少年文化交流，拓宽青少年国际视野，丰富了青少年文化生活。该同志在统战与联络部工作期间，重点推动青少年文化交流工作，强化了深港青少年文化交流，积极培养了健康的青少年社团文化。该同志先后参与组织了多项大型青少年文化交流活动，策划、组织了连续两届“龙腾中华”深港澳台青少年文化专列活动。重点加强了深港青少年文化交流，参与组织了“紫荆花开十年香”万名深港青少年纪念回归活动、“深港青少年大露营”、“迎奥运庆五四”、“欢聚深圳2008”等大型深港青少年交流活动。

四是坚持业务学习，拓宽理论视野，不断提高素质，是一名“学习型”和“研究型”的精神文明建设干部。

（深圳市文明办）

伍奕青

伍奕青同志现任深圳市福田区梅林街道党工委副书记、纪工委书记，分管纪检、精神文明创建、侨联、统战、人事、党建、工青妇等工作。该同志在工作中认真负责，大胆管理，兢兢业业为街道的各项工作的有效开展发挥了积极的作用，尤其在精神文明建设工作中起到了表率作用。

该同志在工作实践中，不断提高解决实际问题的能力：积极探索党建工作、社区建设等新课题，抓好各项工作的落实，发扬求真务实的精神，注重集思广益，调动同志们的工作积极性和创造性，注重协调好辖区各单位的关系。能够结合梅林的特点，组织工会、共青团、妇联、统侨等部门开展主题活动。注重妇联组织能力建设，提高妇女干部整体素质，组织机关及辖区妇女干部参加各种专题培训班，交流、探讨妇女工作的方式方法；深入开展“巾帼文明示范岗”活动，现已创建1个市级“巾帼文明示范岗”、4个区级“巾帼文明示范岗”。自开创性地成立“外来女工学校”、“梅亭妇女学校”以来，不断摸索社区妇女学习教育的新途径新方式，根据妇女的不同需求，安排形式多样的教育活动。开展党建带妇建、工建、团建活动。在辖区大力开展捐资助学系列活动等，街道团工委连续三年被评为深圳市“五四”红旗团委。抓好街道纪检监察工作。抓制度建设，抓责制落实，建立三个层面的监督机制；班子内部的相互监督；行政效能监督，对街道各部门、各社区完成工作情况的督查；聘请社区监督员对街道办事处依法行政监督，抓好广东省廉政文化进社区示范点的各项工作，并将反腐倡廉教育进社区的工作拓展到各社区。注重抓好全街道13个社区党组织调整和片区建党工作，充实了党务工作人员，为固本强基、社区建设做好基础保障，实践了“一社区一支部”格局。

（深圳市文明办）

赵 东

赵东同志是珠海市第三中学高级教师。退休后一直为社区的公益事业和青少年的社会教育奉献余热。现任狮山街道关工委常务副主任、珠海市精神文明建设义工队队长、珠海市市妇女联谊总会理事会副会长、香洲区老干部合唱团团长等职。

一是热心社区教育。积极组织老同志参与“关工”工作。连续八年协助9个社区开办中小学生夏令营。请老前辈讲革命事迹，请干警讲禁毒法，请英雄讲汶川赈灾故事。参观爱国教育基地，并开设英语、绘画、书法等文化学习班，亲自义务授课，连续六年在辖区小学、幼儿园开展《弟子规》经典导读活动，深受领导、家长、学生的欢迎与好评。

二是热衷社会公益事业。她协助南香居委会组织“社区义工队”和“巾帼志愿者队”帮搞卫生、治安、文化教育，组织义工服务日、开展医疗、家教、法律咨询等。

三是出色完成上级安排的任务。她把关工委的工作当作头等大事。为青少年做好事实事1502件，壮大了关工队伍。

四是关心弱势群体，解决失学儿童上学难

的问题。她协助组织参与为48名特困生对口助学八年，又为四川捐款、捐衣、捐建幼儿园，还参与红十字会募捐箱长年收款，为灾区献爱心。

赵东同志多年来言传身教，推动了家庭、学校、社会教育的三结合，为社区精神文明建设谱写了一曲曲感人诗篇，受到各级领导和居民赞誉。

（珠海市文明办）

李耿坚

李耿坚同志2005年11月任中共汕头市龙湖区委副书记、区长。作为区文明委副主任，他以创建“文明龙湖、效益龙湖、和谐龙湖”为己任，团结和带领政府一班人不断开拓创新，在抓好经济建设的同时，高度重视精神文明建设，几年来，龙湖区先后获得“全国科技工作先进区”、“全国先进科技产业园”、“全国民政工作先进区”等荣誉称号，2010年，龙湖区又被评为汕头市创建文明城市工作先进区。

一是重视科学决策，加快经济社会发展。李耿坚同志上任后，对区情深入调研，提出了发展园区经济、规模经济、品牌经济、民营经济、服务经济和总部经济的总体发展思路，实现龙湖经济又好又快发展。同时注重绿水蓝天工程和城市美化、绿化、景观建设，加强城市管理工作。重视区域治安工作，不断加大对社会治安综合治理的投入，严打违法犯罪行为，2009年刑事发案率下降2.9%，“两抢一盗”案件下降5.8%，营造了政治安定、社会稳定，群众安居乐业的良好局面。

二是重视道德建设，着力提升人的文明素质。李耿坚同志始终坚持将经济工作与精神文明创建工作同部署、同检查、同指导。三年来，他走遍全区107个村（居）和150多家规模以上企业，详细了解群众性精神文明创建活动情况，听取群众的意见和建议，及时掌握不同人群的现状和需求，有针对性地指导基层开展创建活动。

三是加大投入，大力推进文化惠民工程。李耿坚同志重视推动文化大区建设，在人财物方面都给予大力支持。由区文明委与省文明办联合举办“龙湖区首届企业文化节”；由区文明委牵头搭台的“和谐社区文化节”，在区域内已举办第五届；举办“和风暖龙湖”和谐文化主题晚会；由中国文联出版社出版的《名联颂中华》一书，先后获得汕头市2008年度文艺奖“精品奖”和大世界基尼斯之最。区文明委精心策划组织“书香龙湖”十百千万文化惠民工程，目前已评选了50户“文化之家”，现正继续开展“书画进万家”活动。

四是重视民情民生，精心构筑八大民心工程。李耿坚同志经常深入到基层倾听民声，从解决群众最急、最盼、最怨的社会热点问题入手，真心实意为群众排忧解难。上任以来，连续几年每年拨出财政资金近千万元，解决了村居道路、内涝整治、村居水改等73个项目的建设，2010年又拨出财政资金1.09亿元，投入八大民生项目建设。

（汕头市文明办）

张伟云

张伟云，韶关市机关第一幼儿园园长。作为幼儿园法人代表和党支部书记，能时刻以共产党员标准严格要求自己，为人师表、以身作则，廉洁自律，克己奉公，密切联系群众，心系教职工，关心教职工的生活，为教职工办好事，办实事，解难事，做事光明磊落，不谋私利。曾两次荣获广东省“南粤优秀教师”称号。

担任园长职务后，该同志提出了“以教研促进幼儿园保教质量的提高”这一管理理念，并提出了“抓管理，促教研，努力创建省一级幼儿园”和“以一流的管理、一流的质量、一流的队伍创建国家级录色幼儿园”宏伟目标。同时，在确立以体艺为办园特色的基础上，开展《幼儿安全教育的尝试》、全国教育科学“十五”规划国家级课题《促进幼儿科学创造人格培养的幼儿园与家庭—社区互动机制研究——〈幼儿科学创造力培养〉》子课题研究、中国教育学会“十一五”科研重点课题《棋文化对幼儿良好品德的培养的研究》等省级、国家级课题的研究。

作为省一级幼儿园和国家绿色幼儿园的园长，该同志一直以帮扶贫困落后地区幼儿园、发挥省级园示范辐射作用为己任，每年派出骨干教师到县、区基层幼儿园，开展“一帮一”、“手拉手，献爱心”送教活动，帮助开展环保宣传教育活动。指导本地区几间公立幼儿园申报省一级幼儿园、绿色幼儿园，使其在评估中顺利地晋升为省一级幼儿园和绿色幼儿园。积极响应国务院号召，主动扶持西部贫困学校——广西永福县幼儿园，挤出资金帮其解决燃眉之急，派出骨干教师奔赴广西永福异地教学进行支教，这一做法得到广西桂林及永福教育局的高度赞扬。

（韶关市文明办）

吴振光

吴振光，广东粤电枫树坝发电有限责任公司董事长、总经理。该同志注重加强学习，以科学发展观统揽工作全局，认真抓好政治学习，有力带动了公司员工的学习风气，重视班子成员团结，处处考虑领导集体的凝聚力和战斗力，处事不武断，重大决策和重大事项必经党委集体讨论决定。重视精神文明建设，狠抓落实，进一步明确责任，督促完善精神文明建设工作制度，统筹安排精神文明建设工作。大力抓好党建工作，充分发挥党委的核心作用，依照党委议事规则办事，团结协作，发挥了班长的作用，充分发挥了党支部的作用。重视安全生产管理工作，狠抓执行力度，善于调动职工的积极性，敢抓敢管，对公司二级管理机构和生产班组进行较大幅度的调整，使管理工作更符合实际，有效发挥了各技术专责的作用，一直坚持落实月度工作总结和计划会，确保每项工作有计划和落实。注重政治宣传教育，加强思想政治工作的针对性，为提升企业内外形象，促进公司的全面发展和进步，提出了建设“三个枫电”发展目标，开展反复的宣传发动，并组织学习、研讨、征文、演讲比赛等活动。做到组织领导、目标任务、思想认识、工作落实、资金投入“五到位”；充分发挥工、青、妇群众组织的作用，齐抓共管，把精神文明建设与安全生产、经营管理紧密结合。重视企业文化建设，明确各党支部、部门在企业文化建设中的职责范围和工作责任，认真组织宣传《粤电集团公司企业文化大纲》，健全了宣传网络，通过办好宣传栏、出版内部刊物《东江明珠》报纸等，大力宣传精神文明建设的目的和意义，为积极推进企业文化建设标准化、规范化、科学化和制度化奠定良好基础。近几年来，在吴振光同志的领导下，企业精神文明建设上新台阶，经济效益显著，企业稳定发展。

（河源市文明办）

戴希璋

戴希璋，中国移动广东公司梅州分公司总经理。在日常工作和生活中，该同志始终严于律己、忠于职守；始终把开展精神文明建设作为己任，积极倡导、大力推动公司精神文明建设；在他的带领下，从2009年3月份开始，先后认真组织了科学发展观系列学习、深入调研、解放思想大讨论等活动，带头学习，带头分析检查，撰写领导干部个人科学发展观学习心得；组织召开民主生活会、科学发展观总结会，形成高质量的公司科学发展观分析检查报告和整改落实报告；推进分析检查报告和七个项目26项措施的落实，不断推进了企业的科学发展。

推进党工团“三化”建设，增强企业管理内驱力。一是开展了“万元节支，绿色行动”、“青年志愿，与我同行”、“卡拉OK大赛”、“廉洁从业课程开发”、“员工思想调研”、“企业文化节”、“趣味运动会”等系列主题活动；二是发布2009—2011年精神文明创建规划；三是加强党风廉政工作管理。

开展“抓作风、抓落实、抓突破”活动，改善机关工作作风。制定并实施了“一个杜绝、二个改善，三个优化，十大承诺”的“三抓”实施细则。

深入开展活力100活动，推进企业团队文化深度建设。一是以员工关怀与企业和谐为核心，重点开展“赢在移动”项目；二是拓宽方式营造氛围，推动组织全面学习；三是深入开展“活力100”班组活动，提升基层班组活力。

推动企业履行社会责任，助力和谐社会建设。一是落实“我爱广东”系列活动；二是开展“文化梅州”八项工程；三是开展系列社会公益工作。

在该同志的带领下，公司精神文明建设成果显著。其中，彬芳大道服营厅荣获全国巾帼文明岗荣誉称号；城区分公司荣获先进集体、职工安全生产知识培训工作先进单位等省级集体荣誉称号，公司团委获评五四红旗团委称号；荣获机关挂钩扶贫先进单位、八大“民声窗口”等荣誉。

（梅州市文明办）

胡斯平

胡斯平同志现任惠州市公用事业管理局党委书记、局长。近年来，他紧紧围绕市委、市政府建设科学发展“惠民之州”和创建全国文明城市的工作目标，认真履行职责，真抓实干，开拓创新，着力将公用事业打造为“惠民之业”，高标准完成了市政工程建设任务，有力推进市政公用事业的科学发展。2008 年，所在局被评为全国精神文明建设工作先进单位、市创建全国文明城市工作特等奖等；在市“万众评公务”活动中，再获“窗口”单位第一名；2009 年，荣获全国“五一劳动奖状”。

一是围绕提升城市发展后劲，着力高标准完成市政重点工程、民心工程。实践了市委、市政府“南进北拓、东西伸延”的城市发展战略重大构想，展示现代文明城市的新形象，改善城市交通，美化城市环境，提升了城市综合素质和竞争力。

二是围绕提高城市管理层次和水平，市政设施维护管养和服务保障水平不断提高。他注重抓道路维护保障，注重抓公交建设，注重抓好市区供水。

三是围绕创建全国文明城市目标，创建专项工作完成出色。两年来，通过城管“110”、“12319”热线、网络、媒体、人大建议和政协提案、市政联络员体制等渠道，为广大市民群众解决民生问题近 1000 件，出色圆满完成创建全国文明城市专项工作。

四是围绕增强党组织和干部职工队伍的自身建设，注重抓思想政治工作和精神文明建设。他注重政治理论学习落实，注重工作机制的创新，注重抓安全生产、信访维稳、社会综合治理、工青妇团、计划生育等工作，成效明显。注重党性锻炼，始终保持党员领导干部的良好形象。

（惠州市文明办）

彭伟洒

彭伟洒，汕尾市陆河县实验小学校长。他从教 20 年来，始终坚持一个普通教育工作者应有的理念：“用忠诚来证明自己的存在，用创造来证明自己的价值。”他向孩子们讲解“教育脱贫，科技致富”的意义，用自己的方式落实县政府“科教兴县”的宏伟战略；他想尽千方百计筹措办学资金，不断改善学校的办学条件，使学校拥有一流的教学设备；他用自己的实际行动鼓励老师们不要被眼前生活、教学上的困难所吓倒，要有前瞻性的眼光，相信美好未来全凭自己创造；他筹措 61000 多元帮助二十多名学生完成初中、高中学业；他带领全体师生“放眼世界”，积极学习各种先进理论和方法，做到“条件落后观念不落后”；他率先提出并践行走有山区特色、地方特色的教育发展之路，使学校成为全市小学创办优质教育的一面旗帜；他组织成立了陆河县首个家长委员会，使家、校关系更密切，更和谐了；他倡导并组织亲子读书活动，开展假期“父（母）子同读一本书”等活动，使亲子关系更和谐……

彭伟洒还善于创设平台，打造魅力校园。他认为，学校应该成为传播文明的重要基地，要把学校的优质资源向社会开放，与社区群众共享，向校外延伸，因此，学校主动承办各级政府部门举行的活动。现在，学校的校园不仅仅是师生共享精神家园，还是社区群众向往的地方。每天清晨，总有社区的居民披着朝霞到学校进行晨练；每个傍晚，整个校园成了运动场；每个夜晚，满操场是人影绰绰，两百多人翩然起舞。校园成为县城的一道特别的风景线。

彭伟洒就是这样一位品德高尚、乐于奉献、善于育人、精于管理的好教师、好校长。他扎根特困山区，辛勤耕耘，甘做山区教坛垦荒牛；他立足基础教育，大胆改革，勇当传承文明的领头雁；他使一所所农村学校脱颖而出，成为培养“奔康”人才的摇篮；他着力打造开放的魅力校园，使校园成为师生、社区群众共享的精神家园；他把一所贫困县里的实验小学推进到了全市基础教育的先进行列，成为全县基础教育改革的排头兵……彭伟洒不愧为广大教育工作者和精神文明建设工作者学习的楷模。

（汕尾市文明办）

卢伟琪

卢伟琪，东莞市公安局副局长。2008年6月任市公安局副局长以来，该同志时刻铭记上级党组织的重托，始终坚持加强学习，主动适应新形势，坚持廉洁自律，扎实塑造新作风，坚持积极履职，紧紧围绕市委、市政府和局党委中心工作，认真贯彻落实市委、市政府、上级公安机关和局党委的各项工作部署，积极抓好分管工作。一是以身作则，严格自律，带动各单位队伍建设。该同志积极发挥传帮带作用，全力支持新一任支队长开展工作，通过加强交警支队领导班子建设，确保了交警队伍的和谐、团结和稳定，确保了班子的顺利过渡，确保了各项工作有序开展并卓有成效。二是摆正位置，狠抓工作落实。该同志坚持把最大限度地减少交通事故人员伤亡、营造良好交通秩序作为工作重点，不断寻找压减交通事故的突破口，积极开展完善道路交通安全设施调研工作，提议并实施了异地用警联合整治、打击无牌无证、假牌假证车辆，打击酒后驾驶等多项专项整治，2010年6月组织交警支队、市“治摩办”就如何巩固全市“治摩”工作开展专题调研，成功发动并实施了“治摩”百日整治行动，使2010年上半年的交通事故全面下降。三是坚持为民服务，着力提高执法管理水平。在各分管单位中开展作风建设教育活动，不断改进作风，落实便民措施，提高规范执法水平。针对群众反映的热点问题，大力开展积极有效的防范和打击行动，以积极有为的态度主动应对金融危机，灵活把握对敏感群体的执法尺度，切实提高为民服务水平。

（东莞市文明办）

黄标泉

黄标泉同志自2002年6月担任中山市小榄镇党委书记、人大主席以来，努力践行科学发展观，努力构建富裕、民主、文明、和谐社会。在他的带领下，小榄镇先后荣获“国家卫生镇”、“全国文明村镇”、“全国环境优美镇”、“中国金融生态名镇”、“广东省教育强镇”等荣誉称号。近年来，黄标泉同志团结带领全镇干部群众，以“先人一步”的理念，努力促进小榄经济快速发展和社会文明进步。

大胆探索，先行先试，“先人一步”实践科学发展。一是注重统筹城乡发展。推动农村体制的“三步”改革：推行农村股份合作制；推进村委会一级经济核算；全面启动村委会改革为社区居委会的工程。打造城乡居民社会保障的“三个一”工程：确保每一个有就业愿望的劳动力都有一份工作；确保每一个居民都有一份医疗保障；确保每一个适龄居民都有一份社会养老保险。推进城乡共享现代文明的三项举措：帮助社区加快经济发展步伐；实施城乡规划建设管理一体化；大力提升居民的综合素质。二是注重生态文明建设。投入2.55亿元进行水利建设和内河整治；投资4.8亿元建设日处理量12万吨的生活污水处理厂和污水收集管网，目前生活污水处理率达80%以上。投资7000多万元进行“水色匝”主体改造及配套工程，改善水乡环境，恢复水乡秀色。三是注重优良社会风气培育。倡导尊重富人、关爱穷人；以鼓励创业破解“富不过三代”难题；开展对“四种人”（曾经吸毒人员、刑满释放人员、行为偏差人员、辍学青少年）的教育帮扶。

结合实际，落实措施，“四项举措”再促科学发展。一是促进产业结构和人口素质的双优化。通过产业发展引导，鼓励创新，推动传统产业优化升级。发展学前教育、基础教育、成人教育、社区教育、技能培训、素质提升的大教育体系。二是促进城乡经济社会发展一体化。统筹城乡工业、现代服务业、生态旅游业、商业购物中心等规划布局，把城区管理向农村延伸，通过提高农村管理水平提升人的素质，通过提升人的素质进一步优化农村环境，形成良性循环。三是促进共同富裕。实行政策扶持与智力帮扶相结合的方式，加大扶持一般收入家庭加快发展致富工作力度，提升小榄居民整体生活水平。四是促进文明和谐社会建设。将文明办从宣传办分离出来，独立办公，专人专责，全面统筹协调全镇的精神文明建设工作。建立核心价值体系，为推动经济社会又好又快发展提供强大的精神动力，提升居民素质。加强民主法制建设，加强党的建设，坚持和完善民主集中制，积极稳妥地推进党代表大会常任制，发挥好党员先进性作用。尽量满足居民的发展愿望和多样性需求，重视群众的诉求，努力化解各种矛盾和纠纷。加强节能降耗工作，推行清洁生产，建设资源节约型和环境友好型社会，提高生态文明程度。

（中山市文明办）

张立群

张立群，广东电网公司江门鹤山供电局局长。该同志十多年如一日，一心扑在鹤山电网发展的事业上，为推动鹤山电力发展做出了突出的贡献。一是科学治企，带领员工奋勇争先把企业做强做优。坚持以科学发展的眼光谋划企业的长远发展，推进体制和管理创新，大力开展“管理年”活动，规范管理流程，全面实行绩效考核，抓好班组规范化建设，实现全员岗位培训和持证上岗。坚持以科技兴网，成为全省第一个所辖变电站均实现无人值班的县级市供电局，沙坪变电站成为省内首个实现全面数字化的11OkV变电站，该局于2009年9月19日实现连续安全运行10周年。

二是情系民众，引领员工更多更好承担社会责任。坚持抓好企业的机关作风建设，对社会反馈的意见和建议，亲自组织会议进行认真的研究讨论，出台多项制度规范营销人员的服务行为，加强服务窗口建设和服务礼仪培训，大力开展“优质服务年”、“金牌服务迎奥运”、“绿色行动”等主题活动，树立“全员服务”的意识，使企业服务质量和客户满意度逐年提升。

三是以人为本，引导员工快乐工作健康成长。自始至终坚持“物质文明与精神文明两手抓”。通过举办南网方略知识竞赛、治企理念宣讲会等活动，使南方电网企业文化进一步渗透到企业的每一个角落。多年来，他坚持抓好党建工作，严把新党员发展质量关，局党委2005年和2008年被评为广东电网公司先进基层党组织；通过开展党员先进性教育、学习“三个代表”重要思想和党的十七大会议精神、解放思想大讨论、每年专题党课教育以及学习实践科学发展观等活动，努力提高员工思想政治素质；坚持开展创建“学习型企业”读书活动，每月发一本好书到各部室和班组，引导员工用知识提升自我。发起开展党政领导与基层员工互动活动，经常深入基层调查研究，帮助基层部门解决实际问题，开通“局长信箱”虚心听取群众心声，深得员工的喜爱。他热心社会公益事业，以身作则开展扶贫助困活动，经常亲自带队慰问社会上的弱势群体。

（江门市文明办）

侯邦安

侯邦安，阳江市地税局局长。他以“收好税，带好队，服好务，做好表率”为己任，为地税工作殚精竭虑，用心血和汗水谱写着地税发展的新篇。

一是聚财为国收好税。通过实施科学化精细化管理，使阳江地方税费收入呈现持续稳定增长的发展态势。尤其是2008年，面对全球金融危机造成的严峻经济和税收形势，侯邦安同志带领全市地税系统积极应对，采取有效措施强化征管，认真落实企业扶持政策，与企业携手共渡时艰，既保证了税收收入的稳定增长，也为企业创造了良好的发展环境，共组织税费收入21.88亿元，增长18.6%。

二是以人为本带好队。重视加强干部队伍建设。一方面，加大干部教育培训投入。采取“走出去”的方式，先后在清华大学、国家税务总局扬州税务进修学院举办科级干部更新知识培训班，提升领导干部综合素质；采取“请进来”的方式，定期举办各类税收业务培训班和阳江地税“大视野”讲坛，增强干部素质能力。另一方面，大力加强精神文明建设。建设了以图书馆、税官俱乐部、文化走廊等活动场所为主的地税文化活动中心，为干部职工开展文化活动提供了一个良好的环境。

三是履行职责服好务。他加强经济税收研究工作，每年均组织一个大型的课题研究，先后完成了《阳江经济与地方税收协调发展研究》等4个大型课题研究，得到了上级部门以及省内外有关专家学者的高度评价。全面加强“两基建设”，尽可能地改善基层干部的工作和生活条件。支持成立了救急互助基金，对遭遇严重疾病和意外的干部职工86人次进行了救助，累计支付救助金33.7万元。高度重视纳税服务工作，加强和改进机关作风，提高工作效率和服务水平。关注社会民生，认真贯彻落实各项税收优惠政策，积极扶持企业发展。

四是勤政廉政做表率。他注重发挥表率作用。在生活中，他是一位满腹经纶而诚恳谦虚的智者，艰苦奋斗，厉行节约；在学习上，他是一位坚持终身学习理念和追求先进文化的倡导者，孜孜不倦，求知若渴；在工作上，他又是一位开拓进取、率先垂范、体恤下属、贴近民心的领导者，廉洁自律，办事公正，作风民主，从不搞一言堂。他的人格魅力让每个认识他的同志深深折服。

（阳江市文明办）

詹亚明

詹亚明，中国移动广东公司湛江分公司总经理。该同志积极践行中国移动“正德厚生，臻于至善”核心价值观，把精神文明建设工作放在重要位置，以创建促进企业协调发展，坚持高标准、全方位、重质量的原则，建立党委统一领导、党工团齐抓共管、员工广泛参与的工作机制。该同志荣获广东省五一劳动奖章、湛江市精神文明建设先进工作者、湛江市十大杰出青年、湛江市劳动模范、湛江市优秀共产党员等荣誉称号。

一是拥党爱国，注重自身道德素质和理论水平的提升。注重理论指导实践，把深入开展学习实践科学发展观活动与保持企业持续稳健发展紧密结合起来。二是精于业务，全面提升客户服务水平。先后开展“诚信服务”—“金牌服务”—“便捷服务”系列服务文化活动，向社会做出“八项服务承诺”，不断提高自身服务标准和服务价值。梳理畅通的内外服务流程，提高客户需求响应速度和问题解决能力，不断改善服务短板，切实维护客户利益。建设64间“沟通100”服务厅，发展3122家渠道网点，全面推广自助终端、空中充值、网上营业厅等电子渠道，建设专家式客户经理服务团队，构筑全方位、立体式便捷服务渠道。坚持从客户感知的角度开展网络建设与优化，锻造卓越网络晶牌，全市网络信号覆盖率达99.99%。大力推进信息化服务。深入开展“信息化八项工程”，为各行业提供信息化解决方案，以移动信息化服务湛江经济社会的和谐发展。三是热心公益，积极承担企业公民的社会责任。追求树立“责任型、贡献型”的企业公民形象，努力为湛江市三个文明建设添砖加瓦。他带领公司连续四年开展“感谢—感恩—感动”广东和“我爱广东”系列活动，持续推进固本强基工程，开展“一对一”帮扶活动，援助困难群体。四是以德治企，构建积极活泼的企业文化。自1999年开始企业文化建设以来，詹亚明同志率先垂范，亲自向广大员工宣讲企业核心价值观，并在实际行动上自觉按企业价值观行事。五是廉洁自律，模范遵守各项规章制度。健全企业各项管理制度，廉洁经营，严格执行财务制度、决策程序、组织人事规定和公司章程，开展企业效能监察，构建惩治和预防腐败体系，坚持和完善职工代表大会制度、企务公开、决策委员会、预算委员会等民主管理制度，保障企业和员工合法权益。

（湛江市文明办）

潘裕岳

潘裕岳同志曾任广东高州中学副校长、高州市第一中学校长，2008年8月至今任广东高州中学校长兼党支部书记。曾获茂名市首批基础教育系统名校长、广东省“南粤教书育人优秀教师”、广东省“中学特级教师”等荣誉20多次。作为校长，他高度重视校园精神文明建设，着力推进，促进学校向更高层次发展。

一是加强领导作风建设，打造团结、表率班子。潘裕岳校长把“同心同德、勤政廉政”确定为班子建设的首要目标。强调团结合作，坦诚相待，并以身作则，带领班子成员率先垂范。

二是科学化、人性化管理，打好精神文明建设基础。在潘校长的指导下，学校完善了高考奖励方案等20多项规章制度。在抓好常规工作的同时，实行“一放一抓”。“一放”就是将学校的管理重心下移到年级，小事级内解决，大事学校集体讨论决定。“一抓”就是通过禁止学生带手机等通信工具回校，严抓学生管理。

三是德育为首，开创德育工作新局面。潘裕岳校长亲任学校德育工作领导小组组长。他着力构建“一个核心，三线齐抓，三种结合”的师德教育长效机制，大力培育“勤教善导”的教风。对学生抓好七个教育：政治思想教育，安全教育，规范教育，激励教育，自我教育，禁毒教育和健康教育；强化两个方面的管理：德育的常规管理和安全文明小区管理。重视党团工和计生工作，形成合力。

四是打造优秀文化“磁场”，氛围育人。

潘裕岳校长非常重视学校文化建设。大力支持开展评优评先、文体艺等“多项活动”，在校园内树起校风、学风等“多面镜子”，造起文化长廊、读书亭，挂起名家名字名画等。以优秀的校园文化促进全体师生优良品行的形成和素质的提高。

五是成果丰硕，学校发展上新层次。潘裕岳同志积极投身教研，亲自主持了《中学生交流与合作能力培养内容与途径的研究》等六项省级和国家科研课题，其中获国家级一等奖3项，多篇论文获省级和国家级一等奖或在省级以上重点期刊发表。在潘校长的带动下，学校现有省市级和国家级科研立项23个，教师近年在省市级以上刊物发表或获奖论文130多篇。

（茂名市文明办）

刘兴鸣

刘兴鸣同志自2005年初任武警肇庆市支队支队长以来，始终牢记“永远做党和人民忠诚卫士”的最高政治要求，支队连续4年被评为省武警总队落实《纲要》“先进支队”，支队党委连续4年被总队评为“先进党委”。带领官兵完成任务的同时，全力支援肇庆市“四个文明”建设，扶危济困，抢险救灾，植树造林，用实际行动谱写了一曲曲“视驻地为故乡，视人民如父母”的华彩乐章。

一是爱驻地，携手共建美好家园。任支队长近5年来，他带领官兵积极参加植树造林活动，先后营造国防林、爱民林20多处，植树88000多棵，绿化面积18210平方米。他号召官兵发扬雷锋精神，大力开展便民利民活动。每年3月5日，所有基层中队都成立维修、医疗小组等便民服务小组，5年来，官兵先后为驻地清除卫生死角45000多平方米，清理垃圾160多吨，平整路面近15公里。

二是献爱心，扶弱济困情意浓。刘兴鸣同志要求官兵把亲民、爱民、为民作为义不容辞的职责，用实际行动为驻地人民群众解决生活中的难题。近年来，每年组织支队官兵报名参加义务献血活动，每次献血他都第一个伸出胳膊，在他的带领下，官兵共献血38000多毫升。2006年来，他发动官兵开展“少抽烟、少吃零食、助学献爱心”活动，每年捐资15000元资助15名学生学习，资助30名贫困学生重新获得了上学的机会。

三是解危难，关键时刻冲在前。刘兴鸣同志在抗洪、扑救山火、处置突发事件等急难险重任务面前冲锋在前，身先士卒。2010年，组织出色完成首长驻地警卫、火车站春运执勤、龙舟赛安全保卫、长途武装押解、怀集连麦镇楼房坍塌救援以及鼎湖永安、封开河儿口群体性事件处置等临时任务123起。特别是国庆期间，圆满完成肇庆市区及六个县市的巡逻任务，成功抓获偷盗嫌疑人25名、协助处置打架斗殴事件19起，树立了武警部队威武之师、文明之师的良好形象。

（肇庆市文明办）

刘 强

刘强同志现任揭阳供电局政工部主任，负责全局精神文明建设是该同志的主要工作职责之一。近几年来，在上级部门和揭阳供电局党委的正确领导下，该同志在思想上摆正位置，在工作上认真履行岗位职责，出色地完成了上级和领导交给的各项任务。先后被授予“揭阳市精神文明建设先进工作者”、“广东电网公司优秀党务工作者”、“揭阳市直文明标兵”、“揭阳供电局优秀党务工作者”、“揭阳供电局先进工作者”等荣誉称号。与此同时，也为单位争得了荣誉，单位先后被授予“全国精神文明建设工作先进单位”、“广东省文明单位”、“第八届广东省职工职业道德建设先进单位”、“揭阳市直文明单位”、“揭阳市直先进基层党组织”等荣誉称号。

该同志在工作上，始终做到思想到位，恪守道德规范，树立强烈的政治责任感和事业心，找准和摆干位置，大事讲原则，小事讲风格。始终以“没有最好，只有更好”作为工作追求目标，时刻保持严谨的工作态度、务实的工作作风和勤奋的工作精神，充分发挥主观能动性和创造性，全面推进企业创建国内先进供电局目标，深入宣贯南网方略与企业文化，积极开展“同心结南网”、“革命传统教育周”、“为人民服务，树行业新风”等主题活动，提升了企业文明程度。在生活上，作风正派，助人为乐，无私奉献。在部门里，能从严要求自己，既当好班长，又当好班员，发挥团队合作精神。在加强部门之间的协调沟通上，坚持一切从大局出发，把服务领导、服务部门、服务基层作为工作的出发点和落脚点，相互配合，以良好的道德品质赢得同事的信赖和支持，形成合力，推动企业精神文明建设深入开展。能按照上级和局党委的部署，扎实有效推进文明创建活动。围绕“抓好精神文明建设，促进业务工作发展”这条主线，深入开展以“安全生产为基础，经济效益为中心，优质服务为宗旨”为主要内容的群众性精神文明创建活动，使“全力做好电力供应”、“服务永无止境”理念入心入脑，行业风气、服务质量进一步提升，企业社会形象良好，受到地方各级政府和社会各界的肯定和好评。

（揭阳市文明办）

胡锡娟

胡锡娟同志从事群众文化工作36年。2002年起担任云浮市文化馆（原群众艺术馆）馆长，2006年起兼任云浮市非物质文化遗产保护中心主任。长期以来，她以邓小平文艺理论和“三个代表”重要思想为指导，坚持“两为”方向和“双百”方针，深入学习贯彻实践科学发展观，为促进云浮市文化大发展、大繁荣，丰富人民群众的精神文化生活，建设山区“文化盛市”作出了积极的贡献。

科学办馆，队伍素质和公共文化服务水平全面提高。一是强化组织建设，提高了凝聚力、战斗力。二是强化内部管理，建立起规范化、制度化、科学化的量化管理模式，增强了服务意识，提高了工作效率。三是完善设备设施，从勤俭节约出发，不断完善文化馆内的功能设施设备，改善了工作条件，大大提高了文化馆的工作效率。四是提高队伍素质，积极带头组织该馆干部职工学习理论和业务知识，不断提高业务水平和整体素质。

发挥职能，人民群众精神文化生活丰富多彩。独立完成组织、策划各种文艺大型活动25项，配合、协助各级单位完成大型文艺晚会100多场。坚持“少花钱，多办事，办好事”的原则，精心组织策划打造广场文化“十个一”惠民活动，让老百姓真正享受到文化建设的成果，参与文化的权利，实现文化共享。自2006年以来，连续四年农历正月十五，策划，创编广场“万众同乐闹元宵——万人舞会”，吸引了广大市民的涌跃参加，成为云浮市群众文化娱乐活动的一道亮丽风景线，受到上级领导以及社会各界群众的一致好评。

甘做人梯，群文园地人才辈出。胡锡娟同志除坚持开展文化艺术人才的公益培训，兼任罗定职业技术学院艺术类专业指导委员会委员等20多个业余文艺团体的艺术顾问和艺术辅导，亲自参与公益辅导和培训工作，先后培训文化馆（站）、文艺骨干2600多人次，社会文艺爱好者8000多人次，创立了8个群众文化艺术培训基地，培训项目20多个，培训的学员达上万人，推荐学员参加国家、省、市比赛，获国家级金奖16个，省级29个。

执着追求，非物质文化遗产保护工作和艺术创作研究工作屡创佳绩。按照上级部署，认真组织、狠抓落实，做了大量的工作，全市共有6个项目入选广东省第二批非物质文化遗产代表作名录，其中，《禾楼舞》已被国家列入第二批非物质文化遗产代表作名录。她参与组织策划举办“云浮市民间艺术大巡演”和“云浮市第一、第二届民间艺术大展演”以及“云浮市非物质文化遗产保护展”等活动，参加活动的演员上万人，观众人数达150000人次以上。2008年市非物质文化遗产保护中心被评选为广东省文化厅非物质文化遗产保护工作先进集体和云浮市非物质文化遗产保护工作先进集体。

（云浮市文明办）

林　音

林音同志长期担任广东省国家安全厅某工作处处长兼党支部书记，在抓好业务工作的同时，深入开展精神文明建设，并以个人良好的品德影响和带动其他同志，受到上级领导和广大干部的充分肯定。近年来，林音同志多次立功受奖，2005年荣立年度个人三等功，2006年被评为广东省省直机关和广东省国家安全厅“岗位排头兵”，2007年被授予“广东省省直机关精神文明建设先进工作者”荣誉称号，2008年被评为“广东省国家安全机关先进工作者”。

一是紧扣中心服务大局，业务工作实绩显著。在近年来维护国家社会政治稳定的各项重大现实斗争工作中，她坚决按上级要求及时启动战时工作应急机制，与全处干部一起全身心投入战斗。在她的带领下，该处作为全系统同行中任务最重，工作量最大的单位之一，多年来业务实绩和质量效益一直处于领先水平和排头兵位置，得到上级部门和领导高度评价，2008年该处荣立集体二等功。

二是抓好班子带强队伍，精神文明建设成效突出。林音同志始终坚持一手抓业务，一手带队伍，紧密团结和依靠处班子成员和支委，深入开展精神文明建设。在全处开展党的最新理论的学习和宣传教育，大力弘扬顽强不屈的民族精神和“对党绝对忠诚、精干内行、甘当无名英雄”信念。深入开展思想政治工作，抓好思想道德建设，以身作则加强传帮带，以实际行动影响和带动其他同志，在全处形成讲学习、比奉献、争排头的良好风尚。以人为本，注重人性化管理，热心公益事业和集体活动，热心为干部排忧解难，营造温馨和谐氛围。关心干部的精神文化生活，经常见缝插针组织开展丰富多彩、健康向上的文体活动。支部党建工作成效明显，内部管理规范有序，队伍纪律严明，多年来从未发生干部违法违纪案件或严重责任事故。

三是呕心沥血无私奉献，核心表率作用突出。在任务重、人手少的情况下，她一方面充分调动干部的积极性和主观能动性，合理分配工作任务，保证工作重点，同时坚持身先士卒，充分发挥处领导的“主心骨”带头作用。她坚持长年累月值班备勤，节假日总是安排其他干部多点休息，自己却坚守岗位。在重大任务中，她更是勇挑重担，冲锋在前，经常加班加点工作至深夜甚至通宵工作。

（省直机关）

张海发

张海发，渔业教授级高级工程师，海洋生物学博士，广东省大亚湾水产试验中心学术研究的拔尖分子。他立足海洋水产科研岗位，十年如一日，刻苦钻研，勇于创新，在大亚湾中心长期从事海水鱼类繁殖生理、生态研究。即使是在查出患有鼻咽癌后，仍然热爱海洋、热爱水产，并以比从前更积极的人生态度和巨大的热情投入到自己心爱的海洋水产科研事业中。

十年间，他凭着对水产科研的浓厚兴趣和执著，凭着一腔青春的热血和超人的意志，坚持边干边学，在身患重病休养期间，依然不折不扣，痴心不改，不仅出色地完成了自己的科研工作任务，还顺利完成了博士学业，于2005年取得博士学位，2009年取得水产养殖教授级高级工程师资格。

作为一名年轻的水产科研人员，他笃学励志、活力海洋，至今已主持国家海洋公益性科研专项1项，主持国家海洋“863”项目及国家支撑计划子课题2项，主持省科技计划项目及省科技兴海重大项目7项，参与省部级横向合作研究项目10多项。其间取得丰硕科研成果：国家教育部科技一等奖1项，广东省科学技术一等奖1项、三等奖3项，国家发明专利2项，在各级学术刊物发表论文40多篇。

近年来由他主持研发的海水鱼类种苗繁育技术和工厂化健康养殖技术达到国内领先水平，突破了近二十种海水鱼类的人工繁殖技术，石斑鱼工厂化健康养殖实现了稳产、高产、产品无公害的目标。这些技术在全国的推广应用，皆取得了明显的经济效益和社会效益，为我国海水养殖业的可持续发展做出了突出贡献。

（省直机关）

方楚雄

方楚雄，现为广州美术学院中国画系教授、硕士研究生导师，著名花鸟画家，中国美术家协会会员，广东美术家协会常务理事，广东中国画艺委会委员；荣获“’97中国画坛百杰”，“广东当代国画名家十杰”，2004年被评为广东省“南粤优秀教师”，2008年被评为广东省先进共产党员。

方楚雄同志热爱并忠诚于人民的教育事业

和艺术创作，有坚定的艺术信念和强烈的社会责任感，把教书育人、艺术创作作为自己毕生奋斗的事业，全身心地投入其中。

方楚雄同志多年来承担学校本科、研究生和研修班的教学、科研工作。面对繁重的教学科研任务，他始终坚持严谨治学、一丝不苟的工作态度，勤勤恳恳，默默耕耘，任劳任怨，从教三十多年来，在十分勤奋地从事创作实践的同时，努力研究艺术创作规律，思考艺术的社会作用、艺术与大众的关系，培养出一批批优秀的青年艺术家。在工作中他言传身教，授业解惑，引导学生和同事勇攀艺术高峰，其亦师亦友、以诚相待的育人风格深得广大师生的尊敬和爱戴，在广州美术学院树立了德艺双馨的典范。

方楚雄同志除了在教学和科研上严格要求自己以外，还积极支持学校的扶贫助学工作。为扶掖后学，2007年，方楚雄同志与夫人林淑然在广州美术学院设立了为期五年的“方林学术论文奖学金”，每年出资12万元，奖励学术论文优秀学生。

方楚雄同志热心祖国的社会公益事业，积极参加各项慈善活动，奉献爱心，扶贫帮困。据不完全统计，他曾在中华慈善总会、中国奥委会、中国国家体育总局、广东省慈善总会、广东省教育基金会等组织的多项公益活动中捐赠画作，共折合人民币200万元。

（省教育工委）

何镜堂

华南理工大学建筑学院院长、中国工程院院士何镜堂教授是长期奋战在教学科研与设计实践第一线的学者型建筑师，是我国建筑界公认的最优秀的设计大师之一、岭南建筑界的领军人物。改革开放30年来，何镜堂院士在建筑创作、学术研究和建筑教育各领域取得了卓越的成就，为广东省乃至全国建筑事业的发展作出了突出贡献。

一是创造性提出“两观三性”的建筑理论体系。面对西方建筑文化、建筑理念大量涌入，面对中西文化的碰撞，如何在建筑中体现一个拥有悠久历史的伟大民族的思想意识和审美意识，成为国内众多优秀建筑师所追求的新目标，何镜堂创造性地提出“两观三性”的建筑理论体系，“两观”——整体观、可持续发展观，“三性”——地域性、文化性、时代性具有重要的理论学术价值和实践指导意义。

二是在设计实践领域取得突出成果。何镜堂院士作为卓有影响的建筑大师在设计实践领域取得突出成果，多次在高水平国际竞赛中脱颖而出，在教育建筑和纪念性建筑领域达到国内领先、国际先进水平，近期主持设计了包括上海世博会中国馆、南京大屠杀纪念馆扩建工程、北京奥运会摔跤馆及羽毛球馆等在内的一批具有国际影响的国家级标志建筑，其建筑作品先后获得两项国家金奖、三项国家银奖、四项国家铜奖、超过80项省部级以上奖项。何镜堂院士也因此获得中国建筑界最高荣誉——首届梁思成建筑奖。

三是对广东省的建设和建筑科技的发展作出重要贡献。何镜堂院士作为当代岭南建筑学界的旗帜性人物，为广东省主持设计了一大批具有突出社会影响的重要公共建筑，其中包括珠江新城西塔、广州国际会议展览中心、大都会广场及市长大厦、广东奥林匹克体育中心、佛山世纪莲体育中心、佛山电力大厦等，对广东省的建设和建筑科技的发展作出了重要贡献。

四是引领广东省建筑学科建设。何镜堂院士长期致力于岭南地区建筑科学的学科建设，带动了学科的跨越式发展。创建了全国建筑领域唯一的国家重点实验室，为广东省建筑学科发展作出了开创性贡献。岭南建筑学派在何镜堂院士的带领下，经过多年的探索与实践，逐渐形成了与京派、海派三足鼎立的新格局，为广东在全国赢得了极大的声誉，并迈步走向了广阔的国际舞台。

五是卓有成效的创新机制和人才培养模式。何镜堂院士坚持“产学研”相结合的人才培养模式，以团队合作推进创造力的落实。既出优秀设计成果，又培养了一大批富有创新精神、高素质的建筑英才。至今已培育博士、硕士研究生上百名，其中有的已晋升教授、院长、总建筑师，成为广东省建筑设计的骨干力量。

（省教育工委）

魏浩华

魏浩华同志担任广东省公路建设有限公司董事长、党委书记以来，能积极学习、贯彻、实践邓小平理论、“三个代表”重要思想和科学发展观。这三年恰逢我省实施“建设大交通，促进大发展”的战略契机。面对这一机遇，他坚持做到作风正派、勤于奉献、清正廉洁，团结带领经营班子，扎实开展各项精神文明创建活动。公司领导班子被省交通集团评为2007—2009年度“四好”领导班子；在集团系统企业领导班子执行党风廉政建设责任制情况考核中，公司领导班子被评定为“优秀”；公司党委被省交通集团评为“2007—2009年度先进基层党组织”。

一是加强企业文化建设，创新和谐合作模式。2008年，在魏浩华同志的直接领导下，公司企业文化建设项目正式启动，通过广泛开展企业文化咨询、调研和培训，制定实施企业文化建设战略，总结提炼企业精神、管理理念，进一步增强了企业凝聚力、激发了职工创造力。

二是推动民主管理，建设和谐企业。通过狠抓职代会制度的落实，保证职工代表认真履行职权，充分行使民主权利，推动民主管理；坚持民主集中制，开好领导班子民主生活会，不搞“一言堂”；扎实推进改善民生质量工程，通过加强预算管理，提高企业效益，争取港方股东支持，完善薪酬分配制度，使得员工特别是一线员工年收入连续三年增长了10%以上，较好推进“送温暖”工程，让广大员工共享企业发展成果；稳步推进和谐企业建设，有效地维护了员工队伍稳定，增强了企业的凝聚力，促进了企业的和谐发展。

三是开展特色创建活动，加快高速公路建设步伐。他亲自指导一年一度的文明服务月活动，有效提高了各单位的管理水平和文明服务质量。在他领导下，各基层单位号手创建、女职工文明岗创建、星级收费员评比等活动有声有色。截至2008年底，公司获得省（市）以上奖励与荣誉累计70项。公司计生QC成果三次获得国优奖，三次出国发表成果，获得国际社会好评。

四是以学习促提高，以制度促廉洁。魏浩华同志平时十分注重学习，具有较高的理论水平和综合实践能力。2009年4月，他被中国劳动协会聘为中国劳动学会企业工作委员会委员。他撰写的《突出合作理念，推动企业发展》一文，荣获省交通集团“思想大解放，促进大发展”征文一等奖。他本人被省交通集团评为2007—2009年度优秀党务工作者。

（省国资委）

史日升

史日升，省军区政治部秘群处干事。该同志认真学习精神文明建设各项政策法规和专业知识，积极投身精神文明创建工作实践，努力抓好双拥工作宣传，密切了军政军民关系，增进了军政军民团结，维护了军队的良好形象。因工作成绩较为突出，先后3次荣立三等功，多次被各级评为“‘三学’先进个人”、“优秀机关干部”、“优秀新闻工作者”、“优秀特约通讯员”、“优秀共产党员”和“抗灾救灾先进个人”。

抓业务强素质，学习精神文明建设法规刻苦认真。坚持认真学习党和国家精神文明建设的有关法令法规，学习胡主席等党和国家领导人关于加强精神文明建设的一系列指示精神，学习各级党委、政府的相关规定和省、市文明委文件，学习《广东精神文明简报》、《公务礼仪》等专业刊物上的好经验好做法，积极参加文明礼仪知识巡讲活动。

抓协调重参与，投身精神文明建设活动尽力尽心。积极协调驻粤部队群工干部研究、制定《部队遇到军警民纠纷应急处理制度》、《官兵外出行为准则》和《野营驻训预防军警民纠纷预案》等措施，促进了军地交往工作的规范化、制度化和经常化。积极协调驻粤部队每年组织为希望工程捐款1次，援建希望小学2—3所。

创建生态文明村和抢险救灾工作。2008年，省军区政治部秘群处被评为全国拥政爱民模范单位。抓教育做宣传，讴歌精神文明建设工作积极主动。积极协调驻粤部队和省军区机关、直属分队把文明礼仪教育、拥政爱民教育、思想道德建设等纳入部队经常性思想政治教育，元旦、春节、八一等重大节日和新兵入伍、老兵退伍、外出执行重大任务等时机，指导各单位有针对性地集中开展精神文明专题教育，举办“迎国庆讲文明树新风”读书演讲活动，引导全体官兵特别是司机队伍遵守地方交通秩序，提升军人文明素养，树立威武文明之师良好形象。

（驻粤部队）

郑　国

郑国，省武警总队中山市支队政治处干事，中山市戏剧家协会会员。曾荣立三等功4次，被总队评为“四会”优秀政治教员3次，被总队表彰为优秀共产党员1次，2006年被总队评为“优秀基层带兵干部”，2008年被总队评为“优秀干事”，2009年被武警总部表彰为十佳“四会”优秀政治教员。参与表演的小品《同龄兵》和《耿兵》在参加总队的文艺调演中获一等奖，自己创作的相声《比军嫂》、《数字研究》等作品获广东省群众戏曲创作大赛二等奖，很多作品在《中山日报》、《香山报》、《金菊》等刊物上发表，多次参与中山市组织的“送戏下乡”活动。2010年，郑国同志代表中山市文化局参加广东省电视台与广东省群众艺术馆举办的首届“电视喜剧新星”大赛，又以优异的成绩被评为“广东十大喜剧新星”。不管在哪个工作岗位上，他都坚定“干就要干好”的信念，认真履行着自己的职责，尤其是负责部队政治教育工作以来，能结合官兵思想实际，大力开展思想政治教育，努力提高官兵思想政治觉悟，在部队和地方精神文明建设中作出了积极的贡献。他授课的《自信成就人生》、《断线的风筝会落地》、《谁不说咱军人美》等被总队评为优质课。2010年，在参加总队组织的十佳“四会”优秀政治教员比武中，又凭借《心态影响成败》这堂课，被武警总部表彰为十佳“四会”优秀政治教员。

（省武警总队）

陈立文

陈立文，省边防总队第七支队一大队五中队一班班长。他自觉践行当代革命军人核心价值观，大力弘扬公安边防精神，勤勤恳恳工作，兢兢业业干事，默默无闻奉献，先后被共青团深圳市委员会授予“鹏城青年卫士”光荣称号一次，荣立三等功一次，被评为“优秀共产党员”、“优秀士兵”各一次，被评为“优秀士官”两次，多次受部队嘉奖。

作为一名边防警察，他一身正气、嫉恶如仇，在人民群众利益受到危害之时挺身而出，孤身擒凶谱写了壮举，是弘扬正义的勇士。2009年5月13日，看到5名歹徒持刀和鱼叉追砍3名男青年，正在汕头老家休假的陈立文挺身而出，孤身赤胆，力擒其中3名顽凶，并在得知受伤青年入院治疗费不足时，毫不犹豫将身上1000多元现金全部送给了其家长。入伍5年来，陈立文先后6次参加驻地社会治安综合整治联合执勤行动，协助公安机关处置群体性事件7起，抓获犯罪嫌疑人21名，缴获假币2180元，挽回经济损失近10万元。

作为一名中共党员，他心怀群众、情系弱势，在人民群众遭遇困难之时倾力相助，扶弱济困奉献了大爱，是爱民固边的标兵。2008年“5・12”汶川地震发生后，84名汶川阿尔寨小学学生在中队复课，为帮助这些孩子尽快走出受灾后的心理阴影，陈立文起早贪黑，从衣食住等方方面面给予了无微不至的关怀与爱护，孩子们都亲切地称他为“警察爸爸”。入伍5年来，陈立文共先后10次参加抗洪、抗冰、救火等抢险救灾任务，独力解救遇险群众达30多人，并先后为驻地孤寡老人、残疾人士、失学儿童等困难群众捐款累计达1万元，为3名家境贫困的儿童坚持辅导功课长达2年，共为驻地群众做好事100多件。

作为一名武警战士，陈立文爱警习武、刻苦磨砺，始终把“尽最大的努力、练最好的本领”作为奋斗目标，在日常训练中刻苦磨砺，在重大任务中接受考验，点滴积累，千锤百炼，练就了过硬的技能和过人的本领，是苦练精兵的模范。入伍5年来，陈立文先后参加2004年全省公安机关大练兵汇报演练、2006年边防七支队刺杀操汇报表演方块、2007年11月广东边防总队军事体育运动会开幕式“两栖特勤”阅兵方块汇报表演和2008年5月奥运安保反恐表演方块等重大演练任务。

（省边防总队）

罗志勇

罗志勇，现任广东省公安消防总队广州支队特勤大队大队长，武警中校警衔。入伍以来，参与大大小小的抢险救援和灭火作战行动五千余次，在关键时刻总能挺身而出，化险为夷，曾先后6次荣立三等功，被省委评为先进共产党员1次，被总队、支队评为优秀共产党员7次；2002年，被评为全国消防部队优秀基层指挥员、“羊城十大优秀青年卫士”；2008年，在赴川抗震救灾过程中果断决策、英勇顽强，为广东赴川抗震救灾突击队圆满完成各项抢险救援任务作出了突出贡献，被中共中央、国务院、中央军委联合授予“全国抗震救灾模范”称号，被公安部评为“全国公安系统抗震救灾先进个人”，被广东省委评为抗震救灾“优秀共产党员”，荣记个人一等功一次。

一是以学习思考实践为途径，提升精神文明建设的理论水平。罗志勇同志作为一名长期从事基层官兵管理、教育的工作者，十分注重对精神文明建设理论的学习和更新。在学好理论的同时，注意学以致用，将学到的理论用于指导实践，不断提高工作能力和水平。

二是以队伍正规化建设为载体，推进单位精神文明建设上档次。该同志团结会同党委一班人，时刻谨记服务人民的宗旨意识，摆正并保持同人民群众的血肉联系，坚持与时俱进，以正确的权力观、政绩观和科学的发展观为指导，及时更新观念、创新思路，在工作中坚持讲实话、出实招、办实事、务实效。

三是以构建和谐警营为抓手，调动全体官兵精神文明建设积极性。一直以来，罗志勇同志会同大队一班人，充分调动部队方方面面的教育积极性，形成抓教育的整体合力，采取走出去、请进来等办法，借助社会和家庭的力量进行教育，并积极开发利用大众传媒中的教育资源，运用现代教育等手段搞教育，拓宽视野，多渠道、多方位地组织实施教育，把传统的、现代的，部队的、地方的等多种教育手段和教育资源开发利用起来，为搞好思想政治教育服务，进一步充分发挥了社会课堂的教育作用，为建设和谐警营努力营造氛围。

（省消防总队）

杨为生

杨为生是广州铁路（集团）公司文明办（党委宣传部）科长，主要负责公司精神文明创建工作的组织、协调、承办、督办与检查等工作。近年来，该同志贯彻落实广东省、铁道部有关文明创建的部署要求，着力以提升铁路站车服务质量、塑造“窗口”形象为主线，以员工思想道德素质的提升、“树标塑形”活动的开展、企业文化建设的推进为重点，深入扎实推进行业文明创建活动，尤其是在为广州市“创建全国文明城市”工作中表现突出。

一是扎实推进铁路站车“树标塑形”工作。组织各种形式的宣传教育和群众性实践活动，提高职工服务旅客、货主的认识。广大职工进一步树立“以人为本、旅客至上”等理念。按照构建和谐社会的要求，改进服务方式与方法、创新服务内涵、探索服务新模式。建立完善了服务工作机制，促使员工逐步破除不文明、不规范的行为习惯。重点规范服务用语、规范作业程序、规范工作标准等。加强人文环境建设，营造和谐氛围。重点对站车设备设施进行整治与改善，使其功能齐全、方便使用；加强站车文化市场管理，规范广告；站车揭示完整、温馨，信息传播及时、正确。

二是积极推进粤、湘、琼三省部分城市“创文”工作。积极主动向地方政府有关部门汇报工作，坚决落实有关部署要求。及时将有关文件精神和文明创建工作要求传达到各大车站和客运段，要求各单位组织学习，对标创建文明“窗口”。会同有关业务部门加强对标检查，巩固创建成果，不断深化创建内涵，使铁路“窗口”的形象更加亮丽。

三是加强员工职业道德教育。深入贯彻《公民道德建设实施纲要》，突出“爱国守法、明礼诚信、团结友善、勤俭自强、敬业奉献”“20字”公民基本道德规范的教育。下发由广东省编制的“爱国、守法、诚信、知礼”系列画册100套，组织重点客运车站张贴宣传。加强社会公德教育，精选中外道德格言200多条，通过网络和《文明简报》的形式进行宣传教育，并大力开展“捐款献爱心”、“绿化美化家园”等公益性道德实践活动。加强对员工的职业道德教育，突出企业与员工的诚信教育。加强企业员工的爱国主义、集体主义教育。

四是加强企业安全文化建设。该同志贯彻集团公司部署要求，以培育干部职工的安全共同价值观、安全责任意识和安全行为习惯为重点，全力加强安全文化建设，努力营造安全、稳定的内部环境。

五是积极创建铁路服务文化品牌。更新服务理念。实现由管理旅客货主向服务旅客货主转变、由被动服务向主动服务转变、由用力服务向用心服务转变、由单一服务向多元服务转变、由基本服务向优质服务转变、由依靠个体服务向依靠个体与团体合作服务相结合转变。随着路网规模的扩大、运输能力的提升，广铁集团根据旅客货主需求变化，不断增加运输服务产品，打造服务品牌。

（铁路系统）

叶冬青

叶冬青，农业银行广东省分行安全保卫部案件管理经理。她用女性特有的细腻和坚韧，以春风细雨般的辛勤劳作和春蚕吐丝般的默默奉献，铺就属于自己的“保卫”人生，成为安保行家里手。

叶冬青同志身为巾帼却拥有“拼命三郎”的称号，苦差累活总抢在前头。领导布置的任务，她总是自我加压，想方设法做得更好。案件、事故处理的材料比较急，多少次为了在第二天赶出材料，她通宵达旦，昼夜不眠。2008年全行金库大改造，她及时制订方案，组织开展巡查工作，在短短一个月时间里，对151个金库进行现场巡查，确保库改的达标。

2009年4月，农行广东分行本部举办有史以来千人以上参加的“消防安全周活动”，作为活动的主要策划和组织者，为确保多个活动各个环节不出纰漏，她已没日没夜地工作了好几天。当活动的最后一个项目消防演练即将开始之际，家里传来噩耗，她最敬重的亲哥哥遭遇意外身亡。她忍着瞬间失去亲人的剧痛，坚守在工作岗位，以饱满的精神认真组织做好消防演练，谁也没发现她刚刚经历过这样的生离死别之痛。直到活动圆满结束，后续工作全部完成，她才悄然流下悲痛的泪水。

安全保卫工作具有突发性、不可预见性等特点，这对一个长时间从事安全保卫工作的女同志来说尤为不易。颈椎增生、腰椎病、肾结石……她太需要休息了。然而，繁忙的工作总让她忘记伤痛，忘我地工作。2009年8月，正是总行视频监控联网软件选型的紧要关头，叶冬青奉命前往总行。忙完手头的工作已是深夜，顾不得好好休息的她必须在第二天乘早班机赶到北京。下了飞机才发觉自己在发烧，那时正值H1N1大流行，她马上到医院排查。当结果出来，排除了传染性时，她不顾医生要求好好休息的劝阻甚至是警告，毅然投入紧张的工作中。

节假日，保卫人员需要回办公室值班，多少次她是在办公室以方便面作为中秋节、春节的晚餐，“我也是在‘家’过节嘛”，她总是这样，用她“工作并快乐着”的精神感动身边的同事，充实自己的年华，奉献于农行大家庭，奉献于银行安全保卫事业。

（金融机构）

苏达军

苏达军同志现任广东省火星农场场长、高州市第十四届人大代表。他团结同志，务实求真，开拓进取，全心全意为人民服务，深受农场职工群众颂扬和爱戴。2004—2008年连续五年被广东省茂名农垦局评为“优秀共产党员”、“先进生产工作者”；2005—2008年连续四年荣获高州市“优秀共产党员”称号；2007年荣获茂名市“精神文明建设先进个人”称号；2008年荣获广东垦区“抗灾复产灾后重建先进个人”称号和全国农林水利系统劳动奖章。

一是着力抓好橡胶生产，夯实文明建设基础。苏达军同志以强烈的事业心、高度的责任感、无私奉献的精神和真抓实干、艰苦奋斗的工作作风，着力抓好作为农场经济支柱的橡胶产业。一方面，完善各项管理制度，改革农场经营机制，加强企业内部管理；坚持以人为本，制定各种有效激励方案，进一步调动广大职工的生产工作积极性。另一方面，加大胶园肥料投入，促进橡胶中小苗速生快长，尽早投产，并强化技术培训和管理，提高橡胶树单株产量，努力依靠科技增产增收。

二是致力搞好安居工程，创建文明和谐企业。2004年初，苏达军同志到火星农场担任场长以来，为了改善职工的居住条件和环境，他坚持生产与安居“两不误”，积极推进以场部小城镇建设为重点的安居工程建设。经过最近五年多的努力，场部小城镇面积由原来的0.3平方公里发展到现在的1平方公里，楼房由原来近100幢发展到现在的400多幢，居住人口由原来的1500人发展到现在的3500人。2004年以来，他指示为割胶工人新建住房、建设饮水工程、建设硬底化道路，解决了基层单位员工食、住、行存在的实际困难，深受职工群众拥戴。

三是重视提高职工素质，打造文明职工队伍。苏达军同志非常注重提高农场干部职工素质。强化干部职工政治理论学习，引导广大党员干部增强贯彻落实科学发展观的自觉性和坚定性，切实做到立党为公、执政为民。加强职工生产技能培训，大力培养现代技术型职工，鼓励职工向技术要产量、要效益。重视企业文化建设，创建文明企业形象。他提倡“团结、敬业、拼搏、创新”的八字管理理念，提出“以人为本，以胶立垦，科学发展，和谐火星”的十六字经营宗旨，引导广大职工“爱国家、爱农垦、爱农场、爱岗位”。发展经济与党建工作同时抓，他主张大力实施“固本强基”工程，发展在生产第一线的年轻职工以及优秀农民工作为入党对象，以不断巩固党的战斗堡垒并发挥其应有作用。

（省农垦系统）

王建明

王建明同志担任超高压输电公司柳州局（以下简称柳州局）党委书记以来，认真探索企业精神文明建设的方式方法和途径，领导组织职工积极开展精神文明创建活动，以精神文明建设带动物质文明建设和政治文明建设，有力地促进了柳州局安全生产、工程建设、队伍建设和依法经营，全局呈现出“人网共安、和谐发展”的喜人局面。

一是坚持与时俱进，开拓创新，不断加强创建工作力度。坚持“两手抓、两手硬”，以树立良好的企业形象，打造柳州局品牌的目标为己任，注重构建文明创建工作组织领导机制、目标责任机制，制定了《超高压输电公司柳州局文明单位创建管理办法》、《文明部门、文明班组、文明职工评比办法》，将文明创建活动纳入日常工作中。

二是抓好思想政治工作，确保队伍稳定。建立完善了职工思想政治工作机制，通过政工例会、职工思想动态分析会、“书记接待日”、职工论坛、职工思想问卷调查等各种信息沟通渠道，及时了解职工工作、生活、思想状况，及时为职工排忧解难。

三是抓实人才培养，搭建发展平台。加大教育培训投入力度，培养驾驭复杂大电网的高素质技术技能人才，在省（区）和南网公司组织的技能比武中，柳州局职工多次获得优异成绩。他还注重加强优秀人才选拔力度，拓宽了员工发展的渠道，通过积极开展岗位竞聘等活动，使一些有能力、会管理的员工走上管理岗位，使一些在技术上有潜力的员工走上了技术成才通道。

四是抓好企业党的建设，充分发挥基层党组织作用。认真抓好企业党的思想建设、组织建设、作风建设、制度建设和反腐倡廉建设，充分发挥企业党组织的政治核心作用。加强“四好”领导班子建设，完善党委议事规则，坚持民主集中制。针对柳州局党支部建设基础薄弱的情况，在人员紧缺的情况下在生产部门设专职党支部书记，对支部进行改选，强化支部组织建设；规范支部工作，强化“三会一课”，与支部探讨结合生产开展活动，促进支部工作走向正轨。大力推进特色党支部活动，促进党建工作有效融入中心工作，使党支部的战斗堡垒作用和党员的先锋模范作用得以有效发挥。

（南方电网）

汪拥军

汪拥军，南方电监局市场监管处处长。

在“创建文明单位”活动中，汪拥军同志带领处室人员，紧紧围绕建设和谐电力，坚持“以人为本，监管为民”的理念，大力弘扬开拓创新、干事创业、无私奉献精神。2008 年初，雨雪冰冻灾害使南方地区部分省区电力设施遭受严重破坏。他带领全处迅速展开应对冰雪灾害的应急处置工作，及时收集汇总省内最新的电力系统运行情况和电煤供应情况，建立 10 万千瓦级以上燃煤电厂电煤库存预警机制，认真分析电力企业在电煤采购和运输中存在的问题，及时提出应对建议，协调有关单位保证了广东省的电煤和电力的有序供应。适时发布区域预警信息，为领导及时掌握情况和准确应对提供了可靠的依据。在抗灾保电的工作中，汪拥军同志坚守岗位，加班加点，没有休息过一天，当时他岳父身患癌症正在住院治疗，他晚上护理病人，白天继续投入工作，没有喊过一声苦、一声累，尽职尽责，起到了良好的模范带头作用。奥运会期间，广东省肩负着奥运香港赛场保供电的工作。由于 8 月份正值台风暴雨频繁，又遇迎峰度夏用电的高峰时期，电力系统运行受到一定影响，汪拥军同志针对奥运保供电中存在的突出问题，建立了奥运保供电应急预案，密切关注电力运行情况，落实各项安全措施；针对奥运期间电煤供应紧张的问题，启动应急预案，积极协调有关部门，解决电煤有效供应问题，有力地保障了奥运期间香港赛场电力的可靠供应。2008 年 11 月国家电监会召开表彰会，隆重表彰在抗震救灾和奥运保电工作中涌现出来的先进集体和先进个人，汪拥军同志被授予奥运保电工作先进个人称号。

（南方电监局）

调研报告

广东精神文明建设年鉴（2011）

广州市成立志愿者学院的情况报告

广州市文明办

第16届亚运会于11月12日在广州开幕。提供“国际化、有特色、高水平、全方位”的志愿服务，是亚运会和亚残运会成功举办的重要保障。以迎接亚运会、服务亚运会为契机，为进一步加强志愿者队伍和志愿者组织能力建设，推动志愿服务工作专业化、规范化和事业化发展，广州市于10月8日成立了全国第一所志愿者学院广州志愿者学院，同日下午，全国道德模范、广州亚运会志愿者代表赵广军为200多名市民开讲第一课《市民与志愿服务》，并现场交流志愿服务经验。现将有关情况报告如下：

一、广州市志愿服务活动蓬勃开展催生志愿者学院

广州是全国志愿服务事业发源地之一。特别是开展创建全国文明城市工作和迎亚运以来，在中宣部、中央文明办的亲切关怀和指导下，经过市委、市政府和社会各界的大力推动，广州市先后成立了志愿服务事业发展指导委员会、志愿者行动指导中心、志愿服务基金会，市财政每年拨款500万元支持志愿服务事业发展，并立法通过了《广州市志愿服务条例》，为志愿服务发展提供了坚强保障。志愿服务正在融入城市的各个领域，在市民中的号召力和影响力日益增强，成为城市精神文明建设的强大动力。广州志愿者学院正是在这样的背景下成立的。

（一）提升志愿服务工作水平亟须成立志愿者学院。目前，广州市注册志愿者总数已超过100万人，志愿服务已经成为全市参与面最广、参与度最高、影响力最大的公益事业。承办亚运会，为广州市志愿服务提出新的要求。在市文明委的统筹协调和市发展志愿服务事业指导委员会的组织实施下，目前，广州市已从151万亚运志愿者申请人中正式吸收6万名亚运会赛会志愿者、2.5万名亚残运会赛会志愿者和50万名城市志愿者。成立广州志愿者学院，可以进一步有力推动亚运会、亚残运会志愿者的培训工作，为赛会的顺利举行提供高素质、专业化的志愿者队伍与高水平的志愿服务，同时更是促进今后志愿服务事业持续发展的战略举措。

（二）实现志愿服务的“三个转变”亟须成立志愿者学院。志愿服务应该实现“三个转变”，即从以青年志愿者为主转变为广大市民积极参与志愿服务，从服务于临时性活动志愿服务转化为长期性志愿服务，从松散型志愿服务转化为有严密组织性和纪律性志愿服务。成立志愿者学院，是实现“三个转变”的重要途径，通过将临时的、经验式的非正规培训模式转变为常态的、系统的、规范的专业化培训模式，能够为志愿服务工作实现“三个转变”提供理论支撑和智力保障。

（三）深化文明城市创建工作亟须成立志愿者学院。志愿服务是展现、提升市民素质和城市文明形象的重要平台。深化文明城市创建工作，需要在全社会形成讲文明、守秩序、团结友善的良好风尚，需要进一步提升市民素质，激发群众参与创建的热情。成立志愿者学院，可以广泛普及“送人玫瑰，手有余香”的志愿服务理念，大力弘扬“奉献、友爱、互助、进步”的志愿精神，倡导团结互助、平等友爱、共同进步的社会氛围和人际关系，提高

市民参与创建全国文明城市的主动性、自觉性与责任心，从而有效促进广州城市文明的建设。

二、广州志愿者学院的定位与发展目标

（一）广州志愿者学院的性质。广州志愿者学院与市团校合署办公，是以志愿者培训与志愿服务研究为重要任务，为志愿工作提供智力支持，并以政府为主导的公益性机构，将努力发展成为专业化、多元化、社会化运作的志愿者学院。目前，广州志愿者学院配置财政全额拨款的事业编制 15 名。根据学院的发展目标和实际的工作需要，在团校现有架构的基础上，增设了志愿者培训部、教研室、外联办等 3 个业务部门。

（二）广州志愿者学院的主要职能。主要有五大职能。一是传播志愿服务文化。通过开设公益性讲座，建立志愿者学院网站，通过媒体、展览、研究成果推广、志愿服务项目推广等各种方式，推广、宣传志愿文化。二是提升志愿者服务水平。为各类志愿者、志愿者组织的管理者提供专业化、高质量的培训。三是提供志愿工作专业支持。通过开展课题研究，为志愿者管理机构在决策、开展服务时提供参考意见及专业指导，为有需要的团体提供专业咨询服务。四是提供志愿服务项目的评估和认证服务。为志愿者管理机构提供志愿服务项目的评估工作，开设志愿者的等级评定、志愿者岗位培训的认证服务工作。五是搭建志愿服务事业交流沟通的平台。举办各种专题讲座、研讨会、工作坊及调查研究等，为国内、国际各类志愿者组织、志愿服务研究机构搭建交流的平台。

（三）广州志愿者学院的发展目标。广州志愿者学院作为当前国内首家专业化的志愿者学院，将以传播志愿服务文化，培训志愿者，开展志愿服务理论研究作为发展方向，努力发展成为区域性的志愿者培训中心、区域性的志愿服务的研究中心、国内外志愿者的学习交流平台，发展成为国内、国际各类志愿者组织、志愿服务研究机构交流活动及智力支援的中心，发展成为志愿者参与继续教育，获取社会工作学历，获得志愿服务资格证的专业机构。

三、广州市充分发挥志愿者学院作用的设想

志愿者学院挂牌成立后，广州市将加强办学指导，优化办学条件，强化师资队伍，充分发挥志愿者学院的作用，在加强三大领域、建立和完善四大项目上下工夫。

（一）着力加强三大领域。一是加强志愿者培训。根据志愿者与志愿服务的社会需求，开展志愿者持续培训、特约培训、志愿服务项目培训，采取理论培训与体验式培训、集中培训与分散培训、短期培训与长期培训相结合的培训方式，加强全市志愿者培训工作，提高志愿者的服务意识、服务能力和服务水平。二是加强志愿服务理论研究。开展志愿服务的相关课题研究，建立健全志愿服务研究基地。为相关部门决策、制定政策、开展志愿服务工作提供专业性的咨询与指导。三是加强志愿服务事业交流。以打造志愿者的精神殿堂和温馨家园为目标，组织专家学者论坛，围绕不同时期的热点进行研讨交流。组织志愿者骨干经验分享交流会，开展志愿者组织的联谊活动，以志愿者的切身体会，激励志愿者以更大的热情投入志愿服务事业。

（二）建立和完善四大项目。一是完善“志愿时”管理系统，有效量化志愿服务时间，探索建立志愿服务资格认证制度，提升志愿者科学化管理水平。二是推动志愿者文化建设，使“戴志愿彩、行志愿礼、记志愿时、唱志愿歌”成为广大市民的文明时尚。三是建设社区志愿服务“交换信息平台”，使各类志愿服务能够有效到达，充分发挥志愿服务的最大效用。四是加强城市志愿者载体建设，比如在全市建设一批固定的城市志愿者服务站点，在保障房建设志愿者服务中心，与有关单位合作建

设一批志愿者实训基地等，促进志愿服务事业的健康发展。

四、工作建议

为体现中央领导和上级部门的重视和关怀，壮大广州市迎亚运志愿服务声势，促进全国第一个志愿者学院健康持续发展，建议请中共中央政治局委员、书记处书记、中宣部部长刘云山同志和中央文明办给广州志愿者学院发来贺信。广州市将以此为动力，不辜负中央领导和上级部门的期望，下更大气力办好全国第一个志愿者学院，将她切实办成传播志愿服务文化的平台、培训广大志愿者的阵地和研究志愿服务理论的基地。

深圳市志愿服务事业发展报告

深圳市文明办

深圳的志愿者叫“义工”，志愿服务事业在中国内地发展较早。从1989年的一条热线电话19名义工开始，到注册成立中国内地第一个志愿服务组织——“深圳市义工联”，到出台中国内地第一部规范志愿服务的地方性法规，深圳志愿服务事业不断发展壮大。在其发展历程中，感恩奉献的城市品格、规范化专业化社会化的运作模式和面向世界的开阔视野，共同铸就了其辉煌成就。截至2010年，全市注册志愿者近80万名，服务内容涉及心灵抚慰、临终关怀、松柏之爱、青春健康、法律援助等社会、文化多个领域，项目达30多个，呈现出参与面广、组织完善、机制健全、服务全面、社会认可等突出特点，成为深圳精神文明建设的重要力量，在协助党委政府改善民生、动员群众参与公共管理、服务国家发展大局、提高公民素质等方面发挥了重要作用。志愿服务在深圳家喻户晓，“有困难找义工、有时间做义工”已成为深圳人的广泛共识和生活方式。

一、培育感恩奉献的城市品格，为志愿服务事业提供丰厚的文化沃土

中华民族自古以来就有知恩图报、乐于奉献的优良传统。深圳作为我国建立的第一个经济特区，在党的三代领导集体的亲切关怀和全国人民的大力支持下迅速成长。30年来，深圳不仅创造了经济建设和城市发展的奇迹，也培育了敦于感恩、崇尚奉献的城市品格。这既是对中华民族优秀传统文化的继承和发扬，也是深圳市委、市政府基于市民的自发情感，对感恩与奉献精神进行大力弘扬的结果。

深圳经济特区建立30年来，万千移民在这片热土上辛勤耕耘，不懈打拼，在创造美好生活、实现自我价值的同时，自发地产生了感恩祖国与时代、奉献事业与人民的朴素真情。深圳市委、市政府因势利导，将感恩与奉献作为城市的品格来培育，旗帜鲜明地提出“感恩改革开放，回报全国人民”，并始终将其作为全体党员干部共同的政治自觉，融入到经济建设和社会发展的各项工作当中，融入到市民道德教育的方方面面，使感恩与奉献的理念转化为深圳市民的群体意识和行为方式。

从2003年起，深圳市文明委每年开展一届“关爱行动”，截至2010年已举办了七届，组织开展了1万多项活动，市民参与达千万人次，募集善款超过21亿元。这一全民共襄的爱心盛举让感恩的情愫在每个深圳人心中滋长，让奉献的意识转化成每个深圳人的仁行善举，体现在城市生活的每一个微小细节，体现在支援祖国同胞的每一个重大时刻。每当祖国和人民需要的时候，深圳总是第一时间作出响应，倾情支援，倾力相助。对口帮扶西藏、新疆、贵州、甘肃、重庆巫山和本省河源、湛江等地，深圳累计安排了各类帮扶资金 108.46 亿元；在祖国人民遭遇冰雪灾害、汶川地震、玉树地震的危急时刻，深圳更是全民动员、千里驰援、全力以赴、奉献爱心。在感恩祖国与时代、奉献事业与人民的征途中，深圳涌现出“感动中国人物”丛飞、“活雷锋”陈观玉、“爱心楷模”曾柳英、“人民好公仆”贺方军、“扶贫奉献好干部”臧金贵、“苍生大医”郭春园、“人民好警察”黄联明、“孝老爱亲模范”李传梅、“爱心港商”承明、创业英才马化腾等一大批文明市民和道德模范。广大深圳人以此为标杆，积极投身慈善公益事业，以回报社会、服务人民为己任，以一座年轻城市的名义演绎感恩之心、奉献之行，共同铸就了深圳感恩与奉献的城市品格。

正是对“感恩、奉献”城市品格的精心培育，为深圳志愿服务事业奠定了丰厚的文化土壤，它催生了“服务社会，传播文明”、“参与、互助、奉献、进步”、“送人玫瑰，手有余香”等志愿服务的核心价值理念。在这些核心价值理念的引领和支撑下，中国内地志愿服务得以在深圳这片热土上率先发展起来，并取得显著成效。

二、探索规范化专业化社会化管理，建立志愿服务事业科学运作模式

（一）坚持规范化管理，确保志愿服务事业健康发展。

深圳志愿服务事业坚持走规范化管理的道路。一是规范志愿服务组织法律身份。1990 年 4 月，中国内地第一个在民政部门注册的志愿服务组织——深圳市义工联正式成立，深圳市科普志愿者协会等志愿服务组织也先后在民政部门注册成立。此举切实改变了以往社会团体挂靠职能部门而不在民政部门注册的做法，规范了志愿服务组织的法律身份，确保志愿服务组织在市委、市政府的领导下，严格按照相关法律组织开展活动，走上良性发展的道路。同时，深圳从 2000 年开始启动志愿服务立法工作，经广东省人大常委会审议批准，《深圳市义工服务条例》于 2005 年 7 月 1 日正式实施，从法理上进一步明确了志愿服务的概念和地位，成为中国内地第一部规范志愿服务的地方性法规，并为全国志愿服务立法提供了宝贵的经验。二是规范志愿服务管理工作。深圳志愿服务开展以来，高度重视制度建设，建立起完整的志愿服务管理制度，规范志愿服务的组织领导和志愿者招募、登记、培训、年度注册、档案管理、服务时间记录及基层志愿服务组织管理等各项工作。三是规范志愿者激励机制。在全国首创“五星级义工”评定制度，以服务时间为标准，对志愿者进行星级评定；从 2005 年开始组织“深圳市百优义工”评选，获奖的非深圳户籍志愿者给予调户入深奖励；从 2007 年开始设立“义工服务市长奖”，作为深圳志愿者的最高荣誉。同时，先后出台《深圳经济特区公民无偿献血及血液管理条例》、《深圳经济特区人体器官捐献移植条例》、《深圳经济特区奖励和保护见义勇为人员条例》等地方性法规，对志愿者、无偿献血者、器官捐赠者、见义勇为人员及其家属的权益保障作出明确规定，解决他们的后顾之忧，树立起“好人好报”的价值导向。由此形成多层次、广覆盖、持续稳定的表彰体系和激励机制，极大调动了志愿者的积极性。

（二）坚持专业化发展，全面提升志愿服务水平。

深圳以专业化为标准，对志愿服务内容进行项目分类，并加强志愿者的专业技能培训，推动志愿服务质量不断提升。一是对服务内容进行专业化分类。逐步建立起长短项目齐头并进、不同领域项目各具特色的志愿服务项目库，推出形式多样的志愿服务项目菜单。其中，常设服务项目包括热线服务、残疾人服

务、老人服务、无偿献血、器官捐赠等30多个，中长期服务项目包括参与联合国“红丝带”服务、大运会服务以及各类对外支援服务，短期服务项目包括围绕高交会、文博会等大型活动开展的服务，应急服务项目包括应对突发事件的服务，全方位覆盖了社会各阶层和经济社会发展需求。二是对志愿者进行专业化培训。成立培训服务组，建立新志愿者培训、专业服务项目培训、骨干领导能力培训、特殊服务项目的高端培训等培训体制，多层次、多角度地提高志愿者队伍的整体素质，提升志愿服务的专业水平。规划建立全市性的志愿者培训学院，切实加大志愿者专业培训工作力度。三是广泛吸纳专业人才参与志愿者服务。大力发展团体志愿者，发展了高校、口岸、机场等团队，充分发挥他们在自身工作领域的专业优势，为学生、游客等特定人群提供专业、优质的志愿服务。积极动员法律、医学、环保等方面专业人才参与志愿服务，2009年成立全市首支综合类医务志愿者服务队——罗湖区红十字医务志愿者服务队，300多名医务工作者参加；成立海上搜救志愿者队伍，56名志愿者当中不少是脑外科、创伤骨科等医疗专家以及精通日语、德语等小语种的语言专家，使该队伍得到了充分的专业技术支持。四是推行“社工＋义工”服务模式。深圳通过政府购买服务等方式，引入职业化的社工，充分发挥其在组建团队、规范服务、拓展项目、培训策划等方面的专业优势，进一步提高志愿服务的专业化水平，推动志愿服务质量不断提升。

（三）坚持社会化运作，不断壮大志愿服务力量。

深圳坚持志愿服务社会化运作，凝聚各方面力量，广泛争取社会支持。一是推动志愿者招募社会化。深圳志愿服务工作开展以来，始终面向各个阶层、各个年龄段的社会成员招募志愿者。全市志愿者人员构成多元，年龄以青少年为主、中老年为辅，其中，14岁至35岁的占63.9%，36岁至59岁的占30%，平均年龄为28岁；素质较高，50.9%的志愿者具有大专以上学历；职业覆盖各行各业。二是推动志愿服务组织社会化。随着社会化运作的不断深入，志愿服务的外延不断扩大，深圳建立起市、区、街道、社区四级志愿服务网络，各级联合会、服务站点、基地将近700个，并健全资源联动机制，实现志愿者主要服务所在社区，当其他社区需要支援或有大型活动时，经上级志愿服务组织统一调配，参与其他的服务，确保资源得到有效整合和充分利用。三是推动经费募集社会化。成立深圳市义工发展基金，在政府支持的基础上面向社会募集资金，为志愿服务事业发展提供经费支持。

三、借鉴港澳，面向世界，为志愿服务事业拓展广阔的天地

深圳志愿服务能够率先发展，得益于改革开放的风气之先，得益于毗邻港澳、借鉴港澳的地缘优势；它在国际化背景下产生，并在国际化的进程中积极寻求更大的发展。

（一）与国际志愿服务的规范要求接轨。

我国内地的志愿服务工作虽已取得快速发展，但与志愿服务发达国家和地区相比，在理念、组织、规模和内容上，都存在着不容忽视的差距。深圳志愿服务采取“请进来”和“走出去”相结合的方式，通过加入国际志愿组织、开展互访、承办国际志愿服务项目等途径，充分学习借鉴港澳地区和国外发达城市的先进经验，提高志愿服务水平。2004年，深圳志愿者加入由33个国际组织和100多个国家共同发起的第五届全球青年服务日活动，深圳市义工联注册成为“全球青年服务日”组织（GYSD）中国区总代理机构，这为深圳开展志愿服务国际交流创造了有利的条件，推动深圳志愿服务在制度建设、组织管理、项目设计、服务质量等方面与国际志愿服务的规范要求逐步接轨，为全国志愿服务事业的发展做出积极探索。

（二）与建设国际化先进城市同步发展。

2009年颁布实施的《珠江三角洲地区改革

发展规划纲要》，从国家层面明确了深圳“一区四市”的战略定位；深圳市第五次党代会明确提出，深圳要加快建设现代化国际化先进城市。建设国际化城市为深圳志愿服务事业的国际化发展提供了良好的机遇和广阔的平台，深圳志愿服务事业得以紧跟国际化城市建设的步伐，以国际化的视野来谋划志愿服务事业的长远发展，以志愿服务的国际化发展推动深圳国际化城市建设进程。2009 年 4 月，深圳举办“义工（志愿者）发展国际论坛”，邀请国内外的志愿服务组织负责人及专家学者共商全球义工（志愿者）事业发展前景，为深圳志愿服务事业的国际化发展出谋划策。结合筹办 2011 年在深圳举行的第 26 届世界大学生夏季运动会，深圳于2010 年1 月正式启动大运会志愿者招募工作，面向全球招募约 16 万名志愿者，以国际化、高水平、全方位的志愿服务为大运会的成功举办保驾护航，向世界充分展示深圳国际化城市的良好形象。

（三）以志愿服务为载体推动中华文化走向世界。

志愿者在为不同国家和民族的民众提供服务的时候，也必将促进国际间的文化传播与交流。志愿服务国际化的进程，也是不同民族文化交流与互动的过程。深圳积极参与国际志愿服务活动，以志愿服务为载体，大力推动中华文化走向国际、走向世界。从 2002 年起，深圳先后派遣数十名志愿者远赴老挝、缅甸、赞比亚、多哥等国家开展志愿服务，不仅在国际上树立起深圳志愿者的良好形象，还将博大精深的中华文化传播到世界各地，使中华文化伴随着中国志愿服务事业的国际化发展，不断增强在世界的辐射力、影响力和竞争力，在世界舞台上发扬光大。

大力弘扬感恩奉献文化专题报告

揭阳市文明办

揭阳是粤东古邑，潮汕历史文化发祥地。近年来，揭阳市在挖掘和弘扬潮汕优秀传统文化的同时，大力打造“自强自信、创业创新、和谐开放、感恩奉献”特色文化，尤其是广泛深入开展感恩奉献教育，引导全市党员干部和广大群众常怀感恩之心，敬业爱岗，乐于奉献，报效社会。目前，感恩奉献文化已成为新时期揭阳人的精神支柱，并外化为实实在在的行动。

一、主要做法

（一）强化思想解放，树立感恩奉献精神。

2008 年，揭阳市开展大规模的解放思想学习讨论活动，在总结活动成果的基础上，同年 5 月，揭阳市委四届五次全会明确提出，打造“自强自信、创业创新、和谐开放、感恩奉献”的特色文化，重中之重是弘扬感恩奉献文化，提升文化对经济社会发展的支撑力。把打造以感恩奉献文化为核心的“特色文化”提高到前所未有的高度，作为推进揭阳跨越发展的“突破口”之一摆上重要议事日程，体现出新一届市委、市政府领导班子对文化引领、立新塑人的认识和实践上升到一个新的高度。一场宣传、践行感恩奉献文化的活动从此拉开序幕。

（二）举办特色文化节，打造感恩奉献文化。

围绕打造揭阳特色文化新要求，揭阳市注重借助艺术的熏陶，精心举办特色文化节庆活动，在潜移默化中教育人民群众特别是青少年，树立感恩奉献意识，推动移风易俗。2009

年春节至元宵期间，举全市之力，成功举办揭阳市首届特色文化节，16个大项目，创多项之最，有力地弘扬了以感恩奉献为核心的揭阳特色文化。2010年12月10日至12日，配合广东省第三届粤东侨博会在揭阳的召开，又成功举办揭阳市第二届特色文化节，“潮汕颂”主题晚会、万人太极拳表演、大型英歌舞表演等，海内外潮人书画名家精品展、揭阳市第三届书香节等一系列文化活动，紧扣揭阳新时期特色文化主题，在潮汕大地上唱响了感恩奉献的主旋律。

（三）开展孝道教育，培育感恩奉献情怀。

“百德孝为先”。揭阳市抓感恩奉献教育，特别强调从孝道教育入手，促使全社会形成崇尚孝德、感恩回报的浓厚氛围。连续几年开展“二十四孝进脑，道德教育进村”行动，在市区主要路段规划建设公益广告宣传栏、宣传牌和宣传灯箱，突出感恩奉献内容，倡导弘扬感恩文化。印发“感恩奉献宣传教育”资料和揭阳特色文化宣传品，印发“二十四孝”宣传画、宣传册、宣传碟片进机关、进农村、进社区、进学校，通过讲坛、故事会、板报、广播等开展全方位宣传。新闻媒体推出“循道崇德”、“道德在线”和“二十四孝故事会”等专栏、专题，用传统文化和传统美德熏陶民众，形成民风淳朴、道德盛行，孝敬父母、尊重长辈，忠于职守、爱岗敬业的好风尚。

（四）开展忠诚教育，增强感恩奉献意识。

从2009年11月开始，市委分别在党员干部群体和群众群体、企业群体、学生群体中开展忠诚教育活动，教育引导广大党员干部群众增强践行忠诚、感恩奉献的自觉性和主动性。通过广泛、深入开展忠诚教育活动，有力地弘扬了“忠诚如山、感恩奉献”精神，使忠诚理念深入人心，为揭阳跨越发展提供了强大的思想文化支撑。

（五）设立揭阳“感恩日”，培养感恩奉献习惯。

市委决定，把每年9月20日定为揭阳市的“感恩日”，每年举行一次“万人行”活动，塑造“忠诚如山、感恩奉献”的优秀品质。2010年9月20日首个“感恩日”，揭阳市五套班子成员和社会各界代表约1万人，在市区成功举行“忠诚·感恩”万人行活动，各县（市、区）同时举办“万人行”活动，参加总人数超过4万人，气氛热烈，盛况空前。这次活动是市委、市政府创新教育载体、弘扬感恩奉献文化的一个重要举措和生动实践，向全市人民昭示：践行忠诚理念，弘扬感恩奉献精神，广大干部群众践行忠诚、感恩奉献的自觉性和主动性得到了极大的迸发。

二、主要成效

当前，揭阳经济社会进入了跨越发展的黄金时期。在此背后，所折射出来的是揭阳市的党政干部、海内外乡亲和广大人民，常怀感恩之心，弘扬奉献精神，以昂扬激越的精神状态和前所未有的创造激情，演绎的感恩奉献的动人故事。

（一）感恩奉献，领导干部带头践行，力推经济社会跨越发展。

陈弘平书记、陈奕威市长等市领导，怀着加快揭阳发展的强烈责任心和历史使命感，在殚精竭虑科学谋划揭阳发展大局的同时，以执着的精神和咬定青山不放松的拼劲，无数次上广州、跑北京，硬是以最快的速度引来中石油世界级炼油项目落户揭阳。中共中央政治局委员、广东省委书记汪洋在2009年6月份的粤东地区（揭阳市）现场会上对此予以高度评价：“揭阳的领导干部发展有想法、有办法、有行动，甚至是主要领导去行动，所以取得了成功，把不可能变成可能，这很值得其他地区学习。”同年12月15日，国家发改委开出了“路条”，同意中石油广东石化炼油项目开展前期工作。

在揭阳市领导带头践行感恩奉献精神的感召下，各级领导干部和各单位、各部门纷纷行动，以一代而强的英雄气概、一事能狂的工作作风、一往无前的开拓精神，以感恩奉献的情怀推动各项事业快速向前发展。经济继续保持快速增长，多项主要经济指标增速名列全省前茅；一批牵动揭阳发展全局的重大项目，先后取得突破性进展；各地重点工作扎实有效推进，社会大局持续安定有序。

（二）感恩奉献，乡亲贤达共识共举，富而思源共建和谐揭阳。

心系桑梓、爱拼敢赢的海内外众多揭阳乡亲，创造了无数骄人的业绩，事业有成之后则惠及故土，捐款捐物支持家乡兴教助学、铺路修桥、扶贫济困，努力为家乡各项社会公益事业尽心尽力。改革开放以来，全市接受侨捐项目共计2500余宗，捐赠金额达25亿多元人民币，主要集中在教育、卫生、文化等社会公益福利事业方面，为揭阳经济社会发展作出了极大贡献，成为揭阳人感恩奉献的典范。在2009年年初的首届特色文化节上，市委、市政府专门为热心捐资家乡建设的乡贤颁发慈善莲花奖，表彰了建市以来捐赠社会公益事业500万元以上的海内外乡贤117名，授予"揭阳市慈善莲花奖"，表彰捐赠社会公益事业5000万元以上的乡贤7名，授予"揭阳市慈善莲花特别奖"。

深圳潮汕商会名誉会长、揭阳市荣誉市民、"揭阳市慈善莲花特别奖"得主、深圳市玉湖投资集团有限公司董事长黄畅然先生事业有成不忘故土，时刻关注家乡的建设，多年来不遗余力，慷慨解囊，造福桑梓：捐资1.5亿元建设揭阳楼和揭阳楼广场，打造岭南水城文化地标；玉湖镇慈善会成立，捐资300多万元；捐资400万元兴建玉湖中学；捐资80多万元兴建玉联学校图书馆；捐资200多万元，修葺兴建了玉联村老人活动中心、文化广场、绿化、道路、戏台等；捐资500多万元，成立了玉湖教育发展基金会；向四川汶川地震灾区捐赠2100多万元资金和大批物资；倡导成立了揭东县感恩慈善会并当场捐资1000万元……这一桩桩、一件件，体现了黄畅然先生血浓于水的赤子情怀，为海内外乡亲感恩奉献、回报家乡树立了良好的榜样。

揭阳市政协名誉主席、揭阳市荣誉市民、市侨联荣誉主席、"揭阳市慈善莲花特别奖"得主、香港慈云阁董事局永远主席林世铿先生，爱国爱乡，热心公益，先后捐资近10亿元扶贫济困、修桥筑路、兴医办学等，唱响了一曲曲感恩奉献的大爱之歌。他在香港创办了慈云阁，以此为平台捐资赈灾、爱心义诊、无私奉献，惠泽民众。他还大力兴办福利事业、兴办实业。在他的带动下，许多客商纷纷落户惠来投资办厂，促进了家乡经济的发展，也为许多乡亲解决了就业问题。

揭籍企业家、揭阳市荣誉市民、深圳市泰亨投资有限公司董事长王旭文先生心系桑梓，在外拼搏创业的同时，时刻关注家乡的发展，特别有感于近几年揭阳的跨越发展和崛起振兴，决定捐资1.3亿元建设市文化广场，并于2010年11月8日与市政府举行了签字仪式。此举对揭阳市加快文化设施建设、促进文化繁荣发展具有积极推动作用，也促使市文化中心综合工程建设进入了提速阶段。2011年底市文化中心建成后，将成为粤东地区最大规模、最具特色的公共文化设施集群。

榕泰、康美、吉荣、巨轮、顺风等知名企业掌门人，一直以来以振兴揭阳工业、打造揭阳品牌为己任，以此感恩揭阳，奉献揭阳，报效揭阳。他们努力把企业做大做强，把"揭阳制造"品牌打向全国，提高了揭阳的知名度。在企业的发展过程中，他们富而思源，富而崇德，富而重教，尽心尽力承担社会责任，用爱心回报社会。这些公司不仅连续多年依法纳税，成为揭阳市民营企业的纳税大户，为揭阳财税作出了重大贡献，同时积极参与光彩事业和再就业工程建设，先后为社会公益、教育等事业捐献巨额资金，以实实在在的行动彰显了感恩奉献情怀。

（三）感恩奉献，广大干群自觉行动，忠诚履职诠释深刻内涵。

近年来，揭阳经济社会各项事业都呈现良

好发展势头，尤其是一批牵动揭阳发展全局的重大项目建设取得了突破性进展。这些成绩取得的背后，离不开一个个揭阳建设者的无私奉献，更离不开广大干部群众的全力支持。

2009 年 6 月 16 日正式开工建设的揭阳潮汕机场，前期拆迁工作顺利推进，实现了“四个零”的好成绩，受到了省委、省政府主要领导的高度肯定；厦深高速铁路在揭阳市境内路段快速推进，惠来县成为全线征地拆迁任务完成最快的县，揭阳市是全线征地拆迁任务完成最快的地级市……这些成绩取得的背后，体现的是揭阳广大干部群众服从大局、感恩奉献的良好精神风貌；年仅 32 岁的普宁市公安局刑警大队副大队长江俊杰，因劳累过度，在中秋之夜倒在工作岗位上。英雄早逝，引起了各级领导的高度关注。中共中央政治局委员、省委书记汪洋对江俊杰事迹作出重要批示：“人民警察江俊杰同志牺牲在为人民创造平安生活环境的第一线，可歌可泣。他是新时期最可敬的人，是千万人民警察的杰出代表。”市委书记、市人大常委会主任陈弘平批示：“江俊杰同志是感恩奉献的楷模，是我们人民公安的光荣和骄傲。”揭阳市自来水公司安装队供水管网抢修班长杨定标，在率队支援市污水处理厂截污管抢修时，因意外触电不幸以身殉职。杨定标是平凡的，在平凡的岗位上做着平凡的工作。但就是这么一个平凡的人，任劳任怨、兢兢业业，二十余年如一日战斗在自来水管抢修第一线。在他身上，忠诚如山、感恩奉献精神得到深刻的诠释。

三、几点体会

（一）思想解放是弘扬感恩奉献文化取得成功的根本前提。大力打造以感恩奉献为核心的特色文化，这是揭阳市解放思想学习讨论活动的一大重要成效，经过几年的精心培育，已在揭阳大地开花结果，生动证明了解放思想的无比重要性。揭阳市将继续解放思想，大力弘扬“解放思想、改革开放”的时代人文精神，大胆创新发展理念、发展模式，以思想的大解放推动经济社会的大跨越。

（二）领导身体力行是弘扬感恩奉献文化取得成功的关键所在。火车跑得快，全靠车头带。陈弘平书记、陈奕威市长等市领导带头践行感恩奉献文化，各级干部和各单位、各部门纷纷行动，以感恩奉献的情怀力推经济社会跨越发展，为全市人民做出了忠诚奉献的榜样，使在外乡贤看到了家乡腾飞的希望，感恩奉献逐渐成为社会各界的广泛共识，形成了跨越发展的强大合力。

（三）宣传造势是弘扬感恩奉献文化取得成功的重要保证。利用一切宣传工具，借助所有宣传阵地，做到对内宣传和对外宣传一起抓，面上宣传和典型宣传一起抓，新闻宣传和理论宣传、文艺宣传一起抓，全社会形成了感恩奉献的浓厚氛围，有效地推动了感恩奉献文化家喻户晓、深入人心，并转化为实实在在的发展动力。

理论成果

广东精神文明建设年鉴（2011）

社会发展视野中的岭南文化和传统儒学

罗 璇

由中山大学文化研究所、台湾中央大学儒学研究中心、学术研究杂志社、广东儒学研究会和广东石头记饰品有限公司联合主办，中共云浮市委宣传部与云浮市社会科学联合会协办的“岭南文化、传统儒学与社会发展”学术研讨会于2010年8月7—10日在广东省云浮市召开。来自海峡两岸的70余位学者参加了本次研讨会，44位学者作了主题发言和报告，与会专家站在时代的高度，对传统儒学与岭南文化研究中的一些前沿问题进行了深入讨论。

台湾中央大学杨自平副教授考察《易说》，分析了惠士奇治易的立场和方法，指出：惠士奇法汉儒修正后世的经传，辨正历代训诂、释象自立新说，关联清初重气思想及乾嘉时期肯定人欲的思潮，强调了人身小宇宙与天地大宇宙相对应。台湾环球科技大学邓秀梅副教授在《湛若水易学探析》一文中把湛若水视为继承北宋理学的心学家，进而从几个角度探析了湛若水的易学：首先是他对阴阳五行生成进行剖析，其次是将他所理解的中正之道应用在易理上，再次是他对各个卦爻的诠解，最后则是他对邵雍数学易学的批评。

广州大学程潮教授探讨了近代广东学术两大学派东塾学派和九江学派的同异，指出两派都提倡经世致用的学风，反对门户之见，主张汉宋并重。而两派之不同则在于：东塾学派偏向学术，九江学派偏向经世；东塾学派偏向汉学，九江学派偏向宋学；东塾学派注重注疏与经文的结合，九江学派强调经与史的结合；东塾学派注重经学与西学的结合，九江学派早期排斥西学。

康有为思想是本次会议上讨论较多的话题。南昌航空大学中国哲学研究所平飞副教授指出，树立孔子教主地位和改制标杆，借用历史考证再生微言大义以求人类公理和大同理想，力主经世致用以推动维新变法，就是康有为的公羊逻辑。台湾学者许明珠博士在《康有为儒学国教化策略探析》一文中指出，康有为立孔教会的策略可以概括五点：一是神化孔子，二是重新诠释经典，三是废淫祠，四是世俗化，五是仿耶教建立孔教教会。这些策略背后，是由一个现实目的所支撑：保种强国。

中山大学哲学系李锦全教授在《传统儒学对公平正义价值理念的双重效应》一文中，通过对儒家公平、正义价值理念从先秦到近代发展的回顾，指出儒家重人治的双重效应。他认为儒家以重人治、修身为本，从孔夫子到孙中山，对天下为公、大同世界的期望是他们的共识，以求“致君尧舜上”来实现公平正义的治国之道。但历史事实证明，这种治国之道是虚假多、真实少。我们今天继承这一优秀思想文化遗产，目的就在于进一步促进公平正义社会的实现。

中山大学文化研究所李宗桂教授在《生态文明与中国文化的天人合一思想》一文中指出，天人合一的具体内涵是：第一，人与自然相一致；第二，人与外在的强大力量（或规律或神秘力量）相一致；第三，人与道德自我相一致。而就其对中国传统文化影响而言，主要是强调人与外在的强大控制力量相一致，与呼应（体现）神圣天道的道德律令相一致，而不是单纯地与自然相一致。另外，他还指出了天人合一思想对于生态文明建设的价值，包括：应当把天与人看作有机的整体；应当提倡敬天、畏天的思想，而不是片面地鼓吹制天、勘天的思想；应当提倡人道与天道一致，人道服从天道的思想；应当创造性地吸收中国古代以天人合一为核心的整体观念、有机协调观念；应当提倡崇高的道德境界，在经济社会发展进程中平等待人，平等待物；应当提倡哲学与科学的结合。

在《儒家文化与全球经济危机的出路》一文中，佛山科学技术学院学报的戢斗勇主编提出，儒家文化尤其是儒家经济合理主义是缓解全球性经济危机的药方。因此，要想平息至今尚在肆虐的金融海啸并防范全球经济危机的再次出现，应当走儒家经济合理主义之路。他认为，儒家文化以“仁”、“和”、“中”、“稳”、“实”、“俭”的“六德”为内容，可从经济动因、经济关系、经济方法、经济状态、经济效能和经济品格多方面遏制激进，能系统地保证经济的稳健发展。

台湾中央大学杨祖汉教授阐发康德借助哲学思辨来说明道德形上学的智慧，并由此诠释程颐由“常知”进向“真知”之格物致知工夫，认为这种工夫的重点在于克服人的感性欲望对道德法则的怀疑和妨碍，并不是以讲知识的方式讲道德。

台湾东海大学哲学系蔡家和在《王船山论〈中庸·首章〉之性——以〈读四书大全说〉》一文中对王船山所论的《中庸》之性进行了解析。他认为船山谈《中庸》的性义，一方面在架构上接受了朱子的理气二分、心统性情三分之架构，一方面又对朱子的性义有不同的诠释。船山论《中庸》之性是专就人之性而言，而与朱子的理一分殊、人物同一性看法不同；船山认为“率性”是顺人性之善，而不是顺“生之谓性”为所欲为。

台湾中央大学丁亚杰助理教授分析了四库全书总目中的春秋学观，指出四库馆臣以“《春秋》寓于史”为其《春秋》学的基本观念，首重“史”，其次重“寓”，再次重礼制，却忽视了“其文则史”的意义，缺乏对文与史关系的探讨。

在对汉代儒学的讨论方面，华侨大学王四达教授指出，“深察名号”是董仲舒提出的重要思想，继承了三代的礼治传统和百家的名实理论，又超越了诸子技术性的名号治国论，通过深察名号的道德意蕴，使技术理性与价值理性统一起来。其后汉儒继承了这一思想方法，特别是《白虎通义》把名号的道德价值贯穿到礼制的各个领域。但是，由于古人的道德理想存在明显的内在缺陷，也缺乏合理的制度安排，最终还是未能逃脱它走向衰亡的历史宿命。

（作者系中山大学哲学系研究生，原文出自《学术研究》2010年第12期）

论岭南文化评价标准的历史演变

程　潮

文化是随着人类的产生而产生的，有人的地方就必然有文化的存在，故有“人是文化的存在”、“人是文化的动物”的说法。从这个意义上说，根本不存在岭南人有没有文化的问题。然而，“岭南是文化沙漠还是文化圣地”的话题一度争论不休，而以岭南人对“文化沙漠”说的拒斥最为强烈。本文顺着历史发展的脉络，将历代对岭南文化的评价分为“无同”、“无范”、“无学”和“无家”四个阶段，并从这四个阶段揭示出岭北人对岭南文化的评价由鄙视到重视、从民俗文化进到学术文化的过程，以及岭南人为摘掉“钟物不钟人”的帽子而不懈奋斗的历程，同时还反映出岭南文化的发展模式由外驱力的强制改造向内驱力的自觉改变的变迁过程。

一、“无同”

在远古时代，中华大地就生活着无数个彼此独立的部落。部落之间的相遇、冲突与结盟，导致了“天下”意识的产生。但“天下”之大，若不能将其细分，是无法驾驭的。于是统治者通过方位的不同将它分为“中国”与“四方”，通过文化的差异将它分为“华夏”与“四夷”。在华夏与四夷之间的长期接触和碰撞的过程中，无论是华夏族人还是夷族人，他们都不约而同地感受到彼此文化的巨大差异，最明显的是语言和习俗的不同。孔子认为，如果没有管仲“尊王攘夷”之功，我们就会沦为“披发左衽”（《论语·宪问》）的夷人。这实际上是将“披发左衽”作为夷族的标志之一。夷族政治精英也公开承认两者的文化差异，如伍子胥说：“夫齐之与吴也，习俗不同，言语不通……夫吴之与越也，接土邻境，壤交通属，习俗同，言语通。”（《吕氏春秋·贵直论》）吴国、越国在当时都属于夷文化圈，而齐国属于华夏文化圈。楚君熊渠则巧妙地利用夷夏之分，来为自己建立与周王朝分庭抗礼的楚王朝作辩护，声称“我蛮夷也，不与中国之号谥”（《史记·楚世家》）。

“夷夏之辨”在先秦诸子百家中也是一个重要话题。儒家坚信华夏文化优于夷文化，提倡“以夏变夷”，反对“以夷变夏”。孔子赞赏西周的礼乐制度，主张“从周”（《论语·八佾》）的文化取向。但他面对周朝的“礼崩乐坏”，反倒欣赏起郯国郯子的渊博学识，由此发出了“天子失官，学在四夷”（《左传·昭公十七年》）的慨叹。孟子主张“用夏变夷”，反对夏“变于夷”。他以“人皆可以为尧舜”为前提，希望夷人主动接受华夏文化的改造，成为儒家所推崇的圣贤。他称赞楚人陈良“悦周公、仲尼之道，北学于中国”的行为，而斥楚人许行为“南蛮鴃舌之人”，称其学说不合“先王之道”（《孟子·滕文公上》）。荀子也反对“以夷变夏”，并将“使夷俗邪音不敢乱雅”（《荀子·王制》）视为“太师”的职责；又主张尊重各族文化的差异，“诸夏之国同服同仪，蛮夷戎狄之国同服不同制”（《荀子·正论》），反对强求一致。道家主张返璞归真，顺应自然，因而具有以夷变夏的意味。道家的代表人物老子和庄子都是楚国人。汉代的司马迁还称“秦、楚、吴、越”为“夷狄”（《史记·天官书》），正说明楚国在先秦属于夷文化圈。老子主张“绝圣弃智”、“绝仁弃义”（《道德经》第19章），乃是对华夏礼乐文化的否定，倒是迎合了四夷的文化习俗。故有学者指出：“道家学派代表了春秋时期文化发达、正在向中原发展的四夷阶层。”庄子不仅否定以儒家为代表的华夏文化的价值，而且还把他的理想国——“建德之国”设想在南蛮之地——“南越”，那里的人民“愚而朴，少私而寡欲，知作而不知藏，与而不求其报，不知义之所适，不知礼之所将”（《庄子·山木》）。墨家以“兼爱互利”为标准来对待夷夏的关系，并在某些礼俗上是夷而非夏。墨子认为，楚王食于楚之四境之内，故爱楚之人；越王食于越，故爱越之人；“天”兼天下而食，故兼爱天下之人（《墨子·天志下》）。这实际上是要人们遵循“天志”，不分夷夏地兼爱。

岭南地区在方位上被定在“天下”的南部或“中国”的南方；在文化上被称为与华夏族不同的“南蛮”，属于“四夷”之一。岭南地区在先秦被泛称为“南交”、“南海”等，如《尚书·尧典》云“申命羲叔，宅南交”，《墨子·节用中》云“昔者尧治天下，南抚交趾”，

《左传·襄公十三年》云“赫赫楚国，而君临之，抚有蛮夷，奄征南海，以属诸夏”。先秦典籍中也出现了一些比较具体的岭南地名，如《逸周书·王会篇》云：“正南瓯、邓、桂国、损子、产里、百濮、九菌。”《管子·小匡》云：“南至吴、越、巴、牂牁、不庾、雕题、黑齿。”《山海经·海内南经》云：“伯虑国、离耳国、雕题国、北朐国皆在郁水南”，“桂林八树，在番隅（今番禺）东”。《吕氏春秋·恃君览》云：“扬汉之南，百越之际，敝凯诸、夫风、余靡之地，缚娄（今博罗）、阳禺（今阳山）、驩兜之国多无君。”有学者指出，先秦瓯、邓、桂国、伯虑国、离耳国、雕题国、北朐国、桂林、南海、牂牁、大庾、阳、缚娄、阳禺、番隅等地名，“指实岭南部族居地、山水、城邑等，并有一定文化内涵”。

先秦时期，中原人与岭南人直接交往的机会比较少，中原人对岭南的了解，主要是以越国、楚国为中介的。一方面，岭南与越国接壤，在先秦均属“百越”之地，文化上高度一致，所以明代学者欧大任提出了“粤越一也”的说法，并由此汇编了《百越先贤志》一书；另一方面，岭南与楚国相邻，春秋战国时期多被楚国所侵占，岭南文化“逐渐融合于楚文化之中”。由于岭南人没有自己的文字，中原文字又因南岭阻隔而无法在这里传播，所以岭南的文化信息也主要是通过楚国和越国传往中原地区的。岭南的许多地名是岭北人根据岭南人独特的风俗习惯、生活方式而命名的，如“雕题”、“黑齿”等。

先秦时期的岭南文化，是作为“夷文化”之一（即南蛮文化）而进入人们的评价视线的，评价的主体是掌握了文字语言的岭北人。墨子对楚国之南的“炎人国”将死去的亲戚“朽其肉而弃之，然后埋其骨”（《墨子·节葬下》）的做法持肯定态度，因其符合“节葬”理念；而对楚国之南的“啖人之国”将生下的长子解而食之以“宜弟”（《墨子·鲁问》）的做法持否定态度，因其违背了“仁义”精神。赵武灵王指出：“被发文身，错臂左衽，瓯越之民也。黑齿雕题，鳀冠秫缝，大吴之国也。礼服不同，其便一也。”（《战国策·赵策二》）“瓯越”是东瓯（闽越）和西瓯（岭南）之统称。这段话说明了他对各地文化习俗持平等态度。屈原为楚怀王招魂时指出：“魂兮归来，南方不可以止些！雕题黑齿，得人肉以祀，以其骨为醢些。”（《楚辞·招魂》）而这反映了他对雕题、黑齿文化习俗的不认同。《礼记·王制》强调“五方之民”（即中国、夷、蛮、戎、狄）皆有其“不可推移”之“性”，皆有其“安居、和味、宜服、利用、备器”之道；彼此之间“语言不通，嗜欲不同”。东夷“被发纹身”，南蛮“雕题交趾”，均有“不火食”的习惯；西戎“被发衣皮”，北狄“衣羽毛穴居”，均有“不粒食”的习惯。这是从饮食、衣着、装饰、语言、嗜欲等综合因素将岭南文化与岭北文化区别开来。

概而言之，先秦时期尽管对岭南文化评价的话语权掌握在岭北人手上，但在百家争鸣的环境中，岭北人对岭南文化的评价可谓是众说纷纭。儒家坚信华夏文化高于夷文化，因而强烈反对“夏变于夷”，但在要不要“以夏变夷”的问题上，孔子、孟子和荀子并不一致。孔子对周王朝的“礼崩乐坏”感到不满，反倒对夷文化的进步怀有敬意。孟子则有浓厚的“以夏变夷”意识，对夷文化（如楚文化）持批判态度。荀子强调各族文化都有其存在的客观环境，因而对各族文化采取包容的态度。道家批评以儒家为代表的华夏文化对人性的束缚，而其提倡的“自然无为”，倒是与夷文化有几分相似。墨家以“兼爱交利”为准则来表达华夷的平等，而在与儒家的对峙中，反倒在夷文化中获得支持。各家对“夷文化”的态度，已内在地包含了他们对岭南文化的评价。相对说来，儒家和道家都具有文化绝对主义倾向，这可以从两者的相互否定表现出来，而墨家倾向于文化相对主义。不过，无论是政治上的精英，还是各家学说的代表人物，他们的共同感受则是：作为“夷文化”的岭南文化，与华夏文化有着明显的不同。

二、“无范”

所谓“范”，是指制约人们思想行为的各种规范，它既包括伦理道德，也包括法律制度。有学者指出：“秦汉时期，是中国文化的定型期。这一时期的文化，带有制度化、模式化和程序化的特征。”还有学者指出：“秦汉帝国是中国制度文化的定型期，这400多年期间形成的政治、经济、军事制度和统治性意识形态，一方面是春秋战国多元文化的一个总结，另一方面又为其后2000年的传统社会奠定基本模式。”秦汉时期形成的各种制度和规范，我们可以用“范”字来概括。这就意味着，这个“范”不是在岭南产生的，而是秦汉帝国所制定的，并在秦汉帝国内部率先得到实施。岭南的“无范”，乃是相对于秦汉帝国的“有范”而言，或者说是以秦汉帝国制定的“范”为标准来判定的。

秦王朝的建立，使“范”统一变成了现实。通过实施郡县制和三公九卿制，建立君主专制中央集权制度；通过采取“书同文”、“车同轨”、“度同制”、“行同伦”、“地同域”和“修秦律”等措施，完成文化上的统一。从秦朝统一岭南到赵佗归汉之前，秦朝所立之“范”也在岭南推展开来：一是实行郡县制，设置桂林、象和南海三郡；二是使用汉字与汉度量衡；三是推行秦朝的刑法，如黥刑、劓刑；四是实行徙民实边，以变蛮俗。经过赵佗引入秦朝之“范”后，粤俗有了改变，故汉高祖以“甚有文理”（《汉书·高帝纪》）称之。自汉武帝采取“独尊儒术”的政策后，“儒术”就变成了汉朝构筑新“范”的理论基础。人们对岭南文化的评价是依照新“范”来进行的。以新“范”观之，岭南长期处于一种“无范”状态，主要表现在以下方面：

一是政治上的“无范”。按照《礼记·丧服四制》的说法：“天无二日，土无二王，国无二君。”赵佗掌控岭南后，却在汉帝国之外另立南越国，自立为南越武帝。这显然有违于儒家所定的“礼”（范）。所以汉朝派陆贾两度出使南越国，无疑是要他回到“中国”之“范”上来。南越国归汉以后，一度沿用秦朝的刑法。赵婴齐继任南越王时，“尚乐擅杀生自恣”（《史记·南越列传》），与“德主刑辅”的“汉法”相违背。赵兴即位后，为了牵制丞相吕嘉专权，请求“举国内属”。汉武帝欣然同意，但要南越国“壹用汉法，以新改其俗”（《汉书》卷64下），废除“黥劓刑”，以德治国；“比内诸侯”，不能僭越。所以从政治的角度来说，南越国从“无范”到“有范”，就是要按照君臣之礼处理其与汉朝的关系，用“汉法”替代秦朝遗留的严酷刑法。

二是民俗上的“无范”。董仲舒称“新王必改制”，“改制”的目标是“改正朔，易服色，制礼乐，一统于天下”（《春秋繁露·楚庄王》）。岭南归汉之前，一直保持土著人的习俗和秦朝的旧制。史称秦军征越时，越人窜入葭苇丛中，“与禽兽处”（《淮南子·人间训》）、“与鸟兽群”（《汉书·终军传》），而这正好带有几分道家所描绘的“同与禽兽居，族与万物并”（《庄子·马蹄》）的特征。赵佗治理岭南时，为了维护汉越人之间的团结，采取“和辑越人”的政策，部分地接受了越人的习俗，如“魋结箕倨”（《史记·郦生陆贾列传》）见陆贾，对汉文帝自称“蛮夷大长”（《史记·南越传》）。但是，越人的固有习俗和赵佗的“和越”措施，却与汉朝确立的新“范”不合，故有终军的“正朔不及其俗”（《汉书·终军传》）之忧。目前保留下来的对岭南文化的评价，主要记录于《汉书》、《后汉书》、《三国志》等正史中，而且都是以儒家之“范”为依据的，普遍的反映是岭南民俗的“无范”。如《汉书·贾捐之传》云：“骆越之人父子同川而浴，相习以鼻饮，与禽兽无异。”《后汉书·任延传》云：“骆越之民无嫁娶礼法，各因淫好，无适对匹，不识父子之性，夫妇之道。”《后汉书·南蛮传》云：“凡交趾所统，虽置郡县，而言语各异，重译乃通。人如禽兽，长幼无别。项髻徒跣，以布贯头而著之。”《后汉书·许荆传》云：“（桂阳）郡滨南州，风俗脆薄，不识学义。”《三国志·薛综传》云：“山川长远，习俗不齐，言语同异，重译乃通。民如禽兽，长幼无别，椎结徒跣，贯头左衽。长吏之设，虽有若无。”在这些叙说越人“无范”的话语中，最为尖锐的就是越人“与禽兽无异”、“如禽兽”。

针对岭南的“无范”状况，自汉武帝始，统治者不再像赵佗那样以包容求和谐，而是采取了“用夏变夷”的做法，对岭南习俗实行儒化的改造。

一是中县人的感化。南越国以后，中县之民仍不断流入岭南地区。当时流入岭南地区的中县人分为三类：其一是汉军留戍落籍。如路博德副将、太原人郭孚留守桂阳死后，桂阳人民“感其遗爱，恤其子孙之旅外者，于是立祠”。其二是官僚贵族的流放。汉武帝为了改变交州陋习，特迁大批中原罪人杂居其间，“稍使学书，粗知言语；使驿往来，观见礼化”（《三国志·薛综传》）。这些“中国罪人”，多是有文化、懂经术的北方官员。他们在传播汉语和中原文化方面作出了重大贡献。其三是士民的避乱南迁。这些来岭南的士民有不少人知书识礼，因而在传播儒学方面更能发挥其独特的作用。如沛国人桓晔于汉献帝时浮海客居交趾，“越人化其节，至闾里不争讼”（《后汉书·桓荣传》）。

二是汉官的教化。岭南的儒化，更多的是由入粤汉官在其所辖区域，设立学校，宣扬礼义来推行的。例如，锡光、任延分别为交趾、九真太守时，“教其耕稼，制为冠履，初设媒娉，始知姻娶，建立学校，导之礼仪”（《后汉书·南蛮西南夷列传》）。卫飒任桂阳太守，“修庠序之教，设婚姻之礼”，不到三年，“邦俗从化”（《后汉书·卫飒传》）。许荆任桂阳太守，“设丧纪婚姻制度，使知礼禁”（《后汉书·许荆传》）。栾巴为桂阳太守，“为吏人定婚姻丧纪之礼，兴立学校，以奖进之”（《后汉书·栾巴传》）。陶基为交州刺史，“教以婚姻之道，训以父子之恩，道之以礼，齐之以刑，设庠序，立学校，阖境化之，莫不说服”。这些入粤官员对“教化”工作有一种担当意识，如许荆说：“吾荷国重任，而教化不行，咎在太守。”（《后汉书·许荆传》）

三、“无学”

所谓“学”，是指学术、学问。人才由学而成，学术兴隆，学问深厚，才会人才济济。然而，自先秦到唐代，大学问家几乎都出自岭北，于是给一些北方学者的感觉是：岭南“无学”。

岭南“无学”的一个典型表达方式就是“岭南钟物不钟人”。这一说法源于韩愈在《送廖道士序》中的直白。他认为，五岳对于中州来说，衡山“最远而独为宗，其神必灵”。郴州地势约在五岭高度的三分之二处，“中州清淑之气，于是焉穷”。其水土之所生，神气之所感，不独出“白金水银丹砂石英钟乳桔柚之包、竹箭之美、千寻之名材”，还应有“魁奇忠信材德之民”生其间。然而遗憾的是：这样的人“吾未见”。言外之意是：郴州“地灵而人不杰”，“钟物而不钟人”。由此推之，既然郴州都出不了文人，那么在郴州之南的岭南就可想而知了。所以明代广东学者伦以谅《霍文敏公文集序》解读为：“昔韩昌黎《送廖道士》，叹岭南瑰宰奇伟之气，不钟于人而钟于物，一或有之，又出于异端方外之徒。”明确提出“钟物不钟人”之说的则是柳宗元，其《送诗人廖有方序》指出：“交州多南金、珠玑、玳瑁、象犀，其产皆奇怪，至于草木亦殊异。吾尝怪阳德之炳耀，独发于粉葩瑰丽，而罕钟乎人。”不过他仍将廖有方视为“为唐诗有大雅之道”的奇才。另据丘浚《武溪集序》所引，宋代曾巩也说：“越之道路易于闽蜀，而人才不逮。”甚至在明代后期，江苏人王世贞仍嫌岭南人在文词上有成就者寥寥无几，因有“岂所谓灵秀者偏有所寄于物而遂漓于人耶”之叹。

不管怎样，出自岭北人之口的“钟物不钟人”之说对于岭南人自尊心的打击无疑是巨大的，尤其对岭南官员来说，更觉不是滋味。南宋琼州知事韩璧就指出：“吾州在中国西南，万里炎天涨海之外，其民之能为士者既少，幸而有记诵文词之习，又不能以先于北方之学者，固其功名事业，遂无以自白于当世。仆窃悲之。”于是一种强烈的责任感和使命感在一些岭南官员中激发出来。他们为改变岭南“无学”的状况而采取的举措主要有：一是大力发展教育。韩璧在办州学时还请来了大学问家朱熹到学校讲学。朱熹先是教以“学者应向自家身心固有处用力”的为学之方，后为避免学子陷入禅学误区而以“学者但当深穷圣经”为补充，也就是从“道问学”入手。二是解决学子赴京赶考费用问题。增城县令何籍针对岭南远离京城，学子科考费用高昂的实际状况，特在当地创建“贡士库”，以激励更多学子实现“学而优则仕”的梦想。

岭南学者也一直在动心忍性，努力摘掉“钟物不钟人”的帽子。到了明代中后期，岭南涌现了一批在全国有一定影响的学问家：哲学上有陈献章、湛若水等理学家；史学上有黄佐、郭棐等史学家；文学上有“南园五子”、“南园后五先生”等文学家。丘濬的《大学衍义补》、湛若水的《圣学格物通》等巨著的出现，更令岭北人刮目相看。岭南学术文化的兴盛，顿使岭南人有了前所未有的自信，由此“孕育了岭南意识的勃发”。

不仅如此，岭南学者开始有了一定的底气向岭北学术的霸主地位提出挑战，大胆驳斥“钟物不钟人”之非。丘濬《广州府志书序》说：“天下之山，皆发源于西北，零散而聚，突起而为岭；天下之川，皆委于东南，流行而止，渟涵以为海；广南居海之间，受天地山川之尽气，气尽于此而重泄之，故人物之得之也，独异于他邦。”自明朝建立百年来，“天地纯全之气，随化机以南流，钟于物者犹古也，钟于人者则日新月盛，其声明文化之美，殆与中州无异”。即是说，岭南既地灵又人杰，既钟物又钟人。丘濬《曲江集序》称张九龄不只为“岭南第一流人物”，也不只为“江以南第一流人物”，而是“有唐一代第一流人物”。他还在《武溪集序》中以张九龄的《曲江集》和余靖的《武溪集》为例，以驳斥柳宗元和曾巩关于岭南缺乏人才和学术的偏见，特别指出“世之人因二子之言，往往轻吾越产”的不良后果。由于丘濬的学识与名望，郭棐又将他作为岭南“钟物又钟人”的典型，指出：“自琼以来，所钟人物，未有如先生！”黄佐和伦以谅又分别以邵谒和霍韬的才气为根据来反驳柳宗元和韩愈的“钟物不钟人”之说。黄佐在《诗人邵谒传》中称邵谒的诗作与张九龄“岿然并存”，称他的名气“与诸名家并行”，称他的诗歌成就“当不下人”。伦以谅《霍文敏公文集序》称霍韬有“明沛之识，弘博之学，峭崛之气，昌大之才”。陈献章以理学闻于世，故罗伦称他“岂但风一方而已哉！实足风天下风后世也”。钟芳在《琼州府学科目题名记》中指出，洪武以来，琼士在科举考试上“捷京闱、登会选者”与北方之士不相颉颃，在出“位省部、跻台阁”高官的名气上与曲江（出张九龄、余靖等高官）比隆，说明“阳德炳耀独发于纷葩环丽而罕钟乎人”之说是站不住脚的。

经过不懈的努力，岭南人逐渐摘掉了“钟物不钟人”的帽子，而且人文气息日渐兴隆。到明末清初，岭南学术与人才的兴隆足以使岭南学者引以为豪。故屈大均说：“广东居天下之南，故曰南中，亦曰南裔。火之所房，祝融之墟在焉，天下之文明至斯而极，故其发之也迟。始然于汉，炽于唐于宋，至有明乃照于四方焉，故今天下言文者必称广东。”（《广东新语・文语》）屈大均对广东文章在当时全国的地位作这样的评价，不仅来自他本人的自信，也来自广东确有一群诗文大家的事实。他与陈恭尹、梁佩兰三人以能文、能诗、能书而名扬海内，并称“岭南三大家”。尽管他们都有过抗清的经历，他们的诗文也因有反清的内容而被清廷删禁，但仍以其高度的文学价值而被部分地保存了下来。

四、“无家”

这里的“家”是指其文化学术造诣能够影响全国和后世的“大家”。所谓“无家”，也就是指岭南古代没有出现过能够影响全国和后世的文化大家，它是相对于岭南近代以来的“有家”而言的。

19世纪的中国在沉睡之中被西方列强的炮舰所震醒。岭南志士在向西方寻求救国救民的真理，在反帝反封建的斗争中发挥着极为重要的作用，所以他们受到了国内学者的高度评价。在对近代岭南人物和岭南文化的评价过程中，则普遍存在着将岭南古代和近代的文化学术进行比较而得出“岭南古代‘无家’”甚至“岭南古代为文化沙漠”的结论。

广东学者梁启超可以说是“岭南古代‘无家’”观点的最早表达者。其《南海康先生传》指出，吾粤因五岭障之，文化常落后于中原，“数千年无论学术事功，皆未曾有一人出，能动全国之关系者”。后来他又在《世界史上广东之位置》中指出，广东百年以前，“未尝出一非常之人物，可以为一国之轻重；未尝有人焉以其地为主动，使全国生出绝大之影响”。这就是说，岭南从古代到戊戌维新之前，还没有出现一位能影响全国的文化大家。不过，梁启超却把岭南第一位文化大家的皇冠戴在了他的老师康有为的头上，称岭南人的学术事功能够对全国产生“最大最远”的影响者，“固不得不谓自先生始”。故他将康有为称为“教育家”和“宗教家”，还列出康有为在哲学、政治方面的杰出贡献。

广东学者黄尊生在1941年出版的《岭南民性与岭南文化》一书中将近代以前的岭南称为“文化沙漠”。他指出：“在宋元以前，岭南实在没有什么学术文化之可言，虽然在唐时，我们已经有一个张曲江（九龄），宋时，我们还有崔清献（与之），李忠简（昴英），余安道（靖），都是一时的人杰，然这些人之于岭南，犹沙漠之有水泉，之有嘉木，实在是一个例外。实在讲，岭南能够有一些些的学术文化，都是由外面得来的，质言之，都是由中原传入来的。”由此可知，黄先生并没有将“文化沙漠”等同于“文化空白”，而是在“沙漠”中有“水泉”、“嘉木”。也就是说，“文化沙漠”中有“文化绿洲”。正是在这个意义上，他承认唐宋时期有“人杰”，肯定陈白沙、湛甘泉为“明代理学之基石”。但他仍指出，除了陈白沙、湛甘泉之外，岭南从远古到明代没有出现过在全国有地位的学术人物，清代岭南也拿不出对于中国有学术贡献的人和著作。他还从“科举功名”方面反映岭南学术文化的落后，称在此方面，“广东亦比之别省差得很远很远”。不过，和梁启超一样，黄先生也是要通过今昔对比，来反衬广东在近代中国学术文化上的显赫地位。他认为，广东在中国舞台上占了一个很重要的地位，这完全是近百年来的事。近代广东不仅出现了张维屏、黄培芳、陈澧、梁廷枏、邹伯奇诸人继承着中国学术的正统，而且还从自身突起了一支异军，日后便成为中国学术思想界之“先锋”、“旂鼓”，并孕育成了一种崭新的文化——“革命的文化”。

除了梁启超、黄尊生外，福建学者朱谦之对岭南文化的评价也有相似的视角。他在1932年写的《南方文化运动》一文中将中国文化分为三种模式：北方黄河流域代表解脱的知识，中部扬子江流域代表教养的知识，南方珠江流域代表实用的知识。从政治的角度说，北方表现“保守的文化”，中部表现“进步的文化”，南方表现“革命的文化”。他还将南方文化视为“科学的文化”、“产业的文化”。他还指出，广东唐初五代时还是“蛮夷之区”，但广东受西洋文化的影响最早，因而近代维新变法运动和革命运动都是以广东人（如康有为、孙中山）为中心。若依据斯宾格勒以“宗教”作为文化的本质，则北方代表的是“文化”，那是保守僵死的文化；南方虽是个“文化的沙漠”，但却代表的是“文明”。他深信南方文化代表了中华民族文化前进的方向，宣称“中华民族复兴的唯一希望，据我观察，只有南方，只在南方”，并表示“愿贡献一生来从事南方文化运动”。

其实，20 世纪初在学者中普遍存在着将岭南古代文化与岭南近代文化、岭南文化与岭北文化对立起来的倾向。从纵向来说，岭南古代文化代表落后，岭南近代文化代表先进。从横向来说，岭北文化代表落后，岭南文化代表先进。岭南文化之所以先进，是因为它融入了西方文化。这正好反映了当时人们漠视传统的西化心态。

（作者系广州大学教授，原文出自《现代哲学》2010 年第 6 期）

道德的功利性与返本归真

童建军　李　萍

如果说在人类社会的早期形态中，“人为什么要讲道德”更多体现为思想家沉思的对象，那么，在被理解为终极价值理性“祛魅化”的近现代化进程中，它更是一个无法避开的实践问题。在以经济成就为导向的当代中国，人们坚守道德的理由是什么。换言之，“我为什么要讲道德”或“良心有什么用”（乡土似的疑问）？在对这个问题的诸回答中，存在着一条影响非常深远的思路，就是通过功利性效果确证道德的必要性。这种功利性又不是伦理学功利主义理论上的最大幸福原则，而是日常生活中理解的经济效益或者经济成就。

一、道德的功利性

在中外伦理思想史上，从外在功利性的角度论证道德的必要性是常见的思维路径。这种论证方式企图告诉人们：道德之所以值得期待，乃是因为它可以带来以经济利益为代表的外在功利性价值的获得，“利”包含在“义”之中。为此，在古典经济学家的理论表述中，包括道德在内的非正式制度基本都能够获得肯定与认同。例如在对市场运行的认识上，他们认为市场的成功运行不仅仅依靠“看不见的手”，还依靠道德和其他理念的支持。斯密在《道德情操论》中提出市场需要某种道德情感。大卫·休谟认为合适的道德行为，或者“道德情操”、“同情心”会支持新的经济活动形式。伯克提出，除非它们获得了“先在的态度文明以及扎根于绅士精神和宗教精神的自然的保护原则”的支持，市场根本不会运转起来。阿罗呼吁人们注意伦理规则，它们是补偿市场失灵的社会应策，可以被解释为提供经由价格体制所不能提供的某些商品而增进经济体制效率的合约。

强调道德的功利性因其切合了人的自然性生存需要而显得似乎富有生机和活力。无论是形而上学的思辨还是心理学的实验，都向世界揭示了人性深处隐蔽的向己性成分和自利性的“幽暗意识”。因此，人性之善的呈现形态不是现实的性善之人，而是人性向善的可能性与人性可善的潜在性。“途之人可为禹”或“人皆可为尧舜”是儒家学说基于人性本善的美好预设而引申的合理结论，它表达的是中国式儒生们对于善良世界的乐观心态。“可”所要向人们传递的观念是：不能排除理论上的现实性，但也不能自醉于实践中的必然性。因为人的向己性和自利性的存在，在由“可”向“是”的跃迁中，必然遍布着荆棘、挑战和诱惑。马克思主义经典作家都表达了对人性“幽暗意识”的尊重。“人们奋斗所争取的一切，都同他们的利益有关。”“一切空话都是无用的，必须给人民以看得见的物质福利。”由此，道德就不纯粹是空洞的说教，而是能够有机地与人的本性欲求相妥帖。

道德与功利性价值的关联，在某种程度上满足了现代市场化社会对外在功利性价值的渴求心态。“现代文明以金钱为最通用的价值符号，以不同等级、不同档次的商品符号来标志人生意义。它要人们相信，你的人生没有意义，成不成功，你的个人价值是否得到实现，就看你能赚多少钱，你的消费档次、消费品位是怎样的。现代社会就以这样一种方式来引导人们的价值追求。”在市场化了的现代中国社会中，作为一般等价物的货币演化为齐美尔所批判的文明的灵魂、形式和思想的象征，成为一切价值的公分母；那些经济上无法表达的特别意义正越来越迅速地从人们的视线中倏忽而逝。阿伦特指出，在古希腊，一定的物质条件只是保证公民不再为满足消费所累、获得参与公共活动的自由。但是，在这里，财产的占有不再是好的生活的手段，而是生活本身。

重视道德的外在功利性价值也为道德制度化开辟了广阔的空间。既然无论是从人性的结构还是从现实的生活而言，人对外在的经济利益等功利性价值保持着孜孜的热情，那么，社会的管理者就有可能通过某种制度安排，使道德与经济等功利性价值的函数政治化和制度化，促使人们向善和行善。如此，通过某种制度安排，改变人们的费用结构，迫使他们在追求自利的同时，不损人；使个体理性（自利）和群体理性（公共道德）统一起来。这样，我们就把解决问题的方法推进到了规则——法律——制度的领域。损人行为被放弃是因为它将迫使损人者付出代价，而最终损害自己的利益。对他来说，遵守规则是明智的，是有利于自己的。所以，在现代社会中，人们普遍形成了“制度化依赖”情结，期待通过细致的制度建设以改变影响人们考量的因素，达到催迫人心向善的良好结局。

但是，将道德必要性的基础建立在其外在功利性价值论证之上，使道德脱离了人的内在需要，隐藏着道德工具化的重大隐忧。道德成为经济的工具，成为人们不断满足新的欲望的手段。人皆有追求物欲满足的权利，但不能违背道德的要求。这不是源于价值上的等级排列和优先次序，而是因为遵循道德可以使人获得更充足物欲的满足。道德不应被理解为对经济的限制，而必须被解读为对经济的满足；道德不应被看作是对物欲的抑制，而应该被视为满足物欲之必需。于是，人们就从德国社会学家马克斯·韦伯的《新教伦理与资本主义精神》中找到了践行道德的动机，从当代少数经济学家的论述中发现了行善的理由。道德的重要性地位来自其对资本主义经济的引擎，来自对市场经济失灵的有效应策，来自对交易双方合约费用的降低和收益的提高。总之，道德的地位必须通过对经济成就的承诺才能获得。在这种逻辑之后隐藏的可怕结论是：如果道德无助于经济的获得，那么，它就是徒劳无益的。所以，良心并不必然就是珍贵的，它必须遭受经济算计上的拷问：“良心到底值几个钱？”当道德在现代化场景中被冠以资本的美誉时，它就不可避免地承受着被工具化的命运。因此，“道德资本”是个动听的称呼，也会是个美丽的陷阱。

道德功利化的思维方式将导致道德的消解或沉沦。如果道德与经济之间的关联确实坚实不移，或者即使这种关联只是一种主观性联想，如果人类仍然坚信不疑，那么，道德的接受性不会成为问题。但是，在残酷的社会现实之前，这两种可能性显得是那么脆弱而不堪一击。对于人类而言，道德能促进经济的繁荣与发展并不是显见的结论。梁漱溟先生指出，中国人的思想是安分、知足、寡欲、摄生，而绝没有提倡要求物质享乐的；因此，“我可以断言，假使西方化不同我们接触，中国是完全闭关与外间不通风的，就是再走三百年、五百年、一千年也断不会有这些轮船、火车、飞行艇、科学方法、‘德谟克拉西’精神产生出来。”这种理解固然带有个人强烈的主观色彩，但它折射了一个深刻的道理：并不是所有的道德都与社会经济之间存在必然的正相关。对于个体而言，道德高度与经济成就之间的断裂虽然是一个不愿从心理上接受的现实，但它确实正以非特例的形式而客观存在。在中国古代儒生们“正谊谋利”的高歌中，民间社会流传的却是“慈不举兵，义不聚财”的谚语。如果道德的价值只有通过其经济成就的必然结果才能得到确认，那么，道德的沦丧和抛弃就是可以预期的社会现实，“恶为什么这么吸引人”就不再是严重而难以理解的困惑。

道德消解或沉沦的背后伴随着经济等功利性价值的高涨，使后者成为衡量个体行为或社会政策的标准，引发全社会范围内的经济主义思维方式。这诱致的深层结果是，只要能够带来最大的经济效益，就是好的行为或政策。而为了取得最大的经济效益，人们可以采取历史传统中被视为不道德的手段。但是，由于其对经济效益的承诺，不道德却成为合理的选择。所以，人们就可以由此发现经济与道德之间关系的表达：不是以道德的合理性辩护经济，而是以经济的成就论证道德。道德对经济的制衡已经不复存在。道德与经济之间的这种关系对于正处转型期的当代中国社会而言，是那么熟悉和亲切；它所诱发的社会道德后果又是那么令人深思和关切。

韦伯区分了两种形式的合理性：价值合理性与工具合理性。价值合理性注重从目的本身来考察其有效性，而不是以手段为转移，重视行动本身的价值意义，其实质是对终极目标特殊价值的信仰和维护。工具合理性关注行为效果的量化程度，强调手段的选择，重视行动可计算的实际效益，实质是对功利效益的追求。如果以韦伯的合理性划分为准绳，那么，我们可以看到，在现代市场化社会中，对道德的功利性思考是工具合理性膨胀的必然结果。道德不是来自人内在生活的本真需要，而是完成于对外在功利的承诺；道德之所以被遵守，不是源于人性的自觉，而是工具性效果的压迫。“现代的立法者和思想家以类似的方式感觉到，道德并非人类生活的一种‘自然特性’，而是需要构思并注入人类行为的东西；这也就是为什么他们试图制定并强加于人们一种全面的整体的道德规范——一种能教给人们，并能强迫人们遵守的依附性规范。”

但是，正如韦伯所指出的，以“工具合理性”为特征的现代社会实际上具有形式合理、实质非合理的性质，它在追求功利目的和发展效率的同时，未能很好地兼顾人的多方面的价值需要，给人类心灵罩上了难以彻底消除的阴影。因为“工具合理性”以达到目标为第一要义，因此，当人们对目标的功利意义的重视膨胀到超过人自身价值的地位时，反过来有可能被自己的创造物役使，造成一种意义上的降低，即“工具合理性”的偏狭性，不仅导致了技术官僚意识的出现与泛滥，而且使人类的整个社会生活笼罩在一种特殊的支配形式下，使获得优位的人重新沦为机器和技术的奴隶。

二、道德的返本归真

道德地位的功利化确证可以产生物质文明的繁荣，但损失的可能是精神文明的丰盛；它既解放了人的主体性意识，又使人的主体性出现新的迷失，这就是过度的物质化倾向以及文化世俗化的流行等，具体表现在正义感、责任感的淡化，荣辱观、是非观的混淆，公德心的普遍缺乏，个人行为的失范以及利己主义、拜金主义的抬头。它更会使道德流于利益的博弈和制度的霸权。道德为了获得救赎，就必须走出经济主义思维方式和外在功利化论证模式，回归到德性伦理的解释框价和话语体系中，回归到人生存的内在需要中。这才是道德的“返本归真”。

德性伦理是人类古代伦理思想史最早发展和成熟的伦理学理论，始终围绕着“我们应当成为什么样的人”或者“我们应当过什么样的生活”的核心命题。它从基本的人性预设出发，对终极意义上的善的生活方式保持着反思和关切，通过向人们指引某种类型的生活方式或生活态度，以获得幸福。这尤其明显表现在古希腊思想家苏格拉底、柏拉图和亚里士多德的伦理思想中。一个好人具有什么样的特质？如何成为一个好人？怎样获得好生活（幸福）？这些是以他们三者为代表的古希腊伦理学探讨的核心命题。借用理查德·泰勒的话而言，古希腊德性伦理是一种关于“渴望”的伦理学。它主要关心的不是行为对错标准，而是如何使自己获得“有德”的生存状态，实现幸福生活。古希腊的德性伦理传统一直延续到中世纪神学时代。尽管自近代以来，以功利主义和康德式伦理学为代表的规范伦理成为伦理学中居主导地位的道德哲学理论，但是，从 20 世纪 50 年代开始，以英国女哲学家安斯库姆发表《当代道德哲学》的研究论文为契机，德性伦理复苏，“重新回到亚里士多德”成为潮流。

麦金太尔认为，古代伦理学体系由三种因素构成：未受教化的人性；实现目的而可能所是的人性；使前者变成后者的伦理训诫。伦理学就是一门使人们能够理解他们是如何从前一状态转化到后一状态的科学。它们关注的最终命题不是“我们应该如何行动”，而是“我们应当成为什么样的人”或者“我们应当过什么样的生活”。前者之所以必要，乃在于它是成就后者的有效手段。德性伦理的首要任务是告诉人们如何认识自己的生活目的，对人生生活的方向有一个清晰的认识，并为实现一种善生活的内在目的而培植自我的内在品格和德性。在德性伦理学看来，伦理学通过向人们指引某种类型的生活方式或生活态度，以获得最高幸福，它关注最终意义上的正确的生活方式是什么。

道德回归德性伦理，就使道德摆脱了对外在功利性价值的依附性特质。对于德性伦理而言，道德的动力来自行动者的内在欲求，它直接同人的本性或者人的欲望相关。这在以亚里士多德为代表的传统德性伦理中可以得到确切的说明。亚里士多德提出，人类的最高善是幸福，它是灵魂合乎德性的实现活动。德性不是有助于幸福，而是幸福的内在要素。人类欲求幸福，联结着德性，外化为德行。为此，麦金太尔认为，在古希腊伦理学中，道德词汇同欲望的词汇保持着勾连。例如只有依据后者，才可能理解职责的概念。职责意味着履行一定的角色，而角色的履行服务于某个目的；“这个目的完全可以理解为正常的人类欲望（例如一个父亲、一个海员，或者一个医生的欲望）的表达”。孟子透过其对人性的乐观理解要告诉人们，道德不应被视为工具，而应看作人性的内在规定；行善不是为了密谋更大的外在利益，而是实现做人的过程。因此，道德不是有助于人性的完善，也不是有益于成人的实现；道德就是人性，践行道德就是完成做人。于是，道德与人性、人生和人的存在获得内在的一致性。由此，我们就不难理解陆九渊的豪言：不识一字，亦须还某堂堂做一个人。人禽之别不应从识字与否去辨认，而应从道德的有无去理解。重要的不是“行仁义”，而是“由仁义行”。人类的善行不是源自外在的功利性考量，而是人之本性自觉而自然的流露。

道德回归德性伦理，为人类的道德判断提供了有利的模式。德性伦理的优势在于通过对“应该成为什么样的人”或者“应该过什么样的生活”等问题的理论反思，引导人们赋予生活整体以终极性的价值诉求，并以之统一与整合人生的具体目标和生存规划。它警醒人们认识自己的生活目的，明晰人生的方向，并为实现善生活而培植内在品格，引导人们对内在品质的关注。这就有利于判断人及其行为，也符合日常生活经验的判断模式。在语义分析中，“道”在伦理学层面的含义主要是指处世做人的根本原则和基本准则，它是外在的、客观的，代表着规范。“德”的伦理含义主要是指行道后形成的内心品质，它是内在的、主观的，指涉着德性。道德意义的最终指向是具有根本性和目的性地位的“德”，“道”只是达成“德”的手段。“乡愿”受到孔子批评的根本原因不在于无“道”。恰恰相反，从外在形式而言，“乡愿”的言行符合“道”的要求。但是，“乡愿”内心缺“德”。人们在生活世界中对人的评价不是基于对方行为是否有“道”，而是源自对方内心是否有“德”。雷锋值得道德推崇，不是其一生中偶尔的善行或善行后的功利化考量，而是善行的习惯，即“德”的心灵习性；恐怖主义分子恶的道德形象不因其偶尔的善举而跃升为有德之人。其原因就在于人们判断的标准是行为后的内在品质。因此，“良心”的概念在伦理学上具有更令人神往的魅力。但是，道德的功利性论证可以使无“德”而有“利”的行为“合法化”。

道德回归德性伦理，使人作为实践理性的主体性地位得以凸显。道德经过他律进至自律并不是行程的结束，而是提升至自由的开始。道德的终极目的是达至自由。这是道德区别于法律和宗教等的基本特质。在自由的道德阶段，行动者依凭实践智慧，就可以在恰当的时间、恰当的地点，针对恰当的对象而油然生发出恰当的行为，对道德行为的选择表现出更少的被动性及更少的他律性，展现出更大的道德自由。对于行动者而言，外在功利性的规范作用已经消弭于无形，他把握了道德判断和选择的主动权，摆脱了外在功利的计算，纯粹是心灵状态在特殊境域合乎情理的自然流露。“大人者，言不必信，行不必果，惟义所在。”外在的规条已经失去了约束“大人”的效力，他行动的依据和理由是内心“义”的品质。一个正义的人，就会有正义的品质，表现出正义的行为；一位勇敢的人，就会有勇敢的品质，表现出勇敢的行为。这些道德上正确的行为之所以显现出来，不是对外在功利性的考量，而是来自行动者习惯性的心灵状态，即德性的状态。德性不包含人应当做什么、不做什么的具体指示，而以概括的形式说明和评价人的行为的一定方面。虽然德性不是纯粹的内在心理或意识，它与道德行为紧密相联，但德性毕竟是内化了的道德信念和道德情感的升华，因此它对道德行为的选择，表现出更强的自主自觉性及更多的自律性。人只要具备了德性，就可以以不变应万变，把握道德判断和选择的主动权，减少道德失控。

道德回归德性伦理，是作为整体性的人的回归。自18世纪启蒙运动以来的现代性进程给人类带来丰硕的成果，给文明注入新的动力的同时，亦引起了人类最大的危机。它打破了“人文理性”与“工具理性”的和谐统一，确立了“工具理性”的主导性地位，标准化、工具化、操作化、整体化和精确性的技术统治垄断了人类生活和社会事物的方方面面，并造成冰冷冷的非人化倾向；人的灵魂脱离了蒙昧却又可悲地置身于工具理性的专制之中；人类以内在精神的沉沦去换取外在物质利益的丰厚。有学者提出，在四百多年的现代化进程中，由于种种原因，人不见了，人被遮蔽了，或沉沦了，于是人类一直不懈地在进行“找人”运动。——突破中世纪神学的禁锢，通过文艺复兴运动，找到了“感性的个人”；突破农业经济的樊篱，经过工业革命的洗礼，找到了“经济人”；突破大机器时代的局限，经过科技的迅速发展，找到了“单面向的人”。但是，人的整体性迷失了。亚里士多德警醒人们，如果吹笛手或者雕刻家都有某种善作为目的，那么，如果作为整体的人没有某种目的的善，就显得比较奇怪了。在属人的善中，最高的善就是幸福。这种幸福不是经验层面的苦乐感，而是生存论角度人实现“是其所是”的活动；不是“happiness”，而是well－being。“幸福”内涵只有在目的论框架中，从人“是其所是”的整体性兴旺中，才可以理解。

三、化规范为德性

雅典时代的德性与城邦生活有着内在的一致性，正如亚里士多德所言，“城邦之外无美德”。城邦是社群的一种存在形式，生活于其间的人们有着共同的善、共同的利益、共同的价值或者共同的历史传统。正是在历史的脉络中，社群主义者和自由主义者都承诺了现代德性生成的社群预设。但是，无论是法国社会学家涂尔干关于传统社会与现代社会的区分，还是德国社会学家斐迪南·滕尼斯关于共同体社会与利益社会的辨析，主旨都是要向人们阐述人类组织形态由传统到现代的转型。其结果是人们不断从人身依附中脱离出来，成为原子式的个体存在；共享的文化观念、道德规范和信仰体系被异质化的个人意见所取代，传统社会中的熟人关系变成陌生人关系；人们交往的基础由情爱、友谊和共同的传统转变为契约和法律。概言之，人类的组织形式已由社群向社会变迁。随之而来的疑问在于，如果社群不复存在，那么，德性如何可能？它蕴涵着两个紧密相连的问题：现代社会是否瓦解了社群；社群是否是德性生成的前提。

1．社群被瓦解了吗？社群有着不同的存在样式。它可以是血缘社群，如家庭；可以是地缘社群，如村落、邻里和城镇；可以是精神社群，如教会。桑德尔提出了工具性社群、情感性社群和构成性社群三种不同性质的社群。丹尼尔·贝尔概括了构成性社群的三种类型，包括地域性社群、记忆性社群和心理性社群。那么，这些社群都被历史的现代化进程所瓦解了吗？

从理论上来说，社会奉行的标准是普遍主义的原则，它独立于行为者与对象身份上的特殊关系；社群奉行的准绳是特殊主义的原则，它凭借与行为者之属性的特殊关系。无论在从社群向社会转变的运动中，现代化的动力机制发挥了多么伟大的推动作用，一个源自人性的基本事实却难以改变。这就是“抛开功利上的得失不谈，人还有强烈的情感需求。他渴望与伙伴有密切的交往，渴望一种参与的苦乐”。因此，无论社会如何延展和渗透，社群作为库利式的“首属群体”，总是无法被吞没。从这种意义而言，理论家关于人类组织形态变迁的抽象，具有更浓厚的研究过程中“理想类型”的工具色彩。

从实践层面而言，经验研究发现，20世纪以来，中国社会的发展，始终摆脱不了对传统文化批判的主线。但是，当代中国人的价值观却有着非常明显的文化传统的印记。显然，其中重要的原因在于文化传统发挥着重大的预制性功能。传统文化土壤的悠久与曾经辉煌、独立与系统，使其产生极大的惯性和文化的拉力。它对现实的人类生存和社会发展显现着潜在、先在和先天的制约影响，成为一个民族、地区或国家生存的“基因密码”，潜在而深刻地影响着他们的思维模式和行为方式等。这使得文化的发展和价值的更新主要地不是表征为普遍的和制造的，而是呈现出经由历史延续而培育的特征。因此，在人类文明的发展中，特别是在中国社会的现代化进程中，无论出于何种想法，无论以何种方式“反传统”，传统社群中发挥引领作用的价值共识始终反不掉。

2．社群是德性生成的前提吗？西奇尔区分了人类德性的两种现实呈现方式。一种以不同的个体和组织间相互冲突的权利主张或利益诉求体现出来，它反映着抽象的道德问题；一种以日常生活中瞬间的和直觉的道德行动体现出来，它反映的是普遍的道德情景。因此，在德性的理解上，人们所关注的不应仅局限于以冲突形式存在的道德两难和道德困境，这些固然有着明显的道德意蕴。同时更应该关注生活场景中不为理论研究所重视的朋友间的相聚、与陌生人的邂逅、偶然性的商务交易和与同事工作等。它们已经成为正常美德生活中不可或缺而又无须言明的重要组成，成为人们道德行动的潜意识。如果说在紧张的道德冲突和道德两难的解决中，社群的存在提供了极其便利的理解背景，那么，在日常的道德生活中，社群之有无并不构成必然的前提性条件。很显然，在生活世界中，一个人向“我”咨询行路的方向时，无论对方是否与“我”同属某个社群，“我”总是乐于为他做指引。一个无法否认的生活事实是，在人们生活的多数场合，德性不是呈现在冲突中，而是体现在潜意识支配下的日常生活化的交往中。后者已经超越了社群的约制。

人们从亚里士多德理论中读出的不应只是城邦与德性的关联，还应有其对德性所做的基于人性的价值预设。亚里士多德认为，人类的活动一定区别于其他物种的活动，它源于人类作为特殊的生命形式的存在。营养和生长的活动是包括植物在内的所有生命形式共同的，因而这不可能是人类的活动；同样，感觉的生命活动虽然植物没有，但也为马、牛和一般动物所有，因而也不可能是人类的活动。那么，剩下的只是有逻各斯的部分的实践的生命活动，这是人特有的生命活动。“有逻各斯”包括两种含义：在严格意义上具有逻各斯；在听从逻各斯的意义上分有逻各斯。同灵魂的划分相适应，德性包括两部分：理智德性和道德德性。智慧、理解和明智属于理智德性，慷慨与节制属于道德德性。因此，亚里士多德对德性何以可能的前提性理解，蕴藏在其对人性与物性相区别之中。

这正如中国以孟子为代表的德性伦理学，将德性的可能性奠基于人性的善性之上。在孟子看来，“人皆有不忍人之心”，因此，“今人乍见孺子将入于井，皆有怵惕恻隐之心”，它并非为了结交孺子的父母，并非为了在乡里朋友间博得名声，也并非因为厌恶孺子的哭声，而是源于人先天的“四心”或“四端”。它们是人与生俱来的“良知良能”。人后天的行善修德无非是将微而不著的“四端”扩而充之，进至外在的“仁义礼智”四德，完成属人的德性。能否“存心”、“求其放心”就不但成为人禽之别，而且成为“大人”与“小人”、“君子”与“妄人”区分的准绳。“人如果要立志‘成人’或‘为人’，不甘与禽兽处于同一境界，就必须用修养功夫来激发这一价值自觉能力。”

因此，德性生成的深层根基不是社群。恰恰相反，如果德性只能限于社群内，那么，这种德性无法获得推广的效力。因为排异性正是社群内生的重要缺陷，正如中国古语所言：“非我族类，其心必异”。它使得社群内部的成员之间充满了温情，而对社群之外的人可能充满了敌意。汶川地震后，中国人捐助的理由部分是因为民族国家这一记忆性社群的存在，因为我们同属于中国，换言之，同是中华民族的子孙，有着同胞情谊。可是，印度洋海啸后，中国人捐赠的理由是什么？我们找不到社群的理由，但是可以发现基本的人之为人的价值自觉。它使得我们生发出悲天悯人之心，并外化为慈善的行动。

3. 化规范为德性。如果沿袭亚里士多德和孟子的德性致思之路，那么，这就意味着德性的落实需要人对自我本质归属的价值自觉。它必须有一个意义的向度作为最终的形而上支撑。人的存在从来就不是纯粹的存在，它总是牵涉到意义。意义的向度是做人所固有的。从主体规定性的角度来说，人是寻求生命意义的存在物。“对有意义的存在的关切是做人所固有的——它是强大的、基本的、发人深思的，存在于每个人的内心。”意义的出场使得正义、勇敢和节制都变成不可理解的事情，“正义就变成平白无故而正义，勇敢就变成平白无故而勇敢，节制就变成平白无故而节制，这就奇怪得很了”。

但是，在社会实际生活中，德性的现实生成仅仅依凭对人的价值自觉和意义追求的乐观期待显然是不足的，亚里士多德强调风俗、习惯的影响和教导的作用，孟子重视“设庠序之教”。换言之，在德性的完成中，必须借助各种规范的力量。对于人类生活实践而言，德性和规范乃是基于一定的逻辑顺序和价值序列而共生共融，共同调整着社会生活。从逻辑顺序而言，德性始于规范，规范成于德性；从价值序列而言，规范是德性的手段，德性是规范的目的。

从教育层面来说，德性是道德教育的目的，规范是德性的手段。道德教育是直接关于人的德性养成的教育，其目的在于培养具有德性的人。但是，德性的形成离不开规范的约制性作用。尽管道德是否可教是自古希腊以来就引起争议的理论问题，它关涉着德性是否是知识的争论、德性意义上的教和科学知识上的教之间的区别、德性和科学知识对教者要求的差异以及教德性与教知识之间效果评价的区分。但是，在具体生活中，几乎没有人会否认人生的幼年阶段规范性道德教育的必要性。他们缺乏成熟的理性判断能力和必要的善恶识别能力，可行的路径是学习和模仿成人集团划定的道德规范，并严格按照这些道德规范行动。因此，道德教育的事实逻辑是，规范是德性的手段，同时是德性的前提。赫尔巴特认为，儿童生来就有一种“盲目冲动的种子”，“处处驱使他的不驯服的烈性”，不加管制就会形成“反社会的方向”，管理就是要使之“造成一种守秩序的精神”。为此，在他的道德教育理论中，惩罚与威胁、检查与监督、命令与禁止、批评与警告以及剥夺自由等成为主要的道德教育手段。通过这些措施，外在的规范经过受教育者的内化后，积淀成行善的心灵习性，外化成道德的行动。

从行动者实践层面来说，德性是实践规范的结果，规范是德性的手段。每一类德性都对应着一条规范，诚信的德性对应着诚信的规范，慷慨的德性对应着慷慨的规范。通过实践诚信的规范而成为诚信的人，通过实践慷慨的规范而成为慷慨的人。“我们通过做公正的事成为公正的人，通过节制成为节制的人，通过做事勇敢成为勇敢的人”。前者的“公正”和“节制”表达的是规范的内涵；后者的“公正”和“节制”表达的是德性的内容。通过规范的手段，达成德性的目的。规范指引下的一次性行动无法培养行动者的德性，一次公正的行动并不能成就一个公正的人。人的公正等德性来自公正地规范行动的习惯性倾向。“我们通过培养自己藐视并面对可怕的事物的习惯而变得勇敢，而变得勇敢了就最能面对可怕的事物。”换言之，人通过实践公正或者勇敢等规范，并在长期往复的行动中形成公正或勇敢的习惯，培植出公正或勇敢的内在品质，从而指引往后生活中的行动。人的德性总是要经历相应的过程才能完成，而只要过程存在，规范就须臾不能离。孔子曾经说过：“吾十有五而志于学，三十而立，四十而不惑，五十而知天命，六十而耳顺，七十而从心所欲不逾矩。”如果将“从心所欲不逾矩”视为孔子德性和成人的最终完成阶段，那么，这就意味着，即使是现实世界的圣贤，人生仍然需要规范，但指向德性的目的。

在以经济建设为中心的时代脉搏中，道德理应发挥其固有的功能，融入社会发展的浪潮中。但是，这种融入不是使自身地位的附庸化，不是将自身的存在变异为实现外在利益的工具。善是人内在的要求，当把道德变成了人实现现实利益的一种外在工具时，这就失去了伦理的意义。

（作者分别系中山大学讲师、教授，原文出自《现代哲学》2010年第5期）

大学生价值冲突及价值教育策略研究

唐卫红

一、当下大学生价值选择的冲突

“人是意义的存在物”，人的生活就是价值选择的生活，价值选择总是居于特定情境下的选择。毋庸置疑，“转变”是近30年来的中国社会情境的真实写照，“不仅仅是一场社会文化的转变，环境、制度、艺术的基本概念及形式的转变，不仅是所有知识事务的转变，而根本上是人本身的转变，是人的身体、欲动、心灵和精神的内在构造本身的转变；不仅是人的实际生存的转变，更是人的生存标尺的转变”。对于中国这样一个具有十分深厚、成熟备至的伦理文化且“三千年来未有之变局”的国度，带来的精神文化与价值观念的变迁是撕裂性的，不断冲刷传统价值观念，价值选择冲突频仍。“作为每一个社会中最敏感、最真诚、最有激情、最有创造力的大学生群体，他们的行为最直接、最少扭曲地展示了社会的价值冲突与危机”，具体体现在四个方面。

（一）全球化下的个人本位与社会本位冲突

在伦理视域下，社会本位与个人本位是东西方传统价值的核心，在全球化下，西方的强势经济带来文化、伦理的强势，追求个人本位的价值观念与主导社会生活的市场经济遵循的契约伦理精神契合，赋予每一个个体的主体性，尊重和维护个体生存、发展、选择、占有的权利。受其影响，大学生自主意识增强，追求独立人格，注重自我感受，崇尚个人生活。然而，在价值选择的认知方面，始终存在着“追求整体主义”等本民族传统观念中的一些具体的价值观念，由此常常怀疑自身追求的个性与独立，陷入彷徨、迷茫的境地。

（二）信息网络化下的虚拟与现实的价值冲突

信息网络技术的发展，改变了人们的生活方式。网络以其接近无限的信息量，超越现实的生存态式，畅所欲言的交流方式，几无屏障的自由形式，吸引着求新求变求自主的大学生们，虚拟成了其生活不可或缺的部分，甚至上升为生活本身，影响他们的价值选择。一方面网络信息的丰富性和获取信息的迅捷性，弱化了人的理性思考能力，过度依赖感官体验快乐，消解了人的主体意识；另一方面，网络的虚拟常常混淆了现实，现实生活与虚拟生活的价值标准并不必然同向，带来选择的心灵困惑。

（三）潜规则下的理想憧憬与现实生活的价值冲突

牵引社会生活的价值规范始终存在着表面规则与潜规则，表面规则追求人际、社会和谐效应，属于道德性、制度性、普遍性的约束，带有理想化色彩；潜规则则是以个体获利为终极目的，采用非道德甚至是反道德性的手段，因其获利直接、明显，示范作用强大。在社会化的过程中，两种规则的对立，反映在价值观上则表现为价值冲突。当下社会的道德体系解决此类价值问题的能力偏弱，作为正在形成价值观的大学生，因接受价值观指引的规范陷入混乱，导致价值认知和价值评价的含糊，常常纠结于是按照自己的理想行事，还是迎合现实等价值判断。

（四）市场经济下的物性价值与人性价值的追求冲突

物性价值是以物为本位、以效用为表征方

式的价值；人性价值是以人为本位、以精神为表征方式的价值。物性价值由于迎合着人的感官性需求，可以最直接地对人产生吸引力，容易构成对人性价值的排挤或抑制，动摇主体对人性价值的感受能力。市场化催生出的强大物质利益驱动力对主体的精神性追求构成了巨大威胁。在物性价值面前，青年学生正在失去精神上的对抗能力，可是，快乐指数并没有随着物质欲望的满足而上升。物性价值的无限丰富性和可变性使价值主体的有限性暴露无遗，无论是金钱的有限性还是精力的有限性，或者是心情的有限性，都令主体成为物性价值面前的失败者，耗尽所有却始终找不到价值追求的终点，不可避免地处于价值失落带来的痛苦之中。

综上所述，大学生的价值冲突更多属于“前后一致，普遍适用”的价值范式缺失、价值归序混乱，造成价值主体对价值的怀疑甚至信仰的缺失，导致他们情感流露、行动表现都存在极大的不稳定性，往往对同一事物、同一现象，有时趋之若鹜，有时却横加指责。面临价值选择时举棋不定，没有一个清晰的价值取向，自身价值选择常常处于矛盾状态，无法作出正确有力的价值决策，降低了身心和谐的价值。

基于此，“如何应对大学生的价值冲突、有效解决价值冲突问题”是高校价值教育策略的重点所在。

二、大学生价值教育策略

任何形式的教育总是通过一定的教育内容和方法来完成，它们是达到教育目的的手段，因而，也具有教育价值。这就要求人们在教育活动中，尽量地去选择那些最有教育价值的内容和方法，并利用他们去教育学生，从而使教育活动真正成为一种价值追求和实现的活动。有价值的教育策略具体体现在教育内容、教育主体、教育管理等三个方面。

（一）教育内容的价值

“前后一致，普遍适用”的价值范式构建，需要教育内容呈现出价值的真实性和真理性。真实的价值教育应该是价值归序教育，是在教育过程中对价值属性、价值追求、价值认识等每一个方面进行分析，并在分析的过程中对教育对象进行倾向性的价值引导。针对学生呈现的价值选择的冲突，学校价值教育应人性价值优位物性价值、合理性价值优位高尚性价值，具体来说，价值归序教育内容应该涵盖三个方面。

1．人性价值归位教育

物性价值向人性价值的归位是当代中国社会向价值教育提出的紧迫性的价值诉求。马尔库塞曾经忧虑的“生活在物化世界的人成为由商品逻辑所控制的、失去了超越性和乌托邦精神的‘单向度的人’”，正在成为中国教育界的一种担忧，亦构成教育的价值所在。

首先，价值教育要保持应有的价值独立性，价值教育本身不应受社会物性文化的干扰，价值教育实践应该优先践行价值教育的核心价值理念，始终将对受教育者的精神性关怀和人格引导置于优先位置，追求教育性与道德性的统一。价值教育如果自己被物性价值所俘虏，自然也就失去了对受教育者进行精神拯救的能力，甚至也失去了精神拯救的资格。

其次，价值教育内容遵守价值人性化原则。具体地说，就是在价值教育中淡化价值存在的物性意义，更多地张扬价值的精神内涵。目前，理论界有一种说法值得商榷。这种说法认为，价值工程学提出了一个基本理念“以最少的代价获取最大的收益”，把这个基本理念拓展延伸到人的教育领域就形成了价值教育的基本理念：追求可持续的价值率最大化（或追求可持续的利益最大化）。很显然，将“利益最大化”这一经济法则机械移植到价值教育领域具有极大的道德风险。它可能强化受教育者对价值本身的效用性关注，忽略价值的精神性内涵；强化受教育者对价值的量的关注，忽略对价值的质的审视。这不是价值教育的应有之义。真正的价值教育应该将受教育者的注意力引导到价值的精神层面，探求物性价值背后的人性意义。

2. 合理性价值教育

“合理性”的价值选择是价值主体的普遍性要求，而“高尚性”的价值选择属于社会倡导性要求。在传递价值教育理念的同时，务必厘清价值主体合理性价值追求优位于高尚性价值追求，因为在当代中国社会背景下，社会主体有着鲜明的道德境界分层，尽管有少数人处于道德上的高阶位置，但大多数人没有也不可能有在道德境界上对社会本位的优先设置。因此，价值教育如果洋溢着乐观主义和理想主义色彩，过分侧重远大高尚的价值目标，必然忽视价值主体的现实性需求，制造价值教育传授主体与接受主体的心理阻隔，使价值教育丧失主流社会群体的支持。相反，如果价值教育将价值追求的合理性置于优先位置，在价值教育中对受教育者的个人利益进行目的性预制，这虽然有价值追求高尚性的成本付出，但它却为价值教育的生命力注入了主体性依据。因此，合理性价值追求是价值教育的基础。

价值教育是服务生活的教育，“合情合理性”是生活中的价值选择所首要考量的价值性。受到联合国教育科学文化组织支持并由全世界教育工作者之间合作的“生活价值教育计划”，很好地体现了这一理念，其基本理念就是让每一个人在成长的过程中都能够学会新的生存技能，都有潜力成为具有爱心、热爱和平的人，并能够在自己的行动中体现这些价值。为此，它提供了包括和平、尊敬、仁爱、宽容、幸福、责任、合作、谦逊、诚实、简朴、自由、团结等 12 种个人和社会核心价值。为我们提供了人与人和谐、人与社会和谐的价值范式。在此基础上，价值教育还要包括尊重自然、保护环境、文明消费、节约资源等维系人与自然和谐的价值观念，以及确立精神健康、心理卫生、心态平和等维系人与自身和谐的价值观念。

3. 高尚性价值追求教育

高校价值教育在回应社会真实需求的同时，理想化的高尚性价值追求始终是价值教育的引领方向。在“合情合理”的价值基础之上，高校要引导价值主体的高尚性价值追求，这是价值主体的应当性需求。“‘应当’是对行为主体而言的，但它的指向却是行为活动的客体，即与主体的行为活动相互联系、相互依赖的他人或社会群体。”即个人作为客体对社会、他人的有用性。价值追求的高尚性体现着主导性的社会价值导向。“人们常常赞美那种甘为人梯的献身精神，先人后己的高尚品格，无非是赞美一种以他人为目的、以自身为工具的道德风尚，这种风尚所昭示的是一种对和谐社会理想的追求。”这一点同大学教育的价值——现实的引领性与超越性契合，“大学之道，在明明德，在亲民，在止于至善”。由此，我们清楚大学教育理念不仅讲个人修为，还讲群体生活要求，对社会贡献的要求。

通过这种归位价值教育，使教育富有基础性、引领性和完整性，方可调整大学生杂乱的价值选择与冲突。

（二）教育主体的价值

价值教育过程是一个逐渐涵养人情味的互动和“心动”乃至行动的过程，在这个过程中，传授主体的价值呈现对接受主体起着最初的启动作用和令接受主体“心动”的主导作用，直接关乎接受主体的价值“行动”方向。如此，传授主体的知识价值与人格价值的吻合是构建接受主体的“前后一致，普遍适用”的价值范式的不可或缺因素。“致天下之治者在人才，成天下之才者在教化。教化之所本者在教师。”作为“闻道在先，术有专攻”的培养人才的群体，知识与能力的价值要求贯以始终；在此之上，高尚的人格价值更是传授主体——教师职业的独到的理念诉求和现实需要。针对前者价值要求从未产生歧义，后者价值要求常常伴以质疑，认为教师仅仅是一个职业，不应该对其比其他职业做以更高品性要求。事实上，教育者作为价值教育传授主体对价值教育接受主体——受教育者的价值性要求与自身实际行为的价值尺度之间要具有一致性，亦即角色自我与个性自我统一，这是有心理学根据和教育学根据。在价值教育的过程中，教育传授主体应满足以下两个需求：

1. 角色自我与个性自我统一的情感性需求

人类的情感具有相互影响和感染的功能，即当一个人知觉到对方某种情感体验时，可以分享对方的情感并把这种情感反馈回去。这就为价值教育需要真诚的人际情感和真实的道德情感提供了心理学依据。在价值教育过程中，如果价值传授主体的情感是发自内心的饱满的热情，也会给接受主体带来积极的情绪体验，提升接受主体接受价值的内驱力，但是，如果价值传授主体的情感让接受主体感到是虚假的，体验到的是消极情绪，那么，就会降低接受主体接受价值的内驱力，甚至瓦解接受主体的价值接受。要想提升价值教育效果，就要提升情感的真实度，提升情感的真实度的关键是作为传授主体的教师的个性自我与角色自我相统一。作为一种角色，教师更多的是指由教师这种社会职业所要求的客观的规范和原则，而作为一种个性则指教师这个职业因被个人所承担而必然被赋予教师本人的个性特征。角色意识要求教师以某种社会观念和准则去规范、统领自己的内心世界，而个性意识则根植于个体的生命存在，反映了教师对自己内在需求、情感世界加以真实的把握。现实价值教育效果不理想，与二者的背离密切相关，有一部分教师在教学活动中，往往是以角色自我的面目出现，抑制个性自我，刻意在学生面前以超常态的方式展示道德自我，价值教育与他的日常生活如同两个割离的世界，互不相通。由于他在学生面前是讲一些冠冕堂皇、并非发自内心的话，所以工作在合规范、合逻辑、合理性中便无生命、无意蕴、无效果。

2. 角色自我与个性自我统一的教育职业需求

从传统的教育思想来看，教师的职责是“传道、授业、解惑”，“为师为表”是对教师的基本要求，学高方为师，身正方为表。无论社会如何变迁，对价值教育工作者而言，率先垂范，个性自我与角色自我统一，始终是社会对教育工作者的价值性要求，是一种道德考验，更是一种责任。

（三）教育管理的价值

教育管理是管理者通过组织协调教育队伍，充分发挥教育人力、财力、物力等信息的作用，利用教育内部各种有利条件，高效率地实现教育管理目标的活动过程。教育管理是学校校风展示的窗口，是接受主体接受课堂价值教育的直接有效参照，因此，必须明确教育管理者的价值传递责任，并以制度确保教育管理者的价值传递责任到位。

1. 明确教育管理者的价值传递责任

价值教育一个很重要的特点是接受主体很多时候受环境、氛围的感染而发生一种无意识的心理体验或情感，环境和氛围对于生活于该群体成员的思想、情感和行为方式来说，具有不可忽视的潜移默化的作用。教育管理是接受主体接触的最直接的课堂应然价值教育之外的环境，透过这一环境，若引发出接受主体情绪情感的正极性，就可以提高价值教育效果，相反，就容易消减价值教育效果。由此，教育管理者要将价值传递视为一种教育责任，避免管理制造教育上的价值错误。为达此目的，学校管理必须民主化、公开化、制度化，充满人情味，把管理过程与人的心灵的沟通联系起来，充分意识管理是在执行基本政策、坚持基本制度前提下提供人的一切方便，而不是表现权力、刁难卡人、捞取好处的一种资本。“21世纪的学校管理应该是规范化的人性化管理，管理过程充分体现以人为本，它急人之所急，想人之所想。这种管理使人们感觉到的是人性的善良、心灵的通达、社会的美好。”通过这样的环境，让接受主体感知到其所接受的价值教育的价值与生命力。

2. 制度确保教育管理者的价值传递

欲使教育管理者的价值传递责任成为自觉，单一依赖自身的道德感是片面的，必须使其行为选择得到道德规范和制度的双重确认。对管理者的责任遵守给予制度上的支持和鼓励，提升和引领行为主体的道德性价值选择；对管理者责任缺失的行为予以制度上的限制和制裁，制止和校正行为主体的反道德性价值选择。

总之，社会的变迁，呼唤新的价值体系的建构，需要价值教育予以落实。落实的价值教育的价值性通过价值教育内容归序、教育传授主体的丰富学识与高尚人格的自觉要求、教育管理者秉承价值传递责任的一体化实现。

〔作者系广州大学副教授，原文出自《广州大学学报》（社会科学版）2010 年 9 月第 9 卷第 9 期〕

流浪儿童的社会支持及其与自我意识的关系

王惠敏　王　玲

一、问题提出

在世界范围内，流浪儿童是当前社会关注的热点话题。根据国家有关法律规定，流浪儿童是指年龄在 18 岁以下，脱离监护人的有效监护，在街头依靠乞讨、捡拾等方式维持生活的未成年人。国家民政部门 2003 年公布的统计资料显示，中国负责救助流浪儿童的民政部门每年救助的流浪儿童的数量在 15 万人次左右，其中 8—18 岁的流浪儿童占到总流浪儿童的 90%。国家妇女儿童工作委员会委托进行的一项最新研究估计，当前我国流浪儿童的总数大约在 100 万—150 万之间，并且有逐年增加的趋势。流浪儿童为了满足自身的需要，靠乞讨、拾荒、行窃、欺诈等方式生活。在这种恶劣的生存环境中，他们切断了与主流社会的联系，流浪儿童的健康发展问题引发了全社会的普遍关注。

社会支持（Social Support）是人与人之间的亲密联系，这种联系是客观存在的或人们能感知到自己能与他人交流、被他人关心、被接纳，并在自己需要的时候提供帮助。社会支持是影响身心健康的重要社会因素。研究发现，有效的社会支持能增强耐受和摆脱紧张处境的能力。社会支持系统有助于个体在紧张事件发生前获得和发展自己的预见及应付能力，从而提高心理整体水平，所以良好的社会支持有利于身心健康。Westhoff 等人（1995）发现，社会支持对流浪儿童生活事件的消极影响起缓冲作用，它可以预测流浪儿童的心理属性，因此，社会支持网络可以增强流浪儿童的适应能力。对于流浪儿童获得社会支持的现状，Renata（2001）的研究发现，流浪儿童相对于普通儿童获得的社会支持较少。Veale & Dona（2003）的研究表明：家庭内的儿童受到忽视虐待是导致儿童浪迹街头的主要原因。当儿童不能从父母、家庭那里获得必要的生存资料与保护的时候，他们中的多数人都倾向于转向其他人、其他地方寻求可能的生存机会。同辈群体在流浪儿童的日常生活中扮演了一个复杂的角色，一方面他们给流浪儿童提供了重要的社会支持；另一方面，同辈群体往往通过体罚、欺负行为来解决争执冲突。在流浪的过程中，民众对他们的歧视始终存在。Blanc（1996）等人在对菲律宾、印度、巴西、肯尼亚等国流浪儿童生活经验比较分析的基础上发现，很多民众都倾向于认为流浪儿童本身都是肮脏的、懒惰的、容易冲动的、带有暴力倾向的，并且时常滥用药物、卖淫、偷窃。这种情况也部分地发生在中国。

自我意识（Self－consciousness）是个体对自身及其周围关系的心理表征，表现为认知、情感、意志三种形式，即包括自我认识、自我体验、自我控制三个部分，它反映了儿童对自己在环境和社会中所处地位的认识，也反映了评价自身的价值观念，对心理活动和行为起调节作用，是实现社会化目标、完善人格特征的重要保证。儿童从婴儿期起自我意识就开始萌芽，至青春期渐趋于成熟。如果自我意识出现不良倾向，则会对儿童的行为、学习及社会能力造成不良影响，使儿童的人格发生偏离。青春期是儿童自我意识的高涨期，同时也是儿童人格形成的关键期。关于社会支持与自我意识的关系研究表明：社会支持与自我意识显著正相关，父母支持、同伴支持或老师支持与青少年的自尊存在显著的正相关，不同来源的社会支持在儿童青少年发展中的相对重要性也成为近年来研究者关注的焦点。流浪儿童在低水平的社会支持下，自我意识出现严重偏差，从而表现出特定的行为心理特征。刘志红、俞彬彬等人的研究发现：流浪儿童在认知上具有自我否定的特点，典型表现为低自尊、退缩、自我防御性强等；在感情上表现为脆弱、冷漠、封闭；在意志上自控能力差，难以理智地做出选择和判断，在行为上认同反社会的行为方式，说谎盗窃、有暴力倾向；在社交上表现为不信任他人、拘谨羞涩、结帮拉派等特点。

这些相关研究的重点较侧重于从教育学、社会学及人口统计学的视角对他们的生活现状及心理状态作一个宏观上的概括，研究手段主要集中在文献分析和质性访谈两种。本研究将从实证的角度着重探讨流浪儿童的社会支持状况及其与自我意识的关系，以期对流浪儿童的心理救助提供理论依据。

二、讨论

（一）流浪儿童获得的社会支持

儿童在发展过程中都有安全、爱、归属及认同等的心理需要，而来自家庭、同伴、学校及社会的支持是他们满足这些需要的来源，包括亲密关系、高期望值、积极参与等，如果儿童能够通过这些外部资源使自身的需要得到满足，对形成良好的个体特征至关重要。同样，对于流浪儿童而言，来自各方面的社会支持作为最重要的外部资源将会满足他们的各种内在需求，并助其发展出有利于应对流浪困境的内在积极品质。

（二）流浪儿童获得的三种社会支持源的相互比较

三种支持源构成了社会支持系统，对于流浪儿童而言，从三种来源中获得的支持可能会存在一定的差异，本研究通过配对样本 t 检验表明，流浪儿童获得的家庭支持与朋友支持、他人支持没有显著的差异，但获得的朋友支持却显著地高于他人支持。这与辛自强等人对普通儿童的研究不同，普通儿童获得的家庭支持显著高于朋友支持与他人支持。

许多心理学研究表明，热情、及时地照料、精心地抚育和温暖支持的亲子关系对于儿童心理的发展具有积极作用；家庭不和、教育不当和恶性的亲子关系可能会造成儿童行为不良和心理危机。流浪儿童所获得的家庭支持偏低，这与家庭功能失调密切相关。一方面是因为胁迫式的教养方式。所谓的胁迫式教养方式是指以训斥、惩罚、控制等强制性的、不尊重儿童自身主体性的办法去教育、培养孩子的一种方式。不少研究指出，很多外出流浪的儿童都来自破裂、解体家庭。他们的父母关系不和，甚至业已离婚，并因此时常忽视甚至虐待孩子。另一方面是因为家庭养育的缺失。一些儿童根本不能从其父母处得到任何形式的养育。在访谈的41个流浪儿童中，有8个是被父母遗弃的，有2个儿童的父亲在服刑，还有3个儿童的父母在外面打工常年不归。

研究发现流浪儿童获得的朋友支持要显著高于他人支持。一方面可能是流浪儿童本身在家庭中获得的温暖与支持都偏少。通过访谈发现，有很多流浪儿童表示，即使在外面受再多的苦都不愿再回家与亲人团聚。另一方面可能由于流浪儿童在社会生活中常常得不到重视，在学校甚至同龄人中经常是被忽略与惩罚的对象，自尊心受到很大的打击，同时由于流浪儿童缺乏良好的家庭教养，很多流浪儿童表现为行为叛逆，善于说谎，好逸恶劳，讲话不文明，再加上社会本身对流浪人员的歧视，他们获得的他人支持就相当少。在访谈中发现，很多流浪儿童在乞讨的过程中遭到他人的冷嘲热讽，甚至恶语相加，身心受到了极大的摧残，这同时也引起了他们对社会的仇视，如此便形成恶性循环。调查发现，大多数流浪儿童都处在青春期，符合青春期内心闭锁的同时也极需要知心朋友的心理特点，由于他们切断了与家庭、与以前朋友的联系，而自身的遭遇又与其他流浪儿童都极为相似，就形成了强烈的人际吸引，通过积极建立或者加入不同的同辈流浪群体，有效地获得来自其他流浪儿童的经济、情绪和心理的支持。

（三）流浪儿童的社会支持与自我意识的关系

流浪儿童的社会支持源与自我意识的多重线性回归分析表明，三个支持源对自我意识的发展预测作用比较好，其解释率比较高，其中他人支持是流浪儿童自我意识最重要的预测变量，此结果反映了青少年的自我意识的特点。随着年龄的发展，尽管儿童的评价系统逐步由他人评价到自我评价，但青春期的儿童仍十分关心自己的内心及外表，同时认为别人也同样地关注他们的一切，在心理上制造假想观众，极其重视别人对自己的评价，希望能给关注自己的人一个极好的印象。随着青春期儿童成人感及自尊意识增强，他人支持对于青少年自我意识的形成显得尤为重要。流浪儿童表现出自卑心重、敏感多疑、情感脆弱、自我封闭的个性特征，其实在内心深处，他们非常希望得到别人的理解与支持，但恰恰在流浪的过程中，获得别人认同与帮助的需要却得不到满足，这对于流浪儿童的心理健康发展是极为不利的。

（四）本研究存在的不足

本研究的取样困难，样本容量还不够大，取样范围比较狭窄（只限于广州地区），其研究结果有待于进一步的验证与深化。

三、结论

本研究采用相应的统计方法对数据进行分析，探讨了流浪儿童的社会支持现状及其与自我意识的关系，研究发现：（1）流浪儿童获得的三种社会支持源差异显著；（2）流浪儿童获得的朋友支持显著高于他人支持；（3）三种社会支持源对流浪儿童的自我意识的解释率为16.1%，其中他人支持对自我意识的预测力最大。

〔作者分别系华南师范大学研究生、华南师范大学教授，原文出自《广州大学学报》（社会科学版）2010年9月第9卷第9期〕

西方国家行政诚信建设中的政府信赖保护制度及其借鉴

王枫云　卢汉桥

行政诚信是指政府行政机关在公共行政活动中真实而不虚假，履行以口头或书面形式与社会公众的约定而不失信用。作为行政道德范畴的行政诚信，不仅是行政机关在公共行政中必须具备的伦理理念，更是行政机关在公共行政中必须具备的责任。随着我国社会经济的转轨、行政范式的转换以及社会价值取向的多元性渐变，行政诚信对于维护和拓展公共行政秩序的作用日益凸现。在此背景下，借鉴西方发达国家推进行政诚信建设的科学的制度设计，并在立足中国现实国情的基础上加以批判地吸收，对确保中国政府行政诚信建设的科学化和有效性，具有重要的现实意义。

一、西方国家推进行政诚信建设制度设计的简要历程

西方发达国家推进政府行政诚信的制度设立，其起源大致可追溯到古代希腊罗马时期，初步确立于17—18世纪早期资产阶级革命中，发展于资本主义自由市场经济阶段，20世纪30年代大危机后进入不断调整和完善阶段。在漫长的历史进程中，西方发达国家先后创设了一系列推进政府行政诚信建设的制度，对于西方国家塑造政府诚信形象，强化民众对政府的信任，进而构建起政府与社会间的互信网络，推进经济社会的良性运行与理性发展，发挥了积极而有效的作用。

具体而言，西方国家推进行政诚信建设的制度设计，大致经历了三个阶段。(1) 古希腊罗马时期。在这一时期为推进行政诚信建设，西方各国创设了下列制度：一是产权制度；二是对政府具有道义上约束力的诚实信用原则；三是改善和发展了税收、交通、货币等领域的政府监管制度，促使政府对这些领域的管理遵循诚信的原则。(2) 资产阶级革命胜利后。该阶段为了保障公民的权利和自由，进一步推动自由市场经济的快速发展，限制政府行政权的肆意膨胀，西方各国积极推进行政诚信建设的制度不断涌现，主要表现在以下几个方面：一是实行了政府首脑或议员的选举制度；二是建立了政府采购制度；三是建立了公务员制度；四是建立了行政监督制度。(3) 西方国家从自由竞争的资本主义向垄断资本主义的过渡时期。自19世纪末以来，西方各国在新的历史背景下，进一步加强和完善了确保政府诚信的制度建设。首先，通过行政立法确立了“透明行政”的政府运行目标；其次，在对公务员制度各个组成部分的不断调整和修正中，注入了行政诚信的因素；再次，在最容易发生行政失信的政府采购领域，引入了新的对政府行为加以规范的规章，确保政府“言必信、行必果”；最后，建立了对政府诚信有效监督的全方位、全过程、多角度的立体化、动态化的监督体系。

尤其值得一提的是，20世纪70年代，德国率先以法律的形式确定了政府信赖保护制度，其后，西方各国纷纷效仿。作为一项颇具特色并卓有成效的制度，政府信赖保护制度对当代中国的行政诚信建设尤其具有参考价值。

二、西方国家政府信赖保护制度的内涵与功能

（一）西方国家政府信赖保护制度的内涵

政府信赖保护制度，肇始于德国，后被日本等国所采纳，其在英美国家的表现形式则是禁止政府反言制度。政府信赖保护制度的最初表述，出现在 1977 年德国的《联邦行政程序法》第 48、49 条。根据这两个法条的规定，行政相对人基于对政府依公权力而做出的行政决策或行政行为的信任而实施了特定行为，此种行为所衍生的正当利益应当予以保护。具体而言，政府行政决策或行政行为做出后，由于人们对这种决策或行为的合理的信赖，政府行政机关必须肯定这种信赖并保护依据信赖而衍生的特定行为利益。行政机关不得以任何理由随意变更、撤销行政决策或行政行为，即使是纠正行政决策或行政行为的过失，也必须接受一定的限制。

通过以上描述，我们可以发现，西方国家的政府信赖保护制度主要就是要求政府对自己做出的行为守信用，不得随意变更，不得反复无常。（1）行政决策或行政行为应具有确定性。决策或行为一经做出，没有法定事由、未经法定程序不得随意撤、废、改。（2）赋予行政相对人特定物质或精神利益的决策或行为作出后，事后即使发现对行政决策或行政行为主体不利，只要决策或行为不是由于相对人的错误所造成，亦不得撤、废、改。（3）行政决策或行政行为做出后，基于公共利益的考虑，必须撤销、废除或改变此种决策或行为时，行政主体对撤销、废除或改变该种决策与行为给无辜的行政相对人造成损失的，应给予合理补偿。

总之，政府信赖保护制度从维护相对人权益的角度来规范政府的行政决策与行政行为，较为合理地体现了对公共行政中行政相对方合法权益的有力保障。

（二）西方国家政府信赖保护制度的功能

西方国家政府信赖保护制度的确立，对于推进政府行政诚信的建设发挥了重要的促进作用，具有非同寻常的重要功能。（1）有助于政府更好地赢得民众的信任和支持。在政府公共行政领域，面对文字性规章制度的僵化性以及传统行政权日益膨胀的现实，政府信赖保护制度的建立，可以推进政府行为更加善意和诚信、更加切合民主政治和民生行政的要求，进而更好地保护行政相对人的合法权益，从而赢得民众的信任和支持。（2）有助于更好地规范和约束政府行为。在政府公共行政领域，已经制定出的各种规范和规章总是滞后于经济社会的发展，现有的制度不可能涵盖随着社会变迁不断调整的政府行政行为，因此，有必要将政府信赖保护作为一项基本制度确立下来，在行政决策或行政行为的实施无从遵循其他各项原则时，政府信赖保护便成为政府决策或政府行为的重要准则。（3）有助于更好地保护行政相对方的合法权益。政府信赖保护从制度上规范政府决策与政府行为，从理念上引导行政机关及其工作人员的行政作风，形成政府行政主体公正、善意、诚信行使权力、承担责任的局面，而且对相对人基于信赖行政主体而受到的损失予以补偿，从而最大限度地保障公民、法人、社会组织的合法权益。（4）有助于更好地维护社会运行中的秩序安定。在政府公共行政中，行政环境的变动性、外界影响因素的多样性，使得政府行政决策与行政行为必须依变化的情势做出适当的改变与调整。同时，为使行政相对方不因信赖政府已做出的行政决策或行政行为而遭受利益损害，进而维护社会运行中的安定秩序，有必要对行政相对方的正当权益设置一道防护围墙，政府信赖保护制度正是对这一现实需求的有效回应。

三、西方国家政府信赖保护制度的适用情境、条件与方式

（一）适用情境

综合德国、日本及英美等国家的行政实践，政府信赖保护制度在西方国家适用于 5 种情境。（1）行政决策或行政行为因违法或过错

而被撤销。依据“有错必究”的原则，行政机关有权依法撤销违法或存在明显过错的行政决策或行政行为，但是为保护行政相对人对该违法或有过错行政决策或行政行为的信赖利益，对已经做出的行政决策或行政行为的撤销不能不受到限制。如果是授予行政相对人物质或精神利益的决策或行为，在权衡公共利益与个人利益后，不应撤销该行政决策或行为，即不能撤销，或者在撤销的同时对相对人给予补偿。（2）行政决策或行政行为因环境的变迁而被废止。政府行政机关由于行政环境的变迁而需要废止原做出的行政决策或行政行为，也应兼顾相对人的信赖利益，不能随意废止。具体情形与行政决策或行政行为因违法或过错而被撤销相似。由于废止的理由不是该行政行为本身违法，所以应比行政决策或行政行为因违法或过错而被撤销受更严格的限制。（3）新的行政法规、规章的订立。政府行政机关制定新的行政法规、规章的行政行为，一般不得对行政相对人具有溯及既往的效力。即，行政机关制定的新行政法规、规章，其效力不得适用于订立前已经终止的行政事实，不得剥夺或者损害行政相对人已经依法取得的合法权益。（4）行政机关做出的许诺。政府行政机关对特定的相对人许诺未来的特定时期内将做出或者不做出一定行政决策或行政行为，由于各种非政府能够预见和主导的因素，导致许诺无法兑现，在此情形下，相对人与许诺相关的未来预期利益，亦应受到保护。（5）特定行政权力的长期闲置。这是指拥有某种行政权力的政府行政机关长时间不行使该权力，使行政相对人相信该权力将永不再行使，一旦政府行政机关再次行使该权力，并损及行政相对人的相关利益时，相对人有权提出异议，政府行政机关对该异议须认真对待。

（二）适用条件与方式

奉行政府信赖保护制度的西方各国通常认为，政府信赖保护制度的适用，需要具备三个要件。（1）存在信赖保护的动因。信赖保护存在的动因，应为有效成立的行政决策或行政行为，无论该行政决策或行政行为是合法、违法抑或存在过错。行政决策或行政行为如果尚处在做出过程中，未能有效成立，亦未对外产生强制性约束力，这时是不存在信赖保护的。（2）存在信赖保护的表现。行政相对人因信赖行政决策或行政行为，而对自己的生产生活作出安排，采取了特定的行动，从而表现出信赖行为，此即为信赖保护的表现。（3）信赖值得保护。信赖是否值得保护的判断标准，主要是行政决策或行政行为的被撤销、修改和废止不是因为行政相对人的过错。如果行政相对人以胁迫、欺骗或“购买”等不正当手段取得对自己有利的行政决策或行政行为，则不适合信赖保护制度。

西方国家政府信赖保护的方式有两种。一是安定性保护。即因行政决策或行政行为而导致行政主体与行政相对方之间特定关系的产生，不论行政决策或行政行为是否合法，一律固定行政相对人所信赖的主客体关系状态，保持行政决策或行政行为，或者维护行政决策或行政行为的特定后果。二是补偿性保护。即将信赖利益与公共利益进行综合权衡后，依然决定撤销、变更或废止原来的行政决策或行政行为，而对行政行为相对人因信赖而导致的损失予以财产上的补偿性保护。具体采用哪一种保护方式，应当衡量公共利益而定。

四、西方国家政府信赖保护制度的借鉴

（一）前提：了解我国政府失信的现状

2003 年，我国颁布了《行政许可法》，该法第八条明确规定：“公民、法人或者其他组织依法取得的行政许可受法律保护，行政机关不得擅自改变已经生效的行政许可。行政许可所依据的法律、法规、规章修改或者废止，或者准予行政许可所依据的客观情况发生重大变化的，为了公共利益的需要，行政机关可以依法变更或者撤回已经生效的行政许可。由此给公民、法人或者其他组织造成财产损失的，行政机关应当依法给予补偿。”这是在我国法律

中首次确认了政府信赖保护制度，这一制度确认表明，我国在诚信政府与法治政府的建设中迈出了关键的一步。

但是，我们也不能不看到，在当前我国政府公共行政的实践中，政府行政诚信严重匮乏，离信用政府的目标还有很大的距离，主要表现有三。(1) 政府政策公信力缺失，行政权力运行中的诚信意识淡薄。政府政策缺乏长期性、恒定性与稳定性，导致公众对政策的严肃性产生怀疑；一些政府官员尤其是基层政府官员，在行使行政权力的过程中，为达到短期目标，不惜以牺牲政府“诚信形象”为代价，轻诺薄信、朝令夕改、出尔反尔的现象时常出现，使得政府的的声誉和形象大打折扣。(2) 政府职能的非理性膨胀，职能行使中存在对行政诚信的主动遮蔽。一些政府部门出于对部门利益的追逐，有意无意地拓展着自己的职能边界，伴随着行政权力拓展的往往是管辖事项过多、行政行为不规范、透明度下降与行政诚信的弱化与主动遮蔽，政府权威性受到质疑。(3) 社会管理和公共服务滞后，难以承载公众的期许。随着经济社会发展速度的不断加快，需要政府提供更加有效和全面的社会管理与公共服务，在基础设施建设、社会秩序维护、灾变危机应对、突发事件化解、生命财产保护等方面，公众对政府寄予了更大的期许。但是一些地方政府在GDP至上的政绩观的主导下，往往未能给予就业安置、收入分配、社会保障、教育、医疗、卫生等领域的公共服务以足够的关注，尤其对旧城改造、土地征用、企业改制等方面的矛盾未能及时、有效地化解，导致公众对政府的美誉度下降。

针对上述现象，我们必须明确：进入21世纪以来，人们对政府诚信的呼唤已经成为一股强大的社会潮流。为此，我们必须在公共行政领域借鉴西方国家的政府信赖保护制度，强化政府守信和公民对政府信赖的保护。

(二) 基础：强化政府的行政诚信建设

具体而言，强化政府行政诚信建设，应从三个方面着手。(1) 政府行政决策与行政行为应是真实的。这种真实应体现在行政机关的全部行政决策和行政行为之中，是行政机关及其公务人员在特定行政关系中对行政相对人的基本义务。即政府在公共行政活动中，应出于真实的目的和意图，并对行政相对人进行真实而非虚假的意思表示。(2) 政府行政决策与行政行为应是诚实的。一是内在心理的诚实。即行政机关及其公务人员必须具有诚实、守信的心理状态，在公共行政活动中，主观上应当是诚实、依诚信观念而为。二是对待事实上的诚实。即行政机关及其公务人员在公共行政活动中，应当坚守行政事实，不得以任何理由和手段欺骗行政相对人。三是依据法律上的诚实。即行政机关在公共行政活动中，不得蓄意逃避、规避甚至篡改法律，应使行政决策与行政行为符合法律的目的和精神。四是利益处理上的诚实。即行政机关及其公务人员在公共行政过程中，必然涉及到多方面利益关系的权衡、比照与协调，行政机关必须做出最符合公平原则和诚信精神的选择，充分尊重各方利益主体的权利和利益，而不得侵害行政相对人和利害关系人的利益。(3) 政府行政决策与行政行为应是践诺的。一方面要使行政决策得以实现，另一方面要做到言而有信。即使在政府没有法定职责的情况下，一旦政府行政机关主动做出某种许诺和承诺性决策，就应该履行其许下的诺言，取信于民。

(三) 关键：建构本土化的制度体系

在当代中国政府行政诚信的建设中，借鉴西方国家政府信赖保护制度的关键，就是要立足中国的现实国情，构建具有中国本土特色的政府信赖保护制度体系，这种制度体系具体包括四大构成要素。(1) 推进政府承诺制度建设。政府承诺制度由政府承诺论证制度和承诺公开与查询制度构成。该项制度是提高政府公信力的重要制度保障，有助于形成高效、廉洁、诚信的政府行为规范。(2) 建立覆盖行政组织与公务员个人的政府信用评价制度。政府信用包括行政组织信用和公务员个人信用，因此，对政府信用加以评价，必须包括对组织信用的评价和对公务员个人信用的评价。对行政组织及其公务员个人信用的评价，除了权力机关、上级政府和主管部门的评价外，更重要的是要引进社会评价，包括社会舆论、非政府组织和普通公众的评价等，以建立一个全方位的政府信用评价网络。（3）健全推进政府诚信的监督和制约制度。首先，要进一步强化人大的各项监督制度，比如，宪法监督制度，审查和批准计划与预算的制度，受理申诉、控告与检举的制度，询问和质询制度，特定问题的调查制度，罢免和撤职制度等，以使人大在推进政府诚信建设中的监督功能得以更加有效地发挥。其次，要进一步加强行政系统内部的行政监察，督促行政机关依法、诚信履行职责，对违反行政诚信的行政机关、国家公务员和国家行政机关任命的其他人员进行查处，依法进行纪律制裁，进而提高其严守承诺、公平行政、依法行政的水平。再次，要营造社会监督的良好氛围，提高社会公众对行政机关诚信行政监督的自觉性和有效性。同时，要扩大舆论监督的自由度，通过各种传媒限制和约束政府失信行为，督促政府取信于民。（4）强化政府背弃承诺的惩戒制度。应尽快建立起政府背弃承诺的责任追究和失信赔偿制度，形成完善的政府失信惩戒机制，如把政府官员背弃承诺的行为作为对其政绩评价、官职升迁的重要负面依据。此外，对严重的政府失信行为要区分责任，对行政组织和行政人员个人采取行政、经济、法律等综合惩治手段，以建立起促进行政诚信的有效的威慑制度。

〔作者系广州大学教授，原文出自《广州大学学报》（社会科学版）2010年11月第9卷第11期〕

论建筑审美活动中的情感作用

唐孝祥

审美活动是自由、自主、能动的情感价值活动。在建筑审美活动中，情感是活跃且最为重要的主体心理因素之一，发挥了显著的作用。对此，建筑学界和美学界给予充分关注和高度重视。建筑学家吴良镛院士在其《广义建筑学》中曾指出，建筑是“人为且为人”的。“人为”，表明建筑是人的情感的外在表现形式；“为人”，表明在某种意义上，建筑满足了人的情感需求。芬兰建筑大师阿尔瓦·阿尔托说：“只有当人处于中心地位时，真正的建筑才能存在。”美国著名美学家苏珊·朗格更是“情感”表现论者：“由建筑师所创造的那个环境，则是由可见的情感表现（有时称作‘气氛’）所产生的一种幻象。”“幻象”之说明确地指出建筑艺术所具有“情感表现”功能。建筑审美活动是一种以主体的审美需要为根据和动因的情感价值活动。在建筑审美活动中，审美主体是自主、自由、能动的，在这些心理特性的作用下，审美主体对建筑形成肯定性的态度及进一步的心理表现，就是建筑审美情感。主体对建筑物形成审美态度从而使之转化为审美对象，主要通过情感选择实现；而主体对建筑物的知觉完形从而使之转化为个性化的审美对象，主要通过情感加工、情感建构来实现。

一、情感选择

建筑是人类社会文化的产物，也是人类文化的载体，承载着主体的情感记忆，并在一定情况下激发主体的情感记忆。建筑审美活动的开始，是以主体在审美兴趣和情感的驱使下对特定建筑物产生审美注意为标志的。在建筑审美活动中，审美主体对建筑物的选择实质上是一种情感选择。

审美主体的生活背景、知识修养、兴趣爱好、情感取向等构成了主体的情感选择的依据和动因，审美主体根据自己长期形成的审美标准和特定的情境，能够自主地选择符合自己审美需要的建筑物（或建筑物的艺术形象及表现特征）作为审美对象，而不受实际功利和其他外在因素的影响。审美主体的自主性决定了主体对建筑的情感选择的差异性。面对不同的建筑物，同一主体的感受和理解不同。老北京的居民看到四合院就产生莫名的亲切感，安徽人独钟情于白墙青瓦的徽派建筑，文人雅客欣赏江南园林的含蓄雅致，朝圣者一生仰视布达拉宫的金光顶。面对同一建筑物，不同的审美主体对其艺术形象及表现特征的情感选择也呈现出差异性。如在对明清故宫的审美活动中，有人惊叹于其“嵯峨城阙，傑阁崇殿”的建筑形象，有人震慑于其层层推进的空间组合而营造的环境氛围，有人痴迷于其殿、阁、廊、庑、楼、门等排列组合的“秩序”与“变化”。正如杜威所说：“艺术是选择性的……因为在表现行为中情感在发挥作用。任何主导情感都会自动地排斥与自己不一致的东西。”

在建筑审美活动中，审美需要对人的审美情感有激发、定向选择功能。审美主体因审美兴趣和审美需要的不同，会选择不同风格或不同特点但又契合自己的审美需要的建筑作为审美对象。黄鹤楼承载着与友人分别的记忆，引发诗人的“烟波江上使人愁”之叹；富甲一方的盐商钟爱于竹及其所象征的“本固”、“心虚”、“体直”、“节贞”，而有个园的文人之风、雅正之气。贝聿铭追忆姑苏似水年华，称自己的最后一件作品苏州博物馆新馆为“中国小女儿”。主体审美注意的出现正如中国古代美学思想中所说的，是“感物而动”、“即景生情”、“哀乐之心感，歌吟之声发”……《淮南子》认为：艺术创作是人接触外物后所引起的真情感的自然而非矫强的表现。其《假真训》里说：“且人之情，耳目应感动，心志知忧乐……所以与物接也。……今万物之来擢拔吾性，搴取吾情，有若泉源，虽欲无禀，其可得耶?”这里讲人之情，感于物而动，有若泉源那样外涌，是不得不表现的。建筑艺术的创作和审美亦然。

建筑审美情感不是先验的孤立的自生自灭的内心运动，它同其他心理形式一样，总是被特定的建筑物所刺激所激活。所谓的“人禀七情，应物斯感”，“触景生情”，“情由境发”也适应了对建筑审美情感产生契机的描述。情感选择的过程也是审美主体对建筑表现形式的情感肯定和开始感知的过程，是建筑审美活动中主体经由建筑审美态度的形成走向建筑审美感知的获得的心理节点。

二、情感加工

审美主体在情感的驱使下，通过审美想象和审美联想的作用来丰富、深化审美体验和审美理解，对建筑物中的某些形式、环境因素进行情感关注、忽略，或进行情感想象去比附别的形式因素，使建筑物对主体更具有感官的吸引力和更强烈的情感表现性，即情感加工。这是建筑审美心理活动的主要阶段。同一建筑物经过审美主体的情感加工而表现为丰富多样的个性化的审美对象。

情感加工是审美活动的主体性特征的又一重要确证。在情感加工的过程中，审美主体用全部的精神感觉去“占有”建筑物，具有高度的自主性和自由性。主体凭借审美想象力，可以打破法则的限制和时空的限制，创造出新的建筑意象。如在对建筑的赏鉴品评中，《诗·小雅·斯干》创造了“如鸟斯革，如翚斯飞”动人的建筑意象，杜牧在《阿房宫赋》中描绘了“五步一楼，十步一阁，廊腰漫回、檐牙高啄，各抱地势，钩心斗角”等一连串的建筑意象，计成在《园冶》中描述了“山楼凭远”、“竹坞寻幽”、“轩楹高爽”、“窗户邻虚”、“奇亭巧榭”、“层阁重楼”等大量富有诗情画意的园林建筑意象。

在建筑审美活动中，情感加工作用是继情感选择之后凭借审美理解、审美联想和审美想象而发挥的，表现为建筑审美体验的持续和深化。主体的审美体验不仅是沿着主体对建筑物的想象的展开，更是遵循主体的情感路线而深入。在构建个体化的审美对象的过程中，主体的审美想象也是自主、能动、自由的，主体能够任凭情感的驱使，随意地想象，就自己的情感选择对象进行情感加工。同样面对悉尼歌剧院，有人把它看成扬帆待航的轮船，有人把它看成是碧海沙滩上的贝壳，其实都是建筑审美主体情感加工的结果。又如备受人们关注的法国朗香教堂，勒·柯布西耶设计的原意是立足于建筑的功能，把教堂当作传达上帝旨意和倾听天国纶音的圣所，以巧妙地隐喻营造出教堂的神圣性和神秘感。但由于审美主体的不同及其自由的情感想象，经过情感加工或想象成一双祈祷的手，或为一艘轮船，或为一只鸭子，或为一个牧师的后侧投影，或为两个修女，一高一矮。况且，这还只是黑勒尔·肖肯个人的看法。想象因情感而无限展开，不仅创造出现实中已有或可能有的建筑形象，也创造出现实中根本不可能有的建筑意象；而情感则因想象而得到充分表现，得到一切可能需要的满足。情感和想象的相互激荡正是审美活动中情感加工的主要内容。

郑板桥曾这样描写一个院落：“十笏茅斋，一方天井，修竹数竿，石笋数尺，其地无多，其费亦无多也。而风中雨中有声，日中月中有影，诗中酒中有情，闲中闷中有伴，非唯我爱竹石，即竹石亦爱我也。彼千金万金造园亭，或游宦四方，终其身不能归享。而吾辈欲游名山大川，又一时不得即往，何如一室小景，有情有味，历久弥新乎！”这是让郑板桥怡情养性的园林意境之美。其空间流动变化，其竹石有味有情。美不自美，因人而彰。园林意境的审美属性因为满足人的情感需要而被确证。人们在园林审美鉴赏中，凭借自由的联想和想象，进行自主的情感加工，丰富审美感受，深化审美体验，实现审美超越。

登“天下第一关”山海关，北望长城蜿蜒山间，南眺渤海波涛浩渺，古战场的铁蹄声又到耳边，金戈铁马如在眼前。临四川眉山的三苏祠的抱月亭，如见苏轼独坐亭中，把酒问月：“明月几时有？把酒问青天。不知天上宫阙，今夕是何年。”审美主体还可借助建筑的造型、线条、色彩的变化等联想到音乐的绘画、音乐、书法等。梁思成先生说中国园林是一幅立体的中国山水画；歌德说他在圣彼得大教堂广场的廊前散步时，感觉到了音乐的旋律。审美主体在情感的驱使下，驰骋审美想象，深化审美体验，加速情感加工和情感建构。

需要指出的是，建筑审美活动中的情感加工并不排斥主体的理性认知，甚至是以主体的理性认知为基础的。上海东方艺术中心是建筑师运用隐喻主义手法构划的动感建筑形象。从高空看，这座音乐殿堂犹如一只美丽的蝴蝶，正在百花丛中采蜜飞翔；从稍高处俯瞰，这座殿堂的屋面又像五片绽放的花瓣，连系着一朵硕大的“蝴蝶兰”。审美主体在这一具体的建筑审美活动中，忽略了庞大的建筑体量，模糊了建筑的物质材料外壳，使建筑以一只蝴蝶、一朵花的形象呈现于面前，更加地美轮美奂，赏心悦目，使审美主体的心都激荡起来。而意大利比萨斜塔以其耸立时的“斜而不倾，歪而不倒”造就了一番摄人心魄的力量。远远望去，它的不正之体让人感到一种缺失和不安全。审美主体容易忽略它简洁质朴的罗马建筑风格，从其不平衡的外形进行想象和体验，形成类似于充满压迫感、危机感等的客体形象。再如面对2010年上海世博会中国馆，“中国特色、时代精神”的设计理念给人深刻印象。何镜堂院士定位准确，突出三点。一是要体现城市发展中的中华智慧，二是要体现中华文化的包容性和民族特色，三是要体现当今中国的气质与气度。国家馆居中升起，层叠出挑，庄严华美，形成“东方之冠”的主体造型。地区馆水平展开，形成华冠庇护之下层次丰富的立体公共活动空间，并以基座平台的舒展形态映衬国家馆。国家馆以整体大气的建筑造型整合丰富多元的中国元素，传承经纬网格的传统建造文化；地区馆建筑表皮镌刻叠篆文字，传达中华人文历史地理信息。国家馆主体造型雄浑有力，宛如华冠高耸，天下粮仓；地区馆平台基座汇聚人流，寓意福泽神州，富庶四方。在建筑审美活动中，令人惊艳的“东方之冠”的大红色斗拱造型，给人以丰富的联想，经过主体的情感加工，如缶，如冠，又如仓，让人沉浸在赏心悦目、心旷神怡、悦神悦志的审美欣赏和审美体验之中。

类似于“一千个读者就有一千个哈姆雷特”，经过审美主体的情感加工，建筑物形式或整体形象由于审美主体情感的差异而具有了个性化的特点，再经过情感建构的作用，建筑物将形成千差万别的个性化的审美对象。

三、情感建构

情感建构，指主体在审美感知过程中，按照自身的情感需求对客体（建筑物）的知觉（特别是幻觉创造），或称知觉完形。客体由此而成为审美对象。情感建构是情感加工的必然结果。审美主体在情感加工的基础上，通过想象、理解或联系自身的际遇等形式，从特定的角度把握建筑物的深层文化内涵，建构尽可能传情达意的、更符合主体的审美理想的审美对象。

如前所述，黑勒尔·肖肯把自己的生活经验、知识修养、生命体验等结合到对朗香教堂造型的联想中，产生了如浮在水中的鸭子、驶向彼岸的航船、牧师头部的侧影、两个窃窃私语的修女、一双合拢的手等差异巨大的建筑意象，加深了审美主体对朗香教堂造型美的把握。黑勒尔·肖肯的这一建筑审美活动充分说明了审美情感的作用。从情感选择开始，主体观照的是朗香教堂造型，经由主体的联想和想象，进行情感加工，最后产生五种建筑意象，完成情感建构。王勃在对滕王阁凝神观照，在失望与希望的情感交织中漫游时，由“落霞与孤鹜齐飞，秋水共长天一色”的意象比兴引发出“天高地迥，觉宇宙之无穷；兴尽悲来，识盈虚之有数”的哲理性感悟，从滕王阁的意义世界上升到对自己人生意义、价值的思考之中，由建筑审美体验升华到建筑审美超越。

在情感建构过程中，审美主体积极主动地调动自己的知识和情感记忆，把各种知觉心象和记忆心象重新化合，孕育成一个全新的心象，即审美意象，并激发起更深一层的情感反应。在建筑审美活动中，主体一方面通过情感建构不仅达到对建筑意义的感性把握，而且加深对建筑价值的理性认识，另一方面通过情感和想象、理解等心理机制在对象中看到了自己，实现了主体和客体的沟通和交融，从而得到极大的心理满足和审美愉快。在这种情况下，建筑的存在和意义就在于它外化了主体的生命情感，显现了主体的生命情感。

上海东方明珠广播电视塔是建筑师运用唐代诗人白居易诗中“嘈嘈切切错杂弹，大珠小珠落玉盘”的意念，创作出的优美建筑形象。黄浦江上，波光潋滟，远眺东方明珠塔，恰如倒映于水中之珠，熠熠生辉。东方明珠不正是上海的化身吗？新中国成立以来，上海以强烈的进取精神，解放思想，与时俱进，经济和社会发展的各个领域发生了历史性的大变革，已成为我国最大的经济中心和国家历史文化名城，它不正是东方的一颗耀眼明珠吗？又如哥特式教堂，空间阔大，群柱律动，恰如歌德的描述，它们腾空而起，像一株崇高壮观、浓荫广覆的上帝之树，千枝纷呈，万梢涌现，树叶多如海中的沙砾。主体用自己的审美想象与情感来理解和丰富建筑的意义：一切都指向上帝。向上涌动的群柱和肋架券，引领着人们仰望天堂的圣父，奔腾向四面八方冲射出肋架券的列柱，导引着信徒走向前方圣坛上的耶稣。希腊神庙充分体现了希腊人的审美特点和生命情感，希腊神庙不像埃及金字塔那样庞大压抑，也不像基督教堂那样巍峨神秘，它庄重，明快，呈规整的几何结构，细部变化多端，柱石肃立，挺拔，好比希腊的运动健儿，风度潇洒、气概非凡。希腊神庙的意义和价值也在于它体现了希腊的艺术精神，即如温克尔曼所说："希腊艺术杰作的一般特征是一种高贵的单纯和一种静穆的伟大。"

在情感建构过程中，主体的理性上升，超越了建筑形象，更深地理解了建筑的意义和底蕴。主体沿循情感的路线，沉浸到宇宙感、历史感和人生感的理解和体悟之中，即建筑意境之体悟。用著名美学家叶朗先生的话说："超越具体的、有限的物象、事件、场景，进入无限的时间和空间，即所谓'胸罗宇宙，思接千古'，从而对整个人生、历史、宇宙获得一种哲理性的感受和领悟。""中国传统建筑中，大至故宫、天坛、十三陵、颐和园、承德外八庙，小至一处小园林，一所小山寺，无论是令人惊叹其伟大，或是流连其幽静，美就美在那能够使人从中领悟认识到比感官的愉悦更多一些的东西。"即建筑意。建筑审美中，只有"情深"，才会对建筑意有深刻的感悟。因此，"理情寓合，情理交融，是欣赏和创造建筑美的又一条重要原则"。

通过情感建构，审美主体达到对建筑文化精神的进一步把握，指向于创造意义的世界。这时，建筑不再作为纯客观的现象表象存在，而是作为某种文化精神的表象对审美主体存在着，如苏州园林如画如梦的鬼斧神工之中蕴涵中国历代文化经营所创造出的建筑哲学，山西的晋商大院、平遥古城，体现着中国历史上商人所遵从的建立在儒家哲学基础上的人文哲学，北京四合院的风水营建中融入了中国古代的建筑环境哲学，广州陈氏书院的装饰装修印证着岭南独有的文化精神等。因此，经过情感建构的审美对象与实存客体相似而又不同，是审美主体心灵中的对象，往往具有象征性。

综上所述，在建筑审美活动的整个过程中，始终伴随、弥漫着审美情感，这种情感是自由自主、差异丰富、变化发展的。在建筑审美活动中，由情感选择而情感加工至情感建构的这一过程，是审美主体将情感由主观化转变为客观化的过程，即审美主体对内心体验的情感进行了选择、提炼之后，通过塑造的建筑意象而外化的过程，表明了情感作用的历时性特征的内容。情感选择、情感加工、情感建构是相互联系，依次递进的。情感选择标志着建筑审美活动的实质性开始，情感加工展示了建筑审美活动的深广内容和主体性特征，情感建构体现了建筑审美活动的情感作用结果。

〔作者系华南理工大学教授，原文出自《华南理工大学学报》（社会科学版）2010年8月第12卷第4期〕

论新生代农民工融入城市的内外紧张关系

刘志强

一、问题的提出

今年初，政府发布2010年中央一号文件，首次提出要“着力解决新生代农民工问题”。这是“新生代农民工”第一次在党的文件中出现，传递出中央对新生代农民工群体的高度关切，对解决新生代农民工问题的高度关注。中央财经领导小组办公室副主任、中央农村工作领导小组办公室副主任唐仁健在国新办2010年2月2日举行的新闻发布会上对其内涵作出了阐释：新生代农民工主要指的是“80后”、“90后”这批人。目前其在外出打工的1.5亿农民工里面占到60%，大约1个亿。一方面，他们出生以后就上学，上完学以后就进城打工，相对来讲，对农业、农村、土地、农民等等不是那么熟悉。另一方面，他们又渴望融入城市社会，享受现代城市的文明。唐仁健的阐释，可以算是官方第一次对新生代农民工概念较为正式的一个界定。

理解“新生代农民工”的内涵，需要把握三个关键词：“新”、“农”、“工”。“新”：是指其与第一代第二代农民工相比有“三高一低”的特征：受教育程度高，职业期望值高，物质和精神享受要求高，工作耐受力低。“农”：是指其因为在现行户籍制度和社会管理方式下，仍然具有农村居民身份，与有城市户口的工人同工不同酬，同工不同权，同工不同福利保障，不能平等地享受所在城市的公共服务。“工”：是指他们大多数正在从事现代工商业活动，有一定的现代产业技能，能够接受现代社会理念并且按照现代产业规律从事生产和生活。

随着第一代农民工年龄的增大和逐步返回农村，新生代农民工已经陆续进入城市并成为农民工的主体。由于成长环境、教育状况以及文化等因素的影响，与老一代农民工相比，他们不论价值追求、行为方式、消费观念等方面都有着巨大的差异。从新生代农民工现象到新生代农民工问题，反映了我国制度在社会转型中所处的困境和亟须破解的难题。当下新生代农民工问题引起了我国各界人士的极大关注，但从文献资料来看，这些观点大多持外在视角而非内在角色来论述这个问题，此其一；其二是对新生代农民工，大多是建构性提出一些解决方案，而非描述性叙述问题。本文尝试以内在和外在的角度，从内在角色、外在视角，内在公民、外在权利，内在风险、外在制约来论述新生代农民工在融入城市中面临的困境。

二、内在角色和外在视角

（一）“贴标签”理论

著名社会学家埃利亚斯在研究胡格诺教徒的时候，发现了一个值得注意的现象，即污名化过程：一个群体将人性的低劣强加在另一个群体之上并加以维持的过程。污名化反映了两个社会群体之间一种单向的权力关系，它体现为群体特性与另一群体加诸该群体之上的刻板印象之间的一种特殊关系，这种特殊关系即具污名的一方和不具污名的一方之间的互动，而污名化就是这一互动关系不断发展以致最后成为凝固现实的过程。污名化呈现为一个动态的过程，它是将群体的偏向负面的特征刻板印象化，并由此掩盖其他特征，在这个过程中，处于强势且不具污名的一方最常采用的一种策略，即“贴标签”。标签理论是一种视角，它不把异端行为看作特定社会行为的某种固有性质，而是将它视为社会解释的结果，通过这种解释，那些行为才被贴上异端的“标签”。污名化过程，当然还包含了“贴标签”之外的策略，但从“贴标签”这一种操作中，我们当可窥见污名化的实践过程。一个标签，最初可能只与某群体中的个体相连，随后，这一标签可能被更多人接受用来指称某一特殊的群体，标签的指称物件被泛化，标签和群体之间的关系变得凝固僵化，标签反映的特质成为该群体的固有本性，最终完成污名化的过程。从过程的角度，我们可以将污名化与标签理论结合起来，用以考察城市社会中的各种话语建构，尤其是“贴标签”这种策略对新生代农民工这一社会群体所进行的“污名化”实践。

（二）反思“污名化”

德沃金曾提出两种偏好的分析架构，一种是内在偏好，主要是为个人的选择，笔者在此称之为“角色”；另一种是外在偏好，主要是为他人的选择，笔者在此称之为“视角”。内在偏好说明个人自己的利益和机会，但外在偏好则会忽视和不尊重别人受到平等关怀与尊重的权利。如果用外在偏好这种视角来观察问题，就会把自己的喜好强加给别人，就会造成不合理地牺牲他人的权利。社会上对新生代农民工存在歧见的根源，也就在于极大地依赖了那些基于外在偏好的选择。比如有文章谈到对二代农民工犯罪原理的分析，“多数二代农民工自幼跟随父母离开农村进入城市，形成了既不同于城市居民，又不同于农村居民的特有生活、行为和就业方式，他们的生活处于多元化价值观的无序混合状态，其结果是，文化冲突导致他们的行为失去了原有规范的束缚，评价善恶的标准也失去了统一尺度，并在内心不断受到冲击乃至弱化。二代农民工强烈希望通过努力改变自身经济困境，城市丰裕的物质和生活方式，又无形中拔高了他们对物质的期望目标。然而，由于城市政策、自身文化素质以及择业不稳定造成的生活窘迫，给他们带来了巨大的挫败感和失落感，导致其极易偏离道德规范和社会行为准则，从而走上违法犯罪的道路”。郭巍青认为，这一类对新生代农民工的描述，“明显就是警察的眼光、警察的视角。所有的描述当中，我认为社会描述中含有冷酷的因果关系颠倒与个人心理归咎，留守儿童或者跟随父母在不同的城市里流动，不能接受很好的教育，这本来是我们的政策、制度、城乡二元分割的一个巨大的制度缺陷，现在将这个缺陷作为一个背景隐藏到后面去了，突出显示出个人的心理扭曲和行为错位，于是留守儿童的问题就转化为家庭没有正确的教育，无根漂泊与读书难问题转化为内心失去善恶标准”。这完全是一个颠倒因果关系的外在视角，我们习惯了用这样的思维方式去描述一个问题。这的确值得制定政策者和研究者反思，仅持外在偏好或外在视角，非他者角色去判断，其结果是远离事实的本真。在观察者（社会）和新生代农民工之间的互动关系中，正如有学者认为，采纳他者的视角应扩展到采用他者的角色，这样自我也就接受了他者的规范期待，而不是他者的认识期待。它意味着，当我把自己理解为他者的社会对象时，就出现了一种反思机制，使得自我能够把他者的行为期待变成自己的行为期待。当然，要对庞大的新生代农民工群体做到真正了解和真正认识，是一个很困难的事情。作为研究者，至少应持“了解之同情”的心态，深入基层走进他们，成为沟通观察者和内在者之中介，把他者视角转换为他者角色，在互动关系中真正省思新生代农民工问题和机制。

三、内在公民与外在权利

（一）公民同一性与权利差异性

公民身份是公民权利的基础，但公民身份并不等于公民权利。公民身份是由国家的法律规定的国民资格，它包括公民应当享有的权利和承担的义务。在通常情况下，公民身份是公民权利的前提。只有拥有公民身份的国民，才能享有国家规定的各种公民权利。但拥有公民身份并不意味着拥有公民权利。公民身份的同一性与公民权利的差异性之间存在着巨大的鸿沟。就新生代农民工而言，与城市居民相比，其劳动权、休息权、社会保障权、受教育权和选举权的实现程度要低得多。新生代农民工虽有公民身份但却很难转化为各地城市市民和社区成员身份，原因在于成员身份是成员权利的前提，每一个公民除了是国家的成员即国民外，还有其他的成员身份，如社区的成员、阶层的成员、社团的成员、俱乐部的成员等。不同的成员身份，通常享有不同的成员权利，最终会导致公民权利的差异。新生代农民工与城市居民虽在法律上拥有同等的公民身份和公民权利，但新生代农民工是农村的成员，市民是城市社区的成员，他们的成员身份各不相同。城市社区的成员身份所享有的经济权益和政治权益，要远远多于农村的成员身份。值得我们反思的是，即使每个公民有不同的成员身份，但作为国家成员的公民，每个人的成员身份及成员权利，即公民权利，应当是平等的。不能因为公民甲是新生代农民工，公民乙是市民，甲和乙的劳动权、休息权、受教育权等基本公民权利就各不相同。努力消除公民的成员身份差异，实现公民基本权利的平等，是我国政治进步的应然要求。

（二）新生代农民工权利觉醒

内在的公民带有不同身份，而不同的身份可以享受不同的权利和待遇，外在属性的权利把内在公民消解无形。当年梅因提出“从身份到契约”来表明现代社会的文明与进步，认为现代社会人与人之间是由契约联结的，因而排除了身份的特权。新生代农民工无论是作为人的主体，还是作为中国公民，本应享有人权和公民权利，但由于制度制约的障碍，实际中却变成了客体，没有享受到应该享有的权利。近年来，新生代农民工作为一个特殊的群体，在比较和对照城市居民中，已经意识到自身的公民身份和权利。具体地说，第一代农民工认为自己就是农民，而新生代农民工则更倾向于把自己定位为工人和城市人。身份定位的不同，导致他们的行为方式、消费观念也不一样。与老一代农民工“白天机器人，晚上木头人”的单调灰暗生活相比，新生代农民工要寻找丰富多彩的娱乐生活，泡网吧、下迪厅、染头发、穿时髦服装，对攒钱并不十分看重。与老一代农民工相比，新生代农民工受过更好的教育，具备了更高的素质。第二次全国农业普查报告显示，农民工初中文化程度占70.1%，高中文化程度占8.7%，分别比以前高出8.54个百分点和2个百分点。更好的教育唤醒了新生代农民工的权利意识，与老一代农民工相比，新生代农民工具有更强烈的权利诉求，具有较强的民主意识、权利意识、法律意识、维权意识。有学者指出：“新生代农民工在工作价值与生活价值上的观念变化与行为方式变化，标志着一个重大转折，即农民工在整个经济结构中的谈判主体地位逐渐上升。它要求政策制定与相关研究从结构观点转向主体观点”。随着现代化进程的推进，市场化、工业化、城市化和全球化要求劳动力的自由流动和公民的自由迁徙，但在中国现实中并不自发导致公民身份的平等和公民权利的实现。实现公民身份的平等、维护公民平等的政治和经济权利，关键是民主化的政治改革。没有这些制度的改革，就可能会造成公民身份和公民权利新的不平等。从这个意义上说，在全球化背景下，必然要求政府及时推行民主治理变革，努力消除身份的差异，确保全体公民享有平等的公民身份，维护全体人民的人权和公民权。

四、外在制约与内在风险

（一）外在制约的瓶颈

新生代农民工作为公民，是内在的主体，而其难以享受权利，又表现出权利的外在属性。问题的症结在于制度外在的制约，我们把制度障碍称之为外在制约，又由于外在的制约，导致了新生代农民工给社会带来的诸多风险和内在压力，我们称之为内在风险。

新生代农民工有较高的文化水平和精神生活需求，希望融入城市主流社会的想法特别强烈，要求和城里人一样平等就业、平等享受公共服务，甚至得到平等的政治权利。然而，新生代农民工的生存和发展面临着十分现实的困境。由于外在的户籍制度，这些新生代农民工虽然有成为城里人的强烈愿望，但却不能享受城市居民的社会福利以及最基本的社会保障，他们的下一代甚至没有资格同城镇居民一样获得最基本的教育；由于经济上的原因，这些新生代农民工绝大多数没有能力购买城镇的住房，甚至不能租居一个可以进行简单家庭生活的空间；由于文化上的原因，这些新生代农民工虽然对现代城市文明充满了渴望，却很难真正进入到城市主流的文化生活，甚至不能获得基本的信任而遭受到各种歧视。

可喜的是，外在制约出现了松动迹象。广东省政府2010年6月7日第一次出台的《关于开展农民工积分制入户城镇工作的指导意见（试行）》（下称《意见》），开始实施一项给农民工入户城镇的制度。农民工入户当地城镇的条件被细化为学历、技能、参保情况等多项指标，并赋予相应分值。达到一定分值的农民工可申请入户。我国正处于城镇化进程的关键时期，中央经济工作会议、中央农村工作会议都提出要积极稳妥推进城镇化，把符合条件的农业人口逐步转化为城镇居民。在此背景下，《意见》出台的现实意义显而易见：不但有利于扩大内需，推动经济发展方式转变，有利于改善农民工工作生活环境，促进成果共享和社会和谐，有利于优化城乡人口结构，加快城镇化进程，而且有利于消除多年积累的“户籍差别”，让农民工有了更明亮的落户希望。但积分制入户城市看似是一种进步，其实只是治标不治本的麻醉药，是一场农民“入城考试”，离真正意义上的户籍改革还有不少距离。户籍改革的关键是彻底“去福利化”，把与户籍挂钩的各种权利与福利“一笔勾销”，让国民真正拥有自由迁徙的权利。新生代农民工渴望融入城市，享受城市文明，和城市人一样“体面地活着”，然而与他们的渴望相比，从制度到心理再到具体措施，城市显然还没有做好接纳他们的准备。解决新生代农民工问题需要制度建设。制度的改变首先需要执政观念的转变。希望制度制定者发自内心地认为，没有让农民工享受到“市民待遇”，就是对农民工基本权益的侵害。

（二）内在风险的警示

外在制约与内在风险有着极大的关联，外在制约阻碍了内在的需求，而内在需求不能满足时，必然反弹，滋生内在风险。当今中国的社会矛盾非常尖锐，政府与老百姓之间处于互不信任、互相拆台的状态，有的地方官民之间几乎势同水火，主要就是没有处理好内在需求与外在制约之间的关系。不幸的是，正如于建嵘所指出的那样，我们的知识阶层对底层政治的无视到了理直气壮的地步，真正来自底层的眼光是微乎其微，就是那些对边缘弱势群体问题的呼吁，也是一种自上而下的对危险警示的精英思维的反应。显而易见，基于“危险”反应的对于弱势群体的关注尚未离开统治的立场、精英的立场或者说是上层利益阶层的立场。弱势群体所获得的关注眼光是自上而下的，是作为治理对象和防范对象而存在的。要改变这种状况，首先要做的就是要走进他们的生活，从新生代农民工的处境去理解他们的诉求和行为。也就是说，我们对政治的研究也就不能只停留在政治精英活动的层面上，我们需要深入底层社会生活的内在结构中去寻找事件发生的真正原因。精英思维与底层政治无疑是外在视角和内在角色的博弈反映。

（三）人权保障的底线

社会进步的指标不仅仅是财富，还应包括道德、正义和公平，而那种认为司法应将权利给予能够最有效率地运用权利、创造更多财富的一方的理论，严重损害了人所享有的“作为平等的人被看待”的权利，而把人视为经济效率的附属品。德沃金强调，在一个民主国家里，强调个人权利比强调效率更重要。一个公正的社会必须是承认人人都有生存的价值，人人都有得到法律保护的权利。具体到国家经济政策来讲，保护弱势群体，其中就涉及到国家财政支出中的公共投入问题。对弱势群体人权的基本保护，要求公共投入应当以满足公众最基本的需要为基本着眼点，以基本民生问题为优先。这些基本民生包括社会保障、义务教育、公共卫生等。如果新生代农民工本应享有的内在权利和权益，总是被外在的各种五花八门的借口和手段无情地剥夺，民众诉求和维权通道就会越来越逼仄，生活就会越来越艰难。规则再三退守，法律底线屡被突破，只能逼迫民众内心的法律信仰丧失，当一些权势群体公然践踏法律不受惩处，太多侵权和伤害事件得不到公正处理，公平和正义就会在重重障碍前偏离正确轨道。和谐社会关键是要处理好内在需求与外在制约之间的关系，其最低要求就是基本人权能得到保障，就是优胜而劣不汰，适者能生存，不适者也能保证其基本生存的社会。

五、结语

新生代农民工作为内在公民主体，本应享受外在权利或市民待遇，但在现实中他们并没有共享改革开放成果，却沦为外在的客体和弱势群体。所谓新生代农民工难以融入城市，其实并不是其内在自身问题，除社会上用外在视角存在偏见外，主要是国家还没有从外在制度上尽到尊重和保障他们的义务。国家作为人权保障义务主体，是国家存在的价值所在和合法性基础，是国家制定各项立法和政策的出发点和归宿。

当下中国要真正破解新生代农民工融入城市的难题，除消除外在偏见外，还需要实实在在全面落实和保障新生代农民工在宪法上被确认的公民权利，消除内外差距，特别是乡村居民和城镇居民之间的差别，这一切还有待于政府尽到国家义务。

〔作者系广州大学副教授，原文出自《华南农业大学学报》（社会科学版）2010 年第 4 期〕

大事记

1 月

5 日至 7 日，副部长、省文明办主任顾作义出席全国文明办主任会议。

15 日，在组织集中收听收看第二十三次全国“扫黄打非”工作电视电话会议后，我省召开了 2010 年广东省“扫黄打非”工作电视电话会议。省委常委、宣传部部长、省“扫黄打非”工作领导小组组长林雄出席会议并讲话，副省长、省“扫黄打非”工作领导小组副组长雷于蓝主持会议。省文明办常务副主任张子兴参加。

17 日，副部长、省文明办主任顾作义召集省文联研究深化“中国传统节日设计”工作。

18 日，全省文明办主任会议在广州珠岛宾馆召开。副部长、省文明办主任顾作义主持会议并讲话。省文明办常务副主任张子兴传达全国文明办主任会议精神。

19 日，省委、省政府在广州珠岛宾馆召开广东省精神文明建设表彰暨未成年人思想道德建设工作会议。中共中央政治局委员、省委书记汪洋，省委常委、宣传部部长、省文明委主任林雄，省人大常委会副主任、省文明委副主任王宁生，副省长、省文明委副主任雷于蓝，省政协副主席、省文明委副主任温兰子，省委政法委秘书长、省文明委副主任朱穗生出席大会并为获奖代表颁奖。雷于蓝宣读《省委、省政府关于表彰精神文明建设先进单位和先进工作者的决定》。王宁生传达全国未成年人思想道德建设经验交流会精神。林雄主持大会并代表省委、省政府作讲话。

25 日，中央文明办、中国志愿服务基金会在惠州市举办关爱空巢老人志愿服务行动启动仪式。省文明办常务副主任张子兴出席并讲话。

26 日，在收听收看中央文明办、公安部召开的全国部署实施“文明交通行动计划”电视电话会议后，我省召开部署全省实施“文明交通行动计划”电视电话会议。省文明办常务副主任张子兴出席并主持我省的会议。

29 日，副部长、省文明办主任顾作义召集团省委研究推进志愿服务工作。

30 日，由省文明办、省公安厅、广州市文明办、广州市公安局主办的广东省暨广州市“文明交通行动计划”启动仪式在广州市人民公园南广场举行。省文明办常务副主任张子兴出席。

2 月

3 日，中央文明办、公安部在广州市召开“文明交通行动计划”座谈会，听取我省及有关市关于贯彻落实全国部署“文明交通行动计划”电视电话会议有关工作思路的汇报以及对推进这项工作的有关建议。省文明办常务副主任张子兴出席并发言。

3 日至 4 日，中央文明办协调组组长李小满、副巡视员张健萍一行赴江门市调研文明城市创建工作，省文明办常务副主任张子兴陪同。

8 日，省文明办、南方报业传媒集团、广东楹联学会在鹤山市举办“迎接亚运会，创造新生活”——广东省书法家挥春活动。省文明办常务副主任张子兴出席。

22 日，以“花灯为媒、文化搭桥、经贸唱戏”为主题的第八届“广东·连平忠信花灯节”开幕式在连平忠信镇人民广场举行。副部长、省文明办主任顾作义出席开幕式。

26 日，中山市志愿者联合会正式成立并召开了第一次会员大会，省文明办常务副主任张子兴出席并讲话。

28 日，中山市隆重举行 2010 年“中山慈善万人行”巡游活动。中央文明办协调组副巡视员张健萍、省文明办常务副主任张子兴出席。

3 月

4 日，中央文明办召开“迎世博迎亚运讲文明树新风”志愿服务活动视频会议。广州市在广东省分会场发言。省文明办常务副主任张子兴出席。

11 日至 12 日，省文明办、省建设厅在广州市召开“岭南新民居”设计竞赛参赛作品评审会。

16 日，省文明办、省教育厅在惠州市召开广东省中等职业学校德育工作会议。副部长、省文明办主任顾作义出席并讲话。

18 日，省文明办、南方都市报等单位在珠岛宾馆召开 2010 南粤慈善大行动启动仪式暨爱心点对点公益基金成立新闻发布会。副部长、省文明办主任顾作义出席并讲话。

19 日，副部长、省文明办主任顾作义到江门市调研创建全国文明城市工作。

25 日，珠海市召开全市精神文明建设表彰暨创建全国文明城市动员大会。副部长、省文明办主任顾作义出席并讲话。

29 日，省文明办在省委大院 4 号楼召开创建文明窗口座谈会。副部长、省文明办主任顾作义出席。

4 月

12 日，中国建设银行中山市分行举行“广东省文明单位”及中山市分行营业部“国家级青年文明号”授牌仪式。省文明办常务副主任张子兴出席。

19 日，中央文明办在江西省南昌市召开全国部分省区农村精神文明建设工作调研座谈会。省文明办常务副主任张子兴出席。

23 日，经省委常委、宣传部长、省文明委主任林雄同意，省文明委向省委专题报告我省创建文明城市工作情况。

27 日，中共中央政治局委员、省委书记汪洋在省文明委《关于我省创建文明城市工作情况报告》上批示：文明城市群建设是珠三角一体化建设的又一重要平台，希将这一有特色的工作抓出成效来。

5 月

10 日至 13 日，省文明办组织省直 10 家新闻媒体记者赴江门采访，总结宣传江门市创建文明城市工作经验。10 日下午，在江门市召开媒体通气会。副部长、省文明办主任顾作义出席并讲话。

17 日至 19 日，《南方日报》、《羊城晚报》等省直 10 家新闻单位连续 3 天推出江门市建设“和谐侨乡、满意城市”的新闻报道。

5 月，中共中央政治局常委李长春在广东调研期间，听取省委常委、宣传部长、省文明委主任林雄关于广东省暨广州市以迎亚运为契机推动创建文明城市工作的情况汇报。

6 月

9 日，南方日报在广州市举办“第 16 届（广州）亚运会平面公益广告创作大赛”启动仪式。省文明办常务副主任张子兴出席并讲话。

22 日，省文明办、省直机关工委在珠岛宾馆召开广东省窗口服务行业“迎亚运创五优”动员大会。副部长、省文明办主任顾作义出席并讲话。

24 日，中国民协、省文明办、东莞市委宣传部在东莞市中堂镇联合举办“第二届中国（东莞·中堂）龙舟文化节”。

25 日，中央文明办在江苏省无锡市召开全国志愿服务工作研讨会。我省提交《借鉴香港义工服务经验，加快广东志愿服务工作发展》的论文。省文明办常务副主任张子兴出席。

27 日，中央文明办在上海市召开全国迎世博迎亚运讲文明树新风志愿服务工作座谈会。省文明办常务副主任张子兴出席。

7 月

14 日，省文明办、省精神文明建设研究中心在广州市召开珠三角文明城市群建设研讨会。副部长、省文明办主任顾作义出席并讲话。

28 日，省文明办、省建设厅在珠岛宾馆召开《岭南新民居——广东省社会主义新农村住宅设计图集》首发式。副部长、省文明办主任顾作义出席并讲话。

8 月

11 日至 13 日，中央文明办协调组副组长涂更新到江门市调研创建全国文明城市工作。省文明办常务副主任张子兴陪同。

13 日，中央文明办在广州市召开“做文明有礼的中国人”网上签名寄语活动工作座谈会。省文明办常务副主任张子兴出席并讲话。

15 日至 17 日，省文明办、省民协等单位在东莞望牛墩镇举办首届中国（东莞·望牛墩）七夕风情文化节。

26 日，南方日报在广州市举办“第 16 届（广州）亚运会平面公益广告创作大赛”颁奖典礼。省文明办常务副主任张子兴出席并讲话。

9 月

1 日，广东省教育工作会议在广州市召开。省文明办常务副主任张子兴出席。

15 日至 19 日，中央文明办组织《人民日报》、新华社等 11 家中央新闻媒体采访江门市创建全国文明城市工作经验。

17 日，省文明办常务副主任张子兴考察佛山市南海区罗村镇孝道文化建设情况。

26 日至 29 日，《人民日报》、新华社等 11 家中央新闻媒体联合推出宣传江门市创建全国文明城市工作情况的新闻报道。

10 月

17 日，省环保厅、省文明办在广州白云国际会议中心举办“畅享绿色出行，迎接激情亚运”启动仪式。省文明办常务副主任张子兴出席。

27 日，中央文明办在广州市召开全国“迎亚运讲文明树新风”志愿服务工作座谈会。中央文明办专职副主任王世明出席并讲话。26 日晚，省委常委、宣传部长林雄宴请王世明同志一行。副部长、省文明办主任顾作义陪同。

28 日，由中央文明办主办，省文明办、中国文明网承办，广州市委宣传部、市文明办协办的“道德传承·德馨花城——全国道德模范与身边好人现场交流活动”在花都区举行。中央文明办未成年人组副组长吴向东出席并致辞。

11 月

4 日，肇庆市在封开县召开 2010 年精神文明建设暨创建省卫生村镇、生态文明村会议。

副部长、省文明办主任顾作义出席并讲话。

8 日，中央文明办公布全国 117 个城市公共文明指数和未成年人思想道德建设工作测评情况。测评结果显示，我省受测城市的排名全面上升，其中，在省会、副省级城市排名中广州、深圳分居第 4 和第 6 位，在地级市排名中东莞居第 2 位、惠州居第 3 位、江门居第 18 位、中山居第 21 位、珠海居第 30 位。

13 日，中共中央政治局委员、书记处书记、中宣部部长刘云山同志视察广东，在江门市召开文明城市创建座谈会并发表了重要讲话。省委常委、宣传部长林雄出席会议。省文明办常务副主任张子兴汇报了我省创建文明城市工作情况。

24 日，副部长、省文明办主任顾作义到佛山市调研创建全国文明城市工作。

12　月

1 日，广东省精神文明建设工作座谈会在东莞市召开。副部长、省文明办主任顾作义出席并讲话。

6 日，由中国志愿服务基金会等单位联合组织开展的全国百名优秀志愿者网上推荐活动结果揭晓，我省孙影、李森、余新慧、赵广军、熊国柱 5 人成功当选。

8 日，中央文明办召开全国未成年人思想道德建设视讯工作会议。广州市在会上做了经验介绍。省委常委、宣传部长林雄，副部长、省文明办主任顾作义出席省分会场会议。

15 日，惠州市举办“文化惠州”高峰论坛。副部长、省文明办主任顾作义出席并讲话。

16 日，由省文明办指导，南方日报主办的 2010 年南方公益盛典在广州举行。副部长、省文明办主任顾作义出席并讲话。

26 日，由省文明委、南方报业传媒集团联合主办的“珠三角文明城市群论坛”（第一期）在广州塔隆重启动。省委常委、宣传部长林雄，副部长、省文明办主任顾作义出席。

29 日，省文明办、省交通厅在佛山市三水区召开全省出租汽车行业精神文明创建活动表彰大会。省文明办常务副主任张子兴出席。

30 日，佛山市召开创建全国文明城市再动员大会。副部长、省文明办主任顾作义出席并讲话。

同日，中央文明办在中山开展“中华长歌行·我们的节日·春节”活动。中央文明办调研组组长杨新贵出席。省文明办常务副主任张子兴陪同。

31 日，省委办公厅、省政府办公厅印发《珠江三角洲文明城市群建设实施纲要》（粤办发〔2010〕35 号）。

附录

广东精神文明建设年鉴（2011）

2010年广东省精神文明建设工作组织机构

广东省精神文明建设委员会

主　　任：林　雄　省委常委、宣传部部长
副 主 任：王宁生　省人大常委会副主任
　　　　　雷于蓝　副省长
　　　　　宋　海　副省长
　　　　　温兰子　省政协副主席、省妇联主席
　　　　　朱穗生　省委政法委秘书长
委　　员：谭一鸣　省委副秘书长
　　　　　赵松峰　省政府办公厅副主任
　　　　　许光超　省委组织部副部长
　　　　　顾作义　省委宣传部副部长、省文明办主任
　　　　　周建民　省直机关工委副书记
　　　　　张　枫　省政府副秘书长、省人口和计生委主任
　　　　　李小鲁　省教育厅巡视员
　　　　　白先河　省公安厅党委委员、政治部主任
　　　　　张元醒　省民政厅副厅长
　　　　　何铭清　省司法厅巡视员
　　　　　刘　昆　省财政厅厅长
　　　　　房庆方　省建设厅厅长
　　　　　方健宏　省文化厅厅长
　　　　　黄小玲　省卫生厅党组书记、副厅长
　　　　　李　清　省环保厅厅长
　　　　　曾培贤　省广播电影电视局副局长
　　　　　朱仲南　省新闻出版局局长
　　　　　张育文　省林业局局长
　　　　　杨荣森　省旅游局局长
　　　　　杨兴锋　南方日报社社长
　　　　　孔祥鸿　省总工会巡视员
　　　　　谭君铁　团省委书记

杨建珍　省妇联副主席
黄思潮　省军区政治部副主任（至 2010 年 3 月 8 日）
谢社光　省军区政治部副主任（2010 年 3 月 9 日起）
王维城　武警广东省总队副政委

办公室主任：顾作义　省委宣传部副部长
常务副主任：张子兴
副　主　任：双南征
林海华
地　　　址：广州市东山合群三马路　省委大院
邮　　　编：510082
电　　　话：（020）87185239　87185241　87185210（传真）

广州市精神文明建设委员会

主　　　任：张广宁　省委常委、市委书记
第一副主任：万庆良　市委副书记、市长
常务副主任：王晓玲　市委常委、宣传部部长
副　主　任：苏志佳　市委副书记、市纪委书记
邬毅敏　市委常委、常务副市长
苏泽群　市委常委、常务副市长
吴　沙　市委常委、市委政法委书记
陈如桂　市委常委、市委秘书长
周庆强　市人大常委会副主任
贡儿珍　副市长
刘　平　市政协副主席
专职副主任：冯建标　市委副秘书长、宣传部副部长、市文明办主任

办公室主任：冯建标
副　主　任：司徒华森
刘炬培
地　　　址：广州市东风中路 503 号东建大厦七楼东侧
邮　　　编：510045
电　　　话：（020）83105472　83105471（传真）

深圳市精神文明建设委员会

主　　任：王　荣　省委常委、市委书记
副 主 任：许　勤　市委副书记、市长
　　　　　刘玉浦　市人大常委会主任
　　　　　白　天　市政协主席
　　　　　王穗明　市委副书记、政法委书记

办公室主任：刘璋飙　市委宣传部副部长
处　　长：陈庆澜　市委宣传部文明处处长
副 主 任：穆同伦
地　　址：深圳市深南中路市委大院前楼
邮　　编：518006
电　　话：（0755）82012876、82103797、82103502

珠海市精神文明建设委员会

主　　任：黄晓东　市委常委、宣传部部长
副 主 任：霍荣荫　市委常委、常务副市长
　　　　　张鲁江　市委常委、珠海警备区司令员
　　　　　张　萍　市人大常委会副主任
　　　　　邓群芳　副市长
　　　　　金展扬　副市长
　　　　　钱文炉　市政协副主席

办公室主任：龚选萍
副 主 任：林泓智
地　　址：珠海市政府大院 5 号楼 915 室、917 室、919 室
邮　　编：519000
电　　话：（0756）2222631

汕头市精神文明建设委员会

主　　　任：李　锋　市委书记
副　主　任：蔡宗泽　市委副书记、市长
　　　　　　邓大荣　市委副书记
　　　　　　陈　茸　市委常委、宣传部部长
　　　　　　郑人豪　市委常委、常务副市长
　　　　　　郭大钦　副市长

办公室主任：陈桂源　市委宣传部副部长
副　主　任：林暹才
　　　　　　熊有元
地　　　址：汕头市海滨路8号市委办公大楼3楼
邮　　　编：515036
电　　　话：（0754）88437447

佛山市精神文明建设委员会

主　　　任：陈云贤　市委书记、市长
副　主　任：叶志容　市委常委、宣传部部长
　　　　　　冼瑞伦　市委常委、常务副市长
　　　　　　刘谦强　市委常委、佛山军分区政委
　　　　　　邓伟根　副市长
　　　　　　麦洁华　副市长

办公室主任：王小丽
副　主　任：张红兵
地　　　址：佛山市委机关大院8号楼4楼
邮　　　编：528000
电　　　话：（0757）83363759

韶关市精神文明建设委员会

主　　任：郑振涛　市委书记、市人大常委会主任
第一副主任：艾学峰　市委副书记、市长
常务副主任：李　萍　市委常委、宣传部部长
副 主 任：林耀明　市委副书记
　　　　　陈向新　市委常委、常务副市长
　　　　　李石保　市委常委、市委秘书长
　　　　　徐紫玲　市人大常委会副主任
　　　　　兰　茵　副市长
　　　　　尚　伟　副市长
　　　　　赵志发　市政协副主席

办公室主任：何新文　市委宣传部副部长
副 主 任：李　梅
地　　址：韶关市熏风路9号市委会议中心三楼
邮　　编：512001
电　　话：（0751）8760001　8761110（传真）

河源市精神文明建设委员会

主　　任：陈建华　市委书记
常务副主任：吴善平　市委常委、宣传部部长
副 主 任：彭定邦　市委常委、政法委书记、市公安局局长
　　　　　吴有必　副市长
　　　　　温文斐　副市长

办公室主任：刘松景　市委宣传部副部长
副 主 任：骆锐亮
地　　址：河源市区沿江路19号市委大院
邮　　编：517001
电　　话：（0762）3313373

梅州市精神文明建设委员会

主　　任：林碧红　市委常委、宣传部部长
副 主 任：黄伟闻　市委常委、政法委书记、市公安局局长
　　　　　刘广新　市人大常委会副主任
　　　　　陈建青　副市长
　　　　　陈丽霞　副市长
　　　　　张光明　市政协副主席

办公室主任：刘建丰
副 主 任：刘小勇
地　　址：梅州市江南机关路9号市委大院
邮　　编：514022
电　　话：（0753）2251154　2275821（传真）

惠州市精神文明建设委员会

主　　任：黄业斌　市委书记
常务副主任：李汝求　市委副书记、市长
副 主 任：陈仕其　市委副书记
　　　　　黄仕芳　市委常委、常务副市长
　　　　　黄雁行　市委常委、宣传部部长
　　　　　李达文　市委常委、政法委书记、市公安局局长
　　　　　黄锦辉　市委常委、副市长
　　　　　吴卫华　市委常委、市委秘书长
　　　　　林添好　副市长
　　　　　谢　端　副市长
　　　　　杨灿培　副市长

办公室主任：陈伟良

副 主 任：江　永
　　　　　刘益明
地　　址：惠州市江北云山西路6号行政中心3号楼207室
邮　　编：516003
电　　话：（0752）2892060　2818910（传真）

汕尾市精神文明建设委员会

主　　任：杨　青　市委常委、宣传部部长
副 主 任：陈　水　市人大常委会副主任
　　　　　刘小静　副市长
　　　　　吴维保　副市长
　　　　　余　红　市政协副主席
　　　　　尚　德　市检察院检察长

办公室主任：林来平　市委宣传部副部长
地　　址：汕尾市市委大楼414室
邮　　编：516600
电　　话：（0660）3366769

东莞市精神文明建设委员会

主　　任：刘志庚　市委书记、市人大常委会主任
副 主 任：李毓全　市委副书记、市长
　　　　　黄双福　市委副书记、政法委书记
　　　　　王道平　市委常委、宣传部部长
　　　　　李秀冰　市人大常委会副主任
　　　　　梁国英　副市长
　　　　　吴道闻　副市长
　　　　　邓志广　副市长
　　　　　严小康　副市长
　　　　　朱伍坤　市政协副主席

办公室主任：李国全
副　主　任：王培琦
地　　　址：东莞市鸿福路99号行政办事中心10楼
邮　　　编：523888
电　　　话：（0769）22836562

中山市精神文明建设委员会

主　　　任：彭建文　市委副书记
副　主　任：丘树宏　市委常委、宣传部部长
　　　　　　邓小兵　市委常委、常务副市长
　　　　　　唐　颖　副市长

办公室主任：黎文杰
副　主　任：叶馨萍
地　　　址：中山市松苑路1号市委大楼621室
邮　　　编：528403
电　　　话：（0760）88318200

江门市精神文明建设委员会

主　　　任：陈继兴　市委书记、市人大常委会主任
常务副主任：王南健　市委副书记、市长
副　主　任：王　晓　市委常委、宣传部部长
　　　　　　李　崴　副市长
　　　　　　陈　杭　副市长
　　　　　　易中强　副市长

办公室主任：黄明亮
地　　　址：江门市白沙大道西1号6栋
邮　　　编：529031
电　　　话：（0750）3272520

阳江市精神文明建设委员会

主　　任：丘志勇　市委副书记、市纪委书记
副 主 任：黄运带　市委常委、副市长
　　　　　冯桂雄　市委常委、宣传部部长
　　　　　郭少波　市委常委、政法委书记、市公安局局长
　　　　　陈芝岳　副市长

办公室主任：马洪藻　市委宣传部副部长
常务副主任：胡　民
地　　址：阳江市江城区东风二路60号
邮　　编：529500
电　　话：（0662）3313165

湛江市精神文明建设委员会

主　　任：邓碧泉　市委常委、宣传部部长
副 主 任：潘那生　市委常委、常务副市长
　　　　　梁志鹏　副市长

办公室主任：张建业
副 主 任：曹　程
地　　址：湛江市赤坎区北桥路18号市委大院
邮　　编：524046
电　　话：（0759）3180283　3108150

茂名市精神文明建设委员会

主　　任：陆庆彪　市委常委、宣传部部长

副 主 任：陈　海　副市长
丘仲宜　茂名石化公司党委副书记、纪委书记、工会主席
谢　洁　茂名军分区政治部主任

办公室主任：梁国炎　市委宣传部副部长
地　　址：茂名市油城五路 28 号大院 7 号楼 7 楼
邮　　编：525000
电　　话：（0668）2910585

肇庆市精神文明建设委员会

主　　任：陈以良　市委常委、宣传部部长
副 主 任：方建生　市人大常委会副主任、市总工会主席
孙　德　副市长
黄　玲　副市长
黎维贤　市政协副主席
莫锡凌　市委政法委副书记、政法委秘书长

办公室主任：程彦春　市委宣传部副部长
副 主 任：黎建初
赵图强
地　　址：肇庆市端州区天宁北路 80 号
邮　　编：526040
电　　话：（0758）2322773

清远市精神文明建设委员会

主　　任：陈家记　市委书记、市人大常委会主任
副 主 任：徐萍华　市委副书记、市长
何炳华　市委副书记
雷广财　市委常委、宣传部部长
梁志强　市委常委、常务副市长

廖迪娜　副市长

地　　址：清远市清城区人民路市政府办公大楼 1 号楼 241 室
邮　　编：511515
电　　话：（0763）3364251

潮州市精神文明建设委员会

主　　任：黄俊潮　市委副书记
副 主 任：谢烈鹏　市委常委、常务副市长
　　　　　陈　央　市委常委、市委秘书长
　　　　　陈丽文　市委常委、宣传部部长
　　　　　林壮森　市委常委、政法委书记、市公安局局长
　　　　　卢淳杰　副市长

办公室主任：陈歆明　市委宣传部副部长
专职副主任：蔡晓玲
地　　址：潮州市枫春路中段市委大楼 3 楼
邮　　编：521000
电　　话：（0768）2280264

揭阳市精神文明建设委员会

主　　任：陈弘平　市委书记、市人大常委会主任
副 主 任：陈奕威　市委副书记、市长
　　　　　杜安义　市委副书记
　　　　　许佩君　市委常委、宣传部部长
　　　　　叶少明　副市长

办公室主任：李文升　市委宣传部副部长
副 主 任：陈璧建
地　　址：揭阳市沿江路市委市政府办公大院 10 楼 1017 室

邮　　编：522000
电　　话：（0663）8768188

云浮市精神文明建设委员会

主　　任：姚　康　市委副书记
副 主 任：吴伟鹏　市委常委、宣传部部长
　　　　　罗立旷　市人大常委会副主任
　　　　　王莉莉　副市长
　　　　　阙妙丽　市政协副主席

办公室主任：马若义　市委宣传部副部长
副 主 任：张小文
地　　址：云浮市云城区天马行政中心
邮　　址：527300
电　　话：（0766）8988326

广东省2010年国民经济和社会发展统计公报

（2011年2月25日）

广东省统计局　国家统计局广东调查总队

2010年，面对极为复杂的国内外经济环境和自然灾害的严重影响，广东人民在省委、省政府的正确领导下，高举中国特色社会主义理论伟大旗帜，坚持以邓小平理论和“三个代表”重要思想为指导，深入贯彻落实科学发展观，按照中央的各项决策部署，全面实施《珠江三角洲地区改革发展规划纲要（2008—2020年）》，大力推进“三促进一保持”，坚定不移调结构，脚踏实地促转变，扎扎实实惠民生，在科学发展轨道上迈出新的可喜步伐。

一、综合

初步核算，2010年全省生产总值（GDP）45472.83亿元，比上年增长12.2%。其中，第一产业增加值2286.86亿元，增长4.4%，对GDP增长的贡献率为1.7%；第二产业增加值22918.07亿元，增长14.5%，对GDP增长的贡献率为62.9%；第三产业增加值20267.90亿元，增长10.1%，对GDP增长的贡献率为35.4%。三次产业结构为5.0∶50.4∶44.6。在现代产业中，先进制造业增加值9466.35亿元，增长16.9%；现代服务业增加值11102.80亿元，增长7.8%。在第三产业中，批发和零售业增长14.1%，住宿和餐饮业增长9.1%，金融业增长6.0%，房地产业增长2.1%。民营经济增加值19620.96亿元，增长13.1%。

分区域看，粤东西北地区生产总值占全省比重为21.2%，同比提高0.6个百分点。

全年居民消费价格总水平上涨3.1%，其中食品类价格上涨5.9%，居住类价格上涨4.8%。工业品出厂价格上涨3.2%，其中轻工业上涨1.7%，重工业上涨5.7%；生产资料上涨4.1%，生活资料上涨1.4%。原材料、燃料、动力购进价格上涨7.3%，其中燃料动力类上涨7.8%，黑色金属材料类上涨6.6%，有色金属材料和电线类上涨17.8%，化工原料类上涨9.4%。固定资产投资价格上涨3.0%。农产品生产价格上涨7.9%，其中，谷物上涨7.8%，蔬菜上涨15.6%，水果上涨14.6%，油料上涨14.4%，畜产品下降0.8%。农业生产资料价格上涨1.7%。

全年城镇新增就业186.30万人，就业困难人员实现再就业16.00万人。年末城镇实有登记失业人员39.24万人，城镇登记失业率2.52%，比上年末下降0.08个百分点。年末共有省级产业转移工业园34个，组织农村劳动力培训84.70万人，转移就业人数147.10万人。

全年地方财政一般预算收入4515.72亿元，增长23.8%；其中税收收入3801.88亿元，增长21.5%。

经济社会发展中存在的主要问题：经济总量大而人均不高，经济结构不合理，城乡区域发展差距较大，资源环境约束突出，改善民生任务繁重。

二、农业

全年粮食作物播种面积2531.90千公顷，比上年下降0.3%；糖蔗种植面积136.42千公顷，增长0.4%；油料种植面积337.42千公顷，增长1.8%；蔬菜种植面积1204.64千公顷，增长5.8%。

全年粮食产量1316.50万吨，增长0.2%；糖蔗产量1134.35万吨，增长1.6%；油料产量88.16万吨，增长4.2%；蔬菜产量2721.29万吨，增长6.0%；水果产量1128.73万吨，增长6.3%；茶叶产量5.26万吨，增长2.2%。

全年肉类总产量441.21万吨，增长3.3%。其中，猪肉产量275.46万吨，增长5.1%；禽肉产量152.99万吨，增长0.3%。全年水产品产量730.57万吨，增长3.9%。其中，海洋捕捞153.95万吨，增长0.8%；海水养殖249.07万吨，增长6.2%；淡水捕捞12.88万吨，增长1.8%；淡水养殖314.67万吨，增长3.9%。

三、工业和建筑业

全年全部工业完成增加值21374.81亿元，比上年增长14.8%。规模以上工业增加值20063.62亿元，增长16.8%；其中国有及国有控股企业增长12.8%，民营企业增长22.0%，外商及港澳台投资企业增长14.5%，股份制企业增长18.8%，集体企业增长19.4%，股份合作制企业增长10.5%。分轻重工业看，轻工业增长16.4%，重工业增长17.1%。

九大支柱产业增加值比上年增长16.7%，其中电子信息、电气机械及专用设备、石油及化学三大新兴支柱产业增长16.2%，纺织服装、食品饮料、建筑材料三大传统支柱产业增长17.2%，森工造纸、医药、汽车及摩托车三大潜力产业增长18.6%。

高技术制造业增加值增长17.8%，其中医药制造业增长21.0%，航空航天器制造业增长5.8%，电子及通信设备制造业增长17.0%，电子计算机及办公设备制造业增长21.9%，医疗设备及仪器仪表制造业增长12.5%。

先进制造业中，装备制造业增加值增长19.4%，钢铁冶炼及加工业增长16.0%，石油及化学行业增长9.9%。装备制造业中，汽车制造业、船舶制造业、飞机制造及修理业、环境污染防治专用设备制造业分别增长19.9%、14.5%、5.8%和8.4%；钢铁冶炼及加工业中，炼铁业下降43.5%，炼钢业和钢材加工业分别增长2.6%和17.3%；石油及化学行业中，石油和天然气开采业下降16.9%，石油加工、炼焦及核燃料加工业增长20.4%，化学原料及化学制品制造业增长14.5%，橡胶制品业增长22.8%。

传统优势产业增加值增长20.2%，其中纺织服装业增长19.9%，食品饮料业增长11.1%，家具制造业增长18.9%，建筑材料增长21.3%，金属制品业增长20.2%，家用电力器具制造业增长21.6%。

六大高耗能行业增加值增长16.0%，其中非金属矿物制品业增长21.2%，黑色金属冶炼及压延加工业增长16.0%，有色金属冶炼及压延加工业增长10.8%，电力热力的生产和供应业增长14.2%。

1—11月，工业经济效益综合指数199.1。资产贡献率13.0%，资本保值增值率116.4%，资产负债率59.8%，流动资产周转次数2.66次，成本费用利润率5.4%，全员劳动生产率144310元/（人·年），产品销售率96.9%。实现利润总额3713.73亿元，比上年同期增长36.5%。亏损企业亏损总额249.63亿元，比上年同期下降24.6%。

全年资质等级以上建筑企业4510个，比上年增长3.6%；实现增加值1543.26亿元，增长11.3%；实现利润总额194.96亿元，增长12.5%；利税总额364.37亿元，增长10.9%。

四、固定资产投资

全年全社会固定资产投资16113.19亿元，比上年增长20.7%。分城乡看，城镇投资12870.25亿元，增长23.9%；农村投资3242.94亿元，增长9.4%。分投资主体看，国有经济投资 5150.08 亿元，增长 22.4%；民间投资 8625.20 亿元，增长 24.0%；港澳台、外商经济投资 2337.91 亿元，增长 6.8%。分地区看，珠三角地区投资 11355.80 亿元，增长 18.2%；东翼投资 1475.51 亿元，增长 29.7%；西翼投资 1100.32 亿元，增长 35.4%；山区投资 2181.56 亿元，增长 21.3%。

分三次产业看，第一产业投资 181.83 亿元，增长 40.0%；第二产业投资 5234.92 亿元，增长 17.5%，其中工业投资 5204.29 亿元，增长 17.2%；第三产业投资 10696.44 亿元，增长 22.0%。

全年房地产开发投资 3659.69 亿元，比上年增长 23.6%。按地区分，珠三角地区 3118.66 亿元，增长 20.7%；东翼 118.49 亿元，增长 33.1%；西翼 164.23 亿元，增长 55.8%；山区 258.31 亿元，增长 40.6%。按工程用途分，商品住宅投资 2538.02 亿元，增长 21.4%；办公楼投资 144.46 亿元，增长 13.2%；商业营业用房投资 349.31 亿元，增长 25.0%；其他投资 627.90 亿元，增长 35.3%。城镇保障性住房投资 82.37 亿元，增长 32.1%。

五、国内贸易

全年社会消费品零售总额 17414.66 亿元，比上年增长 17.3%。分地域看，城镇消费品零售额 14853.20 亿元，增长 17.5%；农村消费品零售额 2561.46 亿元，增长 16.0%。分行业看，批发和零售业零售额 15521.26 亿元，增长 17.7%；住宿和餐饮业零售额 1893.40 亿元，增长 14.3%。

在限额以上批发和零售业零售额中，食品、饮料、烟酒类增长 22.8%，中西药品类增长 26.9%，服装、鞋帽针纺织品类增长 21.6%，金银珠宝类增长 37.6%，家用电器和音像器材类增长 31.8%，家具类增长 30.3%，通讯器材类增长 20.9%，石油及制品类增长 30.2%，汽车类增长 36.3%，建筑及装潢材料类增长 29.1%。

六、对外经济

全年进出口总额 7846.63 亿美元，比上年增长 28.4%。其中，出口 4531.99 亿美元，增长 26.3%；进口 3314.64 亿美元，增长 31.5%。进出口差额（出口减进口）1217.35 亿美元，比上年增加 149.20 亿美元。

全年新签外商直接投资项目 5641 个，合同外资金额 246.01 亿美元，分别比上年增长 29.8% 和 40.1%。实际使用外商直接投资金额 202.61 亿美元，增长 3.7%；其中制造业占 56.1%，房地产业占 16.2%，租赁和商务服务业占 4.5%，批发和零售业占 9.8%，科学研究、技术服务和地质勘查业占 2.1%，交通运输、仓储和邮政业占 2.8%。

全年经核准境外投资协议金额 22.78 亿美元；对外承包工程完成营业额 82.08 亿美元，比上年增长 8.2%；对外劳务合作完成营业额 5.84 亿美元，下降 1.8%；承包工程和劳务合作年末在外人员共 3.85 万人。

七、交通、邮电和旅游

全年交通运输、仓储和邮政业实现增加值 1812.36 亿元，比上年增长 11.9%。

全年港口完成货物吞吐量 123300 万吨，比上年增长 20.0%；其中外贸货物吞吐量 43900 万吨，增长 15.7%。港口集装箱吞吐量 4500 万标准箱，增长 22.3%。年末公路通车里程 18.66 万公里；其中高速公路里程 4834 公里，比上年末增长 19.8%。

年末全省民用汽车保有量达到 783.50 万辆，比上年末增长 18.7%；其中私人汽车 628.99 万辆，增长 21.7%。民用轿车保有量达到 420.52 万辆，增长 22.1%；其中私人轿车 380.46 万辆，增长 23.5%。

全年完成邮电业务总量 5083.98 亿元，增长22.8%。其中邮政业务总量377.26亿元，增长25.0%；电信业务总量4706.72亿元，增长22.7%。年末固定电话用户达到3169.11万户，其中城市电话用户2235.93万户，乡村电话用户933.18万户。年末移动电话用户达到9708万户，新增769.15万户。国际互联网总用户1523.13万户，增长13.4%；其中宽带用户1399.74万户，增长10.2%。

全年口岸入境旅游人数10485.80万人次，比上年增长2.5%。其中，外国人652.70万人次，增长7.3%；香港、澳门和台湾同胞9833.10万人次，增长2.2%。在入境旅游人数中，过夜旅游者3140.93万人次，增长14.3%。国际旅游外汇收入123.83亿美元，增长23.5%。国内游客达39547.28万人次，增长12.5%，其中过夜旅游者18189.09万人次，增长15.5%；国内旅游收入2962.57亿元，增长24.3%。

八、金融、证券和保险

年末全省中外资银行业金融机构本外币各项存款余额82019.40亿元，比年初增长17.7%；各项贷款余额51799.30亿元，比年初增长16.4%。年末全省农村合作机构人民币存款余额9681.89亿元，比年初增长19.2%；贷款余额5883.66亿元，比年初增长18.7%。金融机构账面净利润1219.05亿元，增长43.9%。年末主要金融机构不良贷款的比例为1.9%。

年末全省境内证券市场共有上市公司294家，市价总值3.26万亿元，比上年末分别增长30.7%和19.7%。上市公司通过证券市场筹集资金1387.66亿元，增长116.8%。其中，首次公开发行上市（IPO）69家，筹资738.54亿元。证券公司22家，全年实现营业收入650.31亿元，净利润294.75亿元，分别增长10.4%和4.8%。证券营业部618家，证券账户数2796.70万户，比上年末增长9.6%，股票交易额18.18万亿元，下降9.8%。基金公司20家，共管理271只公募基金。基金规模10474.89亿份，比上年末增长1.3%；基金净值10797.43亿元，比上年末下降5.5%。期货公司25家，全年代理交易量4.57亿手，代理交易额50.00万亿元，分别增长9.6%和104.5%；营业收入16.49亿元，增长54.6%；利润总额4.54亿元，增长5.8%。

全年实现保费收入1593.25亿元，增长29.4%。其中，寿险业务保费收入1056.69亿元，财产险业务保费收入429.62亿元，分别增长31.2%和27.8%；健康险和意外伤害险业务保费收入106.94亿元，增长19.7%。全年共支付各项赔款和给付326.35亿元，增长6.4%。其中，寿险业务赔付支出101.62亿元，增长9.5%；财产险业务赔款支出194.77亿元，增长7.1%；健康险和意外伤害险赔付支出29.96亿元，下降6.3%。

九、教育和科学技术

全年各级各类教育（不含非学历培训）招生689万人，比上年增长6.3%；在校学生2130万人，增长2.3%；毕业生586万人，增长4.3%。其中，特殊教育学校招生0.37万人，在校生2.61万人；学前教育在园幼儿277.23万人。

年末县及县级以上国有研究与开发机构、科技情报和文献机构416个。大中型工业企业拥有技术开发机构2200个，比上年增加294个。全省科学研究与试验发展（R&D）人员34万人年，比上年增长19.8%。全省R&D经费支出约800亿元，增长22.5%；其中基础研究经费支出15亿元，增长15.1%。

全年获省部级以上科技成果431项，其中基础理论成果30项，应用技术成果398项，软科学成果3项。全年申请专利量152907件，增长21.7%；其中发明专利40866件，增长26.7%。专利授权量119346件，增长42.7%；

其中发明专利授权量13691件，增长20.6%。经PCT（专利合作条约）提交专利申请6678件，增长51.2%。全年经各级科技行政部门登记技术合同17558项；技术合同成交额242.50亿元。

全省高新技术企业4600家；高新技术产品产值3万亿元，增长17.0%。拥有国家工程实验室7家，国家级工程研究中心19家；已建立省级工程研究中心484家，国家级企业（集团）技术中心49家，省级企业技术中心432家。高技术产业化示范工程项目76项。认定技术创新专业镇309个，建立专业镇技术创新平台250个。

全省共有国家产品质量监督检验中心42个，法定产品质量监督检验机构6个，法定质量计量综合检测机构19个，法定计量技术机构90个，标准化技术机构13个，特种设备综合检验机构28个。获得资质认证的实验室1658家，获得管理体系认证企业48996家，产品获得3C认证企业9704家。

全省共有天气雷达观测站点9个，卫星云图接收站点9个。共有地震台站67个，地震遥测台网8个。全省共有海洋观测、监测站点660个。测绘部门共出版地图95种，总印数202.70万幅。出版测绘图书5种，总印数4.30万册。

十、文化、卫生和体育

年末全省共有各类专业艺术表演团体110个，文化馆145个，县级及以上公共图书馆133个，博物馆、纪念馆156个。全省有广播电台22座，电视台24座。广播综合人口覆盖率和电视综合人口覆盖率均为98.0%。有线广播电视用户1704万户，有线数字电视用户929万户，分别比上年末增长8.5%和32.3%。全年出版报纸46.1亿份，各类期刊2.09亿册，图书2.69亿册。全省共有综合档案馆143个，藏书1083万卷。

年末全省共有各类卫生机构16541个，其中医院、卫生院2444个，妇幼保健机构126个，专科疾病防治机构147个，疾病预防控制中心134个，卫生监督所141个。拥有医院、卫生院床位27.71万张，增长10.7%。各类卫生技术人员44.65万人，增长8.0%；其中执业医师和执业助理医师16.85万人，注册护士16.56万人，疾病预防控制中心卫生技术人员7653人，卫生监督所卫生技术人员3570人。全省共有社区卫生服务机构2267个，乡镇卫生院1272个，乡镇卫生院床位4.86万张，乡镇卫生院卫生技术人员6.62万人。法定报告甲、乙类传染病发病总数217002例，死亡1065人；发病率225.15/10万，死亡率1.11/10万。农村自来水普及率83.9%，提高3.1个百分点。

全省体育健儿在国内外重大比赛中，17人27次获得19项世界冠军，1人1次破世界纪录。在第16届亚运会上，共有182人次获79枚奖牌，其中93人次获41枚金牌。

十一、人民生活、社会保障与安全生产

全年农村居民人均纯收入7890.25元，比上年增长14.2%；扣除价格因素，实际增长10.3%。农村居民家庭恩格尔系数47.7%，比上年下降0.6个百分点。农村居民消费支出中教育文化娱乐服务所占比重为5.9%。全年农村居民居住住房总建筑面积人均29.23平方米。农村最高20%收入组人均纯收入16827.09元，农村最低20%收入组人均纯收入3133.91元。

全年城镇居民人均可支配收入23897.8元，比上年增长10.8%；扣除价格因素，实际增长7.5%。城镇居民家庭恩格尔系数为36.5%，比上年下降0.4个百分点。城镇居民消费支出中教育文化娱乐服务所占比重为12.9%。全年城镇居民现有住房建筑面积人均34.13平方米。城镇最高10%收入组人均可支配收入63620.4元，城镇最低10%收入组人均

可支配收入6934.29元。城乡居民收入差距由2009年的3.12∶1（以农村为1）下降为2010年的3.03∶1。

年末全省参加基本养老保险3215.2万人，比上年末增长18.4%。参加基本医疗保险5043.2万人，增长10.4%。

全省有67个县（市）开展新型农村合作医疗试点工作，实际参加农村合作医疗农民2726.5万人，比上年末增长0.9%。新型农村合作医疗基金累计支出总额40.05亿元，累积受益2436万人次。全年城市医疗救助49.17万人次，比上年增加5.1%。农村医疗救助86.35万人次，减少0.5%。民政部门资助农村合作医疗的人数达77.6万人次。全年征收社会保险基金1531.8亿元，增长22.4%；年末五种保险基金累计结余3553.4亿元，增长22.4%。年末全省享受低保救济的困难群众达224.65万人，其中城镇40.9万人，农村183.75万人。年末领取失业保险金人数为20.8万人，下降19.1%。

各类收养性社会福利单位床位12.97万张，收养人员8.8万人。城镇各种社区服务设施1.7万个，其中综合性社区服务中心2046个。全省共发行销售福利彩票113.53亿元，筹集福利资金35.02亿元，直接接收社会捐赠12.27亿元。

全年共发生各类事故37193起，比上年下降1.3%；死亡6976人，受伤36881人，分别下降3.8%和5.2%；直接经济损失41094.70万元，上升21.8%。其中，道路交通事故30480起，下降6.1%；造成死亡6223人，受伤36540人，直接财产损失8051.3万元，分别下降4.9%、5.3%和5.9%。亿元地区生产总值生产安全事故死亡人数为0.15人，道路交通万车死亡人数为3.37人。

十二、资源与环境

全省全年水资源总量2018亿立方米。全年平均降水量1899毫米，比上年增加20.3%。年末全省大型水库蓄水总量145亿立方米，增长32.4%。全年总用水量465亿立方米，增加0.4%。

全年规模以上工业能源消费总量14416.02万吨标准煤，比上年增长8.8%。单位工业增加值能耗0.753吨标准煤/万元，下降6.9%。全社会用电量4060.13亿千瓦时，增长12.5%。其中工业用电量2746.56亿千瓦时，增长14.8%。

全省省级水质监控断面中，Ⅰ—Ⅱ类水质的断面比例41.1%，比上年提高2.3个百分点；Ⅲ类水质的断面比例29.9%，Ⅳ类水质的断面比例13.7%，Ⅴ类水质的断面比例6.0%，超过Ⅴ类水质的断面比例9.4%。近岸海域达到一类海水水质标准比例23.1%，比上年上升11.6个百分点；达到二类海水水质标准比例50.0%；达到三类海水水质标准比例15.4%；达到劣四类海水水质标准比例11.5%。严重污染海域面积4153平方公里，减少6.6%。

截至2010年底，全省已找到的矿产种类共148种（含亚矿种），已查明资源储量的共计101种，其中能源矿产7种，金属矿产32种，非金属矿产58种，水气矿产4种。新发现大中型矿产地7处，其中金属矿产地1处，非金属矿产地6处。

全年平均灰霾天气日数51天，比上年增加3天；全年平均日照时数1641小时，比正常年份平均减少139小时。全省21个地级以上市空气质量均达到二级标准。全省建成污水处理厂305座，城市污水日处理能力达到1739.1万吨，增长28.4%；市县生活垃圾无害化处理率达70.0%，提高3.0个百分点。城市人均公园绿地面积12.5平方米。化学需氧量（COD）排放量85.83万吨，下降6.0%；二氧化硫（SO_2）排放量105.06万吨，下降1.9%。

全年农作物受灾面积586千公顷。洪涝和干旱造成直接经济损失178.5亿元。洪水和沿海风暴潮死亡人口177人。发生赤潮14次，累计面积587平方公里。发生各类地质灾害600起，造成死亡人数44人，直接经济损失2.27亿元。

全年完成荒山荒（沙）地造林、更新造林、有林地造林面积89389公顷，低产低效林改造面积29878公顷。其中林业重点工程完成荒山荒（沙）地造林面积10380公顷，低产低效林改造面积9637公顷。全省义务植树完成9686万株，森林覆盖率达到57.0%。全省共有国家级自然保护区11个，面积22.7万公顷；国家地质公园8个，地质遗迹保护区8个，面积4.12万公顷。

注：1. 本公报中2010年数据均为初步统计数。

2. 规模以上工业经济效益指标，现行制度调查时期为1—11月。

3. 地区生产总值、各产业增加值绝对数按现价计算，增长速度按可比价计算。

4. 珠三角地区指广州、深圳、珠海、佛山、江门、东莞、中山、惠州和肇庆。东翼指汕头、汕尾、潮州和揭阳四个市。西翼指湛江、茂名和阳江三个市。山区指韶关、河源、梅州、清远和云浮五个市。

5. 先进制造业包括装备制造业、钢铁冶炼及加工业、石油及化学制造业。高技术制造业包括核燃料加工业、信息化学品制造业、医药制造业、航空航天器制造业、电子通信设备制造业、计算机制造业、医疗仪器设备制造业。六大高耗能行业包括石油加工炼焦及核燃料加工业、化学原料及化学制品制造业、非金属矿物制品业、黑色金属冶炼及压延加工业、有色金属冶炼及压延加工业、电力热力的生产和供应业。

6. 2010年人口普查结果要等国家批复，土地利用变更调查数据要等国土资源部确认，统计公报暂不公布常住人口、耕地面积及相关指标数据。